THE GUIDELINES ON LEGAL ISSUES OF
SHAREHOLDER DISPUTES

股东纠纷法律问题全书

（第三版）

上海宋和顾律师事务所　编著

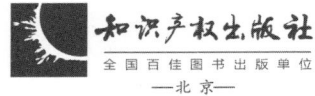

全国百佳图书出版单位

—北京—

图书在版编目（CIP）数据

合伙人：股东纠纷法律问题全书. 3 / 上海宋和顾律师事务所编著. —3 版. —北京：知识产权出版社，2022.10

ISBN 978-7-5130-8404-8

Ⅰ.①合… Ⅱ.①上… Ⅲ.①股份有限公司—股东—公司法—研究—中国 Ⅳ.①D922.291.914

中国版本图书馆 CIP 数据核字（2022）第 186287 号

策划编辑：齐梓伊	责任校对：谷 洋
责任编辑：秦金萍	责任印制：刘译文
封面设计：杰意飞扬·张悦	

合伙人 ❸
股东纠纷法律问题全书（第三版）
上海宋和顾律师事务所　编著

出版发行：知识产权出版社 有限责任公司	网　　址：http://www.ipph.cn
社　　址：北京市海淀区气象路 50 号院	邮　　编：100081
责编电话：010-82000860 转 8176	责编邮箱：qiziyi2004@qq.com
发行电话：010-82000860 转 8101/8102	发行传真：010-82000893/82005070/82000270
印　　刷：天津嘉恒印务有限公司	经　　销：新华书店、各大网上书店及相关专业书店
开　　本：720mm×1000mm　1/16	印　　张：41
版　　次：2022 年 10 月第 1 版	印　　次：2022 年 10 月第 1 次印刷
字　　数：756 千字	定　　价：498.00 元（全 5 册）
ISBN 978-7-5130-8404-8	

出版权专有　侵权必究

如有印装质量问题，本社负责调换。

上海宋和顾律师事务所
一家专注解决股东纠纷的律师机构

认为 —— 诉讼不能从根本上化解股东纠纷,最终途径是协商。各方应以"妥协"的心态,合理主张股东权益,否则两败俱伤。

倡导 —— 原则性(合作)谈判,尊重对方心理诉求,有效管控双方的情绪,避免竞争性谈判,共同寻找最佳替代解决方案。

关 于 作 者

第三版编写说明

本次修订,根据新颁布实施的《民法典》《外商投资法》《民事诉讼法》《公司法司法解释(五)》《全国法院民商事审判工作会议纪要》等,更新了典型案例,修订了原书中与现行法律冲突或遗漏的内容。

本书对于部分法律法规,特别是司法解释,直接采用了较为简单明确的表述,如《公司法司法解释》《合同法司法解释》等。对《〈公司法〉修订草案》(2021年12月24日,第十三届全国人民代表大会常务委员会第三十二次会议审议)中新的内容,在所涉章节开篇时以脚注形式提示。本书部分案例及案例中涉及的收购报告书等文件的出处因时间较久,部分网址已失效,故未能尽数标注。同时,为方便读者阅读,如无特别标注或说明,本书案例中的二审上诉人、被上诉人,以及再审申请人、被申请人,均统一以原告(人)、被告(人)称之。案例中如有二审、再审,并予以维持的判决书,均以终审案号为准。此外,为方便表述,书中部分内容采用"高管"来代替"高级管理人员"一词。

本书定稿于2022年1月,涉及法律法规有效性均止于定稿时间。

宋海佳、顾立平、郭睿、王静、于慧琳、姚祎、王芬、陈露婷、徐源芷、徐权权、杨瑞芬、赵佳、冉洁月、吴钰颖、张经纬参与了此次修订。

上海宋和顾律师事务所
2022年5月25日

第二版编写说明

《合伙人》第一版出版两年多,蒙读者厚爱,在当当网、京东网、亚马逊网的读者好评率分别为100%、97%和五星。

本次再版,除了订正疏漏之外,还撷取和提炼了最新的具有代表性的典型案例,尤其是来自最高人民法院的公报案例、指导案例,修正原书中与现行法律法规、司法判例中或冲突或遗漏的内容,将最前沿的、最具实务价值的司法观点(如《最高人民法院关于适用〈中华人民共和国公司法〉若干问题的规定(四)》征求意见稿)、实践经验呈现给读者。

需要说明的是,本书中部分案例判决作出时间较早,诉讼主体、判决依据和结果可能与现行法律、法规有所冲突。我们也注意到了这些问题并加以标注。之所以仍然保留,是因其中案件的背景、证据和法院观点对现今的司法实践仍有借鉴意义,读者亦可从中感受司法实践的发展历程。

最后,借《合伙人》再版之际,向对第一版提出修订建议的读者和朋友,向给予我们关心、鼓励和帮助的同行和专家学者们,表示衷心的感谢!

主编宋海佳参与本书全部章节的撰写,并负责选题、体例设计和审定工作。

任梅梅、顾立平参与本书全部章节的撰写工作。

韦业显(香港韦业显律师行创办人)参与本书"离岸公司不公平损害的股东权益保护"部分的撰写工作。

于东耀、章亚萍、郭睿、吴星、张莉、虞修秀、张旆、姜元哲参与资料收集和部分案例的编写及校对工作。

再版修改部分,由徐清律师负责统筹,由宋海佳、顾立平、徐清、赵玉刚、陈纯、龙华江(全面负责税法部分修改)、华轶琳、陈怀榕、王永平律师参与撰写,王芬律师负责校对。

简　目

1

第一章　公司设立纠纷 ……………………………………（ 1 ）
第二章　发起人责任纠纷 …………………………………（ 98 ）
第三章　股东出资纠纷 ……………………………………（ 134 ）

2

第四章　股东资格确认纠纷 ………………………………（ 495 ）
第五章　股东名册记载纠纷 ………………………………（ 742 ）
第六章　请求变更公司登记纠纷 …………………………（ 763 ）
第七章　股权转让纠纷 ……………………………………（ 847 ）

3

第八章　增资纠纷 …………………………………………（1117）
第九章　新增资本认购纠纷 ………………………………（1242）
第十章　减资纠纷 …………………………………………（1269）
第十一章　公司合并纠纷 …………………………………（1317）
第十二章　公司分立纠纷 …………………………………（1385）
第十三章　损害公司利益责任纠纷 ………………………（1426）

· 1 ·

4

第十四章　损害股东利益责任纠纷 …………………………………（1737）

第十五章　请求公司收购股份纠纷 …………………………………（1799）

第十六章　公司解散纠纷 ……………………………………………（1883）

第十七章　申请公司清算 ……………………………………………（2027）

第十八章　清算责任纠纷 ……………………………………………（2116）

第十九章　股东知情权纠纷 …………………………………………（2157）

5

第二十章　公司决议纠纷 ……………………………………………（2301）

第二十一章　上市公司收购纠纷 ……………………………………（2524）

第二十二章　公司盈余分配纠纷 ……………………………………（2596）

第二十三章　公司证照返还纠纷 ……………………………………（2697）

第二十四章　公司关联交易损害责任纠纷 …………………………（2746）

第二十五章　损害公司债权人利益责任纠纷 ………………………（2813）

目 录

第八章 增资纠纷

第一节 立 案 ……………………………………………………… (1119)

636. 股东请求确认增资无效应当如何确定诉讼当事人？………… (1119)

637. 向公司实际投入资金用于增资的股东或非公司股东投资者，主张公司返还投资款的诉讼当事人应当如何确定？………… (1119)

638. 增资纠纷诉讼是否适用诉讼时效？……………………………… (1119)

639. 增资纠纷诉讼由何地法院管辖？………………………………… (1119)

640. 增资纠纷按照什么标准交纳案件受理费？……………………… (1119)

第二节 增资纠纷的裁判标准 …………………………………… (1120)

一、增资的作用、方式、程序及增资无效的原因 ……………… (1120)

641. 实践中，公司增资的方式主要有哪些？………………………… (1120)

642. 公司增资一般需履行哪些程序？………………………………… (1120)

643. 公司增加注册资本时，原有股东享有哪些权利？……………… (1121)

644. 公司增资行为何时生效？无效的原因有哪些？………………… (1121)

二、公积金转增股本的限制 ……………………………………… (1122)

645. 法定公积金的提取有何法定要求？法定公积金有何作用？…… (1122)

646. 哪些公积金可以用以增加公司注册资本？在以公积金增资时有何限制？………………………………………………………… (1122)

三、股份有限公司发行新股、可转换公司债券的程序 ………… (1122)

647. 股份有限公司首次公开发行新股应当满足哪些条件？………… (1122)

648. 如何认定股份有限公司是否具备健全、良好的组织机构？…… (1122)

· 1 ·

649. 如何认定上市公司是否具备持续盈利能力及拥有良好财务状况？ …………………………………………………………… (1123)

650. 拟发行新股的公司"最近3年财务会计文件无虚假记载,无其他重大违法行为"中的虚假记载及重大违法行为应当如何认定？ …… (1123)

651. 拟发行新股的公司募集资金的数额与使用有何一般性规定？ …… (1124)

652. 股份有限公司公开发行新股的方式有哪些？ …………………… (1124)

【案例271】厦门厦工公开增发16,000万股新股上市 …………… (1124)

【案例272】川投能源优先配发16,300万股新股上市 …………… (1126)

【案例273】宏图高科定向增发1.6亿股限售股上市流通 ………… (1128)

653. 股份有限公司向原股东配售股份,有何特殊的条件限制？ ……… (1129)

654. 如果控股股东不履行认购股份的承诺,或原股东认购数额不满拟配售数量的70%,发行人有何责任？ ………………………… (1129)

655. 向不特定对象增发股份,有何特殊条件限制？ ………………… (1129)

656. 股份有限公司发行新股需履行哪些程序？ ……………………… (1129)

657. 股份有限公司发行新股时,股东大会应对哪些事项作出决议？ … (1129)

658. 股份有限公司公开发行新股需向证监会报送哪些材料？ ……… (1130)

659. 何为可转换公司债券？发行可转换债券有何特殊限制？ ……… (1130)

【案例274】同仁堂配售、公开发行12亿可转换公司债券 ……… (1130)

【案例275】南山铝业配售、公开发行60亿可转换公司债券 …… (1135)

【案例276】中国银行可转换债券转股18余万股 ………………… (1140)

660. 发行可转换公司债券的期限是多少？应按照怎样的程序发行？ … (1141)

661. 擅自公开发行证券的,有何民事及行政责任？ ………………… (1143)

662. 什么是非公开发行股票？非公开发行股票的对象应当具备什么条件？ …………………………………………………………… (1143)

663. 上市公司非公开发行股票,除了应当满足对象的要求外,对拟发行的公司本身有何要求？ ………………………………………… (1143)

664. 公司在何种情况下,不得非公开发行股票？ …………………… (1144)

四、增资效力的裁判标准 …………………………………………… (1144)

665. 增资决议内容违法的表现形式有哪些？ ………………………… (1144)

【案例277】增资损害小股东利益 公司赔偿股东损失 ………… (1144)

666. 增资程序违法的表现形式有哪些？ ……………………………… (1147)

目　录

667. 虽然未经股东会决议通过,但公司收取了第三人的增资款并与
　　　第三人签订增资协议,增资行为是否有效?如果公司进而
　　　为其办理了工商变更登记手续,并对股东名册进行了
　　　修改,该增资是否有效? ………………………………………(1147)
　　【案例278】增资未经股东会决议通过　虽已办理工商登记仍被
　　　　　　　认定无效 …………………………………………(1147)
668. 投资人履行了出资义务,但未办理工商变更登记,其增资行为
　　　是否有效? ………………………………………………………(1149)
669. 国有独资公司的增资有何特殊程序? …………………………(1150)
　　【案例279】国有独资公司增资未经批准　决议被判无效 ………(1150)
670. 国有资本控股公司、国有资本参股公司增资时,应当由哪个机构
　　　对增资行为进行决议? …………………………………………(1152)
671. 增资协议无效的原因包括哪些? ………………………………(1152)
　　【案例280】增资协议不合法、股东会决议未作出　投资人无法取得
　　　　　　　股权 …………………………………………………(1153)
672. 公司股东会决议增资,但投资人并未与公司之间形成明确的
　　　投资关系,此时是否能够认定增资行为生效? ………………(1156)
　　【案例281】未明确投资关系　公司增资不成立 …………………(1156)
673. 实践中,哪种情况下投资人可依法解除增资协议? ……………(1157)
　　【案例282】公司拒不办理工商登记　投资人成功解除增资协议 …(1158)
　　【案例283】未经股东会决议且另一原股东不同意新股东入股　增资
　　　　　　　协议无效 ……………………………………………(1159)
　　【案例284】因不可抗力导致增资协议目的无法实现　一方有权
　　　　　　　解除协议 ……………………………………………(1162)
674. 投资人在主张解除增资协议,向公司主张返还股款的同时,要求公司
　　　承担利息损失应当具备哪些条件?投资人是否可以另外主张公
　　　司承担损害赔偿责任? …………………………………………(1167)
　　【案例285】增资到位未得股东资格　解除协议主张利息获支持 …(1168)
　　【案例286】公司违反增资协议　股东可按约请求赔偿损失 ……(1171)
五、投资人确权或主张公司依据增资决议履行义务的裁判标准 ……(1174)
675. 投资人向公司缴纳增资款后,如何保障其股东权益? …………(1174)

· 3 ·

676. 投资人依法向公司缴纳增资款后,请求确认其股东资格的前提
条件是什么? ……………………………………………………… (1174)

【案例287】凭过期资产评估报告验资不真实　主张非货币财产出资享
84%股权失败 …………………………………………………… (1174)

677. 投资人主张公司依据增资协议履行办理工商变更登记义务应当
举证证明哪些内容? ……………………………………………… (1176)

第三节　新浪模式及对赌协议所涉纠纷的裁判标准 …………… (1176)

一、新浪模式的法律风险与效力 ……………………………………… (1176)

678. "新浪模式"的架构如何安排? ………………………………… (1176)
679. "新浪模式"的产生背景是什么? ……………………………… (1178)
680. "新浪模式"涉及哪些控制协议? ……………………………… (1178)
681. "新浪模式"中一系列控制协议是否有效? …………………… (1179)
682. 如何界别相关规定中"返程投资"与"新浪模式"? ………… (1179)
683. "新浪模式"是否存在税务法律风险? ………………………… (1180)
684. "新浪模式"下如何尽量避免法律风险? ……………………… (1180)
685. 未来产业政策将带给"新浪模式"什么样的影响? …………… (1181)

【案例288】可变利益主体股权变更　新东方市值蒸发逾三成 ……… (1181)
【案例289】新浪模式下利润转移协议被确认无效 …………………… (1182)
【案例290】新浪模式下股权控制协议被确认无效 …………………… (1186)

二、对赌条款的法律风险与分析 ……………………………………… (1190)

686. 对赌条款产生的原因有哪些? ………………………………… (1190)
687. 对赌条款的法律实质及效力如何? …………………………… (1190)
688. 对赌条款中的业绩承诺和估值调整的内容有哪些? ………… (1191)

【案例291】只享收益不担风险　补偿条款被判无效 ………………… (1192)
【案例292】与目标公司对赌有法律、事实可履行性　对赌条款有效 … (1200)

689. 设置对赌条款应注意哪些问题? ……………………………… (1208)

【案例293】永乐电器预测乐观　导致公司被收购 …………………… (1209)

690. 对赌条款有哪些分散投资风险的条款? ……………………… (1209)
691. 何为利润优先分配约定?利润优先分配约定的法律效力
如何? ……………………………………………………………… (1210)
692. 何为保底收益条款,其法律效力如何? ……………………… (1210)
693. 利润优先分配权、保底收益条款有何区别? ………………… (1210)

694. 何为剩余财产优先分配权？ …………………………………………… (1210)
695. 优先清算权的法律效力如何？优先清算权的主要内容
    是什么？ …………………………………………………………………… (1210)
696. 何为可转换债券，可转换债券的法律效力如何？ …………………… (1211)
697. 何为非竞争承诺，其法律效力如何？ ………………………………… (1211)
698. 何为限制投资款款项用途？如何理解限制投资款款项用途？其
    法律效果如何？ …………………………………………………………… (1211)
699. 何为一票否决权？投资者派出的董事是否享有一票否决权？ …… (1212)
700. 何为股权回购条款？股权回购约定的效力如何？请求回购股权
    能否得到法院支持？股权回购条款的主要内容有哪些？ ………… (1212)
【案例294】股份回购"对赌" 未完成减资程序不予支持 …………… (1213)
701. 何为反稀释保护条款？其效力如何？其主要内容有哪些？ ……… (1218)
702. 何为知情权条款？其效力如何？其主要内容如何？ ……………… (1219)

第四节 增资的税务问题 …………………………………………………… (1220)

一、公积金转增资本的税务问题 ………………………………………… (1220)

703. 资本公积有哪些明细项目？哪些公积金可以直接转增资本？ …… (1220)
704. 公司以资本公积金增资，自然人股东因此取得的股权是否需要
    缴纳个人所得税？ ……………………………………………………… (1220)
【案例295】首开股份资本公积金转增股本所得税处理案 …………… (1221)
【案例296】非股票溢价发行收入形成的资本公积金 转增资本需缴纳
        个人所得税 ……………………………………………………… (1223)
【案例297】盈余公积转为资本公积后转增注册资本 需依法缴纳个人
        所得税 …………………………………………………………… (1224)
705. 公司以股权（票）溢价所形成的资本公积增资，法人股东因此取得的
    股权是否需要缴纳企业所得税？ ……………………………………… (1225)
【案例298】"先减资，再增资，后转让"不能降低股权转让税负 ……… (1225)
706. 公司以盈余公积、未分配利润增资，自然人股东因此取得的股权是否
    需要缴纳个人所得税？ ………………………………………………… (1227)
707. 公司以盈余公积、未分配利润增资，法人股东因此取得的股权是否
    需要缴纳企业所得税？ ………………………………………………… (1228)
【案例299】转股送股方式不同 税务处理有差别 ……………………… (1228)

708. 资本公积转增资本是否需要缴纳印花税？如需要,计税依据如何确定？ ………………………………………………………………………… (1231)

二、合伙企业的税务问题 ………………………………………… (1231)

709. 如何确定合伙企业所得税的纳税义务人？ ………………… (1231)
710. 合伙企业自然人投资者的生产经营所得个人所得税应纳税额应如何确定？ …………………………………………………………… (1231)
711. 合伙企业合伙人是法人的,如何确定企业所得税应纳税额？ …… (1231)
712. 合伙企业未作出利润分配的决定也未实际分配利润,合伙人是否需要缴纳个人所得税或企业所得税？ ……………………………… (1232)
713. 如何确定合伙企业各个投资者的应纳税所得额？ ………… (1232)
714. 如何确定实行查账征收办法的合伙企业自然人投资者的个人所得税费用税前扣除标准？ ……………………………………… (1232)
715. 个人独资企业和合伙企业自然人投资者兴办两个或两个以上企业的(包括参与兴办),应如何确定适用税率和应纳税款？ …… (1233)
716. 个人独资企业、合伙企业的年度亏损,是否可以用下一年度的生产经营所得弥补？ ………………………………………………………… (1233)
717. 个人独资企业、合伙企业自然人投资者缴纳个人所得税,何时进行预缴和清缴？ ……………………………………………………… (1233)
718. 个人独资企业、合伙企业自然人投资者如何申报缴纳个人所得税？ …………………………………………………………………… (1234)
719. 个人独资企业、合伙企业自然人投资者缴纳个人所得税时,需要提交哪些文件？ ……………………………………………………… (1234)

三、私募股权投资企业税务问题 ………………………………… (1234)

720. 创业投资企业有何优惠政策？申请该项优惠政策应满足哪些条件？ ………………………………………………………………… (1234)
721. 个人独资企业、合伙企业对外投资分回利息、股息、红利,自然人投资者应如何缴纳个人所得税？ ……………………………………… (1235)
722. 公司制股权投资企业和股权投资管理企业的股东如何缴税？ …… (1236)
723. 有限合伙制股权投资类企业的法人合伙人如何缴税？ …… (1236)
724. 创业投资企业个人合伙人如何缴税？ ……………………… (1237)
725. 投资于湖北省股份制改造、并购重组项目的股权投资企业可享受何种财政奖励？ ………………………………………………………… (1237)

726. 湖北省股权投资企业因收回、转让或清算处置股权投资而发生的权益性损失可否申报税前扣除？ (1238)
727. 北京市公司制股权投资管理企业可享受何种财政奖励？ (1238)
728. 北京市股权基金或管理企业有关人员有何个人所得税优惠政策？ (1238)
729. 重庆市对于合伙制股权投资类企业有何地方财税优惠政策？ (1238)
730. 重庆市公司制股权投资企业可享受何种财税优惠政策？ (1238)

第九章 新增资本认购纠纷

第一节 立 案 (1243)

731. 如何确定新增资本优先认购权纠纷的诉讼当事人？ (1243)
732. 股东或非公司股东投资者主张公司依照股东会决议配合增资、办理工商变更登记手续的诉讼，如何确定诉讼当事人？ (1243)
733. 新增资本认购纠纷按照什么标准交纳案件受理费？ (1243)
734. 新增资本认购所引发的诉讼是否适用诉讼时效？ (1243)
735. 股东主张优先认购权的诉讼请求应当如何表述？ (1243)

第二节 股东主张优先认购权的裁判标准 (1244)

736. 股东之间可否约定不依照实缴出资享有优先认购权？ (1244)
737. 股份有限公司中，股东是否享有法定的优先认购权？ (1244)
【案例300】股份公司股东无法定优先认购权 (1244)
738. 股份有限公司章程约定股东享有优先认购权，但公司股东大会决议排除了股东的优先认购权，该决议是否有效？其余股东是否享有优先认购权？ (1247)
【案例301】定向增资股东会决议优于章程 股份公司股东诉请优先认购被驳回 (1247)
739. 股东行使优先认购权有何时间限制？ (1249)
【案例302】股东增资优先认购权属形成权 超期主张行使被判驳回 (1249)
740. 股东行使新增资本优先认购权的价格如何确定？ (1256)
741. 股东优先认购权受到侵犯应当如何救济？ (1256)

· 7 ·

742. 侵犯股东优先认购权的决议被认定无效后,是否影响增资决议的
    整体效力? ………………………………………………………… (1256)
    【案例303】侵犯股东优先认购权　增资决议部分无效 ………… (1256)
    【案例304】剥夺股东优先认购权　股东会决议被判无效 ……… (1259)
    【案例305】优先认购不属效力性强制规定　侵权但合理增资
    仍有效 …………………………………………………………… (1263)
743. 股东主张优先认购权应当举证证明哪些事实? ………………… (1267)
744. 股东如何证明其未放弃优先认购权? …………………………… (1267)
745. 法院判决股东享有新增资本优先认购权,被告公司不予执行,
    原告应如何救济? ………………………………………………… (1267)

第十章　减资纠纷

第一节　立　案 …………………………………………………… (1270)

746. 如何确定公司减资纠纷的诉讼当事人? ………………………… (1270)
747. 公司减资纠纷由何地法院管辖? ………………………………… (1270)
748. 公司减资纠纷按照什么标准交纳案件受理费用? ……………… (1270)
749. 公司减资纠纷诉讼是否适用诉讼时效或除斥期间? …………… (1270)
750. 法院判决公司减资无效后,依据减资决议已经支付的减资款以及
    已经作出的工商变更登记应如何处理? ………………………… (1271)

第二节　减资纠纷的裁判标准 …………………………………… (1271)

一、减资一般法定程序 …………………………………………… (1271)

751. 公司减资需履行哪些内、外部程序? …………………………… (1271)
752. 减资方案应包含哪些内容?股东(大)会应以多少表决权
    通过减资决议? …………………………………………………… (1272)
753. 公司减资基准日应当如何确定? ………………………………… (1273)
754. 减资公告应在何时、何处发布?公告内容应当包括哪些? …… (1273)
755. 减资程序违法损害债权人利益有哪些情形? …………………… (1273)
756. 公司在减资决议作出后30日内告知债权人,债权人可否要求
    公司清偿未到期债务? …………………………………………… (1273)
757. 公司可否在通知债权人的同时约定,如果债权人不在特定期限内
    主张债权或要求担保,则视为债权人放弃债权? ……………… (1273)

758. 对于未到期债务,如何认定公司怠于履行担保义务的期限? …… (1273)

　　【案例306】报纸减资公告不视为告知债权人　股东承诺担保负补充

　　　　清偿责任 ………………………………………………………… (1274)

759. 债权人接到公司的减资通知30日内,或未接到通知的45日内,

　　未要求公司清偿债务或者提供担保的,债权人的该项权利

　　是否仍存在? ……………………………………………………… (1276)

760. 公司减资办理注册资本变更登记时应备齐哪些材料? …………… (1276)

761. 国有公司减少注册资本由谁决定? ……………………………… (1277)

二、上市公司减资法定程序 ……………………………………………… (1277)

762. 上市公司减资应履行什么特殊程序? …………………………… (1277)

　　【案例307】东港股份回购注销不合条件　被激励员工股权并减资

　　　　8万股 …………………………………………………………… (1277)

　　【案例308】为避同业竞争　公司以资产作为减资对价支付股东 …… (1278)

　　【案例309】为降投资管控风险　友好集团对子公司减资5100万元

　　　　退出经营 ………………………………………………………… (1279)

763. 上市公司减资的,应在什么时点履行临时报告义务? …………… (1280)

三、减资补亏及其法律效力 ……………………………………………… (1280)

764. 公司以减资弥补亏损的应当具体履行哪些程序? ……………… (1280)

765. 公司以注册资本弥补亏损是否违反法律规定? ………………… (1280)

766. 公司可否先行通过资本公积金转增股本,然后再以减资的方式将

　　资本公积金变相用于弥补亏损? ………………………………… (1280)

　　【案例310】ST飞彩:转增资本后减资弥补亏损 …………………… (1281)

767. 公司的注册资本与公司实际资产不一致,对公司和投资者而言,

　　有何不利? ………………………………………………………… (1282)

四、公司减资纠纷的裁判标准 …………………………………………… (1282)

768. 公司减资损害公司或股东利益时,应当如何救济? ……………… (1282)

　　【案例311】减资未通知债权人　减资股东承担补充赔偿责任 …… (1282)

769. 减资是否包括减资后的股权比例重新分配? 有限责任公司不等

　　比减资应经多少股东表决权同意通过? ………………………… (1285)

770. 投资人能否通过定向减资取回计入公司资本公积金的投资

　　溢价款? …………………………………………………………… (1285)

· 9 ·

【案例312】不等比减资须全体股东同意　未经清算不得定向减资分配
　　　　　 剩余财产 ·· (1286)
771. 股份有限公司不等比减资应经多少股东表决权同意通过? ········· (1292)
772. 在公司股东认缴出资尚未到位的情况下,是否允许公司
　　 进行减资? ·· (1292)
773. 公司减资未履行通知及公告义务,或者未按照债权人的要求清偿
　　 债务或提供相应的担保,债权人可否要求股东承担连带责任? ······ (1292)
【案例313】公司经营资不抵债　认缴注册登记制下股东出资义务
　　　　　 加速到期 ·· (1292)
【案例314】拘留中股东认可债务　公司减资未通知债权人需补充
　　　　　 赔偿 ·· (1298)

五、违法减资的法律责任 ··· (1300)

774. 减资无效后,公司的民事责任有哪些? ··· (1300)
775. 公司减资未办理工商变更登记应承担何种行政责任? ··················· (1301)
776. 如果上市公司减资未履行临时报告义务,或者违规披露信息,给
　　 投资者造成损失的,公司应当承担何种民事责任? 公司的董事、
　　 监事及高级管理人员是否需要承担责任? 由此造成的损失应当
　　 如何认定? ·· (1301)
【案例315】虚假陈述与股市风险并存　扣除股市下跌损失认定虚假
　　　　　 陈述责任 ·· (1301)
777. 上市公司减资未履行临时报告义务,将受到何种行政处罚? ········· (1308)
【案例316】鲁北化工多起关联交易未披露　公司及负责人共计被罚
　　　　　 147万元 ·· (1308)
【案例317】紫金矿业未及时披露污染事件　遭证监会罚款30万元 ······ (1310)

第三节　公司减资的税务问题 ·· (1312)

778. 公司减资如何进行会计处理? 投资方如何进行会计处理? ··········· (1312)
779. 公司以及股东如何进行减资的税务处理? ······································ (1312)
【案例318】减资收回投资成本　无须缴纳所得税 ······························· (1313)
【案例319】减资金额超出投资成本与红利　超出部分要缴税 ············· (1314)
780. 公司因减资进行税务变更,需要提交哪些文件? ··························· (1315)

第十一章 公司合并纠纷

第一节 立 案 ……………………………………………………… (1318)

781. 如何确定公司合并纠纷的当事人？ ………………………… (1318)

782. 公司合并纠纷由何地法院管辖？ ……………………………… (1318)

783. 公司合并纠纷按照什么标准交纳案件受理费？ ……………… (1318)

784. 主张公司合并无效或合并协议无效是否适用诉讼时效？ …… (1319)

785. 债权人向公司主张债权的诉讼时效是否因负有债务的公司合并
而产生变化？ …………………………………………………… (1319)

786. 若判决公司合并无效，则新设公司在判决生效前进行的交易行为
效力如何？ ……………………………………………………… (1319)

787. 合并前公司签订合同中约定的争议解决条款或仲裁条款对合并
后的公司是否具有约束力？ …………………………………… (1319)

【案例320】合并前订立仲裁条款 不因合并而丧失效力 ……… (1319)

788. 公司合并被依法判决无效后，依据原合并协议已作出的资产负债
分配及变更登记应如何处理？ ………………………………… (1321)

第二节 公司合并纠纷的裁判标准 ……………………………… (1321)

一、公司合并的法定程序 ……………………………………… (1321)

789. 公司合并必须履行哪些法定程序？ …………………………… (1321)

790. 不同法律形式的公司合并后，如何确定合并后的公司形式？ … (1322)

791. 如何确定公司合并后的注册资本及股权比例？ ……………… (1322)

【案例321】海润光伏被吸收合并实现借壳上市 ………………… (1322)

【案例322】为避退市 ST东源吸收合并金科集团 ……………… (1324)

792. 公司合并是否必须签订合并协议，协议签订主体是谁？是否包括
合并各公司的股东？ …………………………………………… (1326)

793. 公司合并后，原合并各方的债务由谁承担？ ………………… (1326)

【案例323】合并后新公司被判承继原债务 ……………………… (1326)

794. 债权转让合同纠纷、债务转移合同纠纷以及债权债务概括转移
合同纠纷有何区别？ …………………………………………… (1328)

795. 债权人转让其债权需履行何种程序？债权的转让何时对债务人
产生效力？ ……………………………………………………… (1329)

· 11 ·

796. 债务转移应当履行何种程序？未经债权人同意转移债务是否
　　有效？……………………………………………………………（1329）
【案例324】债务转移未附生效条件　新债务人逾期不付款被判违约……（1329）
【案例325】债务人承诺向第三人支付　应视为已知债权转移…………（1333）
【案例326】未经债权人同意　债权债务概括转移对内仍有效…………（1336）
797. 债权转让合同纠纷、债务转移合同纠纷以及债权债务概括转移合同
　　纠纷由何地法院管辖？按照什么标准交纳案件受理费？是否
　　适用诉讼时效？………………………………………………（1337）
798. 公司合并时，合并各方应当如何通知债权人？进行公告的报纸
　　有何要求？如债权人未接到通知将如何处理？………………（1338）
799. 公司合并时，可否在向债权人发布的通知或公告中要求债权人限期
　　申报债权，并提出对不按期申报债权的债权人不予清偿？……（1338）
800. 公司合并时，债权人可否主张未到期债权或要求提供担保？……（1338）
801. 公司合并后，公司职工是否须与新设公司或存续公司重新签订
　　劳动合同？……………………………………………………（1338）
【案例327】合并后员工调入关联公司　工作10年应签无固定期限
　　　　　合同……………………………………………………（1338）
802. 实践中，可否由各方先行签订公司合并协议，再提交股东（大）会
　　讨论决定？……………………………………………………（1341）
803. 公司合并是否需要经过有关部门批准？如果需要，应由什么
　　部门批准？……………………………………………………（1341）
804. 公司合并如何向市场监督管理部门进行登记申请？应提交哪些
　　材料？…………………………………………………………（1341）
805. 如何判断公司合并是否构成垄断？……………………………（1342）
806. 公司合并可能构成垄断的，应向什么部门申报审查？应履行怎样的
　　申报流程？……………………………………………………（1342）
【案例328】谷歌收购摩托罗拉　承诺公平对待智能终端生产商
　　　　　获批准………………………………………………（1343）
【案例329】沃尔玛间接收购1号店　承诺实体、网络不联合获批准……（1347）
【案例330】乌钾吸收合并谢钾　承诺销售模式不变获批准…………（1348）
【案例331】可口可乐收购汇源　限制竞争被禁止……………………（1350）

二、公司合并纠纷的裁判标准 (1352)

807. 什么情况下公司合并无效？ (1352)

808. 公司合并后,原合并各方的债权债务由谁承继？ (1353)

【案例332】新公司承继债权无须另行通知 (1353)

【案例333】以债务承担方式兼并 债务皆已转移 (1354)

809. 如果公司合并未依法通知及公告,债权人是否可以向合并后存续的公司主张提前偿还未到期的债务？如果债权人未收到通知,或收到通知但在公告后的45日内没有提出主张未到期债权,是否还可以要求提前还债？ (1357)

810. 公司合并未通知债权人是否需要承担行政责任？ (1357)

第三节 企业合并的税务问题 (1357)

一、企业合并的所得税处理问题 (1357)

（一）合并的一般性税务处理 (1357)

811. 如何确定合并中当事人、合并日以及合并主导方？ (1357)

【案例334】同一控制下企业合并的会计处理方式 (1357)

812. 同一控制下的企业合并如何进行会计处理？ (1359)

813. 非同一控制下的企业合并如何进行会计处理？ (1360)

【案例335】非同一控制下企业合并的会计处理方式 (1361)

814. 企业合并如何进行企业所得税的一般性税务处理？ (1362)

815. 企业合并进行一般性税务处理需要提交哪些资料？ (1362)

【案例336】广汽集团吸收合并广汽长丰 股权支付比例不足85%要缴企业所得税 (1363)

816. 一般性税务处理情形下,企业合并后如何享受合并前的税收优惠政策？ (1365)

（二）合并的特殊性税务处理 (1366)

817. 企业合并适用特殊性税务处理需符合哪些条件？ (1366)

【案例337】雅戈尔母子公司垂直合并特殊性税务处理案 (1367)

【案例338】同一控制下且不需要支付对价吸收合并全资子公司 适用特殊性税务处理 (1368)

818. 企业合并中适用特殊税务处理,应从哪些方面说明企业合并具有合理的商业目的？ (1370)

819. 企业合并时如何进行特殊性税务处理？ (1370)

【案例339】五粮液兄弟公司吸收合并　暂免征企业所得税 ……………(1371)
820. 一家外国企业将其在境内设立的两家全资子公司合并成一家，能否适用特殊性税务处理方式？ ………………………………(1373)
【案例340】非居民企业母子公司吸收合并　税务机关认定为股权转让 …………………………………………………(1373)
821. 企业合并,进行特殊性税务处理应于何时提交哪些备案材料？合并各方的确认机关如何确定？ …………………………(1376)
822. 企业在合并发生前后连续12个月内分步对其资产、股权进行交易，是否应作为企业合并交易处理？若同一项合并业务涉及在连续12个月内分步交易,且跨2个纳税年度的,如何适用特殊性税务处理？ …………………………………………………………(1377)
823. 企业合并中,当事一方在规定时间内发生情况变化,致使合并业务不再符合特殊性税务处理条件的,应如何处理？ ……………(1378)
824. 特殊性税务处理情形下,合并后企业如何享受合并前的税收优惠政策？ …………………………………………………(1378)

二、企业合并其他税种的处理 ………………………………………(1378)
825. 企业在合并过程中发生土地使用权人变更是否需要缴纳土地增值税？ …………………………………………………(1378)
826. 企业合并过程中发生无形资产、不动产所有权的转移,是否需要缴纳增值税？ …………………………………………………(1379)
827. 企业合并过程中发生实物资产以及与其相关联的债权、负债和劳动力转让行为,是否需要缴纳增值税？ …………………(1379)
828. 合并后的企业承受原合并各方的土地、房屋权属的,是否需要缴纳契税？ …………………………………………………(1379)
【案例341】东航换股吸收合并上航　免征土地增值税 ……………(1379)
829. 企业合并是否需要缴纳印花税？ ……………………………(1382)

第十二章　公司分立纠纷

第一节　立　　案 ……………………………………………(1386)
830. 如何确定公司分立纠纷的诉讼当事人？ ……………………(1386)

831. 公司分立时未签订资产分割协议或分割不清,导致分立后的新设
     公司对资产分配不满意而引起诉讼,如何确定诉讼当事人? …… (1386)

【案例342】分立公司与股东财产相独立　股东无权主张分立协议
           权益 ………………………………………………………… (1387)

832. 公司分立纠纷由何地法院管辖? ………………………………… (1389)

833. 公司分立无效诉讼按照什么标准交纳案件受理费? …………… (1389)

834. 公司分立纠纷是否适用诉讼时效? ……………………………… (1389)

835. 公司被依法判决分立无效后,已分割的资产及已变更的工商登记应
     如何处理? …………………………………………………………… (1389)

第二节　公司分立纠纷的裁判标准 ……………………………… (1390)

一、公司分立的法定程序 ………………………………………… (1390)

836. 公司分立必须履行哪些法定程序? ……………………………… (1390)

837. 公司分立与公司合并在程序上有何不同? ……………………… (1390)

838. 公司分立的方案由谁拟订?由谁表决通过?需达到多少
     表决权? ……………………………………………………………… (1391)

839. 公司分立方案在股东(大)会通过后,是否必须签订分立协议?
     分立协议的签订人是谁?分立各方还需提供哪些材料? ……… (1391)

840. 实践中,可否由各方先行签订公司分立协议,再提交股东(大)会
     审核? ………………………………………………………………… (1391)

841. 公司分立后,如何确定注册资本及各股东股权比例? ………… (1391)

842. 公司分立后,原有债权债务由谁享有和承担? ………………… (1392)

【案例343】公司分立债务不分家　分出方对旧债担责任 ………… (1392)

【案例344】分立后各方内部约定债务承担对外无效　债权人主张连带
           赔偿获支持 ……………………………………………… (1394)

843. 公司分立时,分立各方应当如何通知债权人? ………………… (1396)

844. 债权人收到通知后,向分立各方主张到期债权时,分立各方拒
     不履行债务时,债权人可否以此为由中止公司分立的进程? … (1396)

845. 公司新设分立后,新公司又被吸收合并的,原公司债务如何
     承担? ………………………………………………………………… (1397)

846. 公司分立后,公司职工是否需与新设公司或存续公司重新签订
     劳动合同? …………………………………………………………… (1397)

【案例345】分立不切断工龄计算　满10年公司需与员工签无固定
           期限合同 ………………………………………………… (1397)

· 15 ·

847. 公司分立过程中,哪些事项需要办理工商变更登记？应当提交哪些材料？ ……………………………………………………………… (1399)
848. 公司分立导致国有资本变动时,应当向哪个行政部门报批？ …… (1399)
849. 公司国有资本分立的,应当履行何种内部程序？ ………………… (1400)

二、公司分立纠纷的裁判标准 ………………………………………… (1400)

850. 在哪些情形下,公司分立无效？ ………………………………… (1400)

【案例346】提交材料视为同意决议内容 虽未签字公司分立依然有效 ……………………………………………………………… (1401)

851. 公司分立无效是否只能通过诉讼程序实现？ …………………… (1403)
852. 公司进行新设分立时,如果分立协议对部分财产的归属未明确规定,则该财产的所有权人如何确定？ …………………………………… (1403)

【案例347】公司虽分立 未分割财产仍属共同所有 ………………… (1403)

853. 公司分立无效的后果是否溯及新设公司在判决前的交易活动效力？ ………………………………………………………………… (1404)
854. 被执行人按法定程序分立为两个或多个具有法人资格的企业,如何承担债务？ ………………………………………………………… (1405)

第三节 企业分立的税务问题 ………………………………………… (1405)

一、企业分立的所得税处理 …………………………………………… (1405)

（一）分立的一般性税务处理 …………………………………………… (1405)

855. 如何确定分立中当事各方、重组日以及主导方？ ……………… (1405)
856. 企业分立时,如何进行会计处理？ ……………………………… (1405)
857. 企业分立如何进行企业所得税的一般性税务处理？ …………… (1406)

【案例348】股权支付金额低于85% 企业分立要缴所得税 ………… (1407)

858. 企业分立进行一般性税务处理需要提交哪些资料？ …………… (1408)
859. 一般性税务处理情形下,企业分立后如何享受分立前的税收优惠政策？ …………………………………………………………………… (1408)

（二）分立的特殊性税务处理 …………………………………………… (1409)

860. 分立适用特殊性税务处理需符合哪些条件？ …………………… (1409)

【案例349】华晋公司派生分立 符合特殊性条件暂免所得税 ……… (1409)

861. 如何判断分立是否符合"合理的商业目的"？ …………………… (1412)
862. 企业分立如何进行特殊性税务处理？ …………………………… (1412)

【案例350】东北高速分立适用特殊性税务处理暂免征企业所得税 …… (1413)

【案例351】绍兴前进派生分立　符合特殊性条件暂免所得税……(1417)

863. 企业分立,进行特殊性税务处理应于何时提交哪些材料?………(1420)

864. 企业在分立发生前后连续12个月内分步对其资产、股权进行交易,是否应作为企业分立交易处理?若同一项分立业务涉及在连续12个月内分步交易,且跨两个纳税年度的,如何适用特殊性税务处理?……………………………………………………(1421)

865. 企业分立中,当事一方在规定时间内发生情况变化,致使分立业务不再符合特殊性税务处理条件的,应如何处理?………………(1422)

866. 特殊性税务处理情形下,分立后企业如何享受分立前的税收优惠政策?……………………………………………………(1422)

二、企业分立其他税种的处理……………………………………(1423)

867. 企业在分立过程中发生土地使用权人变更,新设立公司取得土地使用权,被分立企业是否需要缴纳土地增值税?…………………(1423)

868. 企业分立过程中发生无形资产、不动产所有权的转移,是否需要缴纳增值税?……………………………………………………(1423)

869. 企业分立过程中发生实物资产以及与其相关联的债权、负债和劳动力转让行为,是否需要缴纳增值税?………………………(1423)

870. 分立后的企业承受原被分立企业的土地、房屋权属的,是否需要缴纳契税?……………………………………………………(1423)

871. 企业分立是否需要缴纳印花税?………………………………(1423)

第十三章　损害公司利益责任纠纷

第一节　立　案……………………………………………(1429)

872. 如何确定损害公司利益责任纠纷的原告?……………………(1429)

【案例352】沪上首例监事告董事不忠胜诉………………………(1430)

873. 当发生损害公司利益责任纠纷时,如何确定被告?……………(1432)

【案例353】状告上市公司高管不履职　原、被告主体均不适格被驳回……(1432)

874. 损害公司利益责任纠纷由何地法院管辖?……………………(1434)

875. 如果损害公司利益的行为既涉及民事责任的承担,又涉嫌刑事犯罪的,法院应当如何处理?…………………………………(1434)

【案例354】涉嫌刑事犯罪　法院驳回民事起诉……………………(1434)

· 17 ·

876. 损害公司利益责任纠纷是否适用诉讼时效？……………………（1436）
877. 损害公司利益责任纠纷按照什么标准交纳案件受理费？………（1436）
878. 公司高级管理人员损害公司利益的,股东须履行哪些前置程序才能起诉？………………………………………………………（1436）
879. 股东未履行提起代表诉讼的前置程序时,法院是否当然驳回起诉？……………………………………………………………（1436）
【案例355】监事选用股东身份起诉 未履行前置程序被驳回 ………（1437）
880. 如果公司仅有两名股东,且分别担任执行董事及监事,则当其中一人损害公司利益时,另一人可否直接提起股东代表诉讼？……（1438）
881. 香港公司是内地公司的股东,当内地公司发生股东纠纷时,香港公司的股东、董事可否代表香港公司提起代表诉讼？…………（1438）
【案例356】无有效决议 香港公司股东、董事不能提起代表诉讼 ………（1439）
882. 股东提起代表诉讼时,公司以何身份参加诉讼？一审法庭辩论终结前,其他股东以相同的诉讼请求申请参加诉讼的,法院应如何处理？……………………………………………………………（1440）
883. 何时成为股东是否影响股东提起代表诉讼？……………………（1440）
884. 股东代表诉讼所获得的利益归谁所有？…………………………（1440）
885. 股东代表诉讼是否仅能适用于损害公司利益责任纠纷？………（1440）
886. 股东在代表诉讼中丧失股东资格的,人民法院应如何处理？…（1441）
887. 股东因提起代表诉讼所支出的费用由谁承担？…………………（1441）
888. 如果股东与被告在股东代表诉讼中签订调解协议或直接申请撤诉,法院应当如何审查其效力？……………………………（1441）
889. 股东代表诉讼中,被告能否提起反诉？…………………………（1441）
890. 在什么情况下股东提起代表诉讼需要提供担保？………………（1441）

第二节 损害公司利益责任纠纷的裁判标准………………………（1441）

一、董事、监事及高级管理人员的任职条件与职权……………（1441）

891. 公司董事如果任期届满未进行选举的,应由谁来履职？………（1441）
892. 董事长具有哪些职权？法定代表人由谁担任？其与董事长的职权有何不同？………………………………………………………（1442）
893. 公司章程关于"董事会有权增补董事"的约定是否有效？………（1442）
894. 股东会是否有权无故解除董事的职务？章程是否可以作出另外约定？……………………………………………………………（1442）

【案例357】长期不召集股东会会议　股东会有权罢免"不勤勉"执行
　　　　董事 ·· (1443)
895. 董事职务被解除后,起诉公司要求补偿,应如何处理? ············ (1444)
896. 哪些人不得担任非上市公司董事、监事及高级管理人员? 这些
　　　职务是否只有公司股东才能担任? 外国人可否担任? ············ (1444)
897. 法院审理期间董事所负数额较大债务已清偿,是否具备任职
　　　资格? ··· (1445)
【案例358】审理期间巨额债务已清偿或和解　执行董事具备任职
　　　　资格 ·· (1445)
898. 哪些人不得担任上市公司的董事? ·· (1448)
899. 对于哪些人员,证监会可以采取证券市场禁入措施从而禁止相关
　　　人员担任上市公司的董事、监事、高级管理人员? ·············· (1448)
【案例359】大股东占用资金未披露　酒鬼酒董事长被禁出局 ········· (1449)
900. 证监会对于禁入措施的年限依照什么标准来确定? 什么情况下
　　　可以从轻、减轻或免于采取禁入措施? ···································· (1450)
【案例360】无证券投资咨询资格非法经营　涉嫌犯罪终身被禁从事
　　　　证券业 ·· (1452)
901. 上市公司独立董事,除应具备担任上市公司董事的资格外,还应该
　　　具备哪些条件? ··· (1453)
902. 私募股权投资基金管理人的高级管理人员包括哪些人员,其任职
　　　资格有何特殊要求? ·· (1454)
903. 担任期货公司董事、监事以及高级管理人员有何特殊任职
　　　要求? ··· (1454)

二、损害公司利益责任纠纷的一般裁判标准 ···································· (1455)

904. 损害公司利益行为的构成要件有哪些? ·································· (1455)
【案例361】虚假陈述与损失无因果关系　请求损失赔偿被驳回 ········ (1456)
【案例362】章程规定违反忠实、勤勉义务5倍赔偿　合法有效 ········ (1460)
【案例363】规避公司授权超额执行合同　公司遭诈骗高管应赔偿 ······ (1464)
【案例364】行政处罚与经理履职无因果　合规报销未损公司利益 ······ (1468)
【案例365】董事职务未被免除仍应尽忠　电子邮件存疑难证董事
　　　　窥商机 ·· (1474)

· 19 ·

【案例366】系争账户权属与资金来源不明　主张高管挪用公款赔偿损失被驳回 …………………………………………………………………… (1477)

905. 催缴股东出资是否属于董事勤勉义务？ ………………………… (1481)

【案例367】双重董事不催缴股东出资　对未出资承担连带赔偿责任 …… (1481)

906. 公司在什么情况下可以行使归入权？ …………………………… (1487)

907. 公司在一个诉讼中,归入权和损害赔偿请求权是否能够同时行使？ ……………………………………………………………… (1487)

908. 如何证明董事、监事及高级管理人员等损害公司利益给公司造成的损失金额？ ……………………………………………… (1487)

【案例368】执行董事未经专业审核签署《造价确认单》　赔偿公司实际损失 ………………………………………………………………… (1488)

909. 公司主张归入权时,侵权行为人取得的"收入"指的是什么收入？应当如何认定侵权行为人的收入？ …………………………… (1496)

【案例369】经理在外当股东同业竞争　股权比例对应收入归入原公司 ……………………………………………………………… (1496)

【案例370】无法否定高管同业经营亏损证据　举证不能主张归入权无功而返 …………………………………………………………… (1500)

【案例371】竞业禁止义务不止于任期届满　同业收入包含未分配利润 ……………………………………………………………… (1503)

【案例372】公司不义董事仍需尽忠　"粤超联赛"法定代表人被判停职 …………………………………………………………………… (1506)

910. 股东代表诉讼中,股东承担的律师费用是否可以主张？如何确定律师费用是否合理？ …………………………………………… (1513)

911. 公司高级管理人员离职后,公司可否起诉要求高级管理人员赔偿其任职期间损害公司利益的行为给公司造成的损失？ ……… (1513)

【案例373】分公司负责人任职期间进行关联交易　离职后公司进行追偿 ………………………………………………………………… (1513)

912. 独立董事对公司是否负有忠实勤勉义务？ ……………………… (1521)

【案例374】独立董事对公司负有勤勉义务　未尽义务需接受处罚 …… (1523)

三、收受贿赂及侵占、挪用公司资金民事责任的裁判标准 ………… (1529)

913. 董事、监事及高级管理人员收受贿赂及其他非法收入的构成要件有哪些？ ……………………………………………………………… (1529)

914. 公司或股东起诉董事、监事及高级管理人员侵占公司财产需举证
     证明哪些内容? ··· (1529)
【案例375】法定代表人并非保管员 主张返还公司财产被驳回 ········· (1529)
【案例376】二人公司执行董事借款不还 监事诉讼返还借款理由
     成立 ··· (1531)
915. 公司董事、监事及高级管理人员、控股股东或实际控制人侵占公司财产,
     或利用职务受贿或收取其他非法收入,应当承担何种责任? ········ (1536)
916. 董事、高级管理人员挪用公司资金的构成要件包括哪些? ············ (1536)
917. 公司董事、高级管理人员挪用公司资金,或将公司资金存入个人名义
     或者以其他个人名义开立的账户应当承担何种责任? ················· (1536)
【案例377】返还存入个人账户的公司资金和利息 辩称个人垫付款
         冲抵公司资金不成立 ··· (1536)
【案例378】公款"私存"用于资金周转 挪用公司资金主张不成立 ····· (1538)
918. 如果公司已经没有实际经营场地,或股东之间已经就解散清算达成
     决议,董事或高级管理人员可否将公司财物存于个人账户或
     其他处所? ··· (1540)
【案例379】公司停业且无经营场地 董事保管财物不视为挪用 ········ (1540)

四、擅自借贷及担保民事责任的裁判标准 ································· (1543)

919. 公司向其他企业投资或者为他人提供担保,由谁决定?公司为
     公司股东或者实际控制人提供担保,由谁决定? ····················· (1543)
920. 董事、高级管理人员未经公司决策机构同意,将公司资金借贷或担保时,
     该借贷或担保是否有效?如何有效防范公司的违规担保
     行为? ··· (1544)
【案例380】董事长擅自对外担保 造成损失应赔偿 ······················ (1545)
921. 法定代表人擅自为他人提供担保,担保合同效力如何?担保责任
     如何承担?公司可否主张法定代表人赔偿损失? ····················· (1547)
922. 法定代表人擅自为他人提供担保,如何认定债权人是否善意? ········ (1548)
923. 法定代表人以公司名义签订的债务加入协议效力如何? ················· (1548)
【案例381】历史习惯交易必为同一合同当事人 违规为母公司担保
         无效 ··· (1548)
【案例382】法定代表人越权担保造成损失 股东提起代表诉讼主张
         赔偿 ··· (1552)

924. 公司为向股东或实际控制人借贷资金而作出股东（大）会、董事会决议时，接受借贷的股东或实际控制人控制的股东是否需要回避？……(1555)

五、自我交易行为民事责任的裁判标准……(1555)

925. 董事、高级管理人员违法进行自我交易的构成要件有哪些？该交易是否有效？……(1555)

【案例383】董事擅自受让公司债权　自我交易无效债权归还公司……(1555)

【案例384】未经股东会同意受让公司商标　自我交易被判无效……(1559)

【案例385】总监新设公司间接自我交易　协议无效法院酌定返还费用……(1562)

926. 已经履行相关决策程序的自我交易行为是否一定有效？……(1566)

927. 公司经理给自己发放薪酬是否违反了忠实义务？……(1566)

【案例386】未经全体股东同意　以利润发奖金被判返还……(1566)

六、谋取公司商业机会与竞业限制民事责任的裁判标准……(1569)

928. 判断是否属于公司商业机会的标准是什么？……(1569)

【案例387】违反竞业禁止义务　董事承担损害赔偿……(1569)

929. 公司董事、高级管理人员违反谋取公司商业机会限制义务的构成要件有哪些？如果董事、高级管理人员违反该义务与第三人进行了交易，该交易是否有效？……(1574)

930. 第三人出于对公司董事、高级管理人员的信任而与其合作，董事、高级管理人员是否属于违反谋取公司商业机会限制的义务？……(1574)

【案例388】利用第三方谋取公司商机　收入被判归公司所有……(1574)

931. 如何判断是否违反了竞业限制义务？……(1576)

932. 公司董事、高级管理人员在经营同类业务的其他公司作为股东，是否构成对竞业限制义务的违反？……(1577)

933. 股东是否可以成为竞业禁止限制义务的主体？……(1577)

934. 如果公司已经税务注销或被吊销但尚未注销，董事、高级管理人员另设公司与原公司同业竞争是否构成损害公司利益？……(1578)

【案例389】原公司停止经营　另设公司不构成同业竞争……(1578)

七、侵害商业秘密民事责任的裁判标准……(1581)

935. 如何判断公司的经营信息和技术信息是否属于商业秘密？……(1581)

【案例390】客户名单为经营秘密　侵权需赔偿……(1582)

【案例391】侵犯商业秘密　不同职位不同责任……(1587)

936. 侵犯商业秘密的表现形式有哪些？ …………………………………（1597）

937. 实践中公司应如何注意保护商业秘密？ ……………………………（1597）

八、其他损害公司利益责任的裁判标准 …………………………………（1599）

938. 公司对外进行投资应当经过怎样的决策程序？公司董事会或

总经理是否有权决定？ …………………………………………（1599）

【案例392】擅自对外投资　赔偿公司损失850万元 ………………（1599）

939. 擅自以公司资产对外投资所形成的股权是否属于法律规定的

应归公司所有的收入？ …………………………………………（1604）

940. 如果公司董事、高级管理人员拒不履行公司决议，应当承担

何种责任？ ………………………………………………………（1605）

【案例393】拒不执行董事会决议　损害公司利益赔偿60万元 ……（1605）

941. 如何判断公司董事、高级管理人员的决策行为是否符合正常的

商业目的及操作习惯？ …………………………………………（1609）

【案例394】商业决策符合公司利益　未造成损失董事无责 ………（1610）

【案例395】未分配利润奖励员工　损害公司利益判决返还 ………（1614）

942. 董事、高级管理人员在执行公司职务时，违反法律、行政法规而

使公司遭受税收滞纳金和罚款的，公司可否请求其承担责任？ ……（1625）

【案例396】公司偷税漏税　高级管理人员仅对惩罚性款项担责 …（1625）

【案例397】总经理开支严重超常　违反忠实义务须赔偿 …………（1629）

第三节　损害公司利益刑事责任 ……………………………………（1630）

一、一般刑事犯罪 ……………………………………………………（1630）

943. 何为侵犯商业秘密罪？其立案追诉标准以及量刑标准分别是

怎样的？ …………………………………………………………（1630）

【案例398】力拓案——4名员工侵犯商业秘密 ……………………（1632）

944. 何为挪用资金罪？其立案追诉标准以及量刑标准分别是

怎样的？ …………………………………………………………（1633）

【案例399】挪用侵占公司资金　"真功夫"老总被判14年 ………（1633）

【案例400】北京一高尔夫俱乐部老总挪用200万元　获刑5年 ……（1636）

945. 何为职务侵占罪？其立案追诉标准以及量刑标准分别是

怎样的？ …………………………………………………………（1637）

946. 职务侵占罪与侵占罪的区别是什么？ ……………………………（1637）

【案例401】老总打白条320万元进腰包　职务侵占获刑9年 ………（1638）

· 23 ·

【案例402】伪造材料变更股东　侵占股权获刑10年 …………… (1639)
947. 职务侵占罪与贪污罪的区别是什么? ………………………… (1645)
948. 何为非国家工作人员受贿罪? 其立案追诉标准以及量刑标准
　　　分别是怎样的? ……………………………………………… (1646)
【案例403】非国家工作人员周某正受贿246万元　一审获刑11年 …… (1646)
949. 非国家工作人员受贿罪与收取合理报酬行为的界限是什么? …… (1647)
950. 非国家工作人员受贿罪与请客送礼、接受馈赠行为的界限
　　　是什么? ………………………………………………………… (1647)
951. 非国家工作人员受贿罪与其他索取、收受提成、回扣、手续费等
　　　行为的界限是什么? …………………………………………… (1648)
952. 非国家工作人员受贿罪与受贿罪的区别是什么? ……………… (1648)
953. 何为违规披露、不披露重要信息罪? 其立案追诉标准以及量刑
　　　标准分别是怎样的? …………………………………………… (1648)
【案例404】民营石油大亨龚某龙违规披露重要信息获刑19个月 ……… (1649)
954. 何为非法经营同类营业罪? 其立案追诉标准以及量刑标准分别是
　　　怎样的? ………………………………………………………… (1651)
【案例405】私设民企赚"差价"　非法经营同类营业被判刑 …………… (1652)
955. 何为签订、履行合同失职被骗罪? 其立案追诉标准以及量刑标准
　　　分别是怎样的? ………………………………………………… (1654)
【案例406】国企老总涉嫌签订　履行合同失职被骗罪被公诉 ………… (1654)
956. 何为背信损害上市公司利益罪? 其立案追诉标准以及量刑标准
　　　分别是怎样的? ………………………………………………… (1655)
【案例407】划拨上市公司1.7亿元资金　背信损害公司利益获刑2年 …… (1656)
957. 何为欺诈发行证券罪? 其立案追诉标准以及量刑标准分别是
　　　怎样的? ………………………………………………………… (1661)
【案例408】我国首例上市公司被判欺诈发行股票罪案 ………………… (1662)
958. 何为妨害清算罪? 其立案追诉标准以及量刑标准分别是
　　　怎样的? ………………………………………………………… (1665)
【案例409】隐匿、转移清算财产43万元　被判妨害清算罪获刑1年半 …… (1665)
959. 何为内幕交易、泄露内幕信息罪? 其立案追诉标准以及量刑标准
　　　分别是怎样的? ………………………………………………… (1668)
【案例410】内幕交易、泄露内幕信息　黄某裕等被判刑并罚数亿 ……… (1669)

【案例411】保荐人内幕交易第一案　夫妻双双被判刑 …………（1673）

【案例412】中电员工泄露内幕消息炒股获刑6年 ………………（1675）

二、涉税刑事犯罪 ……………………………………………………（1677）

960. 何为抗税罪？其立案追诉标准以及量刑标准分别是怎样的？…（1677）

961. 抗税罪与逃税罪有何区别？……………………………（1677）

962. 抗税罪与妨害公务罪的区别是什么？…………………（1678）

963. 何为逃避追缴欠税罪？其立案追诉标准以及量刑标准分别是
怎样的？………………………………………………………（1678）

【案例413】"示范店主"逃避欠税获刑3年 ……………………（1679）

964. 逃避追缴欠税罪与抗税罪的区别是什么？……………（1680）

965. 何为骗取出口退税罪？其立案追诉标准以及量刑标准分别是
怎样的？………………………………………………………（1680）

【案例414】三青年一软件骗取退税3000余万被判无期 ………（1681）

966. 骗取出口退税罪与诈骗罪的区别是什么？……………（1682）

967. 骗取出口退税罪与虚开增值税专用发票罪的异同是什么？…（1683）

968. 何为虚开增值税专用发票、用于骗取出口退税、抵扣税款发票罪？
其立案追诉标准以及量刑标准分别是怎样的？………………（1683）

【案例415】行贿、虚开增值税专用发票、挪用资金　周某毅再获刑
16年 …………………………………………………………（1684）

969. 何为非法购买增值税专用发票、购买伪造的增值税专用发票罪？
其立案追诉标准以及量刑标准分别是怎样的？………………（1690）

【案例416】未实际交易　非法买卖增值税发票100万元获刑3年 …（1690）

第四节　董事、监事、高级管理人员收入的税务问题 ………（1692）

970. 个人担任董事、监事职务在公司取得的收入按照什么项目征收
个人所得税？…………………………………………………（1692）

【案例417】对在公司任职董事发放董事费　应按工资薪金所得缴纳
个税 …………………………………………………………（1692）

971. 在中国境内同时担任外商投资企业的董事(长)与直接管理职务，
或者名义上不担任企业的直接管理职务，但实际上从事企业日常
管理工作的个人，如何确定其应取得的工资、薪金收入额？………（1693）

972. 如何确定董事、监事及高级管理人员取得报酬所得的来源地？……（1693）

· 25 ·

973. 高级管理人员为无住所个人时,且其所在居民国与我国无税收协定时,如何确定其工资薪金所得收入额?如何确定计税方式? …… (1693)

974. 无住所个人为高级管理人员时,且其所在居民国与我国有税收协定时,如何确定其工资薪金所得? …… (1695)

975. 年度首次申报时,如何根据无住所个人的境内居住时间进行税款征缴? …… (1696)

976. 如何对无住所个人在境内任职、受雇取得来源于境内的工资薪金所得进行税款征缴? …… (1697)

977. 在中国境内无住所的个人应当提交哪些凭据证明其个人工资薪金及实际在中国境内的工作期间? …… (1697)

978. 港澳税收居民在内地受雇取得的报酬,如何计征个人所得税? …… (1698)

979. 内地居民在港澳受雇取得的报酬,如何缴纳个人所得税? …… (1699)

980. 香港特别行政区居民从内地取得的受雇所得和董事费,是否允许在对该居民征收的香港特别行政区税收中抵免? …… (1699)

981. 澳门特别行政区居民从内地取得的受雇所得和董事费,是否允许在对该居民征收的澳门特别行政区税收中抵免? …… (1699)

982. 内地居民从香港或澳门特别行政区取得的受雇所得和董事费,是否允许在对该居民征收的内地税收中抵免? …… (1699)

第五节 衍生问题——夫妻忠实义务 …… (1700)

一、违反夫妻忠实义务的民事法律责任 …… (1700)

983. 何为夫妻之间的忠实义务? …… (1700)

【案例418】妻子隐瞒违背忠实义务的事实 丈夫请求撤销离婚协议获支持 …… (1700)

984. 如何证明男女之间关系为婚外情?收集婚外情相关证据应注意哪些问题? …… (1703)

985. 什么是离婚损害赔偿责任纠纷? …… (1704)

986. 离婚损害赔偿责任纠纷由何地法院管辖? …… (1704)

987. 什么情况下可以请求离婚损害赔偿? …… (1704)

988. 无过错方行使离婚损害赔偿请求权的方式与期限如何确定? …… (1705)

989. 夫妻一方存在过错,离婚时另一方有权请求损害赔偿。如果双方都有过错,是否都可以请求对方赔偿? …… (1705)

990. 受到损害的未成年子女或其他家庭成员能否行使离婚损害赔偿
     请求权？ ······(1705)
991. 离婚后，一方主张精神损害赔偿金，在没有约定的情况下如何
     确定赔偿数额？ ······(1706)
     【案例419】配偶与第三者同居　法院酌定精神赔偿金3万元 ······(1706)
     【案例420】丈夫家暴　法院酌定精神赔偿金2万元 ······(1708)
992. 夫妻双方离婚后，一方发现另一方在婚姻关系存续期间与他人同居，
     可否以对方过错造成婚姻破裂为由请求精神损害赔偿？ ······(1712)
993. 婚外情对离婚诉讼有何影响？ ······(1712)
     【案例421】著名主持人出轨　妻子携保证书主张赔偿 ······(1713)

二、违反夫妻忠实义务的刑事法律责任 ······(1715)
994. 何为重婚罪？其立案追诉标准以及量刑标准分别是怎样的？ ······(1715)
995. 重婚罪需被害人提起自诉还是由人民检察院提起公诉？ ······(1716)
     【案例422】事实婚姻又与他人同居生子　重婚获刑1年 ······(1716)
996. 重婚罪被害人可否主张损害赔偿？ ······(1717)

三、夫妻"忠诚协议"的效力 ······(1718)
997. 何为夫妻之间的"忠诚协议"？其效力如何认定？ ······(1718)
     【案例423】忠诚协议约定道德义务　无法律依据被判无效 ······(1718)
     【案例424】配偶出轨　约定101万元精神损害赔偿获法院支持 ······(1722)
998. "第三者"可否在双方分手后主张已婚一方承担损害赔偿
     责任？ ······(1724)
     【案例425】婚外情"转正"不成　女方诉请补偿遭驳回 ······(1725)
     【案例426】胁迫立下借条40万元　"小三"要求"分手费"遭驳回 ······(1726)

四、"婚外情"所涉子女抚养问题 ······(1727)
999. 如果在诉讼过程中拒绝做亲子鉴定的，可否推定亲子关系
     不存在？ ······(1727)
1000. 诉讼过程中如何确定亲子鉴定机构？ ······(1727)
1001. 亲子鉴定前应当做好哪些准备工作？提供哪些资料？ ······(1727)
     【案例427】婚内所生子女并非亲生　请求损害赔偿39万元获支持 ······(1728)
1002. 通过性行为发生的"借夫生子"所生子女法律地位如何？"借夫
     生子"协议是否有效？"借夫生子"中的女性是否违反忠实
     义务，男方是否可以请求损害赔偿？ ······(1731)
     【案例428】夫妻协商"借夫生子"　离婚请求损害赔偿不支持 ······(1732)

第八章　增资纠纷

【宋和顾释义】

> 增资纠纷,是指公司增资内容违法、增资行为违反法定程序、增资协议无效,股东或投资人请求确认增资行为无效的纠纷。实践中,应注意与股东出资纠纷、新增资本认购纠纷的区别。
>
> 由于增资行为直接牵连着股东利益,因此增资无效或不成立的责任承担问题也成为司法实践中股东纠纷的频发地带。本章将对公司增资的程序进行全面介绍,并对各种原因导致的增资无效裁判标准及增资无效导致的责任承担问题逐一讲解。

【关键词】增资扩股　新浪模式　对赌条款　公积金　法定公积金　任意公积金　资本公积金

❖ **增资扩股**:指公司定向或向社会公开募集股份、发行股票,由新股东或原股东投资入股从而增加公司注册资本的行为。

实践中,一般会由股东或非公司股东投资者与公司签订的,约定对公司增加注册资本过程中所涉权利义务的法律文本。增资协议应当具体包括如下条款:

(1)各方股权情况;
(2)公司内部审批与认可;
(3)增资金额、出资方式及出资期限;
(4)增资扩股后注册资本与股本设置;
(5)后续手续;
(6)声明、保证和承诺;
(7)协议的终止;
(8)保密;

（9）免责补偿；

（10）其他。

❖ **新浪模式**：即通过协议控制的方式，以物权、债权控制方式代替股权控制，将境内实体公司与境外相应的海外上市公司绑定：以境内的实体公司作为可变利益实体（VIE），与境外公司合并报表并上市，最终实现规避了产业限制，实现海外融资的目的。

❖ **对赌条款**：即估值调整机制，也被称为"业绩驱动的价值评估"，其核心为附条件的股权转让或由违约一方直接支付违约金。对赌条款是投资方与融资方在达成融资协议时，对于未来不确定的情况进行一种约定。如果企业未来的经营结果达到约定的水平，则融资方享有一定权利，用以补偿企业价值当初被低估的损失；否则，投资方享有一定的权利，用于补偿企业价值当初被高估的损失。由于结果是不确定的，与赌博有一些相似之处，因此被形象地称为"对赌"。

❖ **公积金**：又称准备金、储备金，是公司为了增强自身实力、预防意外亏损或者扩大营业规模、经营范围等，依照法律或者公司章程规定提取的后备资金。公积金按照其提取方式的不同，分为任意公积金、法定公积金与资本公积金。其中，任意公积金与法定公积金统称为盈余公积金。

❖ **法定公积金**：指依据法律规定必须强制提取的公积金。其提取比例（或数额）及用途都由法律直接规定。法定公积金亦称"强制公积金"。

❖ **任意公积金**：指公司根据公司章程或股东大会决议自由设置或提取的公积金。

❖ **资本公积金**：指依照法律规定直接从公司有关收入中提取形成的公积金。其与盈余公积金不同之处在于，法定公积金与任意公积金是从公司税后利润中提取，而资本公积金根据法律规定直接将有关收入列入提取范围，并不以公司存在盈余为前提。

资本公积金的来源包括资本（或股本）溢价、接受捐赠资产、拨款转入、外币资本折算差额等，具体内容如下：

（1）资本（或股本）溢价，指企业投资者投入的资金超过其在注册资本中所占份额的部分，或股份有限公司以超过股票票面价值发行股份所获得的股票溢价。

（2）接受非现金资产捐赠准备，指企业因接受非现金资产捐赠而增加的资本公积。

（3）接受现金捐赠，指企业因接受现金捐赠而增加的资本公积。

（4）股权投资准备，指企业对被投资单位的长期股权投资采用权益法核算时，因被投资单位接受捐赠等原因增加的资本公积，企业按其持股比例计算而增加的资本公积。

（5）拨款转入，指企业收到国家拨入的专门用于技术改造、技术研究等的拨款，按规定转入资本公积的部分。企业应按转入金额入账。

（6）外币资本折算差额，指企业接受外币投资因所采用的汇率不同而产生的资本折算差额。

（7）其他资本公积，指除上述各项资本公积以外所形成的资本公积，以及从资本公积各准备项目转入的金额。债权人豁免的债务也在本项目核算。

第一节 立 案

636. 股东请求确认增资无效应当如何确定诉讼当事人？

应当由对增资有异议的股东作为原告提起诉讼，以公司和增资协议的签订人为共同被告。如果公司的其他股东以与异议股东相同的理由请求参加诉讼，可以将其列为共同原告。

637. 向公司实际投入资金用于增资的股东或非公司股东投资者，主张公司返还投资款的诉讼当事人应当如何确定？

该类诉讼应当以实际资金投入人为原告，以公司为被告。

但是，如果该笔款项并未交付于公司，而是由公司高级管理人员或其他人代为收取的，或者该款项的实际持有人不明的，可以款项的收取人和公司为共同被告。

638. 增资纠纷诉讼是否适用诉讼时效？

投资人主张解除增资协议、返还增资款、赔偿损失或违约金，或者主张增资无效后的增资款返还、损失或违约金赔偿，都属于债权请求权的范畴，应当适用一般诉讼时效 3 年的规定，自投资人知道或者应当知道之日起计算。

但当事人主张增资无效本身并非债权请求权，不适用诉讼时效的相关规定。

639. 增资纠纷诉讼由何地法院管辖？

增资纠纷属于与公司有关的纠纷，应当由公司住所地的人民法院管辖，并按无争议的诉讼标的额确定级别管辖。但如果因对增资协议的履行、效力等产生纠纷，也可以适用合同管辖的规则。

640. 增资纠纷按照什么标准交纳案件受理费？

对于主张增资无效的诉讼应当按件收费，受理费用为 50～100 元。而对于主张返还投资款的诉讼,则应当根据案件标的额收取案件受理费。

第二节　增资纠纷的裁判标准

一、增资的作用、方式、程序及增资无效的原因

641. 实践中,公司增资的方式主要有哪些?

对于股份有限公司而言增资主要有以下三种方式:

(1)增加票面价值。公司不改变原有股份总数,增加每股金额。如公积金、应分配股利留存以及股东新缴纳的股款,平均记入每一股份中,从而使票面价值增加。

(2)发行新股。为了扩大资本,股份有限公司可发行新股,可以向社会公众募集,也可以由原股东优先认购。

(3)债转股。上市公司将可转换公司债券转换为股份,公司负债消灭,公司股本增加,以及股份有限公司一般商业性的债转股。[①]

对于有限责任公司而言主要是增加出资。实践中,既可以按照原有股东的出资比例增加出资,也可以邀请原有股东以外的其他人出资。若原有股东认购出资,可以另缴股款,也可将资本公积金或应分配股利留存转换为出资。

非公司股东对有限责任公司进行增资实践中有如下两种常见方式:

(1)与公司签订增资协议,直接对公司进行增资;

(2)首先由投资人与公司股东签订股权转让协议,受让部分公司股权,之后以公司股东的身份参与公司增资。

642. 公司增资一般需履行哪些程序?

通常情况下公司增加注册资本需履行如下程序:

(1)董事会制定增资方案,具体包括但不限于:增资金额、增资方式、增资后股权比例。

(2)股东会决议通过增资方案。有限责任公司股东会对增加资本作出决议,必须经2/3以上表决权股东通过。股份有限公司增加资本,股东会作出决议,必须经出席会议的股东所持表决权的2/3以上通过。

---

① 关于债权转股权的具体内容详见本书第三章股东出资纠纷第二节出资方式三、债权作价出资。

(3)股东或非公司股东投资者与公司签订增资协议。

(4)公司变更章程。

(5)至市场监督管理部门办理注册资本、股东或股权变更登记。

需要注意的是,无论公司以外部出资进行增资,或以公司公积金进行增资,其内部程序是一致的。

643. 公司增加注册资本时,原有股东享有哪些权利?

股东有优先认缴出资的权利。

股东优先认缴出资需注意两个问题:

(1)股东应按照实缴出资比例行使优先认缴权;

(2)有限责任公司全体股东约定或股份有限公司章程约定不按照实缴出资比例优先认缴出资的从其约定。①

公司注册资本增加时,原有股东如果未同时对公司进行增资,则股权比例将被稀释,从而影响表决权、盈余分配权等权利。如股东试图保有原股权比例,仅有如下两种方式:

(1)同时对公司进行增资;

(2)受让公司内部其他股东的股权,以扩大股权比例。

644. 公司增资行为何时生效?无效的原因有哪些?

关于公司增资行为生效时间,目前学界有以下三种观点:

(1)以是否办理了工商变更登记为准;

(2)以是否记载于公司章程为准;

(3)以股东是否实际交付出资为准。

笔者认为对外涉及公司与第三人的关系时应以工商登记为准,对内涉及股东分红、经营权等应以是否记载于公司章程和是否有增资协议以及是否实际出资为准进行综合判断。

增资无效的原因包括三大类:

(1)增资决议内容违法;

(2)增资程序违法;

(3)增资协议无效或被解除。

该三类原因的具体表现形式暂容下述。

---

① 关于股东主张优先认购权的相关内容详见本书第九章新增资本认购纠纷。

二、公积金转增股本的限制

645. 法定公积金的提取有何法定要求？法定公积金有何作用？

公司分配当年税后利润时，应当提取利润的 10% 列入公司法定公积金。公司法定公积金累计额为公司注册资本的 50% 以上的，可以不再提取。然而，如果公司的法定公积金不足以弥补以前年度亏损的，应当先用当年利润弥补亏损。

法定公积金可用于弥补公司的亏损、扩大公司生产经营或者转为增加公司资本。

646. 哪些公积金可以用以增加公司注册资本？在以公积金增资时有何限制？

无论何种公积金皆可以用以对公司进行增资。但是法定公积金转为资本时，所留存的该项公积金不得少于转增前公司注册资本的 25%。

三、股份有限公司发行新股、可转换公司债券的程序

647. 股份有限公司首次公开发行新股应当满足哪些条件？

股份有限公司公开发行新股需满足以下条件：

（1）具备健全且运行良好的组织机构；

（2）具有持续经营能力；

（3）最近 3 年财务会计报告被出具无保留意见审计报告；

（4）发行人及其控股股东、实际控制人最近 3 年不存在贪污、贿赂、侵占财产、挪用财产或者破坏社会主义市场经济秩序的刑事犯罪；

（5）经国务院批准的国务院证券监督管理机构规定的其他条件。

648. 如何认定股份有限公司是否具备健全、良好的组织机构？

认定公司组织机构是否健全、良好，应视其是否符合如下标准：

（1）公司章程合法有效，股东大会、董事会、监事会和独立董事制度健全，能够依法有效履行职责。

（2）公司内部控制制度健全，能够有效保证公司运行的效率、合法合规性和财务报告的可靠性；内部控制制度的完整性、合理性、有效性不存在重大缺陷。

（3）现任董事、监事和高级管理人员具备任职资格，能够忠实和勤勉地履行职务，不存在违反忠实、勤勉义务的行为，且最近 36 个月内未受到过中国证监会的行政处罚，最近 12 个月内未受到过证券交易所的公开谴责。

（4）上市公司与控股股东或实际控制人的人员、资产、财务分开，机构、业务独立，能够自主经营管理。

（5）最近12个月内不存在违规对外提供担保的行为。

649. 如何认定上市公司是否具备持续盈利能力及拥有良好财务状况？

上市公司的盈利能力具有可持续性的判断标准如下：

（1）最近3个会计年度连续盈利。扣除非经常性损益后的净利润与扣除前的净利润相比，以低者作为计算依据。

（2）业务和盈利来源相对稳定，不存在严重依赖于控股股东、实际控制人的情形。

（3）现有主营业务或投资方向能够可持续发展，经营模式和投资计划稳健，主要产品或服务的市场前景良好，行业经营环境和市场需求不存在现实或可预见的重大不利变化。

（4）高级管理人员和核心技术人员稳定，最近12个月内未发生重大不利变化。

（5）公司重要资产、核心技术或其他重大权益的取得合法，能够持续使用，不存在现实或可预见的重大不利变化。

（6）不存在可能严重影响公司持续经营的担保、诉讼、仲裁或其他重大事项。

（7）最近24个月内曾公开发行证券的，不存在发行当年营业利润比上年下降50%以上的情形。

所谓财务状况良好必须符合如下标准：

（1）会计基础工作规范，严格遵循国家统一会计制度的规定。

（2）最近3年及一期财务报表未被注册会计师出具保留意见、否定意见或无法表示意见的审计报告；被注册会计师出具带强调事项段的无保留意见审计报告的，所涉及的事项对发行人无重大不利影响或者在发行前重大不利影响已经消除。

（3）资产质量良好。不良资产不足以对公司财务状况造成重大不利影响。

（4）经营成果真实，现金流量正常。营业收入和成本费用的确认严格遵循国家有关企业会计准则的规定，最近3年资产减值准备计提充分合理，不存在操纵经营业绩的情形。

（5）最近3年以现金或股票方式累计分配的利润不少于最近3年实现的年均可分配利润的30%。

650. 拟发行新股的公司"最近3年财务会计文件无虚假记载，无其他重大违法行为"中的虚假记载及重大违法行为应当如何认定？

虚假记载及重大违法行为，具体是指：

（1）违反证券法律、行政法规或规章，受到中国证监会的行政处罚，或者受到

刑事处罚;

(2) 违反工商、税收、土地、环保、海关法律、行政法规或规章,受到行政处罚且情节严重,或者受到刑事处罚;

(3) 违反国家其他法律、行政法规且情节严重的行为。

651. 拟发行新股的公司募集资金的数额与使用有何一般性规定?

募集资金的数额和使用应当符合下列规定:

(1) 募集资金数额不超过项目需要量;

(2) 募集资金用途符合国家产业政策和有关环境保护、土地管理等法律和行政法规的规定;

(3) 除金融类企业外,本次募集资金使用项目不得为持有交易性金融资产和可供出售的金融资产、借予他人、委托理财等财务性投资,不得直接或间接投资于以买卖有价证券为主要业务的公司;

(4) 投资项目实施后,不会与控股股东或实际控制人产生同业竞争或影响公司生产经营的独立性;

(5) 建立募集资金专项存储制度,募集资金必须存放于公司董事会决定的专项账户。

652. 股份有限公司公开发行新股的方式有哪些?

实践中股份有限公司公开发行新股的方式包括两种,即配股及增发。

配股,系仅向原股东配售股份。

增发,则一般指向不特定对象公开募集股份。

【案例271】厦门厦工公开增发 16,000 万股新股上市[①]

发行主体: 厦门厦工机械股份有限公司

注册资本: 798,969,989 元

上市交易所: 上海证券交易所

主营业务: 装载机、挖掘机、叉车、道路机械等工程机械产品及其配件的制造、加工和销售

发行人主要股东和实际控制人情况:

1. 控股股东基本情况

发行前海翼集团直接持有发行主体 371,522,859 股股票,并通过其全资子公

---

① 参见厦门厦工机械股份有限公司公开增发股票上市公告书(临 2013-001 号)。

司厦门厦工重工有限公司间接持有发行主体 69,993,067 股股票；海翼集团合并持有发行主体 441,515,926 股股票，占发行主体总股本的 55.26%，为发行主体第一大股东及控股股东。

本次发行后，海翼集团直接持有发行主体 393,022,859 股股票，并通过其全资子公司厦门厦工重工有限公司间接持有 69,993,067 股股票；海翼集团合并持有发行主体 463,015,926 股股票，占总股本的 48.28%，仍为第一大股东及控股股东。

海翼集团是厦门市直管国有企业集团，主要从事对授权范围内国有资产的经营和管理，以及投资、控股和参股企业等相关业务，除此之外，本身没有生产业务。

2. 实际控制人

发行主体的实际控制人为厦门市国资委。近 3 年，公司的控股权及实际控制人未发生变动。

发行方案：

1. 证券类型：境内上市人民币普通股（A 股）。
2. 每股面值：1.00 元。
3. 发行数量：16,000 万股，占发行后公司总股本的 16.68%。
4. 发行价格：本次发行的价格为 6.42 元/股，不低于招股意向书刊登日即 2012 年 12 月 19 日前 20 个交易日公司 A 股股票均价。
5. 发行方式：本次发行采取向原股东优先配售，其余部分以网下向机构投资者、网上向社会公众投资者定价发行相结合的方式进行。本次增发的股票采取余额包销方式，由保荐机构（主承销商）牵头组成的承销团包销剩余股票。
6. 募集资金：本次募集资金总额为 102,720 万元人民币，扣除发行费用后，本次发行募集资金净额为 961,851,926.92 元。
7. 发行费用总额及项目、每股发行费用：本次发行费用共计 65,348,073.08 元，具体包括：承销及保荐费、其他中介及相关发行费用。

每股发行费用为 0.41 元。

8. 发行后每股净资产：5.1635 元（按 2012 年 6 月 30 日经审计的合并资产负债表中归属于母公司股东权益和本次募集资金净额合计数除以本次发行后总股本计算）。
9. 发行后每股收益：0.4672 元（按 2011 年经审计的扣除非经常性损益前后孰低的归属于母公司股东的净利润除以本次发行后总股本计算）。

发行前后股本变化如表 8-1 所示:

表 8-1 厦门厦工 2013 年公开增发股票前后股本变化

股本类型	发行前 股份数/股	比例/%	发行后 股份数/股	比例/%
限售流通股	19,260,401	2.41	19,260,401	2.01
无限售流通股	779,709,588	97.59	939,709,588	97.99
合计	798,969,989	100	958,969,989	100

【案例 272】川投能源优先配发 16,300 万股新股上市[①]

发行主体: 四川川投能源股份有限公司

注册资本: 932,921,505 元

上市交易所: 上海证券交易所

主营业务: 投资开发、经营管理电力生产为主的能源项目;开发和经营新能源项目,电力配套产品及信息、咨询服务;投资经营铁路、交通系统自动化及智能控制产品和光纤、光缆等高新技术产业。

发行人主要股东和实际控制人情况:

1. 控股股东基本情况

川投集团目前直接持有发行主体 604,109,456 股股票,并通过其全资子公司峨眉铁合金综合服务开发公司间接持有 11,016,955 股股票。川投集团合并持有 615,126,411 股股票,占总股本的 56.13%,为第一大股东及控股股东。

川投集团为四川省国资委持有 100% 股权的国有独资公司。

截至 2011 年 9 月 30 日,川投集团所持发行主体股份不存在质押、冻结等情况。

2. 实际控制人

发行主体的实际控制人为四川省国资委,主要负责对四川省国有资产运营、投资等方面的监督管理。

发行方案:

1. 证券类型:境内上市人民币普通股(A 股)。
2. 每股面值:1.00 元。

[①] 参见四川川投能源股份有限公司公开增发股票上市公告书(2012-13 号)。

3. 发行数量:16,300 万股,占发行后公司总股本的 14.87%。

4. 发行价格:12.22 元/股,不低于招股意向书刊登日 2012 年 3 月 7 日前 20 个交易日川投能源 A 股股票均价。

5. 发行方式:采取向原无限售条件股股东优先配售,其余部分以网下向机构投资者、网上向社会公众投资者定价发行相结合的方式进行。若有余额,则由承销团包销。

6. 募集资金:本次募集资金总额为 199,186 万元,本次募集资金净额为 190,702 万元。

7. 发行费用总额及项目、每股发行费用:共计 8484 万元,具体包括:承销及保荐费、信息披露费、股份登记费、律师费、审计验资费等。

每股发行费用为 0.52 元。

8. 发行后每股净资产:7.2196 元(按 2011 年 6 月 30 日经审计的合并资产负债表中归属于母公司股东权益和本次募集资金净额合计数除以本次发行后总股本计算)。

9. 发行后每股收益:0.3107 元(按 2010 年经审计的扣除非经常性损益前后孰低的归属于母公司股东的净利润除以本次发行后总股本计算)。

发行前后股本变化如表 8-2 所示:

表 8-2 川投能源 2012 年优先配发新股发行前后股本变化

股本类型	发行前 股份数/股	比例/%	发行后 股份数/股	比例/%
限售流通股				
国有法人股	385,480,502	41.32	385,480,502	35.17
限售流通股	385,480,502	41.32	385,480,502	35.17
无限售流通股				
流通 A 股	547,441,233	58.68	710,441,233	64.83
其他无限售流通股	547,441,233	58.68	710,441,233	64.83
合计	932,921,735	100	1,095,921,735	100

【案例273】宏图高科定向增发1.6亿股限售股上市流通[①]

发行人： 江苏宏图高科技股份有限公司

定向增发相关情况：

公司2008年度非公开发行股票方案经2008年3月12日召开的2008年第一次临时股东大会审议通过,并于2008年7月31日经中国证监会发行审核委员会审核通过,2008年9月8日,公司收到中国证监会证监发行字〔2008〕1065号核准文件。公司于2008年12月24日至2009年1月7日采取非公开发行股票方式向9名特定投资者发行了125,000,000股股份,发行价为7.14元/股,募集资金总额892,500,000元(其中以资产认购574,069,930.14元,募集现金318,430,069.86元)。扣除发行费用后,实际募集资金净额874,935,000元(其中募集现金300,865,069.86元)。2009年1月14日,公司在中国证券登记结算有限责任公司上海分公司办理完毕新增股份登记及限售手续。本次发行完成后,公司股份总数变更为444,200,000股。上述具体内容详见公司在中国证券报、上海证券报、上海证券交易所网站刊登的临2008-015、临2008-029、临2008-033、临2009-001等公告。

限售股份上市流通的有关规定：

根据《上市公司证券发行管理办法》等有关规定,本次向三胞集团有限公司、南京盛亚科技投资有限公司、江苏苏豪国际集团股份有限公司和银威利实业(深圳)有限公司发行的股份(资产认购部分)自发行结束之日起36个月内不得转让,该部分新增股份预计可上市流通日为2012年1月14日;向其他特定投资者发行的股份(现金认购部分)自发行结束之日起12个月内不得转让,该部分新增股份已于2010年1月14日上市流通。

由于本次资产认购股份部分上市流通日为非工作日,自然顺延至2012年1月16日。

限售股份上市流通情况：

本次定向增发限售股份上市流通部分为2008年度定向增发资产认购股份部分,上市流通数量为160,803,902股(含送股及转增),占公司股份总数的14.20%,上市流通日为2012年1月16日。

本次解除限售后,公司股份全部为无限售条件流通股。

[①] 参见江苏宏图高科技股份有限公司定向增发限售股份上市流通公告(临2012-005号)。

第八章

增资纠纷

653. 股份有限公司向原股东配售股份,有何特殊的条件限制?

向原股东配售股份,除符合发行新股的一般条件外,还应当符合下列规定:

(1)拟配售股份数量不超过本次配售股份前股本总额的30%;

(2)控股股东应当在股东大会召开前公开承诺认配股份的数量;

(3)采用合法的代销方式发行。

654. 如果控股股东不履行认购股份的承诺,或原股东认购数额不满拟配售数量的70%,发行人有何责任?

发行人应当按照发行价并加算银行同期存款利息返还已经认购的股东。

655. 向不特定对象增发股份,有何特殊条件限制?

向不特定对象增发股份,除符合发行新股的一般规定外,还应当符合下列规定:

(1)最近3个会计年度加权平均净资产收益率平均不低于6%。扣除非经常性损益后的净利润与扣除前的净利润相比,以低者作为加权平均净资产收益率的计算依据;

(2)除金融类企业外,最近一期末不存在持有金额较大的交易性金融资产和可供出售的金融资产、借予他人款项、委托理财等财务性投资的情形;

(3)发行价格应不低于公告招股意向书前20个交易日公司股票均价或前一个交易日的均价。

656. 股份有限公司发行新股需履行哪些程序?

股份有限公司发行新股应当履行以下程序:

(1)必须公告新股招股说明书和财务会计报告,并制作认股书。

(2)向社会公开募集新股的,应由依法设立的证券公司承销,签订承销协议。

(3)应当同银行签订代收股款协议,且银行应按协议代收和保存股款,向缴纳股款的认股人出具收款单据,并向有关部门出具收款证明。

(4)公司发行新股,应根据经营状况和财务状况确定作价方案。

(5)发行新股募足股款后,必须向公司登记机关办理变更登记并且予以公告。

(6)股份有限公司以公开发行新股方式或者上市公司以非公开发行新股方式增加注册资本的,还应当提交国务院证券监督管理机构的核准文件。

657. 股份有限公司发行新股时,股东大会应对哪些事项作出决议?

股东大会应对如下事项作出决议:

(1)新股的种类及数额;

（2）新股发行的价格；

（3）新股发行的起止日期；

（4）向原有股东发行新股的种类及数额。

658. 股份有限公司公开发行新股需向证监会报送哪些材料？

需报送的材料如下：

（1）募股申请；

（2）公司营业执照；

（3）公司章程；

（4）股东大会决议；

（5）招股说明书或者其他公开发行募集文件；

（6）财务会计报告；

（7）代收股款银行的名称及地址。

如聘请保荐人，应报送保荐人出具的发行保荐书；如实行承销，应报送承销机构名称及有关的协议。

659. 何为可转换公司债券？发行可转换债券有何特殊限制？

可转换公司债券，是指发行公司依法发行，在一定期间内依据约定的条件可以转换成股份的公司债券。

公开发行可转换公司债券的公司，除应当符合发行新股的一般规定外，还应当符合下列规定：

（1）最近3个会计年度加权平均净资产收益率平均不低于6%。扣除非经常性损益后的净利润与扣除前的净利润相比，以低者作为加权平均净资产收益率的计算依据。

（2）本次发行后累计公司债券余额不超过最近一期末净资产额的40%。

（3）最近3个会计年度实现的年均可分配利润不少于公司债券1年的利息。

【案例274】同仁堂配售、公开发行12亿可转换公司债券[①]

发行主体：北京同仁堂股份有限公司

股本总额：130,206.5695万股

上市交易所：上海证券交易所

---

① 参见北京同仁堂股份有限公司可转换公司债券上市公告书（2012–024号）。

发行基本情况：

1. 发行核准：本次发行经公司 2011 年 11 月 14 日召开的第五届董事会第十五次会议审议通过，并经公司 2011 年 11 月 30 日召开的 2011 年第一次临时股东大会审议通过。本次发行已经中国证监会证监许可〔2012〕1396 号文核准。

2. 证券类型：可转换公司债券。

3. 发行规模：120,500 万元人民币。

4. 发行数量：120.50 万手，原股东优先配售同仁堂可转债 900,376 手，占本次发行总量的 74.72%。

5. 发行价格：按面值发行。

6. 发行方式：本次发行采取向公司原 A 股股东全额优先配售，原 A 股股东优先配售后余额（含原股东放弃优先配售部分）采用网下对机构投资者配售和通过上海证券交易所交易系统网上定价发行相结合的方式进行，认购金额不足 12.05 亿元部分，由承销团包销。

7. 募集资金量及募集资金净额：总额为 120,500 万元（含发行费用），募集资金净额 117,596 万元。

8. 募集资金用途：全部用于大兴生产基地建设项目。大兴生产基地建设项目总投资 11.76 亿元，拟全部使用募集资金投资建设。

9. 募集资金净额不足投资项目的资金缺口，公司将采用自有资金及银行贷款等方式解决。如本次募集资金不足或募集资金到位时间与项目进度不一致，公司可根据实际情况暂以自有资金或其他方式筹集的资金先行投入，募集资金到位后予以置换。

发行条款：

1. 票面金额：每张面值 100 元人民币。

2. 债券期限：自发行之日起 5 年，即自 2012 年 12 月 4 日至 2017 年 12 月 4 日。

3. 债券利率：第一年 0.50%，第二年 0.70%，第三年 1.30%，第四年 1.70%，第五年 2.00%。

4. 还本付息的期限和方式：每年付息一次的付息方式，到期归还本金和最后一年利息。

（1）年利息计算。

年利息的计算公式为：$I = B \times i$，其中，I 指年利息额；B 指本次发行的可转债持有人在计息年度（以下简称当年或每年）付息登记日持有的可转债票面总金额;i 指可转债当年票面利率。

(2)付息方式。

①每年付息一次,计息起始日为可转债发行首日,即 2012 年 12 月 4 日。可转债持有人所获得利息收入的应付税项由可转债持有人负担。

②付息日:每年的付息日为发行的可转债发行首日起每满一年的当日。如该日为法定节假日或休息日,则顺延至下一个工作日,顺延期间不另付息。每相邻的两个付息日之间为一个计息年度。

③付息债权登记日:每年付息日的前一交易日为付息债权登记日,公司将在每年付息日之后的 5 个交易日内支付当年利息。在付息债权登记日前(包括付息债权登记日)申请转换成公司股票的可转债,公司不再向其支付利息。

5. 担保事项:本次发行的可转债未提供担保。

6. 转股期限:本次可转债转股期自可转债发行结束之日满 6 个月后的第一个交易日起至可转债到期日止。即 2013 年 6 月 5 日至 2017 年 12 月 4 日。

7. 转股价格的确定:本次发行的可转债的初始转股价格为 17.72 元/股。即本可转债募集说明书公告日前 20 个交易日公司股票交易均价和前一交易日公司股票交易均价二者之间的较高者。

前 20 个交易日公司股票交易均价 = 前 20 个交易日公司股票交易总额/该 20 个交易日公司股票交易总量;

前一交易日公司股票交易均价 = 前一交易日公司股票交易总额/该日公司股票交易总量。

8. 转股价格的调整方法及计算公式:在本次发行之后,当公司因送红股、转增股本、增发新股(不包括因可转债转股增加的股本)、配股或派发现金股利等情况使公司股份发生变化时,将按下述公式进行转股价格的调整:

送股或转增股本:$P_1 = P_0/(1+n)$;

增发新股或配股:$P_1 = (P_0 + A \times k)/(1+k)$;

两项同时进行:$P_1 = (P_0 + A \times k)/(1+n+k)$;

派发现金股利:$P_1 = P_0 - D$;

上述三项同时进行:$P_1 = (P_0 - D + A \times k)/(1+n+k)$。

其中,P_0 为初始转股价,n 为送股率,k 为增发新股或配股率,A 为增发新股价或配股价,D 为每股现金股利,P_1 为调整后转股价。当公司出现上述股份和/或股东权益变化情况时,将依次进行转股价格调整,并在中国证监会指定的上市公司信息披露媒体上刊登董事会决议公告,并于公告中载明转股价格调整日、调整办法及暂停转股时期(如需)。当转股价格调整日为本次发行的可转债持有人转股申请日或之后,转换股票登记日之前,则该持有人的转股申请按本公司调整后的转股价格执行。

当公司可能发生股份回购、合并、分立或任何其他情形使本公司股份类别、数量和/或股东权益发生变化从而可能影响本次发行的可转债持有人的债权利益或转股衍生权益时,本公司将视具体情况按照公平、公正、公允的原则以及充分保护本次发行的可转债持有人权益的原则调整转股价格。有关转股价格调整内容及操作办法将依法另行制订。

9. 转股价格向下修正条款。

(1)修正权限与修正幅度。

在本可转债存续期间,当本公司股票在任意连续20个交易日中有10个交易日的收盘价低于当期转股价格的90%时,公司董事会有权提出转股价格向下修正方案并提交本公司股东大会表决。

上述方案须经出席会议的股东所持表决权的2/3以上通过方可实施。股东大会进行表决时,持有本可转债的股东应当回避。修正后的转股价格应不低于本次股东大会召开日前20个交易日本公司股票交易均价和前一交易日均价之间的较高者,同时修正后的转股价格不低于最近一期经审计的每股净资产和股票面值。

若在前述20个交易日内发生过转股价格调整的情形,则在转股价格调整日前的交易日按调整前的转股价格和收盘价计算,在转股价格调整日及之后的交易日按调整后的转股价格和收盘价计算。

(2)修正程序。

如公司决定向下修正转股价格时,公司须在中国证监会指定的信息披露报刊及互联网网站上刊登股东大会决议公告,公告修正幅度和股权登记日及暂停转股期间。从股权登记日后的第一个交易日(转股价格修正日),开始恢复转股申请并执行修正后的转股价格。

若转股价格修正日为转股申请日或之后,转换股份登记日之前,该类转股申请应按修正后的转股价格执行。

10. 转股时不足一股金额的处理方法。

可转债持有人申请转换成的股份须是整数股。本可转债持有人经申请转股后,对所剩可转债不足转换为1股股票的余额,公司将在可转债持有人转股后的5个交易日内以现金兑付该部分可转债的票面金额以及利息。

11. 赎回条款。

(1) 到期赎回条款。

在本次发行的可转债期满后5个交易日内,将以本次发行的可转债的票面面值上浮一定比率(含最后一期利息)的价格向投资者赎回全部未转股的可转债。具体上浮比率股东大会授权董事会根据市场情况与保荐人(主承销商)协商确定。

(2) 有条件赎回条款。

转股期内,当下述两种情形的任意一种出现时,公司有权决定按照债券面值的103%(含当期利息)的价格赎回全部或部分未转股的可转债:

①在转股期内,公司股票在任何连续30个交易日中至少20个交易日的收盘价格不低于当期转股价格的130%(含130%);

②当本次发行的可转债未转股余额不足3000万元时。若在前述30个交易日内发生过转股价格调整的情形,则在调整前的交易日按调整前的转股价格和收盘价计算,调整后的交易日按调整后的转股价格和收盘价计算。

12. 回售条款。

(1) 有条件回售条款。

公司股票在最后两个计息年度任何连续30个交易日的收盘价格低于当期转股价格的70%时,可转债持有人有权将其持有的可转债全部或部分按债券面值的103%(含当期利息)的价格回售给发行人。若在上述交易日内发生过转股价格因发生送红股、转增股本、增发新股(不包括因本次发行的可转换公司债券转股而增加的股本)、配股以及派发现金股利等情况而调整的情形,则在调整前的交易日按调整前的转股价格和收盘价格计算,在调整后的交易日按调整后的转股价格和收盘价格计算。如果出现转股价格向下修正的情况,则上述"连续30个交易日"须从转股价格调整之后的第一个交易日起重新计算。

最后两个计息年度可转债持有人在每年回售条件首次满足后可按上述约定条件行使回售权一次,若在首次满足回售条件而可转债持有人未在公司届时公告的回售申报期内申报并实施回售的,该计息年度不应再行使回售权。可转债持有人不能多次行使部分回售权。

(2) 附加回售条款。

若公司本次发行的可转债募集资金投资项目的实施情况与公司在募集说明书中的承诺情况相比出现重大变化,根据中国证监会的相关规定被视作改变募集资金用途或被中国证监会认定为改变募集资金用途的,可转债持有人享有一次回售的权利。可转债持有人有权将其持有的可转债全部或部分按债券面值的103%(含当期利息)的价格回售给公司。持有人在附加回售条件满足后,可以在公司公告后的附加回售申报期内进行回售,本次附加回售申报期内不实施回售的,不应再行使附加回售权。

13. 转股年度有关股利的归属。

因本可转债转股而增加的公司股票享有与原股票同等的权益,在股利分配股权登记日当日登记在册的所有股东均享受当期股利。

【案例275】南山铝业配售、公开发行60亿可转换公司债券[①]

发行主体：山东南山铝业股份有限公司

股本总额：1,934,154,495 股

上市交易所：上海证券交易所

发行基本情况：

1. 发行核准：本次发行经公司2011年12月9日召开的第七届董事会第八次会议形成决议,并经2011年12月26日公司2011年第四次临时股东大会审议通过。本次发行已经中国证监会证监许可[2012]1216号文核准。

2. 证券类型：可转换公司债券。

3. 发行规模：600,000万元人民币。

4. 发行数量：600万手,原股东优先配售南山转债568,980手,占本次发行总量的9.48%。

5. 发行价格：按面值发行。

6. 发行方式：本次发行采取向公司原A股股东全额优先配售,原A股股东优先配售后余额(含原股东放弃优先配售部分)采用网下对机构投资者配售和通过上海证券交易所交易系统网上定价发行相结合的方式进行,认购金额不足60亿元部分,由承销团包销。

7. 募集资金量及募集资金净额：总额为600,000万元(含发行费用),募集资金净额592,353.58万元。

8. 募集资金用途：本次发行可转债的募集资金扣除发行费用后用于建设年产20万吨超大规格高性能特种铝合金材料生产线项目,该项目需投入资金618,986万元。

[①] 参见山东南山铝业股份有限公司可转换公司债券上市公告书(临2012-041号)。

本次发行实际募集资金净额低于拟投入项目的资金需求额，不足部分由公司自筹解决。本次募集资金到位之前，公司根据项目进度的实际情况以自有资金或其他方式筹集的资金先行投入，并在募集资金到位后予以置换。

发行条款：

1. 票面金额：每张面值 100 元人民币。

2. 债券期限：本可转债存续期限为自发行之日起 6 年，即自 2012 年 10 月 16 日至 2018 年 10 月 16 日。

3. 债券利率：第一年 3.5%、第二年 3.5%、第三年 4%、第四年 4%、第五年 4%、第六年 4%。

4. 付息方式：

（1）每年付息一次，计息起始日为可转债发行首日，即 2012 年 10 月 16 日。可转债持有人所获得利息收入的应付税项由可转债持有人负担。

（2）付息日：每年的付息日为本次可转债发行首日起每满一年的当日。

如该日为法定节假日或休息日，则顺延至下一个工作日，顺延期间不另付息。每相邻的两个付息日之间为一个计息年度。

（3）付息债权登记日：每年的付息债权登记日为每年付息日的前一交易日，公司将在每年付息日之后的 5 个交易日内支付当年利息。在付息债权登记日前（包括付息债权登记日）转换成股票的可转债不享受当年度及以后计息年度利息。

5. 转股期限：本次发行的可转债转股期自可转债发行结束之日满 6 个月后的第一个交易日起至可转债到期日止，即 2013 年 4 月 17 日至 2018 年 10 月 16 日。

6. 转股价格的确定和修正。

当公司可能发生股份回购、合并、分立或任何其他情形使公司股份类别、数量和/或股份权益发生变化从而可能影响本次发行的可转债持有人的债券利益或转股衍生权益时，公司将视具体情况按照公平、公正、公允的原则以及充分保护可转债持有人权益的原则调整转股价格。有关转股价格调整内容及操作办法将依据当时国家有关法律、法规及证券监管部门的相关规定来制定，调整转股价格的确定应经债券持有人会议通过方可生效。

（1）初始转股价格的确定依据。

初始转股价格为 6.92 元/股（不低于募集说明书公告日前 20 个交易日公司股票交易均价和前一个交易日公司股票交易均价）。前 20 个交易日公司股票交易均价＝前20个交易日公司股票交易总额/该20个交易日公司股票交易总量；前一交易日公司股票交易均价＝前一交易日公司股票交易总额/该日公司股票交易总量。

(2) 转股价格的调整方法及计算公式。

当公司发生送红股、转增股本、增发新股(不包括因本次发行的可转债转股而增加的股本)、配股以及派发现金股利等情况时，公司将按上述条件出现的先后顺序，依次对转股价格进行累积调整，具体调整办法如下。

设调整前转股价为 P_0，每股送股或转增股本率为 N，每股增发新股或配股率为 K，增发新股价或配股价为 A，每股派发现金股利为 D，调整后转股价为 P(调整值保留小数点后两位，最后一位实行四舍五入)，则：

派发现金股利：$P = P_0 - D$；

送股或转增股本：$P = P_0/(1+N)$；

增发新股或配股：$P = (P_0 + A \times K)/(1+K)$；

三项同时进行时：$P = (P_0 - D + A \times K)/(1+N+K)$。

公司出现上述股份和/或股东权益变化时，将依次进行转股价格调整，并在中国证监会指定的上市公司信息披露媒体上刊登董事会决议公告，并于公告中载明转股价格调整日、调整办法及暂停转股时期(如需)。当转股价格调整日为本次发行的可转债持有人转股申请日或之后，转换股票登记日之前，则该持有人的转股申请按公司调整后的转股价格执行。

7. 转股价格向下修正条款。

(1) 修正条件及修正幅度。

在可转债存续期内，当公司股票在任意连续20个交易日中至少10个交易日的收盘价低于当期转股价格90%时，公司董事会有权在上述情形发生后20个交易日内提出转股价格向下修正方案并提交公司股东大会审议表决，该方案须经出席会议的股东所持表决权的2/3以上通过方可实施。股东大会进行表决时，持有公司本次发行可转债的股东应当回避。修正后的转股价格应不低于该次股东大会召开日前20个交易日公司股股票交易均价和前一交易日的公司股票交易均价，同时，修正后的转股价格不得低于最近一期经审计的每股净资产值和股票面值。

若在前述20个交易日内发生过转股价格调整的情形，则在调整前的交易日按调整前的转股价格和收盘价计算，调整后的交易日按调整后的转股价格和收盘价计算。

(2) 修正程序。

如公司决定向下修正转股价格,公司须在中国证监会指定的信息披露报刊及互联网网站上刊登股东大会决议公告,公告修正幅度、股权登记日和暂停转股期间;从股权登记日后的第一个交易日(转股价格修正日),开始恢复转股申请并执行修正后的转股价格。

若转股价格修正日为转股申请日或之后,转换股份登记日之前,该类转股申请应按修正后的转股价格执行。

8. 赎回条款。

(1)到期赎回条款。

本次发行的可转债到期后5个交易日内,公司将以108元(含最后一期利息)的价格赎回未转股A股可转债。

(2)提前赎回条款。

转股期内,当下述两种情形的任意一种出现时,公司有权决定按照债券面值的104%(含当期利息)赎回全部或部分未转股的可转债。

①在转股期内,公司股票在任何连续30个交易日中至少20个交易日的收盘价格不低于当期转股价格的130%(含130%);

②当本次发行的A股可转债未转股余额不足3000万元时。

若在前述30个交易日内发生过转股价格调整的情形,则在调整前的交易日按调整前的转股价格和收盘价计算,调整后的交易日按调整后的转股价格和收盘价格计算。

(3)赎回程序及时限。

本次可转债到期日后的两个交易日内,公司将在中国证监会指定的上市公司信息披露媒体上披露本息兑付公告。公司将委托中登公司上海分公司代理支付兑付款项。

本次可转债存续期内,若公司股票价格或本次可转债未转股余额满足前述提前赎回条件,公司将在满足提前赎回条件的下一交易日内在中国证监会指定的上市公司信息披露媒体上发布公告,明确披露是否行使赎回权。如公司决定执行本项赎回权时,公司将在赎回期结束前至少发布3次赎回提示性公告,公告将载明赎回程序、赎回价格、付款方法、付款时间等内容。赎回日距首次赎回公告的刊登日不少于30日但不多于60日。当公司决定执行全部赎回时,在赎回日当日所有登记在册的可转债将全部被冻结。当公司决定执行部分赎回时,具体的执行办法视当时上交所的规定处理。公司将在赎回日后的3个交易日内,委托上交所通

第八章
增资纠纷

过其清算系统代理支付赎回款项。赎回期结束后,公司将公告赎回结果及其影响。

9. 回售条款。

(1) 有条件回售条款。

在本可转债最后两个计息年度,如果公司股票在任何连续30个交易日的收盘价格低于当期转股价的70%时,可转债持有人有权将其持有的可转债全部或部分按债券面值的104%(含当期利息)回售给公司。若在上述交易日内发生过转股价格因发生送红股、转增股本、增发新股(不包括因本次发行的可转债转股而增加的股本)、配股以及派发现金股利等情况而调整的情形,则在调整前的交易日按调整前的转股价格和收盘价格计算,在调整后的交易日按调整后的转股价格和收盘价格计算。如果出现转股价格向下修正的情况,则上述"连续30个交易日"须从转股价格调整之后的第一个交易日起重新计算。

最后两个计息年度可转债持有人在每年回售条件首次满足后可按上述约定条件行使回售权一次,若在首次满足回售条件而可转债持有人未在公司届时公告的回售申报期内申报并实施回售的,该计息年度不应再行使回售权。可转债持有人不能多次行使部分回售权。

(2) 附加回售条款。

若公司本次发行的可转债募集资金投资项目的实施情况与公司在募集说明书中的承诺情况相比出现重大变化,根据中国证监会的相关规定被视作改变募集资金用途或被中国证监会认定为改变募集资金用途的,可转债持有人享有一次回售的权利。可转债持有人有权将其持有的可转债全部或部分按债券面值加上当期应计利息的价格回售给公司。持有人在附加回售条件满足后,可以在公司公告后的附加回售申报期内进行回售,该次附加回售申报期内不实施回售的,不应再行使附加回售权。

当期应计利息的计算公式为:$IA = B \times i \times t/365$

其中,IA指当期应计利息;

B指本次发行的可转债持有人持有的可转债票面总金额;

i指可转债当年票面利率;

t指计息天数,即从上一个付息日起至本计息年度赎回日止的实际日历天数(算头不算尾)。

(3) 回售程序及时限。

本次可转债存续期内,若公司股票价格满足有条件回售情形,公司将在满足有条件回售情形后的下一交易日内在中国证监会指定的上市公司信息披露媒体上发布回售公告,并在回售期结束前至少发布3次回售提示性公告,公告将载明回售程序、回售价格、付款方法、付款时间等内容。决定行使回售权的可转债持有人应按照回售公告的规定,在申报期限内通过上证所交易系统进行回售申报。公司将在申报期限届满后5个交易日内,委托中登公司上海分公司代理支付回售款项。在回售期结束后,公司将公告回售结果及其影响。

本次可转债存续期内,在公司变更本次可转债募集资金用途即满足附加回售条件时,公司将在股东大会通过决议后20个交易日内赋予可转债持有人一次回售的权利,有关回售公告至少发布3次。决定行使回售权的可转债持有人应按照回售公告的规定,在申报期限内通过上证所交易系统进行回售申报。公司将在申报期限届满后3个交易日内,委托上交所通过其清算系统代理支付回售款项。

在回售期结束后,公司将公告回售结果及其影响。

10. 转股时不足一股金额的处理方法。

可转债持有人申请转换成的股份须是整数股。转股时不足转换1股的可转债部分,公司将在转股日后的5个交易日内以现金兑付该部分可转债的票面金额以及利息。

11. 转股后的股利分配。

因本次发行的可转债转股而增加的本公司股票享有与原股票同等的权益,在股利发放的股权登记日当日登记在册的所有普通股股东(含因可转债转股形成的股东)均参与当期股利分配,享有同等权益。

【案例276】中国银行可转换债券转股18余万股[①]

发行主体: 中国银行股份有限公司

可转债发行上市概况:

经中国银监会银监复〔2010〕148号文和中国证监会证监许可〔2010〕723号文核准,公司于2010年6月2日公开发行了400,000,000张A股可转换公司债券,每张面值100元,发行总额400亿元。经上海证券交易所上证发字〔2010〕17号文同意,400亿元A股可转换公司债券于2010年6月18日起在上海证券交易所挂牌交易,债券简称"中行转债",债券代码"113001"。

[①] 参见中国人民银行股份有限公司可转债转股结果暨股份变动公告(临2013-001号)。

自2010年12月2日起,A股可转换公司债券进入转股期,目前转股价格为3.44元/股。

可转债本次转股情况:

截至2012年12月31日,累计已有672,000元中行转债转为A股股票,累计转股股数为180,534股,占本行可转债转股前已发行股份总额的0.000066%。其中,自2012年10月1日至2012年12月31日共有10,000元中行转债转为本行A股股票,转股股数为2906股。

截至2012年12月31日,中行转债尚有39,999,328,000元未转股,占中行转债发行总量的99.9983%。

股本变动情况如表8-3所示:

表8-3 中国银行2010年可转债资本转股前后股本变动情况

股份类别	变动前/股（2012年9月30日）	占总股本比例/%	本次可转债转股/股	变动后/股（2012年12月31日）	占总股本比例/%
A股	195,525,063,964	70.04	2906	195,525,066,870	70.04
H股	83,622,276,395	29.96	—	83,622,276,395	29.96
总股本	279,147,340,359	100	2906	279,147,343,265	100

注:以上股份均为无限售条件流通股。

660. 发行可转换公司债券的期限是多少？应按照怎样的程序发行？

可转换公司债券的期限最短为1年,最长为6年。

公开发行可转换债券应当履行的程序如下。

(1)信用评级及跟踪评级

公开发行可转换公司债券,应当委托具有资格的资信评级机构进行信用评级和跟踪评级。资信评级机构每年至少公告一次跟踪评级报告。

(2)偿还余额本息

可转换公司债券期满后5个工作日内,上市公司应该办理完毕偿还债券余额本息的事项。

(3)债券持有人保护

公开发行可转换公司债券,应当约定保护债券持有人权利的办法,以及债券持有人会议的权利、程序和决议生效条件。

存在下列事项之一的,应当召开债券持有人会议:

①拟变更募集说明书的约定;
②发行人不能按期支付本息;
③发行人减资、合并、分立、解散或者申请破产;
④保证人或者担保物发生重大变化;
⑤其他影响债券持有人重大权益的事项。

(4) 提供担保

公开发行可转换公司债券,应当提供担保,但最近一期末经审计的净资产不低于 15 亿元人民币的公司除外。

提供担保的,应当为全额担保,担保范围包括债券的本金及利息、违约金、损害赔偿金和实现债权的费用。

以保证方式提供担保的,应当为连带责任担保,且保证人最近一期经审计的净资产额应不低于其累计对外担保的金额。证券公司或上市公司不得作为发行可转债的担保人,但上市商业银行除外。

设定抵押或质押的,抵押或质押财产的估值应不低于担保金额。估值应经有资格的资产评估机构评估。

(5) 转股期限及价格

可转换公司债券自发行结束之日起 6 个月后方可转换为公司股票,转股期限由公司根据可转换公司债券的存续期限及公司财务状况确定。

债券持有人对转换股票或者不转换股票有选择权,并于转股的次日成为发行公司的股东。

转股价格应不低于募集说明书公告日前 20 个交易日该公司股票交易均价和前一交易日的均价。

募集说明书应当约定转股价格调整的原则及方式。发行可转换公司债券后,因配股、增发、送股、派息、分立及其他原因引起上市公司股份变动的,应当同时调整转股价格。

(6) 转股价格向下修正

募集说明书约定转股价格向下修正条款的,应当同时约定:
①转股价格修正方案须提交公司股东大会表决,且须经出席会议的股东所持表决权的 2/3 以上同意。股东大会进行表决时,持有公司可转换债券的股东应当回避。
②修正后的转股价格不低于前项规定的股东大会召开日前 20 个交易日该公司股票交易均价和前一交易日的均价。

(7) 债券的赎回及回售

募集说明书可以约定赎回条款,规定上市公司可按事先约定的条件和价格赎回尚未转股的可转换公司债券。募集说明书可以约定回售条款,规定债券持有人可按事先约定的条件和价格将所持债券回售给上市公司。募集说明书应当约定,上市公司改变公告的募集资金用途的,赋予债券持有人一次回售的权利。

661. 擅自公开发行证券的,有何民事及行政责任?

未经核准,擅自公开或者变相公开发行证券的,责令停止发行,退还所募资金并加算银行同期存款利息,处以非法所募资金金额5%以上50%以下的罚款。对擅自公开或者变相公开发行证券设立的公司,由依法履行监督管理职责的机构或者部门会同县级以上地方人民政府予以取缔。对直接负责的主管人员和其他直接责任人员给予警告,并处以50万元以上500万元以下的罚款。

662. 什么是非公开发行股票?非公开发行股票的对象应当具备什么条件?

非公开发行股票,是上市公司或非上市公众公司采用非公开方式,向特定对象发行股票的行为。

上市公司非公开发行股票的特定对象应当符合下列规定:

(1)特定对象符合股东大会决议规定的条件;

(2)发行对象不超过35名。

需要注意的是,如果发行对象为境外战略投资者的,应当经国务院相关部门事先批准。

非上市公众公司非公开发行股票的特定对象为:

(1)公司股东;

(2)公司的董事、监事、高级管理人员、核心员工;

(3)符合投资者适当性管理规定的自然人投资者、法人投资者及其他经济组织。

股票未公开转让的公司确定发行对象时,除公司股东、董事、监事、高级管理人员、核心员工以外的适格投资者合计不得超过35名。

663. 上市公司非公开发行股票,除了应当满足对象的要求外,对拟发行的公司本身有何要求?

非公开发行股票,上市公司应当符合下列规定:

(1)发行价格不低于定价基准日前20个交易日公司股票均价的80%。

(2)本次发行的股份自发行结束之日起,6个月内不得转让;控股股东、实际控制人及其控制的企业认购的股份,18个月内不得转让。

(3)募集资金的数额和使用符合一般性规定。

(4)本次发行将导致上市公司控制权发生变化的,还应当符合中国证监会的其他规定。

664. 公司在何种情况下,不得非公开发行股票?

存在下列情形之一的,不得非公开发行股票:

(1)发行申请文件有虚假记载、误导性陈述或重大遗漏。

(2)上市公司的权益被控股股东或实际控制人严重损害且尚未消除。

(3)上市公司及其附属公司违规对外提供担保且尚未解除。

(4)现任董事、高级管理人员最近36个月内受到过中国证监会的行政处罚,或者最近12个月内受到过证券交易所公开谴责。

(5)上市公司或其现任董事、高级管理人员因涉嫌犯罪正被司法机关立案侦查或涉嫌违法违规正被中国证监会立案调查。

(6)最近一年及一期财务报表被注册会计师出具保留意见、否定意见或无法表示意见的审计报告。保留意见、否定意见或无法表示意见所涉及事项的重大影响已经消除或者本次发行涉及重大重组的除外。

(7)严重损害投资者合法权益和社会公共利益的其他情形。

四、增资效力的裁判标准

665. 增资决议内容违法的表现形式有哪些?

实践中增资决议内容违法主要表现在如下两个方面:

(1)未全面维护股东的利益,存在利用低价扩股的方式损害小股东利益的行为。如在实践中,存在公司大股东利用资本多数决通过股东会决议,由非公司股东的投资者以极低的价格对公司进行增资,从而降低了小股东手中股权的价值,该类增资行为应被认定无效。

(2)增资决议侵犯了公司原有股东的优先认购权。[1]

【案例277】增资损害小股东利益　公司赔偿股东损失[2]

原告:董某

被告:致达公司、泰富公司

第三人:创立公司

诉讼请求:两被告赔偿原告直接经济损失13,516,354元。

---

[1] 关于优先认购权内容详见本书第九章新增资本认购纠纷。
[2] 参见上海市第二中级人民法院(2008)沪二民三(商)字第238号民事判决书。

争议焦点：

1. 被告泰富公司在净资产达到 155,360,385.30 元规模的情况下，增资是否有合理的理由；

2. 两被告与第三人之间是否存在关联关系，被告致达公司及第三人对被告泰富公司的增资是否存在恶意；

3. 被告泰富公司增资前是否必须进行审计与资产评估，被告泰富公司依照注册资本进行增资是否可能降低原告股权的价值，从而损害原告的利益。

基本案情：

原告和被告致达公司，均系被告泰富公司的股东，分别持有被告泰富公司 15%、85% 的股权。被告泰富公司成立于 1995 年 7 月 12 日，注册资本 2100 万元，系上海某区"都华名苑"房产项目的开发公司，至 2005 年 12 月 31 日，被告泰富公司未分配红利。

2005 年 5 月 20 日至 11 月 29 日，被告泰富公司以解决公司流动资金为由 4 次召开股东会会议，形成决议：

1. 被告致达公司同意向被告泰富公司增资 1900 万元；

2. 被告致达公司同意引进第三人创立公司作为战略投资者向被告泰富公司增资 1000 万元。

原告在股东会决议中对增资持反对意见，但被告致达公司以 85% 的表决权通过了增资协议。

2006 年 3 月 8 日，经工商登记核准被告泰富公司注册资本为 5000 万元，被告致达公司出资 3685 万元，占 73.7% 股权；第三人创立公司出资 1000 万元，占 20% 股权；原告出资 315 万元，占 6.3% 股权。被告泰富公司在增资扩股前后均未对公司财产进行审计和评估。

截至 2005 年 12 月 31 日，被告泰富公司所有者权益 118,208,098.19 元，公司净资产评估值为 155,360,385.30 元（含注册资本 5000 万元）。

原告诉称：

1. 被告致达公司以大股东"资本多数决"操纵和提议被告泰富公司召开股东会会议，并作出了两项关于增资扩股的决议属于恶意增资。

被告泰富公司以解决公司流动资金为由进行增资，但是被告泰富公司资金非常充裕，房产销售状况良好，不缺资金；且被告致达公司老总既是被告泰富公司老总，又是第三人创立公司的实际控制人，三者之间具有关联关系。

2. 被告泰富公司的增资行为严重损害了原告的利益,使原告的股权价值显著降低。

被告泰富公司在没有作财务审计,又没有作净资产评估的情况下,依据被告泰富公司的原注册资本比例增资,根本不能体现股权的价值,股东会增资决议和引进战略投资者决议是恶意的,其目的是大股东稀释小股东的股权,以掠夺小股东的利益。

原告为证明其观点,提交证据如下:

1. 2002年至2005年被告泰富公司财务报告,证明被告泰富公司从2002年度至2005年度财务数据无变化。

2. 两被告及第三人的工商信息和档案材料,证明被告致达公司老总既是被告泰富公司老总,又是第三人创立公司的实际控制人,证明三者属于关联关系。

被告辩称:

法律对公司增资是否应经过审计、评估未作强制性规定,增资的比价应由股东协商,被告泰富公司召开股东会会议形成增资决议,在程序上、实体上均未违反章程、法律的规定,被告泰富公司的增资决议合法有效。

第三人述称:

第三人与被告致达公司没有关联关系,被告泰富公司关于增资的规定、股东会决议程序、内容合法,未损害原告的权益,原告的诉请应予以驳回。

法院认为:

1. 虽然被告泰富公司的增资程序不存在瑕疵,但其不能说明增资的合理目的。

本案中,虽然被告泰富公司的股东会决议召集程序合法,内容也是根据"资本多数决"表决原则作出的,但是被告泰富公司的审计、评估报告显示,被告泰富公司股东会作出引进战略投资者、进行增资决定时公司的经营状况良好,经营利润丰厚,公司净资产已达155,360,385.30元的规模,而被告致达公司和被告泰富公司均未能对公司的增资决策作出合理解释。

2. 被告泰富公司依照远低于净资产的注册资本进行平价增资,严重损害了原告利益。

被告泰富公司的增资决定,并未按照当时公司的净资产额进行,而是按大大低于当时公司净资产的公司原注册资本进行增资,明显降低了小股东原告所持股权价值,不公平地侵害了原告的权益,造成了原告的损失。而被告致达公司作为掌握被告泰富公司控制权的大股东,凭借其控制的多数表决权,将自己的增资意志拟制为公司的意志,致使原告的股权价值蒙受了巨大损失。被告致达公司的行为属于滥用股东权利,也违反了大股东对小股东的信义义务,被告致达公司对原告因此所受的损失应承担赔偿责任。

法院判决:
被告致达公司赔偿原告损失 9,166,353.52 元。

666. 增资程序违法的表现形式有哪些?
增资程序违法的表现形式主要包括:
(1)增资行为未经过公司股东会决议通过;
(2)关于增资的股东会决议程序违法。①

667. 虽然未经股东会决议通过,但公司收取了第三人的增资款并与第三人签订增资协议,增资行为是否有效?如果公司进而为其办理了工商变更登记手续,并对股东名册进行了修改,该增资是否有效?

无论公司是否与第三人签订增资协议,是否收取增资款,甚至无论公司是否为"新股东"办理了工商变更登记或变更股东名册,只要公司股东会未对增资进行决议通过,增资行为即为无效。除非公司股东会在事后对此进行了追认。

公司增资系公司的重大决策行为,股东作为公司的实际拥有者,对此有着直接决定权,忽略股东的意志而直接进行增资,不论在任何情况下都不应认定有效。

【案例 278】增资未经股东会决议通过　虽已办理工商登记仍被认定无效②

原告:黄某忠

被告:新宝公司、陈某庆等

诉讼请求:请求确认原告在 2004 年 4 月 21 日宏冠公司设立之日起至 2009 年 6 月 6 日股权转让期间持有宏冠公司 20% 的股权。

争议焦点:宏冠公司是否进行了合法有效的增资以及对原告持股比例的影响。

基本案情:

2004 年 4 月 21 日,原告与陈某庆、陈某、张某、顾某平、王某英等被告共同设立了宏冠公司,注册资本为 400 万元,其中:张某出资 120 万元,持股 30%;原告、

---

① 详见本书第二十章公司决议纠纷。
② 参见《中华人民共和国最高人民法院公报》2015 年第 5 期。

顾某平各出资80万元,各持股20%;陈某、陈某庆、王某英各出资40万元,各持股10%。

2006年10月20日,苏州市太仓工商行政管理局根据宏冠公司的申请,将宏冠公司登记的注册资本由400万元变更登记为1500万元,同时将股东及持股比例变更登记为:张某出资120万元,持股8.00%;原告、顾某平各出资80万元,各持股5.33%;陈某、陈某庆、王某英各出资40万元,各持股2.67%;被告新宝公司出资1100万元,持股73.33%。申请上述变更登记的主要依据为落款日期均为2006年10月16日的《宏冠公司章程》《宏冠公司股东会决议》。其中章程内容的主要变更为:宏冠公司的注册资本由原来的400万元增加至1500万元;增加被告新宝公司为股东,等等。股东会决议载明的主要内容为:同意修改后的公司章程;增加公司注册资本,由原来的400万元增加至1500万元,被告新宝公司增加投资1100万元等。

原告诉称:

2004年4月,原告与被告陈某庆等共同设立了宏冠公司,注册资本为400万元,其中原告出资80万元,持股20%。嗣后,宏冠公司全体股东委托陈某庆办理公司股权转让之事,受让方江苏恩纳斯公司将相应的股权转让款转账至陈某庆的个人账户后,陈某庆却迟迟未将相应款项付给原告,故原告以委托合同纠纷为由诉至法院,在诉讼中陈某庆等才告知原告宏冠公司增资及股权比例调整之事,原告的股权比例已经被调整为5.33%。

2011年5月24日,经查询宏冠公司工商登记资料,原告发现所谓的增资情况。但此前原告对所谓增资事宜完全不知情,也从未在有关增资的股东会决议上签过字。并且被告新宝公司所谓的向宏冠公司投资的1100万元在验资后即转走,公司从未进行过实际增资。此外,受让方在收购宏冠公司股权时,受让价格也没有考虑所有增资的部分。因此,宏冠公司的增资行为是虚构和无效的。故请求确认原告在2004年4月21日宏冠公司设立之日起至2009年6月6日股权转让期间持有宏冠公司20%的股权(具体持股期间由法院根据相关证据材料认定)。

被告陈某庆等辩称:

宏冠公司设立后,根据当地政府的政策规定,公司如从事土地开发业务,其注册资本应达到1500万元,所以2006年9月,宏冠公司经过股东会决议吸收被告新宝公司作为股东进行增资,原告对此知悉。即使原告对股东会决议不知情,但是2009年6月宏冠公司股权转让给江苏恩纳斯公司时,原告应当对公司增资知情,因此原告的诉请超过诉讼时效。关于增资的1100万元,虽然该款项在宏冠公司增资后就转给被告新宝公司,但款项性质发生变化,系属于被告新宝公司向宏冠公司的借款。

被告新宝公司辩称:

宏冠公司设立时,原告并没有实际出资,而是由被告新宝公司借款80万元给原告的。被告新宝公司为入股宏冠公司专门召开被告新宝公司股东会会议,原告当时作为被告新宝公司的股东也在其决议上签字。

一审、二审认为:

在原告没有依公司章程对其股权作出处分的前提下,除非宏冠公司进行了合法的增资,否则原告的持股比例不应当降低。新宝公司等被告辩称宏冠公司曾于2006年10月20日完成增资1100万元,并为此提供了所谓股东会的决议,但在原告否认的情况下,新宝公司等被告却没有提供足以证明该些书面材料系真实的证据材料。相反,有关"原告"的笔迹鉴定意见却进一步证实了原告并没有在相关股东会决议上签名的事实。由此可推知,原告、陈某庆、陈某、张某、顾某平、王某英作为宏冠公司的前股东未就宏冠公司增资1100万元事宜召开过股东会。在未召开股东会的情况下,所谓宏冠公司增资1100万元的行为,违反了宏冠公司的章程及法律的规定,是无效的行为。此外,从结果上来看,宏冠公司用于所谓增资的1100万元,在完成验资后,就以"借款"的形式归还给被告新宝公司,此种情形不能认定被告新宝公司已经履行了出资的义务。因此法院认定,宏冠公司并未在2006年10月20日完成实质上增资,宏冠公司以增资为名,降低原告的持股比例,侵犯了原告的合法权益。

因此,在没有证据证明原告明知且在股东会决议上签名同意宏冠公司增资至1500万元的情况下,对宏冠公司设立时的股东内部而言,该增资行为无效,且对于原告没有法律约束力,不应以工商变更登记后的1500万元注册资本金额来降低原告在宏冠公司的持股比例,而仍旧应当依照20%的股权比例在股东内部进行股权分配。

一审、二审判决:

确认原告自2004年4月21日至2009年6月24日持有宏冠公司20%的股权。

668. 投资人履行了出资义务,但未办理工商变更登记,其增资行为是否有效?

工商变更登记并非公司增资程序是否合法的判断标准,如果投资人实际出资,则应当认定该增资行为有效。

669. 国有独资公司的增资有何特殊程序?

国有独资公司的增资必须由国有资产监督管理机构决定,未经国有资产监督管理机构决定即进行增资,该增资行为无效。

【案例279】国有独资公司增资未经批准 决议被判无效[①]

原告: 古井集团公司

被告: 龙俊广告公司

诉讼请求:

1. 确认原、被告签订的合作协议无效;
2. 确认九方公司作出的股东会决议无效;
3. 本案诉讼费由被告承担。

争议焦点:

1. 在签订合作协议之前,中介机构对九方公司的净资产评估为22,461,425.58元,原、被告合作协议中约定了九方公司折价1000万元与被告进行合资经营是否损害了国家利益,合作协议是否会因此导致无效;

2. 被告可否根据双方签订的合作协议中第13条"原告向被告提供国有资产授权经营的合法有效的复印件"得出原告本身是"国家授权的投资机构或国家授权的部门";

3. 被告是否应对合作协议未经国家授权部门批准承担部分责任,被告可否以增资申请审批义务人为原告为由不承担诉讼费。

基本案情:

原告与被告于2003年9月9日签订了关于九方公司的合作协议,在签订合作协议之前亳州市安阳会计师事务所所作的〔2003〕亳安会字第055号评估报告书,对九方公司的净资产评估为22,461,425.58元。双方签订合作协议时,原告与被告将九方公司的净资产确认为1639万元,折价1000万元进行合资经营,被告以现金1000万元对九方公司进行增资扩股,增资扩股后的九方公司总股本为2000万股,双方各占50%股权。合作协议签订后,九方公司于2003年12月3日据此作出股东会决议,通过增资扩股方案。之后,九方公司向工商机关申请了变

[①] 参见安徽法院网 http://www.ahcourt.gov.cn/gb/ahgy_2004/llyt/mssp/userobject1ai11036.html,2011年4月29日访问。

更登记。

原告诉称：

九方公司作为原告的全资子公司，系国有独资公司，九方公司增资扩股的行为应经国有资产监督管理机构审批，但九方公司上述增资扩股行为未办理相关批准手续，违反法律强制性规定，故原告诉至法院。

被告辩称：

1. 双方签订的合作协议第13条规定"甲方（指原告）向乙方（指被告）提供国有资产授权经营的合法有效的复印件"，可以看出原告本身是"国家授权的投资机构或国家授权的部门"，具有增资审批的决策权，因此，合作协议应为有效。

2. 双方签订的合作协议第6条规定"甲方有必要的权力和授权签订本协议及有关附件，并履行其项下的义务，且签署和履行本协议不会违反甲方有约束力的任何合同或其他法律文件"。第16条约定"甲方按本协议中的有关约定负责办理有关本协议下增资扩股的审批、工商变更登记等手续"。因此增资申请审批义务人为原告。且即使认定合同无效，也要考虑原告未尽合同义务导致合同无效的情形，被告不应承担诉讼费。

律师观点：

1. 原被告合作协议中约定的九方公司折价1000万元与被告进行合资经营损害了国家利益，合作协议无效。

原被告双方在签订合作协议时，对九方公司的国有资产进行了较大幅度的低价作价，降低了国有资产的实有价值，致使国有资产流失，损害了国家利益。根据《合同法》第52条规定，双方恶意串通，损害国家利益的合同无效，因此，原被告之间的合作协议应归于无效。

2. 被告无法证明原告是国家授权的投资机构或国家授权的部门。

《公司法》第66条规定，国有独资公司不设股东会，由国有资产监督管理机构行使股东会职权。国有资产监督管理机构可以授权公司董事会行使股东会的部分职权，决定公司的重大事项，但公司的合并、分立、解散、增加或者减少注册资本和发行公司债券，必须由国有资产监督管理机构决定；其中，重要的国有独资公司合并、分立、解散、申请破产的，应当由国有资产监督管理机构审核后，报本级人民政府批准。

被告虽以合作协议第13条的规定认为原告本身是"国家授权的投资机构或国家授权的部门"，但未举出原告是国家授权的投资机构或国家授权部门的授权文件，仅以双方的协议不能确认原告是国家投资的授权机构或国家授权的部门。

被告未举出证据证明原告对九方公司增资扩股是由国有资产管理部门批准,且不能确认原告是国家授权的投资机构或国家授权的部门,根据《合同法》第52条规定,违反法律、行政法规的强制性规定的合同无效,因此,原被告之间的合作协议应归于无效。且由于该合作协议无效,原被告据此作出的九方公司股东会决议也属无效。

3. 被告应对合作协议未经国家授权部门批准承担部分责任,并相应的承担部分诉讼费。

从双方合作协议第13条规定"甲方向乙方提供国有资产授权经营的合法有效文件的复印件",第6条规定"甲方有必要的权力和授权签订本协议及有关附件,并履行其项下的义务,且签署和履行本协议不会违反甲方有约束力的任何合同或其他法律文件",第16条规定"甲方按本协议中的有关约定负责办理有关本协议下增资扩股的审批、工商变更登记手续,包括但不限于:向有关主管机关申请批准本协议下的增资扩股、在登记主管机关办理变更登记手续等"可以看出,双方在签订合作协议后,应由原告办理增资扩股的审批手续,原告未办理增资扩股的审批手续,具有主要过错,应承担主要责任。被告同时也应当知道该合作协议应当由国家授权部门批准,合作协议未经批准,不能生效。因此,被告对于合作协议无效应负适当的责任。原被告应根据各自应承担责任分担诉讼费。

法院判决:

1. 原告与被告签订的合作协议以及原、被告据此作出的九方公司的股东会决议无效;

2. 案件受理费141,800元,由原告承担113,440元,被告承担28,360元。

670. 国有资本控股公司、国有资本参股公司增资时,应当由哪个机构对增资行为进行决议?

国有资本控股公司、国有资本参股公司应当由公司股东会、股东大会对增资事项进行决议,但是区别于一般公司的是,该类公司中,国有资产监督管理机构委派的股东代表应当按照委派机构的指示提出提案、发表意见、行使表决权,并将其履行职责的情况和结果及时报告委派机构。

671. 增资协议无效的原因包括哪些?

实践中,如下原因将导致增资协议无效:

(1)增资协议签订主体不合法;

(2)投资人与公司恶意串通,损害公司股东利益。

第八章
增资纠纷

【案例280】增资协议不合法、股东会决议未作出　投资人无法取得股权[1]

原告：张某峰

被告：富金达公司、刘某利

第三人：刘某栋、陈某

诉讼请求：确认原告为被告富金达公司的股东，并占有该公司35%的股权。

争议焦点：

1. 本案中，原告提起的股权确认之诉的诉讼时效是从原告与被告刘某利签订《入股协议》之日起计算，还是从被告刘某利退还原告认缴款之日起计算；原告提起的股权确认之诉是否超过诉讼时效。

2. 原告以认购新股的方式入股被告，与被告富金达公司法定代表人被告刘某利签订《入股协议》并向被告刘某利支付了投资款97万元，原告是否能以此为由取得股东资格。

3. 被告富金达公司股东是否存在出资不实的情况；如果存在是否意味着原告可以不通过股东会决议对被告富金达公司增资。

基本案情：

被告富金达公司于2004年8月9日成立，公司成立时注册资本为100万元，有股东3人，其中被告刘某利为法定代表人，占55%的股权，另外两名股东为钟某荣（占公司30%的股权）、刘某星（占公司15%的股权）。

2007年11月20日，该公司变更工商登记，股东通过股权转让的形式由原来的被告刘某利、刘某星、钟某荣三人变更为被告刘某利（占公司10%的股权）、第三人陈某（占公司15%的股权）、第三人刘某栋（占公司75%的股权），第三人刘某栋为公司的法定代表人，注册资本仍为100万元。

2005年7月25日，在被告刘某利担任被告富金达公司法定代表人期间，被告刘某利与原告签订了入股协议，该协议约定由原告对公司投入150万元资金，其中50万元为公司前期开发补偿金，另100万元为股本金，公司注册资本由100万元变更为200万元，变更后新股东占35%，原股东占65%。资金交付时间为协议签字日交付56万元，余下在3个月内付完。新股东注入资金后公司应重新办理工商变更登记手续，确定新股东名单及股权比例。协议签订后，原告向被告刘某利交纳了97万元人民币。此后，被告刘某利2007年9月开始分批向原告退回了

---

[1] 参见云南省昆明市中级人民法院(2009)昆民五终字第65号民事判决书。

97 万元人民币。

原告诉称：

在被告富金达公司增资扩股后，其投入了相应的资金，应成为被告富金达公司的股东。根据其与被告刘某利之间的协议，原告应享有被告富金达公司 35% 的股权。但其股东身份一直未予落实。

两被告辩称：

1. 原告与被告刘某利于 2005 年 7 月 25 日签订《入股协议》，至原告起诉之日，已经超过法定的 2 年诉讼时效。

2. 有限责任公司增加注册资本依程序应该召开股东会，由公司全体股东作出是否增加注册资本的股东会决议，而在本案中，原告并未提交被告富金达公司召开过股东会并作出同意原告作为公司新股东的决议，仅持有与被告刘某利个人的入股协议，在该份入股协议中，无论是公司变更前的股东刘某星、钟某荣，还是公司变更后的股东第三人陈某、第三人刘某栋均未签字同意原告作为公司股东，且原告也并未作为股东在工商局进行在册登记，原告交给被告刘某利的钱，被告刘某利也已经退还给原告。因此，现原告要求确认其是被告富金达公司的股东并占有该公司 35% 股权的诉请，不应予以支持。

针对两被告的上述观点，原告认为：

1. 因签约之时被告富金达公司股东存在虚假出资情况，公司增资不存在召开股东会这一操作环节，原告已取得公司股东资格，持有股权。

2. 原告于 2005 年 7 月、10 月交给公司投资款 97 万元，均由被告刘某利签收，被告刘某利代表公司出具了收款收据，被告刘某利交给原告的 97 万元是原告作为股东的分红收益，并非被告刘某利所称是对原告 97 万元投资款的退回。

第三人刘某栋、陈某同意两被告的答辩意见。

律师观点：

1. 原告提起的股权确认之诉未过诉讼时效。

由于在被告刘某利将人民币分批退还给原告时，原告才知道其权利被侵害，因此，诉讼时效应从退还人民币之日开始起算，并未超过法律规定的两年期限。

2. 原告以认购新股的方式入股被告，仅以与被告富金达公司法定代表人被告刘某利签订《入股协议》并向被告刘某利支付了投资款 97 万元为由不足以取得股东资格。

股权的取得方式分为原始取得和继受取得，原始取得是投资人直接向公司投入财产而取得股权的方式。原始取得中又有公司设立时取得和公司设立后取得之分，前者是指在公司设立时向公司认购出资或股权，从而取得初始股东的资格；后者是指公司成立后发行新股，认购新股后取得股东资格。

依据《公司法》规定，第三人在公司设立后通过增资取得股东资格，需满足以下条件：

（1）公司召开股东会对增加注册资本作出决议；

（2）增资决议作出后，如公司章程规定股东享有新股认购优先权，应由股东优先认购，如股东放弃优先认购权的，第三人才可认购；

（3）第三人与公司签订认购出资或股权协议，并向公司交纳款项，由公司将第三人记载于股东名册，并变更公司章程。

本案中，原告所提交支持其主张的《入股协议》并非被告富金达公司与原告签订，而是被告刘某利与其所签。该协议上虽记载订约已经股东协商同意，并且在被告刘某利所签姓名前冠以了"富金达公司原股东代表"的称谓，但对于被告富金达公司是否增加注册资本，是否同意原告以认购新股向公司出资的方式新增为股东等事宜，公司并未召开股东会进行决议，事后公司股东也未对此行为进行追认；另被告刘某利是否作为被告富金达公司的股东代表参与签约也未见其余股东对其的授权，故该协议并不符合《公司法》关于第三人认购新股成为新增股东的规范要求，亦不在原告与被告富金达公司之间产生法律约束力，不能据此认定被告富金达公司有同意原告出资认购新股成为股东的意思表示。

原告虽交付了97万元的款项，但出具收条者系被告刘某利，并非被告富金达公司，被告富金达公司也未在收条上加盖印章予以确认。其后也是被告刘某利支付了97万元款项给原告。以上行为无法证实原告主张的其实际向被告富金达公司交纳出资的事实。

除此之外，被告富金达公司股东是否存在虚假出资与原告加入公司是否符合法律规范是两个互不关联影响的问题。即便被告富金达公司股东存在虚假出资情况，也只产生未实际出资股东承担出资填补责任的法律后果，并不影响《公司法》关于公司增资须召开股东会决议的规定。

综上，原告欲成为被告富金达公司股东的行为并不符合《公司法》相关规定，不具备成为公司股东的相应条件，对其诉讼请求，不应予以支持。

法院判决：

驳回原告的诉讼请求。

672. 公司股东会决议增资,但投资人并未与公司之间形成明确的投资关系,此时是否能够认定增资行为生效?

不能。增资行为从公司内部而言,属于公司的重大决策行为,但从"出资人"的角度而言,是一般的民事法律行为,故应当尊重其真实意思表示,如果向公司支付款项并非对公司增资,则不能因为内部程序的通过即将他人支付的款项强行划分为增资款。

【案例281】未明确投资关系　公司增资不成立[①]

原告:张某南

被告:梁农公司

诉讼请求:判令被告返还11万元投资款。

争议焦点:被告仅有加盖公章的原告投资款收据,是否足以证明原告是被告的股东。

基本案情:

被告为有限责任公司,成立于2007年3月26日,注册资本120万元。被告股东为魏某奎、唐某东、李某美、陈某芳、谢某玲5人,每位股东出资额均为24万元。原告并非被告股东。

2007年8月28日、2008年2月27日,被告未经股东会决议,先后收到原告支付的款项10万元和1万元。

原告诉称:

由于原告的投资款11万元未经被告股东会决议,被告该增资行为无效,该笔钱名为投资款实为借款,应返还给原告,但被告对该笔钱不予返还,原告诉至法院。

被告辩称:

原告是被告股东魏某奎名下一名小股东。原告作为出资人,参与了经营管理,且公司章程中显示原告为被告的股东。原告的11万元投资款在没对被告资产清理的情况下不能退还。

被告为证明其观点,提交证据如下:

1. 证人陈某芳证实:原告是魏某奎名下一名小股东;原告曾于2009年春节上班后的第一天来公司查账。

2. 证人王某成证实:2009年春节后,原告夫妇来查账,魏某奎介绍原告是他

[①] 参见重庆市第二中级人民法院(2009)渝二中民终字第1371号判决书。

名下一名小股东。

3. 加盖了公章并注明原告的11万元是投资被告的投资款的收据。

针对被告的上述证据,原告认为：

原告否认其为魏某奎名下小股东,其去被告查账是因要求被告还钱时被告称亏了没有钱才看的账。

律师观点：

被告收到原告11万元款项的事实,有被告出具并加盖了公章注明系原告投资被告的投资款的收据佐证,且当事人双方对此均无异议。虽然原告给被告提供该11万元款项的目的系投资于该公司,然而,被告在收取原告投资款后,没有与原告就投资事项达成具体协议。双方对原告所进行的投资将如何分取红利,如何承担亏损等决定投资关系成立的重要内容没有明确约定。因此,原告与被告的投资合同关系没有成立,原告主张返还投资款应予支持。

被告主张原告系魏某奎名下一名小股东、原告与魏某奎属合伙的事实,除有投资款收据、证人陈某芳、王某成的证言、被告的陈述间接证明外,没有出示关键的投资协议或合伙协议,当事人原告亦予以否认,而且也没有证据证明被告的公司章程得到了原告签字认可,该章程不能当然约束原告,不能视为双方间的投资协议或合伙协议。

除此之外,有限责任公司增减注册资本必须经股东会决议,本案中,被告增加注册资本收取原告投资款11万元未经股东会决议,其增资行为违反法律规定,属无效。

综上所述,被告仅有加盖公章的原告投资款收据,不足以证明原告是被告的股东,原告要求被告返还投资款11万元符合法律规定。

法院判决：

被告在判决生效后10日内返还原告投资款11万元。

673. 实践中,哪种情况下投资人可依法解除增资协议?

在如下情况下,投资人可依法解除增资协议：

(1)公司拒不办理工商变更登记手续；

(2)增资行为未经过公司股东会决议通过,公司股东会亦不予追认；

(3)发生不可抗力导致无法实现增资协议目的。

【案例282】公司拒不办理工商登记　投资人成功解除增资协议[1]

原告：高某

被告：远洋公司

诉讼请求：判令被告退还7万元及自2005年4月18日起至给付之日止，按银行贷款利率计算的利息。

争议焦点：

1. 被告法定代表人翟某平收取原告7万元的行为是否为公司行为，被告是否系本案适格的诉讼主体；

2. 被告是否举证证明原告已将投资款通过借款和提走部分木材的方式取走；被告可否以此抗辩并拒绝向原告返还7万元股款及利息；

3. 被告始终未予办理工商变更登记，原告是否可要求被告返还7万元及相关利息。

基本案情：

2005年4月18日，被告法定代表人翟某平给原告出具收条1张，该收条载明，今收到原告交来股金款7万元。同日，原告给被告出具借条1张，该借条载明今向被告借现金6万元，2个月之内还清。

2006年8月18日，原告还从被告处提走部分木材。此后，被告未能将原告变更为被告的股东。

此外，2008年原告曾以同一事实起诉被告法定代表人翟某平，北京市东城区人民法院审理后认为，原告应是与案件有直接利害关系的公民、法人和其他组织。原告交付的7万元系向被告的入股款，翟某平作为被告法定代表人收取原告的7万元应为代表被告的职务行为，故原告起诉要求翟某平退还7万元及利息，不符合有关法律规定。北京市东城区人民法院作出（2008）东民初字第8977号民事裁定，驳回原告的起诉，该裁定已生效。

原告诉称：

被告邀请原告以入股形式参与被告经营，并可享受分红。当时被告要求原告出资20万元，但原告只筹集到7万元，并交给被告。此后，被告一直未能给原告办理股权变更，被告的行为严重损害了原告的利益。

---

[1] 参见北京市第二中级人民法院(2009)二中民终字第12286号判决书。

被告辩称：

1. 被告从未就原告增资入股一事召开过股东会，也未将此事向翟某平授权。翟某平收取原告款项，是其个人行为，不是职务行为，不能代表被告。原告与被告之间不存在增资入股的法律关系，被告也从未收取原告的股金，原告要求被告返还股金的诉讼请求，无法律依据。

2. 即使原告交付的7万元为投资股金，原告于当日以家中有急事为由向被告借款6万元，并承诺在2个月内还清，此后一直未还此款。另，原告还于2006年8月18日从被告处提走价值8,871.84元的木材，货款一直未付，由于原告的股金已经基本取走，故被告不同意原告的诉讼请求。

律师观点：

1. 被告法定代表人翟某平收取原告7万元的行为为公司行为，被告符合诉讼主体资格。

企业法人应当对它的法定代表人的经营活动承担民事责任，翟某平作为被告的法定代表人，其收取原告股金的行为系职务行为，被告应当对此承担民事责任。

2. 被告以原告已将投资款通过借款和提走部分木材的方式取走为由，不同意退回原告出资款，该抗辩理由不成立。

被告以原告将股金借回，并且从被告处提走部分木材为由，不同意原告的诉讼请求。因被告所述与本案不属同一个法律关系，应另案解决，被告以原告已将投资款通过借款和提走部分木材的方式取走为由进行抗辩不成立。

3. 被告始终未予办理工商变更登记，原告可要求被告公司返还7万元及相关利息。

民事活动应当遵循诚实信用原则，原告交付被告7万元入股资金后，被告理应履行其承诺，为原告办理股权变更手续，因被告未履行其承诺，原告起诉要求被告退还7万元及利息，理由正当，应予支持。

法院判决：

被告于判决生效后10日内退还原告7万元人民币及利息。

【案例283】未经股东会决议且另一原股东不同意新股东入股 增资协议无效[①]

原告： 林某花

---

① 参见重庆市第四中级人民法院(2015)渝四中法民提字第00002号民事判决书。

· 1159 ·

被告：瑞升电子公司、田某勇

诉讼请求：

1. 确认原告与被告瑞升电子公司签订的《出资协议》无效；
2. 判决两被告连带返还原告投资款35万元。

争议焦点：有限责任公司原仅有两名股东各持股50%，未经股东会决议且公司一原股东不同意新股东入股，增资行为是否有效。

基本案情：

2010年6月2日，被告瑞升电子公司成立，注册资本50万元，实收资本50万元。公司章程第10条载明：公司由两名自然人股东出资设立，被告田某勇以货币出资25万元，出资比例为50%，股东肖某国以货币出资25万元，出资比例为50%。

2010年6月17日，被告田某勇与原告签订《出资协议》，第4条载明：公司股东共3人，分别为被告田某勇、肖某国、原告，公司注册资本50万元，实际投入资本100万元，各股东以现金方式出资，其中被告田某勇出资30万元，占实际入股金总额的33.33%，肖某国出资30万元，占实际入股金总额的33.33%，原告出资40万元，占实际入股金总额的33.33%。被告田某勇、原告分别在《出资协议》上签名和捺手印，肖某国未参加，亦未签名。

同日，被告瑞升电子公司向原告签发出资证明书，载明自然人股东名称原告，以现金方式出资40万元人民币，占实际入股金总额的33.33%，原告出资后在被告瑞升电子公司任总经理兼出纳，并参加公司经营管理，但公司未向工商行政管理部门申请变更登记，未修改公司章程和股东名册中有关股东及其出资的记载。

2012年1月19日，肖某国向原审法院作出声明：原告与被告田某勇在2010年6月17日签订的《出资协议》肖某国本人未签字，对于原告入股公司一事，自己作为公司股东不同意其入股。

原告诉称：

原告在被告田某勇以公司管理人员的身份招聘入公司后，发现被告瑞升电子公司并非三人出资新建成立。实际是在三人签订《出资协议》之前早已成立，其公司登记的股东为被告田某勇和肖某国，原告知情后，曾向被告田某勇和肖某国要求清理公司资产，明确各股东在公司中各自的实际出资额，但遭到拒绝。被拒绝后，原告要求肖某国在自己持有的《出资协议》上签字和在工商部门把自己的股份登记，仍遭拒绝。原告认为，自己与被告田某勇、被告瑞升电子公司签订的《出资协议》违背《公司法》等法律、法规的强制性规定，《出资协议》系无效协议。

被告均辩称：

1. 被告瑞升电子公司只收到原告出资款35万元，而不是40万元。

2. 未在工商行政管理部门变更公司股东情况,是因为原告说没有盈利,没必要在工商部门登记原告为股东。

3. 被告瑞升电子公司注册资本为50万元,但实际投入超过50万元。

4.《出资协议》是生效的,从2010年6月后,原告就进入被告瑞升电子公司进行管理,原告是公司股东,是否退出资款双方可以协商。

法院认为:

有限责任公司的增资扩股方式一般有两种。一是公司股东按原出资比例增加出资额,而不改变出资比例。增资后,各股东出资比例保持不变。二是邀请出资,改变原出资比例。邀请出资的对象,可以是公司原股东,也可以是公司原股东以外的人。如果是公司原股东认缴出资,可以是另外缴纳股款,也可以采取把资本公积金和应分配给股东的股息红利转化为出资。

有限责任公司的增资扩股,一般履行如下法律程序:首先,股东会会议决定公司增资必须经代表2/3以上表决权的股东通过,并变更公司章程;其次,股东认缴新增出资,该新增出资要经过会计师事务所的验资[①];最后,到公司登记机关办理相应的变更登记手续。

本案中,被告瑞升电子公司认为肖某国知道或者同意原告入股瑞升公司,应当举示相应证据证明。但被告瑞升电子公司在本案中并没有举示有效证据证明自己的该事实主张。同时,被告瑞升电子公司就公司增资扩股是否经由公司股东会会议表决通过、通过增资扩股转让部分公司股权给原股东之外的其他股东是否经征求公司原其他股东、公司原其他股东是否过半数同意等事实,均没有举示证据证明,故应当认定被告田某勇作为公司法定代表人,就原告入股一事,没有行使相应的法定义务。被告瑞升电子公司应当承担其举证不能的法律后果。

被告瑞升电子公司设立之初有股东二人,分别是被告田某勇和肖某国,二人出资比例各为50%,公司注册资本为50万元。2010年6月,被告瑞升电子公司拟吸收原告为股东,并将公司增资扩股。但公司股东之一被告田某勇没有按照《公司法》所规定的法定程序,也没有按公司章程规定和程序进行:即事前没有召开公司股东会会议决定,并经法定表决通过,更没变更公司章程;事中其邀请公司原股东以外的原告出资,但公司股东之一肖某国没有在《出资协议》上签字同意;事后没有就新增出资经由会计师事务所的验资,更没有到公司登记机关办理相应

[①] 股东缴纳出资后,必须经依法设立的验资机构验资并出具证明为《公司法》(2005年修订)的规定,现行《公司法》已无此要求。

的变更登记手续。

故被告瑞升电子公司吸纳新股东原告入股的增资扩股行为不但没有经由原股东之一肖某国的签字同意,也有违《公司法》关于增资扩股的法律规定。原告出资入股被告瑞升电子公司的行为无效,不发生公司增资扩股的法律效力。

法院判决:
1. 被告瑞升电子公司返还原告35万元;
2. 驳回原告的其他诉讼请求。

【案例284】因不可抗力导致增资协议目的无法实现 一方有权解除协议[①]

原告:华澳公司

被告:爱众公司

原告诉讼请求:

1. 判令被告立即收购原告持有的案外人昭通公司23.39%的股权,并支付股权转让价款142,602,963元;
2. 判令被告向原告支付违约金300万元。

被告反诉请求: 解除被告与原告于2013年12月3日签订的《增资扩股协议书》第3.3条的内容。

争议焦点:

1. 《增资扩股协议书》第3.3条是原告转让股权的本约合同还是预约合同;
2. 被告以不可抗力主张解除《增资扩股协议书》第3.3条的理由是否成立。

基本案情:

2010年11月12日和2010年12月3日,原告和被告分别通过签订《股权转让协议书》的方式收购案外人昭通公司的股权。原告以114,082,371.11元收购昭通公司49%的股权,被告以118,738,794.43元收购昭通公司51%的股权。

2013年8月15日和2013年8月30日,案外人昭通公司分别召开了董事会和股东会会议,通过《关于增加公司注册资本的议案》,同意控股股东被告单方采用债转股的方式增资14,114万元,增资后公司注册资本由1.2886亿元变更为2.7亿元;通过《关于修改公司章程的议案》,同意将公司章程第11条"公司注册资本为1.2886亿元人民币"修改为2.7亿元,将公司章程第13条"被告出资6571.86万元、

[①] 参见四川省广安市中级人民法院(2016)川16民初15号民事判决书。

占股比例51%，原告出资6314.14万元、占股比例49%"修改为"被告出资20,685.86万元、占股比例76.61%，原告出资6314.14万元，占股比例23.39%"。

2013年12月3日，被告为甲方、原告为乙方、案外人昭通公司为丙方签订了《增资扩股协议书》，该协议书主要内容如下：

1. 增资股东、增资方式及金额。协议各方同意，由甲方单方按照1∶1的比例以债转股的方式向丙方增资14,114万元人民币，乙方自愿放弃增资。增资完成后丙方注册资本达2.7亿元，甲方出资额为20,685.86万元，出资比例76.61%，乙方出资额为6314.14万元，出资比例23.39%。

……

3. 协议各方权利义务。3.3 鉴于甲方单方增资丙方使乙方持有的丙方股权被稀释，甲乙双方承诺：在2015年年底前，甲方按照有关程序以乙方2010年收购丙方股权时的投资额为基础并按照甲方收购乙方股权时的中国人民银行公布的5年期贷款基准利率计算年投资收益的方式收购乙方持有丙方剩余的股权。

4. 违约责任。4.2 如乙方违反本协议第3.3条约定的内容或未经甲方书面同意，向他人转让其所持有丙方的股权，则乙方向甲方承担300万元违约金。4.3 如甲方违反本协议第3.3条约定的内容，则甲方向乙方承担300万元的违约金。4.4 协议各方应恪守本意向书约定的各项义务，任何人有违反本协议其他任何约定的，违约方应依约或依法承担相关的违约责任，并应按照守约方损失予以赔偿。

……

6. 本协议的生效、变更和终止。6.2 因不可抗力或双方协商一致，可以变更、中止或解除本协议。

协议签订后，被告完成了以债转股，并变更了工商登记。

2014年8月3日，云南鲁甸发生地震，案外人昭通公司所有的红石岩水电站处于地震受灾区。

2014年11月4日，案外人昭通公司委托云南乾盛司法鉴定中心对昭通公司所有的红石岩水电站2014年8月3日因地震受损情况（现状固定）进行鉴定。根据该中心出具的《司法鉴定意见书》，红石岩水电站受损较严重，且一定时间内都无法进行开工建设。

2016年1月22日，案外人牛栏江红石岩堰塞湖整治工作建设指挥部向昭通公司发出《关于实施堰塞湖整治工程涉及地震损毁原红石岩水电站的函》，指挥部拟按2亿元人民币的价格收购红石岩水电站全部资产及设施。

2016年4月25日，案外人昭通公司发出"2016年4月29日召开股东会和董事会会议,会议议程为审议签署《整体资产转让合同》的议案"的通知。

2016年4月27日,原告向昭通公司发出《关于召开股东(董事)会及所涉及审议事项的答复函》,内容为:贵公司要求于2016年4月29日召开股东会和董事会,审议《关于签署〈债务重组协议〉的议案》和《关于签署〈整体资产转让合同〉的议案》,我公司答复如下:(1)2013年三方签署的《增资扩股协议书》被告违约未履行,在司法裁决未下达之前,贵方不能做出有损我公司权益的事情;(2)对贵方建议成立一家全资子公司的建议,我方已正式表达不同意;(3)贵公司要求审议的议案与昭通公司有关,我方不知情,不同意提案;(4)对昭通公司及其股东对我方的违法事项,我方将通过法律保护自身权益。原告法定代表人在董事会及股东会表决表上对表决事项明确填写不同意。

2016年7月15日,转让方昭通公司、受让方云南水投牛栏江堰塞湖工程建设有限公司、关联方被告爱众公司签订《整体资产转让合同》,主要内容为:为妥善、快速处理整体资产转让事宜,加快牛栏江堰塞湖综合整治进度,昭通公司出资设立全资子公司,拟将其合法持有的整体资产转让给受让方云南水投牛栏江堰塞湖工程建设有限公司。(1)转让标的为昭通公司设立全资子公司的全部资产,具体为办公宿舍楼、食堂、车库楼、拦河坝工程、发电引水工程、发电厂房及升压站工程、交通工程,巧国用(2016)第123号、鲁国用(2016)第179号土地使用权。(2)转让价款。红石岩水电站资产及设施经资产评估后,双方协商确定的转让价款为2.47亿元。合同还对付款方式及期限、资产交割、双方权利义务等进行了约定。被告出具承诺函,对资产转让方合同约定义务的履行提供连带担保。

2015年5月28日,被告致函原告派员商讨昭通公司股权合作的函,主要内容为:鉴于2014年8月3日地震后,昭通公司核心资产严重毁损,昭通公司股权价值大幅贬值,不能继续履行《增资扩股协议书》第3.3条的约定,请原告派员协商下一步股权合作事宜。

2015年7月29日,原告回函称:2013年12月3日双方签订了《增资扩股协议书》,12月30日原告协助被告办理了股权登记,原告义务已经全部履行。被告收购原告的股权应在2013年12月3日生效,地震不影响收购股权,故要求被告履行协议。

2016年3月15日,被告收到律师函,要求被告履行《增资扩股协议书》第3.3条约定的,收购原告所持有昭通公司股权的协议。

2016年4月1日,原告向被告发出《关于再次要求尽快履行〈增资扩股协议书〉的紧急函》,函告:自2016年3月15日向被告发出律师函后,被告一直没有给

第八章 增资纠纷

出任何答复,要求被告在收到本次函后5日内正式作出答复。

2016年4月14日,被告发给原告《关于解除增资扩股协议约定的股权收购预约合同条款函》及公证送达书,函告:鉴于2014年8月3日云南鲁甸地震,导致昭通公司核心资产严重受损,丧失了正常的经营能力及盈利能力,如继续按照协议约定收购原告所持股份,将无法实现被告该项收购合同的目的,因此依据相关法律规定依法行使合同解除权。

原告诉称:

2010年,原告和被告共同收购了昭通公司的全部股权,其中原告占股49%,被告占股51%。2011年原告准备将其持有昭通公司49%的股份出卖给案外人,被告阻止并承诺在2015年年底收购原告所持股份。2013年12月3日,原告、被告以及昭通公司三方签订《增资扩股协议书》,约定:被告单方向昭通公司增资后持有公司76.61%的股权,鉴于原告股权被稀释为23.39%,被告承诺在2015年年底按照有关程序以原告2010年收购昭通公司股权时的投资额为基础,并按收购股权时人民银行公布的5年期贷款基准利率计算年投资收益的方式收购原告持有的昭通公司的股权。协议签订后,原告配合被告完成了股权工商变更登记,被告也发布相关信息获得收益,并行使了100%的股东权益。

后经原告多次催促,被告拒不依约收购原告持有的昭通公司的股权,故提起诉讼。

被告辩称:

2010年11月12日,被告、原告收购了昭通公司的股权,由于昭通公司资产负债率达100%,融资非常困难,所以要求股东增资。昭通公司欠被告2亿多元债务,经昭通公司股东会、董事会决议,同意被告向昭通公司单方增资。被告通过债转股增资后,持有昭通公司76.61%的股权,原告持有23.39%的股权,双方签订的《增资扩股协议书》约定了今天所争议的第3.3条。

2014年8月3日,云南鲁甸发生6.5级地震,造成昭通公司重大财产损失,属于不可抗力的事件。被告认为:

1. 双方签订的《增资扩股协议书》第3.3条的性质是股权买卖的预约合同,而不是本约合同,从合同约定2015年12月底收购可以证明没有股权买卖的本约合同,且协议第3.3条对股权的价款交付、股权交付时间、双方权利义务均未约定,所以原告诉请被告直接收购股权并支付价款没有依据。

2. 协议第3.3条既然是预约合同,预约合同双方有磋商和谈判的义务,但双方意思自治,司法无权强行干预签订本约合同。

3. 从预约到本约过程中发生了重大情势变更,即地震导致协议签订的目的不能实现。昭通公司可以发电、可以生产经营、股权价值相应稳定,这是当时签订合同的目的,地震后导致合同目的不能实现,因而不能达成签订本约合同的共识。

4. 即使把预约合同视为本约合同,也是不能履行。原告要交付的不是23.39%这个数据,而是符合合同目的的股权,即昭通公司可以正常经营发电,股权价值相对稳定。因此原告第一个诉请不能成立。

至于违约金的问题,地震属不可抗力,是法定免责事由,被告不应承担违约金。

法院观点:

1. 关于《增资扩股协议书》第3.3条是本约协议还是预约协议的问题。

所谓预约,是指当事人之间约定将来成立一定契约之契约。从本案《增资扩股协议书》第3.3条的内容看,双方当事人并没有约定在将来订立股权转让合同,而是对合同当事人、标的和数量、价款的计算等内容进行了明确的约定,双方当事人依据《增资扩股协议书》第3.3条的约定,完全能够完成股权转让。

被告辩称,《增资扩股协议书》第3.3条欠缺股权交付时间、转让价款的交付以及双方权利义务等重要内容。但根据《合同法司法解释(二)》第1条①"当事人对合同是否成立存在争议,人民法院能够确定当事人名称或者姓名、标的和数量的,一般应当认定合同成立。但法律另有规定或者当事人另有约定的除外。对合同欠缺的前款规定以外的其他内容,当事人不能达成协议的,人民法院依照合同法第六十一条、第六十二条、第一百二十五条等有关规定予以确定"的规定,对被告辩称的合同欠缺内容可以依据相关规定予以确定,故被告的辩称理由不能成立。《增资扩股协议书》第3.3条就是原告转让所持有的昭通公司23.39%股权的本约合同。

2. 关于被告以不可抗力主张解除《增资扩股协议书》第3.3条的理由是否成立的问题。

2014年8月3日,云南鲁甸发生6.5级地震,昭通公司所属红石岩水电站因地震受损而停止经营,对这一事实双方当事人均无异议。双方当事人争议的是:昭通公司能否继续经营和昭通公司是否因地震造成资产严重受损,导致其股权价值相应发生减损。

被告认为,地震造成昭通公司财产严重毁损,昭通公司已经不能发电,不能生产经营,其股权价值严重贬损,已经不能实现合同目的,应当依法解除合同。原告认

---

① 该解释已失效,目前尚无相关规定。

为,地震虽然造成昭通公司电站部分建筑设备受损,经营暂时停止,但昭通公司资产并未因地震而减损,现昭通公司资产有:整体转让资产的2.47亿元、保险理赔最低1.1亿元和拟新成立的电力公司35%的股权。昭通公司现有资产不但未减损反而升值了,公司能够发电、持续经营,合同目的完全能够实现,被告能够履行合同。

本院认为,2014年8月3日,云南鲁甸地震后,昭通公司因水电站建筑设备受损而停止生产经营。后因堰塞湖综合整治工程的需要,云南水投牛栏江堰塞湖工程建设有限公司将昭通公司原红石岩水电站整体收购,该收购是为综合治理需要,基于公共利益而收购,因昭通公司的水电站被收购,昭通公司这个主体不能再发电经营。昭通公司因地震在进行保险理赔仲裁,仲裁裁决尚未作出,保险赔付的具体金额尚不能确定。昭通公司处置红石岩水电站资产、进行保险理赔仲裁是其在进行灾后自救行为,原告将昭通公司因灾后自救行为获取的补偿认为是公司生产经营取得的收入的观点不能成立。虽然昭通公司准备参与新成立的水电公司经营,但协议未签订,公司是否能够成立、水电开发能否进行、需要投资多少等事项都属于不确定状态,而且即便新公司能够成立也建成水电项目发电经营,那也仅是昭通公司对外投资成立的公司的经营而不是昭通公司本身进行经营,原告关于昭通公司还能发电、能够继续经营、合同目的能够实现的理由不能成立。

昭通公司资产严重受损,没有任何经营收入,其股权价值相应也发生了减损,原告再要求被告按照地震之前约定的价格收购股权明显不公平。根据双方当事人签订的《增资扩股协议书》第6.2条约定:因不可抗力或双方协商一致,可以变更、中止或解除本协议,被告请求解除《增资扩股协议书》第3.3条符合合同约定,解除的条件成立,其诉求本院应当予以支持。原告华澳公司要求被告爱众公司履行《增资扩股协议书》第3.3条的约定,收购其持有的昭通公司23.39%股权的理由不能成立,其诉求本院不予支持。

法院判决:

1. 解除原告、被告和案外人昭通公司于2013年12月3日签订的《增资扩股协议书》第3.3条;
2. 驳回原告的诉讼请求。

674. 投资人在主张解除增资协议,向公司主张返还股款的同时,要求公司承担利息损失应当具备哪些条件?投资人是否可以另外主张公司承担损害赔偿责任?

实践中投资人主张公司承担利息损失的前提条件必须是公司对增资协议的

解除负有过错。

对于损害赔偿责任的承担,应当区分以下两种情况:

(1)如果增资协议对于公司的违约行为约定了违约金,则投资人自然可以依照增资协议主张公司承担该违约金。

(2)如果增资协议对此并未明确规定,则股东可依据公司的过错程度及实际损失的数额请求公司赔偿。可能包括如下情形:

①投资人支付投资款却始终未能享有股东身份、行使股东权利,致使合同目的无法实现;

②增资协议中约定公司应当及时办理工商变更登记但未办理,引起违约行为导致增资协议解除;

③公司在债权债务问题上存在对投资人的欺诈行为。

【案例285】增资到位未得股东资格　解除协议主张利息获支持[①]

原告:李某娜

被告:华尔(福建)鞋材有限公司

第三人:李某伟、郑某丁

诉讼请求:

1. 解除原、被告之间的口头增资协议;

2. 被告退还原告100万元,并支付自2012年6月18日起至付款之日止按中国人民银行同期贷款利率计算的利息损失。

争议焦点:

1. 公司原有股权对应出资均已实缴,原告再对公司投入资金,此时原告的入股应当认定通过股权转让还是增资扩股;

2. 被告未通知原告行使股东权利,原告亦未参与被告经营,被告也未办理增资的工商登记手续,原告是否取得股东资格;

3. 在没有书面协议的情况下,原告主张解除增资协议、返还投资款的诉讼时效从何时起算。

基本案情:

被告公司系于2009年7月16日成立的有限责任公司,注册资本500万元。2012年5月14日,被告股东变更为第三人李某伟(占股70%)、案外人李某

---

① 参见福建省泉州市中级人民法院(2019)闽05民终137号民事判决书。

忠(占股30%),二人出资于2012年5月11日全部实缴到位。

2012年6月18日,原告与被告达成口头的协议,被告出具《收款证明》确认收到原告投入资金100万元,持公司股份20%。后被告从未通知原告行使如参加股东会等股东权利,原告实际未参与过被告的经营管理。被告也未履行法定增资程序。

原告诉称:

原、被告之间的法律关系为增资扩股。被告收到了原告的100万元增资款,却未依法办理变更登记手续,致使原告未能取得股东资格。被告的行为已构成根本违约,增资扩股协议可依法解除,100万元款项被告应当退还。

被告辩称:

1. 原告提供的《收款证明》明确记载原告就是被告的股东,持股比例是20%。同时原告还发出1份《知情权请求书》,很明显原告从始至终认为自己系被告的股东,已经取得了股东资格。

2. 原告是从第三人郑某丁处通过股权转让受让股权的,第三人郑某丁是被告的隐名股东,其股权由案外人李某忠代持。

因为若是增资,则当被告的注册资本超过500万元以上,100万元就不可能再是持股占比20%。原告提供的《收款证明》明确记载原告的持股比例20%。说明原告的股权是通过股权转让所取得的。因此,原告即便主张返还投资款,也应当向第三人郑某丁主张返还股权转让款,而无权诉请被告返还投资款。

3. 原告于2012年投资,现时隔6年主张返还投资款已经超过了诉讼时效。

法院认为:

本案的争议焦点是:被告是否应退还原告100万元?原告起诉是否超过诉讼时效?

1. 被告应否退还款项的问题。

被告对原告提供的2012年6月18日的《收款证明》无异议,并确认收到原告投资的100万元。双方并未签订任何书面协议,而对于该《收款证明》的基础法律关系各执一词,原告主张其是增资入股,被告则主张原告系隐名投资于第三人郑某丁名下。

从被告的内资企业登记基本情况表可体现,在《收款证明》出具时即2012年6月18日,被告的股东为第三人李某伟、案外人李某忠,第三人郑某丁并非被告的股东。被告虽称第三人郑某丁是借用案外人李某忠名义的隐名股东,但对此未能提供任何证据予以证明。且被告确认其收取原告的投资款,但公司注册资本于2012年5月11日已全部到位,若原告系隐名投资于某一股东名下,则系从该股东处受让部分股份,相应投资款理应由该股东收取,无理由再向被告支付。

因此,被告的主张既无证据证明,也不合常理,不予采信。相反,正如前所述,被告在注册资本全部到位的情况下,另行收取原告投资款并承诺给予原告一定比例的股份,可认定双方之间存在增资协议。

自2012年6月至今,被告既未能履行法定增资程序吸纳原告成为公司股东,也从未通知原告行使如参加股东会等股东权利,原告实际未参与过被告的经营管理。因此,原告投资被告的合同目的无法实现。

根据《合同法》第94条第4项①的规定,原告有权解除双方之间的增资协议。根据《合同法》第97条②"合同解除后,尚未履行的,终止履行;已经履行的,根据履行情况和合同性质,当事人可以要求恢复原状、采取其他补救措施,并有权要求赔偿损失"的规定,原告有权要求被告返还收取的投资款100万元并支付自2012年6月18日起按中国人民银行同期同类贷款利率计算的利息损失。

2. 关于原告起诉是否超过诉讼时效的问题。

根据《民法总则》第188条第2款③的规定,"诉讼时效期间自权利人知道或者应当知道权利受到损害以及义务人之日起计算"。

本案中,被告出具《收款证明》的时间2012年6月18日仅是其确认收到原告投资款100万元的时间,并非本案诉讼时效的起算时间。而本案双方之间的投资合同关系并无书面协议,未约定履行期限。而《最高人民法院关于审理民事案件适用诉讼时效制度若干问题的规定》(法释〔2008〕11号)第6条④规定"不能确定履行期限的,诉讼时效期间从债权人要求债务人履行义务的宽限期届满之日起计算,但债务人在债权人第一次向其主张权利之时明确表示不履行义务的,诉讼时效期间从债务人明确表示不履行义务之日起计算"。则本案的诉讼时效期间应从原告要求解除合同返还款项时起算,不存在超过诉讼时效的问题。

法院判决:

1. 解除原告与被告之间的增资协议;

2. 被告应返还原告投资款100万元,并支付自2012年6月18日起至实际还清款项之日止按中国人民银行同期同类贷款利率计算的利息损失。

---

① 现为《民法典》第563条第4项相关内容。
② 现为《民法典》第566条相关内容。
③ 现为《民法典》第188条第2款相关内容。
④ 现为《最高人民法院关于审理民事案件适用诉讼时效制度若干问题的规定》(2020年修正)第4条相关内容。

第八章 增资纠纷

【案例286】公司违反增资协议 股东可按约请求赔偿损失①

原告：肖某

被告：占空比公司

诉讼请求：

1. 确认原告与被告签订的《增资协议》及《增资协议的补充协议》于2017年5月5日解除；

2. 被告返还原告投资款500万元；

3. 被告赔偿原告利息（以500万元为本金，自2016年2月17日起算至实际还款日止，按年利率12%复利计算）；

4. 被告赔偿原告违约金（以500万元为基数，自2017年5月24日起算至实际还款日止，按日1‰计算）。

争议焦点：

1. 被告是否违反了其与原告的《增资协议》约定的义务；

2. 原告是否有权要求解除《增资协议》及其补充协议，并要求被告退还投资款；

3. 如《增资协议》被解除，被告应以何种标准向原告赔偿利息损失及违约金。

基本案情：

2016年2月17日，原告肖某向被告占空比公司汇付增资款500万元。原告与被告签署落款日期为2016年5月10日的《增资协议》及《增资协议的补充协议》，约定原告向被告投资500万元。

《增资协议》第4.5~4.7条约定，被告占空比公司、原股东方承诺，仅将原告肖某支付的增资款用于占空比公司的产品研发、市场开发及流动资金的补充，不得挪作他用。如占空比不按约定使用，肖某有权要求返还投资款或回购股权并赔偿损失。

《增资协议》第5.1条约定，投资完成后，被告占空比公司应在股东名册中将原告肖某登记为公司股东，并签发出资证明书。第5.3条约定，如果未按第5.1条约定办理完毕工商变更登记手续，且自本协议签署之日起30天内仍然无法办理完毕的，肖某有权以书面形式通知占空比公司终止《增资协议》。占空比公司应于《增资协议》终止后15个工作日内退还肖某已经支付的全部增资款，并向肖

---

① 参见上海市第一中级人民法院(2018)沪01民终5706号民事判决书。

某按每年12%的复利支付增资款占用利息,利息起算日期为投资完成之日至占空比公司退还完毕增资款之日。如占空比公司逾期退还增资款和支付利息的,自逾期之日起,占空比公司按应付未付金额每日千分之一向肖某支付违约金。

被告占空比公司在收到上述增资款后,将部分增资款用于偿还占空比公司对其股东和关联方的欠款,并至今未将原告肖某登记为占空比公司的股东。2017年5月3日,肖某向占空比公司发出《律师函》,要求解除《增资协议》及其补充协议。

原告诉称:

被告没有履行《增资协议》及其补充协议项下的各项义务,至今未办理股东变更登记手续,未按照《增资协议》成立董事会和监事会,并且违约使用增资款,构成根本违约。根据《增资协议》及其补充协议的约定,原告有权要求解除《增资协议》及其补充协议,并要求被告占空比公司承担返还投资款、支付占用利息及违约金的责任。

被告辩称:

1. 原告主张被告占空比公司违反协议约定,私自将投资款偿还借款,但系争债务及还款行为都是企业经营正当而常见的管理及财务措施,借债是为了公司经营与发展。且在本次融资前已经向原告披露被告占空比公司的财务情况和债务结构,以及还款发生的具体情况。偿还该欠款的行为不应受到《增资协议》的约束。

2. 被告未在约定的期限内办理完工商变更手续是因为其他协议各方未配合,变更手续繁杂。

3. 如果解除《增资协议》,只能按照《增资协议》第3.2.2条要求被告占空比公司返还增资款及相应利息,而不应当要求被告占空比公司承担还本付息以外的给付责任。

法院认为:

1. 被告占空比公司在履约过程中是否存在违约行为?

《增资协议》明确约定,肖某投入的增资款仅能用于占空比公司的产品研发、市场开发及流动资金的补充,不得挪作他用,占空比公司在投资完成之前发生的一切债务均应以其原有资金进行清偿,如不足以承担的,应由原股东方向占空比公司投资相应的资金,以使肖某不受损害。因此,双方已经对增资款的用途进行了明确的约定,但占空比公司违反了该协议的约定,将增资款用于偿还其对原股东和关联方的借款。占空比公司将公司财务报表等材料通知肖某的行为,并不代表其已将增资款的使用用途告知了肖某,亦不能对抗双方的书面约定;且在2016

第八章

增资纠纷

年6月底签署《增资协议》前,占空比公司亦未明确告知肖某其已经将增资款用于归还欠款,故肖某签署《增资协议》的行为亦不能视为对占空比公司违约行为的追认。综上,占空比公司将肖某投入的增资款用于归还欠款的行为违反了《增资协议》的约定。

根据上述《增资协议》第5.1条、5.3条约定,占空比公司应于协议签署后30日内完成股东变更登记,并向肖某签发出资证明书。本案中双方对《增资协议》的签署日期陈述不一致,肖某认为6月初签署,而占空比公司认为在6月底签署,即使该协议系2016年6月底正式签署,占空比公司至迟也应于2016年7月底前完成工商变更登记事宜,但其至今未办理完毕。

综上,占空比公司自愿签署《增资协议》,并对增资款的用途及工商变更手续的办理作出了明确承诺后,违反上述两项承诺的行为均构成违约,应当承担相应的违约责任。

2. 原告肖某是否有权要求解除《增资协议》及其补充协议?

《增资协议》第5.3条约定,占空比公司未按约办理工商变更登记手续并向肖某签发出资证明书的,肖某有权书面通知占空比公司及其原股东要求解除《增资协议》,并要求占空比公司于协议解除之日起15个工作日内返还全部增资款。现占空比公司确未按照上述约定办理股东变更登记手续,加之其未按照《增资协议》的约定使用肖某的投资款,使得肖某的投资目的无法实现。2017年5月3日,肖某向占空比公司及其原股东发出《律师函》,要求解除《增资协议》及其补充协议。《增资协议》及其补充协议已解除,占空比公司应返还增资款。

3. 被告占空比公司应以何标准向原告肖某支付利息和违约金?

《增资协议》第5.3条约定,因占空比公司未按时办理工商变更登记导致《增资协议》解除的,占空比公司应支付肖某自投资完成之日起至增资款退还之日止,按每年12%的复利计算的资金占用利息,该约定系双方真实意思表示。第5.3条另约定,占空比公司逾期退还增资款的,应按每日千分之一的标准向肖某支付违约金。《合同法》第114条[①]规定,当事人可以约定因违约产生的损失赔偿额的计算方法,约定的违约金过分高于造成的损失的,当事人可以请求人民法院予以适当减少。由此可见,我国违约金制度系以损害补偿为主、惩罚为辅。故本案违约金的认定应以肖某的实际损失为基础。综合本案事实,肖某在本案中的损失主要系占空比公司应返还增资款本金500万元的资金占用成本。因利息损失已得到

---

① 现为《民法典》第585条相关内容。

· 1173 ·

赔偿,违约金若仍按照每日千分之一的标准计算,确属过高。

法院判决:

1. 确认原告与被告签订的《增资协议》及《增资协议的补充协议》解除;
2. 被告返还原告投资款 500 万元;
3. 被告支付原告利息(该利息计算方式:按年利率 12% 的标准计算);
4. 被告支付原告违约金(该违约金的计算方式:按年利率 12% 的标准计算)。

五、投资人确权或主张公司依据增资决议履行义务的裁判标准

675. 投资人向公司缴纳增资款后,如何保障其股东权益?

投资人向公司缴纳增资款后,可以通过以下两种方式保障其股东权益:

(1)向人民法院提起诉讼请求确认其股东资格;

(2)向人民法院提起诉讼,主张公司依照增资决议配合办理验资手续、工商变更登记手续及内部股东名册变更。

676. 投资人依法向公司缴纳增资款后,请求确认其股东资格的前提条件是什么?

投资人请求确认股东资格的前提条件如下:

(1)公司股东会或者股东大会关于增加公司注册资本的决议合法有效;

(2)公司股东会或者股东大会决议新增资本已经全部认缴;

(3)有限责任公司股东主张认缴的份额符合《公司法》关于优先认购股权的规定;

(4)公司为投资人颁发的认股书、缴款凭证或者与投资人签订的认购合同真实、合法、有效;

(5)股份有限公司增加注册资本依法需要报经国务院证券监督管理机构核准的,已经核准。

【案例 287】凭过期资产评估报告验资不真实 主张非货币财产出资享 84% 股权失败[①]

原告: 厦门电化

[①] 参见福建工商时报 http://www.fjbt.net/mnews/NewsInfo/news/news20081016195603.htm,2011 年 4 月 29 日访问。

被告:厦鹭电化

第三人:长泰厦广

诉讼请求:确认原告在被告中享有84%的股权。

争议焦点:依据已经超过有效期的资产评估报告所作的验资报告能否客观反映非货币出资情况,原告是否全面履行了新增资本出资的义务。

基本案情:

原告与第三人于2002年共同投资设立被告,注册资本1000万元,双方各出资700万元和300万元,分占70%和30%股权。

2003年,双方决定将被告增资至2000万元,其中原告出资1200万元,第三人出资800万元,分占60%和40%股权。

2005年,被告第二次增资扩股。2005年3月18日,双方决定将被告注册资本增至5000万元,由原告以生产设备作价3000万元投入,加上原来出资的1200万元,原告以4200万元的总出资占有84%的股权,第三人占16%股权。之后,双方修改了公司章程。

然而,双方作出第二次增资扩股决议之后,被告一直没在工商局完成股权变更登记。

原告诉称:

2005年4月20日,相关会计师事务所出具了评估报告,对作为出资的机器设备估值3000万元左右;2005年11月24日,会计师事务所出具了验资报告,验证3000万元增资到位。2005年在办理工商变更登记过程中,由于缺少工商所需材料而未能变更。条件成熟后,原告多次函告被告配合办理工商变更登记,被告均予以拒绝。

原告认为无论变更登记是否完成,其3000万元增资事实上已经到位,即便评估报告及验资报告已过有效期,也不能认定原告未实际出资或出资不足。

被告辩称:

公司变更登记是公司法人的职责和义务,而被告的法人、总经理均为原告委派,且被告自2005年1月至2008年6月均由原告承包经营,因而原告故意拖延办理变更登记是有预谋的,是为了在原告承包期后提高承包金,才又提出增加注册资本的变更。

此外,2005年3月18日股东决议作出后,应在30日内办理变更登记才有效,而且出资设备的评估报告有效期为2004年10月1日至2005年9月30日,但原告直至2005年10月30日才办理以评估报告为基础的验资,直至2005年12月1

日才出具办理变更登记的委托书,因此责任不在被告。

律师观点:

根据《公司法》的规定,股东以非货币财产出资的,应当评估作价,并依法办理其财产权的转移手续,股东缴纳出资后,必须经依法设立的验资机构验资并出具证明,因此认定股东出资额应以验资报告为准。资产评估报告有效期至2005年9月30日,原告于2005年11月16日委托验资,会计师事务所于2005年11月24日作出验资报告,该验资报告是以超过有效期的资产评估报告为基础作出的证明,因此无法客观真实反映原告的出资情况。

同时,资产评估报告也载明,评估目的在评估基准日后的1年内实现时,要以评估报告结果作为参考意见,如超过1年,需要重新进行评估。因此原告要求确认价值3000万元的出资已到位及股权比例的增加,依据不足,无法得到支持。

法院判决:

驳回原告的诉讼请求。

677. 投资人主张公司依据增资协议履行办理工商变更登记义务应当举证证明哪些内容?

投资人应当举证证明如下内容:
(1)投资人依法与公司签订增资协议,且该协议合法有效;
(2)公司股东会已经依法对增资行为作出决议,且决议合法有效;
(3)公司其他股东放弃优先认购权;
(4)投资人已经依据增资协议向公司缴纳了投资款。

第三节 新浪模式及对赌协议所涉纠纷的裁判标准

一、新浪模式的法律风险与效力

678."新浪模式"的架构如何安排?

"新浪模式"的架构具体安排方式如下:

境内实体公司,即可变利益实体(VIE)一般拥有限制行业的执照,是整个"新浪模式"中的利润来源;国际投资者在开曼或英属维尔京群岛设立特殊目的公司(SVP),该公司在香港(或日本)设立全资子公司,而后在境内设立外商独资企业

(WFOE),由该外商独资企业与境内实体公司、自然人股东签订控制协议。境内实体公司获得资金,境外投资者通过合并财务报表的方式,获得实体公司的利润。如图8-1、图8-2所示:

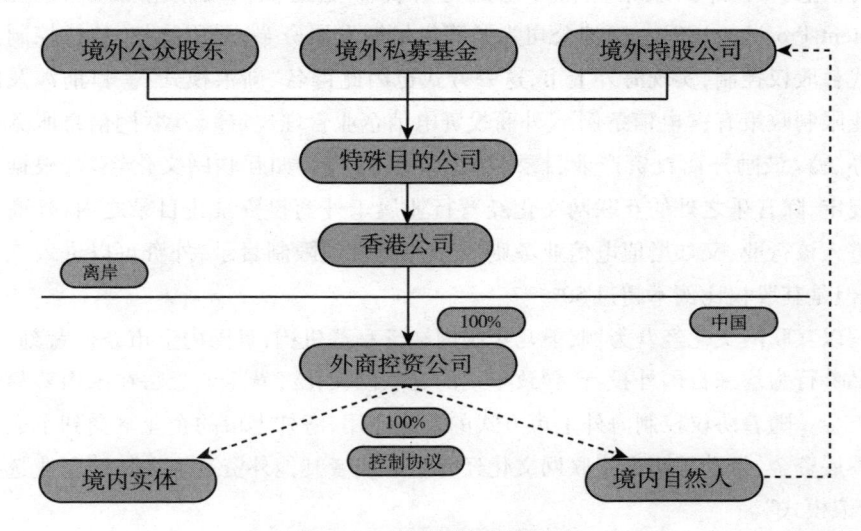

图8-1 "新浪模式"的架构

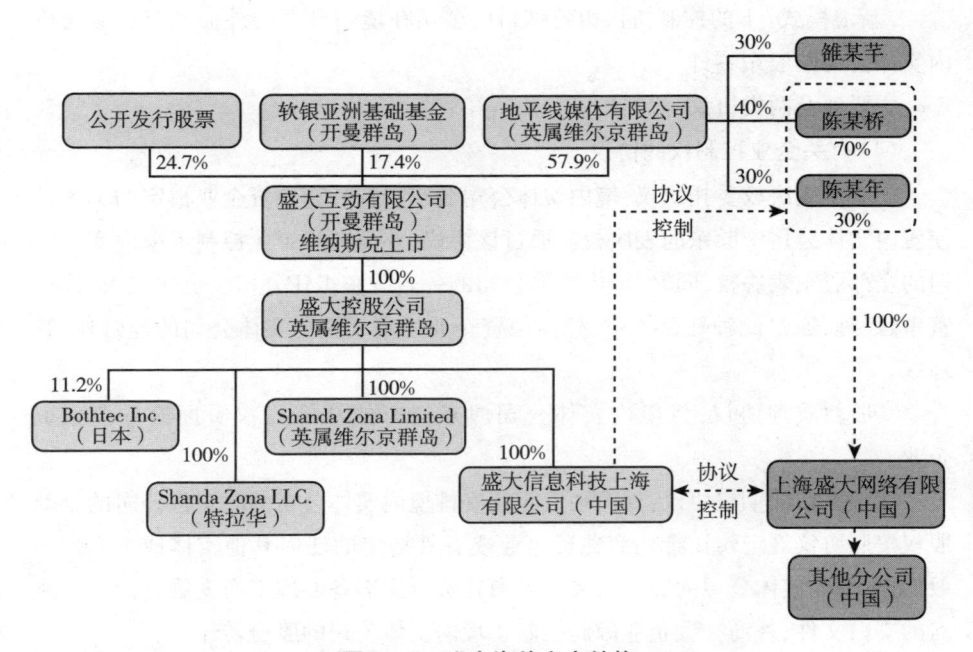

图8-2 盛大海外上市结构

679. "新浪模式"的产生背景是什么？

依据我国1993年的《电信法规》（禁止外商介入电信运营和电信增值服务），当时信息产业部的政策性指导意见是外商不能提供网络信息服务（Internet Content Provider, ICP）。新浪公司为了筹集早期发展资金，采用物权、债权控制方式代替股权控制，实现海外上市，这一方式也因此得名"新浪模式"。目前涉及的产业限制政策有：《电信条例》《外商投资电信企业管理规定》《互联网信息服务管理办法》《鼓励外商投资产业目录（2020年版）》等。如互联网文化经营，根据上述规定，除音乐之外的互联网文化经营行业属于外商投资禁止目录之内，外商不得进入该行业；又如增值电信业务则属于外商投资限制目录，外资可以进入该行业，但是其股权比例不超过50%。

以互联网文化经营为例，前几年国内缺乏私募机构，且国内上市条件苛刻，大量私募行为均来自国外投行，导致早期的互联网文化经营企业无法在国内募集大量资金。随着协议控制海外上市方式的普遍应用，海外上市的企业享受到了大量的发展资金，带动了诸多互联网文化经营企业或者其他外资进入被禁的企业选择"新浪模式"。

680. "新浪模式"涉及哪些控制协议？

"新浪模式"下的控制协议由特殊目的公司在境内设立的外商独资企业与境内实体公司的股东签订。

主要涉及两类协议。

（1）有关企业控制权的协议

①股东表决权委托协议：境内实体公司股东授权外商独资企业指定的个人行使境内实体公司中股东的表决权。通过该协议，外商独资企业控制了境内实体公司的全部股东表决权，同时，境内实体公司的一名股东担任公司法定代表人、执行董事、经理，通过此种任命方式，外商独资企业控制了境内实体公司的经营权、管理权。

②股权质押协议：将境内实体公司股东持有的全部股权质押给外商独资企业。

③独家转股期权协议：外商独资企业安排境内实体公司的股东将公司的全部股权按照协议规定转让给外商独资企业或者其指定的任何其他实体或个人。一般而言，境内实体公司的股东需要为外商独资企业准备办理工商变更登记手续所需的空白文件，外商独资企业因此控制了境内实体公司的股份转让权。

（2）有关资金流控制的协议

①借款协议：境内实体公司股东向外商独资企业借款，其目的用于增资。

②独家技术咨询和服务协议、独家商务咨询服务协议：前者主要以协议约定外商独资企业向境内实体公司提供有关的技术支持、技术咨询等其他服务；后者主要是外商独资企业向境内实体公司提供商务咨询。两者名为咨询协议，实为境内实体公司向外商独资企业及其母公司输送利润的方式。

681. "新浪模式"中一系列控制协议是否有效？

如果相关的控制协议属于《国家外汇管理局关于境内居民通过特殊目的公司境外投融资及返程投资外汇管理有关问题的通知》(汇发〔2014〕37号，以下简称37号文)文中的返程投资行为，那么国家应是予以认可的。

但是一旦控制协议存在规避产业限制的情形，则有可能被认定无效。原因在于，境内实体公司与境外投资人签订控制协议、实现海外上市将存在以下问题：控制协议中的商务咨询协议、技术咨询协议均未真正履行。境内实体公司将大量利润汇入外商独资企业时，往往以外商独资企业为企业提供了独家技术咨询和商务咨询为由，但事实上，外商独资企业并未提供技术咨询和商务咨询，只是以"技术咨询和商务咨询"之名，行"投资获利"之实。所谓的商务咨询协议、技术咨询协议只是境内实体公司向外商独资企业输送利润的渠道，属于《民法典》第146条中"以虚假的意思表示实施的民事法律行为"。

因此，一旦境内实体公司提起确认控制协议无效的诉讼或者仲裁，因其违反《民法典》第146条，以虚假的意思表示实施民事法律行为，将会被认定无效。

682. 如何界别相关规定中"返程投资"与"新浪模式"？

37号文中对返程投资作了如下规定："返程投资"，是指境内居民直接或间接通过特殊目的公司对境内开展的直接投资活动，即通过新设、并购等方式在境内设立外商投资企业或项目(以下简称外商投资企业)，并取得所有权、控制权、经营管理权等权益的行为。

在该规定中，对返程投资行为，同样提到了"设立特殊目的公司""协议控制""协议购买"，其内容如下："特殊目的公司"，是指境内居民法人或境内居民自然人以其持有的境内企业资产或权益在境外进行股权融资(包括可转换债融资)为目的而直接设立或间接控制的境外企业。"控制"，是指境内居民通过收购、信托、代持、投票权、回购、可转换债券等方式取得特殊目的公司或境内企业的经营权、收益权或者决策权。

从形式上看，上述返程投资行为与"新浪模式"并无差异，均是设立特殊目的公司,继而海外上市。但从实质来看上述两种海外上市方式并不相同:是否突破产业限制。笔者认为,虽然37号文中也提到了"协议购买""协议控制"等,但是,一方面,返程投资行为主要采用股权并购的方式控制境内实体公司,须通过审查,一般不存在规避产业限制的情形,而"新浪模式"则采用协议控制的方式,绕过审查,规避了产业限制;另一方面,退一步讲,即便"新浪模式"也属于返程投资行为的一种,但37号文仅是部门规章,不应该理解为"新浪模式"规避产业限制、海外上市依据。

683."新浪模式"是否存在税务法律风险?

2018年10月,财政部发布《2018年会计信息质量检查公告》(以下简称公告),对2017年度全国各地的会计执法检查进行了全面总结。值得注意的是,互联网行业成了本次检查的重点,公告也直接指出"互联网行业呈现轻资产运营、股权与债权投资相互交织、管理架构与法人实体分离、业务运营无疆域限制等突出特点,部分企业跨境转移利润、逃避缴纳税收等问题比较突出"。由此可见,采用"新浪模式"上市存在一定的税务风险。

如果"新浪模式"中关于技术咨询协议、商务咨询协议等控制协议被认定为"滥用组织形式、安排间接转让中国居民企业股权,且不具有合理的商业目的,规避企业所得税纳税义务"的,将导致整个"新浪模式"被否定。

684."新浪模式"下如何尽量避免法律风险?

境外投资者要在全面了解国内政策的基础上,把控好境内实体公司的利益以及控制权,否则一旦控制协议被确认无效、违反或终止,境内实体公司向上市公司输送利益的纽带被切断,境外投资者买到的只是上市公司的一个空壳,结局只能是血本无归。

境外投资者要控制上述风险,一方面,要全面了解国内的政策,熟悉国内《鼓励外商投资产业目录(2020年版)》,若所投资的境内实体公司属限制投资的,则可以采用直接占有公司股份来确保投资利益;另一方面,通过保证境外上市公司和境内实体公司利益高度一致,即属于同一个实际控制人来确保"新浪模式"的稳定性。境外投资者可以安排具有中国国籍的雇员控股境内目标公司并通过雇佣协议的特殊约定对该雇员加以限制;也可以通过外商独资企业与该雇员签订股权质押协议,将该雇员持有的目标公司股权质押给境内设立外商独资企业,并根据规定向证券登记机构办理出质登记,质押后的股权非经同意不能转让;还可以通过境内外商独资企业与境内目标公司签订知识产权转让等协议,削弱境内目标公司的独立自主性。

685. 未来产业政策将带给"新浪模式"什么样的影响?

目前,《电信条例》《外商投资电信企业管理规定》《互联网信息服务管理办法》《鼓励外商投资产业目录(2020年版)》中有关产业限制的规定均为外商境内投资必须遵守的。并且,根据我国加入世贸组织时签订的议定书及附件9,目前"新浪模式"遇到的产业限制都不属于开放范围。未来与产业相关的规定将如何变化,并不明朗。2006年7月多哈回合贸易谈判的无期限中止,致使今后国内产业限制的取消或减少,将在很大程度上取决于国内产业的发展需要。

【案例288】可变利益主体股权变更 新东方市值蒸发逾三成[①]

根据2006年新东方[注册在开曼,以下简称新东方(开曼)]向美国证券交易委员会(SEC)提交的招股说明书,上市前,新东方(开曼)81.1%股权由北京新东方的股东持有,剩余的18.9%则由Tiger Global拥有。新东方(开曼)上市沿用了国内企业海外上市常用的"新浪模式",即以国内的北京新东方作为可变利益实体(VIE),采用合并双方财务报表的形式实现投资并获取利润。

新东方(开曼)早在2002年就设立了北京新东方。到2006年上市时,北京新东方有11名股东,其中,创始人俞敏洪占53%的股权。近年来,11名股东中有10人已离开北京新东方,这些人不再或者仅持有少量的股份,且不参与到公司的日常运营中。

2011年12月,北京新东方调整启动。新东方(开曼)认为,北京新东方的股权只能由与公司利益有较大关联的股东所持有,新东方(开曼)要求北京新东方的10名股东将其权益转至创始人俞敏洪所控制的实体下。

2012年1月,调整结束,5月已在工商局注册变更,至此北京新东方已由俞敏洪100%控股。

虽然该次调整没有涉及新东方(开曼)的股权结构,但是新东方(开曼)公布的第四季度财报披露,7月13日还是收到了美国证券交易委员会的正式调查函:"北京新东方的股权整合是否有着充分依据,及合并报表的影响"。美国证券交易委员会的调查行动导致新东方(开曼)市值一夜蒸发逾三成。

近几年,新浪模式引起越来越多的注意,海外投资者担心中国方面可能针对可变利益实体采取行动。2011年,采用同样海外上市模式的阿里巴巴集团在未

---

① 参见网易网 http://money.163.com/12/0719/04/86OIFE0200253B0H.html,2012年7月20日访问。

征求海外大股东雅虎批准的情况下,把旗下的支付宝转移到国内实际控制人马云旗下,导致海外上市的阿里巴巴进一步受到海外投资者的关注。新东方(开曼)总裁兼首席财务长谢东萤说,新东方(开曼)的情况跟马云当时的情况不一样。谢东萤说,他认为这次调查有可能是北京新东方的股权结构调整引发的。

美国证券交易委员会最近一直在要求,利用可变利益实体结构实现海外上市的中国公司,在年报中更加详尽地解释可变利益实体与上市公司之间的关系。密切关注中国会计问题的独立顾问奥奎斯特(Fredrik Oqvist)说,美国证券交易委员会关心的可能是,使用可变利益实体结构实现海外上市的公司是否满足将可变利益实体放进上市公司资产负债表的条件。他说,可变利益实体本应把利润转移给上市公司,但很多公司并没有这样做。据奥奎斯特所说,投资者对可变利益实体获得的利润本来应该有直接的申索权,这就意味着,这些利润需要划转到上市公司直接控制的某个地方。但他说,为了避税,利润常常被留在可变利益实体里面,这就有可能会损害投资者的利益。

【案例289】新浪模式下利润转移协议被确认无效

原告:A公司(内资企业)

被告:B公司(外商独资企业)

诉讼请求:

确认原告与被告签订下列协议无效:

1.《独家商务咨询服务协议》;

2.《独家技术服务与咨询协议》;

3.《独家商务咨询服务协议之补充协议》;

4.《独家技术服务与咨询协议之补充协议》;

5.《独家商务咨询服务协议以及独家技术服务与咨询协议之补充协议》;

6.《独家商务咨询服务协议以及独家技术服务与咨询协议之补充协议(二)》。

争议焦点:

双方签订的《独家商务咨询服务协议》与《独家技术服务与咨询协议》及其4份补充协议是否违反了《合同法》第52条第3款,即以合法形式掩盖非法目的。

基本案情:

原告为内资企业,从事互联网游戏运营业务,已经拥有运营网络业务的相关资格(主要为电信业务许可证、增值电信业务经营许可证、网络文化经营许可证)。

被告系B公司,成立于1999年,股东为Alan Way LIMITED(英属维尔京群岛公司)。被告为 Alan Way LIMITED 在中国境内的独资公司。

2003年,双方签订了《独家商务咨询服务协议之补充协议》和《独家技术服务与咨询协议之补充协议》,根据该两协议约定,原告2003年签订之日至2007年12月31日分别按收入的20%支付咨询服务费给被告,共计每年收入40%的咨询费。

2003年,原告共向被告支付了6000万元人民币的咨询费(以下币种均为人民币)。

2004年1月1日,双方签订了《独家商务咨询服务协议以及独家技术服务与咨询协议之补充协议》,对2003年签订的两个协议的有关咨询服务费作了相应的调整:商务咨询费由原告营业额的20%调整为6%;技术咨询费由原告营业额的20%调整为6%,共计12%。

2004年,又向被告支付了4500万元的咨询费。

2005年1月1日,双方签订了《独家商务咨询服务协议以及独家技术服务与咨询协议之补充协议(二)》,约定自2005年1月1日起,商务咨询服务费的金额为原告所有营业收入的8%;技术服务费的金额为原告所有营业收入的8%,共计16%。

2005年11月,向被告支付了3000万元;在2010年向被告支付了6500万元。

原告依据前述6份协议已总计向被告支付了2亿元的费用。除上述已支付的费用外,依据被告已向原告开具的发票,原告尚余6000万元费用尚未支付。

2007年,原告注册地的税务机关以原告频繁将巨额资金支付被告且无法提供有效的合同履行凭证为由,向原告了解相关协议的履行及支付情况,并要求原告对此作出具体和有效的说明。

2007年3月15日,原告公司股东、法定代表人、执行董事、经理将其向被告所借款项200万元归还;2007年5月31日,原告公司员工将其向被告所借款项1000万元归还。

原告诉称:

1. 原告与被告签订的一系列协议从未履行过,却向被告支付了巨额"服务费"。《独家商务咨询服务协议》与《独家技术服务与咨询协议》及其4份补充协议被告从未履行过,从未提供过商务咨询、技术咨询服务。但原告碍于与被告签订的一系列控制协议,仍然将所谓"服务费"源源不断地支付给被告。被告通过前述6份协议及相关控制文件,将原告作为其可变利益实体,根据相关会计准则,将原告的经营结果和财务状况合并至其合并财务报表中,参与境内企业的网络游戏运营业务,并获得了网络游戏运营的巨额利润。

2. 被告签订的协议违法了我国的法律、行政法规的强制性规定,属于以合法形式掩盖非法目的,应认定协议无效。

被告获得原告"服务费"的方式违反了包括但不限于如下的法律法规:2004年9月10日修改的《外商投资电信企业管理规定》、2000年9月25日起施行的《电信条例》和《互联网信息服务管理办法》、2005年7月6日《文化部、国家广播电影电视总局、新闻出版署、国家发展和改革委员会、商务部关于文化领域引进外资的若干意见》第4条①、2009年9月28日新闻出版署、国家版权局、全国"扫黄打非"工作小组办公室《关于贯彻落实国务院〈"三定"规定〉和中央编办有关解释,进一步加强网络游戏前置审批和进口网络游戏审批管理的通知》第4条②、2002年8月1日起施行的《互联网出版管理暂行规定》。

原告与被告签订的相关协议违反了国家关于禁止外商投资互联网信息服务行业(网络游戏行业)、禁止外商从事互联网出版行业(网络游戏上线运营)的规定,属于《合同法》第52条第3款以合法形式掩盖非法目的,第5款违反法律、行政法规的强制性规定,当属合同无效。

为证明其观点,原告提供如下证据:

(1)被告的外商投资企业批准证书和营业执照;

(2)原告的营业执照;

(3)增值电信业务经营许可证;

(4)网络文化经营许可证;

(5)被告与原告签订了一系列的控制协议包括:

①《借款合同》;

②《独家转股期权协议》及附件《授权委托书》;

---

① 该条规定:"禁止外商投资设立和经营新闻机构、广播电台(站)、电视台(站)、广播电视传输覆盖网、广播电视节目制作及播放公司、电影制作公司、互联网文化经营机构和互联网上网服务营业场所(港澳除外)、文艺表演团体、电影进口和发行及录像放映公司。禁止外商投资从事书报刊的出版、总发行和进口业务,音像制品和电子出版物的出版、制作、总发行和进口业务,以及利用信息网络开展视听节目服务、新闻网站和互联网出版等业务。外商不得通过出版物分销、印刷、广告、文化设施改造等经营活动,变相进入频道、频率、版面、编辑和出版等宣传业务领域。"

② 该条规定:"禁止外商以独资、合资、合作等方式在中国境内投资从事网络游戏运营服务。外商不得通过设立其他合资公司、签订相关协议或提供技术支持等间接方式实际控制和参与境内企业的网络游戏运营业务。也不得通过将用户注册、账号管理、点卡消费等直接导入由外商实际控制或具有所有权的游戏联网、对战平台等方式,变相控制和参与网络游戏运营业务。违反规定的,新闻出版总署将会同国家相关部门依法查处,情节严重者将吊销相关许可证、注销相关登记。"

③《股东表决权委托协议》及附件《授权委托书》；
④《股权质押协议》及附件《授权委托书》；
⑤被告将原告财务数据并入其母公司的《审计报告》；
⑥《独家商务咨询服务协议》及其补充协议；
⑦《独家技术服务与咨询协议》及其补充协议；
⑧银行转账凭证、收款回单、明细清单、贷记凭证等。

针对原告的上述证据，被告认为：
被告对于原告提供的前述证据的真实性、关联性没有异议。

被告辩称：
1. 双方基于真实的意思表示签订上述协议。

双方均具有完全民事行为能力，在双方真实的意思表示下，签订上述协议，并未违背法律、行政法规的规定，也并非如原告所说的，双方没有履行上述协议，原告却将"服务费"源源不断地支付给被告。相反，"服务费"是有对价的，并且被告已向原告履行与"服务费"相应的对价。

2. 双方签订的协议并未违反效力性强制性规定。

《最高人民法院关于适用〈中华人民共和国合同法〉若干问题的解释（二）》（以下简称《合同法解释二》）第14条规定，《合同法》第52条第5款规定的"强制性规定"，是指效力性强制性规定，即明确禁止或限制的是行为和程序，并且确定了违反该规定的行为无效。

原告援引的《外商投资电信企业管理规定》《电信条例》《互联网信息服务管理办法》《互联网出版管理暂行规定》等产业限制的规定属于强制性规定，但并非效力性强制性规定，故，不应根据上述规定来认定协议无效。

律师观点：
关于《独家商务咨询服务协议》《独家技术服务与咨询协议》及4份补充协议的效力问题。

本案原告为从事互联网游戏运营业务的互联网信息服务提供商，拥有增值电信业务经营许可证、网络文化经营许可证；被告为外商独资企业，在中国不具有经营网络游戏有关业务许可证，被禁止从事任何网络经营活动。根据国内的产业限制，原告与被告签订的上述协议及其补充协议属于《合同法》第52条第3款规定的，"以合法形式掩盖非法目的"，应属无效。原因如下：

1. 上述协议及其补充协议并未实际履行。

虽然双方在签订《独家商务咨询服务协议》《独家技术服务与咨询协议》及4

份补充协议时具有相应的民事行为能力;双方签订的《独家商务咨询服务协议》《独家技术服务与咨询协议》及4份补充协议对服务内容、费用标准及付款方式、双方责任、合同完整性及变更、适用法律及争议解决方式等都作了约定,各个条款系原告与被告协商一致达成,是双方真实意思的表示。但《独家商务咨询服务协议》与《独家技术服务与咨询协议》及4份补充协议项下的服务与咨询义务并未实际履行。

2. 签订上述协议的真正目的是规避国内产业限制,获取国内企业的巨额利润,应属无效。

被告通过与原告签订前述协议以及相关控制合同的方式,取得了对原告公司决策、收益等方面的控制权,意图通过这种方式控制、经营原告的互联网游戏运营业务,前述协议的本质实际上是外商通过签订协议或提供技术支持等间接方式实际控制和参与境内企业的网络游戏运营业务的行为,即被告与原告签订系列合同的目的是间接使本无网络游戏运营资格的被告能参与中国网络游戏的运营并获得相应收益,以上事实均由原告与被告确认,这一状况显然与现行中国法律、法规不符,违反了《电信条例》第7条"国家对电信业务经营按照电信业务分类,实行许可证制度。经营电信业务,必须依照本条例的规定取得国务院信息产业主管部门或者省、自治区、直辖市电信管理机构颁发的电信业务经营许可证。未取得电信业务经营许可证,任何组织或者个人不得从事电信业务经营活动"的规定。

综上,双方之间的商务咨询协议及技术服务与咨询协议并未真正履行,但被告以此形式获取了原告的巨额利润,并违法了《电信条例》第7条,属于《合同法》第52条第3款合同无效情形,"以合法形式掩盖非法目的",故,《独家商务咨询服务协议》与《独家技术服务与咨询协议》及4份补充协议应予确认无效。

一审判决:

双方签订的《独家商务咨询服务协议》与《独家技术服务与咨询协议》及4份补充协议《独家商务咨询服务协议之补充协议》《独家服务与咨询协议之补充协议》《独家商务咨询服务协议以及独家技术服务与咨询协议之补充协议》《独家商务咨询服务协议以及独家技术服务与咨询协议之补充协议(二)》无效。

【案例290】新浪模式下股权控制协议被确认无效

原告:

A公司(内资企业)股东张某,持股比例5.55%

A公司(内资企业)股东李某,持股比例22.23%

被告:

B公司(外商独资企业)

诉讼请求:

确认与被告签订的下列协议无效:

1.《独家转股期权协议》及附件《授权委托书》;

2.《股东表决权委托协议》及附件《授权委托书》;

3.《股权质押协议》及附件《授权委托书》。

争议焦点:

双方签订的《独家转股期权协议》《股东表决权委托协议》《股权质押协议》及相关授权委托书是否违反了《合同法》第52条第3款,即以合法形式掩盖非法目的。

基本案情:

二原告系A公司两名股东。A公司为内资企业,从事互联网游戏运营业务,已经拥有运营网络业务的相关资格(主要为电信业务许可证、增值电信业务经营许可证、网络文化经营许可证)。

A公司增资前,二原告拥有A公司全部股份,其中原告张某持股比例为20%,原告李某持股比例为80%。增资后,原告张某的持股比例5.55%,原告李某的持股比例22.23%,其余股份为被告的母公司Alan Way LIMITED所持有。原告张某担任A公司的法定代表人、执行董事、经理(执行长),对外代表二原告行使职权。同时,增资前由二原告负责A公司的决策、经营、管理。

被告成立于2002年,股东为Alan Way LIMITED(英属维尔京群岛公司)。被告为Alan Way LIMITED在中国境内投资的独资公司。

被告为了获取互联网游戏运营业务的高额回报,与二原告签订了一系列的控制协议包括:

(1)《借款合同》;

(2)《独家转股期权协议》及附件《授权委托书》;

(3)《股东表决权委托协议》及附件《授权委托书》;

(4)《股权质押协议》及附件《授权委托书》;

(5)预留了关键内容空白、尚未成立的如下文件:

①原告张某签字并加盖A公司公章的《公司变更登记申请书》(变更事项空白);

②二原告共同签署的《股权转让协议》(受让人敞口);

③二原告共同签署的《股权转让款支付确认书》(受让人敞口);

④二原告共同签署的《A公司股东会决议》(会议召开日期空白)。

签订上述协议后,A公司共向被告支付利润转移协议合同款共计100,000,000元人民币。

二原告均诉称:

根据《外资企业法》《外资企业法实施细则》[①]《外商投资电信企业管理规定》《电信条例》《互联网信息服务管理办法》《互联网文化管理暂行规定》《出版管理条例》等,被告无法取得运营网络游戏的相关资格许可。

但是被告通过前述对A公司的各方面控制,实际从事了中国法律、行政法规禁止外资企业运营的互联网游戏业务(增值电信业务、经营性互联网信息服务、经营性互联网文化活动、互联网出版业务),并为此获取了利润。被告以控制协议和利润转移协议的形式掩盖外商投资企业实际控制、参与A公司的网络游戏运营业务,并获取利润的行为,属于《合同法》第52条第3款,"以合法形式掩盖非法目的",第5款"违反法律、行政法规的强制性规定"的情形。故请求认定控制协议无效。

为证明其观点,二原告提供如下证据:

1. 被告的外商投资企业批准证书、企业法人营业执照;

2. 公司企业法人营业执照、增值电信业务经营许可证、网络文化经营许可证、公司章程及修正案;

3. 增资后的控制协议(现行版本):《借款合同》《独家转股期权协议》及附件授权委托书、《股东表决权委托协议》及附件授权委托书、《股权质押协议》及附件授权委托书;

4. 预留了关键内容空白、尚未成立的公司变更登记申请书、股权转让协议、股权转让款支付确认书和股东会决议;

5. 被告股东Alan Way LIMITED的审计报告及部分内容中文翻译件;

6. 二原告与被告关于借款和还款的贷记凭证、中国银行联网业务入账通知书、收款回单;

7. A公司向被告支付款项明细清单及贷记凭证。

[①] 《外资企业法》《外资企业法实施细则》均已于2020年1月1日起失效,《外商投资法》《外商投资法实施条例》于同日起施行。

第八章 增资纠纷

针对原告的上述证据,被告认为:

被告对于二原告提供的前述证据的真实性、关联性没有异议。

被告辩称:

1. 双方基于真实的意思表示签订上述协议。

双方均具有完全民事行为能力,在双方真实的意思表示下,签订上述协议,并未违背法律规定,也并不如二原告所说的,被告存在"控制"A公司的情形,被告为获得A公司的上述权利,向二原告支付了巨额的款项。

2. 双方签订的协议并未违反效力性强制性规定。

《最高人民法院关于适用〈中华人民共和国合同法〉若干问题的解释(二)》第14条规定,《合同法》第52条第5款规定的"强制性规定",是指效力性强制性规定,即明确禁止或限制的是行为和程序,并且确定了违反该规定的行为无效。

二原告援引的《外商投资电信企业管理规定》《电信条例》《互联网信息服务管理办法》《互联网出版管理暂行规定》①等产业限制的规定属于强制性规定,但并非效力性强制性规定,故不应根据上述规定来认定协议无效。

律师观点:

1. 被告通过一系列控制协议规避产业限制,参与网络游戏公司的运营。

被告不具有经营电信业务信息服务(互联网信息服务)资质。但被告采取签订《独家转股期权协议》及附件《授权委托书》《股东表决权委托协议》及附件《授权委托书》《股权质押协议》及附件《授权委托书》方式取得了对A公司决策、收益等方面的控制权,实现了间接参与中国网络游戏的运营并获得相应收益的目的。具体如下:被告通过控制协议控制了A公司的股东权、股份转让权、股东表决权、股东知情权;控制了A公司的法定代表人、执行董事、经理、监事,从而能代表和行使A公司的意志、决策权、经营、管理权,同时安排二原告将其所持有的A公司股权质押给了被告。被告以债权和物权控制代替股权控制、以《合同法》的形式来行公司法的实质,属于"以合法形式掩盖非法目的"。

2. 控制协议违反了《电信条例》《互联网信息服务管理办法》的相关规定。

《电信条例》第7条规定:"国家对电信业务经营按照电信业务分类,实行许可制度。经营电信业务,必须按照本条例的规定取得国务院信息产业主管部门或者省、自治区、直辖市电信管理机构颁发的电信业务经营许可证。未取得电信业务

---

① 该规定已于2016年3月10日起失效,《网络出版服务管理规定》于同日起施行。

经营许可证,任何组织或者个人不得从事电信业务经营活动。"《互联网信息服务管理办法》第 4 条规定:"国家对经营性互联网信息服务实行许可制度;对非经营性互联网信息服务实行备案制度。未取得许可或者未履行备案手续的,不得从事互联网信息服务。"

根据《合同法》第 52 条"有下列情形之一的,合同无效:……(3)以合法形式掩盖非法目的"的规定,笔者认为《独家转股期权协议》及附件《授权委托书》《股东表决权委托协议》及附件《授权委托书》《股权质押协议》及附件《授权委托书》以合法形式掩盖非法目的,应予确认无效。

一审判决:

《独家转股期权协议》及附件《授权委托书》《股东表决权委托协议》及附件《授权委托书》《股权质押协议》及附件《授权委托书》无效。

二、对赌条款的法律风险与分析

686. 对赌条款产生的原因有哪些?

在企业并购活动中,投资人与被投资企业管理层存在先天的信息不对称情况。在这样的困境下,为了解决未来不确定和信息不对称这两个问题,国外的经济学家就开始研究设计各类交易工具试图来消除这种风险,由此,便出现了对赌条款。对赌条款被认为是消除信息不对称引发的不确定性成本和风险的重要制衡器。

687. 对赌条款的法律实质及效力如何?

对于投资方与目标公司的股东或者实际控制人设定的对赌条款,如无其他无效事由,应认定有效并支持实际履行。

对于投资方与目标公司设定的对赌条款,在不存在法定无效事由的情况下,目标公司仅以存在股权回购或者金钱补偿约定为由,主张对赌条款无效的,人民法院不予支持,但投资方主张实际履行的,人民法院应当审查是否符合《公司法》关于"股东不得抽逃出资"及股份回购的强制性规定,判决是否支持其诉讼请求。

但从上市的角度,设置对赌条款会影响到未来股权的稳定性,原则上要求发行人在申报前清理,但根据证监会 2019 年 3 月发布的《首发业务若干问题解答(一)》,同时满足以下要求的可以不清理:一是发行人不作为对赌协议当事人;二是对赌协议不存在可能导致公司控制权变化的约定;三是对赌协议不与市值挂钩;四是对赌协议不存在严重影响发行人持续经营能力或者其他严重影响投资者权益的情形。

688. 对赌条款中的业绩承诺和估值调整的内容有哪些?

对赌条款中的业绩承诺和估值调整一般为如下内容:

现有股东和被投资方共同承诺,投资方投资后_____,被投资方实际净利润合计达到_____万元人民币。

其中:

_____年合同销售收入承诺不低于_____万元;

_____年合同销售收入承诺不低于_____万元;

_____年净利润不做承诺,但承诺不亏损。

以上业绩承诺的达成条件为投资款在_____年_____月_____日前到达被投资方验资账户,如发生延迟,双方另行协商_____年的业绩承诺和估值调整。

被投资方启动第二轮融资前或者于_____年_____月_____日前,被投资方拥有以下权利:以第一轮融资价格溢价_____从投资方处获得最多_____的股权。

如果被投资方实际净利润没有达到上述业绩目标,则被投资方投资后的估值应根据以下公式调整:

_____年:_____年实际净利润×8

_____年:_____年实际净利润×4

如果启动以上估值调整条款,投资方有权选择:

(1)被投资方现有股东无偿向投资方转让部分权益(或以法律允许的成本最低的其他方式),使投资方所占的股权比例反映被投资方的实际估值;

(2)被投资方现有股东无条件向投资方返还初步估值超过实际估值所对应的投资款。

在计算上述调整时所依据的净利润应为经投资方认可的具有证券从业资格的会计师事务所在上述年度截止后_____个月内出具的标准无保留意见的审计报告所确认的净利润(扣除非经常性损益)。

如_____年累积被投资方业绩达到承诺利润_____,合同销售收入达到承诺收入的_____,则不进行估值调整。

· 1191 ·

【案例291】只享收益不担风险　补偿条款被判无效[①]

原告: 海富投资公司

被告: 世恒公司、香港迪亚公司、陆某

诉讼请求: 请求三被告共同支付协议补偿款,共计1998.2095万元。

争议焦点:

1.《增资协议书》已经省商务厅批准生效,法院是否可以认定其无效;

2.《增资协议书》第7条第2项(以下简称补偿条款)关于"2008年实际净利润完不成3000万元,海富投资公司有权要求补偿"的规定是否有效,判定有无法律效力的依据是什么;

3. 补充条款如果无效,原告溢价投资款如何处理,如何判定双方过错程度和计算原告损失。

基本案情:

2007年11月1日前,原告、被告世恒公司、被告香港迪亚公司、被告陆某,分别签订1份《世恒公司增资协议书》(以下简称《增资协议书》)、《合资经营合同》、《合资公司章程》,约定:被告世恒公司注册资本为2866万元,被告香港迪亚公司占投资的100%。现各方同意原告以现金2000万元人民币对被告世恒公司进行增资,其中114.7717万元为新增注册资本,1885.2283万元为资本公积金。增资后,被告世恒公司注册资本为2981万元,原告占3.85%,被告香港迪亚公司占96.15%。合营企业合同及修订后的章程,在报经政府主管部门批准后生效。

2007年11月2日,原告依约缴存被告世恒公司银行账户2000万元人民币,原告在履行出资义务时,被告陆某承诺于2007年12月31日之前将四川省峨边县五渡牛岗铅锌矿过户至被告世恒公司名下。

本次募集的资金主要用于以下项目:

1. 收购甘肃省境内的一个年产能大于1.5万吨的锌冶炼厂;
2. 开发四川省峨边县牛岗矿山;
3. 投入500万元用于循环冶炼技术研究。

《增资协议书》第7条特别约定第2项:被告世恒公司2008年净利润不低于

[①] 参见甘肃省高级人民法院(2011)甘民二终字第96号民事判决书,以及最高人民法院(2012)民提字第11号民事判决书。

3000万元人民币。如果被告世恒公司2008年实际净利润完不成3000万元,原告有权要求被告世恒公司予以补偿,如果被告世恒公司未能履行补偿义务,原告有权要求被告香港迪亚公司履行补偿义务。补偿金额=(1－2008年实际净利润/3000万元)×本次投资金额。

《合资经营合同》和《合资公司章程》中,均就合资公司利润分配部分约定:合资公司依法缴纳所得税和提取各项基金后的利润,按合资方各持股比例进行分配。合资公司上一个会计年度亏损未弥补前不得分配利润。上一个会计年度未分配的利润,可并入本会计年度利润分配。

2008年2月29日,甘肃省商务厅甘商外资字〔2008〕79号文件《关于世恒公司增资及股权变更的批复》同意增资及股权变更,并批准"投资双方于2007年11月1日签订的增资协议、合资企业合营合同和章程从即日起生效"。

随后,被告世恒公司依据该批复办理了相应的工商变更登记。

另据工商年检报告登记记载,被告世恒公司2008年度生产经营利润总额26,858.13元,净利润26,858.13元。

原告诉称:

原告与被告就补偿协议款的约定十分明确,现被告并未完成业绩要求,按照《增资协议书》第7条第2项应承担违约责任,故三被告向原告支付协议补偿款1998.2095万元。

被告均辩称:

原告的诉请依法不能支持,《增资协议书》违反法律的规定,不符合我国法律对增资的规定,原告向被告投资,只享有利益却不承担风险,违背投资风险共担的法律规定,应认定为"名为投资,实为借贷"。

一审认为:

1.《增资协议书》中,该条款属于《合同法》第52条规定的合同无效情形,因而不具有法律效力。

双方当事人为达到融资、投资目的而签订《增资协议书》,本案是因履行该协议条款引起的诉争,涉及对《增资协议书》条款法律效力的认定,因此,该协议条款内容不得违反合同成立、生效的规定,因其属于《合同法》第52条规定的合同无效情形,故不具有法律效力。

2. 合营各方的利润应该按照各方注册资本比例分配。

《增资协议书》条款内容涉及合资经营企业被告世恒公司,也要符合《公司法》及《中外合资经营企业法》等相关法律、法规的规定。经审查,《增资协议书》

· 1193 ·

系双方真实意思表示,但补偿条款即被告世恒公司2008年实际净利润完不成3000万元,原告有权要求被告世恒公司补偿的约定,不符合《中外合资经营企业法》第8条关于企业净利润根据合营各方注册资本的比例进行分配的规定,同时,该条规定与《合营公司章程》的关于利润分配条款不一致,也损害公司利益及公司债权人的利益,不符合《公司法》第20条第1款关于"公司股东应当遵守法律、行政法规和公司章程,依法行使股东权利,不得滥用股东权利损害公司或者其他股东的利益;不得滥用公司法人独立地位和股东有限责任损害公司债权人的利益"的规定。

因此,根据《合同法》第52条第5款,合同违反法律、行政法规的强制性规定的,无效。该条由被告世恒公司对原告承担补偿责任的约定《中外合资经营企业法》第8条关于企业净利润根据合营各方注册资本的比例进行分配的规定,因此认定该约定无效,故原告依据该条款要求被告世恒公司承担补偿责任的诉请,依法不能支持。

3. 补偿条款无效之下,融资方纵然有违约行为,也不具有补偿责任。

由于原告要求被告世恒公司承担补偿责任的约定无效,因此,原告要求被告世恒公司承担补偿责任失去了前提依据。同时,《增资协议书》补偿条款与《合资经营合同》中利润分配内容不一致,依据《中外合资经营企业法实施条例》①第10条第2款的规定,"合营企业协议与合营企业合同有抵触时,以合营企业合同为准。"故应以《合资经营合同》内容为准,原告要求被告香港迪亚公司承担补偿责任的依据不足,依法不予支持。

被告陆某虽是被告世恒公司的法定代表人,但其在被告世恒公司的行为代表的是公司行为及利益,并且《增资协议书》补偿条款中,并没有关于由被告陆某个人承担补偿义务的约定,故原告要求被告陆某个人承担补偿责任的诉请无合同及法律依据,依法应予驳回。至于被告陆某未按照承诺在2007年12月31日之前将四川省峨边县五渡牛岗铅锌矿过户至被告世恒公司名下,涉及对被告世恒公司及其股东的违约问题,不能成为本案被告陆某承担补偿责任的理由。

一审判决:

驳回原告全部诉讼请求。

原告不服一审判决,向上一级人民法院提起上诉。

---

① 该条例已于2020年1月1日起失效,《外商投资法实施条例》于同日起施行。

第八章
增资纠纷

原告上诉称：

1. 一审判决认定事实不清，即对《增资协议书》的性质及其分配企业收益的认定不清。

(1)《增资协议书》补偿条款是针对被告世恒公司不能完成净利润目标应承担何种责任的约定，该约定虽与企业净利润有关，但绝非合营企业利润分配的约定，一审判决认定此条款系对合营企业利润分配的约定，属于认定事实不清。

(2)《增资协议书》与《公司章程》《合资经营合同》不是针对同一种法律关系而前后形成的文件。《增资协议书》仅是名义上的"增资协议"，其内容实际上是关于被告世恒公司募集资金进行公司股份制改造上市的"一揽子"协议书。并非《中外合资经营企业法实施条例》所指合营企业协议，从主体而言，《合资经营合同》是原告与被告香港迪亚公司签署的，《增资协议书》却是四方签署的，一审判决将《增资协议书》等同为法律规定的合营企业协议，并进而认为《增资协议书》与《合资经营合同》有抵触属于认定法律事实不清。

2. 一审判决认定法律关系错误，即《增资协议书》不存在有失公正的情形，而是平等协商之下的一系列法律关系的总和，既不存在"保底条款"也不存在有违意思表示的情形。

(1)《增资协议书》补偿条款的约定是四方当事人的真实意思表示。其实质为四方当事人关于募集资金进行股份制改造并进而上市的文件，不是为了增资一种法律关系而设立，其包含了一系列的法律关系，但都是指向公司最终上市的目标，是除对增资外，原告的投资行为的约定和保障条款，未损害被原告的权益。

(2)《增资协议书》补偿条款的约定符合等价有偿的合同法原则，不存在权利义务失衡、有失公正等情形。原告以支付20倍的股权溢价形式向被告世恒公司投资，这种投资模式本身有别于普通的股权增资，而体现的是一种高风险投资，其最终追求的目标是被告一上市后原告作为原始股东的股价增长而获益。

(3)所谓保底条款，一般是指投资方无论融资方经营的结果亏盈，都有权收回出资和收取固定利润的条款。结合本案及《增资协议书》补偿条款并对照保底条款的法律概念，《增资协议书》对补偿条款的特别约定并非司法实践中的"保底条款"。

3. 一审判决适用法律明显错误，投资公司要求融资方的股东承担并不违背《公司法》。

一审判决援引《中外合资经营企业法》第8条关于企业净利润根据合营各方

·1195·

注册资本的比例进行分配的规定等条款进行判决,属于适用法律错误。《增资协议书》补偿条款的约定,不是关于"增资"的约定,而是关于"溢价"款未能按照约定的特定的用途进行投资而造成公司无法完成上市前期的企业业绩目标而应当承担责任的约定,《公司法》并没有禁止公司不可以对向公司投资的股东承担责任的条款,所以《增资协议书》补偿条款的约定是合法有效的。

综上,请求撤销一审判决,支持原告诉讼请求。

被告均答辩称:

1. 原判决适用法律正确,原告滥用股东地位,《增资协议书》补偿条款属于损害公司利益的条款。

一审判决认定《增资协议书》补偿条款的内容无效,符合《合同法》第52条合同无效情形的规定,适用法律正确。《增资协议书》补偿条款的内容,违反《公司法》第20条第1款"公司股东应当遵守法律、行政法规和公司章程,依法行使股东权利,不得滥用股东权利损害公司或者其他股东的利益;不得滥用公司法人独立地位和股东有限责任损害公司债权人的利益"的强制性规范,属原告滥用股东地位,为公司设定债务,损害被告世恒公司合法权益的条款,并且违反《中外合资经营企业法》及《实施条例》关于合资企业利润分配的强制性规定,实为不分担公司任何经营风险,固定地获取巨额收益,明显属于"保底条款",以合法形式掩盖非法目的,因此,应依法确认无效。

2. 文件虽已经批准,但法院依然可以认定无效。

该《增资协议书》虽然经甘肃省商务厅审查批准生效,但是,《关于审理外商投资企业纠纷若干问题的规定(一)》第3条的规定:"人民法院在审理案件中,发现经外商投资企业审批机关批准的外商投资企业合同具有法律、行政法规规定的无效情形的,应当认定合同无效;该合同具有法律、行政法规规定的可撤销情形,当事人请求撤销的,人民法院应予支持。"一审法院可以确认无效,不受审批机关审批的影响。

3. 原告主张被告陆某承担连带责任没有任何根据。

被告陆某个人依《合资经营合同》及《公司章程》规定,履行公司法定代表人职责,属于公司职务行为。而且,《增资协议书》《合资经营合同》或《公司章程》都没有为被告陆某个人设立权利义务。故原告要求被告陆某个人承担连带责任没有合同和法律依据。

综上,原告上诉请求不能成立,请求二审法院驳回上诉,维持原判。

法院认为：

1. 适用我国内地法律作为处理争议的准据法。

根据最高人民法院司法解释，涉港民事纠纷参照涉外程序进行审理，故涉港合同的当事人可以选择处理合同争议所适用的法律，但当事人在发生争议之前或之后均未作出选择，因此应当根据最密切联系原则确定应适用的法律。由于本案所涉《增资协议书》签订地、履行地均在内地，根据上述原则，应以我国内地的法律作为处理争议的准据法。

2. 原告约定被告的最低净利润，且未涉及具体分配事宜，并不违背法律的相关规定；但原告要求被告在未达成目标时，须由被告支付一定补偿款则不具有法律效力，违背投资风险共担原则。

根据本案中，原告与三被告共同签订的协议书虽名为《增资协议书》，但综观该协议书全部内容，原告支付2000万元的目的并非仅享有被告世恒公司3.85%的股权（计15.38万美元，折合114.771万元人民币），期望被告世恒公司经股份制改造并成功上市后，获取增值的股权价值才是其缔结协议书并出资的核心目的。

基于上述投资目的，原被告等四方当事人在《增资协议书》补偿条款就业绩目标进行了约定，即"被告世恒公司2008年净利润不低于3000万元人民币。如果被告世恒公司2008年实际净利润完不成3000万元，原告有权要求被告世恒公司予以补偿，如果被告世恒公司未能履行补偿义务，原告有权要求被告香港迪亚公司履行补偿义务。补偿金额＝（1－2008年实际净利润/3000万元）×本次投资金额"。

对于四方当事人就被告世恒公司2008年净利润不低于3000万元人民币的约定，因该约定仅是对目标企业盈利能力提出要求，并未涉及具体分配事宜；且约定利润如实现，被告世恒公司及其股东均能依据《公司法》《合资经营合同》《公司章程》等相关规定获得各自相应的收益，也有助于债权人利益的实现，故并不违反法律规定。而四方当事人就被告世恒公司2008年实际净利润完不成3000万元，原告有权要求被告世恒公司及被告香港迪亚公司以一定方式予以补偿的约定，则违反了投资领域风险共担的原则，使得原告作为投资者不论被告世恒公司经营业绩如何，均能取得约定收益而不承担任何风险。

参照《最高人民法院关于审理联营合同纠纷案件若干问题的解答》[①]第4条

---

① 该解释已于2021年1月1日失效。

第 2 项关于"企业法人、事业法人作为联营一方向联营体投资,但不参加共同经营,也不承担联营的风险责任,不论盈亏均按期收回本息,或者按期收取固定利润的,是明为联营,实为借贷,违反了有关金融法规,应当确认合同无效"之规定,《增资协议书》补偿条款该部分约定内容,因属于《合同法》第 52 条第 5 项,合同无效情形中违反法律、行政法规的强制性规定的,应认定无效。

原告除已计入被告世恒公司注册资本的 114.771 万元外,其余 1885.2283 万元资金性质应属名为投资,实为借贷。

3. 对补偿条款无效的后果救济,由过错方承担与过错相适应的责任,故应适用存款利息而非贷款利息。

虽然被告世恒公司与被告香港迪亚公司的补偿承诺亦归于无效,但原告基于对其承诺的合理信赖而缔约,故被告世恒公司、香港迪亚公司对无效的法律后果应负主要过错责任。根据《合同法》第 58 条①的规定,"合同无效或者被撤销后,因该合同取得的财产,应当予以返还;不能返还或者没有必要返还的,应当折价补偿。有过错的一方应当赔偿对方因此所受到的损失,双方都有过错的,应当各自承担相应的责任。"故被告世恒公司与被告香港迪亚公司应共同返还原告 1885.2283 万元及占用期间的利息,因原告对于无效的法律后果亦有一定过错,如按同期银行贷款利率支付利息则不能体现其应承担的过错责任,故被告世恒公司与被告香港迪亚公司应按同期银行定期存款利率计付利息。

4. 被告陆某承诺与本案无关。

因被告陆某个人并未就《增资协议书》所涉补偿问题向原告作出过承诺,且其是否于 2007 年 12 月 31 日之前将四川省峨边县五渡牛岗铅锌矿过户至被告世恒公司名下与本案不属同一法律关系,故原告要求被告陆某承担补偿责任的诉请无事实及法律依据,不应予以支持。

二审判决:

1. 撤销一审判决;

2. 被告世恒公司、被告香港迪亚公司于本判决生效后 30 日内共同返还原告 1885.2283 万元及利息(自 2007 年 11 月 3 日起至付清之日止按照中国人民银行同期银行定期存款利率计算)。如果未按本判决指定的期间履行给付金钱义务,应当依照《民事诉讼法》第 229 条②,"被执行人未按判决、裁定和其他法律文书指

---

① 现为《民法典》第 157 条相关内容。
② 现为《民事诉讼法》(2021 年修正)第 260 条相关内容。

定的期间履行给付金钱义务的,应当加倍支付迟延履行期间的债务利息。被执行人未按判决、裁定和其他法律文书指定的期间履行其他义务的,应当支付迟延履行金",即加倍支付迟延履行期间的债务利息。

被告世恒公司不服二审判决,向最高人民法院提起申诉。

律师观点:

1. 公司对股东的补偿承诺损害了公司和债权人利益,公司承诺无效。

原告海富公司作为企业法人,向被告世恒公司投资后与被告迪亚公司合资经营,故世恒公司为合资企业。被告世恒公司、原告海富公司、被告迪亚公司、被告陆某在《增资协议书》中约定,如果被告世恒公司实际净利润低于3000万元,则原告海富公司有权从被告世恒公司处获得补偿,并约定了计算公式。这一约定使得原告海富公司投资可以取得相对固定的收益,该收益脱离了被告世恒公司的经营业绩,损害了公司和债权人利益。

《公司法》第20条规定,公司股东应当遵守法律、行政法规和公司章程,依法行使股东权利,不得滥用股东权利损害公司或者其他股东的利益;不得滥用公司法人独立地位和股东有限责任损害公司债权人的利益。

《中外合资经营企业法》①第8条规定,合营企业获得的毛利润,按税法规定缴纳合营企业所得税后,扣除合营企业章程规定的储备基金、职工奖励及福利基金、企业发展基金,净利润根据合营各方注册资本的比例进行分配。

《合同法》第52条第5款规定,违反法律、行政法规的强制性规定,合同无效。此处的"强制性规定"是指效力强制性规定,效力性强制性规定包含两种情况:

(1)法律、法规规定违反该规定,将导致合同无效或不成立的;

(2)法律、法规虽然没有规定"违反其规定,将导致合同无效或不成立",但违反该规定若使合同继续有效将损害国家利益和社会公共利益的。

《增资协议书》中有关补偿条款属于第二种效力强制性规定,因此该条款无效。

二审法院认定原告海富公司18,852,283元的投资名为联营实为借贷,并判决被告世恒公司和被告迪亚公司向原告海富公司返还该笔投资款,没有法律依据。

2. 股东对其他股东的补偿承诺并不损害公司和债权人的利益,股东承诺有效。

在《增资协议书》中,被告迪亚公司对于原告海富公司的补偿承诺并不损害

---

① 该法已于2020年1月1日起失效,《外商投资法》于同日起施行。

公司及公司债权人的利益,不违反法律法规的禁止性规定,是当事人的真实意思表示,是有效的。被告迪亚公司对原告海富公司承诺了众星公司 2008 年的净利润目标并约定了补偿金额的计算方法。在众星公司 2008 年的利润未达到约定目标的情况下,被告迪亚公司应当依约应原告海富公司的请求对其进行补偿。被告迪亚公司对原告海富公司请求的补偿金额及计算方法没有提出异议,应予以确认。

3. 被告陆某并无承担补偿责任的合同义务。

《增资协议书》中并无由被告陆某对原告海富公司进行补偿的约定,原告海富公司请求被告陆某进行补偿,没有合同依据。此外,原告海富公司称被告陆某涉嫌犯罪,没有证据证明,应不予支持。

最高人民法院再审判决:

1. 撤销二审判决;
2. 被告香港迪亚公司向原告支付协议补偿款 1998.21 万元。

【案例292】与目标公司对赌有法律、事实可履行性 对赌条款有效[①]

原告:华工公司

被告:扬锻公司(以下简称被告一)

潘某虎、董某斌、耿某明、赵某卫、张某生、何某焜、钟某(以下合称被告二)

淮左投资中心、亚东投资中心、吉安投资中心、金锻投资中心(以下合称被告三)

诉讼请求:

1. 被告一、被告二、被告三共同回购原告持有的被告一股份,并共同支付股权回购款本金 2200 万元及利息;
2. 被告一、被告二、被告三连带向原告支付股权回购款罚息。

争议焦点:

1. 对赌协议中被告一未能成功上市由被告一回购投资人全部股权的约定是否有效;
2. 对赌协议中针对列入资本公积金的注资部分的回购约定是否有效;
3. 对赌协议中被告一原股东对被告一未履行回购义务的违约行为承担连带责任是否表明原股东亦是股权回购的主体。

---

① 参见江苏省高级人民法院(2019)苏民再 62 号民事判决书。

第八章 增资纠纷

基本案情：

2011年7月6日，原告与被告一、被告二、被告三以及案外人共同签订《增资扩股协议》1份，约定原告以现金2200万元人民币对被告一增资，其中200万元作为注册资本，2000万元列为被告一资本公积金。被告二、被告三为被告一增资前的原股东。

同日，被告二、被告三作为甲方，被告一作为乙方，原告作为丙方，三方就增资的有关事宜达成《补充协议》1份。《补充协议》主要内容如下：

第1条第1款：若乙方在2014年12月31日前未能在境内资本市场上市或乙方主营业务、实际控制人、董事会成员发生重大变化，丙方有权要求乙方回购丙方所持有的全部乙方的股份，乙方应以现金形式收购。

第1条第2款：乙方回购丙方所持乙方股权的价款按以下公式计算：回购股权价款 = 丙方投资额 +（丙方投资额 × 8% × 投资到公司实际月份数/12）– 乙方累计对丙方进行的分红。

第1条第3款：甲方、乙方应在丙方书面提出回购要求之日起30日内完成回购股权等有关事项，包括完成股东大会决议、签署股权转让合同以及其他相关法律文件、支付有关股权收购的全部款项、完成工商变更登记。

第1条第4款：若甲方、乙方在约定的期间内未予配合并收购丙方所持有乙方股份，则乙方应按丙方应得回购股权价款每日的0.5‰支付罚息，支付给丙方。

第3条：本协议生效后，乙方的违约行为导致丙方发生任何损失，甲方、乙方承担连带责任。

2011年7月20日，原告向被告一实际缴纳新增出资2200万元，其中注册资本200万元，资本溢价2000万元。被告一出具收据，载明收款事由为投资款。

2011年11月20日，被告一召开创立大会，所有股东参加，股东一致表决同意通过新的公司章程。章程第1条规定：被告一为股份有限公司；第21条规定："公司在下列情况下可以依照法律、行政法规、部门规章和本章程的规定回购本公司的股份：（一）减少公司注册资本；（二）与持有本公司股份的其他公司合并；（三）将股份奖励给本公司职工；（四）股东因对股东大会作出的公司分立、合并决议持异议，要求公司回购其股份。除上述情形外，公司不进行买卖本公司股份的活动。"

2012年11月至2014年4月，因证监会暂停18个月IPO申报，被告一于2014年10月16日召开临时股东大会通过申报新三板的议案，并于2014年10月22日致函原告要求其明确是否支持公司申报新三板。

2014年11月25日,原告致函被告一,述称原告除口头提出请求外,亦以书面提出回购请求如下:根据《补充协议》,鉴于被告一在2014年12月31日前不能在境内资本市场上市,现要求被告一以现金形式回购原告持有的全部公司股份,回购股权价格同《补充协议》的约定。

2012年7月27日、2013年7月3日、2014年8月18日、2016年6月8日,原告分别从被告一领取分红款各26万元,合计104万元。根据《补充协议》约定,在案涉股权回购有效且回购条件成就的情况下,截至2015年7月19日,原告应获得的股权回购价款为:本金2200万元、利息626万元。

原告诉称:

《增资扩股协议》及《补充协议》是各方当事人真实意思表示,各方均应遵循诚实信用的原则履行义务。被告一有条件和义务依法定程序通过减少注册资本的方式回购原告的股份。被告一及原股东均是《补充协议》当事人,履行《补充协议》不构成对公司股东和债权人利益的损害。

被告一辩称:

合同目的不允许当事人期待法律禁止的行为和利益,交易习惯或诚信原则也不得违反法律强制性规定。原告作为股东在不具备法定回购情形及法定程序的情形下,要求被告一回购股份,损害了公司、公司其他股东及债权人的利益。无效的股权回购条款已被公司章程取代,构成对《补充协议》的否定,对原告有约束力。股东缴纳资本公积金后不得抽回、变相抽逃。

被告二辩称:

原告作为公司股东应遵守《公司法》及公司章程的规定。《补充协议》明确约定被告一为股权回购主体,该约定无效,故相应的担保条款亦无效。

被告三辩称:

无效的回购条款已被公司新章程取代,公司新章程否定了《补充协议》,且符合法律关于股份有限公司不得收购本公司股份的规定。原告要求回购,违反法律强制性规定,属变相抽逃出资。法律对资本公积金的用途有明确规定,股东和公司均不得随意变更。

一审、二审认为:

1.《补充协议》约定的股权回购主体除被告一外是否还包括被告一原股东?

《补充协议》关于股权回购的主体仅限于被告一,对赌双方为原告与目标公司被告一。

首先,《补充协议》第1条第1款、2款、4款对于被告一作为股权回购主体、回购价款及罚金给付主体的约定清晰明确;而第3款、4款则系对于被告一及原股东可能发生的约定义务事项的不完全概括性罗列,在股权回购主体已得到协议其他条款明确的情形下,不能作出协议各方已就原股东亦作为股权回购主体形成了一致意思表示的推定及解释;本案所涉股东回购义务的标的额巨大,为确保各方当事人的合法权益,更应以明确意思表示为准,不能轻易以推理、解释的方式认定巨额义务的负担。《补充协议》第3条约定:"本协议生效后,乙方(被告一)的违约行为导致丙方(原告)发生任何损失,甲方、乙方承担连带责任。"验证被告一才是约定的回购股权的主体,若11位被告一原股东亦承担回购的义务,则违约行为的主体就不仅限制于被告一。综观《补充协议》,未有明确的由11名被告一原股东作为回购主体的表述。同时,在对合同进行整体解释时,含义明晰的条款原则上应优于不明晰的条款,在第1条第1款、2款语义明确,而第3款、4款语焉不详的情况下,宜以第1款、2款为准。

其次,其他私募股权投资方在投资后以与原股东签订股权转让协议的方式退出系双方在投资后另就股权转让形成的一致意思表示,原告未能提供证据证明该股权转让就是对作为格式合同的《补充协议》项下股权回购义务的履行,故该事实亦不能作为判断原股东系股权回购主体的依据。

最后,原告在本案起诉前并未向原股东提出过股权回购主张,其要求履行回购义务的对象一直为被告一。

综上,案涉股权回购主体为被告一,不包含被告一原股东。

2. 案涉股权回购约定的效力应如何认定?

案涉股权回购约定因违反《公司法》禁止性规定且违背公司资本维持和法人独立财产原则而无效。在公司有效存续期间,股东基于其投资可以从公司获得财产的途径只能是依法从公司分配利润或者通过减资程序退出公司,而公司回购股东股权必须基于法定情形并经法定程序。

首先,《公司法》第142条对于四种法定情形外公司不得收购本公司股份作出了明确规定。案涉《补充协议》关于约定情形下公司应以现金形式按约定计算方法回购股权的约定不符合上述法定情形,违反了上述禁止性规定。

其次,该约定实际是让原告作为股东在不具备法定回购股权的情形以及不需要经过法定程序的情况下,直接由公司支付对价而抛出股权,使股东可以脱离公司经营业绩、不承担公司经营风险而即当然获得约定收益,损害了公司、公司其他股东和公司债权人的权益,与《公司法》第20条资本维持、法人独立财产原则相悖。故该股权回购约定当属无效。

同时,被告一 2011 年新公司章程对公司回购股份情形的重新约定系各股东真实意思表示,构成对《补充协议》约定的否定,对原告具有约束力。2011 年 11 月 20 日,被告一所有股东参加股东大会并一致表决通过并经工商部门变更登记备案的新公司章程第 21 条对公司回购股份的情形作了重新约定,并规定除 4 种情形外,公司不进行买卖本公司股份的活动。该规定符合《公司法》第 142 条股份有限公司不得收购本公司股份的规定,系各股东对股权回购等内容的真实意思表示,亦是对《补充协议》中股权回购约定的否定,对作为股东的原告具有约束力。

一审、二审判决:

驳回原告的诉讼请求。

原告不服二审判决,向上级人民法院提起申诉。

原告再审申诉称:

1. 二审判决认定原告与被告一之间的股权回购约定无效,适用的法律与案件性质不符。原告投资目的并非是长期持有被告一股份。从交易习惯看,被告一及其原股东是股权回购的共同责任主体,《补充协议》约定被告一原股东应承担连带支付股权回购款的义务。案涉对赌协议签订于被告一改制前,当时该公司为有限责任公司。《增资扩股协议》及《补充协议》是各方当事人真实意思表示,各方均应遵循诚实信用的原则履行义务。

2. 二审判决未对合同整体效力作出评判。二审判决认定股权回购约定无效,但未对合同无效后果作出处理。

3. 案涉股份回购约定不违反《公司法》禁止性规定,合法有效。被告一有条件和义务依法定程序通过减少注册资本的方式回购股份。最高人民法院司法解释及判决亦认可公司回购股份有效。

被告一及原股东均是《补充协议》当事人,履行《补充协议》不构成对公司股东和债权人利益的损害。被告一的新章程与《补充协议》的缔约主体不同,《补充协议》与新章程的目的及约定的权利义务不一致,其内容也不冲突,不构成对《补充协议》的否定。原告要求被告一及原股东以回购股份的方式收回所投入的资本公积金不违反资本维持原则。

被告一再审辩称:

二审判决适用法律正确。合同目的不允许当事人期待法律禁止的行为和利益,交易习惯或诚信原则也不得违反法律强制性规定。二审判决驳回了原告的全部诉讼请求,没有遗漏和回避。股权回购条款无效的后果已在判决中得到体现,原告应继续担任股东。原告所引用的司法解释不适用于本案。原告作为股东在不具备法定回购情形及法定程序的情形下,要求被告一回购股份,损害了公司、公司其他股东及债权人的利益。无效的股权回购条款已被公司章程取代,构成对《补充协议》的否定,对原告有约束力。股东缴纳资本公积金后不得抽回,变相抽逃。最高人民法院的判决明确与公司对赌无效。

被告二再审辩称:

原告作为公司股东应遵守《公司法》及公司章程的规定。被告一与原告之间不存在交易习惯。《补充协议》明确约定被告一为股权回购主体,该约定无效,故相应的担保条款亦无效。合同条款没有歧义,本案没有诚信原则适用空间。其他意见同意被告一意见。

被告三再审辩称:

无效的回购条款已被公司新章程取代,公司新章程否定了《补充协议》,且符合法律关于股份有限公司不得收购本公司股份的规定。原告要求回购,违反法律强制性规定,属变相抽逃出资。法律对资本公积金的用途有明确规定,股东和公司均不得随意变更,该观点有最高人民法院裁判支持。其他意见同意被告二意见。

再审认为:

1. 案涉协议约定的股权回购主体应认定为被告一。

原告(合同丙方)与被告一(合同乙方)及公司全体股东(合同甲方)于2011年7月6日签订的《补充协议》俗称"对赌协议",该协议第1条第1款中明确约定"丙方(原告)有权要求乙方(被告一)回购丙方所持有的全部乙方的股份,乙方应以现金形式收购",该款明确股权回购义务的承担主体为被告一,未包括该公司股东。

第1条第3款、4款对被告一及其11名股东在回购时的相关义务作出了约定。因《补充协议》并未明确约定被告一原股东是回购主体,亦未对被告一原股东是否应当承担支付回购款的义务作出明确约定。该《补充协议》第3条关于违约责任的约定,即"本协议生效后,乙方的违约行为导致丙方发生任何损失,甲方(被告二、被告三)、乙方承担连带责任",亦可印证合同约定的股权回购主体为被告一,被告一原股东是对该公司的违约行为承担连带责任。进而,被告一原股东不是回购主体。

原告在合同约定的股权回购条件成就后,仅向被告一致函要求该公司回购股权,而未向被告一原股东提出回购要求,进一步证明该《补充协议》约定的回购股权的主体仅为被告一。

根据上述约定及事实,以合同条款文义及合同条款体系的合理性为依据,被告一原股东所应承担的义务应为对回购事宜的履行辅助如参加股东大会、保证回购决议通过等义务,以及在被告一发生违约时承担连带责任的担保义务。

2. 被告一新章程未对对赌协议作出变更。

2011年11月20日,被告一章程第21条规定:"公司在下列情况下可以依照法律、行政法规、部门规章和本章程的规定回购本公司的股份:(一)减少公司注册资本;(二)与持有本公司股份的其他公司合并;(三)将股份奖励给本公司职工;(四)股东因对股东大会作出的公司分立、合并决议持异议,要求公司回购其股份。除上述情形外,公司不进行买卖本公司股份的活动。"

该章程虽对公司回购股份作出原则性限制,但同时亦载明因符合该章程规定的事由,被告一可以回购本公司股份。该章程第21条第1款第1项规定公司可回购本公司股份的事由为"减少公司注册资本"。该规定与《补充协议》约定的股份回购并不存在冲突,即被告一可在不违反《公司法》及公司章程关于股份回购强制性规定的情形下,通过履行法定手续和法定程序的方式合法回购原告持有的股份。

3. 案涉对赌协议效力应认定有效。

被告一及全部股东对股权回购应当履行的法律程序及法律后果是清楚的,即被告一及全部股东在约定的股权回购条款激活后,该公司应当履行法定程序办理工商变更登记,该公司全体股东负有履行过程中的协助义务及履行结果上的保证责任。

我国《公司法》并不禁止有限责任公司回购本公司股份,有限责任公司回购本公司股份不当然违反我国《公司法》的强制性规定。有限责任公司在履行法定程序后回购本公司股份,亦不会损害公司股东及债权人利益,亦不会构成对公司资本维持原则的违反。在有限责任公司作为对赌协议约定的股份回购主体的情形下,投资者作为对赌协议相对方所负担的义务不仅限于投入资金成本,还包括激励完善公司治理结构以及以公司上市为目标的资本运作等。投资人在进入目标公司后,亦应依《公司法》的规定,对目标公司经营亏损等问题按照合同约定或者持股比例承担相应责任。

案涉对赌协议中关于股份回购的条款内容,是当事人特别设立的保护投资人利益的条款,属于缔约过程中当事人对投资合作商业风险的安排,系各方当事人的真实意思表示。股份回购条款中关于股份回购价款约定为:原告投资额+(原告投资额×8% ×投资到公司实际月份数/12) - 被告一累计对原告进行的分红。

该约定虽为相对固定收益,但约定的年回报率为8%,与同期企业融资成本相比并不明显过高,不存在脱离目标公司正常经营下所应负担的经营成本及所能获得的经营业绩的企业正常经营规律。

原告、被告一及被告一全体股东关于原告上述投资收益的约定,不违反国家法律、行政法规的禁止性规定,不存在《合同法》第52条规定的合同无效的情形,亦不属于《合同法》所规定的格式合同或者格式条款,不存在显失公平的问题。

4. 案涉对赌协议具备履行可能性。

2011年11月20日,被告一公司股东一致表决通过新的公司章程,明确被告一为股份有限公司。被告一作为股份有限公司,不同于有限责任公司,故原告诉请被告一履行股份回购义务,尚需具备法律上及事实上的履行可能。

关于股份有限公司股份回购,《公司法》第142条规定:"公司不得收购本公司股份。但是,有下列情形之一的除外:(一)减少公司注册资本;(二)与持有本公司股份的其他公司合并;……公司因前款第(一)项至第(三)项的原因收购本公司股份的,应当经股东大会决议。公司依照前款规定收购本公司股份后,属于第(一)项情形的,应当自收购之日起十日内注销;……"根据上述规定可知,《公司法》原则上禁止股份有限公司回购本公司股份,但同时亦规定了例外情形,即符合上述例外情形的,《公司法》允许股份有限公司回购本公司股份。

本案中,被告一章程亦对回购本公司股份的例外情形作出了类似的规定,并经股东一致表决同意,该规定对被告一及全体股东均有法律上的约束力。《公司法》第37条、46条、177条、179条,已明确规定了股份有限公司可减少注册资本回购本公司股份的合法途径。被告一履行法定程序,支付股份回购款项,并不违反《公司法》的强制性规定,亦不会损害公司股东及债权人的利益。

关于原告缴纳的冲入被告一资本公积金部分的本金2000万元及相关利息损失。《公司法》第3条规定:"公司是企业法人,有独立的法人财产,享有法人财产权。公司以其全部财产对公司的债务承担责任。有限责任公司的股东以其认缴的出资额为限对公司承担责任;股份有限公司的股东以其认购的股份为限对公司承担责任。"公司的全部财产中包括股东以股份形式的投资,以及其他由公司合法控制的能带来经济利益的资源,例如借款等。公司对外承担债务的责任财产为其全部财产,也即上述资产均应作为对外承担债务的范围。对赌协议投资方在对赌协议中是目标公司的债权人,在对赌协议约定的股权回购情形出现时,当然有权要求目标公司及原股东承担相应的合同责任。在投资方投入资金后,成为目标公司的股东,但并不能因此否认其仍是公司债权人的地位。投资方基于公司股东的身份,应当遵守《公司法》的强制性规定,非依法定程序履行减资手续后退出,不能违法抽逃出资。而其基于公司债权人的身份,当然有权依据对赌协议的约定主张权利。《公司法》亦未禁止公司回购股东对资本公积享有的份额。案涉对赌协议无论是针对列入注册资本的注资部分还是列入资本公积金的注资部分的回购约定,均具备法律上的履行可能。

被告一在投资方注资后,其资产得以增长,而且在事实上持续对股东分红,其债务承担能力相较于投资方注资之前得到明显提高。被告一在持续正常经营,参考原告在被告一所占股权比例及被告一历年分红情况,案涉对赌协议约定的股份回购款项的支付不会导致被告一资产的减损,亦不会损害被告一对其他债权人的清偿能力,不会因该义务的履行构成对其他债权人债权实现的障碍。相反,原告在向被告一注资后,同时具备该公司股东及该公司债权人的双重身份,如允许被告一及原股东违反对赌协议的约定拒绝履行股份回购义务,则不仅损害原告作为债权人应享有的合法权益,亦会对原告股东及该公司债权人的利益造成侵害,有违商事活动的诚实信用原则及公平原则。

综上,案涉对赌协议约定的股份回购条款具备事实上的履行可能。

再审判决:

1. 撤销原判;

2. 被告一支付原告股份回购款 25,199,135.81 元及以 2200 万元为本金按每日 0.5‰ 计算的逾期付款利息;

3. 被告二、被告三对本判决第 2 项确定的义务承担连带清偿责任。

689. 设置对赌条款应注意哪些问题?

应当注意如下问题:

(1)制定合理价格的依据是,要认清自己的行业地位,对企业的团队协作、人才储备、市场占有率、资金到位、竞争对手、管理能力等方面做全面自查,制定符合企业自身的发展目标;另外结合融资环境的情况为企业定出合理的价格,避免漫天要价,避免引发投资方对企业未来盈利提出苛刻的要求。应在协议中锁定风险,保证其对企业的必要控股地位,尽量避免发生丧失企业控制权的情况。

(2)投融资双方要充分考虑宏观经济环境、整个行业趋势。近几年经济危机让很多投资企业不能完成对赌条款约定的各种指标,因而对企业未来业绩的预测,不能缺少宏观上的考量。

(3)应有专业机构的参与,风险投资人不仅有丰富的谈判经验和信息资源,而且背后往往有一流的会计师、律师全程陪伴。

(4)业绩标准的设置,对赌条款中应以扣除非经常性损益后的净利润作为衡量标准。非经常性损益是指公司发生的与经营业务无直接关系,以及虽与经营业务相关,但由于其性质、金额或发生频率,影响了真实、公允地反映公司正常盈利能力的各项收入、支出。非经常性损益会对企业当期利润产生较大影响,不能全面反映企业的持续经营能力、盈利能力。扣除非经常性损益后的净利润,能使企业当期盈利能力及未来盈利能力更加公允和客观,可以避免企业实际控制人的急功近利,为体现短期良好业绩而人为编制利润,进而影响对赌结果。

【案例293】永乐电器预测乐观 导致公司被收购[①]

2005年1月,摩根士丹利和鼎晖斥资5000万美元收购当时永乐家电20%的股权,收购价格相当于每股约0.92港元。根据报道,摩根士丹利在入股永乐家电以后,还与企业形成约定:无偿获得一个认股权利,在未来某个约定的时间,以每股约1.38港元的价格行使约为1765万美元的认股权。为了使这个看涨期权价值兑现,摩根士丹利等机构投资者与企业管理层签署了1份《对赌条款》。招股说明书显示,如果永乐2007年(可延至2009年)的净利润高于7.5亿元人民币,外资股东将向永乐管理层转让4697.38万股永乐股份;如果净利润相等或低于6.75亿元,永乐管理层将向外资股东转让4697.38万股;如果净利润低于6亿元,永乐管理层向外资股东转让的股份最多将达到9394.76万股,这相当于永乐上市后已发行股本总数的约4.1%。净利润计算不能含有水分,不包括上海永乐房地产投资及非核心业务的任何利润,并不计任何额外或非经常收益。2005年永乐实现净利润2.89亿元,而2006年上半年仅0.16亿元,其不得不承认当初签订的协议中,预测过于乐观。2006年7月,国美电器以52.68亿港元收购乐上市仅9个月的永乐电器。上市和对赌条款让永乐在资本市场上走上了一条"不归之路"。

690. 对赌条款有哪些分散投资风险的条款?

除了以上对赌条款之外,投资者往往还通过以下条款分散投资风险,如涉及利润优先分配权、优先清算权、可转换债券、非竞争承诺、限制所得款项用途、投资者派出的董事的一票否决权、股权回购、反稀释条款、知情权条款等。

[①] 参见中国私募股权投资基金律师网 http://www.pelawyers.cn/old/newshow.asp?page=3&id=874,2012年7月11日访问。

691. 何为利润优先分配约定？利润优先分配约定的法律效力如何？

利润优先分配权即投资者和被投资者约定：投资者和其他股东相比，有优先于其他股东分配利润的权利。

约定利润优先分配有效。根据《公司法》第34条的规定，有限责任公司股东按照实缴的出资比例分取红利。但是，全体股东约定不按照出资比例分取红利的除外。《公司法》第166条规定，股份有限公司按照股东持有的股份比例分配，但股份有限公司章程规定不按持股比例分配的除外。

从文义上分析，公司利润在缴纳税收、弥补公司亏损、提取法定公积金、提取任意公积金后，有限责任公司可以通过全体股东约定的方式，股份有限公司可以通过公司章程规定的方式确定利润优先分配权。因此约定利润优先分配没有法律障碍。

692. 何为保底收益条款，其法律效力如何？

保底收益条款，即保底收益是投资者与被投资者约定，无论公司盈亏与否，投资者都会获得保底收益。

保底收益的约定违反了公司利润分配的顺序，即公司在缴纳税收、弥补公司亏损、提取法定公积金、提取任意公积金后方可分配利润，因此保底收益的约定不具有法律效力。在利润分配程序上，虽然《公司法》规定，有限责任公司股东可以约定不按照出资比例分红、股份有限公司章程可以规定不按持股比例分配利润，但是必须在缴纳税收、弥补公司亏损、提取法定公积金、提取任意公积金后才可分配公司利润。

693. 利润优先分配权、保底收益条款有何区别？

利润优先分配权是公司在缴纳税收、弥补公司亏损、提取法定公积金、提取任意公积金后投资者对剩余利润享有的优先于其他股东的分配权，这与不论盈亏，投资者都会获得保底收益不同。

694. 何为剩余财产优先分配权？

剩余财产优先分配权即投资者和被投资者约定：投资者和其他股东相比，有优先于其他股东分配剩余财产的权利。

695. 优先清算权的法律效力如何？优先清算权的主要内容是什么？

《公司法》规定，公司财产在分别支付清算费用、职工的工资、社会保险费用和法定补偿金，缴纳所欠税款，清偿公司债务后的剩余财产，有限责任公司按照股东的出资比例分配。

《民法典》规定，法人清算后剩余财产可以按照章程规定或法人权力机构的决议处理。也就是说,法律允许当事人约定优先清算权条款。

该条款的本质是股东对自身剩余财产分配权的处分,只要是股东自己的真实意思表示,程序上缴纳、支付了法定的费用,该条款即是有效的。

优先清算权条款的主要内容如下:

在被投资方发行上市前,如被投资方解散进行清算,股东按照各自的持股比例参与剩余财产的分配;但如被投资方剩余财产不足分配的,投资方有权优先于现有股东以现金方式收回其全部投资本金加投资期每年 M% 的年投资回报。

696. 何为可转换债券,可转换债券的法律效力如何?

可转换债券条款指投资协议中约定,为规避投资风险,持有人在发债后一定时间内有权依约定的条件将持有的债券转换成普通股票的条款,其具有法律效力。根据《公司法》第162条的规定,发行可转换为股票的公司债券的,公司应当按照其转换办法向债券持有人换发股票,但债券持有人对转换股票或者不转换股票有选择权,因此设定可转换债券并无法律障碍。

但是,根据《上市公司证券发行管理办法》第14条,可转换债券的发行主体目前只能是上市公司。因此,目前可转换债券的投资主体只能是上市公司,而不能投资于非上市公司。

697. 何为非竞争承诺,其法律效力如何?

这一条款旨在避免主管人员离开被投资企业,甚至在离开企业后建立类似企业与被投资企业形成竞争。

当劳动者与用人单位有约定,期限不超过2年的竞业限制条款是有效的。《劳动合同法》第24条规定:"竞业限制的人员限于用人单位的高级管理人员、高级技术人员和其他负有保密义务的人员。竞业限制的范围、地域、期限由用人单位与劳动者约定,竞业限制的约定不得违反法律、法规的规定。在解除或者终止劳动合同后,前款规定的人员到与本单位生产或者经营同类产品、从事同类业务的有竞争关系的其他用人单位,或者自己开业生产或者经营同类产品、从事同类业务的竞业限制期限,不得超过二年"。

698. 何为限制投资款款项用途?如何理解限制投资款款项用途?其法律效果如何?

限制所得款项用途条款即指投资者在投资协议中约定限制被投资者使用投资款项使用不被允许的其他用途。主要为投资者限制被投资者使用投资款项的目的。

《公司法》第37条、99条赋予有限公司、股份公司股东会"决定公司的经营方针和投资计划"的权力,故,能否限制所得款项用途,最终取决于股东会作出的决议。

699. 何为一票否决权？投资者派出的董事是否享有一票否决权？

一票否决权条款指投资者在投资协议中约定,在董事会或股东会表决时,投资者及其委派的董事享有一票否决权的条款。

《公司法》没有对董事一票否决权的禁止,但有争议。从法律角度来看,《公司法》第48条规定,有限责任公司董事会的议事方式和表决程序,除《公司法》有规定的外,由公司章程规定。董事会应当对所议事项的决定作成会议记录,出席会议的董事应当在会议记录上签名。董事会决议的表决,实行一人一票。《公司法》第111条规定,董事会会议应有过半数的董事出席方可举行。董事会作出决议,必须经全体董事的过半数通过。

从证监会官方网站公开的招股说明书(申报稿)中列明情况来看,有的明确董事没有一票否决权,有的列明董事对重大事项有一票否决权。投资方作为股东的,亦有明确有一票否决权的。

700. 何为股权回购条款？股权回购约定的效力如何？请求回购股权能否得到法院支持？股权回购条款的主要内容有哪些？

股权回购条款即投资者为了规避退出风险,投资者与被投资者约定在一定情况下或某个时间点,被投资者从投资者处按某一价格回购投资者所持股份。

关于公司回购股东所持股权的约定不违反我国现有法律的强制性规定,对其效力应当予以认可。

投资方与目标公司签订对赌协议后,投资方请求目标公司回购股权的,人民法院应当依据《公司法》第35条关于"股东不得抽逃出资"或者第142条关于股份回购的强制性规定进行审查。经审查,目标公司未完成减资程序的,人民法院应当驳回其诉讼请求。投资方与控股股东或实际控制人签订对赌协议的,投资方请求目标公司回购股权的,人民法院应当支持。

股权回购条款的主要内容如下:

若出现任何以下情形之一,投资方有权选择要求被投资方现有股东或实际控制人回购投资方拥有的被投资方股权。若任何投资方选择行使回购权,该投资方在此前从被投资方获得的所有分红将从被投资方应付的回购价款中扣除。

乙方不能在_____年_____月_____日前达到上市资格并且已经上报证监会发审委。

在_____年_____月_____日之前的任何时间,原股东明示放弃本协议项下的上市安排或工作。

被投资方成功上市前的任何时候,被投资方的主业发生重大不利变化,即未达到承诺业绩的百分比。

乙方提供的资料和信息与实际存在重大偏差或甲方在信息披露过程中存在隐瞒、误导、虚假陈述或涉嫌欺诈。

乙方违反双方签订的协议或者章程,并自甲方提示之日起15日内仍未改进。

乙方被依法吊销营业执照、责令关闭或者被撤销,因债权人申请进入破产清算程序或发生其他对丙方存续造成重大影响的事件。

原股东所持有的乙方之股份因行使质押权等原因,导致公司所有权发生实质性转移或者存在此种潜在风险。

乙方的生产经营、业务范围发生实质性调整,并且不能得到甲方的同意。

其他根据一般常识性的、合理的以及理性的判断,因投资方受到不平等、不公正的对待等原因,继续持有乙方股份将给投资方造成重大损失或无法实现投资预期的情况。

股份回购价格按以下两者孰高者确定:

1. 投资方按年投资回报率_____%计算的投资本金和收益之和(减去支付给投资方税后股利);

2. 回购时投资方股权对应的评估净资产值。

【案例294】股份回购"对赌" 未完成减资程序不予支持[①]

原告:银海通投资中心

被告:新疆西龙公司(股份公司)、奎屯西龙公司

诉讼请求:

1. 被告新疆西龙公司向原告支付股权回购价款13,275,000元[900万元+(900万元×年息15%×38个月)]。

2. 被告奎屯西龙公司承担连带责任。

争议焦点:

1. 原告与被告新疆西龙公司、被告奎屯西龙公司签订的《补充协议》中的回购条款是否有效;

2. 被告新疆西龙公司或被告奎屯西龙公司是否应向原告支付股权回购价款13,275,000元。

[①] 参见最高人民法院(2020)最高法民申2957号民事裁定书。

基本案情：

2011年8月11日，原告与被告新疆西龙公司签订《增资扩股协议》，被告新疆西龙公司在原股东基础上增加原告为公司新股东，原告认购300万股，投资款总额为900万元，占增资后总股本的3.05%。该协议约定：除法律、法规规定的情形外，不得退股；不得滥用股东权利损害公司或者其他股东的利益；不得滥用公司法人独立地位和股东有限责任损害公司债权人的利益。

同日，原告与被告新疆西龙公司及被告奎屯西龙公司签订《补充协议》（被告奎屯西龙公司系被告新疆西龙公司的全资子公司），该协议约定："1. 各方同意，如果截至2012年9月30日被告新疆西龙公司仍未实现在国内证券交易所公开发行股票并上市，则原告有权要求被告新疆西龙公司回购其持有的股份（亦有权不要求回购而继续持有股份），回购价格为原告为取得该股份而向被告新疆西龙公司增资的投资款总额900万元加上15%的年息（单利），计息期间为原告支付投资款之日起至被告新疆西龙公司支付回购价款之日止。被告新疆西龙公司应在原告提出回购要求后3个月内完成回购。2. 被告奎屯西龙公司同意，如被告新疆西龙公司不能履行上述回购义务，则被告奎屯西龙公司同意按照上述条款的约定收购原告持有的股份，以保障原告的投资退出。"

2011年8月16日，原告将投资款900万元支付给被告新疆西龙公司，但被告新疆西龙公司至今未公开发行股票并上市。

原告未提交证据证明被告新疆西龙公司就案涉股权已完成减资程序。

原告诉称：

被告新疆西龙公司应当按照《增资扩股协议》及《补充协议》的约定向原告支付股权回购款13,275,000元，被告奎屯西龙公司承担连带责任。

被告均辩称：

《补充协议》具有对赌性质，违反《公司法》相关禁止性规定，应当认定为无效。

一审认为：

本案系请求公司回购股份纠纷，其请求权是否成立，关键在于签订的《增资扩股协议》及《补充协议》是否真实、有效。

首先，关于合同真实性问题，被告新疆西龙公司和被告奎屯西龙公司对协议的真实性不持异议，《补充协议》有公司法定代表人签字和公司盖章，符合合同签订的形式要件，对其真实性应予以确认。

其次，关于《补充协议》合法性问题。《补充协议》关于"2012年9月30日被告新疆西龙公司仍未实现在国内证券交易所公开发行股票并上市,则原告有权要求被告新疆西龙公司以投资款总额900万元加上15%的年息价格回购其持有的股份"的约定,是协议各方为原告退出股份公司时设定的利益安排,没有实质改变被告新疆西龙公司的资本状况,未损害公司及债权人利益,同时并不违反法律、法规的强制性规定。股份公司开放性和资合性特点,通常只有在成为上市公司后才能充分体现,股东权益流通也能够获取相对自由空间,对于未上市股份公司股东与公司合意回购股权,创设平等救济途径,以异议股东评估权保护少数股东利益,符合公平原则和公司意思自治原则。故被告新疆西龙公司和被告奎屯西龙公司以《补充协议》具有对赌性质,违反《公司法》相关禁止性规定等为由主张无效,缺乏事实及法律依据,《补充协议》属各方当事人真实意思表示,不违反法律、行政法规强制性规定,应属有效。

《增资扩股协议》及《补充协议》于2011年8月11日成立生效,原告依据增资合同约定,于2011年8月16日将900万元打入被告新疆西龙公司账号,履行完《增资扩股协议》及《补充协议》约定的出资义务,原告持有被告新疆西龙公司3.05%的股份。被告新疆西龙公司未履行《补充协议》项下的回购义务,违反合同约定,被告新疆西龙公司应当按照《补充协议》约定的期限、方式、股权回购价格等内容全面承担股权回购责任。关于股权回购价格,双方约定的股权回购价格为投资款加15%利息,实属股权溢价。该约定是双方真实意思,符合诚实信用及公平原则,应当履行。投资者溢价入股,高于融资方原始股东的入股价格,投资方事实上提前承担了风险,因而不存在风险共担原则的缺失。投资方高价入股后,融资企业原股东都提前享有股份增值的收益。故对原告回购900万元股权及15%利息的请求,予以支持。被告奎屯西龙公司的保证条款有效,应当承担连带责任。

一审判决:

1. 被告新疆西龙公司支付原告股权回购价款13,275,000元;
2. 被告奎屯西龙公司对上述款项承担连带责任。

被告新疆西龙公司不服一审判决,向上级人民法院提起上诉。

被告新疆西龙公司上诉称:

《补充协议》中有关回购的约定,系股东与目标公司的"对赌条款",导致被告新疆西龙公司减资情形的出现,并未履行相关法定程序,损害了被告新疆西龙公司及债权人的利益,违反《公司法》第142条、177条、204条规定,该回购约定应当认定无效。

被告奎屯西龙公司陈述称：

同意被告新疆西龙公司的意见,对赌条款无效。

原告辩称：

一审判决认定事实清楚,适用法律准确。

二审认为：

1. 关于案涉《补充协议》中的股权回购条款的效力问题。

《补充协议》中回购条款系以被告新疆西龙公司是否于 2012 年 9 月 30 日实现在国内证券交易所公开发行股票上市这一不确定情况作为条件,约定如未成功上市,原告有权要求被告新疆西龙公司回购其持有的公司股份,如上市成功,原告通过其他方式退出,包含了回购主体、回购条件、回购方式等交易安排,系股权性融资对赌协议,是当事人之间根据企业未来不确定的目标是否实现对各自权利与义务所进行的一种约定。《补充协议》中"被告奎屯西龙公司同意,如被告新疆西龙公司不能履行上述回购义务,则被告奎屯西龙公司同意按照上述条款的约定收购原告持有的股份,以保障原告的投资退出"的约定为保证担保条款。上述约定系当事人真实意思表示,不存在《合同法》第 52 条规定的法定无效事由,应属合法有效。

2. 关于被告新疆西龙公司或被告奎屯西龙公司是否应向原告支付股权回购价款 13,275,000 元的问题。

被告新疆西龙公司至今未实现在国内证券交易所公开发行股票并上市,原告的预期投资目的未能实现,有权依照《补充协议》约定要求被告新疆西龙公司进行股权回购。但《公司法》第 35 条规定"公司成立后,股东不得抽逃出资",第 142 条规定"公司不得收购本公司股份。但是,有下列情形之一的除外:(一)减少公司注册资本……",第 177 条规定"公司需要减少注册资本时,必须编制资产负债表及财产清单。公司应当自作出减少注册资本决议之日起十日内通知债权人,并于三十日内在报纸上公告。债权人自接到通知书之日起三十日内,未接到通知书的自公告之日起四十五日内,有权要求公司清偿债务或者提供相应的担保"。根据上述法律规定,为保护公司债权人利益,如履行股权回购约定,被告新疆西龙公司应按照《公司法》第 177 条的规定,履行法定减资程序后方可履行回购约定。原告并无证据证明被告新疆西龙公司相应减资程序已经完成,被告新疆西龙公司亦确认其减资程序尚未启动,故本院对原告要求被告新疆西龙公司履行股权回购义务的诉讼请求不予支持。

被告奎屯西龙公司系被告新疆西龙公司的全资子公司,其对母公司股份的持有,在实质效果上与母公司持有自己的股份相同。因此,原告在被告新疆西龙公司未完成减资程序的情况下,要求被告奎屯西龙公司在被告新疆西龙公司不能履行上述回购义务的情况下承担支付股权回购款的责任于法无据。

二审判决:

1. 撤销一审判决;
2. 驳回原告的诉讼请求。

原告申请再审称:

1. 二审既认定《补充协议》合法有效,又不支持履行,违背了合同的合法有效性,适用法律错误。

2.《公司法》第142条规定了股份有限公司回购本公司股份的四种情形,原判决却只认定减资一种,属于适用法律错误。减资系公司内部治理行为,不能规避公司对外承担义务。

再审认为:

1. 二审判决以完成减资程序作为原告请求公司回购股份的前置条件有无法律依据?

关于股东请求公司回购股份是否应完成减资程序的问题。本案主要涉及股权性融资"对赌协议"。"对赌协议"又称估值调整协议,是指投资方与融资方在达成股权性融资协议时,约定由融资方根据企业将来的经营情况调整投资者的投资条件或给予投资者补偿的协议,估值调整手段主要包含股权回购、金钱补偿等。"对赌协议"主要分为投资方与目标公司的股东或者实际控制人的"对赌"、投资方与目标公司的"对赌"、投资人与目标公司的股东和目标公司同时"对赌"等形式。其中与目标公司"对赌",指的是投资方与目标公司签订的协议约定,目标公司从投资方融资,投资方成为目标公司的股东,当目标公司在约定期限内实现双方预设的目标时,由投资方给予目标公司奖励;相反,由目标公司按照事先约定的方式回购投资方的股权或者向投资方承担金钱补偿义务。本案即符合投资方与目标公司"对赌"的情形,原告为投资方,被告新疆西龙公司为目标公司。在处理"对赌协议"纠纷案件时,不仅应适用《合同法》的相关规定,还应适用《公司法》的相关规定,依法平衡投资方、公司股东、公司债权人、公司之间的利益。

被告新疆西龙公司与原告签订《增资扩股协议》,通过增资的方式向原告融资900万元,并与被告奎屯西龙公司三方共同签订具有股权回购、担保内容的《补充协议》,均系各方当事人的真实意思表示,不违反法律、行政法规的强制性规定,不存在《合同法》第52条所规定的合同无效的情形,应属合法有效,原判决对此认定准确。

根据《公司法》第35条、142条的规定,投资方原告与目标公司被告新疆西龙公司"对赌"失败,请求被告新疆西龙公司回购股份,不得违反"股东抽逃出资"的强制性规定。被告新疆西龙公司为股份有限公司,其回购股份属减少公司注册资本的情形,须经股东大会决议,并依据《公司法》第177条的规定完成减资程序。现被告新疆西龙公司未完成前述程序,故原判决驳回原告的诉讼请求并无不当。

2. 二审判决未判令被告奎屯西龙公司承担责任有无不当?

原告针对被告奎屯西龙公司的诉讼请求为"在被告新疆西龙公司不能履行回购义务时向原告支付股权回购价款13,275,000元",其诉求的该义务属于担保合同义务,而担保合同义务具有从属性,即履行担保合同义务的前提条件是主合同义务履行条件已成就。现被告新疆西龙公司的减资程序尚未完成,股份回购的主合同义务尚未成就,故被告奎屯西龙公司的担保义务未成就,原告要求判令被告奎屯西龙公司承担责任的再审申请理由不成立。

再审裁定:

驳回原告的再审申请。

701. 何为反稀释保护条款?其效力如何?其主要内容有哪些?

反稀释保护条款即如果目标企业在本轮融资之后进行了后续融资,那么本轮投资方进入的价格就要随之调整,降低到后续融资的价格;如果后续以更低的价格发行一次或多次股票,本轮融资还要继续调整。目的是要保持本轮的价格是最低的。

如果被投资方是非国有、非外资的有限责任公司和股份有限公司,那么适用反稀释保护条款不存在法律障碍,因为《公司法》并未就股权转让的价格作出规定。但是,如果被投资方是国企或外资企业(独资、中外合资或中外合营企业),会存在障碍。根据《关于外国投资者并购境内企业的规定》第14条、《企业国有资产法》第55条的规定,拟转让的股权都需要经过资产评估机构的评估,国有企业的股权转让价格还需要报本级人民政府核准。《关于外国投资者并购境内企业的规定》第14条规定,并购当事人应以资产评估机构对拟转让的股权价值或拟出售资产的评估结果作为确定交易价格的依据。并购当事人可以约定在中国境内依法设立的资产评估机构。资产评估应采用国际通行的评估方法。禁止以明显低于评估结果的价格转让股权或出售资产,变相向境外转移资本。外国投资者并购境内企业,导致以国有资产投资形成的股权变更或国有资产产权转移时,应当符合国有资产管理的有关规定。《企业国有资产法》第55条规定,国有资产转让应当以依法评估的、经履行出资人职责的机构认可或者由履行出资人职责的机构报经本级人民政府核准的价格为依据,合理确定最低转让价格。

反稀释保护条款的主要内容包括:(1)被投资方将来以任何方式引进新投资者,投资方享有在同等条件下的优先认购权。(2)被投资方以任何方式引进新投资者,应确保新投资者对被投资方的估值不得低于本合同投资方投资后的实际估值。如新投资者根据某种协议的最终估值低于本合同投资方的实际估值,则被投资方应将其间的差价返还投资人,或根据新的投资价格调整投资方的股份比例,使之能反映被投资方的新估值。(3)投资完成后,如被投资方给予任一股东(包括引进的新投资者)享有的股东权利优于本合同投资方享有的权利的,则本合同投资方将自动享有该等权利。

702. 何为知情权条款？其效力如何？其主要内容如何？

《公司法》针对有限责任公司的规定,股东有权查阅、复制公司章程、股东会会议记录、董事会会议决议、监事会会议决议和财务会计报告,可以要求查阅公司会计账簿。针对股份有限公司的规定,股东有权查阅公司章程、股东名册、公司债券存根、股东大会会议记录、董事会会议决议、监事会会议决议、财务会计报告。有限责任公司应当依照公司章程规定的期限将财务会计报告送交各股东。股份有限公司的财务会计报告应当在召开股东大会年会的20日前置备于本公司,供股东查阅;公开发行股票的股份有限公司必须公告其财务会计报告。

知情权是股东的基本权利。股权融资中约定知情权条款,对法定权利进行细化保护,是合法有效的。

知情权条款的主要内容如下。

在投资人仍然是公司的投资者的情况下,被投资方应当:

(1)以投资人可以接受的方式,向投资人提供下列与被投资方及其子公司相关的材料：

①在每财政年度之后120日内,经审计合并年度财务报告以及管理层报告;

②在每季度之后60日内,未经审计合并季度财务报告和管理层报告;

③发送给股东的全部文件或其他信息的副本;

④在每财政年度结束之前30日内,下一年的年度预算。

全部财务报告将按照中国通用会计准则编制。

(2)向投资人提供被投资方向证监会、证券交易所、监管机构或政府机构呈递的任何报告的副本。

(3)授权投资人查看被投资方及其子公司的设施、账目和记录,并与被投资方及其子公司各自的董事、雇员、会计师、律师和投资银行人员讨论其业务、运营和情况。

第四节 增资的税务问题

一、公积金转增资本的税务问题

703. 资本公积有哪些明细项目？哪些公积金可以直接转增资本？

资本公积明细项目包括"资本（或股本）溢价""接受捐赠非现金资产准备""股权投资准备""拨款转入""外币资本折算差额""关联交易差价""其他资本公积"等。

上述资本公积明细项目除了"接受捐赠非现金资产准备""股权投资准备"和"关联交易差价"3项外，其余项目均可直接转增资本。对于"接受捐赠非现金资产准备""股权投资准备"两个项目，可分别于接受捐赠非现金资产、长期股权投资资产价值实现时（如非现金资产领用、报废、处置时，长期股权处置时）转为"其他资本公积"项目，然后可以转增资本；对于"关联交易差价"项目，不能用于转增资本，应于企业清算时再作处理。

704. 公司以资本公积金增资，自然人股东因此取得的股权是否需要缴纳个人所得税？

（1）股份有限公司以股票溢价发行收入形成的资本公积金转增股本，自然人股东不需要缴税个人所得税。

股份制企业用资本公积金转增股本不属于股息、红利性质的分配，对个人取得的转增股本数额，不作为个人所得，不征收个人所得税。"资本公积金"是指股份制企业股票溢价发行收入所形成的资本公积金。

（2）有限责任公司资本公积金转增股本，自然人股东需要缴税个人所得税。

2013年9月29日，财政部、国家税务总局联合发布了《关于中关村国家自主创新示范区企业转增股本个人所得税试点政策的通知》（财税〔2013〕73号），其中指出"企业以未分配利润、盈余公积、资本公积向个人股东转增股本时，应按照'利息、股息、红利所得'项目，适用20%税率征收个人所得税。对示范区中小高新技术企业以未分配利润、盈余公积、资本公积向个人股东转增股本时，个人股东一次缴纳个人所得税确有困难的，经主管税务机关审核，可分期缴纳，但最长不得超过5年"。所谓中小高新技术企业，是指"注册在示范区内实行查账征收的、经认定取得高新技术企业资格，且年销售额和资产总额均不超过2亿元、从业人数不超过500人的企业"。

2015年10月23日,财政部、国家税务总局又发布《关于将国家自主创新示范区有关税收试点政策推广到全国范围实施的通知》(财税〔2015〕116号),宣布将财税〔2013〕73号文的实施范围推广至全国。

2015年11月16日,国家税务总局发布《关于股权奖励和转增股本个人所得税征管问题的公告》(国家税务总局公告2015年第80号)指出:"上市公司或在全国中小企业股份转让系统挂牌的企业转增股本(不含以股票发行溢价形成的资本公积转增股本),按现行有关股息红利差别化政策执行。"而对于其他企业,如果属于中小高新技术企业以未分配利润、盈余公积、资本公积向个人股东转增股本,可分5期缴纳个人所得税;如果属于非中小高新技术企业,应及时代扣代缴个人所得税(一次性缴纳)。

财税〔2015〕116号文和国家税务总局2015年第80号公告都是从2016年1月1日开始执行。

【案例295】首开股份资本公积金转增股本所得税处理案[①]

基本案情:

2011年4月,首开股份股东大会审议通过2010年度利润分配及资本公积转增股本方案。

一、利润分配方案

以2010年末总股本1,149,750,000股为基数,向全体股东每10股派发现金红利2.00元(含税),共计分配利润229,950,000元,剩余未分配利润结转下一年度。

二、资本公积金转增股本方案

以2010年末总股本1,149,750,000股为基数,以资本公积金向全体股东每10股转增3股,共计344,925,000股。实施送红股后,按新股本总数1,494,675,000股摊薄计算的2010年每股收益0.9元。转增股本后,首开股份股本变动情况见表8-4:

[①] 参见《北京首都开发股份有限公司2010年度利润分配及资本公积金转增股本实施公告》,载上海证券交易所网,http://www.sse.com.cn/disclosure/listedinfo/announcement/c/2011-04-18/600376_20110418_1.pdf,2020年4月1日访问。

表 8-4 首开股份转增股本后股本变动情况

股份类别	变动前/股	变动数/股	变动后/股
无限售条件的流通股（A股）	1,149,750,000	344,925,000	1,494,675,000

律师观点：

1. 利润分配税务处理

(1) 法人股东的税务处理

根据《企业所得税法》第 26 条以及《企业所得税法实施条例》第 83 条规定，居民企业直接投资于其他居民企业取得的股息、红利等免征企业所得税。但如果该法人股东持有的股票系公开发行上市流通不足 12 个月，因该股票获得的红利需要缴纳企业所得税。

(2) 个人股东的税务处理

根据《财政部、国家税务总局关于股息红利个人所得税有关政策的通知》(财税〔2005〕102 号)规定[①]，上市公司目前对个人投资者从上市公司取得的股息红利，暂减按 50% 计入个人应纳税所得额。

2. 资本公积金转增股本税务处理

根据本次资本公积转增股本的"资本公积"来源于股票溢价或是其他途径，其税务处理会有所不同。

(1) 法人股东的税务处理

根据《国家税务总局关于贯彻落实企业所得税法若干税收问题的通知》(国税函〔2010〕79 号)规定，"被投资企业将股权(票)溢价所形成的资本公积转为股本的，不作为投资方企业的股息、红利收入，投资方企业也不得增加该项长期投资的计税基础"，因此如果首开股份是以股票溢价形成的资本公积转增股本，法人股东没有纳税义务。

如果首开股份是以其他形式形成的资本公积金转增股本，法人股东负有纳税义务，但是由于居民企业从其他居民企业取得的红利免征企业所得税，因此也无

[①] 本通知于 2013 年 1 月 1 日被《财政部、国家税务总局、证监会关于实施上市公司股息红利差别化个人所得税政策有关问题的通知》(财税〔2012〕85 号)废止。新通知规定：个人从公开发行和转让市场取得的上市公司股票，持股期限在 1 个月以内（含 1 个月）的，其股息红利所得全额计入应纳税所得额；持股期限在 1 个月以上至 1 年（含 1 年）的，暂减按 50% 计入应纳税所得额；持股期限超过 1 年的，暂减按 25% 计入应纳税所得额。上述所得统一适用 20% 的税率计征个人所得税。即 2013 年 1 月 1 日后，个人持股者应根据持股期限确定个人所得税税额。

须缴纳所得税。

（2）个人股东的税务处理

根据《国家税务总局关于股份制企业转增股本和派发红股征免个人所得税的通知》（国税发〔1997〕198号）规定，"股份制企业用资本公积金转增股本不属于股息、红利性质的分配，对个人取得的转增股本数额，不作为个人所得，不征收个人所得税"，同时根据《国家税务总局关于原城市信用社在转制为城市合作银行过程中个人股增值所得应纳个人所得税的批复》（国税函〔1998〕289号）规定，"《国家税务总局关于股份制企业转增股本和派发红股征免个人所得税的通知》（国税发〔1997〕198号）中所表述的'资本公积金'是指股份制企业股票溢价发行收入所形成的资本公积金。将此转增股本由个人取得的数额，不作为应税所得征收个人所得税。而与此不相符合的其他资本公积金分配个人所得部分，应当依法征收个人所得税。"

因此如果首开股份是以股票溢价形成的资本公积转增股本，法人股东和个人股东均不需纳税。如果是以其他形式形成的资本公积转增股本，个人股东需要缴纳个人所得税。

【案例296】非股票溢价发行收入形成的资本公积金 转增资本需缴纳个人所得税[①]

基本案情：

溧阳市H股份公司既是高新技术企业，又是上市后备企业，注册资本为6736.2万元，史某等7位自然人投资77%，某投资中心投资23%。

2013年7月，溧阳市H股份公司新增两家创投企业股东，共出资6880万元，认缴注册资本1049.3多万元，形成资本公积金（资本溢价）5830.6多万元。

2013年12月，溧阳市H股份公司将资本公积金中的3180万元向全体股东转增资本，其中个人股东转增合计2448.6万元。

2017年，江苏省常州市溧阳地税局稽查局对溧阳市H股份公司实施税收检查，对企业作出补缴税款、加收滞纳金和罚款共计542.3多万元的处理决定。

律师观点：

根据《国家税务总局关于股份制企业转增股本和派发红股征免个人所得税的通知》（国税发〔1997〕198号）第1条的规定，股份制企业用资本公积金转增股本

[①] 参见蒋鹏：《查找"乱账"掩盖的真相——资本公积转增股本、虚增费用等》，载大力税手网，http://www.dlsstax.com/index.php? a = index&aid = 7269&c = Content&cid = 82&m = Index，2020年4月3日访问。

不属于股息、红利性质的分配,对个人取得的转增股本数额,不作为个人所得,不征收个人所得税。因此,企业通常认为资本公积金转增资本不应缴税。

根据《国家税务总局关于原城市信用社在转制为城市合作银行过程中个人股增值所得应纳个人所得税的批复》(国税函〔1998〕289号)的规定,国税发〔1997〕198号文中所表述的"资本公积金"是指股份制企业股票溢价发行收入所形成的资本公积金。而与此不相符合的其他资本公积金转增股本的个人所得部分,应当依法征收个人所得税。

从实际情况看,溧阳市H股份公司转增个人资本的"资本公积金"不是股票溢价发行形成的,而是其他法人股东投入形成的。因此,该资本公积金转增股本个人所得部分,企业应按规定扣缴个人所得税。

【案例297】盈余公积转为资本公积后转增注册资本 需依法缴纳个人所得税[①]

基本案情:

利程公司多年前实行了股份制改制(全部为个人股东)。

2012年10月,利程公司董事会决定作如下会计处理:"借:盈余公积2350万元,贷:资本公积—股票溢价2350万元"。

2012年11月,为了快速扩张,在无资金投入的情况下,股东大会决定,以公司结余的资本公积转增股本并分配到各股东名下,作如下会计处理:"借:资本公积2620万元,贷:实收资本2620万元"。

2013年7月,税务检查组至利程公司检查,查阅了上述资本公积相关明细账户及会计处理凭证。

律师观点:

根据《国家税务总局关于股份制企业转增股本和派发红股征免个人所得税的通知》(国税发〔1997〕198号)的规定,股份制企业用资本公积金转增股本不属于股息、红利性质的分配,对个人取得的转增股本数额,不作为个人所得,不征收个人所得税。

根据《国家税务总局关于原城市信用社在转制为城市合作银行过程中个人股增值所得应纳个人所得税的批复》(国税函〔1998〕289号)的规定,国税发〔1997〕

---

① 参见《一个失败的筹划案例:资本公积金转增注册资本案例》,载中国税务网,http://www.ctax.org.cn/sssw/swch/201804/t20180408_1074439.shtml,2020年4月7日访问。

198号文中所表述的"资本公积金"是指股份制企业股票溢价发行收入所形成的资本公积金。将此转增股本由个人取得的数额,不作为应税所得征收个人所得税。而与此不相符合的其他资本公积金分配个人所得部分,应当依法征收个人所得税。

利程公司为了逃避缴纳盈余公积转增股本带来的大额个人所得税,将结余盈余公积中的2350万元预先转移为"资本公积—股票溢价",后又转入实收资本,此种避税操作显然违反了国税函〔1998〕289号文的规定。利程公司需继续代扣代缴应缴纳的个人所得税及相应罚款。

705. 公司以股权(票)溢价所形成的资本公积增资,法人股东因此取得的股权是否需要缴纳企业所得税?

当投资方是法人股东时,被投资企业将股权(票)溢价所形成的资本公积转为股本的,不作为投资方企业的股息、红利收入,投资方企业也不得增加该项长期投资的计税基础,故法人股东因此取得的股权不需要缴纳企业所得税。

【案例298】"先减资,再增资,后转让"不能降低股权转让税负[①]

基本案情:

旭升公司是一家专业从事软件技术开发的企业,公司注册资本为2480万元。公司有3名股东,股权结构为:李某出资8,010,400元,持股32.3%;森华公司出资8,779,200元,持股35.4%;郑某出资8,010,400元,持股32.3%。现李某欲将其持有的21.1%的股权转让给郑某。股权转让后,李某持有11.2%股权,森华公司持有35.4%股权,郑某持有53.4%的股权。截至转让时公司的净资产为35,177,714.92元,公司净资产中有一部分是当初森华公司投资超出出资额部分形成的资本公积金。

由于公司目前的净资产高于注册资本,个人转让股权必然涉及个人所得税。本案中,若按照市场公允价值转让股权,李某应缴纳的个人所得税 = (35,177,714.92 − 24,800,000) × 21.1% × 20% = 437,939.57元。

为了不缴纳该笔税款,李某想到了以下税务筹划:

先将公司的注册资本由2480万元减少至8,675,000元,减少的注册资本16,125,000元由3名股东按照各自的出资比例分配,其中:李某与郑某各自分得

---

① 麦子:《"先减资,再增资,后转让"不能降低股权转让税负?》,载 https://mp.weixin.qq.com/s/TMxXVIoPHn8mW7g0−LCZkg,2020年3月27日访问。

5,208,375元,森华公司分得5,708,250元。

减资后,三方一致同意以旭升公司的资本公积金增资,使公司的注册资本达到2000万元,增资额为11,325,000元,其中李某获得的股权份额为1,268,400元,森华公司获得的股权份额为4,009,050元,郑某获得的股权份额为6,047,550元。

通过减资、增资后,公司的净资产减少至19,052,714.92元。此时由于公司的净资产低于公司的注册资本,按照市场公允价值确定股权转让价格,无须缴纳个人所得税。

该方案真的能避税吗?

律师观点:

对本案例分减资、增资、股权转让三个环节分别分析各个阶段的税负。

1. 减资环节税收

减资是对注册资本的减少,即股东本身持有股权的减少。个人因减资从被投资企业分回的资产,超出投资成本的部分应全部确认为"财产转让所得",按规定计算缴纳个人所得税。

2. 资本公积转增股本环节税收

资本公积明细项目包括"资本(或股本)溢价""接受捐赠非现金资产准备""股权投资准备""拨款转入""外币资本折算差额""关联交易差价""其他资本公积"等。根据《国家税务总局关于股份制企业转增股本和派发红股征免个人所得税的通知》(国税发〔1997〕198号)规定,股份制企业用资本公积金转增股本不属于股息、红利性质的分配,对个人取得的转增股本数额,不作为个人所得,不征收个人所得税。

而根据《国家税务总局关于进一步加强高收入者个人所得税征收管理的通知》(国税发〔2010〕54号)规定,公司采用除股票溢价发行之外形成的资本公积金以及未分配利润、盈余公积金增资,本国公民股东因此取得的股权按照"利息、股息、红利所得"项目,依据现行政策规定计征个人所得税。税款由公司在股东会议通过增资后代扣代缴。

由于旭升公司的资本公积金系股东增资形成的,个人股东因该部分资本公积金增资所得的股权视为"红利、股息",应按规定缴纳所得税。其中:

李某应缴纳的个人所得税 = 1,268,400 × 20% = 253,680元;

郑某应缴纳的个人所得税 = 6,047,550 × 20% = 1,209,510元。

因企业之间的红利分配免缴企业所得税,因此森华公司在增资环节中无税负。

资本公积金增资环节,需要缴纳的所得税共计 1,463,190 元。

3. 股权转让环节税收

由于公司的净资产低于公司的注册资本,按照市场公允价值确定股权转让价格,无须缴纳个人所得税。

由此可见,经过上述一系列复杂的资产重组后,虽然李某的个人所得税减少,但在直接转让情形下无须缴纳所得税的郑某却因此需要缴纳税收 1,209,510 元,李某与郑某应缴纳的税收合计 1,463,190 元,反而比直接转让情形下李某应承担的税收高出 1,025,250.43 元。

综上所述,"先减资,再资本公积转增股本,后股权转让"的方案不仅不能减少税负,反而增加了税负,而减资、增资程序烦琐、耗时长,无端地增加了公司的税务筹划成本,本身并不是好的税务筹划方案。

706. 公司以盈余公积、未分配利润增资,自然人股东因此取得的股权是否需要缴纳个人所得税?

以盈余公积、未分配利润留存收益转增资本,在个人所得税处理上视同企业向自然人股东分配股息、红利和自然人股东再投资两步走处理。

(1) 不需要缴纳的情形

①个人从公开发行和转让市场取得的上市公司股票,持股期限超过 1 年的,股息红利所得暂免征收个人所得税;

②个人持有全国中小企业股份转让系统挂牌公司的股票,持股期限超过 1 年的,对股息红利所得暂免征收个人所得税。

据此,自然人股东取得上市公司或全国中小企业股份转让系统挂牌公司以未分配利润、盈余公积转增的股本,如持股期限超过 1 年,免征收个人所得税。

(2) 需要缴纳的情形

①个人从公开发行和转让市场取得的上市公司股票,持股期限在 1 个月内(含 1 个月)的,其股息红利所得全额计入应纳税所得额;持股期限在 1 个月以上至 1 年(含 1 年)的,暂减按 50% 计入应纳税所得额;上述所得统一适用 20% 的税率计征个人所得税。

②个人持有全国中小企业股份转让系统挂牌公司的股票,持股期限在 1 个月以内(含 1 个月)的,其股息红利所得全额计入应纳税所得额;持股期限在 1 个月以上至 1 年(含 1 年)的,其股息红利所得暂减按 50% 计入应纳税所得额;上述所得统一适用 20% 的税率计征个人所得税。

据此,自然人股东取得上市公司或全国中小企业股份转让系统挂牌公司以未分配利润、盈余公积转增的股本,如持股期限未超过1年(含1年)的,需要缴纳个人所得税。

707. 公司以盈余公积、未分配利润增资,法人股东因此取得的股权是否需要缴纳企业所得税?

以盈余公积、未分配利润增资,在企业所得税处理上视同企业向法人股东分配股息、红利和法人股东再投资两步走处理。

(1)居民企业股东

居民企业直接投资于其他居民企业取得的股息、红利等权益性投资收益为免税收入。但前述股息、红利等权益性投资收益,不包括连续持有居民企业公开发行并上市流通的股票不足12个月取得的投资收益。因此,除连续持有居民企业公开发行并上市流通的股票不足12个月的企业股东外,居民企业股东取得被投资居民企业以盈余公积、未分配利润转增的资本属于免税收入。

(2)非居民企业股东

①不需要缴纳

除连续持有居民企业公开发行并上市流通的股票不足12个月的非居民企业股东外,在中国境内设立机构、场所的非居民企业从居民企业取得与该机构、场所有实际联系的盈余公积、未分配利润转增的资本属于免税收入。

②需要缴纳

在中国境内未设立机构、场所的,或者虽设立机构、场所但取得的所得与其所设机构、场所没有实际联系的非居民企业从居民企业取得的盈余公积、未分配利润转增的资本应该缴纳10%的企业所得税。

【案例299】转股送股方式不同 税务处理有差别[①]

基本案情:

经审计,2009年度中材国际实现净利润194,534,213.18元,按规定以当年净利润的10%提取法定盈余公积金19,453,421.32元,加上年初未分配利润96,790,146.64元,扣除2009年实施的2008年度利润分配方案和2009年中期利

---

① 参见《中国中材国际工程股份有限公司第三届董事会第二十二次会议决议暨召开2009年度股东大会的公告》,载上海证券交易所网,http://www.sse.com.cn/disclosure/listedinfo/announcement/c/2010-03-31/600970_20100331_1.pdf,2020年4月1日访问。

润方案分配的股利 173,358,479.89 元,2009 年可供股东分配的利润为 98,512,458.61 元。截至 2009 年 12 月 31 日,中材国际资本公积金余额 2,187,400,248.69 元。

2010 年 4 月 29 日,中材国际召开 2009 年度股东大会,大会审议通过公司 2009 年度利润分配和资本公积金转增股本方案,利润分配预案为:以现有总股本 421,796,782 股为基数,每 10 股送红股 2 股,派现金 0.3 元,资本公积金每 10 股转增 6 股。可供股东分配的利润 98,512,458.61 元,其中送红股 84,359,357 股,派发现金红利 12,653,903.46 元(含税),剩余未分配利润转入下次分配;利用资本公积金 253,078,069 元转增股本 253,078,069 股。实施完成后中材国际总股本增加 337,437,426 股,总股本变更为 759,234,208 股,公司注册资本相应调整为 759,234,208 元。

律师观点:

中材国际此次红利分配采用三种方式:一是以未分配利润送股;二是以未分配利润派发现金红利;三是以资本公积金转增股本。转股、送股涉及的税收主要包括印花税、个人所得税与企业所得税。

1. 以未分配利润送股、派发红利的税务处理

(1) 个人所得税

根据《国家税务总局关于印发〈征收个人所得税若干问题的规定〉的通知》(国税发〔1994〕089 号)规定,股份制企业在分配股息、红利时,以股票形式向股东个人支付应得的股息、红利(派发红股),应以派发红股的股票票面金额为收入额,按"利息、股息、红利所得"项目计征个人所得税。本次中材国际送红股总计 84,359,357 股,票面金额 1 元/股,计税依据为 84,359,357 元,按"利息、股息、红利所得"项目 20% 的税率对股东计征个人所得税。另外,根据《财政部、国家税务总局关于股息红利个人所得税有关政策的通知》(财税〔2005〕102 号)①规定,上市公司目前对个人投资者从上市公司取得的股利红利,暂减按 50% 计入个人应纳税所得额。中材国际代扣代缴个人所得税 = 84,359,357 × 20% × 50% = 8,435,935.7 元。

(2) 企业所得税

根据《企业所得税法》第 26 条第 2 款以及《企业所得税法实施条例》第 83 条

---

① 该通知已于 2013 年 1 月 1 日起失效,《财政部、国家税务总局、证监会关于实施上市公司股息红利差别化个人所得税政策有关问题的通知》于同日起施行。

规定,中材国际的法人股东获得的红利免交企业所得税,但如果该法人股东持有的股票系公开发行上市流通不足12个月的,因该股票获得的红利需要缴纳企业所得税。

(3)印花税

根据《国家税务总局关于资金账簿印花税问题的通知》(国税发〔1994〕025号)规定,"实收资本"和"资本公积"两项的合计金额大于原已贴花资金的,就增加的部分补贴印花。中材国际应就以未分配利润转增股本(送红股方式)部分缴纳印花税。该部分使得总股本增加84,359,357股,即84,359,357元,按照万分之五贴花,缴纳印花税42,179.68元。

2. 以资本公积金转增股本的税务处理

(1)法人股东的税务处理

根据《国家税务总局关于贯彻落实企业所得税法若干税收问题的通知》(国税函〔2010〕79号)规定,"被投资企业将股权(票)溢价所形成的资本公积转为股本的,不作为投资方企业的股息、红利收入,投资方企业也不得增加该项长期投资的计税基础",因此如果中材国际是以股票溢价形成的资本公积转增股本,法人股东没有纳税义务。

如果中材国际是以其他形式形成的资本公积金转增股本,法人股东负有纳税义务,但是由于居民企业从其他居民企业取得的红利免征企业所得税,因此也无须缴纳所得税。分析详见上文"以未分配利润送股、派发红利的税务处理"。

(2)个人股东的税务处理

根据《国家税务总局关于股份制企业转增股本和派发红股征免个人所得税的通知》(国税发〔1997〕198号)规定,"股份制企业用资本公积金转增股本不属于股息、红利性质的分配,对个人取得的转增股本数额,不作为个人所得,不征收个人所得税",同时根据《国家税务总局关于原城市信用社在转制为城市合作银行过程中个人股增值所得应纳个人所得税的批复》(国税函〔1998〕289号)规定,"《国家税务总局关于股份制企业转增股本和派发红股征免个人所得税的通知》(国税发〔1997〕198号)中所表述的'资本公积金'是指股份制企业股票溢价发行收入所形成的资本公积金。将此转增股本由个人取得的数额,不作为应税所得征收个人所得税。而与此不相符合的其他资本公积金分配个人所得部分,应当依法征收个人所得税。"

不论中材国际以何种形式形成的资本公积转增股本,法人股东都无须缴纳企业所得税。对于个人股东,如果是以股票溢价形成的资本公积金转增股本,无须缴纳个人所得税;如果是以其他形式形成的资本公积转增股本,个人股东需要缴纳个人所得税。

(3) 印花税

中材国际因资本公积金转增股本使总股本增加337,437,426股,其中以资本公积转增股本253,078,069股,该部分并没有造成"实收资本(股本)"和"资本公积"两项之和的增加,无须缴纳印花税。

708. 资本公积转增资本是否需要缴纳印花税?如需要,计税依据如何确定?

生产经营单位执行《企业财务通则》和《企业会计准则》后,其"记载资金的账簿"的印花税计税依据改为"实收资本"与"资本公积"两项的合计金额。

企业执行《企业财务通则》和《企业会计准则》启用新账簿后,其"实收资本"和"资本公积"两项的合计金额大于原已贴花资金的,增加的部分补贴印花。

据此,资本公积转为实收资本,就增加的部分计缴纳印花税,税率为万分之五。2018年5月1日起,对按万分之五税率贴花的资金账簿减半征收印花税。

二、合伙企业的税务问题

709. 如何确定合伙企业所得税的纳税义务人?

合伙企业生产经营所得和其他所得并不由合伙企业作为纳税主体,而是采取"先分后税"的原则,以每一个合伙人为纳税义务人。合伙企业合伙人是自然人的,缴纳个人所得税;合伙人是法人和其他组织的,缴纳企业所得税。

710. 合伙企业自然人投资者的生产经营所得个人所得税应纳税额应如何确定?

合伙企业(以下简称企业)每一纳税年度的收入总额减除成本、费用以及损失后的余额,作为合伙人个人的生产经营所得,比照《个人所得税法》的"个体工商户的生产经营所得"应税项目,适用5%~35%的五级超额累进税率,计算征收个人所得税。

收入总额,是指企业从事生产经营以及与生产经营有关的活动所取得的各项收入,包括商品(产品)销售收入、营运收入、劳务服务收入、工程价款收入、财产出租或转让收入、利息收入、其他业务收入和营业外收入。

711. 合伙企业合伙人是法人的,如何确定企业所得税应纳税额?

根据《企业所得税法》,合伙企业不属于居民企业。法人合伙人从合伙企业分得的股息、红利等权益性投资收益不属于《企业所得税法》规定的"符合条件的居民企业之间的股息、红利等权益性投资收益为免税收入"。所以,法人合伙人应将分得的收益并入当年其经营所得计算缴纳企业所得税。

同时,合伙人在计算其缴纳企业所得税时,不得用合伙企业的亏损抵减其盈利。

712. 合伙企业未作出利润分配的决定也未实际分配利润,合伙人是否需要缴纳个人所得税或企业所得税?

对合伙企业来说,应税的生产经营所得和其他所得,包括合伙企业分配给所有合伙人的所得和企业当年留存的所得(利润)。所以,即使合伙人并未实际收到合伙企业分配的利润,也需要缴纳所得税。

留存收益纳税后,后期再分配时不需缴税。

713. 如何确定合伙企业各个投资者的应纳税所得额?

确定原则如下:

(1)合伙企业的合伙人以合伙企业的生产经营所得和其他所得,按照合伙协议约定的分配比例确定应纳税所得额;

(2)合伙协议未约定或者约定不明确的,以全部生产经营所得和其他所得,按照合伙人协商决定的分配比例确定应纳税所得额;

(3)协商不成的,以全部生产经营所得和其他所得,按照合伙人实缴出资比例确定应纳税所得额;

(4)无法确定出资比例的,以全部生产经营所得和其他所得,按照合伙人数量平均计算每个合伙人的应纳税所得额。

合伙协议不得约定将全部利润分配给部分合伙人。

714. 如何确定实行查账征收办法的合伙企业自然人投资者的个人所得税费用税前扣除标准?

计算合伙企业自然人投资者个人所得税时,相关费用税前扣除标准具体如下:

(1)对合伙企业自然人投资者2018年第四季度取得的生产经营所得,减除费用按照5000元/月执行,前三季度减除费用按照3500元/月执行,投资者的工资不得在税前扣除,投资者兴办两个或两个以上企业的,由投资者选择在其中一个企业的生产经营所得中扣除;

(2)企业从业人员的工资支出按标准在税前扣除;

(3)投资者及其家庭发生的生活费用不允许在税前扣除,投资者及其家庭发

生的生活费用与企业生产经营费用混合在一起,并且难以划分的,全部视为投资者个人及其家庭发生的生活费用,不允许在税前扣除;

(4)企业生产经营和投资者及其家庭共用的固定资产,难以划分的,由主管税务机关根据企业的生产经营类型、规模等具体情况,核定准予在税前扣除的折旧费用的数额或比例;

(5)企业拨缴的工会经费、发生的职工福利费、职工教育经费支出分别在工资薪金总额2%、14%、1.5%的标准内据实扣除;

(6)企业每一纳税年度发生的广告和业务宣传费用不超过当年销售(营业)收入2%的部分,可据实扣除;超过部分可无限期向以后纳税年度结转;

(7)企业每一纳税年度发生的与其生产经营业务直接相关的业务招待费,在以下规定比例范围内,可据实扣除:全年销售(营业)收入净额在1500万元及其以下的,不超过销售(营业)收入净额的5‰;全年销售(营业)收入净额超过1500万元的,不超过该部分的3‰;

(8)企业计提的各种准备金不得扣除。

715. 个人独资企业和合伙企业自然人投资者兴办两个或两个以上企业的(包括参与兴办),应如何确定适用税率和应纳税款?

个人独资企业和合伙企业自然人投资者兴办两个或两个以上企业的(包括参与兴办),年度终了时,应汇总从所有企业取得的应纳税所得额,据此确定适用税率并计算缴纳应纳税款。

716. 个人独资企业、合伙企业的年度亏损,是否可以用下一年度的生产经营所得弥补?

个人独资企业、合伙企业的年度亏损,允许用本企业下一年度的生产经营所得弥补,下一年度所得不足弥补的,允许逐年延续弥补,但最长不得超过5年。投资者兴办两个或两个以上企业的,企业的年度经营亏损不能跨企业弥补。实行查账征收方式的个人独资企业和合伙企业改为核定征收方式后,在查账征收方式下认定的年度经营亏损未弥补完的部分,不得再继续弥补。

717. 个人独资企业、合伙企业自然人投资者缴纳个人所得税,何时进行预缴和清缴?

按以下时间预缴和清缴:

(1)投资者应纳的个人所得税税款,按年计算,分月或者分季预缴,由投资者在每月或者每季度终了后7日内预缴,年度终了后3个月内汇算清缴,多退少补;

(2)企业在年度中间合并、分立、终止时,投资者应当在停止生产经营之日起

· 1233 ·

60日内,向主管税务机关办理当期个人所得税汇算清缴。

企业在纳税年度的中间开业,或者由于合并、关闭等原因,使该纳税年度的实际经营期不足12个月的,应当以其实际经营期为一个纳税年度。

北京地区,凡实行核定征收的企业,年度终了时不再汇算。

718. 个人独资企业、合伙企业自然人投资者如何申报缴纳个人所得税?

投资者应向企业实际经营管理所在地主管税务机关申报缴纳个人所得税。投资者从合伙企业取得的生产经营所得,由合伙企业向企业实际经营管理所在地主管税务机关申报缴纳投资者应纳的个人所得税,并将个人所得税申报表抄送投资者。

投资者兴办两个或两个以上企业的,应分别向企业实际经营管理所在地主管税务机关预缴税款。年度终了后办理汇算清缴时,投资者兴办的企业中含有合伙性质的,投资者应向经常居住地主管税务机关申报纳税,办理汇算清缴,但经常居住地与其兴办企业的经营管理所在地不一致的,应选定其参与兴办的某一合伙企业的经营管理所在地为办理年度汇算清缴所在地,并在5年内不得变更。5年后需要变更的,须经原主管税务机关批准。

719. 个人独资企业、合伙企业自然人投资者缴纳个人所得税时,需要提交哪些文件?

需要提交以下文件:

(1)投资者在预缴个人所得税时,应向主管税务机关报送《个人独资企业和合伙企业投资者个人所得税申报表》,并附送会计报表;

(2)年度终了后30日内,投资者应向主管税务机关报送《个人独资企业和合伙企业投资者个人所得税申报表》,并附送年度会计决算报表和预缴个人所得税纳税凭证;

(3)投资者兴办两个或两个以上企业的,向企业实际经营管理所在地主管税务机关办理年度纳税申报时,应附注从其他企业取得的年度应纳税所得额;其中含有合伙企业的,应报送汇总从所有企业取得的所得情况的《合伙企业投资者个人所得税汇总申报表》,同时附送所有企业的年度会计决算报表和当年度已缴个人所得税纳税凭证。

三、私募股权投资企业税务问题

720. 创业投资企业有何优惠政策?申请该项优惠政策应满足哪些条件?

创业投资企业是指依照《创业投资企业管理暂行办法》(国家发展和改革委

员会等十部委令 2005 年第 39 号,以下简称《暂行办法》)和《外商投资创业投资企业管理规定》(对外贸易经济合作部等五部委令 2003 年第 2 号)在中华人民共和国境内设立的专门从事创业投资活动的企业或其他经济组织。

创业投资企业采取股权投资方式投资于未上市的中小高新技术企业 2 年(24 个月)以上,符合一定条件,可以按照其对中小高新技术企业投资额的 70%,在股权持有满 2 年的当年抵扣该创业投资企业的应纳税所得额;当年不足抵扣的,可以在以后纳税年度结转抵扣。

享受上述优惠政策应满足下列条件:

(1)经营范围符合《暂行办法》规定,且工商登记为"创业投资有限责任公司""创业投资股份有限公司"等专业性法人创业投资企业。

(2)按照《暂行办法》规定的条件和程序完成备案,经备案管理部门年度检查核实,投资运作符合《暂行办法》的有关规定。

(3)创业投资企业投资的中小高新技术企业,除应通过高新技术企业认定以外,还应符合职工人数不超过 500 人,年销售(营业)额不超过 2 亿元,资产总额不超过 2 亿元的条件(2007 年年底前按原有规定取得高新技术企业资格的中小高新技术企业,且在 2008 年继续符合新的高新技术企业标准的,向其投资满 24 个月的计算,可自创业投资企业实际向其投资的时间起计算)。

(4)财政部、国家税务总局规定的其他条件。

中小企业接受创业投资之后,经认定符合高新技术企业标准的,应自其被认定为高新技术企业的年度起,计算创业投资企业的投资期限。该期限内中小企业接受创业投资后,企业规模超过中小企业标准,但仍符合高新技术企业标准的,不影响创业投资企业享受有关税收优惠。

该项优惠已延伸至有限合伙形式的创业投资企业,财政部、国家税务总局已在苏州及北京中关村开展试点工作。由于有限合伙企业无须缴纳企业所得税,因此上述所得税抵扣优惠政策由创业投资企业的法人合伙人享受。法人合伙人对未上市中小高新技术企业的投资额,按照有限合伙制创业投资企业对中小高新技术企业的投资额和合伙协议约定的法人合伙人占有限合伙制创业投资企业的出资比例计算确定。此处的法人合伙人,是指依照《企业所得税法》及其实施条例以及相关规定,实行查账征收企业所得税的法人居民企业。

721. 个人独资企业、合伙企业对外投资分回利息、股息、红利,自然人投资者应如何缴纳个人所得税?

个人独资企业、合伙企业对外投资分回的利息或者股息、红利,不并入企业的收入,而应单独作为投资者个人取得的利息、股利、红利所得,按"利息、股利、红利所得"应税项目计算缴纳个人所得税。

722. 公司制股权投资企业和股权投资管理企业的股东如何缴税?

公司制股权投资企业和股权投资管理企业的股东依照《企业所得税法》与《个人所得税法》的规定缴税。

723. 有限合伙制股权投资类企业的法人合伙人如何缴税?

自2015年10月1日起,全国范围内的有限合伙制创业投资企业采取股权投资方式投资于未上市的中小高新技术企业满2年(24个月,下同)的,该合伙企业的法人合伙人可按照其对未上市中小高新技术企业投资额的70%抵扣该法人合伙人从该有限合伙制创业投资企业分得的应纳税所得额,当年不足抵扣的,可以在以后纳税年度结转抵扣。

(1)享受投资抵免的主体

享受投资抵免企业所得税优惠的主体是合伙企业的法人合伙人,且必须为实行查账征收的居民企业。

(2)中小高新技术企业及投资期限的确定

①中小高新技术企业的标准及投资期限的确定,按公司制创业投资企业有关口径执行。

②投资"满2年"是指从2015年10月1日起,合伙企业投资于未上市中小高新技术企业的实缴期满2年,同时,法人合伙人对该合伙企业的实缴出资也应满2年。

(3)执行时间

从2015年10月1日起执行,是指法人合伙人、合伙企业、中小高新技术企业均符合税法规定,且投资"满2年"的第24个月在2015年10月(含)以后。

此处满2年需自被投资企业同时符合高新技术企业与中小企业标准之时点开始起算,持续持股满2年。投资当年,被投资企业已经取得高新技术企业证书,但超过中小高新技术企业标准,不能享受投资抵免。中小企业接受创业投资之后,经认定符合高新技术企业标准的,应自其被认定为高新技术企业的年度起,计算创业投资企业的投资期限。该期限内中小企业接受创业投资后,企业规模超过中小企业标准,但仍符合高新技术企业标准的,不影响创业投资企业享受有关税收优惠。

(4)法人合伙人"投资额"的计算

法人合伙人间接投资于未上市中小高新技术企业的投资额 = 合伙企业对中

小高新技术企业的实缴出资额×(法人合伙人对合伙企业的实缴出资额÷该合伙企业的全部实缴出资额)。

(5)"应纳税所得额"的确定

法人合伙人自合伙企业取得的应纳税所得额,根据《财政部、国家税务总局关于合伙企业合伙人所得税问题的通知》(财税〔2008〕159号),按下列顺序确定:

①该合伙企业合伙协议约定的分配比例确定;

②合伙协议未约定或约定不明的,由合伙人协商确定;

③协商不成,由各合伙人按实缴出资比例确定;

④出资比例难以确定时,就生产经营所得和其他所得按合伙人人数平均计算分摊。

合伙企业从被投资方取得的股息,根据《国家税务总局关于〈关于个人独资企业和合伙企业投资者征收个人所得税的规定〉执行口径的通知》(国税函〔2001〕84号)的规定,自然人合伙人直接按照"利息、股息、红利所得"项目计征个人所得税,法人合伙人因不符合《企业所得税法》第26条关于直接投资于居民企业的规定,不能享受免税优惠。

(6)投资于多个合伙企业的合并计算方法

为使创业投资企业所得税抵免优惠充分发挥,不因被投资项目长期亏损而减弱政策效用,国家税务总局2015年第81号公告明确:"如果法人合伙人投资于多个符合条件的有限合伙制创业投资企业,可合并计算其可抵扣的投资额和应分得的应纳税所得额。当年不足抵扣的,可结转以后纳税年度继续抵扣;当年抵扣后有结余的,应按照企业所得税法的规定计算缴纳企业所得税。"即投资多个项目的法人合伙人,其所投项目的可抵扣投资额与应纳税所得额之间不需一一对应,可以合并计算,但只有符合上述"满2年"条件的投资,才可以纳入合并计算范畴。

724. 创业投资企业个人合伙人如何缴税?

创业投资企业选择按单一投资基金核算的,其个人合伙人从该基金应分得的股权转让所得和股息红利所得,按照20%税率计算缴纳个人所得税。

创业投资企业选择按年度所得整体核算的,其个人合伙人应从创投企业取得的所得,按照"经营所得"项目、5%~35%的超额累进税率计算缴纳个人所得税。

725. 投资于湖北省股份制改造、并购重组项目的股权投资企业可享受何种财政奖励?

股权投资企业投资于湖北省内的企业或项目,由税务登记地财政部门按项目退出或获得收益形成的所得税地方分享部分的60%给予奖励。

726. 湖北省股权投资企业因收回、转让或清算处置股权投资而发生的权益性损失可否申报税前扣除？

股权投资企业因收回、转让或清算处置股权投资而发生的权益性投资损失，符合《企业资产损失所得税税前扣除管理办法》规定的，可在申报后税前扣除。

727. 北京市公司制股权投资管理企业可享受何种财政奖励？

对符合下列条件的公司制管理企业，自其获利年度起，由所在区县政府前两年按其所缴企业所得税区县实得部分全额奖励，后三年减半奖励。

(1)其所发起设立的股权基金在北京市注册登记，符合国家有关规定，且累计实收资本在5亿元以上；

(2)投资领域符合国家和北京市产业政策。

728. 北京市股权基金或管理企业有关人员有何个人所得税优惠政策？

针对北京市政府给予股权基金或管理企业有关人员的奖励，依法免征个人所得税。

729. 重庆市对于合伙制股权投资类企业有何地方财税优惠政策？

在合伙制股权投资类企业出资1000万元人民币以上的出资者，其股权投资所得缴纳的税收市级留存部分，由市财政按40%给予奖励；所投资项目位于重庆市内的，按60%给予奖励。地方留成区县级部分的奖励办法，由有关区县(自治县)结合实际自行确定。

730. 重庆市公司制股权投资企业可享受何种财税优惠政策？

重庆市公司制股权投资类企业符合西部大开发政策的，按规定执行15%的企业所得税税率。

【法律依据】

一、公司法类

(一)法律

❖《公司法》

(二)行政法规

❖《市场主体登记管理条例》

(三)司法解释

❖《最高人民法院关于适用〈中华人民共和国公司法〉若干问题的规定(四)》(2020年修正)

- ❖《最高人民法院关于印发〈全国法院民商事审判工作会议纪要〉的通知》（法〔2019〕254号）

（四）地方司法文件
- ❖《北京市高级人民法院关于审理公司纠纷案件若干问题的指导意见（试行）》（京高法发〔2008〕127号）
- ❖《江苏省高级人民法院关于审理适用公司法案件若干问题的意见（试行）》（苏高法审〔2003〕2号）
- ❖《山东省高级人民法院关于审理公司纠纷案件若干问题的意见（试行）》（鲁高法发〔2007〕3号）

二、证券法类
- ❖《证券法》
- ❖《上市公司证券发行管理办法》

三、税法类

（一）法律
- ❖《企业所得税法》
- ❖《个人所得税法》

（二）行政法规
- ❖《企业所得税法实施条例》
- ❖《个人所得税法实施条例》
- ❖《国务院关于个人独资企业和合伙企业征收所得税问题的通知》（国发〔2000〕16号）
- ❖《国务院关于清理规范税收等优惠政策的通知》（国发〔2014〕62号）

（三）部门规章
- ❖《个体工商户个人所得税计税办法》

（四）部门规范性文件
- ❖《国家税务总局关于股份制企业转增股本和派发红股征免个人所得税的通知》（国税发〔1997〕198号）
- ❖《国家税务总局关于盈余公积金转增注册资本征收个人所得税问题的批复》（国税函〔1998〕333号）
- ❖《财政部、国家税务总局关于印发〈关于个人独资企业和合伙企业投资者征收个人所得税的规定〉的通知》（财税〔2000〕91号）
- ❖《国家税务总局关于〈关于个人独资企业和合伙企业投资者征收个人所得

税的规定〉执行口径的通知》（国税函〔2001〕84号）

❖《国家税务总局关于外商投资企业和外国企业原有若干税收优惠政策取消后有关事项处理的通知》（国税发〔2008〕23号）

❖《财政部、国家税务总局关于合伙企业合伙人所得税问题的通知》（财税〔2008〕159号）

❖《国家税务总局关于实施创业投资企业所得税优惠问题的通知》（国税发〔2009〕87号）

❖《国家税务总局关于进一步加强高收入者个人所得税征收管理的通知》（国税发〔2010〕54号）

❖《国家税务总局关于贯彻落实企业所得税法若干税收问题的通知》（国税函〔2010〕79号）

❖《国家税务总局关于企业股权投资损失所得税处理问题的公告》（国家税务总局公告2010年第6号）

❖《国家税务总局关于股权奖励和转增股本个人所得税征管问题的公告》（国家税务总局公告2015年第80号）

❖《关于将国家自主创新示范区有关税收试点政策推广到全国范围实施的通知》（财税〔2015〕116号）

❖《财政部、国家税务总局、国家发展和改革委员会、中国证券监督管理委员会关于创业投资企业个人合伙人所得税政策问题的通知》（财税〔2019〕8号）

❖《国家税务总局关于原城市信用社在转制为城市合作银行过程中个人股增值所得应纳个人所得税的批复》（国税函〔1998〕289号）

（五）地方规范性文件

❖《上海市地方税务局关于转发〈财政部、国家税务总局关于印发《关于个人独资企业和合伙企业投资者征收个人所得税的规定》的通知〉的通知》（沪税所二〔2001〕2号）

❖《北京市发展和改革委员会、市财政局、市国家税务局等关于促进首都金融产业发展的意见实施细则》（京发改〔2005〕2736号）

❖《上海市金融服务办公室、上海市工商行政管理局、上海市国家税务局、上海市地方税务局关于本市股权投资企业工商登记等事项的通知》（沪金融办通〔2008〕3号）

❖《深圳市人民政府印发关于加强自主创新促进高新技术产业发展若干政策措施的通知》（深府〔2008〕200号）

- ❖《北京市金融服务工作领导小组办公室、市财政局、市国家税务局等关于促进股权投资基金业发展的意见》(京金融办〔2009〕5号)
- ❖《北京市金融工作局、市财政局、市国家税务局等关于促进股权投资基金业发展意见部分内容调整的通知》(京金融〔2009〕9号)
- ❖《深圳市地方税务局转发财政部、国家税务总局关于合伙企业合伙人所得税问题的通知》(深地税发〔2009〕18号)
- ❖《北京市国家税务局转发〈国家税务总局关于实施创业投资企业所得税优惠问题的通知〉的通知》(京国税发〔2009〕106号)
- ❖《深圳市国家税务局转发国家税务总局关于实施创业投资企业所得税优惠问题的通知》(深国税发〔2009〕97号)
- ❖《北京市财政局、北京市地方税务局关于个人独资和合伙企业投资者核定征收个人所得税有关政策问题的通知》(京财税〔2010〕18号)
- ❖《深圳市人民政府办公厅关于进一步支持股权投资基金业发展有关事项的通知》(深府办〔2010〕100号)
- ❖《深圳市人民政府印发〈关于促进股权投资基金业发展的若干规定〉的通知》(深府〔2010〕103号)
- ❖《新疆维吾尔自治区人民政府办公厅关于印发〈新疆维吾尔自治区促进股权投资类企业发展暂行办法〉的通知》(新政办发〔2010〕187号)
- ❖《深圳市人民政府金融发展服务办公室、深圳市财政委员会关于印发〈深圳市股权投资基金业发展资金申请操作规程〉的通知》(深府金发〔2011〕5号)
- ❖《上海市金融服务办公室、上海市工商行政管理局、上海市国家税务局、上海市地方税务局关于本市股权投资企业工商登记等事项的通知》(沪金融办通〔2011〕10号)
- ❖《湖北省人民政府关于促进股权投资类企业发展的若干意见》(鄂政发〔2011〕23号)

四、国资法类
- ❖《企业国有资产法》

第九章　新增资本认购纠纷[①]

【宋和顾释义】

> 新增资本认购纠纷,是指有限责任公司、股份有限公司增资扩股时,原股东与新股东之间或原股东与公司之间就新增股权(份)的权利以及程序是否合法而产生的纠纷。主要包括以下三种类型的纠纷:
>
> (1)有限责任公司在增加注册资本时,侵犯原股东优先认购增资的权利而引发的纠纷;
>
> (2)新股东主张确认其股东资格的纠纷;
>
> (3)投资人主张公司配合办理工商变更登记、股东名册变更登记的纠纷。
>
> 该纠纷与增资纠纷不同之处在于,增资纠纷着重于公司增资无效、不成立的纠纷,以及无效、不成立后的责任承担问题,其研究主体为公司。但新增资本认购纠纷则着重于保护股东或非公司股东投资人在增资过程中的合法权益。实践中,还应注意与股东出资纠纷的区别。
>
> 该案由系《最高人民法院关于修订〈民事案件案由规定〉的决定》(法〔2011〕41号)中"与公司有关的纠纷"中新增加的四个案由之一。

【关键词】优先认购权

❖ **优先认购权**:有限责任公司进行增资时,股东有权优先按照实缴的出资比例认缴出资。《公司法》之所以赋予有限责任公司股东以优先认购权,系为保护有限责任公司的人合性,通过尽可能保障有限责任公司的股东及股权结构不发生显著变化,从而保障公司股东关系的稳定。

[①] 《修订草案》规定,股份有限公司为增加资本发行新股时,除公司章程另有规定外,股东不享有优先认购权。

关于股份有限公司股东是否享有优先认购权，《公司法》中并无明确规定，但实际操作中，股份有限公司发行新股时，可以约定原有股东享有新股优先认购权。股东大会应当对向原有股东发行新股的种类及数额作出决议。

第一节 立 案

731. 如何确定新增资本优先认购权纠纷的诉讼当事人？

股东主张新增资本优先认购权的诉讼应当以享有优先认购权的股东为原告，以公司为被告，以存在利益冲突的实际认购公司新增资本的股东或非公司股东投资者为诉讼第三人。

732. 股东或非公司股东投资者主张公司依照股东会决议配合增资、办理工商变更登记手续的诉讼，如何确定诉讼当事人？

该类诉讼中，应当以主张公司配合增资、办理工商变更登记手续的股东或非公司股东投资者为原告，以作为配合增资、工商变更登记义务人的公司为被告。如果公司其他股东对增资、工商变更登记负有配合义务的，也可以以该股东为共同被告或第三人。

733. 新增资本认购纠纷按照什么标准交纳案件受理费？

按件收费，费用为50～100元。

734. 新增资本认购所引发的诉讼是否适用诉讼时效？

不适用，但应根据案件类型不同有所区别：

（1）股东优先认购公司新增资本的权利属于形成权，不适用诉讼时效，而适用除斥期间。即在合理期限内，股东应当行使该项权利。虽然现行法律没有对合理期限进行规定，但司法实践的认定标准一般远短于诉讼时效。

（2）对于投资者主张公司依照股东会决议履行增资手续、办理工商变更登记的，由于投资者的该项权利并非债权请求权，因此笔者认为对此不应适用诉讼时效的规定。

735. 股东主张优先认购权的诉讼请求应当如何表述？

一般而言，该类诉讼的诉讼请求应当包含如下两项：

（1）请求确认××有限公司于××年××月××日作出的股东会决议中第××条无效或不成立；

（2）请求××元注册资本由原告认购。

1243

第二节 股东主张优先认购权的裁判标准

736. 股东之间可否约定不依照实缴出资享有优先认购权？

可以，但是该项约定必须经全体股东一致同意。

值得注意的是，股东优先认购权属于个体的法定权利，不能由股东会多数决予以剥夺，因此约定不依照实缴出资享有优先认购权须经过全体股东同意，而非1/2 或 2/3 以上表决权同意。

同时，即使公司章程约定依照实缴出资享有优先认购权，但是全体股东之间达成协议约定不依照公司章程执行的，只要股东之间的约定晚于章程约定，则该约定当然有效。

737. 股份有限公司中，股东是否享有法定的优先认购权？

不享有。这主要是因为股份有限公司有显著的资合性特征，其人合性相对淡化，甚至对于公众公司尤其是上市公司或在全国中小企业股份转让系统精选层挂牌公司而言，其人合性几乎不存在。因此，股份有限公司股东对新增注册资本并不享有法定的优先认购权。

【案例300】股份公司股东无法定优先认购权[1]

原告：乔某荣、薛某平、池某、侯某平、连某超

被告：神元公司、郝某华、刘某、杜某福

诉讼请求：

1. 确认 2015 年 6 月 2 日被告神元公司分别与被告刘某、被告杜某福签订的两份《股权投资协议》无效；

2. 确认 2015 年 6 月 2 日被告郝某华分别与被告刘某、被告杜某福签订的两份《股权投资补充协议》无效。

争议焦点：

1. 股份有限公司股东是否对新增注册资本享有法定的优先认购权；

2. 系争《股权投资协议》和《股权投资补充协议》是否有效。

---

[1] 参见内蒙古自治区呼和浩特市中级人民法院(2019)内 01 民终 1067 号民事判决书。

第九章 新增资本认购纠纷

基本案情：

被告神元公司系非上市股份有限公司。5名原告系被告神元公司的股东。

2015年1月25日，被告神元公司董事会通知公司各股东关于该公司启动二轮增资扩股的议案，以通信表决方式召开2015年第二次临时股东大会。

2015年2月10日，被告神元公司共收到股东大会表决票20张，表决结果均为同意。表决通过的《关于公司启动的二轮增资扩股的议案》载明：

1. 增资规模423.5万股，增资价格为4.5元/股，本次募集资金1919.25万元；

2. 本次增资完成后，公司的总股本从4076.5万股增加到4500万股。

2015年6月2日，被告神元公司分别与被告刘某和被告杜某福签订了《股权投资协议》，该协议以被告神元公司为甲方，被告刘某和被告杜某福为乙方，包括5名原告在内的29名公司原股东为丙方，约定被告刘某和被告杜某福分别向被告神元公司投资414万元人民币和81万元人民币，分别认购甲方92万股及18万股的股份，增资价格为4.5元/股；该协议另记载有"甲、乙、丙三方一致同意，丙方全部放弃增资优先权……"的表述。

上述协议有被告神元公司印章及公司法定代表人即被告郝某华的签字，以及被告刘某、被告杜某福的签字，作为丙方的29名公司原股东均未签章。

同日，被告神元公司法定代表人即被告郝某华分别与被告刘某和被告杜某福签订两份《股权投资补充协议》，两份协议均约定：

1. 如果被告神元公司在乙方持股满一年后不能在新三板挂牌上市，乙方有权要求大股东被告郝某华及实际控制人回购乙方所持有的全部被告神元公司股权；

2. 乙方的全部投资额及自从实际缴纳出资日起至原股东或者被告神元公司实际支付回购价款之日按年收益8%计算。

上述补充协议分别有被告郝某华及被告刘某和被告杜某福的签字。

原告诉称：

《公司法》及公司章程规定，公司增资必须经股东会决议，且经代表2/3以上表决权的股东通过；且股东有优先认购权。被告刘某和被告杜某福在明知被告神元公司没有开股东会、没有决议、没有告知股东的情况下与被告郝某华签订了《股权投资协议》及补充协议。被告郝某华假借公司名义，与被告刘某和被告杜某福恶意串通，以合法形式掩盖非法目的，严重侵害了公司及各位股东的利益，签订的《股权投资协议》《股权投资补充协议》均应认定为无效协议。

被告辩称：

1. 被告神元公司的增资扩股行为，系经过公司召开股东大会，并经过代表2/3以上表决权的股东表决通过，增资扩股行为不违反《公司法》以及公司章程的规定。

2. 被告神元公司系股份有限公司，公司在增资扩股时，股东不具有优先认购权。

3. 被告神元公司经过股东大会，已经通过增资扩股事项，与第三人签订增资扩股协议的事项已经不需要再经过股东的同意。

4. 被告神元公司根据《股权投资协议》的约定，已为被告刘某、被告杜某福完成了工商信息的变更登记，符合《公司法》中关于股份有限公司增资扩股的相关规定。

综上，被告神元公司与被告刘某和被告杜某福签订的《股权投资协议》既不存在恶意串通的情形，也不存在损害国家、集体或者第三人利益的情形，亦不存在以合法形式掩盖非法目的的情形，系各方真实意思表示，理应认定为合法、有效。

《股权投资补充协议》是被告郝某华在投资协议外设立的保护投资人利益的条款，属于缔约过程中当事人对投资合作商业风险的安排，系各方真实意思表示，且不违反国家法律、行政法规的禁止性规定，理应认定为合法、有效。

法院认为：

1. 股份有限公司股东是否对新增注册资本享有法定的优先认购权？

《公司法》并未明文规定股份有限公司股东对新增注册资本享有法定的优先认购权，这主要是因为股份有限公司有显著的资合性特征，其人合性相对淡化，甚至对于公众公司尤其是上市公司或在全国中小企业股份转让系统精选层挂牌公司而言，其人合性几乎不存在。因此，股份有限公司股东对新增注册资本并不享有法定的优先认购权。

2. 系争《股权投资协议》和《股权投资补充协议》是否有效？

《合同法》第52条规定："有下列情形之一的，合同无效：（一）一方以欺诈、胁迫的手段订立合同，损害国家利益；（二）恶意串通，损害国家、集体或者第三人利益；（三）以合法形式掩盖非法目的；（四）损害社会公共利益；（五）违反法律、行政法规的强制性规定。"

本案中，被告神元公司的法定代表人即被告郝某华与被告刘某和被告杜某福签署了《股权投资协议》和《股权投资补充协议》。就涉案的合同签订形式来看，被告郝某华作为被告神元公司法定代表人与被告刘某和被告杜某福所签订涉案合同的行为应视为代表被告神元公司签订合同行为,故合同签订主体身份适格。从合同内容来看不存在《合同法》第52条中所列明的合同无效的情形。故涉案的合同系当事人真实意思表示,内容不违反法律、行政法规强制性规定,合同成立并有效。

法院判决:

驳回原告请求。

738. 股份有限公司章程约定股东享有优先认购权,但公司股东大会决议排除了股东的优先认购权,该决议是否有效?其余股东是否享有优先认购权?

该决议有效,其余股东不享有优先认购权。

《公司法》未明确股份有限公司的股东享有优先认购权,但如果章程另有约定,则股东可以在公司增资时享有该权利。

需要注意的是,如果章程仅是原则性地约定股东享有优先认购权,但未明确在何种情况增资时股东可优先认购,则股东的权利行使仍应以有明确约定的股东大会决议为准,股东大会决议也可以作出不同于公司章程的认购方案。

【案例301】定向增资股东会决议优于章程　股份公司股东诉请优先认购被驳回[1]

原告: 胡某强

被告: 慈溪进出口股份公司

诉讼请求: 确认原告在被告3次增资过程中享有优先认购权,认购被告共861.5万元的股份。

争议焦点: 股份公司股东大会决议是否能排除章程中规定的优先认购权。

基本案情:

被告成立于1991年1月9日,原告是被告发起人之一,出资20万元,认购20万股,占注册资本的1%。

2002年3月,被告以2001年度未分配利润转增股本,配股按1:0.5的比例进行,将注册资本从2000万元增加至3000万元,原告也按同比例获得转增,从而持有被告30万元的股份。

2002年9月15日,被告股东大会经出席会议的股东一致表决通过了增加注

---

[1] 参见浙江省慈溪市人民法院(2009)甬慈商初字第3114号民事判决书。

册资本决议,将注册资本从3000万元增加至3620万元,同意案外人赛亿公司作为新股东,以1∶1.37的比例,认购被告增加部分的注册资金。

2004年4月24日,被告股东大会经出席会议的股东一致表决通过了增加注册资本决议,将注册资本从3620万元增加至5300万元,新增部分股份按1∶1.2的价格面向公司内部职工溢价发行,即认股职工以每股1.2元的价格向公司购买股份。

2007年4月21日,被告股东大会经出席会议的股东表决,以99.01%的赞成比例通过了增加注册资本决议,将注册资本从5300万元增加至8385万元,新增部分股份按1∶1.25的价格面向公司内部职工溢价发行,即认股职工以每股1.25元的价格向公司购买股份。

被告公司章程第四章"股东和股东大会"规定,公司发行新股时股东有优先认购权,股东大会是公司的权力机构,对公司增加或减少注册资本等事项作出决议,行使职权等。

原告诉称:

按照被告公司章程,被告在发行新股时,公司股东有优先认购权,但在上述历次增资发行新股中,被告从未通知过原告,被告侵犯了原告在发行新股过程中的优先认购权。

被告辩称:

1. 被告主体不适格。因为优先认购权产生于被告内部股东之间,而不是原、被告之间,所以原告向被告主张优先认购权是错误的。

2. 原告主张的优先认购权无事实和法律依据。

因三次增资扩股的都是定向的,第一次是针对赛亿公司的,第二、三次是针对被告公司职工的,而定向增资扩股未被法律所禁止,且三次增发已经得到了股东大会的表决通过,是完全合法的,原告在这三次增资扩股期间,已不是被告的职工,因此,原告所谓的优先认购的条件、基础都不存在,因而也就不存在优先认购权。

律师观点:

1. 被告三次增资扩股合法有效,原告不属于增资扩股对象范围。

被告三次增资扩股均系定向增资扩股,且均由出席股东大会的股东依法表决通过,因此,被告三次增资扩股的程序合法,内容也不违反法律规定,符合公司章程的规定,应依法认定有效。故原告虽为被告公司股东,但原告不具有被告公司在职职工的身份,不属于上述三次增资扩股的对象范围。

2. 股东会决议已排除章程约定的优先认购权。

尽管被告公司章程规定公司股东对新股有优先认购权,但公司章程同时也规定股东大会作为公司权力机构,有权对增资或减资等公司重大事项作出决议。因此,被告上述三次增资扩股的股东会决议对全体股东具有约束力。实际上该三次股东会决议本身已排除了股东的优先认购权利,故原告不能以公司章程规定享有的优先认购权,对抗同样由公司章程规定的公司最高权力机构即股东大会作出的合法的决议。

法院判决:

驳回原告的诉讼请求。

739. 股东行使优先认购权有何时间限制?

对此,《公司法》并无明确规定。

笔者认为,从权利性质上而言,股东优先认购权属于形成权,故其行使应当有除斥期间的限制,但是鉴于个案平衡的原则,应当由法官视个案的不同情况酌情认定股东行使优先认购权的期限是否合理,进行判断的标准无外乎以下四点:

(1)享有优先认购权的股东是否在知晓公司增资后主动积极地表达了优先认购的意愿;

(2)公司增资行为是否完成,完成后新进入公司的股东是否已经完成了工商登记及公司股东名册的变更登记,并实际享有了股东权利、履行了股东职责;

(3)主张优先认购权的股东对新进股东的实际权利享有及义务履行是否予以默认或予以配合;

(4)系争的增资股权是否已经再次发生转让,受让人是否善意取得该股权。

【案例302】股东增资优先认购权属形成权　超期主张行使被判驳回[①]

原告: 蒋某、红日公司

被告: 科创公司

第三人: 陈某高

诉讼请求:

1.确认被告2003年12月16日股东会关于吸纳第三人为新股东的决议无效;

---

① 参见最高人民法院(2010)民提字第48号民事判决书。

2. 确认被告与第三人于 2003 年 12 月 18 日签订的《入股协议书》无效；

3. 确认原告享有优先认购权,并判令被告配合原告对 800 万元新增注册资本行使优先认购权。

争议焦点：

1. 系争股东会决议是否合法有效；

2. 被告与第三人签署的《入股协议书》是否有效；

3. 原告能否于系争股东会决议作出 2 年后再主张行使优先认购权。

基本案情：

原告起诉前,被告科创公司注册资本 475.37 万元,被告股东共计 23 人,其中：原告蒋某出资 67.6 万元,持股 14.22%,为被告科创公司最大股东；原告红日公司出资 27.6 万元,持股 5.81%。

2003 年 12 月 16 日被告召开股东会会议,会前被告曾于 2003 年 12 月 5 日发出书面会议通知,原告蒋某及红日公司委托的股东代表出席了会议。此次会议就通过定向增资 800 万元吸纳本案第三人为新股东的议案进行了审议。

经审议,原告蒋某及红日公司委托的股东代表对上述议案均投了反对票,并在意见栏中注明："应当先就增加资本拿出具体框架方案,按公司原股东所占比重、所增资本在增资扩股后所占比重先进行讨论通过,再决定将来出资,要考虑原股东享有《公司法》规定的投资（出资）权利。"

根据表决结果,被告当日形成股东会决议,记载同意吸纳第三人为新股东；该项决议经 75.49% 的股东表决权同意,20.03% 的股东表决权反对,4.48% 的股东表决权弃权而通过；原告蒋某及红日公司委托的股东代表未在该股东会决议文件上签名。

2003 年 12 月 18 日,被告和第三人签订了《入股协议书》,就第三人通过认购定向增资入股被告科创公司,以及新一届董事会的组成、董事长、总经理、财务人员的人选,利润分配等事宜进行了约定。

2003 年 12 月 22 日,原告红日公司向被告递交了 1 份报告,主张原告蒋某和红日公司享有优先认购出资的权利,愿意在增资扩股方案的同等条件下,由两位原告共同或由其中一人向被告认购新增资本 800 万元人民币的出资。

2003 年 12 月 25 日,工商机关核准了被告变更登记,第三人通过认购被告新增注册资本成为了被告公司的股东。

原告诉称：

1. 被告股东会,违反《公司法》及公司章程召开股东会会议的程序规定。

2. 股东会会议上两原告均对系争股东会决议投了反对票,虽同意增资800万元,但不放弃优先认购权。股东会决议因侵犯两原告对增资的优先认购权而应认定无效。

3.《入股协议书》系被告与第三人恶意串通,因损害其他股东权益而应认定无效。

被告辩称:

1. 虽然被告召开股东会通知程序不符合《公司法》关于要提前15天通知的规定,但该条款是任意性规范,且公司股东均准时参加,不影响决议效力。

2. 系争股东会决议经2/3以上表决权股东通过,完全合法有效。

3. 被告与第三人订立的《入股协议书》,不违反法律效力性强制性规定,合法有效。

4. 原告在第三人入股2年多后才起诉要求行使优先认购权已过了合理期间,其主张缺乏合理性和正当性。

第三人述称:

同意被告的意见。

一审认为:

1. 被告股东会会议召集程序瑕疵不影响对其内容的合法性的判定。

2. 系争股东会决议已经代表2/3以上表决权的股东通过,合法有效。

3. 原告主张因被告与第三人恶意串通而订立的《入股协议书》应属无效,但原告未提供相应证据证明,故,原告主张不予支持。

4.《公司法》对于股东优先认购权的行使期限没有规定,但应依法参照《公司法》规定的异议股东请求公司回购股权的规定,在90日的合理期间内行使优先认购权,原告在第三人入股2年多后才起诉,已过合理期间,故原告主张判令行使优先认购权不予支持。

一审判决:

驳回原告诉讼请求。

原告不服一审判决,向上级人民法院提起上诉。

原告上诉称:

原告上诉事实与理由与起诉时基本一致。此外另称:《公司法》对股东行使优先认购出资权的诉讼时效没有规定,应适用《民法通则》规定的2年诉讼时效①。原告起诉并主张行使优先认购权未超出诉讼时效期间。

被告、第三人辩称：

原审判决正确，请求驳回上诉，维持原判。

二审认为：

1. 关于系争股东会决议的有效性。

该决议应细分为"被告增资800万元"和"由第三人认购该800万元新增资本"两项内容：

（1）关于"被告增资800万元"：该内容表决经75.49%的股东表决权同意，根据《公司法》规定合法有效。

（2）关于"由第三人认购该800万元新增资本"：两原告均投反对票，并签注，明确其不放弃对增资的优先认购权。根据系争股东会决议作出当时有效的《公司法》"公司新增资本时，股东可以优先认缴出资"的规定以及被告公司章程规定，原告享有该次增资的优先认购出资权。"由第三人认购该800万元新增资本"的决议侵犯了原告的优先认购权，虽经资本多数决，但因违反法律规定，当属无效。

2. 关于《入股协议书》的有效性。

因系争股东会决议相关内容无效，《入股协议书》也应相应无效。

3. 关于原告主张行使优先认购权是否超出合理期限。

关于有限责任公司股东请求人民法院保护其认购新增资本优先权的诉讼时效问题，现行法律无特别规定，应当适用《民法通则》规定的2年普通诉讼时效。原告在2003年12月22日书面要求优先认购新增资本800万元，至2005年12月19日提起诉讼，符合该法关于2年诉讼时效的规定，其所提应当优先认购800万元新增资本的请求依法成立，二审法院予以支持。

二审判决：

1. 撤销一审判决；

2. 确认被告2003年12月16日股东会关于吸纳第三人为新股东的决议无效；

3. 确认被告与第三人于2003年12月18日签订的《入股协议书》无效；

4. 确认原告享有优先认购权，原告应于判决生效15日内将800万元认股款支付给被告。

被告、第三人不服二审判决，向上级人民法院提起申诉。

---

① 现为3年诉讼时效。

被告、第三人再审申诉称：

1. 被告作出的"关于吸纳第三人为新股东"的股东会决议、第三人与被告签订的《入股协议书》均合法有效。二审法院将"关于吸纳第三人为新股东"的决议内容拆分为"被告增资800万元"和"由第三人认购该800万元新增资本"两部分，与事实严重不符。这两项内容是不可分的，增资800万元是以吸纳第三人为新股东为前提的。

2. 原告在股东会会议反对票上的签注不能作为其不放弃优先认购出资权的意思表示，其签注所引《公司法》规定是对股东会会议表决程序有异议，与股东优先认购权无关。且原告红日公司2003年12月22日提交的报告上没有原告蒋某的签名，不能认为蒋某也主张了优先认购权。

3. 优先认购权是形成权，不适用诉讼时效，而应适用除斥期间的规定，原告行使优先认购权的合理期限不超过1年。

原告再审辩称：

1. 系争股东会决议应区分为"被告增资800万元"与"由第三人认购该800万元新增资本"两部分来理解；原告反对票并签注的意思表明其同意"被告增资800万元"而反对"由第三人认购800万元新增注册资本成为被告新股东"；而"由第三人认购800万元新增注册资本成为被告新股东"侵犯了原告的合法权益，违反相关法律规定，该议案决议应属无效。

2. 被告与第三人订立的《入股协议书》中约定，第三人任被告科创公司的董事长和总经理，并对新一届董事会组成、财务人员人选、利润分配等事项进行安排，越权行使了属于股东会和董事会的法定职权，违反相关法律和被告公司章程规定，依法也应被认定为无效。

3. 原告在2003年12月22日向被告递交了"报告"，已经行使了优先认购权，在这一权利受到侵犯时就应当适用两年普通诉讼时效的规定。

再审认为：

本案有三个争议焦点：一是系争股东会决议是否合法有效；二是被告与第三人签订的《入股协议书》是否有效；三是原告能否于系争股东会决议作出两年后再主张行使优先认购权。

1. 系争股东会决议是否合法有效？

鉴于本案争议相关事实发生在2003年，当时适用的是1999年版《公司法》；而原告起诉是在2005年，当时《公司法》已修订。

1999年版《公司法》关于股东优先认缴权的规定是"公司新增资本时，股东可以优先认缴出资";也就是说,1999年版《公司法》赋予了股东对于公司新增注册资本的优先认缴权,但对于如何行使并无规定。

根据《公司法司法解释(一)》第2条的规定,当时的法律和司法解释没有明确规定的,可参照适用现行《公司法》的规定。因此,法院在裁判时参照了2005年版《公司法》的相关规定。根据《公司法》(2005年修订)第35条,公司新增注册资本时,股东有权优先按照实缴的出资比例认缴出资;但是,全体股东约定不按照出资比例优先认缴出资的除外。

本案中:

(1)以增资方式吸纳第三人为被告科创公司新股东的议案,包含了被告科创公司增加注册资本的议案,以及在原股东放弃优先认购权的前提下由第三人全额认购增资的议案,公司增加注册资本和股东认购出资是两个独立的法律行为,因此,对于系争股东会决议事项是应当拆分开来看的:

①关于被告科创公司增加注册资本的议案,被告股东会以符合《公司法》及被告公司章程的资本多数决通过公司增加注册资本的议案,是合法有效的。

②关于第三人全额认购被告科创公司增资的议案,在原告明确表示不放弃优先认购权的情况下,被告股东会仍以资本多数决的方式强行通过该议案,侵犯了原告的优先认购权。

(2)那么,关于第三人全额认购被告科创公司增资议案的决议是否因此而全部无效呢?

《公司法》规定,股东有权优先按照实缴的出资比例认缴出资,这意味着:原告主张行使优先认购权仅能针对其实缴出资比例对应的部分,以及其他股东以同意或弃权的方式放弃优先认购的部分。

本案两原告持股比例分别为14.22%和5.81%,合计20.03%。因此:

①对应第三人认购被告新增注册资本20.03%的部分,因系争股东会决议侵犯了原告的优先认购权而归于无效。

②对应第三人认购被告新增注册资本79.97%的部分,因其他股东以同意或弃权的方式放弃行使优先认购权而发生法律效力。

故,关于第三人全额认购被告科创公司增资议案的决议并非全部无效,而是部分无效。

2. 被告与第三人签署的《入股协议书》是否有效?

该《入股协议书》,系被告与第三人签订的合同,应适用《合同法》的一般原则及相关法律规定认定其效力。

根据合同的相对性，虽然系争股东会决议部分无效，导致被告达成上述协议的意思存在瑕疵，但作为合同相对方的第三人并无审查被告意思形成过程的义务，被告对外达成协议应受其表示行为的制约。

上述《入股协议书》是被告与第三人作出的一致意思表示，不违反国家禁止性法律规范，且第三人按照协议约定支付了相应对价，没有证据证明双方恶意串通损害他人利益，因此该协议不存在《合同法》第52条所规定的合同无效的情形，故，应属有效。

至于《入股协议书》对被告新一届董事会的组成及董事长、总经理、财务人员人选等公司内部事务作出了约定，但上述约定并未排除被告科创公司内部按照法律和章程规定的表决程序作出决定，不导致合同无效。

3. 原告能否于系争股东会决议作出2年后再主张行使优先认购权？

虽然系争股东会决议部分无效，侵犯了原告的优先认购权，但原告能否行使优先认购权还需要考虑其是否恰当地主张了权利。

股东优先认购公司新增资本的权利属形成权，虽然现行法律没有明确规定该项权利的行使期限，但为维护交易安全和稳定经济秩序，该权利应当在一定合理期间内行使，并且由于这一权利的行使属于典型的商事行为，对于合理期间的认定应当比通常的民事行为更加严格。

本案原告2003年12月16日召开股东会会议时已经知道其优先认购权受到侵害，且作出了要求行使优先认购权的意思表示，但并未及时采取诉讼等方式积极主张权利。在此后被告科创公司召开股东会会议时，两原告均参加了会议，且未表示反对。原告在股权变动近2年后又提起诉讼，争议的股权价值已经发生了较大变化，此时允许其行使优先认购出资的权利将导致已趋稳定的法律关系遭到破坏，并极易产生显失公平的后果，故，一审法院判决认定原告主张优先认购权的合理期间已过并无不妥。

故，因原告未及时主张权利，在系争股东会决议作出2年后，已不能基于原有的交易条件及要素主张行使优先认购权了。

再审判决：

1. 撤销一审、二审判决；

2. 系争股东会决议中第三人认购被告新增注册资本20.03%的部分归于无效，剩余79.97%的部分有效；

3. 驳回原告其他诉讼请求。

740. 股东行使新增资本优先认购权的价格如何确定？

对此,《公司法》并无明文规定。

笔者认为,股东行使新增资本优先认购权的价格应当与股东会决议通过的增资方案中的价格一致。实践中,价格的确定一般分为以下两种情况：

(1)当公司通过股东会决议确定增资方案时,股东行使优先认购权的条件系由公司与股东之间协商确定；

(2)当公司先行与非公司股东确定增资方案后,公司股东要求行使优先认购权,应当参照股东行使优先购买权的相关规定,以公司与非公司股东确定的认购价格作为公司股东行使优先认购权的同等条件。[1]

741. 股东优先认购权受到侵犯应当如何救济？

股东可直接向法院提起诉讼,请求法院确认公司关于股东不按照实缴出资比例认缴新增注册资本的股东会决议无效或不成立,并按该股东实缴出资比例行使认购权。

关于侵犯优先认购权的股东会决议究竟应当认定无效还是不成立,司法实践中有争议。

持无效说的观点认为,股东优先认购权是股东的固有权利,通过多数决剥夺,即构成滥用股东权利损害其他股东利益,违反法律规定,应认定无效。

持不成立说的观点认为,《公司法》规定股东不按照实缴出资比例优先认购股权,需要全体股东一致同意。如果决议未经全体股东一致同意,说明没有达到法定的表决权数,应认定不成立。

上述两种观点均有其法律依据,实践中需要根据各地司法实践的不同选择诉讼请求。

742. 侵犯股东优先认购权的决议被认定无效后,是否影响增资决议的整体效力？

该决定无效不影响增资决议的其他内容,若其他内容合法,应继续有效。

【案例303】侵犯股东优先认购权　增资决议部分无效[2]

原告：徐某华、陈某

---

[1] 关于"同等条件"的认定详见本书第七章股权转让纠纷第二节有限责任公司股权转让纠纷的裁判标准七、股东优先购买权的裁判标准。

[2] 参见浙江省高级人民法院(2007)浙民二终字第287号民事判决书。

被告：东方公司
诉讼请求：
1. 确认被告 2006 年 7 月 17 日所作的股东会决议无效；
2. 判决 55 万元增加注册资金由原告徐某华认购；
3. 判决 50 万元增加注册资金由原告陈某认购。

争议焦点：
1. 被告股东会的召集、通知程序是否违法可撤销，原告据此主张是否超过法定期限；
2. 被告在未经两原告同意的情况下，决议通过将增资由案外人郦某敏、祝某华认缴的部分是否有效。

基本案情：
两原告为被告股东，出资额为 88 万元和 58 万元，分别占被告注册资本金的 1.56%、1.03%。

2006 年 7 月 12 日，被告通过邮政特快专递分别向两原告发函通知其于 2006 年 7 月 28 日上午 9 时召开股东会，议题为申报特级企业增加注册资金具体方案、通报公司经营情况等。

2006 年 7 月 17 日，被告在未通知两原告参加会议的情况下召开了临时股东会议，决议增加注册资本 2888 万元，其中由案外人郦某敏以货币出资增加投资 2400 万元，案外人祝某华以货币出资增加投资 488 万元，除两原告外的其他股东放弃增加投资优先认购权，决议还明确了增资后的最新股权结构，并作出了公司章程修正案。

2006 年 7 月 18 日，被告向工商部门申请办理变更登记并被核准。

2006 年 7 月 25 日，两原告委托律师通过特快专递的形式向被告股东案外人倪某淼发出了律师函，对被告通知其于 2006 年 7 月 28 日召开股东会一事发表了意见并表明宜迟延召开股东会。

2007 年 1 月 16 日，原告向人民法院提起本案诉讼。

2007 年 3 月 15 日，被告分别向两原告发出了通知，要求两原告在 15 日内用书面方式告知要求认购新增注册资本金的数量及金额。

原告均诉称：
被告召开 2006 年 7 月 17 日股东会议召开程序违法，其增加公司注册资本的股东会决议，是在未按《公司法》(2005 年修订) 规定的程序通知原告参加并假冒原告签名的情况下形成的。其内容侵犯了法律所规定的股东表决权，并且剥夺了原告的股东新股认购优先权,故该决议内容因违反法律规定而无效。

被告辩称:

2006年7月12日被告书面致函原告前,曾电话通知两原告开会的时间和内容,但两原告表示不参加会议。两原告认为被告未通知其开会不是事实。两原告起诉之后,被告曾以特快专递的方式通知两原告可以认购新增的注册资本,但两原告未作出任何回应,故两原告起诉的真正目的并非是要求认购新增的注册资本,而是扰乱公司的正常经营秩序。

律师观点:

1. 原告提出的股东会决议违反程序之诉已超过诉讼时效。

被告在2006年7月17日召开股东大会时未提前15天通知两原告,属于召开会议程序违法。《公司法》第22条第2款规定:"股东会或者股东大会、董事会的会议召集程序、表决方式违反法律、行政法规或者公司章程,或者决议内容违反公司章程的,股东可以自决议作出之日起六十日内,请求人民法院撤销。"法律之所以赋予股东撤销权而未规定该情形无效,是因为上述情形主要是程序上的不当,并非决议的内容违法,为了体现公司股东的意思自治,维护股东决议的稳定性,所以仅赋予公司股东撤销权,且股东应在法律规定的期间内行使。

《最高人民法院关于适用〈中华人民共和国公司法〉若干问题的规定(一)》第3条规定:"原告以《公司法》第二十二条第二款、第七十五条第二款规定事由,向人民法院提起诉讼时,超过公司法规定期限的,人民法院不予受理。"这是从有利于维护交易安全,保护当事人合法权益,节约司法成本的角度综合考虑而作出的规定。两原告于2007年1月16日向法院提起诉讼,对被告2006年7月17日股东会决议的召集程序所提出的异议事由,超过了法律规定的60日的期间,故对该事由法院应当不予审理。

2. 被告股东会决议中侵犯了两原告优先认缴的部分无效。

被告在2006年7月17日所作的股东会决议包含了两方面内容:一是确定公司增加注册资本2888万元,二是新增的出资全部由案外人郦某敏、祝某华认缴。

(1)关于股东会作出的增加注册资本的决议内容。

根据《公司法》第103条之规定,股东大会作出增加注册资本的决议必须经出席会议的股东所持表决权的2/3以上通过。此外,被告章程第14条规定"股东会决议由股东按照出资比例行使表决权"。第17条规定"股东会决议应对所议事项作出决议,决议应由代表1/2以上表决权的股东表决通过,但股东会对公司增加或者减少注册资本、分立、合并、解散或变更公司形式、修改公司章程所作出的决议,应由代表 2/3 以上表决权的股东表决通过。股东会应当对所议事项的决定作出会议记录,出席会议的股东应当在会议记录上签名"。虽然两原告并未出席股东会议,但公司其他出席会议股东所持的表决权已超过 2/3 以上,故被告股东会所作的关于增加注册资本 2888 万元的决议不仅符合法律规定,也符合公司章程规定,应属有效。

(2) 关于股东会作出的新增出资全部由案外人郦某敏、祝某华认缴的决议内容。

根据《公司法》第 34 条之规定,除全体股东另有约定外,公司新增资本时,股东有权优先按照实缴的出资比例认缴出资,故被告的股东会决议在未经两原告同意的情况下,确认将本应由两原告优先认缴的出资由案外人郦某敏、祝某华认缴,违反了《公司法》的规定,故股东会决议中侵犯了两原告优先认缴新增资本权利的部分应属无效。

另外,除案外人郦某敏、祝某华及两原告外的其他 3 名股东(倪某淼、石某伟、戚某雷)在股东会决议中已承诺放弃优先认缴新增资本的权利,并同意由案外人郦某敏及祝某华来认缴,应视为对其权利的处分,故股东会决议中该部分内容未违反法律规定,应属有效。

综上,被告于 2006 年 7 月 17 日召开的股东会,除了将本应由两原告优先认缴的新增资本决议由案外人郦某敏、祝某华认缴应属无效外,其他决议内容并未违反法律规定,应认定有效。

法院判决:

1. 被告于 2006 年 7 月 17 日所作的股东会决议中关于新增注册资本 2888 万元中应由两原告认缴的资本(共计 747,992 元)由案外人郦某敏、祝某华认缴的内容无效;

2. 被告于 2006 年 7 月 17 日所作的股东会决议所新增注册资本 2888 万元中的 450,528 元,由原告徐某华认缴;

3. 被告于 2006 年 7 月 17 日所作的股东会决议所新增注册资本 2888 万元中的 297,464 元,由原告陈某认缴;

4. 驳回两原告的其他诉讼请求。

【案例 304】剥夺股东优先认购权　股东会决议被判无效[①]

原告: 周某勇

---

① 参见江苏省南京市中级人民法院(2014)宁商终字第 537 号民事判决书。

被告：地下工程公司
诉讼请求：
1. 确认被告 2013 年度第一次临时股东会决议无效；
2. 确认与上述决议相应的公司章程修正内容无效。

争议焦点：
1. 原告实际持股比例与工商登记不一致，优先认购权应依照何比例行使；
2. 原告未按股东会表决规则进行表决，表决票备注"暂定"是否应视为弃权；
3. 其他放弃优先认购权股东的可认购部分，原告是否享有优先认购权。

基本案情：
被告为有限责任公司，原告系其股东。

经法院判决，原告受让了被告股东即案外人杨某和案外人陶某的股权；在本案争讼过程中，被告未就原告上述受让股权办理工商变更登记。

2013 年 4 月 27 日，被告将召开股东会会议的通知邮寄给原告，并附有关于《增资方案》的议案，议案内容如下：

1. 拟新增注册资本 203 万元；
2. 被告股东即案外人阎某华、案外人叶某春、案外人杨某和案外人江某明 4 人拟认缴新增注册资本；
3. 原告有权基于实缴出资比例行使优先认购权，但应在被告召开股东会会议前以书面方式告知被告。

2013 年 5 月 12 日，原告对上述《增资方案》出具了回函，其中记载：

1. 要求被告尽快办理股权变更，以便其行使股东权益；
2. 不同意由上述案外人认缴增资；提出应对股东关于公布财务状况及进行分红的要求进行答复，并就增资的理由及收益预期进行详细报告，在此基础上，股东才可以进行合理选择。

2013 年 5 月 18 日，被告召开股东会会议，原告作为股东、同时作为案外人杨某和案外人陶某的代理人参加了股东会会议。

经表决，会议以 83.92% 的股东表决权同意，通过了关于《增资方案》的议案。

原告在填写其本人及案外人杨某和案外人陶某表决票时，在关于是否同意增资的表决项意见栏"反对"一栏中打钩并书写有"暂定"的意见；在关于是否就增资行使优先认缴权表决项意见栏"行使"栏中打钩并书写有"暂定"的意见；同时，在表决票的空白处书写了以下内容：

1. 因本人提出要求了解公司经营及资产状况，但没有任何回应，无法作出关

于公司增加注册资本议案的决定,故暂投反对票,在了解清楚公司资产及运营状况后再作决定;

2. 本人不放弃行使增资优先认购权,并对放弃优先认购的股份保留行使优先认购的权利。

当日,被告根据上述表决结果形成了关于决议增资,及新增注册资本由案外人阎某华、案外人叶某春、案外人杨某和案外人江某明4人认缴的决议。

原告诉称:

1. 被告股东会会议拟决议重大事项未经提前讨论即决议,程序违法。

2. 在股东会会议当天,原告行使了股东优先认购权,但在被告形成的股东会决议上被剥夺,损害了其作为股东的合法权益。根据《公司法》的相关规定,该股东会决议内容严重违法。

被告辩称:

1. 被告以股东会决议方式形成此次增资方案,依法向全体股东送达了相关会议文件,并给予全体股东合理发表意见的时间与行使股东增资优先认购权利的决策时间。由董事会提请召开股东会并由股东会对增资方案进行审议,符合《公司法》及公司章程关于增加公司注册资本的相关规定,程序合法,决议结果有效。

2. 被告股东会决策程序给予了全体股东增资优先认购权,原告权利未被剥夺。原告在股东会召开15日前已收到增资方案相关会议文件,包括问询其是否行使增资优先认购权。在股东会会议中,原告经主持人、各位股东及在场律师多次释明后,仍未按照表决票的说明进行填写,无视股东会表决规则,其表决票当属无效。

3. 原告以所持被告股权比例与工商登记不符为由,拖延表决无任何法律及合同依据。工商行政管理部门所备案登记的股东持股信息具有证权效力,应当作为确认股东持股情况的唯一合法来源,在增资中被告根据工商登记备案文件所体现的股权比例制作相应表决票,符合《公司法》及《公司登记管理条例》等相关法律规定。

法院认为:

1. 原告实际出资比例与工商登记不符,其应当按何比例行使优先认购权?

被告为有限责任公司,据《公司法》及该公司章程的规定,其应当置备股东名册,应将通过受让股权成为有限责任公司股东的姓名记载于公司章程和股东名册,在股东依法转让其出资后,也应当重新编制股东名册;记载于股东名册的股东,可以依股东名册向公司主张行使股东权利。并由公司向工商行政管理部门办理登记变更手续,股东有权按变更后的股东名册行使权利。

原告原实缴出资比例为1.41%,案外人杨某和案外人陶某分别于2009年和2010年将自己持有的全部出资转让给原告,原告受让二人股权后,实缴出资比例应为13.74%。

因有限责任公司股东在工商行政管理部门登记的行为为宣示登记,而非生效登记,股东权利的获得与行使并不以工商登记程序的完成为条件。被告是否在工商行政管理部门完成了股东变更登记并不影响原告按照其实际出资行使股东权利。

故原告有权按照变更后的股东名册中其实际出资比例行使对本次增资的优先认购权。

2. 被告股东会关于新增注册资本的决议是否有效?

公司应否增资以及增资数额,因属公司经营决策范畴,应当由各股东按其持股比例进行表决,有持2/3以上表决权的股东同意的,可通过决议。

关于被告新增注册资本的决议以83.92%的股东表决权同意通过,已超过表决权总数的2/3,且增资目的合法、正当。

故被告股东会关于新增注册资本的决议有效。

3. 被告股东会关于由4名股东认购增资的决议是否有效?

根据《公司法》规定,公司新增资本时,股东有权优先按照实缴的出资比例认购出资,全体股东约定不按照出资比例优先认购出资的除外。此为股东自益权之一,亦为股东的固有权利,未经股东个人同意,不可以资本多数决的方式予以剥夺。

对于股东放弃认缴的部分,其他股东中有两个以上要求认缴的,如何认缴,《公司法》未作规定,在公司章程亦无规定的情况下,应参照《公司法》对与之相近事实的规定处理,参照《公司法》第72条[①]规定,即对其他股东放弃认缴的新增资本,有两个以上股东要求认缴的,应由要求认缴的股东协商确定各自的认缴比例,协商不成的,按照增资时各自的出资比例认缴。

本案中,原告在表决票关于是否行使优先认缴权意见栏的"行使"一栏中打钩并标注"暂定",并书写文字表明"不放弃行使增资优先认购权",以上填写方式和内容虽不完全符合表决票要求,但并非放弃认缴新增资本之意。

原告在填写表决票时还表示"对放弃优先认购的股份保留行使优先认购的权

---

① 现为《公司法》(2018年修正)第71条相关内容。

利",表明其要求认缴其他股东放弃认缴的新增资本,但被告股东会在未征求全体股东对其他股东放弃认缴部分的新增资本处理意见的情况下,且在原告未与其他有同样认缴要求的股东协商一致时,将其他股东放弃认缴的新增资本全部确定由案外人阎某华、案外人叶某春、案外人杨某和案外人江某明4名股东认缴,违反了股权平等的原则,侵犯了原告的股东权。

综上,被告股东会关于认缴新增注册资本的决议,由于违反法律规定,侵犯原告的股东权,应认定为无效。

法院判决:

确认被告2013年5月18日股东会决议中,关于增加注册资本的决议有效,关于认缴增资的决议无效。

【案例305】优先认购不属效力性强制规定　侵权但合理增资仍有效[①]

原告: 徐某

被告: 立马公司

诉讼请求:

确认被告2013年5月6日股东会会议决议无效。

争议焦点:

1. 被告股东会会议程序是否合法,系争股东会决议是否侵犯了原告的优先认购权;

2. 系争股东会决议是否无效,如何判断法律、行政法规有关条文是否属于效力性强制性规定,当保障股东权益与商事交易安全发生冲突时如何取舍。

基本案情:

被告系北京市一家水泥制造有限责任公司。工商登记信息显示,截至2013年5月6日,被告注册资本为6500万元,登记在册的股东为原告、兰溪立马公司、章某1、章某2、章某灵、赵某、叶某和某某某。其中:原告出资979.5万元,占注册资本的15.07%;股东某某某已于2006年去世。

2013年,被告面临较大环保压力,需要资金解决公司发展面临的系列问题。在此情况下,被告经营管理层提议被告增资3500万元,并由被告的总经理与股东章某1、叶某、赵某、章某2、章某灵以及兰溪立马公司进行了协商,协商的最终结果是,章某1、叶某、赵某、章某2、章某灵以及兰溪立马公司同意被告增资3500万

---

① 参见北京市第二中级人民法院(2019)京02民终3289号民事判决书。

元,但章某1、叶某、赵某及章某灵均无意认缴此次增资,而由兰溪立马公司认缴705万元,由章某2认缴2795万元。

达成上述协商结果后,被告制作了《股东会决议》,内容为:2013年5月6日,被告股东会会议在被告公司会议室召开;会议由公司董事长章某根先生主持,叶某记录;应到股东8人,实到股东5人,代表股权数额84.36%,符合本公司章程及《公司法》的规定。经到会股东一致同意,决议增加公司注册资本金3500万元,新增注册资本由股东章某2以货币方式认缴2795万元,由股东兰溪立马公司以货币方式认缴705万元。

股东兰溪立马公司、章某1、赵某和叶某在该协议上签章。章某2在收到经上述4股东签章的决议后,于2013年6月初签名。

2015年8月19日,被告据北京市房山区人民政府决定,于当日停产。政府后向被告发放了3.1亿元奖励资金。

原告诉称:

2013年5月6日被告股东会,既未通知原告参加,也未征询原告意见,直接确定了3500万元的增资由股东章某2和兰溪立马公司认缴,导致原告持有的公司股权比例从15.07%被稀释为9.795%。

2017年6月30日,原告委托律师查询被告的工商资料,得知此次决议内容。系争股东会决议非法剥夺了原告享有的增资优先认购权,违反了《公司法》第20条、22条、34条以及《民法通则》第5条①的规定,应为无效。

被告辩称:

被告的惯例是以电话方式直接与股东协商确定股东会决议事项,然后签署书面决议。此前被告有过两次增资,便是如此。被告当时的总经理在此次股东会决议作出前,已与包括原告在内的所有股东电话沟通被告需要增资3500万元的情况,原告等股东同意被告增资,但均表示本人不认缴增资,在此情况下,才由股东兰溪立马公司认缴了705万元,股东章某2兜底认缴了其余的资金缺口2795万元。

被告决议增资3500万元,通过比例符合法律、公司章程的规定。

被告此次增资是为了企业的生产、发展。自2010年后,国家部委及北京市对环境的保护力度不断加大,被告必须投资解决环保问题,面临着巨大的资金缺口,在此背景下,被告才决定增资3500万元。

---

① 现为《民法典》第3条相关内容。

本次诉讼因股东之间对于政府奖励资金如何使用意见不一引发。2015年8月19日,被告停产,经被告的多方努力,北京市房山区人民政府同意给付被告3.1亿元的奖励资金。原告希望解散公司,按持股比例分割3.1亿元,章某1、章某2等股东希望公司转型在北京继续经营,由此引发了本案诉讼。

原告主张增资优先认购权已过合理期间,其请求不应得到支持。法律虽未规定股东优先认购权的行使期限,但最高人民法院已有相关判决认为,在股权价值发生了巨大变化后,允许股东行使优先认购权,将导致稳定的法律关系遭到破坏,显失公平。涉案增资距今已有5年,公司情况发生了重大变化,当时章某2增资2795万元是为了解决企业困难,投资风险无法预测。原告利用被告当时管理上的瑕疵,提出不合理的请求,若其最终胜诉,无风险获利,将会违背公平、公正的原则。

法院认为:

1. 被告股东会会议程序是否合法?系争股东会决议是否侵犯了原告的优先认购权?

被告未能提供充分证据证明2013年5月6日股东会决议形成之前原告收到了被告股东会会议通知;根据被告答辩意见,2013年5月6日股东会会议并未现场召开,所作决议未经全体股东同意并签章,不符合《公司法》第37条第2款之规定,故被告股东会会议程序违法。

被告未能提供充分证据证明原告已知晓增资事宜并放弃了优先认购权,故系争股东会决议违反了《公司法》第34条规定,侵犯了原告的优先认购权。

2. 系争股东会决议是否无效?如何判断法律、行政法规有关条文是否属于效力性强制规定?当保障股东权益与商事交易安全发生冲突时如何取舍?

(1)关于被告本次增加注册资本决议事项的有效性问题。

首先,从形式要件的视角,此项决议的通过比例符合法律及被告公司章程对于增资表决权比例的规定。增资3500万元作为被告立马公司特别决议事项,必须经代表2/3以上表决权的股东通过,而此项决议内容的通过比例已达到了84.36%。无论原告同意与否,均不影响该项决议的通过。

其次,从实质要件的视角,此次增资目的具有正当性。北京地区的水泥行业在当时所面临的行业发展形势较为严峻,结合其他股东的证言可知,此次增资,体现了被告立马公司股东及管理层对公司未来发展的规划,是从被告的整体利益出发,以便被告筹集资金,改善环保设施,及时应对市场变化,配合政府管理和履行被告需承担的社会责任的需要。在当时的情形下,被告立马公司股东及管理层基于其掌握的上述信息,及时作出相应的经营判断和决策,是合理、理性的。出于尊重被告立马公司股东及管理层商业判断的考量,此次增资目的正当,不存在部分股东在无增资必要性的情况下,滥用资本多数决原则,故意稀释小股东持股比例的情形。

故,被告决议增加3500万元注册资本的决议事项有效。

(2) 关于被告股东认缴增资决议事项的有效性问题。

《公司法》第22条第1款规定,公司股东会或者股东大会、董事会的决议内容违反法律、行政法规的无效。

对于"决议内容违反法律、行政法规"的含义,应理解为只有决议内容违反了效力性强制性规定的,才属于无效。相关法律、行政法规规定是否属于效力性强制性规定,具体可从形式识别方法和实质识别方法两个维度进行判别。

首先,就形式识别方法而言,是否属于效力性强制性规定的判断标准在于是否允许公司参与各方另行约定。对于典型的任意性规定,立法者会以一些标示性语言来表明其性质,比如"可以""由公司章程规定""依照公司章程的规定""全体股东约定的除外"等,对于此类规定,当事人可以作出不同于法律规定的事务安排,当事人的自由意志可以优先于立法者的意志。根据上述标准对《公司法》第34条进行识别,可以看出该条属于任意性规定而非强制性规定。

其次,就实质识别方法而言,是否属于效力性强制性规定可根据违反了规定是否损害国家利益或社会公共利益对法条进行识别。法律、行政法规虽未规定违反将导致法律行为无效的,但违反该规定如使法律行为继续有效将损害国家利益或社会公共利益的,应当认定该规定系效力性强制性规定。本案原告与被告之间关于此次股东会决议效力的争议,属于公司内部的纠纷,是私主体之间民事利益的调整关系,认定关于股东认缴增资的决议内容有效,究其根本,受到影响的也只是股东个人的利益,不涉及国家利益或社会公共利益。

据此判断,《公司法》第34条不属于效力性强制性规定。

再进一步而言,从利益衡量的视角,关于股东认缴增资的决议内容亦不宜认定为无效。

维护商事交易安全原则系公司诉讼案件审理的原则之一。

无效是对法律行为最为严厉的否定性评价,股东会决议的效力关系到公司、股东、债权人等多方主体的利益,若将所有违反法律规定的决议效力一概认定为无效,将会使市场交易主体丧失对交易安全的信任,影响市场交易的效率,不但不能实现立法的目的,反而可能会损害更多主体的利益,造成新的、更大的不公平。

况且,决议的讨论、形成及执行必然要耗费一定的社会资源,否定决议的效力,意味着此前投入的一系列资源的浪费,亦会对多方主体产生影响。

对于违法行为,法律赋予了相关主体法定期间内的撤销权、损失赔偿等若干救济途径,并非仅有效力否定一种举措。相关股东完全能够通过其他法定途径,对其受损权利予以救济。被告立马公司此次增资目的正当,部分股东认缴此次增资的目的亦具有正当性,道理同上,此处不再赘述。

在此前提下,基于平衡维护交易稳定、节约社会资源和股东权利救济等多项利益之间的冲突,实现社会效益最大化的考量,亦不应否定此项决议的效力。

本案中,被告虽然侵犯了原告的优先认购权,但因《公司法》第34条关于股东享有增资优先认购权的规定不属于效力性强制性规定,考虑到被告增资目的正当性,以及原告可以行使其他权利进行救济(原告有权起诉主张侵权赔偿责任),为维护交易安全、节约社会资源,被告关于股东认缴出资的决议事项应为有效。

法院判决:

驳回原告诉讼请求。

743. 股东主张优先认购权应当举证证明哪些事实?

股东主张优先认购权应当证明如下事实:

(1)权利主张人具备股东资格;

(2)公司拟进行增资;

(3)权利主张人并未以任何方式放弃优先认购权;

(4)权利主张人在合理期限内主张了优先认购权。

744. 股东如何证明其未放弃优先认购权?

实践中,股东证明其未放弃优先认购权的方式主要包括:

(1)举证证明公司未通知其参加股东会,对于公司增资的股东会决议并未同意;

(2)以书面或口头形式向公司主张增资行为无效,并要求行使股东优先认购权;

(3)以书面或口头形式阻止通过增资新进入公司的"股东"行使股东权利。

745. 法院判决股东享有新增资本优先认购权,被告公司不予执行,原告应如何救济?

该类案件从本质上仅为确权诉讼,即股东主张其对公司某次增资中的部分股权享有优先认购权。实践中,法院不会强令公司形成股东会决议将部分股权交由股东认购,更不会强令公司与股东之间签订增资协议。因此通过判决,股东只不过获得一次与公司谈判的机会,股东优先认购权也往往由此显得形同虚设。

笔者认为,随着今后立法对于股东优先认购权性质(形成权)的明晰,法院可以直接判决股东以某个价格购买公司的部分股权,并判令公司在股东缴纳股款后办理验资及工商变更登记手续。

【法律依据】

一、公司法类

(一)法律

❖《公司法》

(二)行政法规

❖《市场主体登记管理条例》

(三)部门规章

❖《国家工商行政管理局关于中外合资经营企业注册资本与投资总额比例的暂行规定》(工商企字〔1987〕第38号)

(四)地方司法文件

❖《山东省高级人民法院关于审理公司纠纷案件若干问题的意见(试行)》(鲁高法发〔2007〕3号)

❖《北京市高级人民法院关于审理公司纠纷案件若干问题的指导意见》(京高法发〔2008〕127号)

❖《江苏省高级人民法院关于审理适用公司法案件若干问题的意见(试行)》(苏高法审〔2003〕2号)

二、证券法类

❖《证券法》

三、国资法类

❖《企业国有资产法》

第十章　减资纠纷[①]

【宋和顾释义】

> 减资纠纷，是指公司减少注册资本行为违反法定程序和条件，损害公司股东或债权人利益而引发的民事纠纷。
>
> 实践中，减资纠纷一般包括如下四种情况：
> (1) 股东主张公司减资行为无效；
> (2) 股东主张撤销公司减资的股东会决议或主张该决议不成立、无效；
> (3) 债权人主张公司履行债权或提供担保；
> (4) 对未依法定程序减资的，债权人主张公司股东在减资数额范围内对公司债务承担补充连带责任。

【关键词】实质减资　形式减资　补充清偿责任

❖ **实质减资**：指将减少注册资本的部分或全部返还给股东，实现同时减少公司的净资产。

❖ **形式减资**：指仅从形式上减少注册资本，虽然注销部分股权（份），但并不实质减少公司净资产，此行为往往与亏损企业减资从而弥补亏损相联系，同时也能使注册资本与净资产水平基本一致。

❖ **补充清偿责任**：指当债务人以全部财产不足以清偿债务时，由与债务人有某种特殊关系的第三人对其债务承担清偿责任。如公司股东在减资时未依法通

[①] 在《修订草案》中：
　　a. 增设简易减资制度。简易减资的程序比一般的减资要简单，不需要通知债权人，也不需要对债权人提供担保或提前偿债，只需在报纸或统一的企业信息公示系统公告即可。但简易减资不免除股东缴纳股款的义务；且在法定公积金累计额超过公司注册资本前，不得分配利润。
　　b. 规定违法减资的股东与负有责任的董监高需要向公司赔偿给公司造成的损失。

知公司债权人,此后公司资不抵债,则股东需要以减资金额为限对公司资产不足以偿付部分的债务承担清偿责任。

第一节 立　　案

746. 如何确定公司减资纠纷的诉讼当事人?

应区分不同情况:

(1)请求确认公司减资无效的,应由对减资有异议的股东或债权人作为原告提起诉讼,以公司为被告;

(2)主张撤销公司减资的股东会决议或主张该决议无效的,应由公司股东作为原告,以公司为被告;

(3)债权人要求公司股东以违法减资部分为限对公司债务承担补充清偿责任的,由债权人作为原告提起诉讼,以部分或全部违法减资的股东为被告。

747. 公司减资纠纷由何地法院管辖?

应当根据下列情况区别对待:

(1)对于股东请求撤销减资决议或确认减资决议无效的纠纷,应当由公司住所地人民法院管辖;

(2)对于债权人要求违法减资的股东承担补充清偿责任的纠纷,应当由被告所在地人民法院管辖。

748. 公司减资纠纷按照什么标准交纳案件受理费用?

对于主张减资无效、请求撤销减资决议或主张减资决议无效的,每件收取50~100元费用。

对于请求公司提供担保、偿还债务或要求公司股东承担补充赔偿责任的,案件受理费应当依照案件标的分段累计计算,具体比例详见本书第一章第4问"公司设立纠纷应按照什么标准交纳案件受理费?"。

749. 公司减资纠纷诉讼是否适用诉讼时效或除斥期间?

对此问题应区分下列情况:

(1)股东以减资的股东会决议程序违法或违反章程而撤销决议,致使减资无效的,应自决议作出之日起60日内提起诉讼,该期限为除斥期间,不因任何事由中止、中断或延长。

（2）股东主张减资无效，或请求确认减资决议无效的，在实务中是否适用诉讼时效制度有争议，笔者认为不应适用诉讼时效。

（3）因公司未依法定程序减资的，债权人主张公司股东在减资数额范围内对公司债务承担补充清偿责任，只要公司债权人的债权未过诉讼时效，债权人要求股东承担赔偿责任，则不受诉讼时效制度的规制。

750. 法院判决公司减资无效后，依据减资决议已经支付的减资款以及已经作出的工商变更登记应如何处理？

根据不同情况可分为以下两种方式执行：

（1）公司减资被判决无效后，股东应将通过减资收回的出资返还给公司。股东拒不返还，公司可向法院提起不当得利之诉，诉请法院判决股东返还；公司怠于请求股东返还的，其他股东可以提起股东代表诉讼，代公司向负有返还义务的当事人请求返还出资款。

（2）公司如因先前的减资行为而进行了股东名册变更、出资证明核发、工商变更登记等，则股东或非公司股东投资者可向法院主张将上述内、外部登记情况恢复至减资之前的状态。如果公司拒不办理工商变更登记，可由人民法院向市场监督管理部门签发协助执行通知书，由执行申请人持判决书向市场监督管理部门要求变更登记。对拒不变更内部登记的行为，人民法院可对公司的直接负责人（一般为法定代表人）依照妨害执行的行为进行处理，包括对其予以罚款、拘留。

第二节 减资纠纷的裁判标准

一、减资一般法定程序

751. 公司减资需履行哪些内、外部程序？

公司减资需要履行以下五项必经程序：

（1）董事会制订减资方案，提交股东（大）会；

（2）股东（大）会作出减资决议；

（3）董事会组织公司财务部门及其他职能部门编制资产负债表和财产清单；

（4）向债权人通知和公告，公司进行债务清偿或提供担保，确保债权人对减资事项无异议；

(5) 至市场监督管理部门、税务部门办理工商、税务变更登记手续(见图 10-1)。

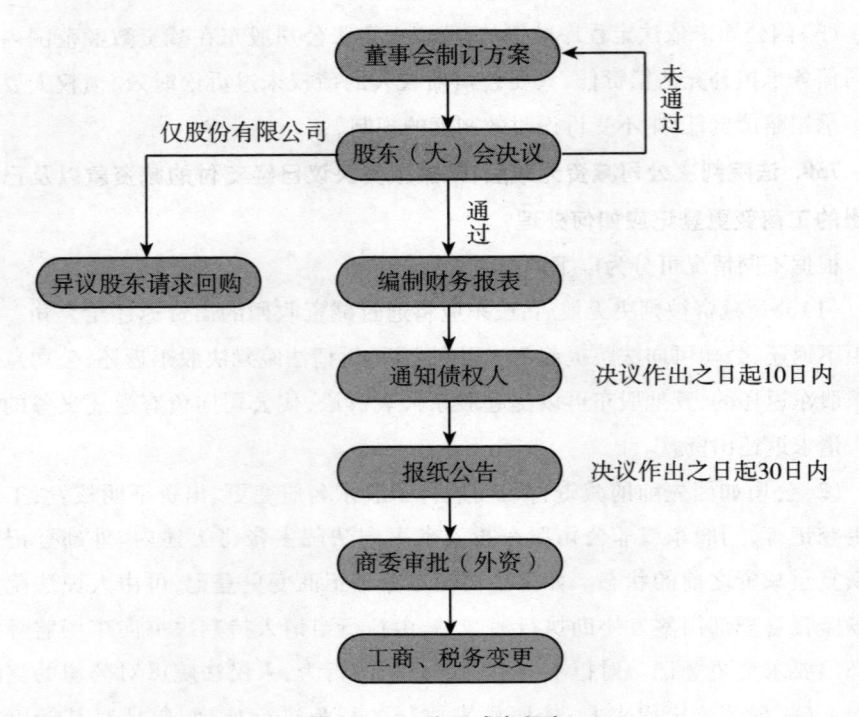

图 10-1 公司减资程序

```
董事会制订方案
      ↓         ← 未通过
股东(大)会决议 ──┘
  │仅股份有限公司→ 异议股东请求回购
  ↓通过
编制财务报表
  ↓
通知债权人    决议作出之日起10日内
  ↓
报纸公告      决议作出之日起30日内
  ↓
商委审批(外资)
  ↓
工商、税务变更
```

752. 减资方案应包含哪些内容？股东(大)会应以多少表决权通过减资决议？

减资方案应当包括下列内容：

(1) 减资股东；
(2) 减资数额；
(3) 减资基准日；
(4) 减资方式；
(5) 减资后公司股东构成；
(6) 减资后各股东出资金额及比例。

有限责任公司股东会对减资作出决议，必须经 2/3 以上表决权股东通过；股份有限公司股东大会对减资作出决议，必须经出席会议的股东所持表决权的 2/3 以上通过。

753. 公司减资基准日应当如何确定？

确定减资基准日，必须考虑公司股东权益分配约定交割日期以及对会计部门编制减资日资产负债表和财产清单的可操作性，一般宜选择月末为减资基准日。

754. 减资公告应在何时、何处发布？公告内容应当包括哪些？

公司应当在股东（大）会作出减资决议之日起 30 日内作出公告。减资公告应在报纸上发布，但是在何种报纸上发布，法律并无明确规定。借鉴公司清算的公告要求，公司规模较小、只在注册登记地营业的公司可以在公司注册登记地省级有影响的报纸上公告；公司规模较大、跨省市营业并且在全国范围内具有较大影响的公司应当在全国性的报纸上进行公告。

减资公告内容应至少包括：

（1）减资时间、数额以及减资的股东；

（2）具体减资方案；

（3）减资后的股权结构。

755. 减资程序违法损害债权人利益有哪些情形？

公司减资损害债权人利益主要有两种情形：

（1）公司未履行通知或公告义务，致使债权人对减资不知情；

（2）公司减资前未按照债权人的要求清偿债务或提供相应的担保。

756. 公司在减资决议作出后 30 日内告知债权人，债权人可否要求公司清偿未到期债务？

《公司法》对此并未明确规定，对此理论及司法实践观点不一。

实践中有观点认为，对于未到期的债务，债权人可以直接向公司主张清偿，也有观点认为，未到期债务债权人仅可以要求公司提供担保。

笔者认同后一种观点，为避免公司减资给债权人利益造成损害，也为了避免给公司实际运营造成过高的风险，此时对于公司未到期的债务处理应当采取较为折中的做法，即债权人可以要求公司对该债务的履行提供担保。如果公司拒绝提供担保的，债权人可以要求公司直接清偿。

757. 公司可否在通知债权人的同时约定，如果债权人不在特定期限内主张债权或要求担保，则视为债权人放弃债权？

不可以。债权的豁免系必须由债权人作出意思表示的，而不能由债务人以约定默认的方式致使债权人放弃债权。

758. 对于未到期债务，如何认定公司怠于履行担保义务的期限？

由于《公司法》并未对此作出规定，因此该问题成为实践中的难点问题。由于公司作为债务人对债权人提供担保本身系一个双方意思表示合意的过程,担保方式的确定、保证的人选、物保的价值评估,均需要双方的协商、配合及一定的时间。对于公司是否怠于提供担保判断不易。

因此笔者建议,要求公司提供担保或偿还债务应尽量通过书面方式加以固定,如以书面函件敦促公司尽快进行协商担保事宜,该类书面函件的发送可以保证纠纷发生时证据效力的最大化,且第一次主张公司提供担保需要在公司通知之日起30日内以书面形式通知,否则一旦债权人不能有效证明其在30日内要求公司提供担保,即将导致失去要求公司担保的权利。

【案例306】报纸减资公告不视为告知债权人　股东承诺担保负补充清偿责任[①]

原告: 江阴房建

被告: 中大紫来、天南公司、奥伯实业、王某劳

诉讼请求: 判令4位被告偿还预付款15.8万元。

争议焦点:

1. 公司减资时,各股东向工商部门出具情况说明称"同意对未清偿债务向债权人提供担保",该承诺是否对特定债权人产生效力;

2. 原告起诉要求4位被告承担还款义务是否超过了诉讼时效。

基本案情:

被告中大紫来因与原告终止买卖合同,承诺将408,000元退还原告。

根据承诺,被告中大紫来分别于2006年6月10日、2007年2月17日及2008年1月14日合计退还原告25万元,尚欠15.8万元未予退还。

被告中大紫来由被告天南公司、被告奥伯实业及被告王某劳三方出资成立,原注册资本1000万元人民币。

2006年7月1日,被告中大紫来股东会决议减资,同意被告天南公司抽回全部投资510万元,公司注册资本由1000万元减至490万元。

同年7月5日,被告中大紫来向有关工商部门出具《中大紫来有关债务清偿及担保情况说明》称,根据股东会减资决议,被告中大紫来编制了资产负债表及财产清单,在该决议作出之日起的10日内通知了债权人,并在《上海法治报》上刊登了减资公告,且对公告期内债权人申报的要求提前清偿的债权,已予以清偿,未清

---

① 参见上海市第一中级人民法院(2009)沪一中民二(民)终字第3281号民事判决书。

偿的债务,由公司继续清偿,并由公司股东(三被告天南公司、奥伯实业、王某劳)提供相应担保。

原告诉称:

1. 被告中大紫来对原告负有还款义务。

被告中大紫来于 2006 年 7 月 10 日通过回函与原告达成的还款协议真实有效,且已经部分履行,理应按照约定立即归还剩余款项。

2. 被告中大紫来股东即被告天南公司、被告奥伯实业、被告王某劳对原告负有还款义务。

减资等同于股东优先于债权人收回所投入的资本,违反了《公司法》关于债权优于股权的基本原则,故公司减资对债权人影响甚大。为有效保护债权人利益,首先要确保债权人正常有效地获得债务公司相关的减资信息,然被告中大紫来在完全有能力将减资事实告知原告的情况下未履行告知义务,应视为被告中大紫来未履行减资的法定程序,因此被告天南公司作为股东理应承担还款责任。且被告中大紫来在减资时,其设立时的投资人为清偿债务进行了担保,该担保是根据公司减资时的法律规定而作出,应视为对未申报债权的债权人之担保。

被告天南公司辩称:

不同意原告的诉讼请求。

其与被告奥伯公司、被告王某劳作为被告中大紫来的股东向工商部门出具的函件并非针对原告。根据合同相对性原理,原告并不能向被告天南公司主张担保之债。而且即便存在担保事实,亦已超过 6 个月的保证期间,原告未在法定期限内主张权利,应承担法律上的不利后果。

2006 年年末,被告中大紫来减资后仍处于赢利状态,被告天南实业退出被告中大紫来已达 3 年之久。现被告中大紫来依然合法存在,并未进入清算程序,故理应由被告中大紫来独立承担民事责任。

被告中大紫来、被告奥伯实业及被告王某劳未作答辩。

律师观点:

1. 原告诉请未超过诉讼时效。

在之前的协议履行过程中,被告中大紫来于 2008 年 1 月 14 日最后一次向原告退还款项,剩余款项双方未明确约定还款时间,故其诉讼时效及对应的担保期限应从原告主张之日起计算,故原告的诉请并未超过诉讼时效。

2. 原告与被告中大紫来于 2006 年 7 月 10 日通过函件达成的还款约定合法有效。

原告与被告中大紫来因买卖合同终止,达成的退还预付款的约定,系双方当事人的真实意思表示,合法有效,应予保护。因此,被告中大紫来关于"因拖欠时间长而全额退还预付款"的承诺有效,对被告中大紫来具有约束力。

3. 减资未通知原告,被告中大紫来的股东应对债务承担补充责任。

2006年7月1日,被告中大紫来股东会决议减资,且已在上述决议作出之日起10日内通知了债权人。按理亦应通知原告,然目前尚无证据显示被告中大紫来已就公司减资事宜告知了原告,原告亦否认曾被告知。即便被告中大紫来在报纸上作了减资公告,亦无法免除其根据《公司法》规定向已知债权人原告所应履行的告知义务。故应认定被告中大紫来具有明显逃避债务之企图,未通知原告申报债权,对原告债权产生不利影响。

又因被告中大紫来减资时,包括被告天南公司在内的被告中大紫来的3位出资人在被告中大紫来向工商部门出具的关于债务清偿及担保情况说明中均签字确认了对于被告中大紫来的未清偿债务承担担保责任。故应认定3位出资人就被告中大紫来之还款义务向原告作出过担保之意思表示,应承担补充清偿责任。

法院判决:

1. 被告中大紫来应支付原告预付款158,000元;

2. 被告天南公司、被告奥伯实业、被告王某劳应在被告中大紫来不能清偿上述债务时,向原告共同清偿上述债务。

759. 债权人接到公司的减资通知30日内,或未接到通知的45日内,未要求公司清偿债务或者提供担保的,债权人的该项权利是否仍存在?

30日和45日的除斥期间已过,债权人的该项请求权即消灭。公司可以将其视为没有提出要求,公司也就无需向债权人提前还债或提供担保。

760. 公司减资办理注册资本变更登记时应备齐哪些材料?

应包括以下材料:

(1) 投资者申请书(原件);

(2) 企业董事会决议(需由董事会一致通过,原件);

(3) 股东各方关于减资的协议(独资企业为减资决定,原件);

(4) 股东各方法定代表人签署的合同、章程修改协议(非独资企业)或章程修改决定(独资企业)(原件);

(5) 经中国注册会计师验证的审计报告(内有资产负债表、财产清单、债权人名单,原件);

(6)国税、地税部门出具的正常纳税情况证明(原件);
(7)债务清偿或债务担保情况的说明(需由董事长签字,并盖章,原件);
(8)省级以上报纸减资公告(原件);
(9)通知债权人回执(原件);
(10)上年度经审计的企业财务报表;
(11)营业执照复印件、批准证书原件;
(12)原企业合同章程及批复;
(13)审批机关需要的其他材料。

761. 国有公司减少注册资本由谁决定?

国有独资公司减少注册资本必须由国有资产监督管理机构决定。

国有资本控股公司、国有资本参股公司应当由公司股东会、股东大会对减资事项进行决议,但是区别于一般公司的是,该类公司中,国有资产监督管理机构委派的股东代表应当按照委派机构的指示提出提案、发表意见、行使表决权,并将其履行职责的情况和结果及时报告委派机构。

二、上市公司减资法定程序

762. 上市公司减资应履行什么特殊程序?

上市公司减资应履行临时报告义务。

根据上市公司临时报告制度,减资属于可能对上市公司股票交易价格产生较大影响的重大事件,投资者尚未得知时,上市公司应当立即将有关该重大事件的情况向国务院证券监督管理机构和证券交易所报送临时报告,并予公告,说明事件的起因、目前的状态和可能产生的法律后果。

【案例307】东港股份回购注销不合条件 被激励员工股权并减资 8 万股[①]

减资主体: 东港股份有限公司(以下简称公司)

减资目的: 回购后注销不符合激励条件员工的股权

减资情况:

公司于 2012 年 10 月 29 日召开的第四届董事会第三次会议审议通过了《关于回购注销已离职股权激励对象所持已获授但尚未解锁的限制性股票的议案》,鉴于公司激励对象张某、包某明因离职已不符合激励条件,公司拟回购注销其已

---

① 参见东港股份有限公司减资公告(2012-045 号)。

获授但尚未解锁的限制性股票共计 80,000 股,由此公司的总股本将从 252,828,344 股减至 252,748,344 股。

以上公告信息刊登于 2012 年 10 月 30 日的《证券时报》及巨潮资讯网。

律师观点：

本次公司回购注销部分股权激励股份将导致公司注册资本减少,根据《公司法》等相关法律、法规的规定,公司通知债权人自本公告之日起 45 日内,有权要求公司清偿债务或者提供相应的担保。债权人未在规定期限内行使上述权利的,本次回购注销将按法定程序继续实施。

【案例308】为避同业竞争　公司以资产作为减资对价支付股东[①]

减资主体： 新疆科力先进制造技术有限责任公司(以下简称科力公司)

减资目的： 避免股东与减资主体之间的同业竞争

减资情况：

新疆机械研究院股份有限公司(以下简称新研股份)系科力公司股东。

由于科力公司具有一定的公共服务职能,且在个别业务上与新研股份存在一定的同业竞争,经多次协商及方案比选,提出新研股份减持科力公司全部股权退出的方案。

新研股份于 2011 年 12 月 16 日与科力公司、新疆生产力促进中心(以下简称生产力)、新疆大学(以下简称新大)四方经协商共同签署了《关于新研股份以减资方式退出科力公司的协议》,新研股份以 1,584,262.84 元购买科力公司价值 2,694,962.84 元的固定资产、库存产成品、原材料,科力公司以 1,110,700 元的评估资产价值作为支付公司减少注册资本的对价,新研股份自此退出科力公司。

律师观点：

1. 本项资产不存在抵押、质押或者其他第三人权利、不存在涉及重大争议、诉讼或仲裁事项、不存在查封、冻结等司法措施等。

2. 新研股份在科力公司 2009 年 5 月最后一次股权变更之后,出资额为 132.65 万元,持股比例为 45.33% ,此次减资各方同意科力公司减少注册资本 132.65 万元,本次减少注册资本后,新研股份不再持有科力公司的任何股权或其他股东权益。

[①] 参见深圳交易所网 http://disclosure.szse.cn/m/finalpage/2011-12-24/60363136.PDF, 2013 年 1 月 29 日访问。

3. 以北京中科华资产评估有限公司2011年5月25日出具的中科华评报字〔2011〕第070号《新疆科力先进制造技术有限责任公司拟转让股权事宜涉及公司股东全部权益价值评估项目》为基础,各方同意科力公司以111.07万元的评估资产价值作为支付新研股份减少注册资本的对价。科力公司现有资产中与产品研制相关的股东资产及库存产成品、原材料移交至新研股份,这部分资产合计2,694,962.84元,该部分资产按评估价值超出公司所占股权资产份额(111.07万元)的部分即为1,584,262.84元,这部分价款将由新研股份先后分两次以现金方式支付给科力公司。

4. 科力公司现有的债权债务及财政应拨款争取在2011年12月30日前结清。

5. 将科力公司的公共技术服务业务移交生产力、新大两方,由生产力、新大继续经营,新研股份今后不再承接公共技术服务业务。

6. 本协议生效后,由新研股份、生产力、新大三方派出人员组成工作组,继续处理科力公司具体减资、债权债务、业务移交、工商变更等事宜。

7. 新研股份先前委派到科力公司的董事和人员自协议签署之日起由新研股份自行安排,与科力公司不再存在劳动关系。

【案例309】为降投资管控风险　友好集团对子公司减资5100万元退出经营[①]

减资主体：上海申友生物技术有限责任公司(以下简称申友公司)

减资目的：集中精力做大做强商业主业,规避投资管控风险。

减资情况：

申友公司系新疆友好(集团)股份有限公司(以下简称友好集团)控股子公司,友好集团持有申友公司56.67%的股权,上海人类基因组研究中心(以下简称研究中心)持有其43.33%的股权。

2011年12月23日,友好集团第六届董事会第二十三次会议通过了《关于公司以单方面减资方式退出申友公司的议案》,同意单方面减少控股申友公司注册资本金5100万元。本次减资完成后,申友公司注册资本金将减至3900万元,自此友好集团不再持有申友公司的股权。

---

① 参见新疆友好(集团)股份有限公司关于以单方面减资方式退出上海申友生物技术有限责任公司的公告(临2011-032号)。

律师观点：

1. 减资金额：经友好集团与研究中心协商确定减资金额为6046万元。

2. 支付方式和期限：友好集团与研究中心就本次减资事项签订相关协议，并在通过申友公司的董事会及股东会会议审议通过后，申友公司先向友好集团支付3023万元，即50%的款项。

3. 在完成工商变更相关工作后（不晚于2012年3月31日），申友公司向友好集团支付剩余的3023万元。

763. 上市公司减资的，应在什么时点履行临时报告义务？

上市公司应当在董事会就减资方案形成决议时履行临时报告义务。当上市公司披露减资事项后，如可能对上市公司证券及其衍生品种交易价格产生较大影响的，应当及时披露进展或者变化情况、可能产生的影响。

三、减资补亏及其法律效力

764. 公司以减资弥补亏损的应当具体履行哪些程序？

公司以减资弥补亏损的实质即通过注册资本来弥补亏损，系形式减资的一种表现形式。具体程序如下：

(1) 对公司进行审计确定亏损数额；

(2) 确定减资数额，制定减资方案；

(3) 股东大会决议通过减资，并依法履行减资的通知、公告、编制报表程序；

(4) 实施减资方案，并通过财务科目处理将实收资本部分减少的金额置入未分配利润财务科目，实现对亏损的弥补。

765. 公司以注册资本弥补亏损是否违反法律规定？

不违反。

《公司法》不允许公司以资本公积金弥补亏损，但并未禁止以注册资本弥补亏损。此外，减资弥补亏损的实质仅为将公司的财务科目进行调整，并未减少公司的所有者权益，因此不会对公司及其债权人的利益造成损害。

766. 公司可否先行通过资本公积金转增股本，然后再以减资的方式将资本公积金变相用于弥补亏损？

《公司法》明确禁止资本公积金用以弥补亏损，因此如果公司先以资本公积金转增股本，再通过减资弥补亏损，其实质上等于绕开了《公司法》的强制性规定，该行为应当属于无效。

实践中,曾有上市公司以此方式进行操作,但随后被中国证监会明令禁止,上市公司不得采用资本公积金转增股本同时缩股以弥补公司亏损的方式,来规避《公司法》关于不得以资本公积金转增资本弥补亏损的规定。

【案例310】ST 飞彩:转增资本后减资弥补亏损[①]

飞彩股份于 2003 年、2004 年发生重大亏损,面临退市风险。为彻底改善飞彩股份的基本面,使公司具有持续经营能力,维护包括流通股股东在内的全体股东的利益,公司未来大股东中鼎股份拟通过资产置换注入优质资产,提高公司盈利能力。但是由于飞彩股份累计的亏损金额巨大,在 10 年内飞彩股份也无法用利润、公积金弥补多达 7.7 亿的亏损额;而按有关规定,公司如有未弥补亏损,不能向投资者分配利润;在这种情况下飞彩股份如不进行减资,10 年内也不能向投资者分配利润。一个公司如长期不能分配利润,将会动摇股东的信心,影响其投资信誉。因此,为解决上市公司持续经营、化解证券市场风险,飞彩股份只得选择减少公司资本以弥补亏损,从而使公司转入良性发展的轨道。

2006 年 7 月 25 日,飞彩股份发布《第三届董事会第十五次会议决议公告及调整股权分置改革方案的公告》,将对价方案调整为:

股份对价除通过资产置换注入优质资产外,飞彩股份非流通股股东决定在股权分置改革中还将通过"转增、送股再减资弥补亏损"的方式作出股份对价安排,即先用资本公积金同比例转增,再由非流通股股东将其部分股份送予流通股股东,然后所有股东再同比例减资弥补亏损(以下简称转增、送股再减资弥补亏损组合)。具体情况如下:

公司先以资本公积金向全体股东每 10 股转增 22 股,再由非流通股股东将其获增股份中的 29,120,000 股转送给流通股股东,最后全体股东以每 10 股减 6.7335 股的方式减资弥补亏损,流通股本从股权分置改革前的 91,000,000 股增加到改革后的 104,632,528 股;流通股股东每持有 10 股流通股将获得 1.49808 股的股份,相当于流通股股东每 10 股获得 1.0 股的对价。

综合以上,本次股权分置改革方案相当于流通股股东每 10 股获送不低于 3.54 股。

[①] 参见圣才学习网 http://www.100xuexi.com,2011 年 5 月 11 日访问。

767. 公司的注册资本与公司实际资产不一致,对公司和投资者而言,有何不利?

主要有以下两点不利:

(1)若公司因预定资本过多而导致注册资本显著多于公司的实际资产,将造成资本过剩,闲置资本过多,这显然有悖于效率原则。

在这种情况下,公司减少注册资本,股东收回部分投资,并将收回的投资转入生产更多利润的领域,从而能够避免资源浪费,对公司而言无损失,同时提高了股东的资本利用效率。

(2)若公司严重亏损导致实际资产显著少于公司注册资本,将导致公司长期处于亏损状态,注册资本不能昭示公司的真正信用状况,不利于交易安全。

这种情况下,公司注销部分股份,减少注册资本,可使公司摆脱亏损状态。在这种情况下,其实质是由股东承担公司的亏损以达到使公司的注册资本与净资产水准相符的目的,虽然对股东的短期利益造成损害,却有利于公司的长远发展和股东的长期利益。

四、公司减资纠纷的裁判标准

768. 公司减资损害公司或股东利益时,应当如何救济?

区分主体及情况不同,可以适用如下三种救济方式:

(1)如果关于减资的股东(大)会决议程序违法或违反章程的,股东可提起确认决议无效或撤销股东会决议之诉①,从而以此否定减资行为的效力。

(2)债权人或者股东可以直接提起减资纠纷诉讼,诉请法院确认减资行为无效。

(3)若公司或股东认为董事、监事、高级管理人员、控股股东或实际控制人在减资过程中损害公司或股东利益的,可以提起损害公司利益或损害股东利益纠纷诉讼。②

【案例311】减资未通知债权人 减资股东承担补充赔偿责任③

原告: 茉织华公司

---

① 关于确认股东会决议无效或撤销股东会决议诉讼,详见本书第二十章公司决议纠纷。
② 关于损害公司利益及损害股东利益纠纷诉讼,详见本书第十三章损害公司利益责任纠纷、第十四章损害股东利益责任纠纷。
③ 参见上海市第一中级人民法院(2013)沪一中民四(商)终字第2244号民事判决书。

被告：刘某杰

诉讼请求：

被告在减少出资的 1,209,600 元人民币范围内,对另案生效判决确定的案外人新世纪公司的付款义务承担补充赔偿责任。

争议焦点：

1. 减资报纸公告能否代替通知债权人程序;

2. 减资未通知债权人的法律后果是什么;瑕疵减资股东是否应当承担责任,瑕疵减资股东能否以公司减资后资本足以偿债等理由进行抗辩。

基本案情：

被告系案外人新世纪公司的股东。

原告对案外人新世纪公司享有 2,871,669.40 元货款债权,经法院判决,法院确认了上述债权并判令新世纪公司支付该笔货款及相应的利息损失。因新世纪公司不履行上述生效判决(本案例中称另案生效判决),原告向法院申请强制执行。

在上述判决生效后,案外人新世纪公司股东会作出减资决议,同意减少该公司注册资本 1054.74 万元,其中减除被告出资金额为 120.96 万元。上述股东会决议作出的次日,新世纪公司在报纸上就减资事宜进行了公告,但未向原告进行通知。

在原告申请强制执行约 1 年后,法院以案外人新世纪公司财产不足以偿还债权为由,裁定中止执行。

原告诉称：

案外人新世纪公司及被告在明知对原告尚有未清偿债务的情况下,作出同意减少注册资本 1054.74 万元的股东会决议,并办理工商变更登记手续,而未依据《公司法》在减资前通知作为债权人的原告。

根据《公司法》(2005 年修订)第 178 条规定,公司作出减资决议之日起 10 日内应通知债权人,债权人有权要求公司清偿债务或提供担保。案外人新世纪公司未依法向原告通知减资事宜,剥夺了原告及时要求公司清偿债务或提供担保的权利,该减资程序瑕疵对原告不具效力。被告应在减资范围内对新世纪公司所负债务承担补充赔偿责任。

减资决议系案外人新世纪公司股东作出的,包括被告在内的各股东对此负有责任。新世纪公司减资损害债权人利益,故被告应在减资范围内对新世纪公司所负债务承担补充赔偿责任。

被告辩称：

原、被告无合同关系，原告起诉的是案外人新世纪公司，经判决确认了债权后，原告已申请执行，现正在执行过程中。在被执行人有财产的情况下，要求股东承担补充赔偿责任没有依据。

被告认为，要求股东承担赔偿责任的前提是股东有过错，但被告只是履行了出资义务，并不参与新世纪公司的实际管理，且并未抽逃出资，本身并无过错。

案外人新世纪公司减资系因为历年亏损，为如实反映公司实际情况而做的账面调整，并不是股东各自拿回出资，减资的决议系股东会作出，而不是小股东操作的。

被告承认，在减资实际执行过程中确实存在瑕疵，没有尽到法律义务，但即便如此，也应依法由相应部门处罚公司而已，不应追究小股东的责任。

案外人新世纪公司不存在资不抵债的情形，在减资后新世纪公司注册资本仍有4250万余元，足以清偿对原告所负的债务。

法院认为：

1. 减资报纸公告能否代替通知债权人程序？

《公司法》（2013年修正）第177条①规定，公司应当自作出减少注册资本决议之日起10日内通知债权人，并于30日内在报纸上公告。债权人自接到通知书之日起30日内，未接到通知书的自公告之日起45日内，有权要求公司清偿债务或者提供相应的担保。由此可知，通知债权人和在报纸上公告是并列的程序，不能相互替代。

公司减资时应依法履行法定通知程序，是为了确保公司债权人有机会在公司财产减少之前作出相应的权衡和行动。本案中，在案外人新世纪公司减资时，原告系其已知债权人，新世纪公司未通知原告，导致原告无从得知其减资情况，也无法提前要求其清偿债务或提供担保，因此新世纪公司减资程序存在瑕疵。

2. 减资未通知债权人的法律后果是什么？瑕疵减资股东是否应当承担责任？瑕疵减资股东能否以公司减资后资本足以偿债等理由进行抗辩？

尽管《公司法》规定公司减资时的通知义务人是公司，但公司减资系股东会决议的结果，是否减资以及如何进行减资完全取决于股东的意志。

本案中，包括被告在内的案外人新世纪公司股东在明知公司对外所负巨额债务而未清偿的情形下，仍旧通过股东会决议减少公司的注册资本，主观上存在过

---

① 《公司法》（2013年修正）第177条即为《公司法》（2005年修订）第178条相关内容。

错,客观上损害了新世纪公司的偿债能力,故减资股东的行为构成第三人侵害债权。

程序瑕疵的减资,对已知债权人不发生法律效力,股东因瑕疵程序而减少出资本质上造成了同抽逃出资一样的后果,因此,应参照《公司法司法解释(三)》第14条第2款的规定处理,即减资股东应在其减资范围内对公司的债务承担补充赔偿责任。

瑕疵减资股东承担的补充赔偿责任是一种顺位责任,是在债权执行终结、债务人公司未能全面清偿情形下由减资股东承担责任,故在执行阶段案外人新世纪公司本身是否能够清偿其债权、是否存在资不抵债与减资股东承担补充赔偿责任并不冲突。

法院判决:

被告在减少出资的1,209,600元人民币范围内,对另案生效判决确定的案外人新世纪公司的付款义务承担补充赔偿责任。

769. 减资是否包括减资后的股权比例重新分配?有限责任公司不等比减资应经多少股东表决权同意通过?

所谓"减资",是指减少注册资本,与"增资"(增加注册资本)不包括后续的认购增资一样,减资亦不包括因不等比减资而导致的股权比例重新分配。

《公司法》仅规定了减资决议需经股东会2/3以上表决权通过,并未区分等比减资和不等比减资的情况。

由于个别股东定向减资,必然导致定向减资的股东股权比例下降,而其他股东股权比例上升,打破了原有的股权比例框架。有限责任公司具有显著的人合性特征,其股权比例系全体股东通过《合资协议》或《公司章程》形成的合意;不等比减资导致股权比例在股东之间重新分配,应经全体股东协商一致并重新达成合意。因此,有限责任公司不等比减资的决议应经全体股东一致同意方能通过。这与不按实缴出资比例认缴增资需经全体股东一致同意是一个道理。

减资在绝大多数情况下是等比减资的,不涉及打破原有的股权比例框架,因此仅需经股东会2/3以上表决权通过即可。

770. 投资人能否通过定向减资取回计入公司资本公积金的投资溢价款?

不能。如前所述,减资系指"减少注册资本",并不涉及资本公积金。被计入公司资本公积金的投资溢价款属于公司财产,非经依法清算不得向股东进行分配。因此,投资人的投资溢价款是不能通过定向减资方式取回的。

【案例312】不等比减资须全体股东同意　未经清算不得定向减资分配剩余财产[①]

原告：华某伟

被告：圣甲虫公司

诉讼请求：

1. 确认被告2018年3月1日股东会决议第1项、3项、4项不成立；
2. 确认被告2018年3月1日股东会决议第2项无效。

争议焦点：

1.《公司法》规定的减资决议特别表决事项，是否包括因不同比例减资而导致的股东权益变动；个别股东以减资方式撤资，是否会侵害其他股东合法权益；被告不同比例减少注册资本是否应取得全体股东一致同意；系争减资决议是否成立；不成立的法律依据是什么；

2. 公司资本公积能否通过减资程序返还给特定的股东；被告返还案外人埃米公司投资款，是否构成股东抽逃出资；系争返还出资的股东会决议是否合法有效。

基本案情：

被告系有限责任公司。公司注册资本为6,313,131元，其中案外人夏某出资2,500,543元，持股39.61%；原告出资1,544,912元，持股24.47%；案外人杨某出资449,495元，持股7.12%；案外人利常合伙出资681,818元，持股10.8%；案外人埃米公司出资631,313元，持股10%；案外人虫妈合伙出资505,050元，持股8%。

案外人夏某为案外人利常合伙以及案外人虫妈合伙的执行事务合伙人，原告持有虫妈合伙34.37%的份额。

案外人埃米公司出资1500万元，持有被告10%股权，对应被告的注册资本的出资资金是63.13万元，其余出资作为投资款给被告圣甲虫公司使用。

公司章程规定，公司股东会会议由股东按照出资比例行使表决权，股东会会议作出修改公司章程、增加或者减少注册资本的决议，以及公司合并、分立、解散或者变更公司形式的决议，必须经代表全体股东2/3以上表决权的股东通过，前款以外事项的决议，须经代表全体股东1/2以上表决权的股东通过。

2018年2月13日，被告向原告发出《关于召开临时股东会会议的通知》，通

[①] 参见上海市第一中级人民法院(2018)沪01民终11780号民事判决书。

知原告于 2018 年 3 月 1 日上午 10 时在上海市浦东新区××路××号召开临时股东会会议,会议内容为审议案外人埃米公司认缴的注册资本中 210,438 元进行定向减资,被告注册资本由 6,313,131 元减少至 6,102,693 元,相应修改章程。通知附案外人埃米公司《关于提议召开临时股东会会议的函件》,内容为案外人埃米公司通过溢价增资的方式向被告投资 1500 万元,持有被告 10% 股权,对应被告注册资本 631,313 元。现由于案外人埃米公司投资策略调整,特提议将案外人埃米公司向被告投资 1500 万元的 1/3,即对被告投资 500 万元对应的注册资本 210,438 元进行减资,被告注册资本由 6,313,131 元减为 6,102,693 元,退还案外人埃米公司 500 万元。

2018 年 3 月 1 日,被告作出如下股东会决议:

1. 同意被告的注册资本从 6,313,131 元减少至 6,102,693 元,减资后各股东认缴注册资本及持股比例为:案外人夏某认缴 2,500,543 元,占 40.97%;原告认缴 1,544,912 元,占 25.32%;案外人杨某认缴 449,495 元,占 7.37%;案外人利常合伙认缴 681,818 元,占 11.17%;案外人埃米公司认缴 420,875 元,占 6.90%;案外人虫妈合伙认缴 505,050 元,占 8.28%(见表 10 - 1)。

2. 同意被告向案外人埃米公司返还投资款 500 万元。

3. 同意修改章程。

4. 授权被告的执行董事即案外人夏某代表被告履行一切为完成本次减资所必要的行为,包括但不限于办理债权申请登记、减少注册资本的工商变更手续等。

表 10 - 1　被告减资前后各股东持股比例

股东	持股比例/% 减资前	持股比例/% 减资后
夏某	39.61	40.97
原告	24.47	25.32
杨某	7.12	7.37
利常合伙	10.8	11.17
埃米公司	10	6.90
虫妈合伙	8	8.28

以上事项表决结果:同意股东为 5 名,占总股数 75.5286%,不同意股东为 1 名,占总股数 24.4714%。案外人夏某及案外人杨某在上述决议上签字,案外人夏

某分别代表案外人虫妈合伙和案外人利常合伙签字并盖具了该两家企业的公章，案外人吴某代表埃米公司签字并盖具了埃米公司公章，原告签字并注明"不同意，属违法减资，程序不合法"。

当日，原告向被告发出告知函，称上述股东会议召开前，案外人利常合伙及案外人虫妈合伙均未就议题通过合伙人会议进行讨论并作出决议，案外人夏某无权代表两合伙企业作出表决。

被告财务报表显示，2018年2月至10月被告圣甲虫公司每月均处于亏损状况，2月至10月的累计亏损达7,555,523.28元，净资产由9,202,725.43元下降至2,317,650.37元。

原告诉称：

被告不按全体股东持股比例进行同比例减资，单独降低部分股东的出资额，突破了全体股东一致认可的股权架构，减少了部分股东对公司债权人的资本担保义务，违反了同股同权的原则，应当取得全体股东一致同意。更何况，涉诉股东会召开前，案外人利常合伙和案外人虫妈合伙未就涉诉议题进行合伙人会议讨论，案外人夏某无权代表上述两股东表决同意减资。原告在涉诉会议召开前就对此进行了告知。

因此，关于第1项、3项、4项决议的同意比例甚至未超过全体股东的2/3表决权。根据《公司法司法解释（四）》第5条第4款规定，会议的表决结果未达到《公司法》或公司章程规定的通过比例，决议不成立。对于第2项决议内容，即由被告将已进入资本公积的500万元款项退还案外人埃米公司，根据《公司法》第37条的规定，减资仅能针对注册资本，资本公积是公司资产，不得抽回，因此该项决议内容违反法律规定，应认定无效。

被告辩称：

诉争股东会召集程序、表决程序均符合《公司法》和被告公司章程规定。股东会决议已经过代表公司2/3以上表决权的股东通过，决议内容没有违反法律及行政法规的禁止性规定。决议第2项内容属于返还投资而不是减少注册资本。

一审认为：

公司减资，往往伴随着股权结构的变动和股东利益的调整，特别是在公司不按股东持股比例减资的情况下，更是如此。

为了保证公司减资能够体现绝大多数股东的意志，《公司法》规定有限责任公司应当由股东会作出特别决议，即经代表2/3以上表决权的股东通过才能进行减资。

《公司法》已就股东会作出减资决议的表决方式进行了特别规制,并未区分是否按照股东持股比例进行减资的情形,因此原告关于涉案临时股东会关于同意案外人埃米公司减少注册资本的决议应取得全体股东一致同意的主张不符合法律规定,法院不予采纳。

况且,原告在股东会召开期间,也未提出与案外人埃米公司相同比例减资的要求,其主张该股东会决议违反同股同权的主张不能成立。关于案外人夏某无权代表该两股东表决的主张,法院认为,对案外人利常合伙和案外人虫妈合伙而言,参加股东会进行表决属于外部行为,判断其行为效力应适用外观主义原则。涉案股东会决议由该两合伙企业代表人夏某签字并盖具了两合伙企业的公章,表明夏某有权代表该两合伙企业对股东会决议进行表决。

据此,原告主张涉诉股东会关于公司减资的决议应当取得全体股东一致同意,且该决议未达到全体股东的2/3表决权通过的主张缺乏依据,其据此主张涉案股东会决议不成立的理由不成立。

根据我国《公司法》的规定,股东会决议无效限定于决议内容违反法律、行政法规的情形。上述法律、行政法规又仅限于效力性强制性规定。

原告认为,涉案股东会决议违反了我国《公司法》第168条关于公司的公积金仅能用于弥补公司的亏损,扩大公司生产经营或者转为增加公司资本,且资本公积金不得用于弥补公司的亏损的规定,故而无效。本院认为,该规定针对的是法定公积金在公司内部经营管理中的用途和限制,并不排斥公司经合法决议程序将股东溢价投资所转成的资本公积金退还给原股东的情形。

因此,原告主张相关股东会决议无效,法院不予支持。

一审判决:

驳回原告的诉讼请求。

原告不服一审判决,向上级人民法院提起上诉。

原告上诉称:

1. 公司定向减资应当经全体股东一致同意,而非持有2/3以上表决权的股东同意。退一步讲,即便须经2/3以上表决权的股东同意,由于案外人夏某作为案外人利常合伙和案外人虫妈合伙的执行事务合伙人,未经这两个合伙企业内部全体合伙人一致同意,无权对外进行表决,本案所涉股东会决议的通过也未达到持有2/3以上表决权的股东同意。

2. 不经全体股东同意进行的定向减资违背了公司法"同股同权"的基本原则,损害了少数股东的合法权益,导致少数股东无法等比例分配减少部分的资本,减资后承担的股东责任增加,并容易遭受大股东的排挤,导致小股东剩余财产分配权被架空,减损小股东的股东权利,也会纵容多数股东串通通过定向减资提前分配公司剩余财产并利用控股股东地位做空公司。

3. 被告将资本公积金返还给个别股东的做法违反法律规定,不仅侵害了公司财产权,而且损害了其他股东和公司债权人的利益。股东溢价增资的增资款无论是计入注册资本还是资本公积,均属于公司法定资产,股东不得请求返还。我国《公司法》规定资金公积金不得用于弥补亏损,允许公司向股东返还溢价增资款,实际是未经清算程序变相提前向个别股东分配公司资产,不仅损害了公司的财产权,也损害了其他股东的权利。况且,被告处于亏损状况,允许股东将资本公积金予以抽回将会导致外部债权人利益无法得到保护。

被告二审辩称:

案涉股东会决议未违反法律和公司章程的有关规定,决议的作出程序也不存在任何瑕疵。案涉股东会决议中并未出现资本公积金的字眼,不应当对决议的内容进行扩大解释。《公司法》第169条也未禁止公司处分公积金的方式。被告的资产负债表与股东会决议的效力认定无关;股东会决议是否损害股东利益和债权人利益不是本案所处理的范畴;原告也未能提供证据证明案涉股东会决议损害了其他股东和公司债权人利益。

二审认为:

1.《公司法》规定的减资决议特别表决事项,是否包括因不同比例减资而导致的股东权益变动?个别股东以减资方式撤资,是否会侵害其他股东合法权益?被告不同比例减少注册资本是否应取得全体股东一致同意?系争减资决议是否成立?不成立的法律依据是什么?

《公司法》第43条规定,股东会会议作出修改公司章程、增加或者减少注册资本的决议,以及公司合并、分立、解散或者变更公司形式的决议,必须经代表2/3以上表决权的股东通过。被告公司章程第11条也作出同样的规定。此处的"减少注册资本"应当仅仅指公司注册资本的减少,而并非涵盖减资后股权在各股东之间的分配。

股权是股东享受公司权益、承担义务的基础,由于减资存在同比减资和不同比减资两种情况,不同比减资会直接突破公司设立时的股权分配架构,如只需经2/3以上表决权的股东通过即可作出不同比减资决议,实际上是以多数决形式改变公司设立时经发起人一致决所形成的股权架构,故对于不同比减资,除全体股东或者公司章程另有约定外,应当由全体股东一致同意。

本案中，被告的股东中仅有案外人埃米公司进行减资，不同比的减资导致原告的股权比例从24.47%上升至25.32%，该股权比例的变化并未经原告的同意，违反了股权架构系各方合意结果的基本原则。同时，被告的财务报表显示，被告公司出现严重亏损状况，原告持股比例的增加在实质上增加了原告作为股东所承担的风险，在一定程度上损害了原告的股东利益。

涉案股东会决议的第1项、3项、4项均涉及减资后股权比例的重新分配以及变更登记，在未经原告同意的情形下，视为各股东对股权比例的架构未达成一致意见，该股东会决议第1项、3项、4项符合《公司法司法解释（四）》第5条第5款规定的"导致决议不成立的其他情形"。

2. 公司资本公积能否通过减资程序返还给特定的股东？被告返还案外人埃米公司投资款，是否构成股东抽逃出资？系争返还出资的股东会决议是否合法有效？

《公司法》第22条规定，公司股东会或者股东大会、董事会的决议内容违反法律、行政法规的无效。由于公司是企业法人，具有独立的法人财产。股东向公司投入资金，成为公司的股东并由此享有权利和承担义务。股东将投资款注入公司之后，其出资已经转化成公司的资产，必须通过股权方式来行使权利而不能直接请求将投资款予以返还。随着股东投入公司的资金用于公司经营行为，股东持有的公司股权对应的价值将会发生变化，因此在股东减资时不能直接主张减资部分股权对应的原始投资款归自己所有。

根据公司资本维持原则的要求，公司在存续过程中，应维持与其资本额相当的实有资产，为使得公司的资本与公司资产基本相当，切实维护交易安全和保护债权人利益，公司成立后，股东不得随意抽回出资。尤其在公司亏损的情况下，如果允许公司向股东返还减资部分股权对应的原始投资款，实际是未经清算程序通过定向减资的方式变相向个别股东分配公司剩余资产，不仅有损公司其他股东的利益和公司的财产权，还严重损害公司债权人的利益，应属无效。

本案中，被告财务报表显示，公司2018年2月至10月处于严重亏损状况，公司决议作出之时公司的净资产为8,423,242.68元，到2018年10月净资产仅为2,317,650.37元。如果允许被告向案外人埃米公司返还500万元投资款，将导致被告的资产大规模减少，损害了被告的财产和信用基础，也损害了被告其他股东和债权人的利益。

因此，案涉股东会决议的第2项无效。

二审判决：

1. 撤销一审判决；
2. 确认被告 2018 年 3 月 1 日股东会决议第 1 项、3 项、4 项不成立；
3. 确认被告 2018 年 3 月 1 日股东会决议第 2 项无效。

771. 股份有限公司不等比减资应经多少股东表决权同意通过？

股份有限公司人合性淡化甚至消失，而资合性突出，这表现在股东对股份有限公司的股份转让无法定优先购买权、对股份有限公司新增注册资本无法定优先认购权等方面，股份有限公司的股份或股票具有良好的流动性潜质。因此，股份有限公司不等比减资应不存在打破原有股权比例框架的问题。故股份有限公司不等比减资仅需出席股东大会会议的股东所持 2/3 以上的表决权通过即可。

772. 在公司股东认缴出资尚未到位的情况下，是否允许公司进行减资？

《公司法》并未明确禁止出资不足的公司进行减资，因此该减资行为只要符合减资的法定程序，即为有效。

但是值得探讨的问题是，此时股东是否可以实际从公司取回出资？

笔者认为，由于公司股东出资未足额缴纳，因此不得对公司进行实质减资，以避免损害债权人利益。

773. 公司减资未履行通知及公告义务，或者未按照债权人的要求清偿债务或提供相应的担保，债权人可否要求股东承担连带责任？

公司减资未履行通知及公告义务的行为，从某种意义上可认定为"未经法定程序将出资抽回的行为"，影响了公司对外偿债的能力，对债权人的债权带来了不能清偿的风险，该减资行为无效，应恢复到减资之前的状态。在减资行为造成公司财产不足以清偿债权人的损害结果时，债权人可以要求减资股东在减资范围内对减资前的公司债务承担补充赔偿责任。

【案例313】公司经营资不抵债　认缴注册登记制下股东出资义务加速到期

原告：香通公司

被告：吴跃公司

被告：徐某松

被告：毛某露

被告：接某建

被告：林某雪

诉讼请求：

1. 判令被告昊跃公司向原告支付股权转让款2000万元；

2. 判令被告接某建、林某雪在各自未出资本息范围内，就被告昊跃公司上述转让款不能清偿的部分承担补充赔偿责任，被告徐某松、被告毛某露、被告接某建、被告林某雪之间承担连带责任；

3. 被告接某建、被告林某雪在减资本息范围内，就被告昊跃公司对原告上述股权转让款不能清偿的部分承担补充赔偿责任，被告徐某松、被告毛某露在各自未出资范围内与被告接某建、被告林某雪承担连带责任。

争议焦点：

被告徐某松、接某建和林某雪是否应该对被告昊跃公司的债务承担补充赔偿责任。

基本案情：

1. 有关目标公司"卫运公司"股权转让协议的签订及履行情况。

2014年5月1日，原告香通公司与被告昊跃公司签订1份有关目标公司"卫运公司"的股权转让协议，协议约定，原告香通公司将其持有的"卫运公司"99.5%股权转让给被告昊跃公司，昊跃公司应该于合同签订后的30日内，付清全部转让款。同日，"卫运公司"召开临时股东会决议，决议内容为：成立由昊跃公司、朱某组成的新一届股东会；同日，通过了公司章程修正案。

2014年5月22日，目标公司"卫运公司"完成股权转让工商变更登记，由原先的香通公司享有"卫运公司"99.5%股权，变更为由昊跃公司享有"卫运公司"99.5%股权。

2014年7月1日，原告香通公司与被告昊跃公司签订关于"卫运公司"股权转让的补充协议，约定被告昊跃公司于2014年8月30日前付款2000万元，2014年11月30日前付款2000万元，2014年12月31日前付款2000万元，2015年1月31日前支付剩余的1960万元。截至原告香通公司向法院起诉之日，被告昊跃公司未向原告支付过上述股权转让款。

2. 关于被告昊跃公司的注册资本、股东及股权变更方面的情况。

被告昊跃公司成立于2013年11月1日，注册资本为2000万元，实缴金额为400万元。其中原发起人即本案被告徐某松认缴出资额为1400万元（占公司资本额的70%），实缴出资额为280万元，原发起人即本案被告毛某露认缴出资额为600万（占公司资本额的30%），实缴出资额为120万元。徐某松、毛某露的认缴出资期限均为两年。2014年4月2日,被告毛某露与被告林某雪签订股权转让协议,由林某雪出资120万元受让毛某露持有的昊跃公司30%的股权,毛某露、林某雪在该股权转让协议上签字。2014年4月6日,被告昊跃公司通过股东会决议,同意由被告林某雪出资120万元受让被告毛某露的股权。同日,被告昊跃公司通过另一个股东会决议,决定成立新一届股东会,并将公司资本由2000万元增资至10亿元,被告徐某松与被告林某雪在公司的股东会决议上签字。同年4月17日,工商登记机关准予昊跃公司注册资本金由2000万元增至10亿元,实缴金额依然是400万元,章程约定,股东徐某松与林某雪在2024年12月31日之前缴纳出资。同日,工商登记机关核准昊跃公司的股东由徐某松、毛某露变更为徐某松与林某雪。

2014年7月,被告徐某松准备将其在昊跃公司拥有的股权转让给被告接某建。徐某松称,由于不想按照10个亿的注册资本交税,他希望减资和转让股权一起操作;徐某松在和接某建商量下来后,要先行减资。被告徐某松将减资事宜交给其工作人员办理。2014年7月20日,被告昊跃公司作出股东会决议,决定公司注册资本金由10亿元减至400万元;公司减资后,被告接某建出资280万元,占70%,被告林某雪出资120万元,占30%。公司决议中的签字人为"接某建和林某雪"。2014年7月30日,昊跃公司在《上海商报》上刊登了1份减资公告,内容为"昊跃公司经股东会决议注册资本由10亿元减至400万元,特告"。对于昊跃公司在《上海商报》上刊登减资公告事宜,徐某松庭审中表示"自己是知道的,是叫下面的员工去办理的"。

在2014年8月21日这一天,几个被告之间签订了一系列与股权转让相关的协议及公司决议。昊跃公司通过股东会决议,同意被告接某建出资280万元受让被告徐某松持有的70%股权;被告徐某松与被告接某建签订股权转让协议,由被告接某建出资280万元受让被告徐某松持有的被告昊跃公司的70%股权;修改公司章程;成立新一届股东会,法定代表人由接某建担任。2014年9月3日,上海市工商行政管理局嘉定分局核准昊跃公司的股东由徐某松、林某雪变更为接某建、林某雪,并且核准了变更后的昊跃公司章程。

2014年9月22日,昊跃公司向工商登记机关申请注册资本金额由10亿元减至400万元,公司法定代表人一栏的签名为"接某建"。在提交给工商登记机关的"有关债务清偿及担保情况说明"这一材料中,昊跃公司的表述为:"根据2014年7月20日昊跃公司关于减资的股东会决议,本公司编制了资产负债表及财产清单,在该决议作出之日起的10日内通知了债权人,并于2014年7月30日在上海

第十章

减资纠纷

商报报纸上刊登了减资公告。现就减资所涉及的债务清偿及担保问题作如下说明：根据公司编制的资产负债表及财产清单，公司对外债务为0元。至2014年9月22日，公司已向要求清偿债务或者提供担保的债权人清偿了全部债务或提供了相应的担保。未清偿的债务，由公司继续负责清偿，并由接某建和林某雪在法律规定的范围内提供相应的担保"。被告昊跃公司以及担保人接某建和林某雪均在该材料上面签名。

2014年10月10日，上海市工商行政管理局嘉定分局准予昊跃公司注册资本金额由10亿元减资至400万元的变更登记，并核准了公司章程。

原告诉称：

被告昊跃公司以7960万元的价格购买原告持有的卫运公司99.5%股权，原告依约办理了工商变更登记手续，但被告迟迟未支付股权转让款。被告徐某松、毛某露是被告昊跃公司在设立之初的发起人，被告接某建、林某雪是被告昊跃公司的现任股东，四位自然人股东均未全面履行出资义务，被告接某建、被告林某雪在减资时未通知作为已知债权人的原告。各被告应对昊跃公司债务承担连带责任。

被告辩称：

被告昊跃公司对于原告的诉讼请求，未提出实质性的抗辩意见。

被告徐某松、被告毛某露辩称，其作为发起人股东已经履行了按期出资义务，不负有对后面未到期认缴出资的履行义务。

被告接某建、被告林某雪辩称，已经实际出资，其他认缴出资的时间尚未届满，没有法定的义务提前缴付出资。减资并非为了逃避债务，而是公司投资发展的需要，且已经按照工商机关的要求办理了减资手续，减资并未造成公司资产的流失，也没有对债权人产生实际损害。未通知已知债权人系疏忽所致，故不同意承担相应责任。

律师观点：

1. 被告昊跃公司的减资行为，尽管经过了公司股东会决议、在报纸上公告以及向工商机关变更登记，但是，仍不符合法定减资程序。

有限责任公司的股东有权减少公司的注册资本，但是，减资必须依照法律的规定进行。《公司法》第177条规定："公司需要减少注册资本时，必须编制资产负债表及财产清单。公司应当自作出减少注册资本决议之日起十日内通知债权人，并于三十日内在报纸上公告。债权人自接到通知书之日起三十日内，未接到通知书的自公告之日起四十五日内，有权要求公司清偿债务或者提供相应的担保。"从该条规定来看,公司如果想要在法律上有效进行减资,必须符合相应的条件:(1)编制资产负债表及财产清单;(2)在作出减少注册资本的决议之后,在法定时间内通知债权人(直接通知义务系针对公司作出减资决议时的已知的债权人,公告通知义务系针对公司作出减资决议时的未知的债权人);(3)公司债权人要求进行清偿或者担保的,必须进行清偿或者担保。

首先,本案中,昊跃公司决定减资的股东会决议并不是由公司的实际股东作出。昊跃公司决定将公司注册资本由10亿元减至400万的决议是于2014年7月20日形成的,当时昊跃公司的实际股东是被告徐某松和被告林某雪,在股东会决议上签字的却是"接某建、林某雪",而接某建当时并不是昊跃公司的股东,接某建是在2014年8月21日才与被告徐某松签订股权转让协议的。之后,昊跃公司于2014年7月30日在《上海商报》上的公告、提交给工商登记的变更申请,都是以2014年7月20日的股东会决议作为基础。没有合法、有效的股东会减资决议,整个减资行为就没有法律基础。先有股东会减资决议,然后在报纸上进行公告才更合乎情理;而如果是先在报纸上进行减资公告,然后由股东会通过减资决议,显然与常理不符。

其次,昊跃公司的减资行为并没有通知本案原告这样的已知债权人。由于公司减少注册资本可能损害公司债权人的利益,因此,我国《公司法》规定,公司在减少注册资本时必须通知已知债权人,同时对于未知债权人要进行公告。被告仅在《上海商报》刊登减资公告,而未依法采用及时、合理、有效的方式告知,致使原告丧失了在减资前要求其清偿债务或提供担保的权利,不符合法定减资程序。

2. 被告昊跃公司的减资行为对原告不产生法律效力,昊跃公司的自然人股东徐某松、林某雪应在减资范围内向原告承担补充赔偿责任。

昊跃公司及其股东在明知公司对外负有债务的情况下,没有按照法定的条件和程序进行减资,该减资行为无效。在昊跃公司负有到期债务、公司财产不能清偿债务的情况下,昊跃公司的股东徐某松和林某雪应该承担昊跃公司尚欠的债务。同时,被告昊跃公司未履行法定程序和条件减少公司注册资本,类似于抽逃出资行为,原告作为公司债权人也可以要求徐某松和林某雪对于昊跃公司不能清偿的部分承担补充赔偿责任。

3. 认缴制下公司股东的出资义务只是暂缓缴纳,而不是永久免除,在公司经营发生了重大变化时,公司包括债权人可以要求公司股东缴纳出资,以用于清偿公司债务。

本案的被告昊跃公司在2014年4月进行增资时,其注册资本的缴纳与传统

第十章
减资纠纷

公司实缴注册资本已经有所不同,此时昊跃公司采取的是"实缴"(实缴资本为400万)与"认缴"(9.96亿元)相结合的方式,认缴期限为10年(2024年12月31日之前)。从理论上讲,被告昊跃公司的股东徐某松、林某雪可以在2024年12月31日之前的任何时间缴纳余下的认缴出资。但认缴制下公司股东的出资义务只是暂缓缴纳,而不是永久免除,在公司经营发生了重大变化时,公司包括债权人可以要求公司股东缴纳出资,以用于清偿公司债务。

首先,在注册资本认缴制下,公司股东在登记时承诺会在一定时间内缴纳注册资本(例如,在本案中被告昊跃公司的股东承诺在10年内缴纳),该承诺规定备案在工商登记资料中,对外具有公示效力,是其对社会公众包括债权人所作的一种承诺。股东作出的承诺,对股东会产生一定的约束作用,同时对于相对人(例如债权人)来说,也会产生一定的预期。就本案来说,被告昊跃公司在经营中发生了重大变化,公司对外出现了巨额的债务,这样一笔债务是依法已经到期的债务;该笔债务(7960万元)已经远远超过公司的实缴出资,实缴出资已经无法让公司承担债务。如果僵化地坚持股东一直到认缴期限届满时才负有出资义务,只会让资本认缴制成为个别股东逃避法律责任的借口。

其次,让昊跃公司的股东缴纳出资以承担本案中的责任,符合平衡保护债权人和公司股东利益这样的立法目的。《公司法》中的有限责任制度,原则上要求公司股东只以出资额为限,对公司债务承担有限责任。这样的原则是为了更好地保护公司股东的利益,让股东可以安全地投入到生产经营中去。但是,公司有限责任制度,不应该成为股东逃避责任的保护伞。经过长期的司法实践和立法,法律规定在一定情形下可以"刺破法人的面纱",否定公司法人人格,让公司股东个人承担责任。如果完全固守认缴制的股东一直要等到承诺的期限届满才负有缴纳出资的义务,则可能会让负债累累的股东悠然自得地待在公司有限责任这一保护伞之下,看着债权人急切而又无可奈何的样子暗自窃喜。这种只让股东享受认缴制的利益(主要是延期缴纳出资的期限利益),而不承担相应风险和责任的结局,不符合《公司法》修订时设立资本认缴制的初衷。在公司负有巨额到期债务的情况下,公司股东采取认缴制的期限利益就失去了基础。

最后,责任财产制度也要求资本认缴制的公司股东在公司出现重大债务时缴纳出资,以用于对外承担责任。责任财产制度是民事责任中的一项重要制度,它是指任何民事主体应该以其全部财产对外承担债务。我国《公司法》规定,"公司以其全部财产对公司的债务承担责任"。在公司成立采取认缴制的情况下,债权人不仅仅可以要求公司以现在实际拥有的全部财产承担责任,而且在公司现有财产不足以清偿债务、而公司股东承诺在将来认缴出资的情况下,为保护债权人的合理期待以及合法利益的需要,应可以要求公司股东提前出资,以清偿公司债务。

4. 被告毛某露在本案系争股权转让协议签订之前已经退出昊跃公司,不应该对其退出之后昊跃公司的行为承担责任。由于减资行为被认定无效之后,应该恢复到减资行为以前的状态,因此被告接某建不应认定为昊跃公司的股东,接某建可以不承担昊跃公司对原告所承担的责任。

一审判决:

1. 被告昊跃公司应于本判决生效之日起10日内支付原告股权转让款2000万元人民币;

2. 被告徐某松、被告林某雪对于被告昊跃公司不能清偿的股权转让款,在各自未出资的本息范围内履行出资义务,承担补充赔偿责任。

【案例314】拘留中股东认可债务　公司减资未通知债权人需补充赔偿[①]

原告: 善通公司

被告: 秦某、宋某(秦某之子)

诉讼请求:

1. 被告秦某对秦臻酒店应向原告支付109,228.40元的义务在减资34.8万元的范围内承担补充赔偿责任;

2. 被告宋某对秦臻酒店应向原告支付109,228.40元的义务在减资25.6万元的范围内承担补充赔偿责任。

争议焦点:

1. 秦臻酒店减资时是否明知原告为其债权人;

2. 秦臻酒店在减资时未通知原告,两被告作为股东应承担何种责任。

基本案情:

秦臻浴场未能履约闵行法院出具的(2008)闵民二(商)初字第2686号民事调解书,原告申请强制执行。闵行法院受理后,对秦臻浴场法定代表人被告秦某采取拘留措施。

在执行过程中,原告、秦臻浴场、秦臻酒店签订《协议》,约定:(1)秦臻浴场应支付原告219,228.40元,分期支付;如秦臻浴场逾期支付,原告可及时恢复执行,

---

[①] 参见上海市杨浦区人民法院(2012)杨民二(商)初字第156号民事判决书;上海市第二中级人民法院(2012)沪二中民四(商)终字第712号民事判决书。

且加罚违约金;(2)秦臻酒店为秦臻浴场上述执行款及违约金做担保。

当日,原告收到现金5万元。

次日,闵行法院承办人提审被告秦某,并在笔录上告知其《协议》签订事宜和内容。被告秦某表示认可周某、陆某某代表秦臻酒店与原告协商之事及《协议》的效力。

此后,秦臻酒店分4次从其银行账户打款1.5万元到原告银行账户。之后,秦臻浴场和秦臻酒店未再支付原告欠款。

2010年1月5日,闵行法院出具(2009)闵执恢复字第351号执行裁定书,因秦臻浴场《协议》确定的付款义务,而秦臻酒店对秦臻浴场付款承诺予以担保后亦未践言,裁定追加秦臻酒店为该案的被执行人。秦臻酒店应对(2008)闵民二(商)初字第2686号民事调解书确定的秦臻浴场付款义务承担连带清偿责任。

秦臻酒店的法定代表人为被告宋某,股东为两被告。公司原注册资本为80万元,被告秦某认缴出资48万元,实缴出资9.6万元,被告宋某认缴出资32万元,实缴出资6.4万元。

2011年4月1日,秦臻酒店的注册资本由80万元变更为16万元。秦臻酒店在新民晚报上刊登了减资公告,并在该决议作出之日起10日内通知了债权人,但未通知原告,次日变更工商登记。

原告诉称:

在原告债权仍未实现的情况下,秦臻酒店对注册资本进行减资,却在减资中未通知原告,构成减资不当。秦臻酒店股东两被告应当对秦臻酒店所负原告之担保债务在减资范围内承担补充责任。

被告均辩称:

1. 秦臻公司全部股东对担保事宜均不知情。

《协议》系周某、陆某某代表秦臻浴场签订,不能代表秦臻酒店。两被告为秦臻酒店仅有的两名股东,当时均在看守所里,不知担保事宜。

2. 秦臻酒店没有签收相关裁定书。

闵行法院邮寄的追加秦臻酒店为被执行人的裁定书由秦臻浴场的工作人员收取,秦臻酒店并未实际签收;秦臻浴场账户被法院冻结后,借用秦臻酒店账户转账给原告,该行为不是履行《协议》的担保义务。

3. 即使秦臻酒店的担保成立,原告的债权也只能按未知债权处理。

针对未知债权,两被告在秦臻酒店减资过程中已经依照法律规定,登报通知了未知债权人原告,并不构成减资不当。

律师观点:

1. 原告是秦臻酒店的已知债权人。

(1)2009年3月25日,被告秦某作为秦臻酒店股东在闵行看守所里阅看过《协议》,明知秦臻酒店对秦臻浴场拖欠原告的债务提供担保;

(2)闵行法院提前解除对被告秦某采取的拘留措施后,秦臻酒店4次从其银行账户分别打款1.5万元到原告银行账户,部分履行了《协议》约定义务;

(3)2010年1月5日闵行法院出具(2009)闵执恢复字第351号执行裁定书,裁定追加秦臻酒店为该案的被执行人,并向秦臻酒店的注册地址进行送达。

上述事实可以证明原告是秦臻酒店的已知债权人。两被告认为原告是秦臻酒店的未知债权人,无事实依据,难以采信。

2. 秦臻酒店减资时未特别通知原告应承担相应法律责任。

两被告作为秦臻酒店股东应当按期足额缴纳公司章程中规定的各自所认缴的出资额。两被告通过股东会减资决议对尚未缴足的出资额免除各自部分应缴出资的义务。该种减资方式尽管没有实际资产的流出,但实际上使得本应增加的公司资产无法增加,是消极意义上的资产减少,属实质减资。秦臻酒店在减资中对于已知债权人原告,未依法及时采取合理、有效的方式予以告知,致使原告未能行使相关权利,危及其债权的实现。秦臻酒店注册资本具有对公司债权人的担保功能,因两被告的减资行为存在瑕疵,导致减资前形成的公司债权在减资后清偿不能,两被告应在减资数额范围内对秦臻酒店债务承担补充赔偿责任。

法院判决:

1. 被告秦某应于判决生效之日起10日内对秦臻酒店向原告支付109,228.40元的付款义务在被告秦某减少出资348,000元的范围内承担补充赔偿责任;

2. 被告宋某应于判决生效之日起10日内对秦臻酒店向原告支付109,228.40元的付款义务在被告宋某减少出资256,000元的范围内承担补充赔偿责任。

五、违法减资的法律责任

774. 减资无效后,公司的民事责任有哪些?

减资无效后,公司的民事责任包括如下三项:

（1）公司应当要求接受出资款的股东返还投资款；

（2）如果公司已经变更股东名册的，应当将股东名册变更至减资前的状态；

（3）如果公司已经对减资办理了工商变更登记，则公司应当将工商登记恢复至减资前的状态。

775. 公司减资未办理工商变更登记应承担何种行政责任？

由公司登记机关责令限期登记；逾期不登记的，处以1万元以上10万元以下的罚款。

776. 如果上市公司减资未履行临时报告义务，或者违规披露信息，给投资者造成损失的，公司应当承担何种民事责任？公司的董事、监事及高级管理人员是否需要承担责任？由此造成的损失应当如何认定？

此时上市公司的该行为属于虚假陈述，因此公司应当对投资者的损失承担损害赔偿责任，而公司的董事、监事及高级管理人员等也应当对此承担连带责任。

虚假陈述导致的损失包括但不限于如下两项：

（1）投资差额损失；

（2）投资差额损失部分的佣金和印花税。

对上述范围内的损失所涉资金利息，自买入至卖出证券日或者基准日，按银行同期活期存款利率计算。

值得注意的是，如果由于发行人的虚假陈述，导致证券被停止发行的，投资人有权要求返还和赔偿所缴股款及银行同期活期存款利率的利息。

【案例315】虚假陈述与股市风险并存　扣除股市下跌损失认定虚假陈述责任[1]

原告：苏某福

被告：科技公司（原名纵横公司）

诉讼请求：判令被告纵横公司赔偿原告投资差额损失2,250,766元、投资差额损失部分的佣金7877.68元、投资差额损失部分的印花税9003.06元及实际占用资金的利息。

争议焦点：

1. 原告投资损失与被告虚假陈述是否存在因果关系，如何分配举证责任；

2. 原告投资损失是否与股市系统风险存在因果关系，如何判断是否存在股

---

[1] 参见江苏省高级人民法院（2007）苏民二终字第0112号民事判决书。

市系统风险；

3. 如何确定股市系统风险所致的损失数额，证券市场综合指数、流通股总市值、行业板块指数及市值的下跌数据对确定损失数额有何意义；

4. 在虚假陈述和股市系统风险对投资损失均有影响的情况下，如何确定虚假陈述行为导致的损失金额。

基本案情：

被告是在上海证券交易所上市的公司。

2001年3月30日，被告发布了2000年年度报告。

被告股票因未能及时公布年报，自2002年5月1日起被停牌，后因被视为财务状况异常，自2002年7月19日起被特别处理，成为"ST"股；之后，被告于2002年7月22日公布2001年年度报告、2002年7月24日公布2002年第一季度报告，股票于2002年7月24日恢复上市。自2002年7月24日至2002年9月25日共45个交易日，被告股票的累计成交量达到其可流通部分100%，每个交易日收盘价的平均价格为6.14元/股。

2001年7月5日，被告依照当日收盘价在上海证券交易所上市的全部A股流通股总市值为955,893,104,848元，剔除其后发行的新股，则上述全部A股流通股在2002年5月30日的总市值为691,238,845,661元。

2002年5月30日，被告发布重大事项公告，内容为：日前，本公司接到上海证券交易所上证上字〔2002〕94号《关于提请对纵横公司进行专项核查的报告》及中国证监会上海稽查局沪证稽便〔2002〕016号《关于对纵横公司进行调查的函》，上海稽查局将对本公司涉嫌违反证券法规行为进行现场调查。

2004年7月27日，证监会作出证监罚字〔2004〕26号行政处罚决定书，认定被告在2000年度年报中有多处虚假陈述的情况，并对被告及其相关人员处以罚款、警告、认定为终身证券市场禁入者等行政处罚。

2004年8月21日，被告为虚假陈述行为发布致歉公告。

原告买卖被告股票的情况如下：

2001年7月5日，分16次买入61,000股；

7月6日，分7次买入210,535股；

7月9日，买入800股；

10月24日，买入200股；

原告买入被告股票的平均价格为每股14.47元；买入的佣金为3.5‰，印花税为4‰；2001年8月27日卖出2335股，其余部分至2002年9月25日前未卖出。

第十章

减资纠纷

被告股票所在的"普通机械制造业"行业全部 A 股流通股的总市值变动情况如下：

2001 年 7 月 5 日为 8,214,770,323.2 元；

7 月 6 日为 8,165,705,288 元；

2002 年 5 月 30 日为 6,057,304,985.6 元。

由于上海证券交易所无"机械类板块"指数数据，故无法提供"机械类板块"指数在相关时点的变动情况。

此外，上证综合指数的收盘点位情况如下：

2001 年 7 月 5 日为 2181.66 点；

7 月 6 日为 2170.52 点；

2002 年 5 月 30 日为 1523.52 点。

原告诉称：

被告没有如实披露信息，存在虚假陈述。原告基于信任被告的虚假陈述作出错误的投资决定，造成严重损失，应由被告赔偿。

被告辩称：

原告当时购买被告股票与 2000 年年报没有因果关系，原告并没有因虚假陈述而遭到损失。股市本身是有风险的，应当扣除证券市场系统风险对股价下跌的影响。

请求驳回原告的全部诉讼请求。

一审认为：

1. 被告行为构成虚假陈述。

被告在 2001 年 3 月 30 日公布的 2000 年年度报告中虚构利润、对增发募集资金使用情况等进行虚假披露，并且未及时披露 1999 年至 2000 年与 3 家公司签订的互保协议及其协议项下多份担保合同，其行为已经构成虚假陈述，2001 年 3 月 30 日是虚假陈述实施日。

2. 2002 年 5 月 30 日可以视为虚假陈述揭露日，2002 年 9 月 25 日应被确定为基准日。

被告于 2002 年 5 月 30 日公告了公司接到上海证券交易所上证上字〔2002〕94 号《关于提请对被告纵横公司进行专项核查的报告》及中国证监会上海稽查局沪证稽便〔2002〕016 号《关于对被告纵横公司进行调查的函》，上海稽查局将对公司涉嫌违反证券法规行为进行现场调查的事项，中国证券报亦于同日对此进行了报道，该调查与前述虚假陈述有直接的关联，2002 年 5 月 30 日可以视为虚假陈述揭露日。该虚假陈述被揭露后,自 2002 年 7 月 24 日至 2002 年 9 月 25 日被告股票的累计成交量达到其可流通部分 100%,2002 年 9 月 25 日应被确定为基准日。

3. 原告损失与 2000 年年报存在因果关系的证明责任不在原告。

作为普通的投资者在决定购买某只股票时,无疑对该股票发行人所披露信息只能给予足够的信任,被告所有已经披露的信息都应当是原告在决定购买股票时所信赖的对象。

被告关于原告购买股票发生的亏损与虚假陈述之间没有因果关系的抗辩没有依据,不应予以采纳。

被告认为原告的亏损主要是由股市本身的风险所致,但未能举证证明有免责事由存在,故应赔偿原告因购买被告股票受虚假陈述影响而遭受的损失。

4. 原告的损失与被告的虚假陈述存在因果关系。

原告于虚假陈述实施之后揭露日之前购买纵横国际股票,并因 2002 年 9 月 25 日前持续持有而产生亏损。在虚假陈述被揭露之前,被告股票的股价并非正常的价格,而是受虚假陈述的影响处于一种虚高的状态,后因虚假陈述被揭露而下跌,原告因持有该股票而产生亏损,该亏损与被告的虚假陈述之间有因果关系。

综上,原告关于被告因虚假陈述应赔偿其购买该公司股票而产生的亏损的诉讼请求应予支持。

5. 原告主张的赔偿数额符合法律规定。

虚假陈述行为人在证券交易市场承担的民事赔偿责任以投资人因虚假陈述而实际发生的损失为限,该损失包括投资差额损失及该部分的佣金和印花税,再加上前述资金自买入至卖出证券日或者基准日的银行同期活期存款利息。

原告主张赔偿的损失数额总计为 2,267,646.74 元(其中投资差额损失为 2,250,766 元,该投资差额损失部分的佣金和印花税为 16,880.74 元),并未超出前述规定。

一审判决:

被告自判决生效之日起 10 日内赔偿原告 2,267,646.74 元及利息(该利息从 2001 年 10 月 24 日起按中国人民银行同期活期存款利率计算至 2002 年 9 月 25 日止)。

被告不服一审判决,向上级人民法院提起上诉。

被告上诉称:

众所周知,从 2002 年起,中国的股市一直处于低迷状态,整体大盘是下跌的。原审法院漏查了证券市场系统风险这一事实,在损失计算中没有扣除系统风险造成的股价下跌损失。请求撤销原判,将本案发回重审或直接改判被告不承担任何责任。

原告二审辩称:

原审判决认定事实清楚,适用法律正确,应予维持。

律师观点:

1. 关于原告购买纵横国际股票至虚假陈述揭露日期间是否存在证券市场系统风险。

系统风险存在与否,可以透过证券市场的综合指数、流通股总市值、股票所在行业板块指数及市值等数据的变动情况加以判断。

自原告于2001年7月5日、6日购买纵横国际股票至虚假陈述揭露日2002年5月30日,上证综合指数、沪市全部A股流通股总市值、纵横国际所在的机械类行业A股流通股总市值这三类数据均出现了较大幅度的下跌:

2002年5月30日的上证综合指数收盘点位较2001年7月5日、2001年7月6日分别下跌了30.17%、29.81%;

2002年5月30日,在上海证券交易所上市的全部A股流通股总市值较2001年7月5日下跌了27.69%;

2002年5月30日被告股票所处的"普通机械制造业"行业A股流通股总市值较2001年7月5日、2001年7月6日分别下跌了26.26%与25.82%。

由此可见,在2001年7月5日至2002年5月30日,证券市场上个股价格出现了整体性下跌,证券市场的系统风险客观存在。

受其影响,即便不存在被告纵横公司的虚假陈述行为,纵横国际股票的市场价格在上述期间亦难免会有一定幅度的下跌。

根据《最高人民法院关于审理证券市场因虚假陈述引发的民事赔偿案件的若干规定》第19条[①]"损失或者部分损失是由证券市场系统风险等其他因素所导致的,人民法院应当认定虚假陈述与损害结果之间不存在因果关系"的规定,在确定被告纵横公司的赔偿责任时,应当扣除证券市场系统风险所致的损失。

[①] 该规定已于2022年1月22日起失效,《最高人民法院关于审理证券市场虚假陈述侵权民事赔偿案件的若干规定》于同日起施行。新规中第31条规定:"人民法院应当查明虚假陈述与原告损失之间的因果关系,以及导致原告损失的其他原因等案件基本事实,确定赔偿责任范围。被告能够举证证明原告的损失部分或者全部是由他人操纵市场、证券市场的风险、证券市场对特定事件的过度反应、上市公司内外部经营环境等其他因素所导致的,对其关于相应减轻或者免除责任的抗辩,人民法院应当予以支持。"

2. 关于证券市场系统风险所致的损失数额如何确定。

对此,当前立法与司法解释皆无规定。在此法律背景下,系统风险是否存在,要总体把握。

(1) 参考综合指数,但不要将其作为唯一标准。

虽然市场总体风险是以证券市场的综合指数、流通股总市值等因素综合体现出来的,但在确定系统风险所致的损失时,亦不能采用单一标准,而应在综合分析能够具体体现系统风险的"上证综合指数""沪市全部A股流通股总市值""纵横国际所在的机械类行业板块指数""机械类行业A股流通股总市值"这四类数据变动情况的基础上加以把握。

在上述四类数据中,被告股票所处的机械类行业板块指数及板块市值变动情况与其股价最具关联性,最能体现出系统风险对被告股票股价的实际影响力,故应将其作为计算系统风险损失的优先考虑因素。

(2) 多角度多标准判断,增强判断系统风险的科学性。

①同类板块指数应当作为判断系统风险的重要事由之一。因为与综合指数相比,同类板块指数与个股的关联性更加密切,判断系统风险的准确性更高,自不应将其排除在外。

②同类板块指数与综合指数应一并纳入考虑范围,相互佐证系统风险是否存在。二者应属并列关系,而非选择关系。

③在指数之外,将流通股总市值的变化情况作为参考指标,具有补强判断标准客观性的重要价值。将证券交易市场全部A股流通股总市值及股票所在行业板块A股流通股总市值引入判断系统风险的指标体系,可在相当程度上弥补当前指数计算基础中含有非流通股因素的弊端,增强判断的客观性与科学性。事实亦表明,指数与市值这两类数据的变化情况并不一致,这也从一个侧面印证了引入流通股总市值的变动情况作为判断因素之一并非可有可无。

④在计算流通股总市值的变化情况时,应确保计算基础的一致性。不能简单地以购买日和卖出日(或基准日)对应的市场流通股总市值和板块流通股总市值作为计算依据,应当特别留意在计算卖出日(或基准日)对应的证券市场流通股总市值与个股所在行业流通股总市值数据时,须以购买日当天在证券交易所上市的全部流通股和股票所在板块全部流通股为统计标准,剔除其后发行的新股。

⑤上述四项指标均系客观标准,便于司法实践中掌握。具体适用时,四项指标不一定都存在。例如,对于某些板块如机械类板块,目前尚无相应的指数数据,

故这种情形下只能依照其余三项指标综合加以判断。

本案中上海证券交易所即无"机械类行业板块"指数数据,法院应在综合分析其他三类数据变动情况的基础上作出认定。

如前所述,自原告于2001年7月5日、6日购买纵横国际股票至虚假陈述揭露日2002年5月30日,上证综合指数分别下跌了30.17%与29.81%,沪市A股流通股总市值下跌了27.69%,被告股票所在的"普通机械制造业"行业A股流通股总市值分别下跌了26.26%与25.82%。

鉴于2001年7月6日原告购买的股票为210,535股,占其全部股票数的77.25%,故以2001年7月6日为参照所反映的相关数据的变动情况应作为主要参考因素。

综合考虑上述各因素,确定证券市场系统风险造成被告股票股价下跌的幅度为26%。

(3) 如何认定系统风险所致损失数额。

①如上所述,系统风险造成损失数额的影响因素种类繁多,应在综合分析能够具体体现系统风险的"上证(深证)综合指数""沪市(深市)全部A股流通股总市值""个股所在的行业板块指数""行业板块A股流通股总市值"这四类数据变动情况的基础上综合加以把握。

②在上述四类数据中,个股所处的行业板块指数及板块市值变动情况与个股股价更具关联性,更能体现出系统风险对个股股价的实际影响力,故应将其作为计算系统风险损失的优先考虑因素。

③如果投资者购买股票的时间不在同一天,则应分别计算出不同批次股票购买时间所对应的上述四因素的变动情况。在此基础上,应以股票购入量较大的时间点所对应的四因素的变动情况作为重点衡量指标,相应赋予其在影响最终结果的计算因素中以更大的权重。

本案原告买入被告股票的平均价格为每股14.47元,则因系统风险导致的纵横国际股价的损失为每股3.76元(14.47元×26%)。至投资差额损失计算的基准日即2002年9月25日,原告尚未卖出的股票数为270,200股,故本案应予扣除的系统风险所致损失数额为1,015,952元(3.76元/股×270,200股)。在不考虑证券市场系统风险的情况下,原告的投资差额损失为2,250,766元[(14.47 - 6.14)元/股×270,200股]。扣除系统风险所致损失1,015,952元后,原告因被告股票虚假陈述所致的投资差额损失为1,234,814元(2,250,766元 - 1,015,952元)。该投资差额损失部分的佣金为4321.85元(1,234,814元×3.5‰),印花税为4939.26元(1,234,814元×4%)。

以上3项合计,被告因虚假陈述而应向原告赔偿的损失本金为1,244,075.2元。

综上,被告关于原审判决未在损失计算中考虑系统风险的上诉理由成立,法院应予以支持。

法院判决:

1. 撤销原审判决;

2. 被告自判决生效之日起10日内向原告赔偿1,244,075.2元及其利息(该利息从2001年7月6日起按中国人民银行同期活期存款利率计算至2002年9月25日止);

3. 驳回原告其他诉讼请求。

777. 上市公司减资未履行临时报告义务,将受到何种行政处罚?

上市公司减资未履行临时报告义务属于上市公司违反信息披露义务的一种,应按照以下规定处罚:

信息披露义务人未按照规定报送有关报告或者履行信息披露义务的,责令改正,给予警告,并处以50万元以上500万元以下的罚款;对直接负责的主管人员和其他直接责任人员给予警告,并处以20万元以上200万元以下的罚款。

发行人的控股股东、实际控制人组织、指使从事上述违法行为的,依照前述规定处罚。

【案例316】鲁北化工多起关联交易未披露 公司及负责人共计被罚147万元①

当事人:鲁北化工;冯某田,时任董事长;袁某亮,时任总经理;吴某瑞,时任鲁北财务总监兼董事;田某新,时任董事会秘书;刘某亭,时任财务部门负责人;冯某深,时任董事;刘某岗,时任副董事长;冯某田,时任副总经理;翟某轩,时任副总经理;吴某文,时任监事;佘某华,时任职工监事;李某周,时任独立董事;范某强,时任独立董事。

基本事实:

2007年度,鲁北化工与大股东鲁北集团及其他关联方共发生非经营性资金

---

① 参见中国证监会(2012)11号行政处罚决定书。

往来265笔,其中借方发生额1,106,418,656.36元,贷方发生额1,073,953,089.96元,期末借方余额7,649,506.74元。对于上述往来款项,鲁北化工未按规定履行临时信息披露义务,也未在2007年中期报告中予以披露。

2006年5月24日,鲁北化工以其拥有的重油裂解资产与鲁北集团拥有的合成氨资产进行置换。合成氨资产自置换进入鲁北化工后一直停工,未投入使用。在2007年年度报告中,鲁北化工未披露合成氨资产停产事项。

鲁北化工2007年第一季度报告披露,截至2007年3月31日,短期借款余额为23,600万元。经查,截至2007年3月31日,短期借款余额实为34,100万元。2007年中期报告披露,截至2007年6月30日,短期借款余额为24,500万元。经查,截至2007年6月30日,短期借款余额实为35,000万元。2007年年度报告披露,短期借款期末余额为14,900万元。经查,2007年年底短期借款余额实为18,400万元。

2008年度,鲁北化工与鲁北集团及其他关联方共发生非经营性资金往来300笔,其中借方发生额1,094,695,902.43元,贷方发生额826,388,779.65元,期末借方余额275,956,629.52元。对于上述往来款项,鲁北化工未按规定履行临时信息披露义务,也未在2008年中期报告中予以披露。

2008年10月4日,鲁北集团决定关停鲁北化工热电厂5台9.8万千瓦发电机组,但鲁北化工未按规定履行临时信息披露义务。

当事人未提出陈述、申辩意见,也未要求听证。

证监会认为:

鲁北化工2007年、2008年定期报告及临时报告信息披露违法,对重大关联交易未予及时披露,也未及时披露热电厂发电机组关停事项。鲁北化工未按规定履行信息披露义务的行为,违反了《证券法》(2005年修订)第63条、67条的规定,构成了《证券法》(2005年修订)第193条所述"发行人、上市公司或者其他信息披露义务人未按照规定披露信息,或者所披露的信息有虚假记载、误导性陈述或者重大遗漏"的行为。

对鲁北化工2007年中期报告、2007年年度报告信息披露违法的行为,直接负责的主管人员是冯某田、袁某亮、吴某瑞,其他直接责任人员是田某新、刘某亭、冯某深、刘某岗、冯某田、翟某轩、吴某文、佘某华、李某周、范某强。

对鲁北化工2008年中期报告信息披露违法的行为,直接负责的主管人员是冯某田、袁某亮、吴某瑞,其他直接责任人员是田某新、刘某亭、冯某深、刘某岗、冯某田、翟某轩、吴某文、佘某华、李某周、范某强。

对鲁北化工发电机组关停事项未及时履行临时信息披露义务的行为,直接负责的主管人员是冯某田、袁某亮、田某新,其他直接责任人员是吴某瑞、冯某深、刘某岗、冯某田、翟某轩、吴某文、佘某华。

对鲁北化工2007年度至2008年度非经营性资金往来未及时履行临时信息披露义务的行为,直接负责的主管人员是冯某田、袁某亮、吴某瑞、田某新。

鲁北化工连续多年未按规定披露大股东及关联方占款事项以及其他事项,涉及金额巨大、性质恶劣,依法应对相关责任人员从重处罚。

证监会决定:

1. 责令鲁北化工改正,给予警告,并处以40万元罚款;
2. 对冯某田给予警告,并处以30万元罚款;
3. 对袁某亮、吴某瑞给予警告,并分别处以20万元罚款;
4. 对田某新给予警告,并处以5万元罚款;
5. 对刘某亭、冯某深、刘某岗、冯某田、翟某轩给予警告,并分别处以4万元罚款;
6. 对吴某文、佘某华、李某周、范某强给予警告,并分别处以3万元罚款。

【案例317】紫金矿业未及时披露污染事件 遭证监会罚款30万元[①]

当事人: 紫金矿业、陈某河、罗某南、邹某昌、刘某初、蓝某生、黄某东

基本事实:

2010年7月3日下午,紫金矿业紫金山金铜矿(以下简称金铜矿)所属的铜矿湿法厂发生污水从涵洞中渗漏并流入汀江的水污染事件。事件发生后,紫金矿业立即启动应急响应程序,并采取了紧急处理措施。

7月4日凌晨1时,金铜矿即向龙岩市上杭县环保局和安监局报送了书面的《铜矿湿法厂7·3污水池突发渗漏事件情况汇报》。

7月4日下午3时,铜矿湿法厂污水渗漏得到控制。

7月5日下午,紫金矿业决定根据当地政府要求,暂缓披露污水渗漏事件。

7月6日起,紫金矿业多次与当地政府有关部门联系信息披露事宜,但有关方面要求紫金矿业要与政府保持一致,不能自行公告。

7月12日,当地政府召开新闻发布会。同日晚,紫金矿业发布了《关于紫金山铜矿湿法厂污水池突发渗漏环保事故的公告》。

---

① 参见中国证监会(2012)10号行政处罚决定书。

当事人陈某河时任紫金矿业董事长,罗某南时任紫金矿业执行董事兼总裁,邹某昌时任紫金矿业执行董事兼常务副总裁,刘某初、蓝某生时任紫金矿业执行董事兼副董事长,黄某东时任紫金矿业执行董事兼副总裁。

当事人未提出陈述、申辩意见,也未要求听证。

证监会认为:

紫金矿业所属的铜矿湿法厂于7月3日发生的污水渗漏事故,严重污染了其附近汀江下游的水质,对当地环境造成了极大破坏。对于这一可能影响紫金矿业股票价格的重大事件,紫金矿业应在第一时间公之于众。但紫金矿业未能及时披露该重大事故及后续进展情况,其行为违反了《证券法》(2005年修订)第67条的规定,构成《证券法》(2005年修订)第193条所述的违法行为。对于紫金矿业的违法行为,陈某河、罗某南、邹某昌、刘某初、蓝某生、黄某东是直接负责的主管人员。

在确定紫金矿业应承担的责任幅度时,应考虑以下事实:其一,在发生污水渗漏的初期,紫金矿业曾计划披露相关信息,但由于各种外部原因,未能及时履行信息披露义务;其二,在确定污染源后,紫金矿业也曾通过相关政府渠道在一定范围内进行了披露;其三,紫金矿业在事故发生后及时赔偿了汀江下游养殖户的财产损失;其四,因本次污水渗漏事件,2010年9月26日福建省环境保护厅对紫金山金铜矿作出罚款9,563,130元的行政处罚;2011年5月福建省龙岩市中级人民法院以重大环境污染事故罪对紫金山金铜矿判处罚金3000万元,对5名责任人员分别判处3年至3年6个月不等的有期徒刑并处罚金。

综合上述情况,虽然紫金矿业延迟披露有一定的客观原因,并非故意隐瞒污水渗漏事故,但在对环境产生重大影响的重大事件发生后,作为一家上市公司,首先应当依法及时披露相关信息,将可能产生的后果及时告知投资者和社会公众,以利于投资者的投资决策,而不应受各种外部因素的干扰。紫金矿业未按照法律规定,在第一时间及时披露相关信息,侵害了广大投资者的知情权,理应承担相应的法律后果。虽然有关司法机关和政府部门已根据相关法律法规对紫金矿业下属企业和责任人员分别进行了处理,但不能免除紫金矿业依据《证券法》所应承担的责任。

证监会决定:

1. 责令紫金矿业改正,给予警告,并处以30万元罚款;
2. 对陈某河给予警告,并处以10万元罚款;
3. 对罗某南、邹某昌给予警告,并分别处以5万元罚款;
4. 对刘某初、蓝某生、黄某东给予警告。

第三节 公司减资的税务问题

778. 公司减资如何进行会计处理？投资方如何进行会计处理？

会计处理方式如下。

(1) 公司的会计处理

①因资本过剩而减资。

对于有限责任公司，企业应按实际发还的投资款数额，借记"实收资本"科目，贷记"银行存款"科目。

对于股份有限公司，企业应按回购股份的面值，借记"股本"科目，按股票发行时原记入资本公积的溢价部分，借记"资本公积——股本溢价"科目；回购价格超过上述"股本"及"资本公积——股本溢价"科目的部分，应依次借记"盈余公积""利润分配——未分配利润"等科目；按实际支付的购买价款，贷记"银行存款"等科目。如回购价格低于回购股份所对应的股本，则应按回购股份的面值，借记"股本"科目，按实际回购价格，贷记"银行存款"科目，按其差额，贷记"资本公积——其他资本公积"科目。

②因严重亏损而减资。

借记"实收资本"或"股本"，贷记"利润分配——未分配利润"，金额为拟减少的资本或股本数。

③因其他情形而减资。

借记"实收资本"或"股本"，贷记"利润分配——未分配利润"，金额为拟减少的资本或股本数。

(2) 投资者的会计处理

按收回的资本金额，借记"资本公积"，贷记"长期投资"。

779. 公司以及股东如何进行减资的税务处理？

税务处理方式如下。

(1) 公司的税务处理

公司减资属于所有者权益变化，无须进行所得税处理。

(2) 股东的税务处理

①法人股东。

股东从被投资企业撤回或减少投资，其取得的资产中，相当于初始出资的部分，应确认为投资收回；相当于被投资企业累计未分配利润和累计盈余公积按减少实收资本比例计算的部分,应确认为股息所得;其余部分确认为投资资产转让所得。

②个人股东。

个人因减资从被投资企业分回的资产,均属于个人所得税应税收入,超出投资成本的部分应全部确认为财产转让所得,按规定计算缴纳个人所得税。

应纳税所得额的计算公式如下:应纳税所得额 = 个人收回款项合计数 - 原实际出资额(投入额)及相关税费

③如果从被投资企业分回的包括非货币性资产,该资产变动视同销售并确认收入。

确定销售收入时,分为三种情形:第一,属于企业自制的资产应按企业同类资产同期对外销售价格确定销售收入;第二,属于外购的资产可按购入时的价格确定销售收入;第三,其他类型的资产按照被移送资产的公允价值确定销售收入。

【案例318】减资收回投资成本 无须缴纳所得税[①]

基本案情:

穆棱科冕公司注册资本为13,000万元,其中:科冕木业公司出资11,530万元,持有其88.69%股权,昆山科冕公司出资1470万元,持有其11.31%股权。

2011年8月15日科冕木业公司董事会通过了《关于穆棱科冕公司减资的议案》,减少穆棱科冕公司注册资本10,000万元。减资后,穆棱科冕公司注册资本金将减至3000万元,科冕木业公司持股51%,昆山科冕公司持股49%(见图10-2)。

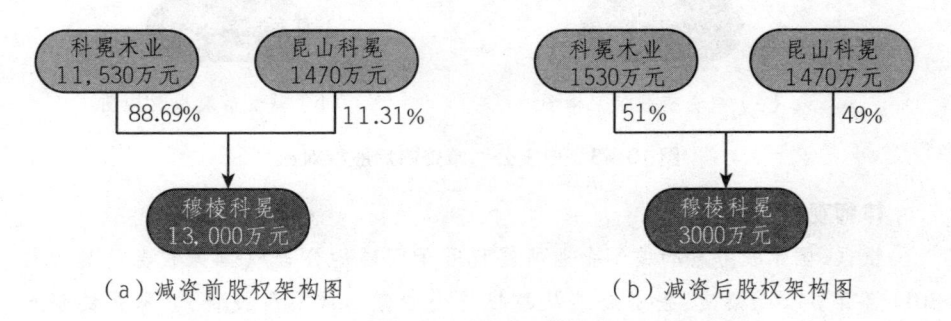

(a)减资前股权架构图　　(b)减资后股权架构图

图10-2 穆棱科冕公司减资前后股权架构对比

---

① 参见巨潮资讯网 http://www.cninfo.com.cn/new/disclosure/detail?plate = szse&orgId = 9900010489&stockCode = 00235&annoucementId = 59779225&annoucementTime = 2011 - 08 - 06% 2006:30,2021年2月20日访问。

律师观点：

根据《国家税务总局关于企业所得税若干问题的公告》（国家税务总局公告2011年第34号）的规定，投资企业从被投资企业撤回或减少投资，其取得的资产中，相当于初始出资的部分，应确认为投资收回。

科冕木业公司收回的10,000万元是其本身的投资成本，无须缴纳企业所得税。

【案例319】减资金额超出投资成本与红利 超出部分要缴税[1]

基本案情：

申友公司注册资本为9000万元，友好集团出资5100万元，持有其56.67%股权，上海人类基因组研究中心出资3900万元，持有其43.33%股权。

2011年12月23日，友好集团减少注册资本金5100万元。减资后，申友公司注册资本金为3900万元，上海人类基因组研究中心持股100%（见图10-3）。

与上海人类基因组研究中心协商确定，友好集团实际取得的减资金额为6046万元，申友公司先支付3023万元，即50%的款项，在完成工商变更相关工作后（不晚于2012年3月31日）申友公司再支付剩余的3023万元。

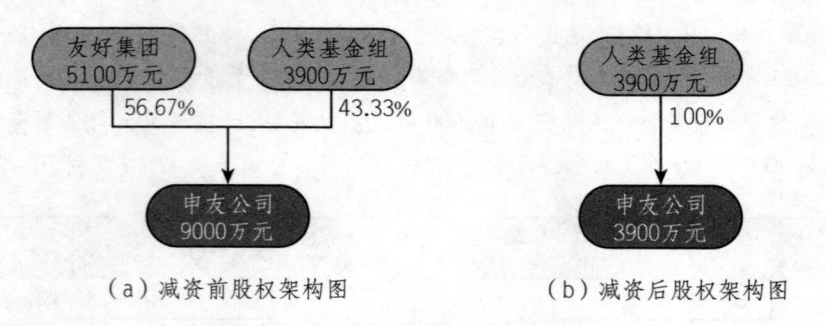

（a）减资前股权架构图　　　　（b）减资后股权架构图

图10-3　申友公司减资前后股权对比

律师观点：

根据《国家税务总局关于企业所得税若干问题的公告》（国家税务总局公告2011年第34号）规定：投资企业从被投资企业撤回或减少投资，其取得的资产中，相当于初始出资的部分，应确认为投资收回；相当于被投资企业累计未分配利

---

[1] 参见《新疆友好（集团）股份有限公司关于以单方面减资方式退出上海申友生物技术有限责任公司的公告》，载上海证券交易所网，http://www.sse.com.cn/disclosure/listedinfo/announcement/c/2011-12-24/600778_20111224_2.pdf，2020年3月29日访问。

润和累计盈余公积按减少实收资本比例计算的部分,应确认为股息所得;其余部分确认为投资资产转让所得。

友好集团从申友公司撤回注册资本5100万元,但是从其分回的资金为6046万元。其中,初始出资部分5100万元应确认为投资收回,剩余部分946万元中,属于友好集团分享的申友公司留存收益应确认为股息所得,剩余金额则应确认为股权转让所得。根据《企业所得税法》第26条规定,股息所得部分为免税收入。因此友好集团分得的6046万元中,只对扣除投资成本以及留存收益后的剩余部分征收企业所得税。

780. 公司因减资进行税务变更,需要提交哪些文件?

公司因减资进行税务变更,需要提交下列文件:

(1)变更税务登记申请表(3份);
(2)法人营业执照;
(3)减资的股东会决议、章程修正案;
(4)减资后的验资报告;
(5)投资者的身份证;
(6)税务局要求的其他文件。

【法律依据】

一、公司法类

(一)法律

❖《公司法》

(二)行政法规

❖《市场主体登记管理条例》

(三)部门规章

❖《中华人民共和国市场主体登记管理条例实施细则》(国家市场监督管理总局令第52号)

❖《对外贸易经济合作部关于印发〈外商投资企业合并、分立、减少注册资本公告及通知范本〉的通知》(外经贸法函〔2003〕15号)

(四)地方司法文件

❖《山东省高级人民法院关于审理公司纠纷案件若干问题的意见(试行)》(鲁高法发〔2007〕3号)

❖《北京市高级人民法院关于审理公司纠纷案件若干问题的指导意见》(京高法发〔2008〕127号)

二、税法类

(一)法律

❖《企业所得税法》

(二)部门规范性文件

❖《财政部、国家税务总局关于印发〈关于执行《企业会计制度》和相关会计准则有关问题解答(三)〉的通知》(财会〔2003〕29号)

❖《国家税务总局关于企业所得税若干问题的公告》(国家税务总局公告2011年第34号)

❖《国家税务总局关于个人终止投资经营收回款项征收个人所得税问题的公告》(国家税务总局公告2011年第41号)

❖《国家税务总局关于企业处置资产所得税处理问题的通知》(国税函〔2008〕828号)

❖《国家税务总局关于企业所得税有关问题的公告》(国家税务总局公告2016年第80号)

❖《财政部关于印发修订〈企业会计准则第37号——金融工具列报〉的通知》(财会〔2017〕14号)

三、证券法类

(一)法律

❖《证券法》

(二)部门规章

❖《上市公司信息披露管理办法》(证监会令第40号)

(三)司法解释

❖《最高人民法院关于审理证券市场虚假陈述侵权民事赔偿案件的若干规定》(法释〔2022〕2号)

第十一章　公司合并纠纷[①]

【宋和顾释义】

> 公司合并纠纷，是指公司吸收或新设合并时，违反法律、行政法规，没有全面履行合并协议，或者合并协议未经各公司股东会依法表决决定，以及未履行通知债权人义务等侵害公司股东或债权人利益而引发的纠纷。
>
> 实践中，公司合并纠纷主要是提起公司合并无效、不成立等诉讼，如果债权人仅向合并后的公司主张债权，则属于普通的债权债务纠纷。

【关键词】吸收合并　新设合并　同一控制下的企业合并　非同一控制下的企业合并

❖ **吸收合并**：指一个公司吸收其他公司，被吸收的公司解散。如以公式表示，即 A + B = A。其中，吸收合并又可分为同类吸收合并与异类吸收合并，同类吸收合并指两个或两个以上的有限责任公司间或股份有限公司间吸收合并，异类吸收合并指两个或两个以上的有限责任公司与股份有限公司间吸收合并。

❖ **新设合并**：指两个或两个以上公司合并设立一个新的公司，合并各方解散。如以公式表示，即 A + B = C。

❖ **同一控制下的企业合并**：指参与合并的企业在合并前后均受同一方或相同的多方最终控制且该控制并非暂时性的。具体判定标准如下：

（1）通常情况下，能够实施最终控制的一方是企业集团的母公司。实施控制

[①] 《修订草案》增加了不需要经过股东会决议的公司合并情形，即公司与其持股超过90%以上的公司合并，被合并的公司不需经股东会决议，但应当通知其他股东，其他股东有权请求公司按照合理的价格收购其股权或者股份。公司合并支付的价款不超过本公司净资产10%的，可以不经股东会决议，但是公司章程另有规定的除外。上述合并不经股东会决议的公司合并，应当经董事会决议。

· 1317 ·

的相同多方,是指根据合同或协议的约定,拥有最终决定参与合并企业的财务和经营决策,并从中获取利益的投资者群体。

(2)企业合并之前(合并日之前),参与合并各方在最终控制方的控制时间一般在1年以上(含1年),企业合并后所形成的主体在最终控制方的控制时间也应达到1年以上。

(3)判断是否属于同一控制下的企业合并,应按照实质重于形式原则进行判断。同受国家控制的企业之间发生的合并,不应仅仅因为参与合并各方在合并前后均受国家控制而将其作为同一控制下的企业合并。

❖ **非同一控制下的企业合并**:指参与合并各方在合并前后不受同一方或相同的多方控制的合并交易,即同一控制下的企业合并以外的其他企业合并。

第一节 立 案

781. 如何确定公司合并纠纷的当事人?

对于请求确认公司合并无效纠纷,合并一方、合并各方公司的股东、债权人以及公司合并的审批机关可以请求人民法院确认公司合并无效。被告应为公司合并一方或各方,如果合并一方或各方均已经注销,则被告应确定为合并后存续的公司。

对于确认公司合并决议无效或请求撤销合并决议的纠纷,应由公司股东提起诉讼,被告应为作出决议的公司。

对于债权人请求承担债务以及违约责任的纠纷,被告应为合并后的主体。

782. 公司合并纠纷由何地法院管辖?

公司合并无效诉讼的管辖法院应为合并一方或各方所在地的人民法院,如果合并各方均已注销,则应当由合并后存续的公司所在地人民法院管辖。

请求撤销合并决议、确认公司合并决议无效、不成立的纠纷应由作出决议公司所在地人民法院管辖。

对于债权人主张债务纠纷,在合同没有另行约定的情况下应由合并后存续公司所在地人民法院管辖。

783. 公司合并纠纷按照什么标准交纳案件受理费?

公司合并无效纠纷或请求撤销合并决议、确认合并决议无效、不成立的案件受理费应当按件收费,即50~100元。

债权人主张债务纠纷的案件受理费应当依照案件标的分段累计计算,具体比例详见本书第一章第4问"公司设立纠纷应按照什么标准交纳案件受理费?"。

第十一章
公司合并纠纷

784. 主张公司合并无效或合并协议无效是否适用诉讼时效？

请求确认合并无效诉讼并不适用诉讼时效制度。

请求撤销合并协议权的行使期限应当适用除斥期间,即自知道或者应当知道可撤销事由之日起1年内行使。

785. 债权人向公司主张债权的诉讼时效是否因负有债务的公司合并而产生变化？

对此问题,笔者认为应当分以下四种情况:

(1)对于公司合并前已经到期的债权,不因公司合并而产生任何影响,其诉讼时效仍应为约定的履行期限届满之日起3年。

(2)如果债权人未在负有债务的公司通知或公告的法定期限内对未到期债务主张清偿或提供担保的,主张债权的诉讼时效仍应为债务履行期限届满之日起3年。

(3)如果债权人在负有债务的公司合并过程中主张清偿未到期债务,那么债权人的诉讼时效应当为其主张之日起3年。

(4)如果负有债务的公司在合并过程中未依法履行通知或公告义务,债权人主张未到期债权的,则诉讼时效应为债权人主张之日起3年;如债权人未主张提前清偿债务的,诉讼时效仍为债务履行期限届满之日起3年。

786. 若判决公司合并无效,则新设公司在判决生效前进行的交易行为效力如何？

借鉴最高人民法院对2005年修订前的《公司法》所作司法解释中关于认定公司设立无效的规定,同时基于商事法律系维护商事法律关系的稳定和促进商事流转的原则,公司合并无效的判决不应当溯及既往。

但需要注意的是,借鉴我国《公司法》关于公司分立的相关规定,新设公司在判决合并无效前享有的债权应由原合并各方享有,债务应由原合并各方承担连带责任。

787. 合并前公司签订合同中约定的争议解决条款或仲裁条款对合并后的公司是否具有约束力？

是。

公司合并后的主体系概括承继了合并前主体的全部权利、义务,其中自然包括争议解决条款或仲裁条款的约束力,因此这些条款对合并后的公司仍具有约束力。

【案例320】合并前订立仲裁条款　不因合并而丧失效力

申请人:C公司

申请事项： 裁定仲裁委对工程建筑合同纠纷一案无管辖权。

争议焦点： 合并前主体订立合同中约定的仲裁条款对合并后主体是否有约束力。

基本案情：

仲裁庭在第一次开庭审理 A 公司和 B 公司工程建筑合同纠纷一案后，B 公司因被申请人吸收合并而注销，为此，申请人以其与 A 公司间并无仲裁协议为由，向该仲裁委所在地法院提出管辖权异议，认为仲裁委对本案无管辖权。

申请人诉称：

根据《仲裁法》及其相关司法解释规定，仲裁协议只能约束订立协议的当事人，对于第三人不发生效力。工程建筑合同纠纷一案中的仲裁协议的缔约双方为 A 公司和 B 公司，仲裁协议只能约束 A 公司和 B 公司。

由于 B 公司因吸收合并被并入申请人，其法人人格消灭。申请人与原合同当事人 A 公司之间属新的合同关系。当新的合同关系中的双方当事人不承认原仲裁协议的效力时，原仲裁条款对申请人就不具有约束力。

A 公司辩称：

当申请人吸收合并 B 公司的时候，申请人概括继承了 B 公司的所有权利和义务，包括纠纷中的工程建筑合同。当申请人继承整个合同时，就意味着接受了该合同中的仲裁条款，并包括实体和程序上的一切权利和义务。申请人取代了 B 公司的法律地位后，就应该接受仲裁委对本案的管辖。

律师观点：

仲裁协议有效，对申请人有拘束力。

《合同法》第 57 条①规定："合同无效、被撤销或者终止的，不影响合同中独立存在的有关解决争议方法的条款的效力。"故仲裁条款依然有效。

《合同法》第 90 条②规定，当事人订立合同后合并的，由合并后的法人或者其他组织行使合同权利，履行合同义务。现 B 公司被申请人合并后，B 公司在合并前与他人订立的合同中所确定的各项权利、义务，包括合同中的仲裁条款，对合并后的申请人同样具有约束力。

仲裁裁定：

驳回申请人对管辖权的异议。

---

① 现为《民法典》第 507 条相关内容。
② 现为《民法典》第 67 条相关内容。

788. 公司合并被依法判决无效后,依据原合并决议已作出的资产负债分配及变更登记应如何处理?

对此应当分情况进行讨论:

(1)对于已经合并、交付的资产,应当将合并各方的资产状况恢复至合并前的状况;

(2)如果公司在依法办理注销、新设、变更手续的过程中,则应当立即停止上述手续的办理;

(3)较为难以处理的是,如果公司已经完成公司的注销、新设及变更,此时合并各方应当持法院生效判决书重新办理工商登记手续,将合并各方的工商登记情况恢复至合并前的状态。

第二节 公司合并纠纷的裁判标准

一、公司合并的法定程序

789. 公司合并必须履行哪些法定程序?

公司合并须履行的法定程序见图 11 – 1。

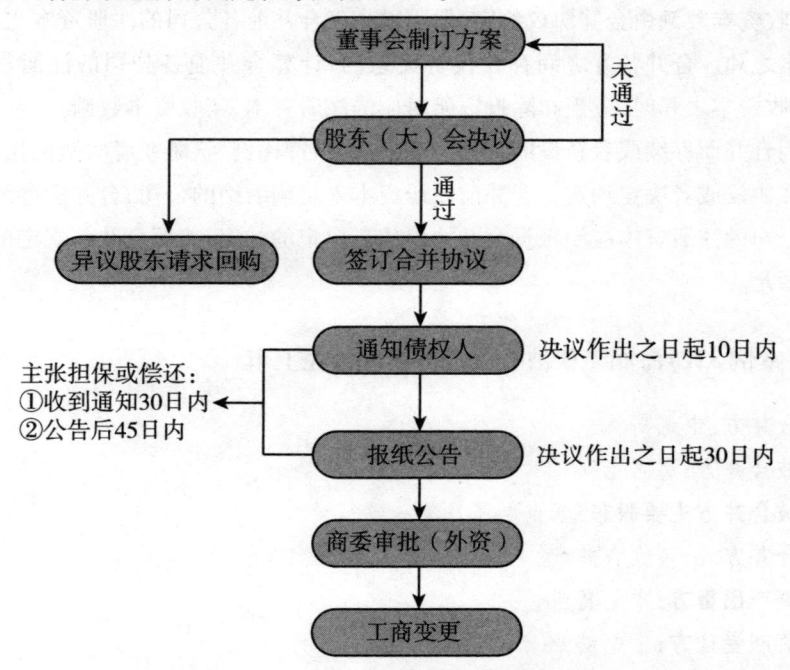

图 11 – 1 公司合并须履行的法定程序

公司合并应当首先由董事会拟订合并方案,而后,由董事会将合并方案提交股东(大)会审议通过。有限责任公司中,合并方案须经公司全体股东所持表决权 2/3 以上通过。股份有限公司中,须经出席股东大会的股东所持表决权 2/3 以上通过。股东(大)会审议通过后,公司之间可签订合并协议并编制资产负债表,并对合并事宜予以通知和公告。在债权人保护期限经过后,公司合并各方应至市场监督管理部门办理工商变更登记。

790. 不同法律形式的公司合并后,如何确定合并后的公司形式?

《公司法》并未对该问题作出明确规定,但借鉴我国关于外商投资企业合并的相关规定,区分如下四种不同情况:

(1)股份有限公司间合并后为股份有限公司;

(2)有限责任公司间合并后为有限责任公司;

(3)上市公司与有限责任公司合并后仍为上市公司;

(4)非上市的股份有限公司吸收合并有限责任公司的,则合并后存续的是股份有限公司;反之,则存续的是有限责任公司。

791. 如何确定公司合并后的注册资本及股权比例?

公司合并后可自主约定注册资本,因合并而存续或者新设的公司,其注册资本、实收资本数额由合并协议约定,但不得高于合并前各公司的注册资本之和、实收资本之和。合并各方之间存在投资关系的,计算合并前各公司的注册资本之和、实收资本之和时,应当扣除投资所对应的注册资本、实收资本数额。

因合并而存续或者新设的公司,其股东的出资比例、认缴或者实缴的出资额,由合并协议或者决定约定。合并前注册资本未足额缴纳的公司,合并后存续或者新设公司的注册资本应当根据合并协议或者决定的约定,按照合并前规定的出资期限缴足。

【案例321】海润光伏被吸收合并实现借壳上市

合并方:申龙高科

被合并方:海润光伏

被合并方主要股东:紫金电子及其一致行动人

合并方式:吸收合并

资产出售方:申龙高科

资产受让方:申龙创业

第十一章

公司合并纠纷

合并目的：

为解决面临的严峻形势，帮助公司走出困境，维护上市公司和股东利益，申龙高科决定引进海润光伏进行重大资产重组。一方面，通过资产、负债的整体出售使其从软塑彩印及复合包装产品的生产、销售领域战略退出；另一方面，通过新增股份换股吸收合并海润光伏，使其主营业务向太阳能电池用单晶硅棒/片、多晶硅锭/片、太阳能电池片及组件的研发、生产和销售领域整体转型，并实现海润光伏的整体上市。

合并方案：

申龙高科与海润光伏及其全体股东签署附生效条件的《吸收合并协议》及《吸收合并协议之补充协议》，约定海润光伏参考评估作价233,511.11万元，申龙高科以3.00元/股的价格向海润光伏全体股东发行77,837.04万股股份换股吸收合并海润光伏，吸收合并完成后，申龙高科存续，海润光伏法人资格将予以注销。

此次交易后，申龙高科股份将由25,804.76万股增加至103,641.80万股，紫金电子及其一致行动人约占此次交易后申龙高科总股本的41.87%。海润光伏股东升阳国际承诺自股份登记至其名下起12个月内不转让新增股份，海润光伏其他股东均承诺自股份登记至其名下起36个月内不转让新增股份（见图11-2）。

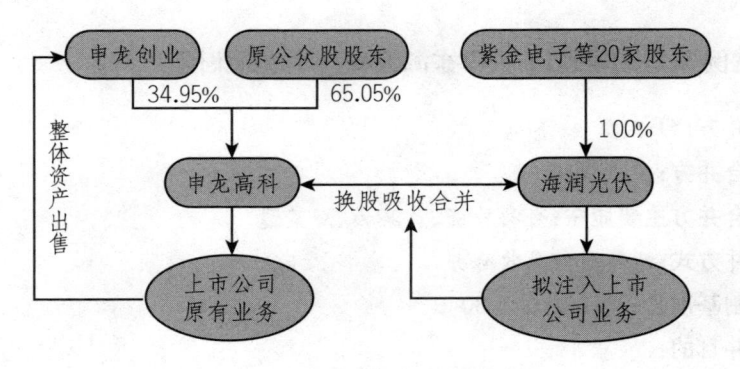

图11-2　交易前股权架构

为充分保护除申龙创业外其他股东的合法权益，申龙高科将在此次交易中由江阴市新国联投资发展有限公司作为第三方为上市公司股东大会对此次重组方案投反对票的股东提供现金选择权，现金选择权价格与此次交易新增股份价格相同，即3.00元/股。

申龙高科原注册资本为258,047,644元，原海润光伏注册资本为12.4亿元，申龙高科合并后的注册资本为 1,036,418,019 元(见图 11-3)。

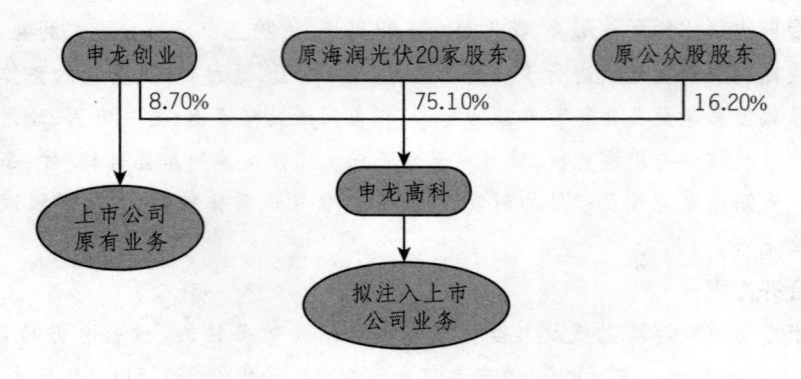

```
   申龙创业            原海润光伏20家股东         原公众股股东
      8.70%                75.10%                16.20%

   上市公司                 申龙高科
   原有业务
                          拟注入上市
                          公司业务
```

图 11-3 交易后股权架构

资产出售:

申龙高科与申龙创业签署的附生效条件《资产出售协议》及《资产出售协议之补充协议》约定将申龙高科所有资产及负债,参考评估结果作价 27,941.35 万元,全部出售给申龙创业,申龙创业以银行转账方式支付对价,如遇负债无法剥离,则由申龙创业以等值现金予以补足。阳光集团为上述交易提供担保,若申龙创业将来不能及时、足额向申龙高科支付转让款或不能及时、足额向申龙高科现金补足无法剥离的负债,阳光集团将代替申龙创业向申龙高科承担付款义务。

【案例322】为避退市　ST东源吸收合并金科集团

合并方: ST 东源

被合并方: 金科集团

被合并方主要股东: 金科投资、黄某云、陶某退

合并方式: 新增股份吸收合并

交割基准日: 2011 年 6 月 30 日

合并目的:

ST 东源 2004 年、2005 年连续 2 年亏损,2006 年 5 月 9 日被深交所实行退市风险警示特别处理,2007 年 6 月 7 日起撤销退市风险警示并实施其他特别处理。

ST 东源近 7 年来一直没有明晰的主业,是一家持股型公司,近 3 年虽保持盈利状态,但其中有 2 年扣除非经常性损益后的净利润仍为负数。为彻底改变目前的经营困境,必须进行重大资产重组。若本次新增股份吸收合并金科集团完成后,ST 东源的资产和业务将发生重大转变,经营规模将迅速扩大,主营业务突出,

资产质量和盈利能力将大幅提高,从而为未来经营业绩的可持续增长奠定坚实的基础(见图11-4)。

```
原公众股股东    金科投资      金科投资     黄某云等25名股东
      86.58%      13.42%       24.55%          75.45%
         ↓           ↓            ↓               ↓
        ST东源     ←吸收合并→      金科集团
```

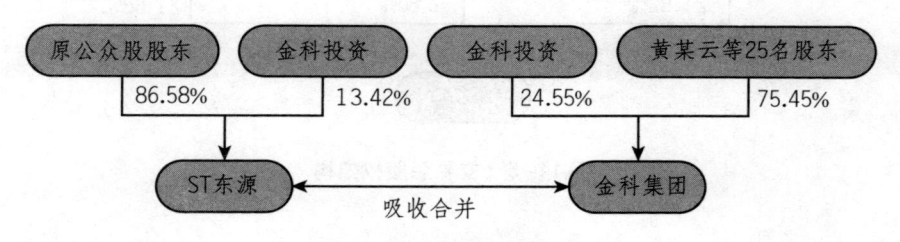

图11-4　交易前股权架构

合并方案:

ST东源采用新增股份吸收合并金科集团,金科集团全体股东以其拥有的金科集团权益折为ST东源的股本,成为ST东源股东。ST东源以5.18元/股的价格向金科集团全体股东发行908,498,204股股份,ST东源本次新增股份吸收合并金科集团完成后,金科集团将注销法人资格,金科集团的资产、负债、业务和人员全部由ST东源承继。本次交易后,ST东源的股本变更为1,158,540,051股。

2011年4月18日,金科投资、黄某云、陶某遐出具了《关于利润预测补偿的承诺函》,就本次交易完成后的利润补偿期间、补偿期间的预测利润合计数、补偿实施等事项作出了明确的承诺。

金科投资及实际控制人黄某云、陶某遐于2009年10月31日出具补充承诺:在《吸收合并协议》约定的过渡期结束后2个月内,由ST东源聘请具有相应资质的会计师事务所对金科集团过渡期内的损益情况进行专项审计。若金科集团在过渡期内发生经营亏损,金科投资、黄某云及陶某遐将在该专项审计报告出具之日起30日内以现金方式向ST东源全额弥补亏损,亏损额以该专项审计报告确定的数据为准。

为充分保护公司股东的合法权益,本次吸收合并中,金科投资将向除承诺放弃现金选择权的重庆渝富、金科投资外的公司其他股东提供一项现金选择权,享有现金选择权的公司股东决定全部或部分行使该项权利的,由金科投资支付现金对价后收购该等股东转让的股份。现金选择权价格与本次交易新增股份价格相同,即5.18元/股。

ST东源原注册资本250,041,847元,金科集团注册资本139,487,835元,合并后ST东源注册资本变更1,158,540,032元(见图11-5)。

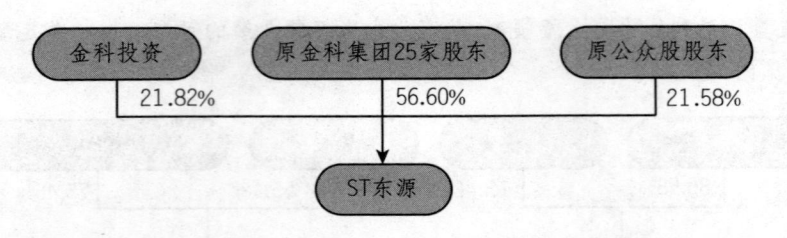

```
金科投资        原金科集团25家股东      原公众股股东
  21.82%           56.60%              21.58%
                    ST东源
```

图 11-5　交易后股权架构

792. 公司合并是否必须签订合并协议,协议签订主体是谁?是否包括合并各公司的股东?

根据我国《公司法》的规定,公司合并的合并各方必须签订合并协议,但是基于公司合并是以公司为主体的行为,因此合并协议的签订人应为合并各公司,而不应包括合并各方的股东。除签订书面协议外,合并各方还须编制资产负债表及财产清单。

793. 公司合并后,原合并各方的债务由谁承担?

应当由合并后存续或新设的公司继续承担合并前各方负有的债务。

【案例323】合并后新公司被判承继原债务

原告: 建行

被告: 建筑公司、物贸公司、计划委

诉讼请求: 请求判令三被告偿还70万元本金及利息。

争议焦点:

1. 新设合并成立的被告物贸公司是否应承担合并前物贸中心的保证责任;
2. 被告计划委作为被告物贸公司的上级单位是否需要承担过错责任。

基本案情:

1997年2月3日,原告依据贷款合同向被告建筑公司发放贷款70万元,约定还款期限为1998年2月2日。

同日,原告与物贸中心签订以上贷款的保证合同,约定物贸中心为被告建筑公司的70万元贷款提供连带担保,担保期限为保证合同生效之日至借款合同履行期届满后两年。

1998年2月2日,借款到期。被告建筑公司未能归还全部借款本息,物贸中心也未能履行保证责任。

2002年2月1日,原告向被告建筑公司、物贸中心分别寄发了逾期贷款催收通知书,要求被告建筑公司还本付息,物贸中心承担连带责任,但被告建筑公司、物贸中心均未能还款。

被告物贸公司于2001年3月19日登记成立,系物贸中心与B公司合并改制后新成立的企业法人。物贸中心于2001年3月19日办理注销手续,B公司于2001年6月4日办理注销手续。

2001年9月13日,物资中心的开办主管部门物资总会,因机构改制被撤销,与其他单位合并组建为商贸局,并与被告计划委合署办公,物资总会原有职能由被告计划委下属的物资办公室行使。

原告诉称:

1. 债务到期,被告建筑公司应偿还本金及利息。

原告与被告建筑公司之间存在合法有效的借贷合同关系,且借款已经到期,被告建筑公司应当按照合同约定偿还70万元本金及利息。

2. 被告物贸公司作为保证人的承继企业应当承担连带责任。

原告与物贸中心之间就上述贷款合同签订有合法有效的担保合同,且被担保人被告建筑公司到期不能偿还贷款本息,所以物贸中心作为连带债务人应当承担归还本息的责任。因为物贸中心债权债务关系已经由被告物贸公司概括继承,所以被告物贸公司应当按照担保合同对70万元贷款本金及利息承担连带责任。

3. 被告计划委应当承担连带责任。

物资总会作为物贸中心的开办主管部门,应对物贸中心的债务负连带责任。又因为物资总会的法人人格已经由被告计划委继承,所以被告计划委应当对70万元贷款本金及利息承担连带责任。

被告建筑公司辩称:

对原告起诉借款事实不予否认。

被告物贸公司辩称:

不同意原告诉讼请求。物贸中心的保证债务,在该中心改制过程中遗漏审计,故该笔债务应当由出卖方,即物资总会向原告承担责任,而不应当由改制后的被告物贸公司承担责任。

被告计划委辩称:

被告计划委不是适格被告,不应承担任何责任。

律师观点：

1. 借款合同有效，被告建筑公司应当向原告偿还全部本金及利息。

原告与被告建筑公司的借款合同，其内容和形式均符合法律规定，应当确认合法有效。借款到期后，被告建筑公司应当归还全部借款本息。

2. 物贸中心违反担保协议约定，应当承担相应的法律责任。

原告与被告建筑公司的借款合同、与物贸中心的保证合同，其内容和形式均符合法律规定，应当确认合法有效。借款到期后，被告建筑公司未能归还全部借款本息，物贸中心未能履行担保责任构成违约，应承担相应的法律责任。

3. 被告物贸公司应当承受物贸中心的保证债务。

根据相关文件，物贸中心在2001年与B公司合并改制，成立新企业被告物贸公司。由于物贸中心与B公司在合并改制时，未将物贸中心在本案中的保证责任列入处置范围，致使合并改制后本案保证责任的承担主体在形式上不明确。但综合本案物贸中心与B公司合并改制时对资产、人员的处置及物贸中心与B公司合并改制后作为法人权利能力、行为能力均实际丧失的事实而言，改制后成立的被告物贸公司从法律关系上应当认定为物贸中心与B公司合并后新设立的企业，属新设合并。被告物贸公司应当概括承担物贸中心的所有债权债务，包括遗漏的保证债务。

4. 物资总会不应承担物贸中心的保证债务。

原告要求物资总会作为物贸中心的主管部门和改制企业的卖方，对物贸中心在改制评估审计中遗漏的保证债务，承担相应法律责任无事实和法律依据。原告要求被告计划委作为物资总会的义务继承人承担相应责任的请求不应支持。

法院判决：

1. 被告建筑公司应归还原告本金70万元及相应利息；

2. 被告物贸公司对被告建筑公司的还款义务承担连带责任，被告物贸公司承担连带保证责任后可凭判决直接向被告建筑公司追偿；

3. 驳回原告其他诉讼请求。

794. 债权转让合同纠纷、债务转移合同纠纷以及债权债务概括转移合同纠纷有何区别？

这三类合同纠纷，分别是因原债权、债务人与债权、债务受让人因债权、债务转让合同是否有效、生效、可撤销，是否支付对价或存在违约情形而产生的纠纷。

由于公司合并、分立将导致合同履行主体的变更，从而使合同对应的债权、债务人发生变化,因此在合同一方主体发生合并或分立时,较易产生债权、债务转让或转移纠纷。

在确定上述三项案由时,应当注意原、被告双方究竟因哪份合同发生争议,如果仅仅是针对原债权、债务发生争议,则不属于上述三项案由,只有当各方对债权、债务转移发生争议,才可针对不同情况确定为上述案由。

795. 债权人转让其债权需履行何种程序?债权的转让何时对债务人产生效力?

债权人转让债权应当通知债务人,未经通知的,该转让对债务人不发生效力。当然,在没有通知的情况下,虽然债权转让对债务人未发生效力,但转让行为本身是有效的。

796. 债务转移应当履行何种程序?未经债权人同意转移债务是否有效?

债务人将合同的义务全部或部分转移给第三方,应当经债权人同意,否则该债务转移无效,债权人仍可向原债务人主张债权。

需要注意的是,债务人转移义务的,新债务人可以主张原债务人对债权人的抗辩。同时,新债务人也应当承担与主债务有关的从债务,但该从债务专属于原债务人自身的除外。

【案例324】债务转移未附生效条件　新债务人逾期不付款被判违约[①]

原告:庞某某

被告:豪海航空、通用航空

诉讼请求:被告豪海航空支付原告200万元。

争议焦点:

1. 涉案债务转移所附条件是飞机所有权的转让还是飞机交接,被告豪海航空是否已实际占有、处分了讼争的两架飞机;

2. 被告通用航空与原告之间的债权债务是否真实存在。

基本案情:

2008年2月19日,广州越秀区法院对原告诉被告通用航空借款合同纠纷案出具了民事调解书,确认被告通用航空欠原告的1,626,043.84元及利息、违约金应于2008年2月25日前偿还。

2008年8月,两被告签订《运五飞机转让协议书》,约定由被告豪海航空受让

---

① 参见上海市第一中级人民法院(2010)沪一中民一(民)终字第1754号民事判决书。

被告通用航空3架飞机(B-8787、B-8788、B-8797),总价700万元,自协议签字生效后10个工作日内在珠海机场进行飞机的交接,交接的航空器应符合民航持续适航要求,飞机交接完毕后7个工作日内,被告通用航空协助被告豪海航空到民航主管部门办理所有人权利变更登记。

2008年8月,本案三方当事人另签订1份《解除抵押协议书》,约定依据原告与被告通用航空间的借款合同、借款合同补充合同、抵押担保合同以及被告豪海航空与被告通用航空间的《运五飞机转让协议书》,三方就运五飞机B-8787、B-8788的抵押事宜达成如下协议:

1. 截至2008年5月1日,被告通用航空欠原告200万元,原告拥有被告通用航空的上述两架飞机的抵押权;

2. 被告通用航空欲将上述飞机转让给被告豪海航空,被告豪海航空在本协议签字生效后5个工作日内,代被告通用航空支付原告120万元,原告收到120万元后,同意被告通用航空将上述飞机转让给被告豪海航空,同时向民航主管部门申请注销上述飞机的抵押权登记;

3. 被告豪海航空取得上述飞机的所有权后,被告通用航空所欠原告的剩余债务由被告豪海航空承担,被告豪海航空应在2009年5月31日前支付原告剩余的80万元等。

签约后,被告豪海航空未按约向原告支付120万元,故原告与被告通用航空于2008年9月12日又订立《变更及解除抵押协议书》,约定:原告同意被告通用航空将B-8787、B-8788两架飞机转让给被告豪海航空,原告与被告通用航空此前签订的借款合同、借款合同补充合同、抵押担保合同所约定的被告通用航空的义务同时转至被告豪海航空,被告通用航空所欠原告债务由被告豪海航空负责偿还;被告豪海航空在2008年9月30日前支付原告120万元,于2009年5月31日前支付剩余80万元。

由于被告豪海航空未能于2008年9月30日前支付原告120万元,故原告又与被告豪海航空于2008年12月18日订立《解除抵押协议》,约定因被告豪海航空融资需要,原告同意解除B-8787、B-8788两架飞机的抵押并办理手续等。

同日,原告与被告豪海航空订立《抵押协议》,约定为保障原告利益,确保被告豪海航空履行《解除抵押协议》之义务,原告同意被告豪海航空将其所有的B-7223直升机抵押给原告,并于2008年12月22日办理了抵押权登记手续,后因被告豪海航空未付清飞机货款,不符合抵押条件,故该抵押权登记被撤销。

2008年8月28日,B-8787、B-8788、B-8797这3架飞机的所有权变更至

被告豪海航空名下,同年9月26日,上述3架飞机的占有权登记证显示占有人为被告通用航空。

原告诉称:

原告已经依照约定向民航主管部门注销讼争飞机的抵押权登记,被告豪海航空已经取得了讼争飞机的所有权,却未支付原告200万元,严重违约。

被告豪海航空辩称:

被告通用航空未配合被告豪海航空办理讼争飞机的交接手续,被告豪海航空一直未能实际占有讼争飞机。原告与被告通用航空债务转移约定所附飞机转让条件并未成就,约定未生效。

被告通用航空辩称:

被告豪海航空已经实际取得讼争飞机的所有权,之后又通过《飞机租赁协议》将购入的3架飞机回租给被告通用航空。

被告通用航空为证明其观点,提交证据如下:

2008年8月的《飞机租赁协议书》,其中约定"被告豪海航空将其向被告通用航空购入的3架飞机回租给被告通用航空,即每年150万元租金,租期3年,被告通用航空支付450万元租赁费后,3架飞机的所有权归被告通用航空",该证据证明被告豪海航空已经实际取得飞机所有权。

一审认为:

据《解除抵押协议书》约定可知:被告通用航空转让飞机以原告收到被告豪海航空代为支付的120万元为前提;飞机所有权转移是支付剩余80万元的条件。

在之后原告与被告豪海航空订立的《变更及解除抵押协议书》《解除抵押协议书》《抵押协议》中也均未以被告豪海航空与被告通用航空办理飞机交接作为债务转移的前提。

此协议中并未约定以飞机交接为履行条件,尽管被告豪海航空、被告通用航空在《运五飞机转让协议书》中约定有飞机交接的内容,但此约定仅系被告豪海航空、被告通用航空间飞机转让中的相关履行内容。

根据被告通用航空提供的《飞机租赁协议》,被告豪海航空将购入的3架飞机回租给被告通用航空。被告豪海航空于2008年8月28日取得了3架飞机的所有权证,同时相关部门也于2008年9月26日颁发了民用航空器占有权登记证,明确了3架飞机的所有权人为被告豪海航空、占有人为被告通用航空,故被告豪海航空以未占有飞机为由抗辩债务转移的理由不成立。

因此,三方当事人间债务转移所附的条件是被告豪海航空取得飞机所有权,而非飞机交接手续的办理。

综上所述,债务转移系当事人的真实意思表示,被告豪海航空应按约向原告履行债务。

一审判决:

被告豪海航空支付原告200万元。

被告不服一审法院判决,向上级人民法院提起上诉。

被告豪海航空上诉称:

1. 原告与被告通用航空间并不存在真实的债权债务关系;

2. 原告与被告通用航空债务转移协议所涉及的两架飞机现虽登记在其名下,但始终未按《飞机转让协议》约定完成交接交付手续;

3. 因飞机存在抵押、留置等权利瑕疵,处于不适航状态,故被告豪海航空未实际取得飞机的所有权。原告与被告通用航空债务转移约定所附飞机转让条件并未成就,约定未生效。

原告二审辩称:

1. 被告豪海航空转让的3架飞机有所有权变更登记为证,被告豪海航空以飞机未交付为由主张其未取得飞机所有权,无事实和法律依据;

2. 本案系争的债务转移合法有效,被告豪海航空应承担还款责任。

被告通用航空二审辩称:

被告豪海航空对受让飞机有抵押、留置等权利瑕疵均事先知情,且该些情况不成为转让协议履行的障碍。事实上飞机已按约登记在被告豪海航空名下,被告豪海航空为所有权人。被告通用公司系依据后续租赁协议租用飞机,为实际占有人,亦有行政登记为证。

律师观点:

1. 相关协议并未约定飞机交接为债务转移的必要条件。

本案相关飞机转让协议中虽有交接一节约定作为转让手续之一,即使存在被告豪海航空所称未按约交接的事实,但后续所有权登记变更及租赁、抵押等协议的签订均为被告豪海航空的真实意思表示,被告豪海航空从未就飞机交付问题有过质疑。相反,后续一系列签约、履约的事实行为,足以推定转让双方一致调整、变更了书面约定中个别内容。

2. 未履行交接手续不会造成转让合同履行受阻或交易目的不达。

所有权的转让并不以受让人实际占有转让标的为必要,存在占有改定等多种可能,本案并无证据证明,未履行交接手续会造成转让合同履行受阻或致使交易目的不达的情形。

因此,被告豪海航空以未按约进行飞机交接,主张被告通用航空未完成飞机交付及债务转移协议所附条件不成就的抗辩意见,无事实和法律的依据。

3. 原告与被告通用航空之间存在借款的债权债务关系。

从三方当事人所订立的《解除抵押协议书》以及原告与被告豪海航空签订的《变更及解除抵押协议书》中,均写明合同附件为借款合同、借款合同补充合同、抵押担保合同,同时根据广州越秀区人民法院调解书的内容分析,至2008年2月19日被告通用航空欠原告借款本金1,626,043.84元,按照逾期履行的利息、违约金的计算方式,被告豪海航空欠原告的借款本息及违约金已超过三方所签订的《解除抵押协议书》所确定的200万元,故在没有能够否定借款事实的证据时,应认定原告与被告豪海航空之间存在200万元的借款本息及违约金的债权债务关系。

二审判决:

驳回上诉,维持原判。

【案例325】债务人承诺向第三人支付 应视为已知债权转移[①]

原告: 世纪安兴公司

被告: 桥饰公司

诉讼请求: 被告支付原告赔偿款723,240元及利息。

争议焦点:

1. 原、被告之间签订《质量赔付协议书》是否可以视为世纪汇智公司将债权转让给原告;

2. 被告对该债权转让是否明知。

基本案情:

2008年4月1日,世纪汇智公司与被告签订3份《订货合同书》,分别约定世纪汇智公司向被告采购背景墙和UV面板。合同签订后,被告依据世纪汇智公司指示向五金公司和展示用品厂供货。

2009年12月9日,原告与被告签订《质量赔付协议书》,上载:"双方合作期间,原告及原告委托单位五金公司和展示用品厂从被告购进UV板材为原告加工展架等。2008年,原告使用的上述展架出现质量问题,现双方协商,由被告向原告

[①] 参见北京市第二中级人民法院(2011)二中民终字第18851号民事判决书。

赔付723,240元人民币,一次性解决质量问题,以后原告不再向被告提出赔偿要求。"《质量赔付协议书》加盖双方当事人公章,并有原告法定代表人孙某华签字。

世纪汇智公司于2010年4月29日注销,注销前股东为原告法定代表人孙某华与杨某,法定代表人为孙某华。

2011年9月2日,世纪汇智公司原股东孙某华与杨某出具情况说明,称世纪汇智公司已将其依据与被告于2008年4月1日签订的3份《订货合同书》所享有的赔偿请求权转让给原告,并由原告与被告签订了《质量赔付协议书》,世纪汇智公司不再对被告主张质量赔偿请求权。

原告诉称:

原告与被告存在供货关系,因被告UV板材存在质量问题,双方于2009年12月9日达成《质量赔付协议书》,被告应当赔偿原告723,240元,但被告至今未予履行。

被告辩称:

1. 世纪汇智公司是与被告履行供货合同的相对方。

买卖合同签订后,原告与被告签订协议,但原告只是世纪汇智公司代理人,不享有债权。

2. 《质量赔付协议书》没有约定世纪汇智公司将债权转让给原告。

货物退还被告后,被告与世纪汇智公司协商解决该部分货款相关问题,在就质量问题达成一致后,世纪汇智公司原股东孙某华告知被告由本案原告代表世纪汇智公司与被告签订关于质量协定的协议书,并没有约定原告代替世纪汇智公司承受债权。

3. 世纪汇智公司已经于2010年注销。

世纪汇智公司已经于2010年注销,债权债务已经清算完毕。

4. 原告起诉主体不适合。

世纪汇智公司注销后,原告起诉被告是主体不适合,应当驳回起诉。

5. 原告并没有实际支付货款。

《质量赔付协议书》的实际内容是原告不需再向被告支付货款,而不是由被告赔偿原告,因为原告并没有实际支付货款。

综上,请求驳回原告的诉讼请求。

一审认为:

1. 本案系债权转让合同关系纠纷。

原告与被告并不存在买卖合同关系,原告事实上受让了世纪汇智公司对被告享有的质量赔偿请求权并与被告签订了《质量赔付协议书》,且被告对此应当明知,故本案应为债权转让合同关系纠纷。

2. 被告称原告为世纪汇智公司代理人而非合同相对方的答辩意见不成立。

对于被告提出的世纪汇智公司是与被告履行供货合同的相对方,原告与被告签订《质量赔付协议书》时只是世纪汇智公司代理人,不享有债权的答辩意见,于法无据。

3.《质量赔付协议书》合法有效。

原告与被告签订的《质量赔付协议书》系双方真实意思表示,且不违反法律及行政法规的强制性规定,应为合法有效,双方均应恪守履行。被告应当依据履行《质量赔付协议书》向原告支付赔偿款,现原告要求被告支付赔偿款723,240元的诉讼请求合理,证据充分。

4. 对于支付赔偿时间未约定,利息请求不应支持。

对于原告要求被告赔偿未支付赔偿款的利息损失的诉讼请求,由于《质量赔付协议书》未明确约定给付期间,故法院不予支持。

一审判决:

1. 被告支付原告赔偿款723,240元,于判决生效之日起7日内执行;
2. 驳回原告其他诉讼请求。

被告不服一审法院判决,向上级人民法院提起上诉。

被告上诉称:

原告并非与被告存在买卖合同关系,而是与世纪汇智公司存在买卖合同关系。因原告称其与世纪汇智公司仅系名称变更关系,被告才与原告签订《质量赔付协议书》,该协议书没有事实依据,也无证据证明世纪汇智公司向原告转让了索赔权利,一审法院不能据此判令被告承担付款义务。

原告二审辩称:

一审法院认定事实清楚,适用法律正确,请求维持一审判决。

律师观点:

1. 世纪汇智公司有权将债权转让给原告。

世纪汇智公司与被告之间存在买卖合同关系,根据《合同法》第79条[①]的规定,世纪汇智公司可以将其对被告享有的违约赔偿请求权转让给原告。

2. 被告明知债权转移这一事实。

被告与原告签订《质量赔付协议书》,表明被告明知前述债权转让事宜。

---

① 现为《民法典》第545条相关内容。

被告否认世纪汇智公司与原告之间存在债权转让关系,但关于其与原告签订《质量赔付协议书》的原因,被告在一审中称原告法人代表孙某华在签约时明示原告系代表世纪汇智公司签订协议书,其上诉又称孙某华在签约时明示原告与世纪汇智公司系名称变更关系,被告的陈述相互矛盾。

二审判决:

驳回上诉,维持原判。

【案例326】未经债权人同意 债权债务概括转移对内仍有效①

原告: 华鲁集团公司

被告: 城市建设公司

诉讼请求: 确认2007年11月12日《承诺书》有效。

争议焦点: 未经债权人同意,原、被告之间的债权债务概括转移对债权人是否有效;在原、被告内部是否具有约束力。

基本案情:

原告的北京分公司于2004年5月19日成立,2007年11月12日注销。同日,被告为原告出具的《承诺书》上显示:"鉴于原告的北京分公司近期在工商局注销营业执照,该公司注销后,在经营期间所签署的汽车维修中心工程及新景房地产公司工程所发生的债权债务纠纷,由被告承担责任。特此承诺。"该《承诺书》由被告加盖公章。

原告诉称:

原告决定注销北京分公司,被告遂向原告承诺该两项工程的债权债务纠纷由被告承担。2007年11月12日,被告向原告正式出具了《承诺书》。鉴于目前原告所承接的该两项工程部分欠款已经被债权人提起诉讼,为维护原告合法权益,故原告诉至法院。

被告辩称:

1. 承诺书未经债权人同意,应属无效。

根据《合同法》第84条②规定,债务人将合同的义务全部或者部分转移给第三人的,应当经债权人同意。债权债务概括转移既包括了权利的转让,又包括义务的转移。所以,合同一方当事人在进行转让前应当取得对方的同意,如果未经

---

① 参见北京市密云县人民法院(2008)密民初字第6778号民事判决书。
② 现为《民法典》第551条相关内容。

对方同意,一方当事人就擅自一并转让权利和义务的,那么其转让行为无效,因此,原、被告之间的《承诺书》无效。

2. 原告分公司的债权债务应由其总公司承担。

原告分公司的债权债务应由其总公司承担,被告与原告及其分公司没有任何经济来往,上述两项工程也不是被告承建。《承诺书》虽为被告出具,公章也是真实的,但是在被告新上任领导不知情的情况下出具的。另外,被告为全民所有制企业,如《承诺书》有效,则必然损害国家、集体利益。

律师观点:

1. 虽未经债权人同意,债权债务概括转移对内仍有效力。

根据《合同法》第84条规定,债务人将合同的义务全部或者部分转移给第三人的,应当经债权人同意。法律如此规定是因为考虑到合同一方当事人在进行转让前应当取得对方的意见,使对方能根据受让方的具体情况来判断这种转让行为是否对自己的权利造成损害。如果未经对方同意,一方当事人就擅自一并转让权利和义务的,债务人转移合同义务的行为对债权人不发生效力。但转让人和受让人之间的债权债务转让关系并不因此受到影响。因此,本案中,原、被告之间的债权债务概括转移承诺书不因未经债权人同意归于无效。

2. 关于被告抗辩新上任领导不知情、被告为全民所有制企业的问题。

被告为原告出具《承诺书》是原、被告之间真实的意思表示,并不因新上任领导不知情影响被告作为独立的主体所应承担的责任。另外,被告并不能因为是全民所有制企业,就不需要承担相应的法律责任。

综上,依法成立的合同,受法律保护。

法院判决:

2007年11月12日被告出具的《承诺书》有效。

797. 债权转让合同纠纷、债务转移合同纠纷以及债权债务概括转移合同纠纷由何地法院管辖?按照什么标准交纳案件受理费?是否适用诉讼时效?

这三类合同纠纷的管辖法院与一般合同纠纷一样,应当由被告住所地或者合同履行地人民法院管辖。

当然,如果合同中约定在合同签订地、原告住所地、标的物所在地等与争议有实际联系地点的法院管辖的,应依照约定。

这三类案件的案件受理费应当依照诉讼标的进行计算,如仅仅是请求撤销、解除合同或确认合同无效,则仅需按件交纳50~100元案件受理费。

关于诉讼时效,这三类案件均适用一般诉讼时效(3年)。

798. 公司合并时,合并各方应当如何通知债权人？进行公告的报纸有何要求？如债权人未接到通知将如何处理？

合并各方应当于合并的股东(大)会决议之日起10日内通知债权人,并于30日内根据公司规模和营业地域范围在全国或者公司注册登记地省级有影响的报纸上进行公告。债权人自接到通知书之日起30日内,未接到通知书的自公告之日起45日内,可以要求公司清偿债务或者提供相应的担保。

799. 公司合并时,可否在向债权人发布的通知或公告中要求债权人限期申报债权,并提出对不按期申报债权的债权人不予清偿？

不可以。

根据意思表示规则,不作为的默示只有在法律有规定或者当事人双方有约定的情况下,才可以视为意思表示。因此,公司在通知或公告中提出对不按期申报债权的债权人不予清偿为默示推定,没有法律依据。

800. 公司合并时,债权人可否主张未到期债权或要求提供担保？

对于未到期债权,债权人基于负有债务的公司合并,即可要求提前还债或提供担保。

债权人主张债权时,如果合并各方拒不履行义务,债权人可通过诉讼、仲裁方式保护自己的利益,但不能因此阻止合并进程。因为从兼顾债权人利益和公司效率的角度来看,《公司法》已经规定了公司合并后存续公司或新设公司承担原有债务,从事实上给债权人利益以充分的保障,因而此时应当着重维护公司合并的效率,不应再赋予债权人阻止公司合并的权利。

801. 公司合并后,公司职工是否须与新设公司或存续公司重新签订劳动合同？

不用。

用人单位发生合并或者分立等情况,原劳动合同继续有效,劳动合同由承继其权利和义务的用人单位继续履行。

【案例327】合并后员工调入关联公司　工作10年应签无固定期限合同[①]

原告： 汉高(中国)投资有限公司
被告： 邢某某

---

① 参见上海市第一中级人民法院(2009)沪一中民一民终字第1068号民事判决书。

诉讼请求： 确认原告与被告劳动关系已经于 2008 年 2 月 25 日终止，原告不与被告签订无固定期限劳动合同。

争议焦点：

1. 原告作为日化公司合并后主体的股东，被告在日化公司与在原告处的工作年限是否应连续计算；

2. 被告有无向原告提出续订劳动合同的主张。

基本案情：

原告系日化公司股东，日化公司于 2008 年 6 月 17 日被依法注销。汉高股份有限公司与日化公司等公司 2004 年 11 月 8 日签署合并协议，约定日化公司并入汉高股份公司，而合并协议中注明：原告是汉高股份有限公司股东之一；第 7.01 条总体原则约定，"各加入方与其各自职工的劳动关系，及各加入方在劳动合同项下的权利和义务原则上均应转移给汉高股份公司，并由汉高股份公司承继"；第 7.02 条约定，"在合并过程中，经与各加入方某职工协商一致同意，该职工可以被调入汉高股份公司或各加入方在华的一家关联企业，并签署新的劳动合同。在签署新的劳动合同时，以上第 7.01 条规定的原则也应给予适用"。

被告于 1998 年 6 月 1 日与日化公司签订期限为 1998 年 2 月 26 日至 2000 年 2 月 25 日止的劳动合同，期满后曾 4 次续签，最后一期劳动合同期限至 2006 年 2 月 25 日止。

2005 年 8 月 18 日，原告与被告签订期限为 2005 年 7 月 1 日至 2006 年 2 月 25 日止的劳动合同，期满后 3 次续签，最后一期劳动合同期限至 2008 年 2 月 25 日止。

2008 年春节前，被告向其主管提出续签劳动合同，并由其主管向原告人事部门提出。

2008 年 2 月 15 日，原告书面通知被告将不再继续订立劳动合同，并要求被告办理工作移交，填写离职清单。

2008 年 2 月 25 日，被告填写离职清单。

2008 年 2 月 28 日，被告向原告快递要求签订无固定期限劳动合同的函，载明："……我在 2008 年 1 月 28 日找我的上级李某民，要求签订无固定期限的劳动合同，但公司至今没有给我回音，反而在 2008 年 2 月 18 日发给我 1 份不再与我续订劳动合同的通知，当时我对此提出了异议……因此，本人现再一次向公司提出：要求公司与我签订无固定期限的劳动合同……"

原告于 2008 年 3 月 3 日回复称原、被告劳动关系已依法结束。

被告因要求签订无固定期限劳动合同,故向劳动争议仲裁委员会申请仲裁并获支持。

原告诉称:

1. 被告从2005年7月1日起始受雇于原告。

被告从2005年7月1日起始受雇于原告,之前被告与日化公司存在劳动关系。

2. 原告与日化公司不存在分立或合并关系。

原告与日化公司是两个独立的法人,相互之间不存在分立或合并关系,原告没有义务认可被告此前在日化公司的连续工龄。

3. 双方的劳动关系已于2008年2月25日终止。

原告已于2008年2月25日依法办妥了被告的离职手续,向被告支付了离职补偿金,被告在离职前对此并无异议,也未要求与原告续签劳动合同,故双方的劳动关系已于2008年2月25日终止。

被告辩称:

根据合并协议,原告及日化公司均属于汉高集团成员。被告是在原告经商务部2005年审批为跨国公司地区总部期间,连同日化公司的其他职工统一被安排到原告工作的,属于汉高集团的内部调入,且不存在经济补偿,该调动非因被告本人原因,因此,其在日化公司与原告的工作年限应当合并计算,被告在原告的工作年限已满10年,且已向原告明确作出了要求签订无固定期限劳动合同的意思表示。

双方的交接手续至今没有办理完毕,原告所谓的离职补偿金实质为工资,且该笔费用是原告自行打入被告账户的,并非被告主动的受领行为。

律师观点:

1. 被告在原告的工作年限应当连续计算。

原告作为日化公司的关联企业,其与被告于2005年7月1日建立劳动合同关系的性质属于涉案合并协议约定中的"调入"。根据合并协议第7.01条、7.02条的规定,被告与日化公司的劳动关系,及日化公司由此承担的劳动合同项下的权利义务均转移至原告,由原告承继。被告在日化公司的工作年限应视作在原告的工作年限,两段工作年限应当连续计算。故自1998年2月26日至2008年2月25日,被告在原告已连续工作满10年。

2. 原、被告之间的劳动关系尚未终结。

被告于2008年2月25日之前,将要求签订无固定期限劳动合同的意思表示以口头形式向其上级领导提出并由其上级领导转述原告人事部门,表明其要求签订无固定期限劳动合同的意思表示已到达原告。因原、被告属于应订立无固定期限劳动合同之情形,故劳动合同效力已即时延续了法律效力。原告主张被告未明确要求与原告续签劳动合同,并以办理离职手续及接受离职补偿金的行为表示同意终止劳动关系,该主张与查明的事实不符。

3. 原告不与被告签订无固定期限劳动合同不属于法院处理范围。

虽原告与被告应订立无固定期限劳动合同,但劳动合同订立属当事人意思自治之行为,不属法院处理范围,故应不予处理。

法院判决:

驳回原告的诉讼请求。

802. 实践中,可否由各方先行签订公司合并协议,再提交股东(大)会讨论决定?

公司实践中,考虑到如果合并方案待股东(大)会讨论通过后方能签订公司合并协议可能影响交易效率。因此一般在董事会拟定公司合并方案后即可先行签订公司合并协议,因为董事会所拟定通过的合并方案在一定程度上也可视为公司内部初步一致的意见。

当然需要注意的是,在未获得股东(大)会决议通过的情况下,公司合并方案中应约定待股东(大)会决议通过后合同方始生效的条款,以保证合并程序的合法及合同各方的利益。

803. 公司合并是否需要经过有关部门批准?如果需要,应由什么部门批准?

国有独资公司合并必须由国有资产监督管理机构决定,其中,重要的国有独资公司合并,应当由国有资产监督管理机构审核后,报本级人民政府批准。

需要注意的是,上市公司股份变动的合并方案应当报中国证监会批准并抄报证券交易所。

其他类型公司合并无须经过有关部门批准。

804. 公司合并如何向市场监督管理部门进行登记申请?应提交哪些材料?

应分如下情况申请登记:

(1)因合并而存续的公司,其登记事项发生变化的,应当申请变更登记;

(2)因合并而解散的公司,应当申请注销登记;

(3)因合并而新设立的公司,应当申请设立登记。

公司合并的,应当自公告之日起45日后申请登记,提交合并协议、合并决议或决定、公司在报纸上登载公司合并公告的有关证明和债务清偿或者债务担保情况的说明。①

805. 如何判断公司合并是否构成垄断?

依据《反垄断法》规定,对公司合并造成经营者集中达到国务院规定的申报标准的,经营者应当事先向国务院反垄断执法机构申报,未申报的不得实施集中。

经营者集中是指下列情形:

(1)经营者合并;

(2)经营者通过取得股权或者资产的方式取得对其他经营者的控制权;

(3)经营者通过合同等方式取得对其他经营者的控制权或者能够对其他经营者施加决定性影响。

国务院所规定的申报标准如下:

(1)参与集中的所有经营者上一会计年度在全球范围内的营业额合计超过100亿元人民币,并且其中至少两个经营者上一会计年度在中国境内的营业额均超过4亿元人民币;

(2)参与集中的所有经营者上一会计年度在中国境内的营业额合计超过20亿元人民币,并且其中至少两个经营者上一会计年度在中国境内的营业额均超过4亿元人民币。

但存在下列情况的,即使达到上述标准亦可以不向国务院申报:

(1)参与集中的一个经营者拥有其他每个经营者50%以上有表决权的股份或者资产的;

(2)参与集中的每个经营者50%以上有表决权的股份或者资产被同一个未参与集中的经营者拥有的。

806. 公司合并可能构成垄断的,应向什么部门申报审查?应履行怎样的申报流程?

反垄断审查由国家市场监督管理总局反垄断局负责,申报流程如下:

(1)申报人依照有关规定或通知将申报文件、资料交给反垄断局,反垄断局向申报人出具《国家市场监督管理总局经营者集中材料接收单》。反垄断局核查申报文件、资料是否完备,如不完备,由反垄断局书面通知申报人补充材料。

(2)申报人提交的文件、资料不完备的,由反垄断局书面通知申报人在规定

---

① 关于因合并引起的变更、注销、设立登记分别详见本书第一章公司设立纠纷、第六章请求变更公司登记纠纷及第十六章公司解散纠纷。

的期限内补交文件、资料。申报人逾期未补交文件、资料的,视为未申报。

(3)对符合法律法规规定,申报文件、资料完备的申报,由反垄断局书面通知申报人立案。

(4)自立案之日起30日内完成初步审查,做出是否实施进一步审查的决定,由反垄断局书面通知申报人。

(5)对需要实施进一步审查的,自决定之日起90日内完成审查,做出是否禁止经营者集中的决定,由反垄断局书面通知申报人。

(6)有下列情形之一的,由反垄断局书面通知申报人延长进一步审查的期限,时间最长不超过60日:
①经营者同意延长审查期限的;
②经营者提交的文件、资料不准确,需要进一步核实的;
③经营者申报后有关情况发生重大变化的。

(7)经营者集中反垄断审查工作结束,由反垄断局将审查决定书面通知申报人。禁止经营者集中的决定或者对经营者集中附加限制性条件的决定向社会公布。

【案例328】谷歌收购摩托罗拉　承诺公平对待智能终端生产商获批准[①]

基本案情:

谷歌主要经营互联网搜索引擎和在线广告服务,并提供在线服务和软件产品。谷歌开发了移动智能设备操作系统安卓,并以开源、免费的方式提供给移动智能设备制造商使用。摩托罗拉移动是移动设备制造商,产品主要包括手机和平板电脑。

2011年8月15日,谷歌与摩托罗拉移动签订收购协议。根据该协议,谷歌将收购摩托罗拉移动的全部股份,收购完成后摩托罗拉移动将成为谷歌的全资子公司。

2011年9月30日,商务部收到谷歌收购摩托罗拉移动100%股权的经营者集中申报。

竞争分析与审查:

根据《反垄断法》第27条的规定,商务部对此项经营者集中进行了综合评估,深

---

① 参见商务部公告2012年第25号《关于附加限制性条件批准谷歌收购摩托罗拉移动经营者集中反垄断审查决定的公告》。

入分析该项经营者集中对市场竞争的影响,认为其可能具有排除限制竞争的效果。

1. 相关市场

移动智能终端和移动智能终端操作系统构成本案的相关商品市场。

移动智能终端是指具备开放的操作系统平台、个人电脑级的处理能力、高速接入能力和丰富的人机交互界面的智能终端,目前主要是指智能手机,还包括平板电脑、智能电视等。移动智能终端已经成为互联网业务的关键入口和主要创新平台,其操作系统平台的开放性、人机交互体验的独特性和携带的便捷性显著区别于个人电脑、功能手机等其他产品,构成一个独立的市场。

移动智能终端操作系统是管理移动智能终端硬件与软件资源的程序,其与电脑操作系统等其他产品差异明显,构成单独的相关商品市场。

移动智能终端及其操作系统市场具有全球市场的特征。商务部在审查中考虑了全球市场的竞争状况,但重点考察了中国市场状况。

2. 相关市场状况

移动智能终端市场和其操作系统市场呈现出不同的竞争状况。移动智能终端市场集中度相对分散、竞争激烈,市场不断推陈出新,更新换代频繁,各制造商均面临较大的竞争压力。调查表明,摩托罗拉移动相对于其他竞争者并不具备明显优势。

与上述市场显著不同,移动智能终端操作系统市场是一个高度集中的市场。最新数据表明,2011年第四季度,仅谷歌开发的安卓系统就占据73.99%中国市场份额,此外,诺基亚的塞班系统占12.53%,苹果的iOS占10.67%,三者合计占据97.19%的中国市场份额。考虑到安卓系统超高的市场份额、移动智能终端制造商对安卓系统的高度依赖性、谷歌公司雄厚的财力和技术开发能力以及很高的市场进入门槛,商务部认定安卓系统在移动智能终端操作系统市场占据市场支配地位。由于诺基亚已经宣布逐步放弃塞班系统,苹果手机售价普遍远远高于安装安卓系统的智能手机,而微软公司开发的WINDOWS PHONE操作系统尚处于起步阶段,因此,安卓系统的市场支配地位预计在未来相当长一段时间内将继续维持和巩固。

3. 安卓系统的免费、开源问题

目前,安卓系统已经形成完整的生态产业链,移动智能终端制造商、软件开发商、最终用户均对安卓系统形成依赖性。终端制造商必须依据安卓系统对产品进行设计开发,软件开发商依据安卓系统进行研发,而开发出的应用软件仅适用于安卓系统而无法适用于其他操作系统。最终用户由于使用习惯等原因也会对安卓系统形成相当程度的依赖。调查发现,对于移动智能终端制造商而言,更换操作系统成本巨大,必须更改相关硬件和软件以适应新的操作系统,同时,操作系统的更改还可能导致用户体验的差别,存在较大的商业风险。

安卓系统的免费、开源特征是其在较短时间内取得市场支配地位的重要原因,在相当一段时间内维持安卓系统的免费、开源对于保护相关方的合理预期和正当利益至关重要。谷歌在此项集中完成后改变安卓系统目前免费、开源的商业模式将对相关各方产生重大不利影响。

4. 谷歌公平对待终端制造商问题

此项集中完成后,摩托罗拉移动成为谷歌的全资子公司。鉴于谷歌在移动智能终端操作系统上具有的市场支配地位,谷歌有动机也有能力给予摩托罗拉移动优于其他移动智能终端制造商的待遇,如先于其他制造商向摩托罗拉移动提供最新开发的安卓系统。调查中,商务部发现,谷歌在推出新版的安卓系统前,会首先非指向性地选择一个移动智能终端制造商合作,以测试新版安卓系统与终端硬件设备的适应性。被选中的终端制造商将有机会先于其他制造商获得新版安卓系统,从而在移动智能终端的市场竞争中处于有利地位。此项集中完成后,谷歌将有可能仅选择摩托罗拉移动作为测试对象。谷歌对移动智能终端制造商的差别待遇将扭曲该市场的竞争,使摩托罗拉移动之外的其他终端制造商处于不利的竞争地位。

5. 摩托罗拉移动专利许可问题

摩托罗拉移动拥有众多手机领域的专利,相当一部分专利属于核心专利。谷歌收购摩托罗拉移动的主要目的就是拥有这些手机专利。此项集中完成后,谷歌将同时拥有强大的软硬件开发和集成能力,借助其在移动智能终端市场的支配地位,谷歌有动机也有能力在专利许可中向相对方附加不合理的许可条件,这将对相关市场的竞争造成损害,并最终损害消费者的利益。

6. 市场进入

如前所述,移动智能终端操作系统市场是一个高度集中的市场,安卓系统、塞班系统和苹果 iOS 占据了 97% 以上的市场份额,其他经营者所占份额极为有限,属边缘竞争者。

移动智能终端操作系统的开发需要雄厚的技术和资金实力,高度集中的市场对新进入者形成了极高的进入壁垒。一个移动智能终端操作系统是否能够取得成功,关键取决于与该操作系统相匹配的软件开发环境是否友好、是否能够吸引软件开发者。优秀的应用开发环境可以大大降低开发门槛,提高开发效率,提升用户体验，进而吸引众多软件开发者，最终具有良好用户体验的应用软件吸引消费者和潜在购买者。以移动智能终端操作系统为基础开发的应用软件数量的多寡、用户体验的优劣已经成为不同操作系统之间竞争的关键要素之一。

目前，典型的移动智能终端操作系统软件开发环境包括安卓开发环境、苹果开发环境和微软开发环境。数量庞大的安卓应用和苹果应用已经成功吸引了绝大多数软件开发者以及消费者，转换开发环境不仅需要软件开发者适应新的技术要求，还将面临失去众多消费者的巨大商业风险；而且，对于消费者而言，改变操作系统意味着熟悉新的操作界面、更换智能终端等额外成本。可见，安卓系统和苹果系统已经形成完整的、具有强大市场吸引力和良好口碑的系统，无论市场的边缘竞争者还是新进入者，都面临极高的进入门槛。在可预期的未来，市场进入难以减轻或消除上述排除、限制竞争效果。

律师观点：

此项集中可能产生竞争问题，为减少此项集中对竞争产生的不利影响，谷歌应就竞争问题作出以下承诺：

1. 谷歌将在免费和开放的基础上许可安卓平台，与目前的商业做法一致。

安卓平台是指用于移动设备的当前及未来版本的开源软件堆栈，包括以目前发布于http://code.google.com/android/的形式存在的且在义务期内（除非这些义务被修改或解除）于该网站或后继网站上可获得的操作系统、中间件及关键开源应用程序在内。本项义务不影响谷歌对与安卓平台相关的软件（包括但不限于在安卓平台上运行的应用程序）保持闭源或使之闭源的权力。本项义务不影响谷歌就其提供的与安卓平台相关的产品和服务（包括但不限于在安卓平台上运行的应用程序）寻求付款或其他对价的能力。

2. 谷歌应当在安卓平台方面以非歧视的方式对待所有原始设备制造商。

本项义务仅适用于已经同意不对安卓平台进行分化或衍生的原始设备制造商。本项义务不适用于谷歌提供、许可或分销与安卓平台相关的产品和服务（包括但不限于在安卓平台上运行的应用程序）的方式。

3. 关于专利的公平、合理和非歧视（FRAND）义务。

本次交易后，谷歌应当继续遵守摩托罗拉移动在摩托罗拉移动专利方面现有的公平、合理和非歧视（FRAND）义务。

4. 委托独立的监督受托人对谷歌履行上述义务的情况进行监督。

根据《商务部关于实施经营者集中资产或义务剥离的暂行规定》（商务部公告2010年第41号），谷歌委托独立的监督受托人对谷歌履行上述义务的情况进行监督。

商务部决定：

经审查，商务部认为谷歌收购摩托罗拉移动具有排除、限制竞争影响。根据谷歌向商务部作出的承诺，商务部决定附加限制性条件批准此项集中。

【案例329】沃尔玛间接收购1号店　承诺实体、网络不联合获批准[①]

基本案情：

沃尔玛公司是全球和中国连锁超级市场的主要竞争者，其在采购、仓储、产品线、门店网络、服务和物流以及品牌等方面存在竞争优势，业务主要为实体超市。益实多1号店是目前中国最大的网上超市，拥有上千个供应商，数百个品牌合作商。销售商品涉及食品饮料、美容护理、厨卫清洁、电器等10大类，共计10万多种商品。益实多1号店业务范围包括网上直销业务和增值电信业务。根据双方经营范围、经营模式及特点、需求和供给替代等方面因素，商务部认为B2C网上零售市场为相关商品市场。同时，考虑到消费习惯、运输、关税等因素，相关地域市场为中国市场。

2011年11月24日，沃尔玛公司及其全资子公司GEC 2与纽海控股、纽海控股的售股股东中国平安保险海外（控股）有限公司、美国自然人于刚先生、澳大利亚自然人刘峻岭先生，纽海控股的全资子公司新岗岭香港及新岗岭香港的全资子公司纽海上海，以及益实多公司及其售股股东深圳市平安创新有限公司签订了《购股协议》（以下简称协议）。

根据协议，沃尔玛公司将通过其全资子公司GEC 2对纽海控股的持股比例从17.7%增加至51.3%。纽海控股将通过全资子公司新岗岭香港和纽海上海持有益实多的网上购物平台益实多1号店的网上直销业务。交易完成后，沃尔玛公司将成为纽海控股的控股股东，并通过纽海控股取得对益实多1号店网上直销业务的控制权。

2011年12月16日，商务部收到沃尔玛公司收购纽海控股33.6%股权的经营者集中申报。

竞争分析与审查：

根据《反垄断法》第27条，商务部对此项经营者集中进行了综合评估，深入分

[①] 参见商务部公告2012年第49号《关于附加限制性条件批准沃尔玛公司收购纽海控股33.6%股权经营者集中反垄断审查决定的公告》。

析该项经营者集中对市场竞争的影响,认为其可能具有排除限制竞争的效果。

网上零售涉及支付、仓储、配送、营销、网络平台等多个环节,其中物流和服务是制约网络零售商发展的关键因素。沃尔玛公司在中国实体零售市场具备成熟的仓储配送系统、广泛的供货渠道和较高的品牌知名度。交易完成后,沃尔玛公司有能力将其在实体市场的竞争优势传导至益实多1号店的网上零售业务。集中产生的综合效应将实质性增强并购后实体在网上零售行业的竞争实力。为此,商务部对本案可能涉及的中国增值电信业务市场进行了延伸调查。调查结果表明,并购后实体如通过益实多1号店进入增值电信业务市场,将有能力依托现有实体零售市场与网上零售业务的综合竞争优势迅速扩展业务,在增值电信业务市场取得优势地位,实质性增强其对网络平台用户的议价权,从而在中国增值电信业务市场可能具有排除或限制竞争效果。

律师观点:

此项集中可能产生竞争问题,为减少此项集中对市场竞争可能产生的不利影响,沃尔玛公司应就可能产生的竞争问题作出以下承诺:

1. 纽海上海此次收购,仅限于利用自身网络平台直接从事商品销售的部分;
2. 在未获得增值电信业务许可的情况下,纽海上海在此次收购后不得利用自身网络平台为其他交易方提供网络服务;
3. 本次交易完成后,沃尔玛公司不得通过VIE架构从事目前由益实多公司运营的增值电信业务。

商务部决定:

经审查,商务部认为沃尔玛公司通过收购纽海控股33.6%股权,取得对益实多1号店网上直销业务的控制权可能具有排除、限制竞争效果。根据沃尔玛公司向商务部作出的承诺,商务部决定附加限制性条件批准此项集中。

【案例330】乌钾吸收合并谢钾　承诺销售模式不变获批准[①]

基本案情:

2011年3月14日,商务部收到俄罗斯企业乌拉尔开放型股份公司(以下简称乌钾或申报方)吸收合并谢尔维尼特开放型股份公司(以下简称谢钾)的经营者集中申报。

---

① 参见商务部公告2011年第33号《关于附条件批准乌拉尔开放型股份公司吸收合并谢尔维尼特开放型股份公司反垄断审查决定的公告》。

第十一章
公司合并纠纷

乌钾、谢钾合并后,将形成一家拥有1150万吨/年钾肥产能的生产商,成为仅次于加拿大钾肥公司的全球第二大钾肥生产企业。

竞争分析与审查:

根据《反垄断法》第27条,商务部对此项经营者集中进行了综合评估,深入分析该项经营者集中对市场竞争的影响,认为其可能具有排除限制竞争的效果。

商务部认定氯化钾为相关商品市场。氯化钾主要作为钾肥使用。钾肥包括氯化钾、硫酸钾、硝酸钾、磷酸二氢钾、硫酸钾镁肥等。氯化钾通常是其他形式钾肥和复合肥的原料。从商品特性、用途等因素分析,氯化钾与其他钾肥产品之间不具有较为紧密的替代关系。商务部考察了全球氯化钾市场和中国氯化钾市场的情况。基于中国氯化钾进口现状,还考虑了中国氯化钾进口市场,包括氯化钾海运贸易市场和边境贸易市场。

商务部审查了相关市场的市场份额、市场集中度以及乌钾吸收合并谢钾后的公司对市场的控制力。氯化钾生产依赖钾资源的自然分布。在全球范围内,钾资源主要集中在少数国家,其中全球前三大钾资源拥有国合计约占世界总储量的80%以上。全球氯化钾的生产和销售主要集中于少数几家企业。本项经营者集中完成后将产生全球第二大的氯化钾出口供应商,市场份额将超过全球市场的1/3,其与全球第一大供应商合计约占全球氯化钾供应量的70%。中国对国际氯化钾市场依赖度较高,目前有一半左右的氯化钾需求依赖海运贸易和边境贸易进口,其中进口量的一半以上来源于谢钾、乌钾及其关联贸易公司。

该项经营者集中实施后,谢钾作为一个有竞争实力的供应商被乌钾吸收合并,相关市场的集中度将进一步提高。一方面,合并后的公司将拥有更多的钾资源和更强大的生产、供应及出口能力,对国际氯化钾市场将拥有更强的市场控制力,可能对包括中国市场在内的全球氯化钾海运贸易市场竞争产生不利影响。同时,该项经营者集中也增加了全球范围内氯化钾供应商协调生产和销售的可能性,可能具有排除、限制竞争的效果。另一方面,边境贸易是中国进口氯化钾的重要途径。中国1/3左右的进口氯化钾来自于乌钾和谢钾的边境贸易。该项经营者集中实施后,中国以边境贸易方式进口氯化钾将由乌钾和谢钾两家公司供应变为合并后的公司独家供应,这可能对中国氯化钾边境贸易市场具有排除、限制竞争效果。

商务部审查了氯化钾市场进入的难易程度。进入氯化钾市场主要受制于:是否拥有商业上可开采钾矿资源以及开发新矿或扩展现有设施所需资金量。审查发现,钾矿资源主要集中在现存氯化钾生产商手中,开发新矿或扩展现有设施所需资金量大、时间长,同时伴随较大的产业、技术、地质和环境等风险。其他竞争者市场进入难度较大。

此外,基于中国对氯化钾进口的依赖以及氯化钾市场结构现状,该项经营者集中将对中国农业等相关产业产生一定影响。

律师观点:

此项集中可能产生竞争问题,为减少该项经营者集中对竞争产生的不利影响,应对其附加限制性条件并作以下承诺:

1. 合并后的公司应继续保持目前的氯化钾销售做法和程序,交易后继续以直接贸易方式对中国市场销售氯化钾,并继续通过铁路运输和海上运输方式为中国市场稳定可靠、尽心尽力地供应氯化钾产品。

2. 合并后的公司应一如既往地为中国市场提供种类齐全和数量充足的氯化钾产品,包括氧化钾含量为60%和62%的氯化钾产品(包括白色的白钾和粉色的红钾)。此外,合并后的公司应一如既往地供应中国用户,在种类和数量上满足其在农业、工业和特殊工业用途在内的各种用途。

3. 合并后的公司应维持惯常的协商程序,价格谈判应充分考虑与中国客户交易的历史情况与现状,以及中国市场的特殊性。惯常的协商包括现货销售(按每笔交易或按月度)或合同销售(半年或年度)而进行的价格协商。

4. 自审查决定生效之日起的每半年或应商务部要求,合并后的公司应向商务部汇报履行承诺的情况。商务部有权对限制性条件的实施进行监督检查。合并后的公司应当根据商务部对本案适用的相关规定,委托监督受托人对其履行义务的情况进行监督。合并后的公司如有任何违反上述限制性条件的行为,商务部有权依法予以处罚。

商务部决定:

经审查,商务部认为乌钾吸收合并谢钾的经营者集中可能对中国氯化钾市场产生排除、限制竞争的效果。根据乌钾向商务部作出的承诺,商务部决定附加限制性条件批准此项集中。

【案例331】可口可乐收购汇源 限制竞争被禁止[①]

基本案情:

2008年8月,可口可乐旗下的荷银亚洲将代表可口可乐全资附属公司大西洋

[①] 参见商务部公告2009年第22号《关于禁止可口可乐公司收购中国汇源公司审查决定的公告》。

第十一章

公司合并纠纷

公司,就收购汇源果汁全部股份、全部未行使可换股债券并注销汇源全部未行使购股权,提出自愿有条件现金收购建议。这意味着,可口可乐将取得汇源100%股权,汇源将从联交所退市。

2008年9月,商务部收到可口可乐公司递交的申报材料,后可口可乐应商务部要求4次补充材料。

2008年11月20日,商务部认为可口可乐公司提交的申报材料达到了《反垄断法》第23条规定的标准,对此项申报进行立案审查,并通知了可口可乐公司。

由于此项集中规模较大、影响复杂,2008年12月20日,初步审查工作结束后,商务部决定实施进一步审查。

在进一步审查过程中,商务部对集中造成的各种影响进行了评估,并于2009年3月20日前完成了审查工作。

竞争分析与审查:

根据《反垄断法》第27条,商务部从如下几个方面对此项经营者集中进行了全面审查:

1. 参与集中的经营者在相关市场的市场份额及其对市场的控制力;
2. 相关市场的市场集中度;
3. 经营者集中对市场进入、技术进步的影响;
4. 经营者集中对消费者和其他有关经营者的影响;
5. 经营者集中对国民经济发展的影响;
6. 汇源品牌对果汁饮料市场竞争产生的影响。

律师观点:

此项集中具有排除、限制竞争效果,将产生如下不利影响:

1. 集中完成后,可口可乐公司有能力将其在碳酸软饮料市场上的支配地位传导到果汁饮料市场,对现有果汁饮料企业产生排除、限制竞争效果,进而损害饮料消费者的合法权益。

2. 品牌是影响饮料市场有效竞争的关键因素,集中完成后,可口可乐公司通过控制"美汁源"和"汇源"两个知名果汁品牌,对果汁市场控制力将明显增强,加之其在碳酸饮料市场已有的支配地位以及相应的传导效应,集中将使潜在竞争对手进入果汁饮料市场的障碍明显提高。

3. 集中挤压了国内中小型果汁企业生存空间,抑制了国内企业在果汁饮料市场参与竞争和自主创新的能力,给中国果汁饮料市场有效竞争格局造成不良影响,不利于中国果汁行业的持续健康发展。

商务部决定：

根据《反垄断法》第28条和第29条，此项经营者集中具有排除、限制竞争效果，将对中国果汁饮料市场有效竞争和果汁产业健康发展产生不利影响。而参与集中的经营者没有提供充足的证据证明集中对竞争产生的有利影响明显大于不利影响或者符合社会公共利益，在规定的时间内，可口可乐公司也没有提出可行的减少不利影响的解决方案，因此，决定禁止此项经营者集中。

二、公司合并纠纷的裁判标准

807. 什么情况下公司合并无效？

公司合并无效一般由两类原因导致。

（1）公司合并协议无效或被撤销的

公司合并协议本身作为法人主体间意思表示一致的约定，应当适用《民法典》的规定来确定其效力，公司合并协议无效的常见情形如下：

①违反法律、行政法规的强制性规定，违背公序良俗；

②恶意串通损害他人合法权益；

③虚假意思表示签订的协议；

④合并的方案未经过公司股东会的决议通过。

合并协议可撤销的常见情形如下：

①因重大误解订立的协议；

②一方以欺诈、胁迫的手段或者利用对方处于危困状态，使对方在违背真实意思的情况下订立的合并协议。

（2）股东会决议无效、可撤销或不成立的

①如公司合并的股东会决议召集程序、表决方式违反法律、行政法规或者公司章程，或者决议内容违反公司章程的，则该股东会决议可撤销；

②如公司合并的股东会决议内容违反法律、行政法规的，则股东会决议无效；

③股东会或者股东大会、董事会决议公司未召开会议的，但依据《公司法》或者公司章程规定可以不召开股东会或者股东大会而直接作出决定，并由全体股东在决定文件上签名、盖章的除外；会议未对决议事项进行表决的；出席会议的人数或者股东所持表决权不符合《公司法》或者公司章程规定的；会议的表决结果未达到《公司法》或者公司章程规定的通过比例的，则股东会决议不成立。

因此实践中，如果公司合并一方或多方的股东对其所属一方公司通过公司合并的股东会决议提出撤销、无效或不成立诉讼,并经人民法院判决支持的,则对应的公司合并协议也将归于无效。

808. 公司合并后,原合并各方的债权债务由谁承继?

公司合并时,合并各方的债权、债务,应当由合并后存续的公司或者新设的公司承继。

需要注意的是,如以债务承担的方式合并公司,并与债权人签订合同约定承担原公司债务,或已将债务转移事宜告知债权人并得到债权人同意的,即使合并无效,该债务仍须由合并中的接纳方承担。

【案例332】新公司承继债权无须另行通知[①]

原告:苏州电器公司
被告:上海设备公司
诉讼请求:被告支付货款3,590,984.13元,并偿付利息损失108,344.93元。
争议焦点:原告吸收合并安徽依斯克拉公司后,其债权是否可以不经通知直接由原告承继。
基本案情:

2005年,安徽依斯克拉公司与被告发生买卖关系,由安徽依斯克拉公司供给被告发电机。

2006年1月至2007年8月,原、被告发生买卖关系,由原告供给被告发电机。

2007年6月,原告吸收合并了安徽依斯克拉公司,并3次在《新华日报》上发布公告,公告原告吸收合并安徽依斯克拉公司,其债权债务均由原告承担。后原告吸收合并安徽依斯克拉公司经有关部门批准同意。

2007年9月20日,原告、被告双方就原告与被告2006年1月至2007年8月业务情况及安徽依斯克拉公司与被告业务情况进行商谈,形成了会议记录,双方确认,原告与被告业务中,被告尚欠货款2,124,934.13元,安徽依斯克拉公司与被告间业务中,被告尚欠货款483,550元;对被告代付关税、工资等款项待定。

2007年9月20日至2008年2月,原告又供给被告计货款2,452,500元的发电机,至此被告共应给付原告的货款为5,060,984.13元。对账后,被告向原告支付147万元,尚欠3,590,984.13元未付。

2008年2月15日,原告委托律师向被告催要欠款,2008年2月19日,被告回

[①] 参见上海市嘉定区人民法院(2008)嘉民二(商)初字第1245号民事判决书。

复律师确认欠款的情况,但未支付剩余款项。

原告诉称:

原、被告之间的债权债务关系双方均予以确认,但被告拒不付款的行为已严重损害原告利益。对于安徽依斯克拉公司对被告享有的债权,由于原告已依法吸收合并安徽依斯克拉公司,故其债权亦应当由原告享有。

被告辩称:

1. 所欠原告的货款2,124,934.13元无异议,但应扣除被告为原告代付的关税、工资等共计86,854.13元,相应的利息也应扣减;

2. 吸收合并不代表原告有权向被告主张安徽依斯克拉公司的债权,登报公告也不能代替债权转让的通知,因此,原告无权向被告主张安徽依斯克拉公司的货款483,550元。

律师观点:

1. 被告应向原告支付货款。

原、被告间买卖法律关系明确,原告履行了供货义务,被告收取货物后,理应按约给付相应的货款,现拖欠不付,显属违约,应承担支付货款及偿付利息损失的民事责任。由于确有86,854.13元系由被告代付,故应在货款中扣除。

2. 原告吸收合并安徽依斯克拉公司,安徽依斯克拉公司的债权由其承继。

原告吸收合并安徽依斯克拉公司,符合相关法律规定的程序,且根据法律规定,合并后的债权债务由原告承继,无须安徽依斯克拉公司向被告发出债权转让的通知,原告主张被告所欠安徽依斯克拉公司的债权,应予支持。

法院判决:

1. 被告应于判决生效后10日内给付原告货款3,504,130元人民币;

2. 被告应于判决生效后10日内偿付原告利息损失104,655.37元。

【案例333】以债务承担方式兼并 债务皆已转移[①]

原告: 海国投公司

被告: 联大公司

第三人: 金轮公司

诉讼请求: 判令被告支付地价款570万元及逾期付款违约金579,664元。

---

① 参见海南省海口市中级人民法院(2001)海中法经初字第15号民事判决书。

第十一章

公司合并纠纷

争议焦点：

1. 被告可否因《兼并协议》显失公平主张其与原告签订的《还款协议》无效；

2. 原告在1993年转让土地使用权时，是否可依法不以持有使用证为合同生效的前提要件；

3. 第三人被兼并后仍保留企业法人资格，其兼并前债务应由谁承担。

基本案情：

1997年11月7日，原告与被告双方签订了《还款协议》，约定：基于被告以承担债务的形式兼并了第三人，第三人欠原告位于海口市港澳工业区37.6亩土地的地价款570万元的债务由被告承担；被告于1998年12月31日前向原告支付总地价款的40%，即228万元，于1999年12月31日前向原告付清全部地价款，即342万元；并约定了相应的违约金；待被告付清所欠地价款后，原告向被告交付土地使用图及用地红线图，不影响被告兼并工作。

另外，原告向第三人转让的所涉本案的土地使用权，原告已与海口市土地管理局于1993年1月7日签订了《国有土地使用权协议出让合同书》，并已取得了海南省及海口市土地管理部门核发的该地的用地批文以及用地红线图。现第三人在该地上已建成厂房，作为其厂区使用。

原告诉称：

1998年12月18日及1999年11月16日，原告两次向被告发函要求被告支付所欠地价款。

被告辩称：

1. 原告对转让给第三人的土地，由于没有土地使用证，故不享有使用权。原告在没有取得土地使用权的情况下转让土地，违反了法律规定，故《还款协议》是无效的。

2. 被告与第三人的《兼并协议》为显失公平的无效合同，故原、被告双方间签订的《还款协议》亦属无效。

3. 被告在兼并第三人时，出现了6.65亿元的漏债，本案的土地款当属范围之内，依据《山东省高级人民法院关于当前审理经济纠纷案件中适用法律的若干问题的意见》(以下简称《规定》)的规定："企业出售前的债务如果是未经评估清理的，未于原有企业债权财产相抵算的，即出现所谓'漏债'时，该债务由出售方承担清偿责任。"据此，本案债务应由第三人承担。

4. 根据《规定》，"被兼并企业保留企业法人资格的，其兼并前的债务仍应由被兼并企业承担，债权人起诉时，应将被兼并企业列为当事人，由被兼并企业承担

1355

民事责任。"根据《民法通则》的基本精神,独立企业法人独立承担民事责任,本案的土地款,是第三人的厂房用地,第三人现仍然经营,应由其承担民事责任。

律师观点:

1. 被告与第三人之间的兼并关系并非本案应当审理的范畴。

由于被告与第三人之间的兼并关系属另一法律关系,非本案应当审理的范畴,故被告抗辩因其与第三人签订的《兼并协议》显失公平,当属无效或可撤销的合同,因而其与原告签订的《还款协议》亦属无效的理由不成立。

2. 依据签订时法律,土地使用权转让合同可不以转让人持有转让土地的使用证为其生效的前提条件。

原告转让本案所涉土地使用权给第三人时,虽不持有该土地的土地使用证,但根据当时国家及海口市关于国有土地使用权转让的有关法律、法规①,土地使用权转让合同并不以转让人持有转让土地的使用证为其生效的前提要件。并且依据原告与海口市土地管理局签订的《国有土地使用权出让合同书》,以及原告已取得的该转让土地的用地批文和用地红线图,原告应有权转让该地的使用权。因此,被告以原告无权转让本案所涉土地使用权为由抗辩《还款协议》无效的理由也不成立。

3. 被告不可以"被兼并企业保留企业法人资格的,其兼并前的债务仍应由被兼并企业承担,债权人起诉时,应将被兼并企业列为当事人,由被兼并企业承担民事责任"为由,拒绝承担其兼并的第三人的债务。

被告以承担债务的方式兼并第三人,并为此与原告签订了《还款协议》,承诺第三人原欠原告的债务由其承担。被告该承诺为其真实意思表示,且已得到原告的认可,故第三人对原告所负的债务已合法转移给了被告,被告应依其承诺向原告偿付此项债务。

被告依据山东省高级人民法院的有关意见提出的抗辩理由不适用于本案,其抗辩理由不成立。

综上所述,原、被告双方签订的《还款协议》为有效合同,被告未依据该协议履行向原告支付地价款的义务,已构成违约,故原告诉请被告偿付地价款570万元并支付相应的违约金有理,应予以支持,但原告请求的违约金高于合同约定的部分,因缺乏法律依据,不应予以支持。

---

① 当时的相关法规有:1990年5月19日由国务院发布的《中华人民共和国城镇国有土地使用权出让和转让暂行条例》以及1988年2月12日由海口市人民政府发布的《海口市土地使用权有偿出让和转让的规定》。

法院判决：

被告自判决发生法律效力之日起 10 日内向原告支付所欠的地价款 570 万元人民币及利息损失。

809. 如果公司合并未依法通知及公告，债权人是否可以向合并后存续的公司主张提前偿还未到期的债务？如果债权人未收到通知，或收到通知但在公告后的 45 日内没有提出主张未到期债权，是否还可以要求提前还债？

《公司法》对此并未作出明确规定，笔者认为应按如下方式处理：

如果合并各方未依法履行通知义务或公告义务的，则其债权人发现公司合并后自然可以对未到期债务主张提前偿还或提供担保。

如果合并中已经尽到了通知和公告的法定义务，但债权人放弃对未到期债权的提前主张的，则公司合并以后，债权人也仅能待债务到期后才能主张偿还。

810. 公司合并未通知债权人是否需要承担行政责任？

公司在合并时，如果不依照《公司法》规定通知或者公告债权人的，由公司登记机关责令改正，对公司处以 1 万元以上 10 万元以下的罚款。

第三节　企业合并的税务问题

一、企业合并的所得税处理问题

（一）合并的一般性税务处理

811. 如何确定合并中当事人、合并日以及合并主导方？

企业合并中当事各方，指合并企业、被合并企业及各方股东。

企业合并，以合并企业取得被合并企业资产所有权并完成工商变更登记日期为合并日，即企业重组日。

吸收合并中的合并主导方为合并后拟存续的企业，新设合并中的合并主导方为合并前资产较大的企业。

【案例334】同一控制下企业合并的会计处理方式

基本案情：

假定甲、乙公司为同一集团内两家全资子公司，其共同的母公司为丙公司。2008 年 7 月 31 日（合并基准日），甲公司向乙公司的股东定向增发 1200 万股

· 1357 ·

普通股(每股面值1元,市价2元)对乙公司进行吸收合并。合并后,乙公司失去其法人资格。

该合并为同一控制下的吸收合并,甲公司应确认合并中取得的乙公司的各项资产和负债。假定甲、乙公司在合并前采用的会计政策相同。

会计处理:

甲公司合并前的资产负债状况如表11-1所示:

表11-1 甲公司合并前资产负债状况

资产	账面价值/元	负责及所有者权益	账面价值/元
货币资金	2,000,000	短期借款	8,000,000
存货	1,200,000	应付账款	3,000,000
应收账款	6,000,000	其他应付款	2,400,000
长期股权投资	8,000,000	负债合计	13,400,000
固定资产	15,000,000	实收资本	12,000,000
无形资产	2,000,000	资本公积	4,000,000
		盈余公积	1,500,000
		未分配利润	3,300,000
资产合计	34,200,000	所有者权益合计	20,800,000

甲公司对该项合并应进行的会计处理如下:

借:货币资金　　　　　　　　　　　　2,000,000
　　存货　　　　　　　　　　　　　　1,200,000
　　应收账款　　　　　　　　　　　　6,000,000
　　长期股权投资　　　　　　　　　　8,000,000
　　固定资产　　　　　　　　　　　 15,000,000
　　无形资产　　　　　　　　　　　　2,000,000
　贷:短期借款　　　　　　　　　　　 8,000,000
　　　应付账款　　　　　　　　　　　3,000,000
　　　其他应付款　　　　　　　　　　2,400,000
　　　股本　　　　　　　　　　　　 12,000,000
　　　资本公积　　　　　　　　　　　8,800,000

812. 同一控制下的企业合并如何进行会计处理？

同一控制下的企业合并，最终控制方在合并前后实际控制的经济资源并没有发生变化，有关交易事项不应视为出售或购买。合并方在合并中确认取得的被合并方的资产、负债仅限于被合并方账面上原已确认的资产和负债，不产生新的资产与负债。

（1）长期股权投资的确认和计量

①合并方以支付现金、转让非现金资产或承担债务方式作为合并对价的，应当在合并日按照被合并方所有者权益账面价值的份额作为长期股权投资的初始投资成本。

长期股权投资的初始投资成本与支付的现金、转让的非现金资产及所承担债务账面价值之间的差额，应当调整资本公积（资本溢价或股本溢价，下同）；资本公积的余额不足冲减的，调整留存收益。

②合并方以发行权益性证券作为合并对价的，应按发行股份的面值总额作为股本，长期股权投资的初始投资成本与所发行股份面值总额之间的差额，应当调整资本公积；资本公积的余额不足冲减的，调整留存收益。

③合并方取得长期股权投资时，对于支付的对价中包含的应享有被合并企业已经宣告但尚未发放的现金股利或利润应确认为应收项目，不构成取得长期股权投资的初始投资成本。

（2）合并日合并财务报表的编制

合并方一般应在合并日编制合并财务报表，包括资产负债表、利润表和现金流量表。

①合并资产负债表

被合并方的有关资产、负债应以其账面价值并入合并财务报表。合并方与被合并方在合并日及以前期间发生的交易，应作为内部交易，按照有关原则进行抵销。

对于被合并方在企业合并前实现的留存收益（盈余公积和未分配利润之和）中归属于合并方的部分，按照下列原则，自合并方的资本公积金转入盈余公积和未分配利润。

第一，确认企业合并形成的长期股权投资后，合并方账面资本公积贷方余额大于被合并方在合并前实现的留存收益中归属于合并方的部分，在合并资产负债表中，应将被合并方在合并前实现的留存收益中归属于合并方的部分自"资本公积金"转入"盈余公积"和"未分配利润"。在合并报表工作底稿中，借记"资本公积"项目,贷记"盈余公积"和"未分配利润"项目。

第二,确认企业合并形成的长期股权投资后,合并方账面资本公积贷方余额小于被合并方在合并前实现的留存收益中归属于合并方的部分,在合并资产负债表中,应以合并方资本公积的贷方余额为限,将被合并方在企业合并前实现的留存收益中归属于合并方的部分自"资本公积"转入"盈余公积"和"未分配利润"。在合并报表工作底稿中,借记"资本公积"项目,贷记"盈余公积"和"未分配利润"项目。

因合并方的资本公积余额不足,被合并方在合并前实现的留存收益中归属于合并方的部分在合并资产负债表中未予全额恢复的,合并方应当在报表附注中对这一情况进行说明。

②合并利润表

合并利润表时,应当包含合并方及被合并方自合并当期期初至合并日实现的净利润,为此,合并方应当在合并利润表中的"净利润"项下单列"其中:被合并方在合并前实现的净利润"项目。

③合并现金流量表

合并现金流量表时,应包含合并方及被合并方自合并当期期初至合并日当日产生的现金流。涉及双方当期发生内部交易产生的现金流量,应按照合并财务报表准则规定的有关原则进行抵销。

813. 非同一控制下的企业合并如何进行会计处理?

区分合并形式,会计处理方式有所不同,具体如下。

(1) 非同一控制下的控股合并

购买方是指在企业合并中取得对另一方或多方控制权的一方。

购买方应当按照确定的企业合并成本作为长期股权投资的初始投资成本。企业合并成本包括购买方付出的资产、发生或承担的负债、发行的权益性证券的公允价值之和。购买方为企业合并发生的审计、法律服务、评估咨询等中介费用以及其他相关管理费用,应当于发生时计入当期损益;购买方作为合并对价发行的权益性证券或债务性证券的交易费用,应当计入权益性证券或债务性证券的初始确认金额。

购买方为取得被购买方的控制权,以支付非货币性资产为对价的,有关非货币性资产在购买日的公允价值与其账面价值的差额,应作为资产的处置损益,计入合并当期的利润表。

购买方取得投资时,对于支付的对价中包含的应享有被合并企业已经宣告但

第十一章
公司合并纠纷

尚未发放的现金股利或利润应确认为应收项目,不构成取得长期股权投资的初始投资成本。

（2）非同一控制下的吸收合并

非同一控制下的吸收合并,购买方在购买日应当将合并中取得的符合确认条件的各项可辨认资产、负债,按其公允价值确认为本企业的资产和负债;作为合并对价的有关非货币性资产在购买日的公允价值与其账面价值的差额,应作为资产处置损益计入合并当期的利润表;确定的企业合并成本与所取得的被购买方可辨认净资产公允价值之间的差额,视情况分别确认为商誉或是计入企业合并当期的损益。

【案例335】非同一控制下企业合并的会计处理方式[①]

基本案情：

甲企业以公允价值为1.4亿元、账面价值为1亿元的资产作为对价对乙企业进行吸收合并,购买日乙企业持有资产的情况如下表11-2:

表11-2　购买日乙企业持有资产状况

资产	账面价值/万元	公允价值/万元
固定资产	6000	8000
长期股权投资	4000	6000
长期借款	3000	3000
净资产	7000	11,000
非货币性资产投资利得 = 14,000 - 10,000 = 4000(万元)		
应确认的商誉 = 14,000 - 11,000 = 3000(万元)		

会计处理：

合并日,甲企业应做会计分录如下:

借:固定资产　　　　　　　　　　　　　80,000,000
　　长期股权投资　　　　　　　　　　　60,000,000
　　商誉　　　　　　　　　　　　　　　30,000,000
　　贷:长期借款　　　　　　　　　　　30,000,000

[①] 企业会计准则编审委员会编:《企业会计准则案例讲解(2010年版)》,立信会计出版社2009年版,第238页。

相关贷款　　　　　　　　　　　　　100,000,000
营业外收入——非货币性资产投资利得　40,000,000

购买方对合并成本小于合并中取得的被购买方可辨认净资产公允价值份额的差额,应当按照以下规定处理：

对取得的被购买方各项可辨认资产和负债的公允价值以及合并成本的计量进行复核,经复核后合并成本仍小于合并中取得的被购买方可辨认净资产公允价值份额的,其差额应当计入营业外收入。

814. 企业合并如何进行企业所得税的一般性税务处理?

企业合并时的一般性税务处理原则如下。

(1)被合并企业的所得税处理

①被合并企业必须对其资产进行评估,并以评估确认的价值作为换取股份份额的依据,在当期确认有关的资产转让所得或损失,计征所得税。计税所得的计算公式如下：

计税所得＝被合并企业合并基准日净资产的公允价值－被合并企业合并基准日的计税成本－尚未超过弥补期的经营性亏损

②被合并企业按照清算进行所得税处理。

③被合并企业的亏损不得在合并企业结转弥补。

(2)合并企业的所得税处理

合并企业应按被合并企业评估确认的公允价值确定接受被合并企业各项资产和负债的计税基础。

(3)被合并企业股东的所得税处理

被合并企业股东都应按清算进行所得税处理。[①]

815. 企业合并进行一般性税务处理需要提交哪些资料?

企业发生合并的,被合并企业应按规定进行企业所得税清算,报送以下资料：

(1)《企业清算所得税申报表》;

(2)企业合并的市场监督管理部门或其他政府部门的批准文件;

(3)企业全部资产和负债的计税基础以及评估机构出具的资产评估报告;

(4)企业债务处理或归属情况说明;

(5)主管税务部门要求提供的其他资料证明。

---

① 详见本书第十七章申请公司清算第三节公司清算的税务问题。

第十一章 公司合并纠纷

【案例336】广汽集团吸收合并广汽长丰 股权支付比例不足85%要缴企业所得税[①]

合并方:广汽集团

被合并方:广汽长丰

被合并方主要股东:广汽集团、长丰集团

合并方式:非同一控制下的吸收合并

合并基准日:2011年3月21日

基本案情:

截至合并基准日,广汽长丰总股本为520,871,390元。主要股东持股情况见表11-3:

表11-3 广汽长丰股本结构

股份类别	持股数/股	持股比例/%
广汽集团	151,052,703	29.00
长丰集团	114,469,321	21.98
三菱自动车	75,997,852	14.59
其他股东	179,351,514	34.43
合计	520,871,390	100

截至合并基准日,广汽集团股本结构如表11-4所示:

表11-4 广汽集团股本结构

股份类别	持股数/股	持股比例/%
广汽工业(SS[②])	3,617,403,529	58.84
万向集团	156,996,823	2.55
国机集团(SS)	145,227,963	2.36
广钢集团(SS)	7,869,515	0.13
长隆集团	7,259,627	0.12
H股股东	2,213,300,218	36.00
合计	6,148,057,675	100

---

① 参见《广州汽车集团股份有限公司换股吸收合并广汽长丰汽车股份有限公司报告书》,载巨潮资讯网,http://www.cninfo.com.cn/new/disclosure/detail?plate=see&orgId=gssh0600991&stockCode=600991&announcementId=60487316&announcementTime=2012-02-01% 2006:35,2021年1月27日访问。

② SS是State-own Shareholder的缩写,表示国有股股东。

· 1363 ·

为了贯彻落实国家汽车产业政策、提高广汽集团的核心竞争力以及解决潜在的同业竞争问题，广汽集团拟通过换股方式吸收合并广汽长丰。

广汽集团 A 股发行价为人民币 9.09 元/股。广汽长丰换股价格为人民币 14.55 元/股，较定价基准日前 20 个交易日的广汽长丰 A 股股票交易均价 12.65 元/股有约 15% 的溢价。由此确定本次换股吸收合并的换股比例为 1.6:1，即换股股东所持有的每一股广汽长丰股票可以换取 1.6 股广汽集团 A 股股票。

为充分保护广汽长丰股东的利益，本次换股吸收合并将向首次现金选择权目标股东提供首次现金选择权，由广汽集团、国机集团担任首次现金选择权提供方。行使首次现金选择权的首次现金选择权目标股东可以就其所持有的广汽长丰股票按照 12.65 元/股的价格全部或部分申报行使首次现金选择权。

除广汽集团持有的股份外，广汽长丰其他股份合计 369,818,687 股。三菱自动车、长丰集团已决定将其所持有的 75,997,852 股、114,469,321 股广汽长丰股份均选择申报行使首次现金选择权。三菱自动车、长丰集团行使首次现金选择权所对应的现金对价由广汽集团支付。广汽集团分别向三菱自动车、长丰集团支付现金 961,372,827.80 元、1,448,036,910.65 元，合计 2,409,409,738.45 元。

律师观点：

本次吸收合并涉及的税收主要包括企业所得税、增值税、营业税、土地增值税、契税、印花税。

1. 企业所得税

本次合并不符合特殊性税务处理条件，应按照一般性税务处理方式进行企业所得税处理。

本次吸收合并是为了贯彻落实国家汽车产业政策，提高广汽集团的核心竞争力以及解决潜在的同业竞争问题，并非出于税收目的，具有合理的商业目的。

本次交易总额为 5,018,974,267.15 元，其中：股权支付金额为 2,609,564,528.70 元，现金支付金额为 1,448,036,910.65 元。股权支付比例 52%，远远低于特殊性税务处理条件中规定的股权支付金额大于 85% 的规定。

综上，本次交易由于股份支付比例不能够满足大于 85% 的条件，因而不能够适用企业所得税特殊性税务处理。具体处理方式如下：

(1) 广汽集团应以广汽长丰评估确认的公允价值确定其取得的各项资产和负债的计税基础；

(2) 广汽长丰及其股东要按照清算进行企业所得税处理。

2. 增值税、营业税及附加

根据《国家税务总局关于纳税人资产重组有关增值税问题的公告》(国家税务总局公告2011年第13号)和《关于纳税人资产重组有关营业税问题的公告》(国家税务总局公告2011年第51号)的规定,广汽长丰无须就货物、不动产及土地使用权的转移缴纳增值税、营业税、城市维护建设税与教育费附加。

3. 土地增值税与契税

《财政部、国家税务总局关于土地增值税一些具体问题规定的通知》(财税字〔1995〕048号)①规定:"在企业兼并中,对被兼并企业将房地产转让到兼并企业中的,暂免征收土地增值税。"因此,广汽长丰无须就土地使用权和不动产的转移缴纳土地增值税。

《财政部、国家税务总局关于企业事业单位改制重组契税政策的通知》(财税〔2012〕4号)②规定:两个或两个以上的公司,依据法律规定、合同约定,合并为一个公司,且原投资主体存续的,对其合并后的公司承受原合并各方的土地、房屋权属,免征契税。故在本次吸收合并中,广汽集团无须就其受让广汽长丰的土地房屋权属缴纳契税。

4. 印花税

广汽集团因合并导致账面上的"股本"和"资本公积"增加286,962,422股(179,351,514×1.6),按照9.09元/股计算,增加的总金额为2,608,488,416元。广汽集团应该就增加部分按照万分之五的比例贴花,即1,304,244.21元。

816. 一般性税务处理情形下,企业合并后如何享受合并前的税收优惠政策?

(1)企业整体(全部生产经营所得)税收优惠

就企业整体(全部生产经营所得)享受的税收优惠过渡政策尚未期满的,合并后的存续企业性质及适用税收优惠的条件未发生改变的,可以继续享受合并前该企业剩余期限的税收优惠,其优惠金额按存续企业合并前一年的应纳税所得额(亏损计为零)计算。

注销的被合并企业未享受完的税收优惠,不再由存续企业承继;因合并新设

---

① 现已更新为《财政部、国家税务总局关于继续实施企业改制重组有关土地增值税政策的通知》(财税〔2018〕57号)。

② 现已更新为《财政部、国家税务总局关于继续支持企业、事业单位改制重组有关契税政策的通知》(财税〔2018〕17号)。

的企业不得再承继或重新享受前述优惠。

(2)企业生产经营项目的税收优惠

国家重点扶持的公共基础设施项目、环境保护、节能节水项目等享受减免税优惠的项目,在减免税期限内转让的,受让方自受让之日起,可以在剩余期限内享受规定的减免税优惠;减免税期限届满后转让的,受让方不得就该项目重复享受减免税优惠。

(二)合并的特殊性税务处理

817. 企业合并适用特殊性税务处理需符合哪些条件?

同时符合下列条件的,适用特殊性税务处理规定。

(1)符合合理商业目的的原则

企业合并具有合理的商业目的,且不以减少、免除或者推迟缴纳税款为主要目的。

(2)符合权益连续性原则

①如果是非同一控制下的企业合并,被合并企业的股东在该企业合并发生时取得的股权支付金额不低于其交易支付总额的85%。

如果是同一控制下的企业合并且在合并中无须支付对价,也符合权益连续性原则。①

同一控制下且无须支付对价的企业合并,通常指100%控股的合并,包括母子公司合并、子公司之间的合并。②

②原持有转让企业或被收购企业20%以上股权的股东,在重组后连续12个月内,不得转让因合并所取得的股权。

(3)符合经营连续性原则

自合并之日起计算的连续12个月内,企业合并不改变合并资产原来的实质性经营活动。

---

① "同一控制下的企业合并"判定标准详见第812问"同一控制下的企业合并如何进行会计处理?"。

② 有观点认为,母公司吸收合并全资子公司不适用特殊性税务处理。理由是,合并后,子公司注销,母公司对子公司不存在持股关系,对子公司原有资产的控制是采用资产直接控制方式,而非股权,原来的权益无法得到持续,无法满足并购重组企业所得税规则中的"权益连续性原则"。

【案例337】雅戈尔母子公司垂直合并特殊性税务处理案[①]

合并方:雅戈尔集团
被合并方:雅戈尔进出口公司
被合并方股东:雅戈尔集团
合并方式:同一控制下的吸收合并
合并基准日:2009年12月31日
基本案情:

雅戈尔进出口公司是雅戈尔集团的全资子公司。雅戈尔集团通过整体吸收合并的方式合并雅戈尔进出口公司全部资产、负债和业务,合并完成后雅戈尔集团存续经营,雅戈尔进出口公司独立法人资格注销。

雅戈尔进出口公司已多年未从事业务运营。本次合并,有利于理顺股权关系、简化公司结构、降低管理成本。其财务报表已按100%比例纳入雅戈尔集团合并报表范围内,因此本次吸收合并不会对雅戈尔集团当期损益产生实质性影响。

律师观点:

本次吸收合并涉及的税收主要包括企业所得税、增值税、营业税与印花税。

1. 企业所得税

本次吸收合并符合所得税特殊性税务处理条件。

雅戈尔进出口公司是雅戈尔集团的全资子公司,本次吸收合并属于同一控制下的企业合并,且无须支付对价。

雅戈尔进出口公司可以按照特殊税务处理方式进行企业所得税处理。具体如下:

(1)雅戈尔集团接受雅戈尔进出口公司资产和负债的计税基础,以雅戈尔进出口公司的原有计税基础确定;

(2)雅戈尔进出口公司合并前的相关所得税事项由雅戈尔集团承继。

2. 增值税和营业税

根据《国家税务总局关于纳税人资产重组有关增值税问题的公告》(国家税务总局公告2011年第13号)和《关于纳税人资产重组有关营业税问题的公告》

[①] 参见《雅戈尔集团股份有限公司关于吸收合并宁波市雅戈尔进出口有限公司、宁波市鄞州英华服饰有限公司的提示性公告》,载巨潮资讯网,http://static.cninfo.com.cn/finalpage/2010-03-23/57717544.PDF,2020年3月10日访问。

(国家税务总局公告2011年第51号)规定,纳税人在资产重组过程中,通过合并方式,将全部实物资产以及与其相关联的债权、债务和劳动力一并转让给其他单位和个人的行为,不属于增值税和营业税的征收范围。因此,雅戈尔集团无须就货物、不动产及土地使用权的转移缴纳增值税、营业税及附加。

3. 印花税

根据《财政部、国家税务总局关于企业改制过程中有关印花税政策的通知》(财税〔2003〕183号),其新启用的资金账簿记载的资金,凡原已贴花的部分可不再贴花,未贴花的部分和以后新增加的资金按规定贴花。因此,就本次吸收合并,雅戈尔集团无须缴纳印花税。

【案例338】同一控制下且不需要支付对价吸收合并全资子公司 适用特殊性税务处理[①]

合并方:厦门松霖科技股份有限公司

被合并方:松霖卫厨

合并方式:同一控制下业务合并

合并基准日:2017年2月28日

基本案情:

2004年1月8日,被合并方设立,注册资本为150万元,股东为周某松和吴某利,二人的持股比例分别为70%和30%。为了便于进行统一生产管理,2013年起被合并方逐步将除厂房及综合办公楼以外的所有经营性资产转移到合并方,并自2013年8月起停产,主要以向合并方出租厂房及综合办公楼为收入来源。

为了彻底解决上述关联租赁,实现被合并方所有经营资产注入合并方,2017年4月1日,合并方董事会、被合并方股东会分别审议决定合并方将被合并方吸收合并,吸收合并后被合并方的债权债务由合并后的合并方承接。2017年4月1日,合并方和被合并方在《厦门日报》刊登了《关于吸收合并的债权人公告》。

根据天健会计师事务所出具的天健审〔2017〕2351号《审计报告》,截至2017

---

① 参见《厦门松霖科技股份有限公司首次公开发行股票招股意向书》,载巨潮资讯网,http://www.cninfo.com.cn/new/disclosure/detail? plate = sse&orgId = 9900036921&stockCode = 603992& announcement Id = 1206499602&announcement Time = 2019 – 08 – 06,2021年1月27日访问。

年2月28日,被合并方总资产24,964.46万元,负债总额284.83万元,净资产24,679.63万元。根据厦门大学资产评估公司出具的大学评估〔2017〕840002号《评估报告书》,截至2017年2月28日,被合并方的股东全部权益的评估值为26,874.32万元。

根据合并方与被合并方签署的《吸收合并协议》及《吸收合并协议之补充协议》,合并基准日为2017年2月28日,被合并方各股东以被合并方于合并基准日经审计的净资产24,679.63万元按照约2.42∶1的比例(增资价格为2.42元/出资额)折合为10,207.79万元(按2017年2月28日的汇率折合1484.77万美元)向合并方增资,其中被合并方原股东周某松投入1039.34万美元,吴某利投入445.43万美元,合并方增资后的注册资本为4672.03万美元。

2017年5月17日,普和会计师事务所出具厦普和外验字〔2017〕第WY019号《验资报告》,经其审验,截至2017年5月16日,合并方已收到周某松、吴某利以其拥有的被合并方截至2017年2月28日的净资产24,679.63万元,折为合并方的新增注册资本(实收资本)1484.77万美元,被合并方净资产折合注册资本后的余额转为资本公积。

2017年5月25日,厦门市市场监督管理局核准了合并方本次变更登记,核准了被合并方注销登记。

律师观点:

2017年公司吸收合并被合并方为2013年经营性资产转移交易的延续,上述事项整体过程符合业务合并的条件,且被合并方与合并方受同一实际控制人控制,因此按照同一控制下业务合并的相关准则进行会计处理。

本次吸收合并涉及的税收主要包括个人所得税、增值税、契税和印花税,各项税收计缴情况如下。

1. 个人所得税

根据《财政部、国家税务总局关于企业重组业务企业所得税处理若干问题的通知》(财税〔2009〕59号),被合并方股东周某松、吴某利因本事项应分别缴纳个人所得税3741.40万元、1603.46万元。

2. 增值税

根据《国家税务总局关于纳税人资产重组有关增值税问题的公告》(国家税务总局公告2011年第13号),纳税人在资产重组过程中,通过合并、分立、出售、置换等方式,将全部或者部分实物资产以及与其相关联的债权、负债和劳动力一并转让给其他单位和个人,不属于增值税的征税范围,其中涉及的货物转让不征收增值税。因此，就本次吸收合并，合并方无须缴纳增资税。

3. 契税

根据《财政部、税务总局关于继续支持企业、事业单位改制重组有关契税政策的通知》（财税〔2018〕17号）规定：两个或两个以上的公司，依照法律规定、合同约定，合并为一个公司，且原投资主体存续的，对合并后公司承受原合并各方土地、房屋权属，免征契税。因此，就本次吸收合并，合并方无须缴纳契税。

4. 印花税

根据《财政部、国家税务总局关于企业改制过程中有关印花税政策的通知》（财税〔2003〕183号），其新启用的资金账簿记载的资金，凡原已贴花的部分可不再贴花，未贴花的部分和以后新增加的资金按规定贴花。因此，就本次吸收合并，合并方无须缴纳印花税。

818. 企业合并中适用特殊税务处理，应从哪些方面说明企业合并具有合理的商业目的？

应从以下几方面说明具有合理的商业目的：

（1）重组交易的方式；

（2）重组交易的实质结果；

（3）重组各方涉及的税务状况变化；

（4）重组各方涉及的财务状况变化；

（5）非居民企业参与重组活动的情况。

819. 企业合并时如何进行特殊性税务处理？

特殊性税务处理具体原则如下。

（1）合并各方共同的处理原则

①交易中的股权支付暂不确认有关资产转让所得或损失；

②合并中的非股权支付仍应在交易当期确认相应的资产转让所得或损失，并调整相应资产的计税基础。公式如下：

非股权支付对应的资产转让所得或损失＝（被转让资产的公允价值－被转让资产的计税基础）×（非股权支付金额÷被转让资产的公允价值）

（2）合并企业所得税的处理

合并企业接受被合并企业资产和负债的计税基础，以被合并企业的原有计税基础确定。

（3）被合并企业的所得税处理

①税收事项的继承

被合并企业合并前的相关所得税事项由合并企业承继。这些事项包括尚未确认的资产损失、分期确认收入的处理以及尚未享受期满的税收优惠政策承继处理问题等。

②未弥补亏损的处理

被合并企业的亏损原则上可以由合并企业弥补，但有限额。公式如下：

可由合并企业弥补的被合并企业亏损的限额 = 被合并企业净资产公允价值 × 截至合并业务发生当年年末国家发行的最长期限的国债利率

此处的被合并企业亏损的限额，是指在最长不超过5年的结转年限内，每年可由合并企业弥补的被合并企业亏损的限额，而不是总限额。

（4）被合并企业股东的所得税处理

被合并企业股东取得合并企业股权的计税基础，以其原持有的被合并企业股权的计税基础确定，即以股权的投资成本确定。

【案例339】五粮液兄弟公司吸收合并　暂免征企业所得税[①]

合并方：普拉斯公司

被合并方：普光公司

被合并方股东：五粮液公司

合并方式：同一控制下的吸收合并

合并基准日：2009年5月18日

基本案情：

普拉斯公司与普光公司均为五粮液公司的全资子公司。

普拉斯公司对普光公司通过吸收合并方式整合。吸收合并完成后，普拉斯公司继续存续，普光公司依法予以解散注销，普光公司相应的资产、业务、债权、债务由普拉斯公司依法承继（见图11-6）。

普拉斯公司和普光公司的主要经营业务同属包材和防伪产品类别，本次吸收合并完成后，可以优势互补、减少管理成本、提高运营效率。

[①] 参见《宜宾五粮液股份有限公司关于全资子公司吸收合并事项的公告》，载巨潮资讯网，http://static.cninfo.com.cn/finalpage/2010-06-26/58100699.PDF，2020年3月10日访问。

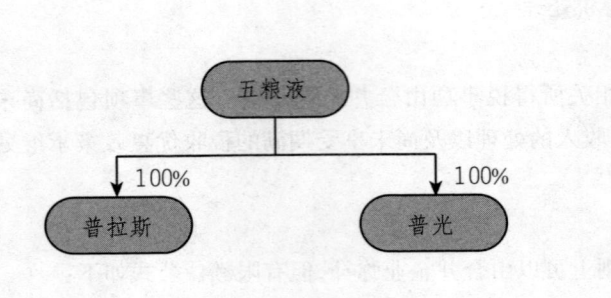

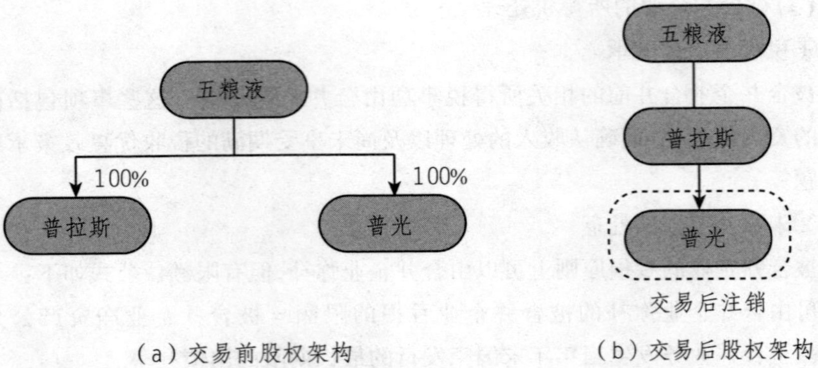

```
        五粮液                              五粮液
       /      \                              |
   100%        100%                        普拉斯
    ↓            ↓                           |
  普拉斯        普光                         ↓
                                          ┌─────┐
                                          │ 普光 │
                                          └─────┘
                                         交易后注销
```

（a）交易前股权架构　　　　　（b）交易后股权架构

图 11-6　交易前后股权架构

合并后设立统一管理体系,便于五粮液公司集中管理,提高管控能力。

律师观点：

本次吸收合并涉及的税收主要包括企业所得税、增值税、营业税与印花税。

1. 企业所得税

本次吸收合并符合企业所得税特殊性税务处理的条件。

(1)关于合理商业目的原则的判定

本次合并的目的是优势互补、减少管理成本、提高运营效率,吸收合并后将整合设立统一管理体系,便于五粮液公司集中管理,提高管控能力,具有合理的商业目的。

(2)关于权益连续性原则的判定

普拉斯公司和普光公司均系五粮液的全资子公司,本次吸收合并属于同一控制下的企业合并,五粮液公司通过持有普拉斯公司的股权来继续其原来在普光公司的权益,符合权益连续性原则。

(3)关于经营连续性原则的判定

普光公司的资产并入普拉斯公司后继续从事原来的营业活动,可以满足经营连续性原则。

综上,普拉斯公司此次吸收合并普光公司的行为满足特殊性税务处理应当具备的合理商业目的、经营连续性的原则,也符合权益连续性的原则,适用企业所得税特殊性税务处理方式。具体如下：

(1)普拉斯公司接普光公司资产和负债的计税基础,以普光公司的原有计税基础确定；

(2)普光公司合并前的相关所得税事项由普拉斯公司承继；

（3）可由普拉斯公司弥补的普光公司亏损的限额＝普光公司净资产公允价值×截至合并业务发生当年年末国家发行的最长期限的国债利率；

（4）五粮液公司取得普拉斯公司股权的计税基础，以其原持有的普光公司股权的计税基础确定。

2. 增值税和营业税

根据《国家税务总局关于纳税人资产重组有关增值税问题的公告》（国家税务总局公告2011年第13号）和《国家税务总局关于纳税人资产重组有关营业税问题的公告》（国家税务总局公告2011年第51号）规定，纳税人在资产重组过程中，通过合并方式，将全部实物资产以及与其相关联的债权、债务和劳动力一并转让给其他单位和个人的行为，不属于增值税和营业税的征收范围。因此，普光公司无须就资产的转移缴纳增值税和营业税。

3. 印花税

普拉斯公司营业账簿上的"股本"和"资本公积"会增加，就增加的金额按照万分之五的比例贴花。

820. 一家外国企业将其在境内设立的两家全资子公司合并成一家，能否适用特殊性税务处理方式？

关于这一点，法律并未作出明确规定。财政部、国家税务总局对跨境股权、资产收购适用特殊性税务处理条件作出了规定，但对跨境合并、分立并未作出规定。对此，笔者认为，一方面有待于国家立法层面给出明确意见；另一方面，合并与股权、资产收购在原理上是一致的，如果满足特殊性税务处理的条件，也应该可以递延税款，当然在重组前应与主管税务机关作出充分有效的沟通。[①]

【案例340】非居民企业母子公司吸收合并　税务机关认定为股权转让[②]

原告：意大利意迩瓦控股公司

被告：山东省烟台市芝罘国家税务局

诉讼请求：

1. 撤销被告作出的烟芝国税外通（2013）002号税务事项通知书；

[①] 关于跨境重组应当具备的条件详见本书第七章股权转让纠纷第五节股权转让的税务问题中股权收购与资产收购的所得税问题。

[②] 参见山东省烟台市芝罘区人民法院（2015）芝行初字第16号行政判决书。

2. 退还原告已缴纳的所得税 46,342,168.32 元。

争议焦点：非居民企业母公司吸收合并非居民企业子公司,导致子公司持有的居民企业股权的股东由子公司变更为母公司,属于股权转让还是企业重组。

基本案情：

案外人意大利意迩瓦投资公司(以下简称意迩瓦投资公司)系原告的全资子公司,两公司均为意大利的法人公司。2005 年 9 月 29 日,意迩瓦投资公司以 481,424,260 元人民币的对价取得案外人烟台张裕集团有限公司(以下简称张裕集团)33% 股权。

2012 年 7 月 17 日,原告与意迩瓦投资公司分别通过股东大会决议,决定由原告对意迩瓦投资公司实施吸收合并,接受该投资公司的全部资产与负债,其中包括张裕集团的 33% 股权。在合并吸收之后,意迩瓦投资公司依法注销了公司登记,由原告直接持有张裕集团 33% 股权。

对于原告与意迩瓦投资公司的吸收合并行为,被告认为应当按照我国现行税收法律规定予以征税。

2013 年 9 月 9 日,被告向原告下达了烟芝国税外通(2013)002 号税务事项通知书,通知原告应缴税款 46,342,168.32 元,于 2013 年 9 月 25 日前到被告处进行纳税申报。2013 年 9 月 22 日,原告实际缴纳了上述税款。

2013 年 11 月 20 日,原告向案外人山东省烟台市国家税务局(以下简称烟台国税局)提起了行政复议,要求撤销被告的税务事项通知书。原告认为,其与意迩瓦投资公司均为非居民企业,两者之间的吸收合并符合《财政部、国家税务总局关于企业重组业务企业所得税处理若干问题的通知》(财税〔2009〕59 号)(以下简称 59 号文)中企业合并特殊税务处理的规定,股权转让无所得,不应缴税①。烟台国税局则认为应适用国税函〔2009〕698 号文的规定,据此维持了被告作出的烟芝国税外通(2013)002 号税务事项通知书。

原告诉称：

意迩瓦投资公司系原告的全资子公司,为优化集团内部结构、简化控股及管理机制,原告与意迩瓦投资公司于 2012 年 7 月 17 日分别通过股东大会决定实施

---

① 59 号文规定:"五、企业重组同时符合下列条件的,适用特殊性税务处理规定:(一)具有合理的商业目的,且不以减少、免除或者推迟缴纳税款为主要目的。(二)被收购、合并或分立部分的资产或股权比例符合本通知规定的比例。(三)企业重组后的连续 12 个月内不改变重组资产原来的实质性经营活动。(四)重组交易对价中涉及股权支付金额符合本通知规定比例。(五)企业重组中取得股权支付的原主要股东,在重组后连续 12 个月内,不得转让所取得的股权。"

吸收合并。

双方的本次交易符合59号文的相关规定，税务待遇应按其中有关合并的特殊重组一般条件享受免税待遇，而被告却将该合并认定为股权转让，并依据《国家税务总局关于加强非居民企业股权转让所得企业所得税管理的通知》(国税函〔2009〕698号)(以下简称698号文)第7条的规定对原告征税46,342,168.32元。被告的征税行为违反了税收法定原则、中意两国关于税收无差别待遇原则、中意两国关于避免双重征税的原则、中意两国政府保护投资协定的相关原则，片面选择性地引用对其有利的独立交易原则对此次交易征税，而对对原告有利的税收法定原则、59号文、中意两国相关协定及企业重组等符合国际惯例的相关法规，却拒绝予以适用，有违税收公平正义原则。

被告辩称：

意迩瓦投资公司是原告的全资子公司，二者均为境外公司，即中国《企业所得税法》规定的"非居民企业"。原告与意迩瓦投资公司的吸收合并，实质是意迩瓦投资公司将其持有的张裕集团33%股权转让给了其母公司即原告，应认定是直接股权转让，且转让价格不符合独立交易原则。

依据《国家税务总局关于加强非居民企业股权转让所得企业所得税管理的通知》(国税函〔2009〕698号)第7条"税务机关有权按照合理方法进行调整"之规定，采用成本法对股权转让价格进行纳税调整。根据张裕集团2012年6月份资产负债表，归属于张裕集团的净资产为2,863,169,524.88元，原告投资比例为33%，股权成本为481,424,260.00元，应缴纳企业所得税46,342,168.32元。

法院认为：

1. 关于原告此次重组交易是合并还是股权转让的问题。

698号文是规范非居民企业股权转让所得企业所得税的专门文件，规定了股权转让的定义、所得的计算方法和相关反避税规定。原告的子公司意迩瓦投资公司仅持有张裕集团一家公司的股份，意迩瓦投资公司的主要资产就是对张裕集团的股权投资，此次吸收合并直接导致了张裕集团的股东由意迩瓦投资公司变更为原告，实现了原告对张裕集团的直接控制，其实质就是意迩瓦投资公司将其持有的张裕集团的股权转让给了意大利意迩瓦控股公司，因此被告将该行为认定为股权转让并无不当。《国家税务总局关于非居民企业股权转让适用特殊性税务处理有关问题的公告》(国家税务总局公告2013年第72号)所载明的"境外企业合并导致中国居民企业股权被转让属于非居民企业股权转让"的规定，也进一步佐证了被告这一认定的合法性。

2. 关于原告此次对意迩瓦投资公司的重组交易是否符合59号文的享受免税待遇的规定的问题。

原告的此次境外股权交易虽然符合59号文第5条的适用特殊性税务处理规定,但59号文第7条还规定企业发生涉及中国境内与境外之间(包括港澳台地区)的股权和资产收购交易,除应符合本通知第5条规定的条件外,还应同时符合下列条件,才可选择适用特殊性税务处理规定,即非居民企业向其100%直接控股的另一非居民企业转让其拥有的居民企业股权的,也就是"母转子公司"的情形。而原告的此次交易是"子转母公司"的情形,因此本案原告不应当享受59号文规定的免税待遇,被告根据698号文制作的纳税通知符合法律规定。

3. 关于原告是否应当根据中意税收协定、中意投资协定、中芬投资协定的最惠国待遇规定而在本次交易中享受免税待遇的问题。

根据《企业所得税法》《企业所得税法实施条例》以及698号文的规定,对于股权转让行为的征税,境内居民企业和境外非居民企业的适用,以及境外各国非居民企业之间的适用都是一致的,并不存在任何歧视。在中国企业所得税法的制度体系中,对境外非居民企业按照其独有特点制定专门的征收管理规定,不能认为这就是对作为非居民企业的原告的歧视,这也是目前世界惯例。尤其根据《中华人民共和国政府和意大利共和国政府关于对所得避免双重征税和防止偷漏税的协定》及议定书这一文件中,协定的第25条和议定书第7条,原告对中国税务机关的征税决定有疑义,在进行国内诉讼程序后,可以启动中意两国的税收协商程序,仍有可能的救济途径。

法院判决:

驳回原告的诉讼请求。

821. 企业合并,进行特殊性税务处理应于何时提交哪些备案材料?合并各方的确认机关如何确定?

企业发生合并若需按特殊性税务处理,各方应在该重组业务完成当年企业所得税年度申报时,向主管税务机关提交下列书面备案材料:

(1)《企业重组所得税特殊性税务处理报告表》;

(2)《企业合并报告表》;

(3)企业合并的总体情况说明,包括合并方案、基本情况,并逐条说明企业合并的商业目的;

(4)企业合并协议或决议,需有权部门(包括内部和外部)批准的,应提供批准文件；

（5）企业合并当事各方的股权关系说明，若属同一控制下且不需支付对价的合并，还需提供在企业合并前，参与合并各方受最终控制方的控制在 12 个月以上的证明材料；

（6）被合并企业净资产、各单项资产和负债的账面价值和计税基础等相关资料；

（7）12 个月内不改变资产原来的实质性经营活动、原主要股东不转让所取得股权的承诺书；

（8）市场监督管理部门等有权机关登记的相关企业股权变更事项的证明材料；

（9）合并企业承继被合并企业相关所得税事项（包括尚未确认的资产损失、分期确认收入和尚未享受期满的税收优惠政策等）情况说明；

（10）涉及可由合并企业弥补被合并企业亏损的，需要提供其合并日净资产公允价值证明材料及主管税务机关确认的亏损弥补情况说明；

（11）重组当事各方一致选择特殊性税务处理并加盖当事各方公章的证明资料；

（12）涉及非货币性资产支付的，应提供非货币性资产评估报告或其他公允价值证明；

（13）重组前连续 12 个月内有无与该重组相关的其他股权、资产交易，与该重组是否构成分步交易、是否作为一项企业重组业务进行处理情况的说明；

（14）按会计准则规定当期应确认资产（股权）转让损益的，应提供按税法规定核算的资产（股权）计税基础与按会计准则规定核算的相关资产（股权）账面价值的暂时性差异专项说明。

822. 企业在合并发生前后连续 12 个月内分步对其资产、股权进行交易，是否应作为企业合并交易处理？若同一项合并业务涉及在连续 12 个月内分步交易，且跨 2 个纳税年度的，如何适用特殊性税务处理？

若同一项重组业务涉及在连续 12 个月内分步交易，且跨两个纳税年度，当事各方在首个纳税年度交易完成时预计整个交易符合特殊性税务处理条件，经协商一致选择特殊性税务处理的，可以暂时适用特殊性税务处理，并在当年企业所得税年度申报时提交书面申报资料。

在下一纳税年度全部交易完成后，企业应判断是否适用特殊性税务处理。如适用特殊性税务处理的，当事各方应按要求申报相关资料；如适用一般性税务处理的，应调整相应纳税年度的企业所得税年度申报表，计算缴纳企业所得税。

上述跨年度分步交易,若当事方在首个纳税年度不能预计整个交易是否符合特殊性税务处理条件,应适用一般性税务处理。在下一纳税年度全部交易完成后,适用特殊性税务处理的,可以调整上一纳税年度的企业所得税年度申报表,涉及多缴税款的,各主管税务机关应退税,或抵缴当年应纳税款。

823. 企业合并中,当事一方在规定时间内发生情况变化,致使合并业务不再符合特殊性税务处理条件的,应如何处理?

当事一方在规定时间内发生生产经营业务、公司性质、资产或股权结构等情况变化,致使合并业务不再符合特殊性税务处理条件的,发生变化的当事方应在情况发生变化的30天内书面通知其他所有当事方。主导方在接到通知后30日内将有关变化通知其主管税务机关。

在上述情况发生变化后60日内,应按照一般性税务处理的规定调整合并业务的税务处理。原交易各方应各自按原交易完成时资产和负债的公允价值计算重组业务的收益或损失,调整交易完成纳税年度的应纳税所得额及相应的资产和负债的计税基础,并向各自主管税务机关申请调整交易完成纳税年度的企业所得税年度申报表。逾期不调整申报的,按照《税收征收管理法》的规定,即纳税人未按照规定的期限办理纳税申报和报送纳税资料的,由税务机关责令限期改正,可以处2000元以下的罚款;情节严重的,可以处2000元以上1万元以下的罚款。

824. 特殊性税务处理情形下,合并后企业如何享受合并前的税收优惠政策?

(1)企业整体(全部生产经营所得)税收优惠

合并后的企业性质及适用税收优惠条件未发生改变的,可以继续享受合并前各企业剩余期限的税收优惠。合并前各企业剩余的税收优惠年限不一致的,合并后企业每年度的应纳税所得额,应统一按合并日各合并前企业资产占合并后企业总资产的比例进行划分,再分别按相应的剩余优惠计算应纳税额。

(2)企业生产经营项目的所得税收优惠

国家重点扶持的公共基础设施项目、环境保护、节能节水项目等享受减免税优惠的项目,在减免税期限内转让的,受让方自受让之日起,可以在剩余期限内享受规定的减免税优惠;减免税期限届满后转让的,受让方不得就该项目重复享受减免税优惠。

二、企业合并其他税种的处理

825. 企业在合并过程中发生土地使用权人变更是否需要缴纳土地增值税?

按照法律规定或者合同约定,两个或两个以上企业合并为一个企业,且原企业投资主体存续的,对原企业将国有土地、房屋权属转移、变更到合并后的企业,暂不征土地增值税。

826. 企业合并过程中发生无形资产、不动产所有权的转移,是否需要缴纳增值税?

纳税人在资产重组过程中,通过合并方式,将全部或者部分实物资产以及与其相关联的债权、债务和劳动力一并转让给其他单位和个人的行为,不属于增值税征收范围,其中涉及的不动产、土地使用权转让,不征收增值税。

827. 企业合并过程中发生实物资产以及与其相关联的债权、负债和劳动力转让行为,是否需要缴纳增值税?

纳税人在资产重组过程中,通过合并方式,将全部或者部分实物资产以及与其相关联的债权、负债和劳动力一并转让给其他单位和个人,不属于增值税的征税范围,其中涉及的货物转让行为,不征收增值税。

828. 合并后的企业承受原合并各方的土地、房屋权属的,是否需要缴纳契税?

不需要,免征契税。

【案例341】东航换股吸收合并上航　免征土地增值税[①]

合并方:东方航空

被合并方:上海航空

被合并方主要股东:上海联投与锦江国际

合并方式:非同一控制下的吸收合并

合并基准日:2008年1月1日

基本案情:

东方航空最大股东为东航集团,实际控制人为国务院国资委。上海航空最大股东为上海联投,持股386,461,740股,占总股本比例为29.64%,第二大股东锦江国际持股307,949,937股,占总股本比例为23.62%,第三大股东中银集团持股143,886,600股,占总股本比例为11.04%(见图11-7)。

---

① 参见巨潮资讯网 http://static.cninfo.com.cn/finalpage/2009-12-31/57457359.PDF,2020年3月10日访问。

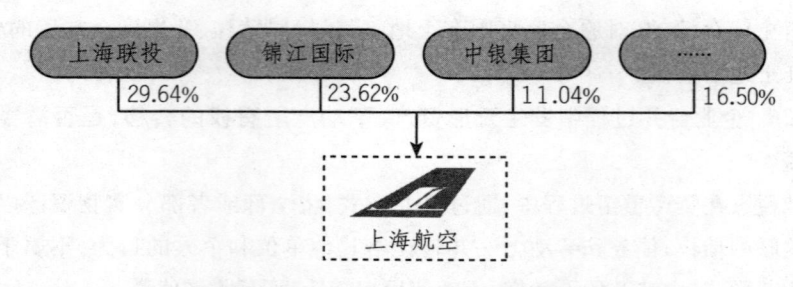

```
  上海联投        锦江国际        中银集团        ……
   29.64%         23.62%         11.04%        16.50%
                             ↓
                          上海航空
```

图 11-7　合并前上海航空股权结构

　　东方航空是以上海为基地,昆明、西安为区域枢纽的中国排名前三的航空企业。上海航空亦是以上海为基地的国内著名航空企业。东方航空拟通过换股吸收合并上海航空以优化航线网络、提高运营规模、资源使用效率,有效降低营运成本,增强公司盈利能力,提升公司竞争力。

　　本次换股吸收合并的对价系由东方航空和上海航空以双方的 A 股股票在定价基准日的二级市场价格为基础协商确定。东方航空的换股价格为定价基准日前 20 个交易日东方航空 A 股股票的交易均价,即为 5.28 元/股;上海航空的换股价格为定价基准日前 20 个交易日上海航空的 A 股股票的交易均价,即为 5.50 元/股。

　　双方同意,作为对参与换股的上海航空股东的风险补偿,在实施换股时将给予上海航空股东约 25% 的风险溢价,由此确定上海航空与东方航空的换股比例为 1∶1.3,即每一股上海航空股份可换取 1.3 股东方航空的股份。

　　吸收合并后,上海联投持有东方航空 502,400,262 股,锦江国际持有东方航空 400,334,918 股,中银集团持有东方航空 187,052,580 股。

　　本次合并交易完成后,东方航空将因本次换股吸收合并新增 1,694,838,860 股 A 股股票,总股本将达到 11,276,538,860 股。公司股本结构如图 11-8 所示:

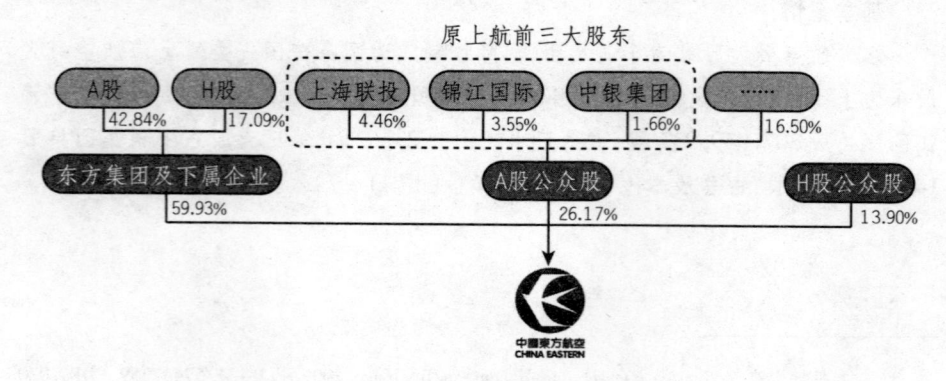

```
                    原上航前三大股东
                 ┌──────────────────────┐
  A股    H股     上海联投   锦江国际   中银集团    ……
 42.84% 17.09%    4.46%     3.55%     1.66%     16.50%
                 └──────────────────────┘
 东方集团及下属企业          A股公众股           H股公众股
    59.93%                  26.17%              13.90%
                              ↓
                          中国东方航空
                          CHINA EASTERN
```

图 11-8　合并后东方航空股权结构

本次换股吸收合并后,东方航空作为存续公司,上海航空的法人资格将注销,上海航空的全部资产、负债、业务、人员、合同及其他一切权利与义务将并入东方航空或者其全资子公司,其中包括67架飞机及发动机、高价周转件等生产设备,167处房屋、4项在建工程等不动产,5宗土地使用权以及12项商标使用权。

截至本换股吸收合并报告书签署之日,东方航空和上海航空之间不存在《公司法》《上海证券交易所股票上市规则(2008年修订版)》等相关法律、法规所规定的关联方关系。

律师观点:

本次吸收合并涉及的税收主要包括企业所得税、增值税、营业税、土地增值税、契税、印花税。

1. 企业所得税

本次吸收合并符合所得税特殊性税务处理条件。

(1) 关于合理商业目的原则的判定

本次合并的目的是优化航线网络,提高运营规模、资源使用效率,有效降低营运成本,增强公司盈利能力,提升公司竞争力,更好地为世博会服务,并分享中国经济发展、上海"两个中心"建设所带来的巨大发展机遇,从而为全体股东创造更多的利益,具有合理的商业目的。

(2) 关于权益连续性原则的判定

此次合并属于非同一控制下的合并,东方航空以自身股份作为支付对价,达到85%股权支付比例的条件。

如果上海航空原有持股20%以上的股东,即上海联投与锦江国际自合并之日起12个月内不转让其获得的股份,即符合权益连续性原则。

(3) 关于经营连续性原则的判定

吸收合并后,东方航空不改变上海航空原资产的经营性活动。

综上,东方航空此次吸收合并上海航空的行为满足特殊性税务处理应当具备的合理商业目的、经营连续性的条件,也符合权益连续性的条件,因此适用企业所得税特殊性税务处理方式。

具体税务处理如下:

(1) 东方航空接受上海航空资产和负债的计税基础,以上海航空原有的计税基础确定。

(2) 可由东方航空弥补的上海航空亏损的限额 = 上海航空净资产公允价值 × 截至合并业务发生当年年末国家发行的最长期限的国债利率 =

$1,190,102,000 \times 4.3\% = 51,174,386$ 元。

（3）上海航空原股东取得东方航空股份的计税基础，以其原持有的上海航空股份的计税基础确定。

2. 增值税、营业税及附加

根据《国家税务总局关于纳税人资产重组有关增值税问题的公告》（国家税务总局公告 2011 年第 13 号）和《国家税务总局关于纳税人资产重组有关营业税问题的公告》（国家税务总局公告 2011 年第 51 号）规定，纳税人在资产重组过程中，通过合并方式，将全部实物资产以及与其相关联的债权、债务和劳动力一并转让给其他单位和个人的行为，不属于增值税和营业税的征收范围。因此，上海航空无须就货物、不动产及土地使用权的转移缴纳增值税、营业税及附加。

3. 土地增值税与契税

《财政部、国家税务总局关于土地增值税一些具体问题规定的通知》（财税字〔1995〕048 号）规定："在企业兼并中，对被兼并企业将房地产转让到兼并企业中的，暂免征收土地增值税。"因此，上海航空无须就土地使用权和不动产的转移缴纳土地增值税。

《财政部、国家税务总局关于企业事业单位改制重组契税政策的通知》（财税〔2012〕4 号）规定：两个或两个以上的公司，依据法律规定、合同约定，合并为一个公司，且原投资主体存续的，对其合并后的公司承受原合并各方的土地、房屋权属，免征契税。故在本次吸收合并中，东方航空无须就其受让上海航空的土地房屋权属缴纳契税。

4. 印花税

东方航空因合并导致账面上的"股本"和"资本公积"增加，按照 5.28 元/股计算，增加的总金额为 8,948,749,180.80 元。东方航空应该就增加部分按照万分之五的比例贴花，即 4,474,374.59 元。

829. 企业合并是否需要缴纳印花税？

视情况而定，具体如下：

（1）凡原已贴花的部分可不再贴花，未贴花的部分和以后新增加的资金以增加的"实收资本"与"资本公积金"两项的合计金额按照万分之五的税率贴花；其他新启用的账簿按件贴花 5 元。

（2）企业合并前签订但尚未履行完的各类应税合同，合并后需要变更执行主体的，对仅改变执行主体、其余条款未作变动且合并前已贴花的，不再贴花。

（3）企业因合并签订的产权转移书据免予贴花，如各类知识产权转让协议、土地使用权转让合同等。

（4）因合并导致被合并企业的权利、许可证照发生变化，按件贴花，税额为5元，如商标注册证、专利证、使用权证等。

【法律依据】

一、公司法类

（一）法律

❖《公司法》

（二）部门规章

❖《国家工商行政管理总局关于做好公司合并分立登记支持企业兼并重组的意见》（工商企字〔2011〕226号）

（三）司法解释

❖《最高人民法院关于审理与企业改制相关民事纠纷案件若干问题的规定》（2020年修正）

二、税法类

（一）法律

❖《税收征收管理法》

❖《企业所得税法》

（二）行政法规

❖《印花税暂行条例》（国务院令第11号）

❖《企业所得税法实施条例》（国务院令第512号）

（三）部门规范性文件

❖《国家税务总局关于印花税若干具体问题的解释和规定的通知》（国税发〔1991〕155号）

❖《国家税务总局关于资金账簿印花税问题的通知》（国税发〔1994〕025号）

❖《财政部、税务总局关于继续实施企业改制重组有关土地增值税政策的通知》（财税〔2018〕57号）

❖《国家税务总局关于印花税若干具体问题的规定》（国税地字〔1988〕25号）

❖《财政部、国家税务总局关于企业改制过程中有关印花税政策的通知》（财税〔2003〕183号）

❖《财政部、国家税务总局关于企业重组业务企业所得税处理若干问题的通知》(财税〔2009〕59号)

❖《财政部关于印发修订〈企业会计准则第2号——长期股权投资〉的通知》(财会〔2014〕14号)

❖《企业会计准则第20号——企业合并》(财会〔2006〕3号)

❖《财政部、国家税务总局关于执行企业所得税优惠政策若干问题的通知》(财税〔2009〕69号)

❖《国家税务总局关于发布〈企业重组业务企业所得税管理办法〉的公告》(国家税务总局公告2010年第4号)

❖《国家税务总局关于企业重组业务企业所得税征收管理若干问题的公告》(国家税务总局公告2015年第48号)

❖《国家税务总局关于纳税人资产重组有关增值税问题的公告》(国家税务总局公告2011年第13号)

❖《国家税务总局关于纳税人资产重组有关营业税问题的公告》(国家税务总局公告2011年第51号)

(四)行业规定

❖《深圳证券交易所关于做好证券交易印花税征收方式调整工作的通知》

❖《上海证券交易所关于做好调整证券交易印花税税率相关工作的通知》

三、民法类

❖《民法典》

四、其他

(一)法律

❖《反垄断法》

(二)行政法规

❖《国务院关于经营者集中申报标准的规定》(国务院令第529号)

❖《诉讼费用交纳办法》(国务院令第481号)

(三)部门规章

❖《企业国有资本与财务管理暂行办法》(财企〔2001〕325号)

❖《财政部关于建立健全企业应收款项管理制度的通知》(财企〔2002〕513号)

第十二章 公司分立纠纷

【宋和顾释义】

> 公司分立纠纷,是指公司在新设分立或存续分立时,违反法律、行政法规,分立决议存在法定不成立的情形,未全面履行分立协议,或者分立协议未经公司股东依法表决决定,以及未履行通知债权人义务等侵害公司股东或债权人利益的行为而引发的纠纷。
>
> 若债权人仅向分立后的公司主张债权的,则该主张属于普通债权债务纠纷。

【关键词】公司分立 存续分立 新设分立

❖ 公司分立:指一个公司依照《公司法》有关规定,通过股东会决议分成两个以上的公司。

❖ 存续分立:指公司分立为两个或两个以上的新公司,原公司仍存续的公司分立形式。存续分立包含如下三个特征:

(1)原公司不解散继续存续;
(2)新公司与原公司之间无控股、参股关系;
(3)原公司与新公司都必须进行变更登记。

存续分立包括两种形式:一是让产分股式分立;二是让产赎股式分立。

让产分股式分立,是指被分立企业将没有法人资格部分营业分立出去成立新的公司或转让给已经存续的公司,将接受资产的公司的股份分配给被分立企业全部股东,全体股东在被分立企业的股份比例等比例减少或不变。

让产赎股式分立,是指被分立企业将没有法人资格部分营业分立出去成立新的公司或转让给已经存续的公司,将接受资产的公司的股份分配给被分立企业的股东,该部分股东放弃在被分立企业的股份。

让产赎股式分立与让产分股式分立的不同之处在于,让产赎股式分立中,接受资产的公司的股份由被分立企业的部分原股东取得,而让产分股式分立中,接受资产的公司的股份由被分立企业的全部原股东按照持股比例分别取得。

❖ **新设分立**:指原公司解散,公司分立为两个或两个以上新公司。新设分立有如下三个特征:

(1)新设的公司与原公司的公司形式一般相同;

(2)原公司的债权债务直接由分立后新设的公司承继,无须清算;

(3)原公司解散一般与新公司设立同步进行。

新设分立通常采用股份分割式。股份分割式是将公司分立成两家以上的公司,被分立企业解散,分为两种类型:

第一种:被分立企业的全部股东按照原持股比例取得分立企业的股份,原持有的被分立企业的股份注销,被分立企业只解散不清算。

第二种:被分立企业的一个股东集团取得部分分立企业的股份,被分立企业只解散不清算,其股份依法注销。

第一节 立 案

830. 如何确定公司分立纠纷的诉讼当事人?

应区分不同情况:

(1)请求确认公司分立无效的,可由分立各方、债权人以及公司分立的审批部门向人民法院起诉,应以公司为被告。

(2)请求撤销公司分立决议或主张该决议无效的、不成立的,应由拟分立的公司股东起诉,以拟分立的公司为被告。

(3)公司分立未依法履行通知、公告义务,损害股东、债权人利益的,股东或债权人可以分立后新设、存续的公司为被告。

需要注意的是,如果起诉时公司已经完成分立,以分立后的公司为共同被告。

831. 公司分立时未签订资产分割协议或分割不清,导致分立后的新设公司对资产分配不满意而引起诉讼,如何确定诉讼当事人?

如公司分立协议对资产分割不清,导致各新设公司对资产的平衡结果不满而引起诉讼,基于公司分立的法律后果发生在新设公司之间,虽然分立协议或财产分割协议由原股东签署,但诉讼主体仍应为新设公司,而非原公司股东。

第十二章

公司分立纠纷

【案例342】分立公司与股东财产相独立　股东无权主张分立协议权益[1]

原告：黄某平、王某辉、胡某

被告：刘某、张某

诉讼请求：被告刘某支付逾期付款违约金36,132.24元、被告张某支付逾期付款违约金18,736.74元。

争议焦点：

1. 分立协议是股东个人行为还是代表存续分出方公司的职务行为；
2. 股东是否有权主张公司分立所分割财产的相关权益。

基本案情：

原、被告各方原系佳讯公司股东，原告黄某平、原告王某辉、原告胡某，被告刘某、被告张某分别占佳讯公司34.67%、11.35%、5.46%、21.38%、11.1%股权。

2003年5月6日，上述5名股东召开公司分立股东会议。会议决议：

1. 股东一致同意公司分立，分立后佳讯公司（以下简称存续方）继续存续，分出方为联讯公司（以下简称分出方）。
2. 存续方的股东为两被告，分出方的股东为三原告。
3. 资产、债权债务双方原则上按分立前所持有股权比例分割，不能分割的双方以竞价方式决定，价高者得。

原、被告各方在决议上分别签名对上述事项予以确认。

2003年6月14日、7月25日，原、被告各方陆续签署关于存续方佳讯公司分立的确认函（二）、（四），约定存续方佳讯公司的无形资产和厂房实行捆绑处置，采取竞买方式进行，价高者得，竞得方须向另一方即未竞得方支付价款；如到期未付款或未足额付款的，则按照应付未付的总额计算支付迟延处罚金。上述价款竞得方应以现金方式支付给未竞得方，并应分三期支付：首期于2003年7月30日前支付总额的50%；第二期于2004年4月30日前支付总额的25%；余款于2004年12月31日前付清。如到期未付款或未足额付款的，则按照应付未付的总额计算，每天处以万分之八点四的迟延处罚金。

确认函（四）第3条第1款约定：首期款可延迟到审计报告完成之日支付（支付的同时分出方开具收款收据给存续方），但7月30日首期款必须到账，如未到账则视为存续方违约，分出方有权每天收取应收款总额万分之八点四的滞纳金；

---

[1] 参见广东省珠海市香洲区人民法院(2005)香民二初字第1577号民事判决书。

如到账后分出方在审计报告完成前支取则视为分出方违约,存续方有权按照付款总额每天收取万分之八点四的违约金。

其后,存续方向分出方支付了首期款共计3,782,700元,至2004年4月17日,存续方尚欠分出方资产分割补偿款共计3,782,600元,至原告起诉之日应支付违约金67,703.21元。

2003年11月17日,存续方佳讯公司与分出方联讯公司经工商行政管理局核准分立变更登记。

原告诉称:

被告没有依约支付首期款,已违反《合同法》规定构成违约,依法应承担违约责任并支付逾期付款违约金,但被告拒绝支付的行为已损害原告利益。

被告辩称:

1. 补偿金及违约金支付方应为存续的公司而非两被告。

原告请求的是佳讯公司分立后的存续方应向分出方支付资产分割款的逾期违约金。分立过程中所签署的确认函(二)、(四)均为存续方及分出方的股东分别代表存续方和分出方签署,其法律责任由存续方和分出方承担,而非由存续方及分出方的股东承担。

2. 原告不具备本案的诉讼主体资格。

原告所述的佳讯公司分立时的资产分割补偿款是由存续方向分出方支付,如果因此产生逾期付款违约金,也应由分出方向存续方主张,而不是由原告向被告主张。

律师观点:

佳讯公司分立股东会决议内容并未违反法律、行政法规或者公司章程,行使表决权的股东股权亦超过2/3,公司其余股东在法定期间内亦未请求人民法院撤销该决议,因此该股东会决议合法有效,对各方均具法律约束力。

根据该决议,公司的分立采取存续分立的模式,尽管分出方于2003年11月17日才经工商行政管理局核准分立变更登记,但其在设立过程中,亦具有主体资格,可以进行与其设立相关的民事活动。根据《公司法》第3条"公司是企业法人,有独立的法人财产,享有法人财产权……"及第35条"公司成立后,股东不得抽逃出资"的规定,原佳讯公司并未解散,亦未经清算,仍具有与股东财产相分离的独立财产权。原佳讯公司的财产只是根据股东的股权比例在佳讯公司与联讯公司之间进行分配,股东无权以股东主体身份就两个公司财产分割过程中的权利、义务提出主张。原、被告各方签订的确认函(二)、(四)等文件均是作为公司股东履行职务的行为,而非原、被告之间的个人行为,相应的权利、义务亦应由公司承担。因此,原告与本案并无直接的利害关系,原告的起诉不符合受理条件,其起诉应予驳回。

法院裁决:

驳回原告起诉。

832. 公司分立纠纷由何地法院管辖?

除合同另有约定,公司分立纠纷应由分立前公司住所地人民法院管辖,如果该公司已注销,则应当由分立后存续公司的住所地人民法院管辖。

833. 公司分立无效诉讼按照什么标准交纳案件受理费?

公司分立无效、分立决议可撤销或无效以及分立协议可撤销或无效案件的受理费应按件收费,即 50~100 元/件。

对于股东、债权人主张分立后存续、新设的公司承担赔偿责任的案件,应当依照案件标的分段累计计算,具体比例详见本书第一章第 4 问"公司设立纠纷应按照什么标准交纳案件受理费?"。

834. 公司分立纠纷是否适用诉讼时效?

对于主张公司分立的股东(大)会决议违法、可撤销或分立无效的,不适用诉讼时效制度。请求撤销股东(大)会决议应在决议作出之日起 60 日内提起诉讼。

若基于请求撤销分立协议从而导致分立无效的,撤销权行使期限应当为除斥期间,即自知道或者应当知道可撤销事由之日起 1 年内行使。自撤销协议签订之日起 5 年内没有行使撤销权的,撤销权消灭。

对于股东、债权人认为公司分立损害其利益请求赔偿的,应适用 3 年诉讼时效的规定。

835. 公司被依法判决分立无效后,已分割的资产及已变更的工商登记应如何处理?

对此应当分情况进行讨论:

(1)对已经进行分割的资产,应当交还原公司所有;

(2)如果公司在办理工商变更登记阶段,则应当停止办理相关手续;

(3)如果公司已经办理完毕工商变更登记手续或注销手续,则应当依照人民法院生效判决书重新办理工商登记,使公司状况恢复分立前的状态。

第二节 公司分立纠纷的裁判标准

一、公司分立的法定程序

836. 公司分立必须履行哪些法定程序？

公司分立应当首先由董事会拟订分立方案，其次由董事会将分立方案提交股东（大）会审议通过。股东（大）会审议通过后，拟分立公司的股东签订分立协议并编制资产负债表，同时对公司资产进行分割并对分立事宜向债权人予以通知和公告。最后，分立各方应至市场监督管理部门办理工商变更登记（见图12-1）。

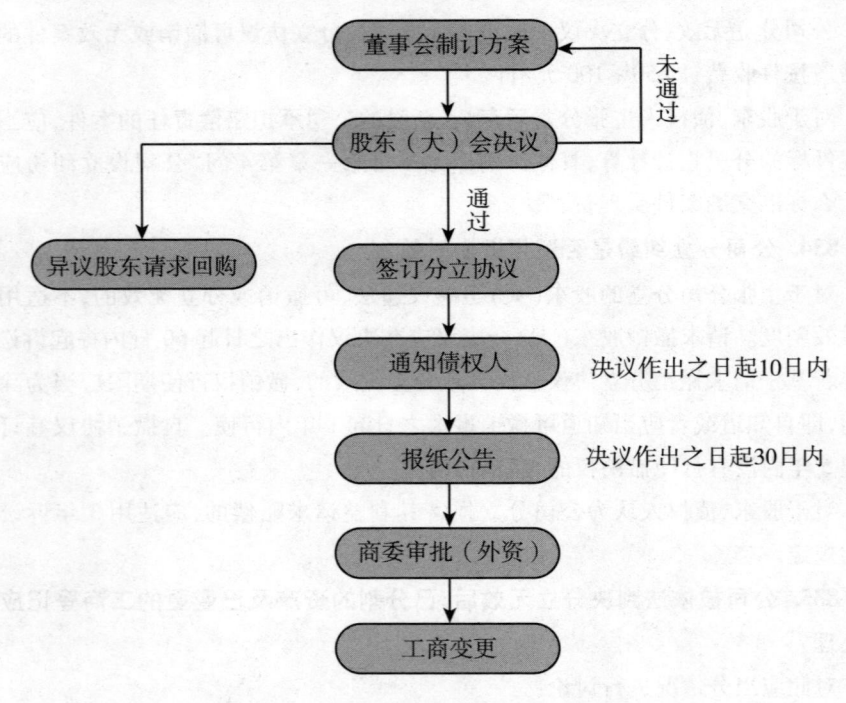

```
        董事会制订方案 ←──┐
              ↓          未通过
        股东（大）会决议 ──┘
              ↓ 通过
  异议股东请求回购
              ↓
        签订分立协议
              ↓
        通知债权人     决议作出之日起10日内
              ↓
        报纸公告       决议作出之日起30日内
              ↓
        商委审批（外资）
              ↓
        工商变更
```

图12-1 公司分立必须履行的法定程序

837. 公司分立与公司合并在程序上有何不同？

公司分立与公司合并的不同表现在如下三个方面：

（1）提前清偿债务不同。在公司合并时，公司通知或公告债权人后，公司债权人可向负有债务的合并方就未到期债权请求清偿或提供担保，但公司分立中债权人不具备此项权利。

(2)债务承继主体不同。公司合并后,原债务由新设或存续公司承继;公司分立后,原债务由分立各方承担连带偿还责任。

(3)登记手续不同。公司合并一般涉及的登记手续为:新设公司的设立登记、解散公司的注销登记、存续公司的股东变更登记、增资登记、经营范围变更登记等。而公司分立一般涉及的登记手续为:派生公司的设立登记、分立公司的注销登记、存续公司的股东变更登记、减资登记、经营范围变更登记等。

838. 公司分立的方案由谁拟订？由谁表决通过？需达到多少表决权？

公司分立的方案由公司董事会拟订,并提交股东(大)会审核。

有限责任公司需经所有股东持2/3表决权以上同意通过,股份有限公司需经出席股东大会的股东所持表决权2/3以上同意通过。

需要注意的是,国有独资公司的分立,必须由国有资产监督管理机构决定;其中,重要的国有独资公司分立,应当由国有资产监督管理机构审核后,报本级人民政府批准。

839. 公司分立方案在股东(大)会通过后,是否必须签订分立协议？分立协议的签订人是谁？分立各方还需提供哪些材料？

首先,根据《公司法》规定,为保护公司债权人、股东及职工的利益,分立各方必须签订分立协议以明确分立事宜及权利义务。

不同于公司合并协议,在签订分立协议时,由于在公司正式分立前,不论是新设分立或是派生分立,分立出的新公司尚未出现,故一般而言分立协议的签订方是原公司参与分立的股东各方。当然,分立协议也必须对分立后新设的公司义务进行约定。

除签订书面协议外,分立各方还须编制资产负债表及财产清单。

840. 实践中,可否由各方先行签订公司分立协议,再提交股东(大)会审核？

公司实践中,考虑到如果分立方案待股东(大)会讨论通过后方能签订公司分立协议可能影响交易效率。因此一般在董事会拟订公司分立方案后即可先行签订公司分立协议,因为董事会所拟订通过的分立方案在一定程度上也可视为公司内部初步一致的意见。

当然需要注意的是,在未通过股东(大)会决议通过的情况下,公司分立方案中应约定待股东(大)会决议通过后合同方始生效的条款,以保证分立程序的合法性,及合同各方的利益。

841. 公司分立后,如何确定注册资本及各股东股权比例？

因分立而存续或者新设的公司,其注册资本、实收资本数额由分立决议或者决定约定,但分立后公司注册资本之和、实收资本之和不得高于分立前公司的注册资本、实收资本。

因分立而存续或者新设的公司,其股东的出资比例、认缴或者实缴的出资额,由分立协议、决议或者决定约定。分立前注册资本未足额缴纳的公司,分立后存续或者新设公司的注册资本应当根据分立协议、决议或者决定的约定,按照分立前规定的出资期限缴足。

842. 公司分立后,原有债权债务由谁享有和承担?

公司分立前的债权由分立各方协商分配,原有债务由分立后的公司承担连带责任。当然,公司在分立前与债权人就债务清偿达成的书面协议另有约定的除外。

分立后的一方承担上述债务后,可依据分立协议向另一方追偿。如果双方分立协议中未对债务的承担方式作出约定,则由双方依照财产分割的比例分担债务。

【案例343】公司分立债务不分家　分出方对旧债担责任[①]

原告: 华源公司

被告: NA 公司、NV 公司、GH 公司

诉讼请求:

1. 三被告向原告连带返还材料垫付款及设备改造款 11,783,134.26 元;
2. 三被告向原告连带赔偿逾期付款利息损失 774,505.41 元。

争议焦点:

1. 原告是否举证证明全部 11,783,134.26 元损失;
2. 作为从被告 NA 公司中分立出的主体,被告 NV 公司和被告 GH 公司是否应对被告 NA 公司的债务承担连带责任。

基本案情:

2000 年 11 月 5 日,原告与被告 NA 公司签订涉案买卖合同,约定由原告向被告 NA 公司购买生产能力为 100 吨/天的聚酯切片设备、300 吨/天的聚酯切片设备各一套,总价 4270 万欧元。同日,双方就前述设备买卖合同签订补充协议,该补充协议明确前述设备的生产能力实际上分别为 120 吨/天、400 吨/天。

涉案合同第 9 章"保证和赔偿"第 9.3 条第 1 款约定:如果在安装、机械测试、

---

① 参见江苏省常州市中级人民法院(2008)常民三初字第 30 号民事判决书。

试运行和性能测试期间发现设备和材料有任何缺陷,这些缺陷应由双方当事人进行确认。如果卖方应对这一缺陷负责,那么卖方应对有缺陷的设备和材料进行维修和替换,由此产生的费用由卖方承担。合同还对买卖双方各自的权利义务、交货时间、付款时间、设备安装、机械测试、试运行等均作了明确约定。

上述合同和补充协议签订后,被告 NA 公司向原告交付了两套聚酯切片设备。但前述设备的实际生产能力达不到双方约定的 120 吨/天、400 吨/天的产能标准。为此,原告在 2002 年 1 月 16 日至 2004 年 11 月 16 日为涉案设备支付改造款、维修款及代被告 NA 公司购买材料款等共计 5,547,893.24 元人民币。

2006 年上半年,被告 NA 公司股东大会决议对被告 NA 公司部分分立,分立途径是将其一部分资产用于设立被告 NV 公司,一部分资产转移至现存公司被告 GH 公司。

原告诉称:

1. 被告 NA 公司对原告负有债务。

在合同履行过程中:(1)由于被告 NA 公司自身的原因造成部分货物迟延交货,原告应被告 NA 公司的要求在中国境内进行了相应的采购,由此产生的材料费应由被告 NA 公司承担;(2)由于被告 NA 公司提供的设备在设计上存在缺陷,无法达到合同约定的产能指标,因此,原告应被告 NA 公司的要求对设备进行了维修和替换,根据合同第 9.3 条的约定,该部分费用应由被告 NA 公司承担。

2007 年 3 月 16 日,原告进入破产程序,依法成立的破产清算组于 2007 年 4 月 9 日向被告 NA 公司发出清偿债务通知书,但被告 NA 公司未予理睬。

2. 被告 NV 公司和被告 GH 公司应对上述债务承担连带责任。

根据《公司法》第 176 条规定,公司分立前的债务由分立后的公司承担连带责任。被告 NV 公司、被告 GH 公司作为被告 NA 公司的部分分出方,应对被告 NA 公司的涉案债务承担连带赔偿责任。

被告均未作答辩。

律师观点:

1. 原告仅能举证证明 5,547,893.24 元损失。

原告与被告 NA 公司于 2000 年 11 月 5 日签订的关于聚酯切片生产设备的国际货物买卖合同及补充协议系双方当事人的真实意思表示,其主要内容符合我国法律的有关规定,应为合法有效。原告、被告 NA 公司均应按约履行各自的合同义务。但被告 NA 公司向原告交付的涉案设备不符合合同约定,达不到合同约定的生产能力标准,导致涉案设备及基础设施需改造、维修、重新购买相关材料等,由此产生的费用系被告原因造成,且按约也应由被告 NA 公司负担,并且被告 NA 公司还应赔偿由此给原告造成的损失。原告所主张的材料垫付款、设备改造款、维修款等共计 11,783,134.26 元人民币,其中仅 5,547,893.24 元人民币依据充分,应予支持;其余 6,235,241.02 元人民币,原告未能提供足够证据证明。

2. 三被告应对公司分立前的债务承担连带责任。

被告 NA 公司已于 2006 年部分分立出被告 NV 公司和被告 GH 公司。依据《公司法》第 176 条规定,三被告应对上述债务承担连带责任。

法院判决:

1. 被告 NA 公司向原告支付 5,547,893.24 元及利息 696,357.69 元;
2. 被告 NV 公司及被告 GH 公司对被告 NA 公司的上述债务承担连带责任。

【案例 344】分立后各方内部约定债务承担对外无效　债权人主张连带赔偿获支持[①]

原告: 某医院

被告: 某基地、某公司

诉讼请求: 两被告支付原告医疗费用 619,658.67 元及利息。

争议焦点:

1. 被告某基地未能在 2008 年年底前支付剩余医疗费,则医疗费减免的协议是否生效;
2. 两被告约定分立后所有债权债务由被告某公司承担是否有效;该约定是否对原告发生效力。

基本案情:

2006 年 12 月 22 日,被告某基地下属煤矿职工因公受伤入住原告某医院,2008 年 4 月 6 日,经抢救无效死亡。共住院治疗 473 天,花费医疗费 718,658.67 元。

被告某基地支付了 99,000 元,尚欠 619,658.67 元未付。

2008 年 5 月,原告曾与被告某基地协商,如被告某基地能在 2008 年年底付清欠款,原告将减免 119,658.67 元。后被告某基地在约定的期限内未付清欠款。

2008 年 10 月 6 日,煤矿与被告某基地分立,成为独立法人单位,更名为被告

[①] 参见新疆维吾尔自治区乌鲁木齐市中级人民法院(2010)乌中民一终字第 1538 号民事判决书。

某公司,并约定被告某基地的债权债务由被告某公司承担。

原告诉称:

被告某基地下属煤矿职工在原告处治疗,被告某基地为此曾支付了99,000元医疗费,证实被告某基地与原告之间系医疗服务合同关系,原告履行了治疗义务,对此被告某基地理应支付由此产生的剩余医疗费用。

其后,被告某基地分立为被告某基地和被告某公司。而依据《公司法》相关规定,公司分立前的债务由分立后的公司承担连带责任,故被告某基地和被告某公司理应连带承担上述付款义务。

被告某基地辩称:

不同意原告诉讼请求。

1. 被告并非适格当事人。

(1)根据相关规定,受伤职工的医疗费用由单位和个人分摊。作为用工单位,被告某基地已按规定,给其家属进行了赔偿。原告向被告某基地主张医疗费用于法无据。被告某基地并非适格被告,原告应向受伤职工个人主张医疗费用。

(2)即使原告有权向被告某基地主张医疗费用,分立后的被告某基地也不应承担付款义务。因为该受伤职工系分立前被告某基地分支机构某煤矿职工,而该煤矿现已经分立为独立法人,即被告某公司,而与被告某基地没有任何关系。故应由煤矿改制后设立的被告某公司承担给付责任。

2. 医疗费用具体数额错误。

根据被告某基地和原告的约定,剩余医疗费用欠款已经由619,658.67元减至50万元。因此,即使被告某基地需要承担付款义务,也并非原告所主张的619,658.67元。

被告某公司答辩称:

对于原告所请求支付的医疗费用,被告某公司不否认其真实性。本案中,所涉及的债务原来由被告某基地负担,在被告某基地分立后,根据两被告之间的约定,相关债务应由被告某公司承担。

律师观点:

1. 被告某基地应支付原告医疗费。

依法成立的合同,受法律保护。本案中被告某基地下属煤矿职工在原告处治疗,双方形成医疗服务合同关系。原告履行了治疗的义务,被告某基地理应支付由此产生的费用。

2. 债务减免协议条件未成就不发生效力。

2008年5月,原告与被告某基地之间确实对欠付的医疗费用进行了协商,原告承诺如果被告某基地能在2008年年底付清欠款,将减免119,658.67元。但是,被告某基地未能如期清偿前款,故该承诺因条件不成就而未生效。被告某基地对原告仍然负担619,658.67元债务。

3. 拖欠医疗费应支付相应利息。

被告某基地迟延履行付款义务事实已构成对原告合法权益的损害,故原告主张被告某基地支付利息的请求符合《合同法》第112条①的规定。但因双方在2008年5月曾协商给付期限为2008年年底,计息期间应为调整为2009年1月1日至2010年4月8日,合计利息损失45,312.54元。

4. 被告某公司应对被告某基地的相关债务承担连带责任。

被告某基地与分立后新成立的被告某公司对债权债务进行分担约定系真实意思表示。但其中并无原告之意思表示,因而属于分立主体的内部约定,仅具内部效力,对原告并无拘束力。两被告一方清偿原告之债务后,可依据该内部约定,向另一方进行追偿。

根据《公司法》第176条规定,公司分立前的债务由分立后的公司承担连带责任,故分立出的被告某公司应对被告某基地所负担的上述债务承担连带清偿义务。

法院判决:

1. 被告某基地支付原告医疗费619,658.67元;
2. 被告某基地支付原告利息45,312.54元;
3. 被告某公司对上述债务承担连带责任。

843. 公司分立时,分立各方应当如何通知债权人?

公司应当自作出分立决议之日起10日内通知债权人,并于30日内在全国发行的省级以上报纸上公告。

844. 债权人收到通知后,向分立各方主张到期债权时,分立各方拒不履行债务时,债权人可否以此为由中止公司分立的进程?

不可以。

由于《公司法》规定了公司分立后,存续公司或新设公司对原有债务承担连

---

① 现为《民法典》第583条相关内容。

带责任,该责任承担的认定本就有利于保护债权人,所以事实上分立各方拒绝履行债务的,债权人完全可以通过直接诉讼或待分立完成后向分立各方主张连带赔偿责任,故没有必要通过中止分立进程保护债权人利益。

845. 公司新设分立后,新公司又被吸收合并的,原公司债务如何承担?

假设 A 公司分立为 B、C 两家公司,而后 B 公司再被 D 公司吸收合并,B 公司注销,D 公司存续。那么 D 公司是否应当对 A 公司分立时 A 公司的债务承担连带责任呢?

笔者认为,当 B 公司与 D 公司合并时,根据《公司法》关于公司合并后债务承担的规定,D 公司应当承继 B 公司所负债务,又因为 B 公司对 A 公司的债务依法承担连带责任,那么 D 公司自然应当对 A 公司的债务承担连带责任。

846. 公司分立后,公司职工是否需与新设公司或存续公司重新签订劳动合同?

不需要。

用人单位发生分立,原劳动合同继续有效,劳动合同由承继其权利和义务的用人单位继续履行。

【案例345】分立不切断工龄计算　满10年公司需与员工签无固定期限合同[①]

原告: 一拖(洛阳)物流有限公司

被告: 田某忠

诉讼请求:

1. 确认原告不与被告签订无固定期限劳动合同合法有效;

2. 判决自原告与被告劳动合同终止后,不再向其发放 550 元/月生活费。

争议焦点:

1.《劳动合同法》中关于必须与员工签订无固定期限劳动合同的规定是否为强制性规定;

2. 被告根据原单位分配调动至新分立出单位工作,工作年限应否连续计算。

基本案情:

被告于 1990 年到一拖集团运输处工作。

一拖集团运输处于 2006 年 5 月 31 日分立,成立原告。被告被分配至原告

[①] 参见河南省洛阳市中级人民法院(2011)洛民终字第 530 号民事判决书。

工作。

2006年6月15日,原告与被告签订了期限至2009年8月30日止的《劳动合同》。

2009年6月15日,劳动合同到期之前,原告作出不再与被告续签劳动合同的《决定》。

2009年9月28日,被告以特快专递的形式向原告邮寄续签劳动合同的申请,原告单位于次日收到,但未作回复。

被告于2009年10月26日向劳动仲裁委员会申请仲裁,2010年4月7日劳动仲裁委员会作出洛劳仲裁字〔2009〕第437号《仲裁裁决书》。

原告不服该《仲裁裁决书》,于2010年5月20日诉至法院。

原告诉称:

1. 原告不必须与被告签订无固定期限劳动合同。

《劳动合同法》第14条规定"用人单位与劳动者协商一致,可以订立无固定期限劳动合同。有下列情形之一,劳动者提出或者同意续订、订立劳动合同的,除劳动者提出订立固定期限劳动合同外,应当订立无固定期限劳动合同……"此项条款明显地确定了签订无固定期限劳动合同的前提条件,即双方应当协商一致,或者先由劳动者向用人单位提出请求。劳动合同的签订的前提应当是双方合意,即劳动者有上岗工作的请求,用人单位有相应的用工需求。因此,是否应当签订无固定期限劳动合同并不是强制性的,而是可由双方根据各自情况,选择是否签订。

2. 原告符合签订无固定期限劳动合同的例外情形。

《劳动合同法》第40条规定了企业因发生重大客观变化,已无工作劳动岗位可提供,致使劳动合同无法签订、履行的客观情况。原告于2006年5月实行改制,部分工作岗位已发生重大变化。在原告劳动合同终止前,被告已经长期待岗,在劳动合同终止后,原告因发生重大客观变化,也已没有相应工作岗位可提供。

被告辩称:

1. 双方已经多次签订无固定期限的劳动合同,且被告工龄近20年,上述两个条件已经符合签订无固定期限的劳动合同。

2. 事实证明,在双方争议期间,原告单位招聘很多临时工,现在原告说没有岗位没有事实根据。

被告认为仲裁裁决已经较好地维护了劳动者的合法权益,请求驳回原告诉讼请求。

律师观点：

1. 被告在原告工作年限应连续计算。

《劳动合同法》第14条规定，劳动者在该用人单位连续工作满10年的，劳动者提出或者同意续订、订立劳动合同的，除劳动者提出订立固定期限劳动合同外，应当订立无固定期限劳动合同。《劳动合同法实施条例》第10条亦规定，劳动者非因本人原因从原用人单位被安排到新用人单位工作的，劳动者在原用人单位的工作年限合并计算为新用人单位的工作年限。因此，在一拖集团运输处工作的年限应合并计算为其在原告的工作年限。故至2009年8月30日，在原告的工作年限已满10年，符合与用人单位签订无固定期限劳动合同的条件。

2. 原告应补发被告工资损失。

原告于2009年9月29日收悉提出续签无固定期限劳动合同的申请，因此，原告应自2009年9月28日起与签订无固定期限劳动合同，并应自2009年9月29日起按照每月550元补发工资损失至按劳动合同约定的岗位工作之日止。

法院判决：

1. 原告与被告签订期限自2009年9月29日起的无固定期限劳动合同；

2. 原告自2009年9月29日起每月按照市最低工资标准550元为被告补发工资损失至被告按劳动合同约定的岗位工作之日止。

847. 公司分立过程中，哪些事项需要办理工商变更登记？应当提交哪些材料？

因分立而存续的公司，其登记事项发生变化的，如股东、法定代表人、注册资本等，应当申请变更登记；因分立而解散的公司，应当申请注销登记；因分立而新设立的公司，应当申请设立登记。

公司分立的，应当自公告之日起45日后申请登记，提交分立决议或者决定以及公司在报纸上登载公司分立公告的有关证明和债务清偿或者债务担保情况的说明。涉及国有资本变动及外商投资企业分立的，必需报经批准，并提交有关批准文件。[①]

848. 公司分立导致国有资本变动时，应当向哪个行政部门报批？

公司分立涉及国有资本变动的，应当按以下权限报经批准：

[①] 关于因分立引起的变更、注销、设立登记分别详见本书第一章公司设立纠纷、第六章请求变更公司登记纠纷及第十六章公司解散纠纷。

（1）各类持有国有资本的集团公司、总公司国有资本变动的，中央管理企业报请国务院批准，地方管理企业报请地市级以上（含地市级）人民政府批准；

（2）各类持有国有资本的集团公司、总公司投资的子公司，或由各级人民政府划转上述公司直接管理并取得控制权的公司国有资本变动的，属于集团内部结构调整的，由母公司审批，涉及集团外部的，由母公司报主管财政机关审批；

（3）上述子公司控制的企业国有资本变动的，由母公司审批。

849. 公司国有资本分立的，应当履行何种内部程序？

公司国有资本分立，应当由有关业务部门提出方案，经过财务部门审核提出意见，报企业董事会审议决定；没有设立董事会的公司，由经理办公会研究决定。

对工资制度、社会保障、职工安置等涉及职工合法权益的财务事项，应当事先听取职工代表大会的意见。

公司董事会或经理办公会研究、审议国有资本与财务管理事项，必须作会议纪要。公司财务部门负责人应当出席或者列席公司董事会或经理办公会等相关的会议。

二、公司分立纠纷的裁判标准

850. 在哪些情形下，公司分立无效？

公司分立无效一般由两类原因导致。

（1）公司分立协议无效或被撤销的。公司分立协议本身作为法人主体间意思表示一致的约定，应当适用意思表示的规则来确定其效力。

公司分立协议可撤销的常见情形如下：

①因重大误解订立的协议；

②一方以欺诈、胁迫的手段或者利用对方处于危困状态，使对方在违背真实意思的情况下订立的分立协议。

分立协议无效的常见情形如下：

①违反法律、行政法规的强制性规定，违背公序良俗；

②恶意串通损害他人合法权益；

③虚假意思表示签订的协议；

④分立的方案未经过公司股东会的决议通过。

（2）股东会决议无效、可撤销或不成立的。

①如公司分立的股东会决议召集程序、表决方式违反法律、行政法规或者公司章程，或者决议内容违反公司章程的，则该股东会决议可撤销。

②如公司分立的股东会决议内容违反法律、行政法规的,则股东会决议无效。

③股东会或者股东大会、董事会决议公司未召开会议的,但依据《公司法》或者公司章程规定可以不召开股东会或者股东大会而直接作出决定,并由全体股东在决定文件上签名、盖章的除外;会议未对决议事项进行表决的;出席会议的人数或者股东所持表决权不符合《公司法》或者公司章程规定的;会议的表决结果未达到《公司法》或者公司章程规定的通过比例的,则股东会决议不成立。

因此实践中,如果公司分立一方或多方对通过公司分立的股东会决议提出撤销、无效或不成立诉讼,并经人民法院支持的,则对应的公司分立协议也将归于无效。

【案例346】提交材料视为同意决议内容 虽未签字公司分立依然有效[1]

原告: 明鉴资产评估事务所

被告: 明鉴会计师事务所

诉讼请求: 判令被告提取的职业风险金按照净资产分割比例在原、被告之间分割。

争议焦点:

1. 被告分立时未就职业风险金分割召开股东会,该公司分立是否存在瑕疵;

2. 决议补充说明虽没有原告签字,但原告在申请设立时提交的行为是否视为原告认可分立方案。

基本案情:

原告系自被告分立新设的单位。

原告向当地财政厅提交的关于设立原告的申请报告,附有被告6月9日股东会决议、决议补充说明,其中载明:同意被告的评估资质分立出来,其风险金全部留给被告,并对分立前的职业风险承担责任。原告不承担分立前的职业风险。

原告诉称:

在原告向财政厅提交的设立原告的申请报告中,决议补充说明没有股东签字,应为无效。在没有约定的情况下,依据《会计师事务所职业风险基金管理办法》第8条规定,"有限责任事务所分立,已提取的职业风险基金应当按照净资产分割比例在分立各方之间分割。分立各方另有约定的,从其约定"。被告已提取的职业风险金应按照净资产分割比例在分立各方之间分割。

---

[1] 参见河南省洛阳市中级人民法院(2010)洛民终字第1834号民事判决书。

被告辩称：

原告在办理分立手续时向有关部门提交分立协议，其中载明"原风险基金全部留给被告，并对分立前的职业风险承担责任。原告不承担分立前的职业风险"。

因此，在双方已有约定的情况下，风险金应全部留给被告。

一审认为：

根据《河南省财政厅关于做好资产评估机构过渡期末有关工作的通知》第1条的规定，《会计师事务所职业风险基金管理办法》实施前取得资产评估资格的会计师事务所提交的分立协议应当明确原资产评估机构评估业务风险基金的处理方案。

被告提交的风险基金的处理方案是原告办理分立手续的必备程序，原告不认可被告当庭提交的加盖有河南省资产评估协会公章的该方案的协议，但又未能提交出其他方案，据此，该关于风险基金的处理方案应视为双方间曾经达成的唯一处理意见。现原告再要求分割风险基金的主张不能予以支持。

一审判决：

驳回原告的诉讼请求。

原告不服一审判决，向上级人民法院提起上诉。

原告上诉称：

1. 一审判决认定事实错误。

（1）一审以一个没有任何股东签字，没有任何股东会决议、记录支持，仅有被告盖章的决议补充说明，就视为双方协议，视为双方曾经达成的唯一处理意见，并作为判决依据，显然错误。

（2）原告作为法人主体，在2008年6月9日决议补充说明前尚未设立，尚不具备法人资格，不可能去签任何协议。

2. 决议补充说明本身内容虚假，不能作为证据使用，更不能延伸成协议。

（1）该决议补充说明标题既然明确说是"决议"的补充说明，显然该"决议"指的是已有的同期"股东会决议"，但是事实上，没有出现过任何有关本案风险金分配项目的股东会决议以及会议纪要，故不可能有任何需要说明的问题。

（2）一审判决将公司执行机构的一纸决定，歪曲为权力机构股东会的决定，违背了《公司法》关于组织机构规定的常识。

综上所述，本案既然审理认定是公司分立，就应该严格按照《合同法》、公司章程和《公司法》的规定，而一审却没有适用，所以，特提起上诉，请求依法分割原告一审诉求的职业风险金。

被告二审辩称：

1. 该决议补充说明是由原告向相关部门提交。

2. 对职业风险金的处置是分立设立资产评估事务所的必要条件。正是因为原告向相关部门提交了包含职业风险金处理方案在内的相关资料才办理了公司分立手续，成立了资产评估事务所，从而才有资格成为一个法人单位。

律师观点：

虽然被告没有严格按照《公司法》以及公司章程的规定就风险金分割问题召开股东会议进行表决，存在瑕疵，但本案一审中，被告提交了从河南省资产评估协会调取的《关于设立洛阳明鉴资产评估事务所有限公司的申请报告》，原告对该申请报告予以认可。该申请报告显示申请设立原告呈报的相关资料是由原告的股东王某武、沈某君提交，其所呈报的资料中包含2008年6月9日的决议补充说明，因此，应视为其认可该决议补充说明，否则不会予以提交。而被告其余股东对该决议补充说明不持异议，因此，该决议补充说明应视为公司分立时双方达成的风险金处理方案。该决议补充说明中明确显示，风险金全部留给被告，分立前的职业风险由被告承担，原告不承担分立前的职业风险。故一审法院对原告的诉讼请求不予支持并无不当。

二审判决：

驳回上诉，维持原判。

851. 公司分立无效是否只能通过诉讼程序实现？

是。为防止分立无效诉权被滥用，确认公司分立无效的程序只能通过诉讼实现。

852. 公司进行新设分立时，如果分立协议对部分财产的归属未明确规定，则该财产的所有权人如何确定？

对于未在分立协议中明确约定归属的财产，应认定为分立后新设公司共同所有。

【案例347】公司虽分立　未分割财产仍属共同所有[1]

原告： 中心市场商店清算组

被告： 建设综合商店

---

[1] 参见黑龙江省阿城市人民法院(2003)阿民初字第421号民事判决书。

诉讼请求：

1. 判令被告将坐落在中心市场内祥泰小区3号楼334.82平方米商业用房分割给原告125.83平方米；

2. 判令被告支付125.83平方米商业用房自1999年至今的孳息。

争议焦点： 原、被告分立时未就房产所有权进行划分，后该房屋拆迁，则动迁后新房的所有权如何确定。

基本案情：

1984年，案外人阿城县蔬菜公司分立为原告、被告，原有职工43名，分给原告25名，被告18名。而原企业334.82平方米房产没有分割。该房屋1993年7月动迁，动迁后房屋坐落在中心市场内祥泰小区3号楼，由被告占有。

1999年11月，该房屋经案外人阿城县蔬菜公司的主管单位阿城市商业总公司以阿商发〔1999〕28号文件分割给原告楼房125.83平方米，但被告未执行，该房屋始终由被告出租并收取租金。

2002年7月，由市委书记李某军、副市长袁某柱批示，2002年8月30日阿城市经贸局下发〔2002〕85号文件，再次确认原告依法应得的财产，而被告仍未执行。

律师观点：

案外人阿城县蔬菜公司分立时，未就当时房产的所有权划分，其房产应为原告和被告共有，老房被动迁后，所得到的新房仍为原告、被告共同所有。当时作为原告和被告的主管上级单位阿城市商业总公司，对原告和被告的房产纠纷的处理决定，确认的事实清楚，处理意见公平合理，应予采纳。另外，基于双方的共同共有关系，对因房屋出租产生的孳息，原告应按所占房产比例得到分享。

法院判决：

1. 位于祥泰小区金都公司楼3号1~2层归被告所有；

2. 被告建设综合商店给付原告房屋折价款367,172.02元；

3. 原告给付被告应分担的楼房差价款、借款利息和动迁入户费（应分得动迁补偿费已扣除）36,311.17元；

4. 被告应给付原告房屋孳息211,032.26元；

5. 第2至4项合计后，被告应给付原告541,893.11元，此款应于判决生效后10日内给付。

853. 公司分立无效的后果是否溯及新设公司在判决前的交易活动效力？

鉴于最高人民法院对2005年修订《公司法》前的司法解释中关于认定公司设

立无效的规定,同时基于商事法律维护商事法律关系稳定、促进商事流转的作用,公司分立无效的判决不应当溯及既往。

但需要注意的是,借鉴《公司法》关于公司合并的相关规定,新设公司在判决分立无效前享有的债权由原分立各方的股东享有,债务由原拟分立公司承担。

854. 被执行人按法定程序分立为两个或多个具有法人资格的企业,如何承担债务?

分立后存续的企业按照分立协议确定的比例承担债务;不符合法定程序分立的,裁定由分立后存续的企业按照其从被执行企业分得的资产占原企业总资产的比例对申请执行人承担责任。

第三节 企业分立的税务问题

一、企业分立的所得税处理

(一)分立的一般性税务处理

855. 如何确定分立中当事各方、重组日以及主导方?

分立中当事各方,指分立企业、被分立企业及各方股东。

企业分立,以分立企业取得被分立企业资产所有权并完成工商登记变更的日期为重组日。

企业分立的主导方为被分立的企业或存续企业。

856. 企业分立时,如何进行会计处理?

企业分立是公司净资产分立,不存在资产(负债)的购买或出售行为,分立方在分立中确认取得的被分立方的资产、负债,仅限于被分立方账面上原已确认的资产和负债,分立中不产生新的资产和负债。具体如下:

(1)分立方以分立前原资产、负债的账面价值入账,转入资产的账面价值与转入负债的账面价值差额作为股东投入,增加所有者权益。

(2)被分立方以分立中转出的资产、负债的净额,调整所有者权益相关项目。如果存在注销股本的,应首先调整股本,再调整资本公积,资本公积余额不足冲减的,应冲减留存收益。

具体会计分录如下:

(1)存续分立

①存续方

借:股本(按分立协议约定换出并注销的股份总数)
　　资本公积、未分配利润等(差额)
　　被分立的负债
　　贷:被分立的资产(资产、负债均按原账面转出,不确认损益)
②分立方
借:分立划入净资产
　　贷:股本(按分立协议约定的拆股数)
　　　　资本公积(差额)
注:资产、负债均按分立前的账面价值入账
(2)新设分立
①被分立方
借:股本(100%)
　　资本公积(100%)
　　留存收益(100%)
　　贷:分立的净资产
②分立方
借:分立划入净资产
　　贷:股本(按分立协议约定的拆股数)
　　　　资本公积(差额)

857. 企业分立如何进行企业所得税的一般性税务处理?

企业分立时一般性税务处理原则如下。

(1)被分立企业的所得税处理

①被分立企业必须对被分立资产进行评估,并以评估确认的价值作为换取股份份额的依据,在当期确认有关的资产转让所得或损失,计征所得税。

计税所得=被分立企业分立基准日被分立资产的公允价值-被分立企业分立基准日被分立资产的计税成本-尚未超过弥补期的经营性亏损

②如果被分立企业不再继续存在时,被分立企业应按清算进行所得税处理。

(2)分立企业的所得税处理

分立企业取得资产的计税依据按照交易价格重新确定。

(3)被分立企业股东的所得税处理

①被分立企业继续存在时,其股东取得的对价,未超出被分立企业留存收益份额的部分,应确认为股息红利所得。超过被分立企业留存收益份额的部分,如

果低于投资成本,视为投资成本的收回,应相应冲减被分立公司股权的计税基础;如果高于投资成本,应确认股权转让所得。

②被分立企业不再继续存在时,其股东取得的对价应视同被分立企业因清算而分回的剩余财产进行所得税处理。①

(4)亏损处理

被分立企业的亏损不得在分立企业结转弥补。

【案例348】股权支付金额低于85% 企业分立要缴所得税

分立方:B公司

被分立方:A公司

被分立方主要股东:甲公司、乙公司

分立方式:派生分立

基本案情:

A公司注册资本为1000万元,甲公司和乙公司分别持有70%和30%的股份。为满足扩大经营的需要,2009年11月A公司剥离部分净资产成立B公司。分立基准日,A公司的资产负债表显示公司的资产总额为3000万元(公允价值为3800万元),负债2000万元(公允价值为2000万元),净资产1000万元(公允价值为1800万元)。

A公司剥离的净资产的账面价值为600万元(公允价值为800万元),并在工商管理部门办理了300万元的减资手续。B公司的注册资本为600万元,并确认甲公司和乙公司的出资额分别为400万元和200万元,同时B公司分别向甲公司和乙公司支付银行存款160万元和40万元。

律师观点:

本次分立涉及的税种主要是企业所得税与印花税。

1. 企业所得税

企业分立如适用特殊性税务处理,在符合重组业务特殊性处理基本条件的基础上,还需要同时符合下列三个条件:(1)被分立企业所有股东按原持股比例取得分立企业的股权;(2)分立企业和被分立企业均不改变原来的实质经营活动;(3)被分立企业股东取得的股权支付金额不低于其交易支付总额的85%。

本案中,B公司股权支付金额占交易支付总额的比例为(400+200)÷(400+

---

① 关于此问题详见本书第十七章申请公司清算第三节公司清算的税务问题。

200+160+40)×100% =75%,低于85%,不满足特殊性税务处理的条件。本案例应适用一般性税务处理。

具体税务处理如下:

(1)A公司对分立出去的资产应确认的资产转让所得200万元(被转让资产的公允价值800万元－被转让资产的计税基础600万元),缴纳企业所得税50万元;

(2)B公司应按公允价值800万元确认接受资产的计税基础;

(3)A公司继续存在,其股东甲公司和乙公司取得的对价,其中甲公司取得560万元对价,超过210万元的部分确认为股权转让所得,按照25%的税率缴纳企业所得税87.5万元;乙公司取得240万元对价,超过90万元的部分确认为股权转让所得,缴纳企业所得税37.5万元。

2. 印花税

根据《财政部、国家税务总局关于企业改制过程中有关印花税政策的通知》(财税〔2003〕183号)的规定,以分立方式成立的新企业,其新启用的资金账簿记载的资金,凡原已贴花的部分可不再贴花,未贴花的部分和以后新增加的资金按规定贴花。分立后的A公司和B公司的注册资本增加1500万元(1000万元－300万元+800万元),需缴纳印花税7500元。

858. 企业分立进行一般性税务处理需要提交哪些资料?

企业发生分立,被分立企业不再继续存在,应进行清算,被分立企业应按规定报送以下资料:

(1)《企业清算所得税申报表》;

(2)企业分立的市场监督管理部门或其他政府部门的批准文件;

(3)被分立企业全部资产的计税基础以及评估机构出具的资产评估报告;

(4)企业债务处理或归属情况说明;

(5)主管税务机关要求提供的其他资料证明。

859. 一般性税务处理情形下,企业分立后如何享受分立前的税收优惠政策?

(1)企业整体(全部生产经营所得)税收优惠

就企业整体(全部生产经营所得)享受的税收优惠过渡政策尚未期满的,分立后的存续企业性质及适用税收优惠的条件未发生改变的,可以继续享受分立前该企业剩余期限的税收优惠,其优惠金额按该企业分立前一年的应纳税所得额

（亏损计为零）乘以分立后存续企业资产占分立前该企业全部资产的比例计算。

注销的被分立企业未享受完的税收优惠,不再由存续企业承继;因分立新设的企业不得再承继或重新享受前述优惠。

（2）企业生产经营项目的所得税收优惠

国家重点扶持的公共基础设施项目、环境保护项目、节能节水项目等享受减免税优惠的项目,在减免税期限内转让的,受让方自受让之日起,可以在剩余期限内享受规定的减免税优惠;减免税期限届满后转让的,受让方不得就该项目重复享受减免税优惠。

（二）分立的特殊性税务处理

860. 分立适用特殊性税务处理需符合哪些条件?

企业分立的,同时符合下列条件的,适用特殊性税务处理规定。

（1）符合合理商业目的的原则

企业分立具有合理的商业目的,且不以减少、免除或者推迟缴纳税款为主要目的。

（2）符合权益连续性原则

①被分立企业的所有股东都应当在分立后按原持股比例取得分立企业的股权,而不能够是部分股东取得分立企业的股权。因此只有让产分股式分立与股份分割式分立中的第一种适用特殊性税务处理。[1]

②交易对价中涉及的股权支付金额符合规定的比例,即被分立企业股东在该企业分立发生时取得的股权支付金额不低于其交易支付总额的85%。

③原持有被分立企业20%以上股权的股东,在重组后连续12个月内,不得转让因分立所取得的股权。

（3）符合经营连续性原则

分立企业与被分立企业在企业分立后的连续12个月内均不改变原来的实质性经营活动。

【案例349】华晋公司派生分立　符合特殊性条件暂免所得税[2]

分立方:中煤华晋公司（筹）

---

[1]　关于企业分立的具体形式及特征问题详见本章"关键词"部分。
[2]　参见《关于华晋焦煤有限责任公司分立重组最新进展的公告》,载巨潮资讯网,http://static.cninfo.com.cn/finalpage/2011-08-09/59790264.PDF,2020年3月28日访问。

被分立方:华晋公司
被分立方主要股东:中煤能源、山西焦煤集团
分立方式:派生分立
分立基准日:2011年3月31日
基本案情:

根据分立方案,华晋公司采取派生分立方式依法分立为两家由中煤能源和山西焦煤集团各持股50%的有限责任公司。华晋公司将继续存续,从华晋公司中分立出的资产将注册成立为一家新公司,暂定名中煤华晋公司(筹)。分立前后的股权结构对比如图12-2所示:

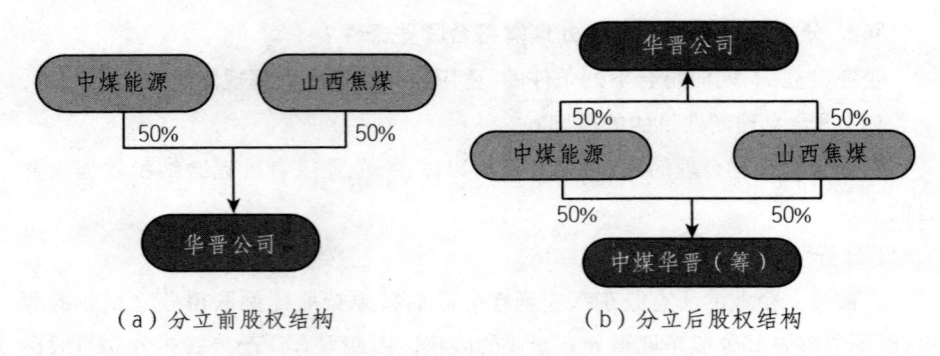

(a) 分立前股权结构　　　　(b) 分立后股权结构

图12-2　分立前后股权结构

本次分立使中煤能源实际控制中煤华晋公司(筹)董事会,有利于提高中煤能源对中煤华晋公司(筹)的控制力,并可实施稳健措施以进一步改善中煤华晋公司(筹)的公司治理,使中煤华晋公司(筹)与华晋公司间的安全管理责任得到更清晰的切分,进一步增强中煤华晋公司(筹)与华晋公司的相关安全措施;利用王家岭煤矿在产量与资源储备方面的优势为中煤能源创造更多经济效益。

本次分立不需要支付任何对价。分立所涉及的资产分割的一般原则是将华晋公司现有的总资产分割为王家岭板块资产(包括土地与煤矿)及华晋公司板块资产(包括土地与煤矿),于分立后分别由中煤华晋公司(筹)及华晋公司持有。华晋公司现有的注册资本、经营成果将根据相应的项目板块进行分割。

律师观点:

本次派生分立涉及的税收主要包括企业所得税、增值税、营业税、土地增值税、契税、印花税。

1. 企业所得税

本次派生分立符合所得税特殊性税务处理条件。

(1) 关于合理商业目的原则的判定

根据基本案情可知,本次分立具有合理的商业目的。

(2) 关于权益连续性原则的判定

此次分立属于派生分立,华晋公司的两个股东中煤能源、山西焦煤集团在分立时取得的股权支付金额达到了85%股权支付比例的条件。

(3) 关于经营连续性原则的判定

派生分立后,华晋公司和中煤华晋公司(筹)均从事煤炭等矿产资源的生产和经营,未改变分立前华晋公司的经营性活动。

综上,华晋公司此次派生分立的行为满足特殊性税务处理应当具备的合理商业目的、经营连续性的条件,也符合权益连续性的条件,因此适用企业所得税特殊性税务处理方式。

具体税务处理如下:

(1) 中煤华晋公司(筹)和华晋公司接受分立前华晋公司资产和负债的计税基础,以分立前华晋公司已有的计税基础确定。

(2) 华晋公司已分立出去资产相应的所得税事项由中煤华晋公司(筹)和华晋公司承继。分立前华晋公司未超过法定弥补期限的亏损额可按分立资产占全部资产的比例进行分配,由中煤华晋公司(筹)和华晋公司继续弥补。

2. 增值税、营业税及附加

根据《国家税务总局关于纳税人资产重组有关增值税问题的公告》(国家税务总局公告2011年第13号)和《国家税务总局关于纳税人资产重组有关营业税问题的公告》(国家税务总局公告2011年第51号)规定,纳税人在资产重组过程中,通过分立方式,将全部实物资产以及与其相关联的债权、债务和劳动力一并转让给其他单位和个人的行为,不属于增值税和营业税的征收范围。因此,华晋公司和中煤华晋公司(筹)无须就货物、资产、负债的转移缴纳增值税、营业税及附加。

3. 土地增值税与契税

根据《土地增值税暂行条例》及其实施细则的规定,转让国有土地使用权、地上的建筑物及其附着物并取得收入,是指以出售或者其他方式有偿转让房地产的行为。不包括以继承、赠与方式无偿转让房地产的行为。而企业分立涉及的房地产移转并未取得对价,不属于土地增值税的征税范围,不应征收土地增值税[1]。

---

[1] 根据《财政部、税务总局关于继续实施企业改制重组有关土地增值税政策的通知》(财税〔2018〕57号)第3条,按照法律规定或者合同约定,企业分设为两个或两个以上与原企业投资主体相同的企业,对原企业将房地产转移、变更到分立后的企业,暂不征土地增值税。

因此,华晋公司无须就土地使用权和不动产的转移缴纳土地增值税。《财政部、国家税务总局关于企业事业单位改制重组契税政策的通知》(财税〔2012〕4号)①规定:企业依照法律规定、合同约定分设为两个或两个以上与原企业投资主体相同的企业,对派生方、新设方承受原企业土地、房屋权属,不征收契税。故在本次派生分立中,中煤华晋公司(筹)无须就其受让原华晋公司的土地房屋权属缴纳契税。

4. 印花税

根据《财政部、国家税务总局关于企业改制过程中有关印花税政策的通知》(财税〔2003〕183号)的规定,以合并或分立方式成立的新企业,其新启用的资金账簿记载的资金,凡原已贴花的部分可不再贴花,未贴花的部分和以后新增加的资金按规定贴花。分立后的华晋公司和中煤华晋公司(筹)的注册资本并未增加,因此无须缴纳印花税。

861. 如何判断分立是否符合"合理的商业目的"?

应从以下几个方面说明分立是否具有合理的商业目的:

(1)重组交易的方式;

(2)重组交易的实质结果;

(3)重组各方涉及的税务状况变化;

(4)重组各方涉及的财务状况变化;

(5)非居民企业参与重组活动的情况。

862. 企业分立如何进行特殊性税务处理?

可按以下规定处理。

(1)分立各方共同的处理原则

①分立各方对交易中的股权支付暂不确认有关资产转让所得或损失。

②分立中的非股权支付仍应在交易当期确认相应的资产转让所得或损失,并调整相应资产的计税基础。

非股权支付对应的资产转让所得或损失=(被转让资产的公允价值-被转让资产的计税基础)×(非股权支付金额÷被转让资产的公允价值)

---

① 该通知已于2018年被《财政部、税务总局关于继续支持企业、事业单位改制重组有关契税政策的通知》(财税〔2018〕17号)废止,根据财税〔2018〕17号文,本次分立取得的房地产和土地无须缴纳契税。

（2）被分立企业的所得税处理

①税收事项的承继

被分立企业已分立出去资产相应的所得税事项由分立企业承继。

②未弥补亏损的处理

被分立企业未超过法定弥补期限的亏损额可按分立资产占全部资产的比例进行分配，由分立企业继续弥补。

（3）分立企业所得税的处理

在涉及股权支付的情况下，应按原计税基础确定其分立企业的计税基础。

在涉及非股权支付的情况下，由于被分立企业确认了非股权支付对应的被分立资产的转让所得或损失，因此分立企业确定被分立资产的计税基础应包含已确认的此部分转让所得或损失，即被分立资产的计税基础＝原计税基础－非股权支付额＋已确认的非股权支付对应的资产转让所得或损失。

（4）被分立企业股东的所得税处理

被分立企业的股东取得分立企业的股权（以下简称"新股"）计税基础确定方式如下：

①如需部分或全部放弃原持有的被分立企业的股权（以下简称"旧股"），"新股"的计税基础应以放弃"旧股"的计税基础确定。

②如不需放弃"旧股"，则其取得"新股"的计税基础可从以下两种方法中选择确定：直接将"新股"的计税基础确定为零；或者以被分立企业分立出去的净资产占被分立企业全部净资产的比例先调减原持有的"旧股"的计税基础，再将调减的计税基础平均分配到"新股"上。

【案例350】东北高速分立适用特殊性税务处理暂免征企业所得税[①]

分立方：龙江交通、吉林高速

被分立方：东北高速

被分立方主要股东：龙高集团、吉高集团

分立方式：新设分立

[①] 参见《吉林高速关于东北高速公路股份有限公司分立上市报告书》，载上海证券交易所网，http://www.sse.com.cn/disclosure/listedinfo/announcement/c/2010-02-11/601518_20100211_1.pdf，2020年4月26日访问。参见《龙江交通关于东北高速公路股份有限公司分立上市报告书》，载上海证券交易所网，http://www.sse.com.cn/disclosure/listedinfo/announcement/c/2010-02-11/601188_20100211_1.pdf，2020年4月26日访问。

分立基准日:2009 年 6 月 30 日

基本案情:

截至分立基准日,东北高速的总股本为 1,213,200,000 股,每股 3.73 元人民币,股本总金额为 4,525,236,000 元。其中,龙高集团持有 326,411,104 股,持股比例为 26.90%,吉高集团持有 270,392,503 股,持股比例为 22.29%,华建交通持有 217,396,393 股,持股比例为 17.92%,流通股持有 399,000,000 股,持股比例为 32.89%(见图 12 - 3)。

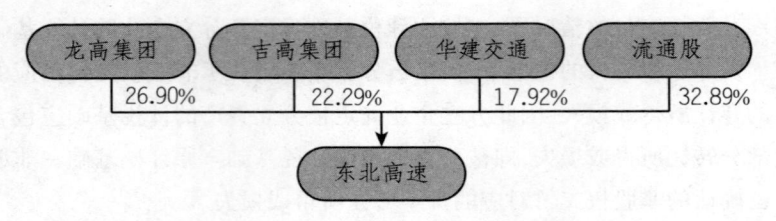

图 12 - 3　东北高速分立前股权架构示意

由于我国高速公路企业往往具有明显的地域特征,当地政府对于高速公路企业的支持、注入高速公路资产对企业的发展尤其重要。东北高速的两大股东分别隶属于黑龙江省政府和吉林省政府,资产也跨地区分布。东北高速由于历史原因形成的股权结构和资产布局,使公司的治理结构出现过一定的问题,在一定程度上影响了公司的发展,也不利于获得当地政府的政策支持。

为了顺应东北高速的发展,东北高速将分立为两家股份有限公司,即龙江交通和吉林高速。龙江交通和吉林高速将按照分立上市方案的约定依法承继原东北高速的资产、负债、权益、业务和人员,原东北高速在分立完成后依法解散并注销。龙江交通和吉林高速的股票经核准后上市。资产、负债与权益具体分割方式如下:

1. 资产划分方案

(1)主业资产的划分:主营业务以及相关资产划分根据属地原则,黑龙江省境内的哈大高速公路收费权及相关资产、东北高速持有的东绥高速 48.76% 股权进入龙江交通;吉林省境内的长平高速公路的收费权及相关资产、东北高速持有的长春高速 63.8% 股权将进入吉林高速。

(2)货币资金分配:截至 2009 年 6 月 30 日,东北高速母公司报表上有货币资金 5.56 亿元。分立后,龙江交通保留 4.91 亿元的货币资金,吉林高速保留 6500 万元的货币资金。

(3)非主业长期股权投资的分配:归属龙江交通的非公路长期股权投资共有

7项,分别为哈尔滨特宝股份有限公司42.25%股权、黑龙江东高投资开发有限公司90%股权、哈尔滨龙庆公路养护有限责任公司30%股权、洋浦东大投资发展有限公司98.04%股权、深圳市东大投资发展有限公司98.04%股权、江西智通路桥管理有限公司35%股权、大连东高新型管材有限公司92.5%股权。归属于吉林高速的非公路长期股权投资共有4项,分别为吉林东高科技油脂有限公司95%股权、吉林省长平公路工程有限公司20%股权、二十一世纪科技有限责任公司49.25%股权、大鹏证券有限责任公司4.4%的股权。

(4)总部资产(除货币资金及长期股权投资外)的划分:结合属地原则和历史形成原因,主要归属于吉林高速。

2. 负债划分方案

(1)应付职工薪酬:分公司的应付职工薪酬按属地原则划分,总部的应付职工薪酬原则划归吉林高速。

(2)应交税费:分公司的应交税费按属地原则划分,总部的应交所得税按分立后两公司备考营业收入(母公司口径)比例在分立后两公司之间划分,总部的其他应交税费原则由吉林高速承担。

(3)长期应付款和专项应付款:按历史形成原因划分。

(4)其他应付款:分公司的其他应付款按属地原则划分,总部的其他应付款按历史形成原因划分,不能确定归属的平均分配。

3. 权益划分

分立后两公司的股本与东北高速相同,均为1,213,200,000股。扣除股本后,分立后两公司权益的其余部分转入资本公积。

东北高速在分立日在册的所有股东,其持有的每股东北高速股份将转换为一股龙江交通的股份和一股吉林高速的股份。在此基础上,龙高集团与吉高集团于2009年12月30日签署两份《股份划转协议》,龙高集团将其通过分立可以持有的吉林高速的股份与吉高集团通过分立可以持有的龙江交通的股份互相无偿划转。上述股权划转是本次分立上市的一部分,将在分立后公司股票上市前完成,东北高速在分立完成后将依法办理注销手续(见图12-4)。

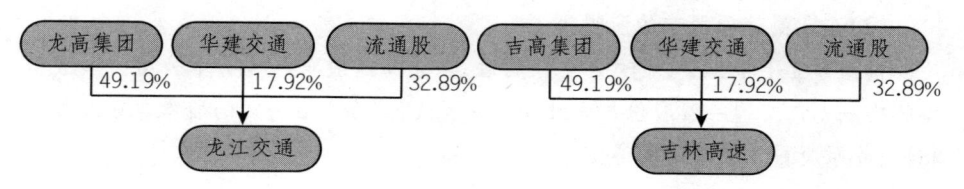

图12-4 东北高速分立后新公司股权架构示意

律师观点：

本次分立涉及的税种主要包括企业所得税、营业税、增值税、土地增值税、契税。

1. 企业所得税

（1）分立公司（东北高速）的所得税

东北高速符合特殊性税务处理的条件，暂免征企业所得税。

①关于合理商业目的原则的判定

此次分立的目的有两点：一是更好地争取黑龙江省政府和吉林省政府的支持；二是解决东北高速内部治理结构的问题。由此可知，此次分立并非出于避税目的，具有合理的商业目的。

②关于权益连续性原则的判定

东北高速原股东龙高集团、吉高集团、华建交通、流通股均按照原持股比例取得东北高速的股权，且前述股东取得龙江交通和吉林高速100%的股权，符合股权支付比例的要求。

龙高集团、吉高集团、华建交通、流通股也承诺12个月内不会转让因分立取得的股份。

值得注意的是，东北高速分立之后，龙高集团将其通过分立可以持有的吉林高速的股份与吉高集团通过分立可以持有的龙江交通的股份互相无偿划转，是否会导致东北高速分立不符合权益连续性的条件。笔者认为，经过了换股，虽然形式上龙高集团、吉高集团并没有分别获得吉林高速和龙江交通的股权，但实质上还是获得了东北高速的资产，权益的连续性依然保持。因存在争议，建议可与税务局进行充分沟通。

③关于经营连续性原则的判定

分立之后，龙江交通和吉林高速依然继续从事交通经营活动，12个月内不改变原来的经营活动，符合经营连续性的条件。

由此可知，东北高速的分立行为符合企业所得税特殊性税务处理的条件，暂无须缴纳企业所得税。

（2）东北高速原股东的所得税

根据分立上市方案，本次分立完成后，东北高速股东原持有本公司一股股份将转换成龙江交通一股股份与吉林高速一股股份，分立后公司的股本与东北高速相同，故原股东无须缴纳所得税。

2. 营业税、增值税

根据《国家税务总局关于转让企业产权不征营业税问题的批复》(国税函〔2002〕165号)①和《国家税务总局关于转让企业全部产权不征收增值税问题的批复》(国税函〔2002〕420号)②的有关规定,本次分立无须缴纳营业税和增值税。

3. 土地增值税与契税

如本节所述,因企业分立发生的土地使用权转让是否须缴纳土地增值税尚不明,就笔者之前分析,笔者认为东北高速分立过程中,对房产、土地的分割不缴纳土地增值税③。

根据《财政部、国家税务总局关于企业改制重组若干契税政策的通知》(财税〔2008〕175号)④的规定,分立公司龙江交通与吉林高速因分立取得的房地产、土地无须缴纳契税。

【案例351】绍兴前进派生分立　符合特殊性条件暂免所得税⑤

分立方:绍兴金道
被分立方:绍兴前进
被分立方主要股东:杭齿前进、金某荣
分立方式:派生分立
分立基准日:2012年3月31日
基本案情:

绍兴前进成立于1997年11月6日,由杭齿前进与自然人金某荣合资组建,

---

① 该批复已于2011年被《国家税务总局关于纳税人资产重组有关营业税问题的公告》(国家税务总局公告2011年第51号)废止,由于本案发生于2009年,依然适用该批复。当然根据国家税务总局2011年第51号公告,该次分立行为仍然无须缴纳营业税。

② 该批复已于2011年被《国家税务总局关于纳税人资产重组有关增值税问题的公告》(国家税务总局公告2011年第13号)废止,由于本案发生于2009年,依然适用该批复。当然根据国家税务总局2011年第13号公告,该次分立行为仍然无须缴纳增值税。

③ 依据《财政部、税务总局关于继续实施企业改制重组有关土地增值税政策的通知》(财税〔2018〕57号)的规定,按照法律规定或者合同约定,企业分设为两个或两个以上与原企业投资主体相同的企业,对原企业将房地产转移、变更到分立后的企业,暂不征土地增值税。

④ 该通知已于2012年被《财政部、国家税务总局关于企业事业单位改制重组契税政策的通知》(财税〔2012〕4号)废止,但根据《财政部、税务总局关于继续支持企业事业单位改制重组有关契税政策的通知》(财税〔2018〕17号),本次分立取得的房地产和土地无须缴纳契税。

⑤ 参见《杭州前进齿轮箱集团股份有限公司控股子公司绍兴前进齿轮箱有限公司分立的公告》,载巨潮资讯网,http://static.cninfo.com.cn/finalpage/2012-03-27/60733127.PDF,2020年3月28日访问。

注册资本1000万元,其中:杭齿前进持有55%股权、金某荣持有45%股权。主营业务为MA系列及06、16型船用齿轮箱、叉车变速箱、工程机械变矩器及其零配件的制造、销售。其实物资产主要为存货、建(构)筑物及土地、设备等。

分立重组方案为:采用派生分立方式对绍兴前进进行股权重组,绍兴前进将继续存续,从绍兴前进中分立出的资产将注册成立一家新公司,新公司名称暂定为绍兴金道,杭齿前进拥有分立后的绍兴前进100%股权,金某荣拥有分立后的绍兴金道100%股权。根据分立协议,绍兴前进持有的绍兴传动93%的股权归属于绍兴金道,杭齿前进、金某荣双方直接持有的绍兴传动的股权保持不变。绍兴前进持有的信达担保公司1.0032%的股权仍归属于分立后的绍兴前进。分立双方根据业务划分原则分割资产后,各自分得的净资产的评估值,与根据分立前绍兴前进股权比例应分得的净资产之间的差额,绍兴前进应付绍兴金道5,823,550.22元,现金支付比例仅为4.31%。分立前后的股权结构如图12-5所示:

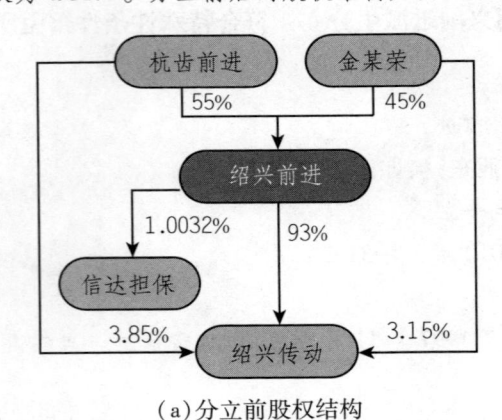

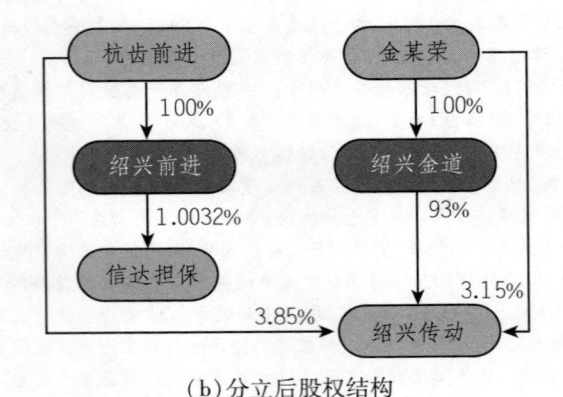

（a）分立前股权结构

（b）分立后股权结构

图12-5　分立前后股权结构

分立后存续的绍兴前进主要经营：制造、销售船用齿轮箱及其配件；工程机械变速箱及其配件；变矩器及其零配件；汽车配件；相关产品、技术进出口。经营范围与分立前相比未发生实质性变化。分立后新设的绍兴金道主要经营：制造、销售叉车变速箱及其配件。

律师观点：

本次派生分立涉及的税收主要包括企业所得税、个人所得税、增值税、营业税、土地增值税、契税、印花税。

1. 企业所得税

本次派生分立符合所得税特殊性税务处理条件。

(1) 关于合理商业目的原则的判定

本次分立后的绍兴前进成为杭齿前进的全资子公司，将有利于杭齿前进的产品布局和调整，增强主导产业和主营业务，从长远看，有利于公司的发展，具有合理的商业目的。

(2) 关于权益连续性原则的判定

此次分立属于派生分立，绍兴前进的两个股东在分立时取得的股权支付金额达到85%股权支付比例的条件。

(3) 关于经营连续性原则的判定

派生分立后，绍兴前进和绍兴金道均不改变分立前绍兴前进的经营性活动。

综上，绍兴前进此次派生分立的行为满足特殊性税务处理应当具备的合理商业目的、经营连续性的条件，也符合权益连续性的条件，因此适用企业所得税特殊性税务处理方式。

具体税务处理如下：

(1) 绍兴金道接受绍兴前进资产和负债的计税基础，以绍兴前进原有的计税基础确定。

(2) 绍兴前进已分立出去资产相应的所得税事项由绍兴金道和绍兴前进承继。

分立前绍兴前进未超过法定弥补期限的亏损额可按分立资产占全部资产的比例进行分配，由绍兴金道和绍兴前进继续弥补。

2. 个人所得税

金某荣取得绍兴金道股权的计税基础以其原持有绍兴前进股权的计税基础确定。

3. 增值税、营业税及附加

根据《国家税务总局关于纳税人资产重组有关增值税问题的公告》(国家税务总局公告2011年第13号)和《国家税务总局关于纳税人资产重组有关营业税问题的公告》(国家税务总局公告2011年第51号)规定,纳税人在资产重组过程中,通过分立方式,将全部实物资产以及与其相关联的债权、债务和劳动力一并转让给其他单位和个人的行为,不属于增值税和营业税的征收范围。因此,绍兴前进无须就货物、不动产及土地使用权的转移缴纳增值税、营业税及附加。

4. 土地增值税与契税

根据《土地增值税暂行条例》及其实施细则的规定,转让国有土地使用权、地上的建筑物及其附着物并取得收入,是指以出售或者其他方式有偿转让房地产的行为,不包括以继承、赠与方式无偿转让房地产的行为。而企业分立涉及的房地产移转并未取得对价,不属于土地增值税的征税范围,不应征收土地增值税。因此,绍兴金道无须就土地使用权和不动产的转移缴纳土地增值税①。

《财政部、国家税务总局关于企业事业单位改制重组契税政策的通知》(财税〔2012〕4号)规定:企业依照法律规定、合同约定分设为两个或两个以上与企业投资主体相同的企业,对派生方、新设方承受原企业土地、房屋权属,不征收契税。故在本次派生分立中,绍兴金道无须就其受让绍兴前进的土地房屋权属缴纳契税。

5. 印花税

根据《财政部、国家税务总局关于企业改制过程中有关印花税政策的通知》(财税〔2003〕183号)的规定,以分立方式成立的新企业,其新启用的资金账簿记载的资金,凡原已贴花的部分可不再贴花,未贴花的部分和以后新增加的资金按规定贴花。分立后的绍兴前进和绍兴金道的注册资本并未增加,合计仍为1000万元,因此无须缴纳印花税。

863. 企业分立,进行特殊性税务处理应于何时提交哪些材料?

分立中当事各方应在该分立业务完成当年,办理企业所得税年度申报时,分别向各自主管税务机关报送《企业重组所得税特殊性税务处理报告表及附表》和申报资料。分立中重组一方涉及注销的,应在办理注销税务登记手续前进行申报。

---

① 依据《财政部、税务总局关于继续实施企业改制重组有关土地增值税政策的通知》(财税〔2018〕57号)的规定,按照法律规定或者合同约定,企业分设为两个或两个以上与原企业投资主体相同的企业,对原企业将房地产转移、变更到分立后的企业,暂不征土地增值税。

申报资料包括：

(1)企业分立的总体情况说明，包括分立方案、基本情况，并逐条说明企业分立的商业目的；

(2)被分立企业董事会、股东会(股东大会)关于企业分立的决议，需有权部门(包括内部和外部)批准的，应提供批准文件；

(3)被分立企业的净资产、各单项资产和负债账面价值和计税基础等相关资料；

(4)12个月内不改变资产原来的实质性经营活动、原主要股东不转让所取得股权的承诺书；

(5)市场监督管理部门等有权机关认定的分立和被分立企业股东股权比例证明材料；分立后，分立和被分立企业工商营业执照复印件；

(6)重组当事各方一致选择特殊性税务处理并加盖当事各方公章的证明资料；

(7)涉及非货币性资产支付的，应提供非货币性资产评估报告或其他公允价值证明；

(8)分立企业承继被分立企业所分立资产相关所得税事项(包括尚未确认的资产损失、分期确认收入和尚未享受期满的税收优惠政策等)情况说明；

(9)若被分立企业尚有未超过法定弥补期限的亏损，应提供亏损弥补情况说明、被分立企业重组前净资产和分立资产公允价值的证明材料；

(10)重组前连续12个月内有无与重组相关的其他股权、资产交易，与该重组是否构成分步交易、是否作为一项企业重组业务进行处理情况的说明；

(11)按会计准则规定当期应确认资产(股权)转让损益的，应提供按税法规定核算的资产(股权)计税基础与按会计准则规定核算的相关资产(股权)账面价值的暂时性差异专项说明。

被分立企业申报后，其他当事方向其主管税务机关办理纳税申报。申报时还应附送被分立企业经主管税务机关受理的《企业重组所得税特殊性税务处理报告表及附表》。

864. 企业在分立发生前后连续12个月内分步对其资产、股权进行交易，是否应作为企业分立交易处理？若同一项分立业务涉及在连续12个月内分步交易，且跨两个纳税年度的，如何适用特殊性税务处理？

企业在分立发生前后连续12个月内分步对其资产、股权进行交易，应根据实质重于形式原则，将上述交易作为一项企业重组交易进行处理。

同一项分立业务涉及在连续12个月内分步交易,且跨两个纳税年度,当事各方在首个纳税年度交易完成时预计整个交易符合特殊性税务处理条件,经协商一致选择特殊性税务处理的,可以暂时适用特殊性税务处理,并在当年企业所得税年度申报时提交书面申报资料。在下一纳税年度全部交易完成后,企业应判断是否适用特殊性税务处理。如适用特殊性税务处理的,当事各方应按要求申报相关资料;如适用一般性税务处理的,应调整相应纳税年度的企业所得税年度申报表,计算缴纳企业所得税。

865. 企业分立中,当事一方在规定时间内发生情况变化,致使分立业务不再符合特殊性税务处理条件的,应如何处理?

当事一方在规定时间内发生生产经营业务、公司性质、资产或股权结构等情况变化,致使分立业务不再符合特殊性税务处理条件的,发生变化的当事方应在情况发生变化的30日内书面通知其他所有当事方。主导方在接到通知后30日内将有关变化通知其主管税务机关。

在上述情况发生变化后60日内,应按照一般性税务处理的规定调整分立业务的税务处理。原交易各方应各自按原交易完成时资产和负债的公允价值计算重组业务的收益或损失,调整交易完成纳税年度的应纳税所得额及相应的资产和负债的计税基础,并向各自主管税务机关申请调整交易完成纳税年度的企业所得税年度申报表。逾期不调整申报的,按照《税收征收管理法》的相关规定处理,即纳税人未按照规定的期限办理纳税申报和报送纳税资料的,由税务机关责令限期改正,可以处2000元以下的罚款;情节严重的,可以处2000元以上1万元以下的罚款。

866. 特殊性税务处理情形下,分立后企业如何享受分立前的税收优惠政策?

(1)企业整体税收优惠

分立后的企业性质及适用税收优惠条件未发生改变的,可以继续享受分立前被分立企业剩余期限的税收优惠。

(2)企业生产经营项目的所得税收优惠

国家重点扶持的公共基础设施项目、环境保护项目、节能节水项目等享受减免税优惠的项目,在减免税期限内转让的,受让方自受让之日起,可以在剩余期限内享受规定的减免税优惠;减免税期限届满后转让的,受让方不得就该项目重复享受减免税优惠。

二、企业分立其他税种的处理

867. 企业在分立过程中发生土地使用权人变更,新设立公司取得土地使用权,被分立企业是否需要缴纳土地增值税?

按照法律规定或者合同约定,企业分设为两个或两个以上与原企业投资主体相同的企业,对原企业将房地产转移、变更到分立后的企业,暂不征土地增值税。

868. 企业分立过程中发生无形资产、不动产所有权的转移,是否需要缴纳增值税?

纳税人在资产重组过程中,通过分立方式,将全部或者部分实物资产以及与其相关联的债权、债务和劳动力一并转让给其他单位和个人的行为,不属于增值税征收范围,其中涉及的不动产、土地使用权转让,不征收增值税。

869. 企业分立过程中发生实物资产以及与其相关联的债权、负债和劳动力转让行为,是否需要缴纳增值税?

纳税人在资产重组过程中,通过分立方式,将全部或者部分实物资产以及与其相关联的债权、负债和劳动力一并转让给其他单位和个人,不属于增值税的征税范围,其中涉及的货物转让,不征收增值税。

870. 分立后的企业承受原被分立企业的土地、房屋权属的,是否需要缴纳契税?

公司依照法律规定、合同约定分立为两个或两个以上与原公司投资主体相同的公司,对分立后公司承受原公司土地、房屋权属,免征契税。

871. 企业分立是否需要缴纳印花税?

视不同情形而定:

(1)分立企业新启用的资金账簿记载的资金,凡原已贴花的部分可不再贴花,未贴花的部分和以后新增加的资金以增加的"实收资本"与"资本公积金"两项的合计金额按照万分之五的税率贴花;其他新启用的账簿按件贴花5元。

(2)企业分立前签订但尚未履行完的各类应税合同,分立后需要变更执行主体的,对仅改变执行主体、其余条款未作变动且分立前已贴花的,不再贴花。

(3)企业因分立签订的产权转移书据免予贴花,如各类知识产权转让协议、土地使用权转让合同等。

(4)因分立导致被分立企业的权利、许可证照发生变化,按件贴花,税额为5元,如商标注册证、专利证、使用权证等。

【法律依据】

一、公司法类

（一）法律

❖《公司法》

（二）行政法规

❖《市场主体登记管理条例》（国务院令第746号）

（三）司法解释

❖《最高人民法院关于审理与企业改制相关的民事纠纷案件若干问题的规定》（2020年修正）

（四）部门规章

❖《财政部关于〈企业公司制改建有关国有资本管理与财务处理的暂行规定〉有关问题的补充通知》（财企〔2005〕12号）

二、税法类

（一）法律

❖《税收征收管理法》

（二）部门规范性文件

❖《国家税务总局关于印花税若干具体问题的解释和规定的通知》（国税发〔1991〕155号）

❖《国家税务总局关于资金账簿印花税问题的通知》（国税发〔1994〕025号）

❖《财政部、税务总局关于继续实施企业改制重组有关土地增值税政策的通知》（财税〔2018〕57号）

❖《国务院关于进一步优化企业兼并重组市场环境的意见》（国发〔2014〕14号）

❖《国家税务总局关于印花税若干具体问题的规定》（国税地字〔1988〕25号）

❖《财政部、国家税务总局关于企业改制过程中有关印花税政策的通知》（财税〔2003〕183号）

❖《财政部、国家税务总局关于促进企业重组有关企业所得税处理问题的通知》（财税〔2014〕109号）

❖《财政部、国家税务总局关于执行企业所得税优惠政策若干问题的通知》（财税〔2009〕69号）

❖《国家税务总局关于发布〈企业重组业务企业所得税管理办法〉的公告》（国家税务总局公告 2010 年第 4 号）

❖《国家税务总局关于印发〈企业所得税核定征收办法〉（试行）的通知》（国税发〔2008〕30 号）

❖《财政部、税务总局关于实施小微企业普惠性税收减免政策的通知》（财税〔2019〕13 号）

❖《财政部、税务总局关于继续支持企业、事业单位改制重组有关契税政策的通知》（财税〔2018〕17 号）

❖《国家税务总局关于企业重组业务企业所得税征收管理若干问题的公告》（国家税务总局公告 2015 年第 48 号）

（三）行业规定

❖《深圳证券交易所关于做好证券交易印花税征收方式调整工作的通知》

❖《上海证券交易所关于做好调整证券交易印花税税率相关工作的通知》

三、民法类

❖《民法典》

四、其他

（一）行政法规

❖《诉讼费用交纳办法》（国务院令第 481 号）

（二）部门规章

❖《企业国有资本与财务管理暂行办法》（财企〔2001〕325 号）

❖《财政部关于建立健全企业应收款项管理制度的通知》（财企〔2002〕513 号）

第十三章　损害公司利益责任纠纷[①]

【宋和顾释义】

> 损害公司利益责任纠纷，是指公司的股东滥用股东权利，或者公司董事、监事、高级管理人员违反忠实、勤勉义务给公司造成损失而发生的纠纷。
>
> 损害公司利益责任纠纷在司法实践中的具体表现种类繁多，但大致可包括以下七种情形：
> （1）收受贿赂，侵占、挪用公司资金；
> （2）擅自使用公司资金对外贷款或提供担保；
> （3）擅自处置公司重大资产；
> （4）擅自决定对外投资；
> （5）篡夺公司商业机会；

[①] 在《修订草案》中：
a. 修订了不得担任公司的董事、监事或者高级管理人员有关情形的规定：因贪污、贿赂等犯罪被判处缓刑的，自缓刑考验期开始之日起未逾5年；担任因违法被责令关闭的公司、企业的法定代表人，并负有个人责任的，自该公司、企业责令关闭之日起未逾3年；个人因所负数额较大债务到期未清偿被人民法院列为失信被执行人。
b. 扩充损害公司利益的董事、监事、高级管理人员范围至全资子公司的董事、监事和高级管理人员。
c. 明确了什么是董事、监事、高级管理人员的"勤勉义务"，即应当为公司的最大利益尽到管理者通常应有的合理注意。
d. 公司监事亦不得违反"忠实义务"。
e. 明确公司的董事、监事、高级管理人员负有催缴出资义务、维持公司资本充实的勤勉义务。
f. 明确公司的控股股东、实际控制人利用其对公司的影响，指使董事、高级管理人员从事损害公司或者股东利益的行为，给公司或者股东造成损失的，与该董事、高级管理人员承担连带责任。
g. 此外，《修订草案》对于公司控股股东、实际控制人利用关联关系损害公司利益应当承担的法律责任也作了明确规定，具体详见本书第二十四章公司关联交易损害责任纠纷的内容。

> (6)违反竞业禁止限制义务,与公司经营同类业务;
> (7)侵犯公司商业秘密等。
> 此外,关于损害公司利益的责任承担,除了一般意义上的财产侵权责任,即赔偿损失以外,《公司法》还规定了特定主体在实施特定违法行为损害公司利益后所应承担的归入责任。

【关键词】高级管理人员　代表诉讼　忠实义务　勤勉义务　归入权　竞业限制义务　商业秘密

❖ **高级管理人员**:指经理、副经理、财务负责人,上市公司董事会秘书和公司章程规定的其他人员。

❖ **代表诉讼**:指股东享有代表公司以自己名义作为原告提起诉讼的权利。

《公司法》规定,如董事、执行董事或高级管理人员执行公司职务时违反法律、行政法规或者公司章程的规定,给公司造成损失的,有限责任公司的股东、股份有限公司连续180日以上单独或者合计持有公司1%以上股份的股东,可以书面请求监事会或者不设监事会的公司监事向人民法院提起诉讼。如监事会或监事在执行公司职务时违反法律、行政法规或者公司章程的规定,给公司造成损失的,上述股东可以书面请求董事会或者执行董事向人民法院提起诉讼。

如果股东向监事会或监事、董事会或执行董事书面请求后,其拒绝提起诉讼的,或者自收到股东请求之日起30日内未提起诉讼的,或者情况紧急、不立即提起诉讼将会使公司利益受到难以弥补的损害的,股东有权为了公司的利益以自己的名义直接向人民法院提起诉讼。

180日以上连续持股,系指股东向人民法院提起诉讼时,已期满的持股时间超过180日,且该段持股时间必须是连续的。

合计持有公司1%以上股份,是指两个以上股东持股份额相加等于或者超过公司总股份1%即可。

❖ **忠实义务**:指忠实履行职责,当董事、监事及高级管理人员的自身利益与公司利益发生冲突时,应当维护公司利益,不得利用董事、监事及高级管理人员地位牺牲公司利益为自己牟利。

❖ **勤勉义务**:指董事、监事及高级管理人员执行公司事务时,应当遵守诚实信用原则,以合理且对公司最为有利的方式行事,并谨慎履行职责。

勤勉义务的具体表现一般包括但不限于:

(1)应谨慎、认真、勤勉地行使公司赋予的权利,以保证公司的商业行为符合

国家法律、行政法规以及国家各项经济政策的要求,商业活动不超过营业执照规定的业务范围;

(2)公平对待所有股东;

(3)及时了解公司业务经营管理状况;

(4)对公司定期报告签署书面确认意见,保证公司所披露的信息真实、准确完整;

(5)如实向监事会提供有关情况和资料,不得妨碍监事会或者监事行使职权;

(6)原则上亲自参加董事会,认真阅读公司财务、经营报告,对公司情况应勤勉保持关注和了解,不得以不直接参与经营为由推卸责任。

除此之外,公司还可以根据具体情况,在章程中增加对公司董事勤勉义务的要求。

❖ **归入权**:指公司对侵权行为人因违反法律、行政法规或公司章程的规定而获得的收益,可主张其向公司归还的权利。归入权具有以下六大特征:

(1)归入权的权利主体是公司。只有公司才享有法律规定的归入权。

(2)归入权的对象是法定的溢出收益。这些溢出收益是违反法律、行政法规以及公司章程的规定所取得的。

(3)归入权是公司对溢出利益的期待权。

(4)归入权是形成权。归入权是公司凭单方面意思表示就可以改变的公司与他人的法律关系,这种权利直接源于法律的规定。

(5)归入权的行使不得附带条件。

(6)归入权系法定权利,不可被侵害、转让,当公司怠于行使时,符合条件的股东可以提起代表诉讼主张归入权。

❖ **竞业限制义务**:指董事、高级管理人员等其他人员不得自营或者为他人经营与所任职公司同类的业务。

所谓竞业,是指从事同类营业的行为。此种的同类营业,可以是完全相同的商品或者服务,也可以是同种类或者类似的商品或服务。

竞业行为具有以下两个显著特征:

(1)营利性或者商业性,不具有营利性的行为不应作为竞业范围加以禁止;

(2)竞争性,不具有竞争关系的行为,不会引起利益冲突,即使是营利性行为,也不在禁止之列。

❖ **商业秘密**:指不为公众所知悉具有商业价值并经权利人采取保密措施的

技术信息、经营信息等商业信息。

所以，商业秘密应当具有以下三项法律特征：

（1）秘密性。系指不为公众所知悉，即有关信息不为其所属领域的相关人员普遍知悉和容易获得。

（2）保密性。系指采取了合理的保密措施，即权利人为防止信息泄露所采取的与其商业价值等具体情况相适应的合理保护措施，以下情形应当认定为采取了"保密措施"：

①签订保密协议或者在合同中约定保密义务的；

②通过章程、培训、规章制度、书面告知等方式，对能够接触、获取商业秘密的员工、前员工、供应商、客户、来访者等提出保密要求的；

③对涉密的厂房、车间等生产经营场所限制来访者或者进行区分管理的；

④以标记、分类、隔离、加密、封存、限制能够接触或者获取的人员范围等方式，对商业秘密及其载体进行区分和管理的；

⑤对能够接触、获取商业秘密的计算机设备、电子设备、网络设备、存储设备、软件等，采取禁止或者限制使用、访问、存储、复制等措施的；

⑥要求离职员工登记、返还、清除、销毁其接触或者获取的商业秘密及其载体，继续承担保密义务的；

⑦采取其他合理保密措施的。

（3）具有商业价值。权利人请求保护的信息因不为公众所知悉而具有现实的或者潜在的商业价值。生产经营活动中形成的阶段性成果符合前款规定的，也可以认定该成果具有商业价值。

第一节 立　　案

872. 如何确定损害公司利益责任纠纷的原告？

损害公司利益责任纠纷的原告可以是公司、股东或清算组。

（1）关于以公司或股东作为原告

①公司股东滥用股东权利损害公司利益的，或者董事、监事或高级管理人员执行公司职务时违反法律、行政法规或者公司章程的规定给公司造成损失的，公司有权作为原告提起诉讼，由法定代表人代表公司进行诉讼。

②董事或高级管理人员执行公司职务时违反法律、行政法规或者公司章程的规定给公司造成损失的，有限责任公司的股东、股份有限公司连续180日以上单

独或者合计持有公司 1% 以上股份的股东,可以书面请求监事会或者不设监事会的公司的监事向人民法院提起诉讼。其中:

　　a. 监事会或不设监事会的公司的监事履行职责提起诉讼的,应当列公司为原告,由监事会主席或者不设监事会的公司的监事代表公司进行诉讼;

　　b. 如果监事会或不设监事会的公司的监事不履行职责而拒绝提起诉讼的,则上述股东可以自己的名义提起诉讼,此时应当列该股东为原告。

　　③监事在执行公司职务时违反法律、行政法规或者公司章程的规定给公司造成损失的,有限责任公司的股东、股份有限公司连续 180 日以上单独或者合计持有公司 1% 以上股份的股东,可以书面请求董事会或者不设董事会的公司的执行董事向人民法院提起诉讼。其中:

　　a. 董事会或者不设董事会的公司的执行董事履行职责提起诉讼的,应当列公司为原告,由董事长或者不设董事会的公司的执行董事代表公司进行诉讼;

　　b. 如果董事会或者不设董事会的公司的执行董事不履行职责而拒绝提起诉讼的,则上述股东可以自己的名义提起诉讼,此时应列该股东为原告。

　　(2)关于以公司清算组作为原告

　　在公司进入解散清算的情况下,如果成立清算组的,由清算组成为公司的管理机构,有权以公司名义进行诉讼。

【案例352】沪上首例监事告董事不忠胜诉[①]

原告: 刘某

被告: 曹某、运杰公司

第三人: 地杰公司

诉讼请求: 判令被告运杰公司向第三人返还 11 辆运输车,被告曹某承担连带责任。

争议焦点:

1. 监事是否有权在公司利益受损的情况下提起损害公司利益责任纠纷诉讼;

2. 公司的执行董事将公司资产转移至其开办的公司,并经营同类业务是否属于损害公司利益行为;

3. 两被告是否构成共同侵权。

[①] 参见上海商报网 http://www.shbiz.com.cn/cms.php?prog=show&tid=68447&csort=1,2010 年 12 月 27 日访问。

第十三章

损害公司利益责任纠纷

基本案情：

2003年6月，原告和被告曹某合作设立第三人。被告曹某担任执行董事，原告任监事。

被告曹某及其妻子于2005年10月成立被告运杰公司。

2005年11月30日，第三人数辆机动车被过户到了被告运杰公司的名下，几天后，余下的运输车也被陆陆续续过户走了。直至12月30日，第三人11辆车全部被转让，第三人被迫进入了歇业状态。

2006年3月，第三人大批工人全部离职并至被告运杰公司就职。

此外，被告运杰公司及第三人的注册地均在华联路。

原告诉称：

被告夫妻一手掌控第三人，又在外面开办同样的物流公司，作为执行董事，被告曹某的行为违反了忠诚义务。

2005年年初至年底，第三人承担上海某著名饮用水公司的运输业务，运费收入700余万元；而从2006年1月1日起，这家饮用水公司就将业务全部交给被告运杰公司，半年时间就支付运费120万元，第三人没有获得任何收益。两家物流公司同业经营，具有竞争关系，被告曹某夫妇新开被告运杰物流，抢走第三人业务，损害了第三人利益。

根据被告运杰公司的工商资料，该公司是由被告曹某夫妇于2005年11月成立的。虽然此后公司股权转让给了被告曹某的弟弟，但这仅是其故意逃避责任的表现。

被告辩称：

1. 原告未对第三人出资，不享有股东身份。

原告仅在第三人"挂个名"，第三人设立时，成立有限公司需要两名以上股东，被告曹某找到原告，让他在公司任个虚名配合设立公司，事实上双方均未实际出资。

公司成立后，被告曹某以自有的运输车辆及其他固定资产、自有资金投入公司中，弥补了创立阶段的出资瑕疵，而原告却至今也没有任何实际出资。

2. 被告运杰公司的实际经营人为被告曹某的弟弟，与被告曹某没有任何关系。

律师观点：

1. 原告作为监事有权提起诉讼。

《公司法》第152条第1款①规定，"董事、高级管理人员有本法第一百四十九

---

① 现为《公司法》（2018年修正）第151条第1款相关内容。

1431

规定的情形的,有限责任公司的股东、股份有限公司连续一百八十日以上单独或者合计持有公司百分之一以上股份的股东,可以书面请求监事会或者不设监事会的有限责任公司的监事向人民法院提起诉讼……"

因此原告作为第三人的监事,有权提起本案诉讼。

2. 被告曹某的行为违反忠实义务,损害了公司利益,应当承担返还财产责任。

被告曹某作为第三人的股东和实际控制人,理应履行其出资义务和忠实义务,但其却将第三人财物转移给被告运杰公司,侵犯了第三人的财产权益;同时被告运杰公司在被告曹某的实际掌控下,配合被告曹某的侵权行为,亦有过错,且其是该侵权行为的实际得益人,故两被告构成共同侵权,应当共同承担返还财产的责任。

法院判决:

两被告在判决生效之日起10日内向第三人返还运输车11辆。

873. 当发生损害公司利益责任纠纷时,如何确定被告?

应以违反法律、行政法规或者公司章程规定的侵权行为人为被告。

需要注意的是,该侵权行为人仅限于董事、监事、高级管理人员以及公司股东或实际控制人,如果非上述人员的第三人侵犯公司利益,则不应当以损害公司利益责任纠纷为案由提起诉讼。

【案例353】状告上市公司高管不履职 原、被告主体均不适格被驳回[①]

原告: 投资公司

被告: 周某、张某等电子公司11名独立董事、董事、监事

诉讼请求:

1. 确认被告周某等8名董事通过并发表《关于新的集团收购事宜致全体股东报告书》虚假,未尽董事的诚信、勤勉、注意义务,赔偿原告专项调查费用2000元;

2. 对新的集团收购主体资格履行董事审慎尽职调查,履行董事诚信、勤勉、注意义务,重新各自发表符合事实的意见;

---

① 参见北大法意网 http://www.lawyee.net/Case/Case_Hot_Display.asp? RID=193056,2012年8月19日访问。

第十三章

损害公司利益责任纠纷

3. 判令作为公司监事的被告张某等三人忠实履行监管职责,对公司董事的行为进行有效监督等。

争议焦点:

1. 电子公司股东提起损害公司利益纠纷诉讼的同时,可否请求赔偿自己损失;

2. 独立董事、董事、监事职责不同,是否可以一案起诉。

基本案情:

原告为电子公司股东。

2005年6月3日,电子公司第四届董事会第十六次会议通过了关于新的集团收购事宜致全体股东报告书,审查新的集团收购电子公司股权的行为并作出决议,各被告均参加会议,被告周某等8名董事均同意此报告。

该报告书于2005年6月4日公开发布于上海证券交易所网站。

原告诉称:

被告周某等8名董事作出决议时,对新的集团收购主体资格不进行应有尽职调查,放任其任意修改、调整重要财务数据,同时,报告书遗漏与本次收购有关的重大诉讼及收购方关联公司情况,侵犯了电子公司及原告公司的合法权利。

而作为公司监事的被告张某等三人,在董事的行为损害公司及公司股东利益时,未进行有效监督并要求其予以纠正。

被告均辩称:

1. 11名被告参与公司董事会,履行了相应的义务。董事会决议系公司行为,11名独立董事、董事、监事不应作为本案被告。

2. 原告作为电子公司股东,行使股东代表诉讼,不应要求赔偿其自己的损失,原告并非本案适格主体。

律师观点:

1. 原告并非本案适格主体。

原告以11名被告未尽职责,侵犯电子公司及其作为电子公司股东利益为由提起侵犯公司利益诉讼,其诉讼请求中,既有要求赔偿其调查费的主张,亦有分别要求董事、独立董事、监事履行职责的主张。依据本案案由可以看出,受损害的应当是公司利益,即使原告行使股东代表诉讼,亦不应要求赔偿其自己的损失,因而,原告作为本案原告,其主体资格并不妥当。

2. 11名公司独立董事、董事、监事职责不同,不应将其列为一案被告。

不论是法律、法规或公司章程,对独立董事、董事、监事的职责规定不尽相同,

· 1433 ·

每一个体均负有相应的职责,不能因其参加相同的会议或参与决策,就将他们的职责混而为一。故原告将11名被告在本案当中一并诉讼,亦属不当。

3. 董事会决议系公司行为,11名公司独立董事、董事、监事作为本案被告,主体不适格。

11名被告的涉诉行为,系电子公司召开董事会时履行其应尽职责,决议虽由董事会作出,但应视为系电子公司的行为,不宜将作为公司独立董事、董事、监事的个人作为被告提起诉讼。

所以,本案原、被告主体均不适格。

法院判决:

驳回了原告的起诉。

874. 损害公司利益责任纠纷由何地法院管辖?

(1)由被告住所地法院管辖

一般情况下,由被告住所地人民法院管辖。

(2)由侵权行为地法院管辖

由于损害公司利益责任纠纷属于侵权行为的一种,因此,可以适用侵权行为的管辖原则,即由侵权行为地人民法院管辖。

875. 如果损害公司利益的行为既涉及民事责任的承担,又涉嫌刑事犯罪的,法院应当如何处理?

如果人民法院认为该损害公司利益的行为确有刑事犯罪嫌疑的,应当裁定驳回起诉,告知当事人提起刑事诉讼或向公安部门进行控告。

【案例354】涉嫌刑事犯罪　法院驳回民事起诉[①]

原告: 广信公司

被告: 闫某山

诉讼请求: 被告返还原告私自侵占公司的款项,共计1,464,639.94元。

争议焦点:

1. 被告是否存在私自侵占公司资产的情形,是否涉嫌刑事犯罪;
2. 已作为经济纠纷受理的案件涉嫌经济犯罪的,法院该如何处理。

---

① 参见北京市大兴区人民法院(2010)大民初字第2964号民事判决书。

基本案情：

被告系原告股东，按公司章程记载，占有公司30.86%的股份，并在2008年8月至2009年6月担任公司总经理职务，掌管公司印章及账册。

2009年6月，原告按公司财务管理制度对公司财务进行审计时发现公司货款未入账，经查，被告利用职务便利，将公司货款全部转移至被告个人名下。后原告要求其交回时，被告将全部货款100多万元及公章、账册、营业执照、支票、税务登记证等财务全部卷走。

2009年6月22日，原告在法院对被告提起诉讼，要求被告返还公章、会计账簿。法院于2009年9月22日判决支持了原告的请求，后被告上诉，二审法院维持原判。

被告在诉讼期间，又利用其私自卷走的公司支票，于2009年9月11日和2009年9月16日，分3次将股东退回的分红款和其他款项共250,800元，盗支转移。

在被告担任总经理期间，原告一共收到货款7,978,781元，而在2008年8月至2009年5月，公司一共支出的款项为6,298,307.06元。2008年8月至2009年9月，公司又支付股东分红款466,634元，原告账面余额应为1,213,839.94元。

原告诉称：

被告利用职务便利，将原告股东分红款、货款及其他款项转入个人名下，公司发现后，被告拒不返还，同时扣留原告公章及会计账簿，被告的行为严重侵犯了原告的权益。

被告辩称：

原告诉称被告占有公司的股份与事实不符，实际上被告占有公司47%的股份，名义上是总经理，但被告主要负责生产、技术还有记账，公司所有的货款全部在郝某（法定代表人）个人账户上，公司的支出是将案外人郝某的一个银行卡交给被告，该农业银行银行卡的卡号是：955958001420035××××，被告花多少钱全部由这张卡支出，支出的款项全在郝某的监督之下，被告不存在侵占公司货款和财产的行为；原告诉称被告将货款250,800元盗支，与事实不符，这一款项的支出是原告与北京山腾仪器仪表公司签订的技术开发合同，应当支付的款项；其他121万余元，公司作为分红款已分给各股东，并不是被告私吞，请求依法驳回原告的诉讼请求。

法院认为：

被告担任原告总经理期间，原告的账面余额应为1,213,839.94元，被告述称该笔款项已作为分红款分配给各股东,没有相应证据证明,其主张股东签收分红款的收据大部分被撕毁,亦无相应证据证实。由于该笔款项数额巨大,去向不明,本案已涉嫌刑事犯罪。

根据《最高人民法院关于在审理经济纠纷案件中涉及经济犯罪嫌疑若干问题的规定》第11条之规定,"人民法院作为经济纠纷受理的案件,经审理认为不属经济纠纷案件而有经济犯罪嫌疑的,应当裁定驳回起诉",本案应当裁定驳回起诉,相关当事人可以就本案事实依法向公安机关进行举报。

法院判决:
驳回原告的起诉。

876. 损害公司利益责任纠纷是否适用诉讼时效?

由于公司股东、实际控制人、董事、监事、高级管理人员损害公司利益是对公司的侵权行为,属于债权请求权。因此,适用一般诉讼时效3年的规定,即应从知道或应当知道其权利受到侵害之日起3年内提起诉讼。

877. 损害公司利益责任纠纷按照什么标准交纳案件受理费?

该类案件应当依照原告主张的损害赔偿金额收取受理费,案件受理费应当依照案件标的分段累计计算,具体比例详见本书第一章第4问"公司设立纠纷应按照什么标准交纳案件受理费?"。

878. 公司高级管理人员损害公司利益的,股东须履行哪些前置程序才能起诉?

股东只有在履行了书面请求董事会、执行董事或监事会、监事之后,遭到拒绝或在上述机构接到请求后30日内未提起诉讼时,方能以自己名义直接提起诉讼。

但是,如果不立即提起诉讼将会使公司利益受到难以弥补的损害的,如公司即将因重大交易遭受损失,或公司商业秘密即将遭到泄露等,此时符合条件的股东可以自己的名义直接向法院提起诉讼,而不必履行上述前置程序。

879. 股东未履行提起代表诉讼的前置程序时,法院是否当然驳回起诉?

一般情况下,股东没有履行该前置程序的,应当驳回起诉。但是,该项前置程序针对的是公司治理的一般情况,即在股东向公司有关机关提出书面申请之时,存在公司有关机关提起诉讼的可能性。如果查明的相关事实表明,根本不存在该种可能性的,人民法院不应当以股东未履行前置程序为由驳回起诉。

【案例355】监事选用股东身份起诉 未履行前置程序被驳回[1]

原告：蔡某华

被告：陈某良

第三人：恒威公司

诉讼请求：判令被告支付给第三人购房款500万元。

争议焦点：

1. 损害公司利益纠纷诉讼中的侵权人是否必须是公司高管；
2. 提起代表诉讼的股东系公司监事，是否仍需履行前置程序；
3. 是否存在不需前置程序，由股东直接提起诉讼的法定情形。

基本案情：

原告是第三人的股东及监事，被告并非第三人的股东或高级管理人员。2009年3月30日，被告与第三人签订《房地产买卖合同》，第三人将广州市海珠区好信街6号房出售给被告，价格为500万元。

原告诉称：

被告与第三人签订《房地产买卖合同》，但被告至今未向第三人支付购房款，现讼争房屋随时有过户转移的可能，将造成第三人财产的严重损失。

根据《公司法》（2005年修订）第152条规定，董事、高级管理人员有该法第150条规定的情形的，有限责任公司的股东可以书面请求监事会或没有监事会的监事向法院起诉，情形紧急、不立即起诉将会使公司利益受到难以弥补的损害的，股东有权为了公司的利益以自己的名义直接向人民法院提起诉讼。

现被告拒绝履行合同主要义务，情况紧急，不立即提起诉讼将会使第三人的权益受到难以弥补的损害，故原告作为第三人股东提起本案诉讼。

被告辩称：

按照《公司法》（2005年修订）第152条的规定，提起股东代表诉讼的前提是公司的董事、监事和高级管理人员在管理时违反法律法规，被告不是第三人的董事、监事、高级管理人员，根本不执行公司职务，所以原告适用《公司法》（2005年修订）第152条提起诉讼是不适合的。

第三人同意被告的答辩意见。

---

[1] 参见广东省广州市中级人民法院(2010)穗中法民二终字第2152号民事裁定书。

律师观点：

1. 被告虽然不是第三人的股东和高管，但并不影响代表诉讼的提起。

《公司法》第151条①设置代表诉讼制度，系在公司董事、监事怠于保护公司利益的情况下，允许他人代公司维护利益。因此即使被告不是第三人股东或高管，只要其存在损害公司利益的可能，股东、监事或董事仍可提起代表诉讼保护公司利益不受损害。

2. 原告选择使用股东身份提起代表诉讼，但未履行前置程序。

《公司法》第151条规定，以第三人股东身份向侵害公司合法权益的被告及怠于主张权利的第三人提起的股东代表诉讼。由于原告同时具备第三人股东和监事的双重身份，其本可以选择以第三人监事的身份提起本案诉讼；但原告在诉讼过程中，均强调其是以第三人股东的身份提起本案诉讼，而根据《公司法》的相关规定，公司股东提起股东权益诉讼必须以履行书面请求的前置程序为前提条件。

本案中虽存在原告同时具备第三人股东和监事的身份混同，但不应因此而免除其依法履行书面请求程序的义务；且原告在一审时亦未能提供证据证明本案存在《公司法》规定的有关"情况紧急、不立即提起诉讼将会使公司利益受到难以弥补的损害的"情形，应当裁定驳回其起诉。

法院裁定：

驳回原告起诉。

880. 如果公司仅有两名股东，且分别担任执行董事及监事，则当其中一人损害公司利益时，另一人可否直接提起股东代表诉讼？

法律对此并无明确规定，但根据上海市的司法实践，此时非给公司造成损失的股东可以自己的名义直接向人民法院提起诉讼。

881. 香港公司是内地公司的股东，当内地公司发生股东纠纷时，香港公司的股东、董事可否代表香港公司提起代表诉讼？

对该问题在司法裁判中应当适用我国香港特别行政区的法律。我国香港特别行政区的法律虽然允许董事代表公司提起诉讼，但应当持有有效决议，证明可代表公司意思。否则，内地人民法院将驳回起诉。

---

① 《公司法》(2005年修订)中第152条，即为《公司法》(2018年修正)第151条相关内容。

第十三章
损害公司利益责任纠纷

【案例356】无有效决议　香港公司股东、董事不能提起代表诉讼[①]

原告:华森公司(香港公司)

被告:银燕公司

诉讼请求:判令被告提供其财务报表及股东会会议记录供原告查阅。

争议焦点:

1. 本案应当如何适用准据法;
2. 黄某桥能否提起股东代表诉讼。

基本案情:

内地居民黄某桥、黄某厦是原告的股东,二人各持有原告5000股的股份,均担任原告董事。原告在内地设立被告,黄某厦担任董事长及法定代表人。

黄某桥以原告股东及董事的身份主张其代表原告提起诉讼,要求行使股东知情权、查阅被告的财务报表及股东会会议记录。法院受理案件后,黄某厦以原告股东及董事的身份主张其代表原告申请撤诉。

原告诉称:

1. 被告实际被黄某厦控制,原告从未实际获知被告的经营情况。
2. 黄某厦是被告董事长及法定代表人,参与被告的管理,其作为被告的管理者知悉公司的情况,但只是其个人知悉,不能代表原告知悉被告的经营情况,被告从未将公司经营情况向原告汇报过,原告另一股东兼董事黄某桥对被告经营情况毫不知情。

被告辩称:

原告提起本案诉讼无法代表董事意志,虽然香港法确实规定董事可以代表公司主张权利,但在本案中两占股比例相同的董事意志不一致,因此,黄某桥不能代表原告的真实意思表示,原告的诉讼意志不清。

法院认为:

1. 关于本案应当适用的准据法。

《涉外民事关系法律适用法》第14条第1款规定,法人及其分支机构的民事权利能力、民事行为能力、组织机构、股东权利义务等事项,适用登记地法律。原告是在香港设立的法人,据此确定对原告的民事权利能力、民事行为能力、组织机构、股东权利义务等事项的审查应适用我国香港特别行政区的法律。股东、董事

[①] 参见广东省广州市中级人民法院(2020)粤01民终3118号民事裁定书。

可以以公司的名义提起诉讼，但应当有相关的股东会、董事会决议。

2. 关于黄某桥能否提起股东代表诉讼。

本案中，黄某桥与黄某厦均为原告的股东和董事，持股比例也相同，在黄某桥一方以原告名义提起本案诉讼后，黄某厦一方又以原告名义申请撤诉，双方的诉讼行为存在冲突，黄某桥一方在此情形下有义务提供证据证明其以原告名义提起本案诉讼是原告的真实意思表示。

黄某桥无法提供原告董事会决议或股东会决议等证据以证明原告确有提起诉讼的真实意思，不能证明其有权以原告名义提起本案诉讼，其应承担举证不能的法律后果。

法院裁定：

驳回原告起诉。

882. 股东提起代表诉讼时，公司以何身份参加诉讼？一审法庭辩论终结前，其他股东以相同的诉讼请求申请参加诉讼的，法院应如何处理？

股东提起代表诉讼，直接对董事、监事、高级管理人员或者他人提起诉讼的，应当列公司为第三人参加诉讼。

法院应将以相同的诉讼请求申请参加诉讼的其他股东列为共同原告。

883. 何时成为股东是否影响股东提起代表诉讼？

不影响。

股东提起股东代表诉讼，被告不得以行为发生时原告尚未成为公司股东为由抗辩该股东不是适格原告。

884. 股东代表诉讼所获得的利益归谁所有？

股东代表诉讼中，股东仅是以自己的名义代公司提起诉讼，因此，胜诉后的利益仍然要归属公司，而不能由股东享有。

885. 股东代表诉讼是否仅能适用于损害公司利益责任纠纷？

不是。

股东代表诉讼可以针对损害公司利益的任何人提起。

如前所述，损害公司利益责任纠纷对侵权行为人是有范围限制的，即只能是董事、监事及高级管理人员或公司股东、实际控制人。与公司无关的第三人损害公司利益时并不适用损害公司利益责任纠纷，但是仍可适用股东代表诉讼制度。如关联交易合同存在无效或者可撤销情形，公司没有起诉合同相对方的，可适用股东代表诉讼制度。

886. 股东在代表诉讼中丧失股东资格的，人民法院应如何处理？

如果股东代表诉讼中作为原告的股东丧失股东资格的，则人民法院应裁定驳回起诉。

887. 股东因提起代表诉讼所支出的费用由谁承担？

股东提起代表诉讼的诉讼请求部分或者全部得到法院支持的，公司应当承担股东因参加诉讼支付的合理费用。

888. 如果股东与被告在股东代表诉讼中签订调解协议或直接申请撤诉，法院应当如何审查其效力？

公司是股东代表诉讼的最终受益人，为避免因原告股东与被告通过调解损害公司利益，人民法院应当审查调解协议是否为公司的意思。只有在调解协议经公司股东（大）会、董事会决议通过后，人民法院才能出具调解书予以确认。具体决议机关取决于公司章程的规定。公司章程没有规定的，人民法院应当认定公司股东（大）会为决议机关。

889. 股东代表诉讼中，被告能否提起反诉？

被告以原告股东恶意起诉侵犯其合法权益为由提起反诉的，人民法院应予受理。被告以公司在案涉纠纷中应当承担侵权或者违约等责任为由对公司提出的反诉，因不符合反诉的要件，人民法院不予受理；已经受理的，裁定驳回起诉。

890. 在什么情况下股东提起代表诉讼需要提供担保？

在董事、监事或者高级管理人员提供证据证明股东存在恶意诉讼的情况下。

股东以公司董事、监事及高级管理人员为被告提起股东代表诉讼时，董事、监事及高级管理人员在答辩期间内提供证据证明原告可能存在恶意诉讼情形，并申请原告提供诉讼费用担保的，人民法院应予准许，担保费用应相当于被告参加诉讼可能发生的合理诉讼费用。

第二节　损害公司利益责任纠纷的裁判标准

一、董事、监事及高级管理人员的任职条件与职权

891. 公司董事如果任期届满未进行选举的，应由谁来履职？

在一些中小型公司中，董事任期届满了往往未及时进行选举，此时为保护公司的正常经营管理，应当由原董事继续履行职务。如果原董事不愿意继续担任公司董事的，应当向公司提交辞职报告。

892. 董事长具有哪些职权？法定代表人由谁担任？其与董事长的职权有何不同？

董事长具有下列职权：

(1)主持股东(大)会。

(2)召集和主持董事会会议,检查董事会决议的实施情况。

(3)签署公司股票、公司债券。

除上述规定之外,公司章程也可就董事长职权作出约定。

法定代表人指依法律或公司章程规定代表公司行使职权的负责人。公司法定代表人依照公司章程的规定,由董事长、执行董事或者经理担任。

法定代表人具有下列职权：

(1)对外代表公司的权利,签署法律性文件资料。例如,在办理公司重大事项,为代理人签署授权委托书,在报刊上为公司公开发表声明等。

(2)代表公司签订合同的权利。在订立合同过程中,法定代表人签字常常是合同的生效条件,法定代表人一经签署,合同即为生效。

(3)公司发行债券、股票的,必须由法定代表人签名,公司盖章。

(4)法律、行政法规和公司章程规定的职权。例如,主持股东会、主持董事会等。

893. 公司章程关于"董事会有权增补董事"的约定是否有效？[①]

无效。

《公司法》允许公司章程根据实际情况对董事会职权进行约定,因此董事会既享有法定的职权,也拥有公司章程约定的职权。公司章程是由股东会表决通过的,反映了全体股东的意志,是公司的行为准则,是董事会履行职责的基本依据。但是公司章程并没有凌驾于《公司法》之上的权力。公司章程的制定程序和内容不能与《公司法》的规定相抵触,否则该章程的约定无效。公司章程关于"董事会有权增补董事"的约定显然与《公司法》相抵触,应属无效。

894. 股东会是否有权无故解除董事的职务？章程是否可以作出另外约定？

有权。

公司经有效的股东会或者股东大会决议,在董事任期届满前可无理由解除董事职务。当然如果公司章程约定不得无故解除董事职务的除外。

---

① 参见张海棠主编:《公司法适用与审判实务》,中国法制出版社2009年版,第112～113页。

第十三章

损害公司利益责任纠纷

【案例357】长期不召集股东会会议 股东会有权罢免"不勤勉"执行董事[①]

原告:金某

被告:上海某有限公司

第三人:施某

诉讼请求:判令被告办理董事、法定代表人的工商变更手续。

争议焦点:

1. 股东会是否可以"无故"罢免执行董事;
2. 执行董事在任职期间从未召集过股东会的行为是否违反勤勉义务。

基本案情:

原告与第三人系被告股东,各持股90%、10%,原告为被告监事,第三人原为被告执行董事兼法定代表人。

被告章程规定,股东会是公司的权力机构,有权选举和更换执行董事;公司执行董事任期3年,任期届满前股东会不得无故解除其职务。

第三人施某自2007年1月8日被选为被告执行董事兼法定代表人至讼争决议通过,从未按章程规定召集和主持定期或临时股东会会议。

2009年10月17日,原告召集并主持股东会临时会议,在第三人缺席的情况下,撤销其执行董事兼法定代表人职务。

原告诉称:

被告章程规定公司股东会的提议、召集、通知、主持义务人均为执行董事,即本案第三人,但第三人从未履行相关义务,原告曾多次向第三人提议召开股东会临时会议均未果,其行为已严重损害了公司的利益,现原告已经召集股东会并作出决议变更公司法定代表人及执行董事,被告应当依此办理工商变更登记。

被告辩称:

被告章程规定,股东会不得在第三人任期届满前无故解除其执行董事职务,故该股东会决议违反章程,应属无效。

第三人同意被告的答辩意见。

律师观点:

1. 被告股东会能否"无故"解除执行董事职务。

被告章程中关于执行董事任期届满前股东会不得无故解除其职务的规定与

[①] 参见《法制日报》2010年12月1日第12版。

· 1443 ·

2005年修订前的《公司法》第47条"董事在任职期届满前,股东会不得无故解除其职务"如出一辙,但现行公司法删除了该条款。

上述法律修订行为表明,在没有原因或董事(包括执行董事)没有"过错"的情况下,股东会也有权更换、罢免其职务。只是,被告章程"执行董事为公司法定代表人……任期届满前股东会不得无故解除其职务"的约定,言明不得"无故"解除,因此必须依照公司章程来任免执行董事。

2. 本案第三人履职是否"有过"。

第三人是否"有过",主要在于是否充分履行忠实勤勉义务。本案第三人自成为被告执行董事至解职决议通过,即使在原告多次要求的情况下,亦从未召集主持过被告定期和临时的股东会议,其行为难谓"勤勉"。

综上所述,第三人不仅违反了被告章程对执行董事履职要求的有关规定,也未适当履行现行《公司法》所规定的忠实、勤勉义务,公司解除其职务的决议应认定有效。

法院判决:

被告应于判决生效之日起10日内向公司登记机关申请办理董事兼法人代表工商变更手续。

895. 董事职务被解除后,起诉公司要求补偿,应如何处理?

董事职务被解除后,因补偿与公司发生纠纷提起诉讼的,人民法院应当依据法律、行政法规、公司章程的规定或者合同的约定,综合考虑解除的原因、剩余任期、董事薪酬等因素,确定是否补偿以及补偿的合理数额。

896. 哪些人不得担任非上市公司董事、监事及高级管理人员?这些职务是否只有公司股东才能担任?外国人可否担任?

有下列情形之一的,不得担任公司的董事、监事、高级管理人员:

(1)无民事行为能力或者限制民事行为能力;

(2)因贪污、贿赂、侵占财产、挪用财产或者破坏社会主义市场经济秩序,被判处刑罚,执行期满未逾5年,或者因犯罪被剥夺政治权利,执行期满未逾5年的;

(3)担任破产清算的公司、企业的董事或者厂长、经理,对该公司、企业的破产负有个人责任的,自该公司、企业破产清算完结之日起未逾3年;

(4)担任因违法被吊销营业执照、责令关闭的公司、企业的法定代表人,并负有个人责任的,自该公司、企业被吊销营业执照之日起未逾3年;

(5)个人所负数额较大的债务到期未清偿。

公司违反上述规定选举、委派董事、监事或者聘任高级管理人员的,该选举、委派或者聘任无效。该无效系指自始无效,但是如果所选举或聘任的人员已经从事了对外的职务行为,如以公司名义签订合同或其他交易行为,从商事交易安全的角度考虑,应当保护善意的第三人。

如果董事、监事、高级管理人员在任职期间出现上述不得担任职务的情形,公司应当解除其职务。

公司的董事、监事以及高级管理人员不一定必须是公司股东。公司的经营决策需要群策群力,更需要各类智慧及力量,因此不将公司董事、监事及高级管理人员限定为股东以内的人,有利于推动公司的科学决策及发展。同样,《公司法》也并未禁止外籍人士担任公司董事、监事以及高级管理人员。

897. 法院审理期间董事所负数额较大债务已清偿,是否具备任职资格?

在法院审理期间,债务已清偿或者达成和解协议等,董事被限制任职的情形消失,则可以担任董事职务。

【案例358】审理期间巨额债务已清偿或和解　执行董事具备任职资格[①]

原告: 江城公司

被告: 东建公司、虞某刚

诉讼请求:

1. 确认被告虞某刚不具备继续担任被告东建公司董事的资格;

2. 判令被告东建公司前往市场监督管理局办理注销被告虞某刚董事资格的手续。

争议焦点:

1. 同日签订的投资协议与章程关于设立执行董事还是董事会约定不一致,应以哪份文件为准;

2. 执行董事因结欠他人债务而与他人产生诉讼,在执行中与债权人重新确定了债务履行期限后,是否还具备担任执行董事的法定资格;

3. 在未确定新的执行董事人选情况下,可否直接要求公司办理执行董事注销登记。

基本案情:

被告虞某刚与案外人陈某倩是夫妻。2016年,案外人陈某倩通过受让他人股权,成为被告东建公司唯一股东,并担任公司法定代表人。

[①] 参见浙江省丽水市中级人民法院(2019)浙11民终1344号民事判决书。

2017年7月18日,案外人陈某倩代表被告东建公司与原告签订《引进战略投资者协议书》,约定被告东建公司通过增资扩股方式引进原告作为股东。在《引进战略投资者协议书》第3条公司组织里,双方约定:(1)公司成立董事会,董事会由5人组成,其中被告东建公司2名董事,委派被告虞某刚及案外人陈某倩为董事;原告3名董事,委派案外人张某刚、案外人王某尧和案外人楼某刚为董事,董事长由被告虞某刚兼任,法定代表人由案外人楼某刚兼任。……(5)公司按章程和规章制度实施规范管理。

同日,案外人陈某倩和原告签订《公司章程》和《股东会决议》。《公司章程》第12条规定:"公司股东会由全体股东组成,股东会是公司的权力机构,依法行使下列职权:……(二)选举和更换非由职工代表担任的执行董事、监事,决定有关执行董事、监事的报酬事项……"第15条规定:"公司不设董事会,设执行董事一人,由股东会选举产生。"《股东会决议》内容为:"一、选举虞某刚为公司执行董事……三、同意公司以修正后章程为准。"

次日,被告东建公司登记被告虞某刚为执行董事。

在任职期间,被告虞某刚因为案外人东建集团公司(股东为案外人陈某倩与被告虞某刚)向案外人李某珍借款150万元提供保证,而被案外人李某珍起诉至法院。但在强制执行程序中,该笔债务履行完毕。

在本案审理期间,被告虞某刚因受让案外人东建集团公司的债务,被案外人章某微诉至法院,双方最终达成分期付款的调解协议,法院出具了调解书。

原告诉称:

原告系被告东建公司的股东。被告虞某刚为被告东建公司的执行董事,而根据原告于2017年7月18日与被告东建公司签订的《引进战略投资者协议书》的约定,被告东建公司设立由被告虞某刚、案外人陈某倩、案外人楼某刚、案外人张某刚和案外人王某尧5名董事组成的董事会。工商登记的被告虞某刚仅为5名董事中的一员。

经查,因被告虞某刚未履行担保责任,经人民法院生效判决确定,需对案外人李某珍的借款本金150万元及相应利息承担连带清偿责任。

原告认为被告虞某刚背负巨额债务到期未清偿,按照《公司法》第146条的规定,不得担任被告东建公司的董事。

被告东建公司辩称:

被告虞某刚负有数额巨大的债务未清偿,已经经过生效的法律文书确认并进入执行程序,根据《公司法》规定虞某刚不得担任被告东建公司的董事,原告的诉求具有事实和法律依据。

被告虞某刚辩称：

1. 原告的诉讼请求属于股东会职权范围，应属于公司内部自治事务，不是法院受案范围；

2. 被答辩人原告的诉讼请求没有事实基础，被告东建公司股东会未作出解除被告虞某刚执行董事职务的决定；

3. 被告东建公司的工商登记信息显示，被告东建公司仅设立了执行董事，并未成立董事会，倘若解除被告虞某刚的执行董事职务，将使公司治理架构出现缺陷。

法院认为：

1. 同日签订的投资协议与章程关于设立执行董事还是董事会约定不一致，应以哪份文件为准？

原告与被告东建公司签订的《引进战略投资者协议书》中，虽然约定公司设立董事会，但是当日被告东建公司的股东会又达成公司设立执行董事，并作出由被告虞某刚担任公司执行董事的股东会决议，且于次日办理了工商登记。这说明被告东建公司的股东会最终决定以执行董事制度代替董事会制度。因此，被告虞某刚担任的是被告东建公司的执行董事职务，而非董事会成员。

2. 被告虞某刚是否具备担任执行董事的法定资格？

原告请求司法确认被告虞某刚是否具备担任执行董事的法定资格问题，应区别于执行董事的任免问题，该项请求属于法院的受理范围。

在任职期间，被告虞某刚确实出现结欠其他债权人数额较大的到期未清偿债务的情况，但是在本案审理过程中，被告虞某刚或通过履行，或通过与债权人重新达成分期付款协议的方式重新确定了债务的履行期限。限制被告虞某刚担任执行董事的情形已经消失。

因此，就目前情况下，被告虞某刚具备担任执行董事的法定资格。至于除了法定的任职资格以外，是否符合被告东建公司股东意定的选任执行董事的其他资格条件，属于公司内部治理范畴，应由被告东建公司按照《公司法》以及公司章程的规定程序处理。

3. 在未确定新的执行董事人选情况下，可否直接要求公司办理执行董事注销登记？

股东要求被告东建公司办理变更登记的问题，这关系到股东对董事的任免权利，原告具有诉的利益，因此该项诉讼请求属于法院的受案范围，应进行实质性审查。

被告东建公司股东会决议以执行董事制度代替董事会制度后,执行董事作为公司的经营决策机构,其组织架构必须符合法律规定的人数限制,因此被告东建公司只能办理变更执行董事人员登记而无法办理执行董事人员注销登记,否则将导致公司组织机构缺陷。现被告东建公司在股东未召开股东会会议,未确定新的执行董事人选情况下,原告的该项诉讼请求目前不具有法律依据。

法院判决:

驳回原告诉讼请求。

898. 哪些人不得担任上市公司的董事?

除上市公司的董事任职条件以外,上市公司董事还不得存在以下情形:

(1)被中国证监会采取证券市场禁入措施尚在禁入期;

(2)最近36个月内受到中国证监会行政处罚,或者最近12个月内受到证券交易所公开谴责;

(3)因涉嫌犯罪被司法机关立案侦查或者涉嫌违法违规被中国证监会立案调查,尚未有明确结论意见。

899. 对于哪些人员,证监会可以采取证券市场禁入措施从而禁止相关人员担任上市公司的董事、监事、高级管理人员?

在下列情形下,证监会可以对上市公司董事、监事、高级管理人员采取证券市场禁入措施:

(1)发行人、上市公司、非上市公众公司的董事、监事、高级管理人员,其他信息披露义务人或者其他信息披露义务人的董事、监事、高级管理人员;

(2)发行人、上市公司、非上市公众公司的控股股东、实际控制人或者发行人、上市公司、非上市公众公司控股股东、实际控制人的董事、监事、高级管理人员;

(3)证券公司的董事、监事、高级管理人员及其内设业务部门负责人、分支机构负责人或者其他证券从业人员;

(4)证券公司的控股股东、实际控制人或者证券公司控股股东、实际控制人的董事、监事、高级管理人员;

(5)证券服务机构的董事、监事、高级管理人员等从事证券服务业务的人员和证券服务机构的实际控制人或者证券服务机构实际控制人的董事、监事、高级管理人员;

第十三章

损害公司利益责任纠纷

（6）证券投资基金管理人、证券投资基金托管人的董事、监事、高级管理人员及其内设业务部门、分支机构负责人或者其他证券投资基金从业人员；

（7）中国证监会认定的其他违反法律、行政法规或者中国证监会有关规定的有关责任人员。

被中国证监会采取证券市场禁入措施的人员，在禁入期间内，除不得继续在原机构从事证券业务或者担任原上市公司、非上市公众公司董事、监事、高级管理人员职务外，也不得在其他任何机构中从事证券业务或者担任其他上市公司、非上市公众公司董事、监事、高级管理人员职务。

被采取证券市场禁入措施的人员，应当在收到中国证监会作出的证券市场禁入决定后立即停止从事证券业务或者停止履行上市公司、非上市公众公司董事、监事、高级管理人员职务，并由其所在机构按规定的程序解除其被禁止担任的职务。

【案例359】大股东占用资金未披露　酒鬼酒董事长被禁出局[①]

当事人：刘某

基本事实：

当事人于2003年6月至2005年9月任酒鬼酒董事长兼总经理。

酒鬼酒在定期报告中未如实披露第一大股东成功集团及其他关联方占用酒鬼酒资金的事项。

1. 2003年年度报告未披露占用金额302,230,000元；
2. 2004年中期报告未披露占用金额226,082,800元；
3. 2004年年度报告未披露占用金额421,232,800元；
4. 2005年中期报告未披露占用金额425,920,300元。

酒鬼酒在定期报告中虚假陈述货币资金数额。

1. 酒鬼酒2003年年度报告披露货币资金330,683,747.99元，虚假陈述货币资金299,013,150.54元，实有货币资金31,670,597.45元；
2. 酒鬼酒2004年中期报告披露货币资金448,944,107.15元，虚假陈述货币资金374,816,429.22元，实有货币资金74,127,677.93元；
3. 酒鬼酒2004年度报告披露货币资金411,968,167.70元，虚假陈述货币资金374,388,882.91元，实有货币资金37,579,284.79元；

[①] 参见中国证监会〔2009〕6号市场禁入决定书。

4. 酒鬼酒 2005 年中期报告披露货币资金 436,158,202.98 元,虚假陈述货币资金数额 420,030,281.55 元,实有货币资金 16,127,921.43 元。

酒鬼酒 2005 年年度报告披露了关联方占用其资金的情况。

2006 年 7 月 14 日,被占用的资金已归还。

2004 年 4 月 28 日,酒鬼酒第三届董事会第三次会议,签字同意 2003 年年度报告的董事有当事人。

2004 年 8 月 10 日,酒鬼酒第三届董事会第六次会议,签字同意酒鬼酒 2004 年中期报告的董事有当事人。

2005 年 1 月 27 日,酒鬼酒第三届董事会第八次会议,签字同意酒鬼酒 2004 年年度报告的董事有当事人。

2005 年 7 月 28 日,酒鬼酒第三届董事会第十一次会议,签字同意酒鬼酒 2005 年中期报告的董事有当事人。

当事人申辩:

成功集团占用酒鬼酒资金的原因是原酒鬼酒第一大股东在与成功集团的股权交易中有违约行为。

证监会认为:

1. 酒鬼酒在 2003 年年度报告、2004 年中期报告、2004 年年度报告和 2005 年中期报告未如实披露第一大股东及其他关联方占用其资金和虚假陈述货币资金数额的行为违反了《证券法》(2004 年修正)第 60 条、61 条的规定,构成原《证券法》第 177 条所述"依照本法规定,经核准上市交易的证券,其发行人未按照有关规定披露信息,或者所披露的信息有虚假记载、误导性陈述或者有重大遗漏的"行为。

2. 成功集团与原酒鬼酒第一大股东在股权交易中的纠纷不应成为成功集团占用酒鬼酒资金的理由。

3. 根据有关任职及勤勉尽责的事实和情节,对虚假陈述行为直接负责的主管人员是酒鬼酒时任董事长兼总经理。

证监会决定:

当事人 5 年内不得担任和从事任何上市公司和证券业务机构的高级管理人员职务。

900. 证监会对于禁入措施的年限依照什么标准来确定?什么情况下可以从轻、减轻或免于采取禁入措施?

违反法律、行政法规或者中国证监会有关规定,情节严重的,可以对有关责任人员采取3年至5年的证券市场禁入措施；

行为恶劣、严重扰乱证券市场秩序、严重损害投资者利益或者在重大违法活动中起主要作用等情节较为严重的，可以对有关责任人员采取5年至10年的证券市场禁入措施。

有下列情形之一的，可以对有关责任人员采取终身的证券市场禁入措施：

(1)严重违反法律、行政法规或者中国证监会有关规定，构成犯罪的；

(2)从事保荐、承销、资产管理、融资融券等证券业务及其他证券服务业务，负有法定职责的人员，故意不履行法律、行政法规或者中国证监会规定的义务，并造成特别严重后果的；

(3)违反法律、行政法规或者中国证监会有关规定，采取隐瞒、编造重要事实等特别恶劣手段，或者涉案数额特别巨大的；

(4)违反法律、行政法规或者中国证监会有关规定，从事欺诈发行、内幕交易、操纵市场等违法行为，严重扰乱证券、期货市场秩序并造成严重社会影响，或者获取违法所得等不当利益数额特别巨大，或者致使投资者利益遭受特别严重损害的；

(5)违反法律、行政法规或者中国证监会有关规定，情节严重，应当采取证券市场禁入措施，且存在故意出具虚假重要证据，隐瞒、毁损重要证据等阻碍、抗拒证券监督管理机构及其工作人员依法行使监督检查、调查职权行为的；

(6)因违反法律、行政法规或者中国证监会有关规定，5年内被中国证监会给予除警告之外的行政处罚3次以上，或者5年内曾经被采取证券市场禁入措施的；

(7)组织、策划、领导或者实施重大违反法律、行政法规或者中国证监会有关规定的活动的；

(8)其他违反法律、行政法规或者中国证监会有关规定，情节特别严重的。

有下列情形之一的，可以对有关责任人员从轻、减轻或者免予采取证券市场禁入措施：

(1)主动消除或者减轻违法行为危害后果的；

(2)配合查处违法行为有立功表现的；

(3)受他人指使、胁迫有违法行为，且能主动交代违法行为的；

(4)其他证监会认为可以从轻、减轻或者免予采取证券市场禁入措施的。

如果是共同违反法律、行政法规或者证监会有关规定，需要采取证券市场禁入措施的，对负次要责任的人员，可以比照应负主要责任的人员，适当从轻、减轻或者免予采取证券市场禁入措施。

【案例360】无证券投资咨询资格非法经营 涉嫌犯罪终身被禁从事证券业[①]

当事人:王某娟、孙某、马某、刘某威

基本事实:

当事人王某娟为金股之王的执行董事兼总经理、法定代表人,当事人孙某任监事,当事人马某、当事人刘某威为具有证券投资咨询从业资格的员工。

2007年8月底,金股之王开始经营股票软件销售业务,代理销售"股王先锋""金股王Ⅰ""金股王Ⅱ""金股王Ⅲ""股王至尊"等股票软件产品。

自2007年8月27日起,金股之王通过将公司广告录制成财经评论节目的形式进行广告宣传。节目主持人由公司员工扮演,当事人马某、当事人刘某威作为证券分析师轮流主讲。4名当事人对大盘、个股进行点评,公开发表证券投资咨询建议,夸大公司的研究水平,宣称将给拨打免费热线电话的前若干名观众免费提供即将大幅上涨的股票,为观众免费诊断手中的个股。

此外,金股之王还通过有关公司与网络媒体签订协议,约定在网络媒体上投放广告。金股之王通过上述方式吸引电视和网络观众拨打公司热线电话。对拨打热线电话的观众,由业务员按照公司培训的方式予以回复,着力宣扬公司推荐股票的惊人回报率,打击客户自己买卖股票的自信心,诱使客户购买公司软件和服务并签订《产品订购确认书》。

在观众出资购买公司软件和服务成为公司客户后,金股之王便通过电话和短信向其提供证券投资咨询服务,指导其买卖股票。

当事人孙某申辩:

1. 本人不知情,不是金股之王的实际监事,没有享受监事的收益;
2. 本人担任金股之王业务部经理时间较短,因此请求从轻处罚。

其他3位当事人均未提出申辩意见。

证监会认为:

金股之王不具有证券投资咨询业务资格,金股之王的上述行为违反了《证券法》第122条[②]有关"未经国务院证券监督管理机构批准,任何单位和个人不得经

[①] 参见中国证监会[2009]11号市场禁入决定书。
[②] 现为《证券法》(2019年修订)第118条相关内容。

营证券业务"的规定,构成了《证券法》第197条①所述非法经营证券业务的行为,且情节严重。鉴于金股之王的行为已涉嫌犯罪,该案已依照《行政执法机关移送涉嫌犯罪案件的规定》(国务院令第310号)的规定移送公安机关。对于金股之王的前述违法行为,时任金股之王执行董事兼总经理王某娟、监事孙某是直接负责的主管人员。

当事人马某、当事人刘某威具有证券投资咨询业务资格,两人参与金股之王的非法证券投资咨询活动的行为,违反了《证券、期货投资咨询管理暂行办法》第12条和第19条的规定,且情节严重。

证监会决定:

1. 认定当事人王某娟、当事人孙某为证券市场禁入者,自证监会宣布决定之日起,终身不得从事证券业务或者担任上市公司董事、监事、高级管理人员职务;

2. 认定当事人马某、当事人刘某威为证券市场禁入者,自证监会宣布决定之日起,5年内不得从事证券业务或者担任上市公司董事、监事、高级管理人员职务。

901. 上市公司独立董事,除应具备担任上市公司董事的资格外,还应该具备哪些条件?

独立董事是指不在公司担任除董事外的其他职务,并与其所受聘的上市公司及其主要股东不存在可能妨碍其进行独立客观判断的关系的董事。

上市公司独立董事,除应具备担任上市公司董事的资格外,还应该具备以下条件:

(1)非上市公司或者其附属企业任职的人员及其直系亲属、主要社会关系(直系亲属是指配偶、父母、子女等;主要社会关系是指兄弟姐妹、岳父母、儿媳女婿、兄弟姐妹的配偶、配偶的兄弟姐妹等)。

(2)不得直接或间接持有上市公司已发行股份1%以上或者是上市公司前10名股东中的自然人股东及其直系亲属。

(3)不能是在直接或间接持有上市公司已发行股份5%以上的股东单位或者在上市公司前5名股东单位任职的人员及其直系亲属。

(4)最近一年内不具有前三项所列举情形的人员。

(5)为上市公司或其附属企业提供财务、法律、咨询等服务的人员。

---

① 现为《证券法》(2019年修订)第202条相关内容。

（6）具备上市公司运作基本知识，熟悉相关法律、行政法规、规章及规则。

（7）具有5年以上法律、经济或其他履行独立董事职责所必需的工作经验。

（8）公司章程规定的其他条件。

（9）中国证监会认定的其他人员。

902. 私募股权投资基金管理人的高级管理人员包括哪些人员，其任职资格有何特殊要求？

私募基金管理人的高级管理人员，是指董事长、总经理、副总经理、执行事务合伙人（委派代表）、合规风控负责人以及实际履行上述职务的其他人员。私募股权投资基金（含创业投资基金，下同）管理人的高级管理人员主要是指法定代表人、执行事务合伙人（委派代表）以及合规风控负责人。

私募股权投资基金的高级管理人员应当通过基金从业资格考试取得基金从业资格，或通过中国证券投资基金业协会资格认定委员会认定取得基金从业资格，最近3年没有重大失信记录，未被中国证监会采取市场禁入措施。

在私募基金管理人登记及相关高级管理人员提出变更申请时，应当遵守以下要求：

（1）不得在非关联的私募机构兼职。

（2）不得在与私募业务相冲突业务的机构兼职。

（3）除法定代表人外，私募基金管理人的其他高级管理人员原则上不应兼职；若有兼职情形，应当提供兼职合理性相关证明材料（包括但不限于兼职的合理性、胜任能力、如何公平对待服务对象、是否违反竞业禁止规定等材料），同时兼职高级管理人员数量应不高于申请机构全部高级管理人员数量的1/2。

（4）私募基金管理人的兼职高级管理人员应当合理分配工作精力。

（5）对于在一年内变更两次以上任职机构的私募高级管理人员，中国证券投资基金业协会将重点关注其变更原因及诚信情况。

（6）私募基金管理人的高级管理人员应当与任职机构签署劳动合同。在私募基金管理人登记、提交高级管理人员重大事项变更申请时，应上传所涉高级管理人员的劳动合同及社保证明。

903. 担任期货公司董事、监事以及高级管理人员有何特殊任职要求？

除《公司法》规定的不得担任董事、监事以及高级管理人员限制情形之外，存在下列情形之一的，不得担任期货公司董事、监事和高级管理人员的任职资格：

（1）因违法行为或者违纪行为被解除职务的期货交易所、证券交易所、证券登记结算机构的负责人，或者期货公司、证券公司的董事、监事、高级管理人员，自被解除职务之日起未逾 5 年；

（2）因违法行为或者违纪行为被撤销资格的律师、注册会计师或者投资咨询机构、财务顾问机构、资信评级机构、资产评估机构、验证机构的专业人员，自被撤销资格之日起未逾 5 年；

（3）因违法行为或者违纪行为被开除的期货交易所、证券交易所、证券登记结算机构、证券服务机构、期货公司、证券公司的从业人员和被开除的国家机关工作人员，自被开除之日起未逾 5 年；

（4）国家机关工作人员和法律、行政法规规定的禁止在公司中兼职的其他人员；

（5）因违法违规行为受到金融监管部门的行政处罚，执行期满未逾 3 年；

（6）自被中国证监会或者其派出机构认定为不适当人选之日起未逾 2 年；

（7）因违法违规行为或者出现重大风险被监管部门责令停业整顿、托管、接管或者撤销的金融机构及分支机构，其负有责任的主管人员和其他直接责任人员，自该金融机构及分支机构被停业整顿、托管、接管或者撤销之日起未逾 3 年；

（8）中国证监会认定的其他情形。

二、损害公司利益责任纠纷的一般裁判标准

904. 损害公司利益行为的构成要件有哪些？

《公司法》并没有对损害公司利益行为的构成要件作出明确的规定，但由于公司股东、董事、监事和高级管理人员所承担的是法定义务，违反规定损害公司利益的，应视为对公司的侵权，所以可以适用侵权行为的构成要件。

（1）过错要件：责任主体为公司股东、董事、监事和高级管理人员。过错是指股东、董事、监事和高级管理人员主观上的故意或过失的心理状态。

（2）违法行为要件：在执行职务过程中作出了违反了法律、行政法规或者公司章程规定的行为。

（3）损害事实要件：公司发生了损失。公司受到的损失包括既存利益积极减少和利益应该增加而没有增加两种形式，即分为直接损失和可得利益损失。

（4）因果关系要件：违法行为与损害事实两者之间具有直接并且密切的联系。

【案例361】虚假陈述与损失无因果关系　请求损失赔偿被驳回[①]

原告：美华公司

被告：刘某、钟某

第三人：刘某辉、万业隆公司

诉讼请求：被告刘某、钟某赔偿原告损失2,237,141.14元。

争议焦点：被告刘某对纽约集团实力进行夸大陈述与原告业务无法通过报批是否存在直接因果关系。

基本案情：

2003年5月8日,两第三人、两被告签订股东协议书,约定联合建立原告,企业宗旨为利用国外的先进技术和产品,与中国本土医药及相关企业相互合作,建成中国乃至世界水准的医药公司;第三人刘某辉及被告钟某负责公司项目宏观调控、项目发展调研、适时引入外资、技术及管理。

2003年7月4日,两第三人以及两被告签订原告章程,约定第三人刘某辉出资150万元、被告钟某出资125万元、被告刘某出资125万元、第三人万业隆公司出资100万元并共同设立了原告。

2003年5月15日,被告刘某以帝国药业公司首席代表身份向原告出具委托书,委托原告就帝国药业公司的施宝牌活力瘦身胶囊、施宝牌美人娇胶囊、施宝牌完美营养素片办理在中国的进口保健食品批准证书的报批和销售工作。

2003年8月2日,被告刘某以恒基实业公司首席代表身份向原告出具委托书,委托原告就恒基实业公司的施宝牌糖尿宝片、施宝牌糖必清胶囊办理在中国的进口保健食品批准证书的报批和销售工作。同日,被告刘某以领先药业公司首席代表身份向原告出具委托书,委托原告就领先药业公司的施宝牌通便灵片办理在中国的进口保健食品批准证书的报批和销售工作。另,被告刘某以病毒基因公司亚太首席代表的身份代表研发公司、生产厂家病毒基因公司,与原告一起就TNP向国家药品监督管理局进行药品注册申请。

2003年5月23日,被告刘某以纽约集团副总裁、亚太区首席代表的身份出具资质证明,内容为证明原告为纽约集团在中国大陆的唯一医药窗口企业,负责与中国内地的制药、批发、零售等企业、政府相关职能部门接洽、协调,并处理与上述领域相关的一切事宜。重大问题须经纽约集团亚太区代表处审核、批准。证明上

[①] 参见北京市朝阳区人民法院(2007)朝民初字第15925号民事判决书。

第十三章
损害公司利益责任纠纷

述企业法定代表人第三人刘某辉被纽约集团亚太区代表处指任为企业总经理,依照董事会决议、《公司法》等行使总经理的职权。

2003年6月9日,原告与案外人中卫公司就"完美营养保健"签订委托报批协议书。该协议书记载,案外人中卫公司具有申报保健食品批准证书及进口保健食品批准证书的丰富经验,审阅了原告提供的有关"完美营养保健"产品资料,认为该产品相关资料完备,具有先进性并为中国市场所需要,认为有把握参加2003年9月卫生部评审会,并保证评审通过;鉴于上述事实,原告委托案外人中卫公司以原告的名义办理"完美营养保健"产品的进口保健食品批准证书,完成期限自2003年6月8日起至2004年2月28日止;委托事项完成标志为在规定期限内使原告获得卫生部向原告颁发"完美营养保健"产品的进口保健食品批准证书;如案外人中卫公司未按规定的时间完成委托事项,应返还原告全部已付委托费用。

2003年12月24日,原告与案外人中卫公司签订补充协议。该补充协议记载,案外人中卫公司在委托报批协议书中承诺于2004年2月28日完成委托事项,但2003年12月8日其已书面通知原告不能履约。为顾全局,原告决定暂不追究案外人中卫公司的违约责任,并与其就报批事宜的延期履行问题达成如下协议:案外人中卫公司争取2004年3月使原告获得国家食品药品监督管理局颁发的《进口保健食品完美营养素的批准证书》,并承诺最迟4月一定获得批准,并在获得批准日期的一周内获得批文;如果于2004年4月未能按上述时限履约,则案外人中卫公司承诺不迟于2004年5月1日双倍退赔原告所支付的所有相关费用及与样品价值等同的现金、关税等。

原告与案外人中卫公司还签订了另外6份针对通便灵、糖必清、糖尿宝、活力瘦身灵、美人娇、维生素C的委托报批协议书,之后又签订6份补充协议,内容与"完美营养保健"基本一致。

2003年12月4日,纽约集团北京代表处致函原告,主要内容为"由于你公司在TNP产品报批工作中进展缓慢……决定暂时终止你公司关于TNP产品的报批任务"。

2003年12月9日,原告与案外人中卫公司签订解除合约协议书,主要内容为:经多次协商,中卫公司提出不能按协议进程履约并提出延期,原告考虑国际影响及对本公司信誉问题不予同意,但考虑和案外人中卫公司尚有其他合作项目,为此同意解除TNP的报批协议。原告不再追究案外人中卫公司责任……原告同意支付案外人中卫公司翻译费用1.5万元,案外人中卫公司于当日退还原告已付定金20万元及所有TNP的相关资料。

· 1457 ·

2004年2月18日,原告就施宝牌完美营养素片、施宝牌维生素C片、施宝牌美人娇胶囊、施宝牌糖尿宝片、施宝牌糖必清胶囊、施宝牌通便灵片、施宝牌活力瘦身胶囊填写进口保健食品注册申请表。

2004年4月29日,原告就施宝牌完美营养素片、施宝牌维生素C片向国家食品药品监督管理局作保健食品申报,填写了申请表,提交了申报资料及样品。

2004年8月31日,案外人中卫公司出具北京美华施宝系列产品情况说明,主要内容为施宝牌维生素C片、施宝牌完美营养素片已受理,而施宝牌活力瘦身胶囊、施宝牌糖尿宝片、施宝牌糖必清胶囊缺部分试验结果,少委托书;施宝牌通便灵片缺部分试验结果,少委托书及自由销售证明;施宝牌美人娇胶囊,少委托书。

此外,被告刘某为纽约集团北京办事处的首席代表,同时兼任帝国药业公司亚洲太平洋地区副主席和首席代表、领先药业公司亚洲太平洋地区副主席和首席代表、恒基实业公司中国地区的首席执行官。

根据美国证券交易委员会网站中的内容显示,纽约集团为一家处于起步阶段的公司,资产总计2883美元;截至2003年3月4日,纽约集团已经发行普通股21,256,707股,每股价值0.001美元。但是,纽约集团及被告刘某均对外夸大纽约集团的实力,将纽约集团描述成一家具有雄厚金融及商业背景的集团公司,有众多的美国经济界、政界重要人士在纽约集团任职;主要业务涉及五大领域:金融投资、高科技产业、国际进出口贸易、医药产品的研制与销售以及信息咨询;纽约集团所属医药产业包括美国病毒基因公司、美国安氏公司、美国帝国药业、美国领先药业。

2007年8月27日,纽约集团北京办事处经工商管理部门核准予以注销。

原告诉称:

1. 两被告作为股东违反了对原告的忠实、勤勉义务。两被告的不当行为主要表现在履行对原告引进境外项目时,实施了欺诈,虚构境外公司的实力,未能提供药品项目在中国报批的相关资料,致使原告遭受经济损失。

2. 关于经济损失的金额应认定为2,237,141.14元。

经济损失的一部分为保健品及药品报批费用1,484,200元,其中除了1.5万元为原告支付给案外人中卫公司的翻译费用外,还有向案外人华某龙公司支付的15万元代理费,其余均为向案外人中卫公司支付的施宝牌7个系列保健品的报批费用。

经济损失的另一部分为其他损失752,941.14元,也是原告成立以来的所有经营费用。之所以向两被告主张所有的经营费用,是因为原告成立就是为了取得两被告所引进保健品及药品在中国的销售代理权,现保健品及药品因两被告的原因不能引入,致使原告的经营目的落空,故两被告应当承担全部经营费用。

原告为证明其观点,提交证据如下:

案外人华云龙公司出具的有关猪胸腺核蛋白注册项目的工作流程及专家预审意见,用以证明TNP项目缺乏报批所需的证明文件,致使申报工作无法进行。

被告均辩称:

两被告没有担任原告的董事、监事、经理职务,没有实施欺诈及损害原告利益的行为,故不应当承担责任。

第三人均述称:

两被告具有原告股东和高管双重身份,对原告有约定义务和法定义务。股东义务表现为约定义务,虽然不十分明确,但是在众多章程、文件中是有所反映的。两被告基于双重身份进行欺诈,损害了原告利益,直到诉讼之日也没有提供相关手续,致使审批义务没有完成。两被告的行为具有民事违法性,应当承担赔偿责任。两被告不履行义务的行为与原告的损害结果有必然的因果关系。原告的诉讼请求能够成立。

律师观点:

被告侵害原告利益的侵权责任认定的问题,《公司法》并没有作明确的规定,应当参照传统侵权法的构成要件,即从行为违法性、主观过错、损害后果、因果关系四个方面确定被告侵权责任成立与否。

1. 被告刘某虚假陈述的行为具有违法性及主观恶意。

被告作为纽约集团的高管,明知纽约集团为一家发展阶段的公司,实力并不雄厚,但向原告夸大实力,致使原告在经营上作出倾向于纽约集团的选择,显然存在主观恶意。法律虽然没有明确规定股东虚假陈述的行为具有违法性,但《民法通则》第4条①明确规定"民事活动应当遵循自愿、平等、等价有偿、诚实信用原则",被告刘某虚假陈述的行为明显违反了诚实信用原则,具有违法性。

2. 本案中原告确实存在损失。

原告为了申报被告所推荐的纽约集团的药品的审批手续,共支出申报费用及其他相关费用共计2,237,141.14元,但终未成功。原告的损失真实存在。

3. 原告的损失与被告刘某的虚假陈述不具有因果关系。

原告的诉称只能证明被告的虚假陈述行为是原告遭受损失的必要条件,但不

---

① 现为《民法典》第5条、6条、7条相关内容。

能证明二者存在相当因果关系,因为在被告刘某的行为与原告遭受损失之间,存在一个介入因素——案外人中卫公司的违约行为。在原告同意多次延期后,案外人中卫公司仍未能完成委托事项,其违约行为是严重的,该违约行为切断了被告刘某的虚假陈述行为与原告所受损失之间的因果链条。另外,在原告和案外人中卫公司的协议中有记载,案外人中卫公司具有申报进口保健食品批准证书的丰富经验,并认为被告刘某介绍的产品具有先进性并为中国市场所需要。而且,在报批的过程中,也有两种药品为药监部门所受理。这表明,纽约集团虽不具有被告所称实力,但不排除其有能力研发被告所推荐的药品。这进一步证明被告的虚假陈述行为不必然导致报批不通过。因此,被告的虚假陈述行为与原告遭受损失之间不存在直接的因果关系。

综上所述,被告刘某的行为的确具有违法性,主观上也具有过错,原告也的确遭受了损失,但是因为原告无法证明被告的虚假陈述行为与原告遭受损失之间存在直接的因果关系,故原告要求其进行赔偿的诉讼请求,不应予以支持。

4. 被告钟某不存在损害公司利益的行为。

原告没有提交证据证明被告钟某向原告做过不实陈述,也没有提交证据证明被告钟某违反《公司法》及原告章程的相关规定,同样没有证明由此造成的损失。所以,被告钟某作为原告股东、副总经理,对原告不存在不当行为并使原告遭受损失。故原告要求其进行赔偿的诉讼请求,缺乏法律和事实依据,不应予支持。

法院判决:

驳回原告的诉讼请求。

【案例362】章程规定违反忠实、勤勉义务5倍赔偿　合法有效[①]

原告: 明州公司

被告: 洪某

诉讼请求: 被告赔偿原告及其他股东300万元及相应利息。

争议焦点:

1. 公司存续过程中,修改章程规定违反忠实、勤勉义务应5倍赔偿,是否有效;

2. 发生在上述章程修改前的行为,是否需要承担赔偿。

[①] 参见浙江省宁波市中级人民法院(2016)浙02民终4093号民事判决书。

第十三章

损害公司利益责任纠纷

基本案情：

原告设立于 1994 年，被告为股东之一，初始出资额为 30 万元。原告的经营范围包括经营销售婴幼儿食品业务。

2006 年，原告经股东会讨论表决后通过章程修正案："一、被告的出资额调整为 60 万元；二、股东有责任保护公司的合法权益，不得擅自披露公司秘密，不得从事危害公司利益或投资设立控股公司的活动，不得自营或为他人从事公司或投资设立控股公司经营范围内的业务。否则，因损害公司和股东利益必须承担初始认缴出资额的 5 倍赔偿金，赔偿给公司和其他股东。"

2007 年，大榭公司成立，原告与被告均为股东，被告持股 3.5%，并且出任公司总经理兼法定代表人。大榭公司的经营范围亦包括经营销售婴幼儿食品业务。

1999 年，贝因美公司注册成立，被告作为原始投资人实际投资 6 万元（持股比例为 60%）。贝因美公司主要经营范围为开发、生产、销售婴幼儿产品、儿童食品等。

2008 年，被告受让贝因美集团公司原始股股权 734,000 股。嗣后，被告将持有的上述 734,000 股股权以 1,468,000 元的价格转让。

2011 年，贝因美公司公开上市。一年后，被告将其持有的股票出售，实际获得的投资收益为 2,190,826.69 元。

被告在作为原告股东及高管期间对外一共投资过两家公司，具体情况如下：（1）被告于 1999 年投资贝因美公司 6 万元，持股 60%，2011 年转让该股份所得为 2,190,826.69 元；（2）被告于 2008 年投资贝因美集团公司 734,000 元（股），转让所得为 1,468,000 元。

在经营过程中，原告及大榭公司与贝因美公司有业务往来，主要为原告及大榭公司经销贝因美公司生产的贝因美奶粉等产品。

2012 年，原告召开临时股东会会议，会议经股东讨论表决作出决议。一、经举报核实，被告在担任公司董事兼经理、高管期间，于 1999 年作为原始投资人在贝因美公司投资 60,000 股，占贝因美公司股份的 60%。2008 年 6 月 16 日，被告又受让取得贝因美集团公司原始股股权 734,000 元（股）。未经股东会同意，利用职务便利自营或为他人经营与本公司同类业务，违反《公司法》等相关法律规定。二、股东表决，依据上述事实，根据法律的规定，上述所得的收入应当归公司所有。除被告外，其余股东均表决同意，占注册股东所持表决权的 96%。被告认为该公司决议应当为无效，遂向法院提起诉讼。

原告与被告公司决议纠纷生效判决显示：被告入股贝因美公司、贝因美集团公司的行为确系违反了对公司的忠实义务,原告主张行使归入权具有法律依据,该公司决议合法有效。

2015年4月29日,原告召开股东会会议,决议主要内容为:被告以其在原告的初始出资额60万元的5倍即300万元赔偿给原告及其他股东,提议由公司向被告主张该权利,决议获股东会通过后,应当立即执行。该决议只有被告投反对票。

原告诉称:

1. 被告作为原告的股东和高级管理人员,实施了违反对公司的忠实义务的行为,事实清楚,且有生效判决为佐证。

2.《公司法》和公司章程规定,股东会有权修改章程,作出决议。2006年,原告股东会对原公司章程进行修正,被告参加了股东会会议,签字同意章程修改,表明被告愿意受章程约束并按照章程规定执行。修正后的公司章程规定,公司股东和高级管理人员,违反忠实义务、损害公司利益,应按照初始投资额的5倍赔偿给公司和其他股东。原告召开股东会会议作出决议,要求被告进行赔偿,是行使公司章程规定的权利。

3.5倍赔偿是基于章程规定而产生的民事权利。至于为什么是5倍,原告及其股东,通过控股、参股等形式,投资、参与了多家公司的经营,一旦股东和高级管理人员损害公司利益,其行为的后果会影响到多家关联公司的利益,造成的损失是多方面的,基于这样的情况,全体股东经充分考量、评估,才一致同意修改章程,认为股东和高级管理人员违反忠实义务、损害公司利益,应按照初始出资额的5倍赔偿给公司和其他股东。事实上,被告的行为也确实给公司及关联公司造成了极大的损失。因此,5倍赔偿是合理、恰当的,被告也是认可的。

4. 被告在原告设立时的出资是30万元,但在公司章程修正的2006年,被告的出资额已是60万元,被告享受的权利也是按60万元的出资享受的。因此,章程规定的初始出资,应根据章程修正时间界定,在修正前的出资就是初始出资,而不是指设立出资。

被告辩称:

1. 被告的两次入股行为并未违反原告章程及《公司法》规定的竞业禁止义务和忠实义务。

2. 有限责任公司的股东会依法对公司事项作出决议或决定是代表公司的行为,对公司具有法律约束力。股东履行出资义务后,与公司是平等的民事主体,相互之间具有独立人格,不存在管理与被管理的关系。公司的股东会原则上无权对股东施加处罚。本案中,5倍赔偿金属于处罚性质,《公司法》并未赋予股东会处

第十三章

损害公司利益责任纠纷

罚的权利,原告章程中也未赋予股东会处罚的权利,因此,原告股东会决议对被告作出的罚款决议,超越法定职权,对被告不具有约束力。

3. 被告的两次入股行为并未对原告造成任何经济损失;原告章程规定的初始认缴出资额5倍的罚款标准明显偏高;被告初始认缴出资额为30万元,即使认定被告应当赔偿,基数也应按30万元计算。

法院认为:

1. 被告在担任原告董事期间,未经股东会、董事会同意,入股贝因美公司、贝因美集团公司,并发生交易关系,违反了《公司法》第148条规定的竞业禁止和忠实义务,该事实已经被生效判决所确认。

2.《公司法》第11条规定:"设立公司必须依法制定公司章程。公司章程对公司、股东、董事、监事、高级管理人员具有约束力。"公司章程是关于公司的组织结构、内部关系和开展公司业务活动的基本规则和依据,亦是股东自治意思规则的载体,具有公司自治特点,只要股东达成合意,且不违背法律、行政法规的强制性规定,公司章程即为有效,对公司、股东、公司经营管理人员均有约束效力。

原告经修正的公司章程系经包括被告在内的全体股东表决通过的,内容不违反法律、行政法规的强制性规定,应为合法有效,被告作为原告的股东,依法应受上述章程条款的约束。上述章程条款系2006年修正的,对原告股东之前的行为不应有溯及力,即对被告1999年投资入股贝因美公司的行为不具有拘束力,但被告受让贝因美集团公司股权是在上述章程条款修正之后即2008年,该行为依法应受修正后的章程条款的规范约束,因该行为已被认定为违反对公司忠实义务的行为,故原告依法有权依据上述修正后的章程条款要求被告按原始出资额的5倍承担赔偿金。

3. 原告章程修正案于2006年2月18日股东会决议通过,此时,原告已完成增资,其中被告认缴出资60万元。因此,修正后的原告章程规定的初始认缴出资额应系当时股东的认缴出资,原告据此向被告主张5倍赔偿金,应以60万元为基数计算,赔偿金额为300万元。

4. 虽然依据2015年4月29日原告的股东会会议决议,原告可立即向被告主张300万元赔偿,但被告对此持有异议。原告与被告是平等的民事主体,在被告的赔偿责任尚未确定承担之前,原告要求被告赔偿利息损失的诉讼请求难以支持。

法院判决:

1. 被告支付原告赔偿金300万元;
2. 驳回原告的其他诉讼请求。

【案例363】规避公司授权超额执行合同　公司遭诈骗高管应赔偿[①]

原告: 速必达公司

被告: 姜某发、蓝某文

诉讼请求: 两被告共同赔偿原告经济损失300万元。

争议焦点:

1. 两被告因案外人实施诈骗行为导致购入假冒产品,是否违反了勤勉义务,是否应当承担赔偿责任;

2. 在母公司未表示阻止,也未表示同意的情况下,两被告超越授权金额开展物流金融项目,是否违反勤勉义务,是否应当承担赔偿责任;

3. 两被告为规避母公司授权金额的限制,将大额项目分拆履行,是否违反勤勉义务,是否应当承担赔偿责任。

基本案情:

原告的总经理和财务总监分别是两被告,原告母公司授权原告的高管有500万元以下项目金额的审批权,500万元金额以上的项目需报母公司审批。

原告章程载明:"一、原告的经营范围包括物流项目(不包括金融业务);二、原告开展新项目时需报母公司事业部审批。"原告的股东会和董事会并未在真正意义上履行经营决策权,两被告具有较大的经营决策权,两被告在未得到母公司明确同意(亦未有明确反对)的情况下与案外人汇利信公司开展不锈钢物流金融业务。

原告与案外人汇利信公司签订1份不锈钢《分销执行协议》,约定:原告根据案外人汇利信公司的指定实施分销执行,即原告向案外人汇利信公司采购不锈钢,销售给指定的客户,原告在收到案外人汇利信公司提供的不锈钢卷及指定客户支付的履约保证金(货款总额的20%)后向案外人汇利信公司支付全额货款。案外人汇利信公司指定的客户向原告支付剩余的80%货款以及资金占用费(货款总额×1.2%÷30×使用天数,实际天数不足一整月的,按照30天计算;超过30天的,按实际天数计算)。原告仅执行分销,不承担任何卖方责任及市场价格风险和质量风险。案外人汇利信公司向原告指定的仓库发货,原告收到货物后,按照单据进行清点入库。

上述协议签订后,原告作为质权人与案外人汇利信公司作为出质人签订1份

[①] 参见广东省惠州市中级人民法院(2018)粤13民终6211号民事判决书。

第十三章

损害公司利益责任纠纷

《动产质权合同》，约定：为了确保《分销执行协议》债务人的义务得到切实履行，保障原告债权的实现，案外人汇利信公司同意将其有权处分的、委托给原告管理的货物质押给原告作为担保。担保的主债权为原告根据《分销执行协议》约定预付案外人汇利信公司不锈钢卷的款项所形成的债权，1800万元人民币。

被告安排仓库管理人员专管，同时对仓库安装了监控设施进行监管，每批货物均附有《产品质量合格证明书》，并有相关质量检测单位印章。在不锈钢货物入库前及入库后的28天内，两被告均未安排对不锈钢进行检测或委托检测。

原告资金使用情况显示，上述合同履行期间两被告将需报母公司审批支付的总金额102,181,515.6元，拆分为24个500万元以下的项目进行支付。

案外人汇利信公司合同诈骗罪生效判决显示：案外人汇利信公司所提供的不锈钢货物为假冒产品，《产品质量合格证明书》亦为伪造。案件仍在执行过程中，除去已追回的部分款项，原告遭受诈骗经济损失总额为5300万元。

原告诉称：

1. 两被告在合同履行中未尽到必要的注意义务，未安排工作人员对入库不锈钢、《产品质量合格证明书》等进行检验，导致原告因被诈骗而遭受巨额经济损失。本案案价特别巨大，基于公司高级管理人员的身份，两被告对合同履行过程的风险控制负有直接责任，并应安排工作人员实施不锈钢入库时的质量验收等工作。但合同履行过程中每笔不锈钢入库时，两被告均未安排人员进行质量验收，也未安排工作人员对《产品质量合格证明书》进行咨询核实，以致出现了本案原告被诈骗并发生巨额经济损失之后果。

2. 两被告实施的向第三方提供融资的行为，违反了公司章程规定，超越了公司经营范围。

（1）两被告主张的所谓物流金融项目，其实质就是由第三方提供质押物，原告向第三方支付借款，并在一定期限内收取资金利息（或使用费），即《分销执行协议》所称"资金占用费"。结合该《分销执行协议》具体内容分析，两被告签署并履行该协议，实质是为案外人汇利信公司提供民间借贷融资。

（2）原告自注册设立至今，从无取得过金融业务的经营资质，公司章程规定的经营范围中也从无可开展金融业务的项目，且公司内部也没有从事金融业的专业人才，故两被告违规向第三人提供融资的行为已违反公司章程规定，超越了公司经营范围。两被告在实施涉案违规经营行为之前，没有获得原告母公司的明确同意。

3. 两被告对原告的经济损失具有重大过错责任，原告经济损失的形成与两

· 1465 ·

被告违规经营行为有直接的因果关系,两被告违反公司章程规定、超越公司经营范围开展的向第三方提供融资的经营行为属违规且违法的行为,不属于其作为高级管理人员的经营决策权之范围。

4. 原告母公司制定的超过 500 万元的大额资金需经上级批准的管理规定,目的是为了防范、监管各子公司经营风险。两被告实施上述违规行为过程中,违规将超过 500 万元的大额资金分拆支付,系有意规避原告的财务监管。

5. 原告之诉求,约仅为全部经济损失的 5.6%。前文已详细陈述,涉案的物流金融业务系两被告违法、违规而开展,且在履行过程中也存在违规分拆大额资金支付、未尽到必要的谨慎义务等行为,其行为已经违反了公司高级管理人员对公司的勤勉义务,与原告被诈骗遭受经济损失存在着因果关系。原告之诉求 300 万元系按照经济损失总额的约 5.6% 予以计算。

两被告共同辩称:

1. 原告认为两被告是直接责任人没有事实依据,签订合同、评估考察都经过了集团公司各种会议研究,合同也是经过审核与法律顾问通过才开展业务,两被告尽心尽责,原告遭受巨额损失,不能强加责任在两被告身上。

2. 原告将财务审批相关的内容强加在勤勉义务的内容当中,没有事实和法律依据。

3. 两被告开展涉案经营项目没有违反勤勉义务,与原告遭受诈骗没有因果关系。原告开展涉案经营项目,自始至终两被告都有向上级直接领导汇报和抄送,已充分尽到了勤勉义务。

4. 两被告分批支付款项并不存在拆分资金规避公司规章制度的主观故意,更与原告的损失没有必然的联系。

两被告作为原告的主要领导,在将涉案项目多次向上级部门汇报后,开展的任何一笔业务合同金额都超过 500 万元,而且涉案的合同是受原告签约法务顾问单位进行审核和风险评估过的,对于如此大额的交易合同,公司在履行合同时,两被告不可能一次性将合同金额全部支付完毕,分阶段分批次支付是交易的通常做法,符合正常的交易习惯,更重要的是能有效降低公司的经营风险,因此分批支付款项完全是两被告审慎经营、勤勉尽责的行为。

即使两被告根据合同金额经母公司审批一次性支付款项,也不能避免原告遭受诈骗从而产生损失,原因是两被告与合同相对人的交易合同由原告签约法务顾问单位审核评估后已签订,支付款项只是实际履行合同的行为。因此,分批支付款项与遭受诈骗没有必然的联系。

5. 原告要求赔偿300万元并无具体的依据，原告所受诈骗，已经生效判决认定了赔偿义务人和赔偿金额，案件仍在执行过程中且已执行回部分款项，在未执行终结前，原告计算损失没有任何依据。

6. 原告要求两被告连带支付原告损害赔偿金，于法无据。连带责任需具备民事责任的一般构成要件，即连带责任人主观上须有过错；行为须具有违法性；造成损害事实；违法行为与损害后果之间须存在因果关系。本案中，原告的损失系罪犯的诈骗行为所致，两被告主观上没有过错，行为不具有违法性，也与原告的损失没有任何因果关系。另外，民法上的"连带"指的是"共同的、一致的、不可分的"意思，而两被告根本没有共同的意思表示，因此原告要求两被告支付原告损害赔偿金，并承担连带责任没有法律依据。

法院认为：

1. 关于两被告在合同履行中是否对入库不锈钢尽到勤勉义务。

本案中，虽然原告称两被告在合同履行中未尽到必要的注意义务，但两被告作为公司高级管理人员，并不负责入库钢材的具体检验工作，检验工作系由具体实施检验的工作人员负责，而被告亦称其系已安排仓库管理人员专管同时对仓库安装了监控设施进行监管，且从两被告提交的《产品质量合格证明书》来看，该批钢材的《产品质量合格证明书》上有盖章确认。在原告提供的证据不足以证明两被告对检验入库钢材事宜疏于管理，以及两被告没有尽到合理注意义务的情形下，考虑到原告所遭受的损失主要系因罪犯的诈骗所致，因此原告据此为由要求两被告赔偿原告经济损失300万元的主张，理据不足。

2. 关于两被告是否违反公司章程规定、超越公司经营范围经营涉案项目及涉案项目的经营是否经其上级部门批准。

原告称两被告所经营的涉案项目为"物流金融项目"，不属于原告的经营范围，而被告称该项目是在传统物流基础上对运作模式上有了创新且未超出经营范围。参照当地政府发布的《金融物流发展指导意见》，涉案项目兼具了物流功能及金融融资功能，系属于传统物流项目中的创新物流形式，未超越公司经营范围。但两被告在开展该物流项目之前理应按照公司现有的规章制度经上级审批，被告曾向上级部门汇报该物流项目，但并未获得领导的明确意见（同意或反对）。

而勤勉义务是指董事、监事及高级管理人员在经营管理公司时，应当为了公司的利益而以合理的方式勤勉尽职地履行职责。两被告在未得到上级部门明确同意情况下即开展涉案项目，没有以合理的方式勤勉尽职地履行职责，因此两被告违反了一定的勤勉义务，且其违反一定的勤勉义务的行为对原告遭受诈骗具有间接因果关系。

但相关证据显示，两被告经营涉案项目系出于公司利益最大化的目的，考虑到两被告已将涉案项目向上级部门汇报且其上级部门未表示反对阻止涉案项目的实施，因此，即使两被告违反了一定的勤勉义务，但因原告自身管理制度的缺失对其损失亦存在一定原因力，故应当相应地减少两被告的过错责任。

3. 关于两被告是否规避公司财务制度将超过500万元的大额资金分拆支付。

虽然原告未提供其他证据足以证明原告禁止资金拆分行为，但是两被告拆分支付资金的行为确系规避公司的规章制度，且其拆分资金的行为间接地导致了原告的损失扩大化。

综上所述，两被告作为公司的高层管理人员在经营涉案项目上违反了一定的勤勉义务，但未有证据足以证明两被告对于原告所遭受的损失具有重大过错，且原告所遭受的损失主要的原因力系诈骗案罪犯的犯罪行为所致，同时考虑到两被告对原告公司的发展曾经做过一定的贡献，而原告诉请被告赔偿300万元并未明确具体的依据。因此应当酌情确认两被告向原告支付的赔偿金额，按原告请求的300万元的10%予以计算，即30万元人民币。

法院判决：

两被告向原告连带支付损害赔偿金30万元人民币。

【案例364】行政处罚与经理履职无因果　合规报销未损公司利益[①]

原告： 泰迦公司

被告： 施某

诉讼请求：

1. 被告向原告赔偿因不合理低价销售产品所致损失81,811元；
2. 被告向原告返还以报销等形式支走的款项13,401.89元；
3. 被告赔偿原告因行政处罚所致损失261,714.17元。

争议焦点：

1. 公司总经理是否有权低价销售公司产品；
2. 被告的报销是否履行了公司财务审批程序，是否属于侵占行为；
3. 原告受到行政处罚是否与被告的履职行为有因果关系，是属于法人行为还是个人行为。

[①] 参见上海市第二中级人民法院(2011)沪二民四(商)终字第552号民事判决书。

第十三章

损害公司利益责任纠纷

基本案情：

原告系由川村××（法定代表人）、日本泰迦金属工业株式会社、川村狂士及郑某某（川村××的妻子）4名股东发起设立的有限责任公司，于2003年6月11日经工商登记注册成立，财会主管郑某某。

被告从2003年6月11日起至2009年9月24日止在原告处工作，其中自2004年3月开始担任原告的总经理职务，至2009年8月25日离职。

2005年至2008年，原告因税务行政违法行为，分别被上海市奉贤区国家税务局处以个人所得税罚款、企业所得税罚款、增值税罚款、行政罚款、发票罚款、征收滞纳金共计32,360.73元。

2007年10月12日，原告因在加工贸易保税手册履行过程中，由于管理不善，造成保税料件高速圆钢短缺7166公斤，无法正常出口。奉贤海关以沪奉贤关稽查告字（2007）002号《稽查补征税款告知书》要求原告补缴税款165,210.31元（关税、增值税）。同时对原告征收关税缓息、增值税缓息共计19,143.13元，合计184,353.44元，海关的行政文书上均有原告法定代表人签字。

2009年11月20日，因原告的部分生产废水通过雨水排向外环境，违反《上海市环境保护条例》相关规定被处以45,000元罚款。

上述罚款原告均已缴纳。

2008年7月至2009年7月，原告与案外人弘奕公司持续发生购销业务，此期间向弘奕公司销售的价格为15.38元，低于原告向其主要客户Misumi的销售价格（21.6元）。

原告的《经营会议备忘录》载明："……2）每个月不定期举行经营会议（川村、郑、施、花田）关于原告的销售，由被告报告。把握每个月的经营状况。公司内部改进，经营者之间的意见交流。……6）Misumi的销售非常重要，但是需要增加原告自有的客户，希望将销售比例设定为Misumi30%~35%，自有客户30%~75%。"

2010年3月16日，原告向奉贤劳动仲裁委申请仲裁［奉劳仲（2010）办字第349号］，要求被告赔偿在职期间未尽勤勉义务给原告造成的损失共362,927.06元。具体如下：(1)被告对弘奕公司以实际售价不包括17%增值税的低价出售，但对董事长不报实际价格，涉及合同总金额481,238.46元，累计差价达81,811元。(2)被告对原告的日常事务疏于管理，玩忽职守，致使原告连续受到税务局、环保局、海关的行政处罚共计261,714.17元。(3)2006年至2009年8月税务部门退给原告的个人所得税代缴手续费合计7049.89元，全部由被告个人擅自领取。(4)原告对截至2009年8月31日账面反映的现金进行了盘点，其中账面记录的"其他应收款——被告"10,000元的备用金,被告未予返还。(5)被告利用职务上的便利,报销与工作无关的发票,共计2352元。

奉贤劳动仲裁委审理后认为,"其中涉及的税务处罚、环保处罚、海关处罚等不属于本会受理范围,故本会不作处理","对于原告请求的赔偿其他损失,原告提供的印章掌管证明、审计报告(部分)、记账凭证、情况说明、价格证明、关于增值税的证明、员工手册、董事会决议、通知书等证据并不足以表明系被申请人造成了原告损失,被告对此亦不予认可,故本会难以支持",2010年4月27日,该会裁决被告于裁决书生效之日起5日内一次性返还原告1万元。现该裁决已生效。

2009年9月16日,被告因工资等纠纷与原告发生争议,遂向奉贤劳动仲裁委申请仲裁,同年12月18日奉贤劳动仲裁委作出裁决:(1)原告支付被告违法解除劳动关系的赔偿金138,264元;(2)原告支付被告2009年9月1日至23日工资14,881.84元;(3)原告支付被告2008年度5天及2009年度3天年休假工资13,638.62元;(4)对被告的其他请求不予支持。

因双方均不服该仲裁裁决,遂分别向奉贤法院提起诉讼,奉贤法院审查后并案审理。在该案中,原告称被告在担任公司总经理期间,对公司事务疏于管理、玩忽职守;利用职务上的便利侵吞公司财产;以明显不合理的低价出售公司财产并予以隐瞒,认为被告的行为严重违反公司章程及员工手册,给原告造成极大的经济损失,原告作出与被告解除劳动关系的决定并不违法,故不应支付被告违法解除劳动关系的赔偿金等,请求:(1)原告不予支付被告违法解除劳动关系的赔偿金138,264元;(2)原告不予支付被告2009年9月1日至23日的工资14,881.84元;(3)原告不予支付被告2008年度5天及2009年度3天年休假工资计13,638.62元;(4)诉讼费由被告负担。原告在该案中对其诉称的事实提供如下证据:"……(6)2005年至2008年,《税务行政处罚事项告知书》《税务行政处罚决定书》共9份,旨在证明被告任职期间疏于管理导致原告被行政处罚的事实;(7)2009年11月由奉贤区环保局作出的行政处罚决定书1份及2007年10月奉贤海关出具的稽查、补征税款材料等,证明内容同证据(6);(8)价格证明、采购合同、情况说明等一组证据,旨在证明被告以不合理的低价向弘奕公司出售产品,造成原告经济损失的事实。"

在314号案件中,奉贤法院对原告提供的证据发表如下意见:对证据(6)、(7)认为,首先上述处罚结果是否与被告存在必然关联,难以认定;其次上述处罚结果大多发生于2008年前,如原告董事会认为需由被告承担责任的,早就可以向被告指出,但原告并未提供此前对被告进行诫勉、处罚的证据,故认为上述证据不

第十三章

损害公司利益责任纠纷

能作为原告与被告解除劳动关系合法的依据;对证据(8),法院认为系原告单方提供,被告不予确认,故法院认为不具有证据效力。奉贤法院认为,就原告提供的证据而言,尚难以证明被告存在严重违反用人单位的规章制度或严重失职,营私舞弊,给用人单位造成重大损害的事实。该案中,奉贤法院同时查明:2009 年 8 月 20 日,被告与川村××签订《确认书》1 份,载明"1. 本着和平协商的原则,如双方合意(经济补偿)的话,被告同意解除劳动关系;2. 被告从 2009 年 8 月 21 日起,在家休息,参与工作,工资待遇等不变"。确认书签订后,被告即离开公司。因此,奉贤法院认为原告作出解除双方劳动关系的决定,不符合法律规定的条件,属于违法解除双方劳动关系的行为,原告应向被告支付相应的经济赔偿金,故判决驳回了原告这部分的诉讼请求。该案后经上海市第一中级人民法院二审维持。

原告诉称:

1. 被告以低价出售公司产品,造成公司损失。

根据公司章程,被告作为总经理的职责是贯彻董事会的经营方针、决议,对公司的盈亏负直接责任,由于被告低报销售价格,造成原告在和弘奕公司的交易中,产生了 81,811 元损失。

2. 被告以报销形式从公司挪走 13,401.89 元。

(1)被告擅自领取 2006 年至 2009 年 8 月税务部门退还给原告的个人所得税总计 7049.89 元(具体为:2007 年 1 月 22 日领取 2006 年度退税 1323.51 元,2007 年 12 月 24 日领取 2007 年度退税 1402 元,2008 年 6 月 30 日领取 2008 年上半年度退税 1150.66 元,同年 11 月 19 日领取下半年度退税 1597.34 元,2009 年 6 月 17 日领取 1576.38 元);

(2)被告报销与工作无关的发票金额共计 2352 元;

(3)被告冒领原告交通费 1000 元;

(4)被告将自己家中的宽带费 3000 元在原告处报销。

上述金额合计 13,401.89 元。

3. 被告的严重失职行为,致使原告受到税务机关、海关、环保部门行政处罚,致原告遭受损失共计 261,714.17 元。

被告辩称:

1. 原告向弘奕公司出售产品的价格为优惠价,并非不合理。

原告对销售给弘奕公司的产品给予了一定优惠,但并非显著不合理。被告作为原告的总经理,销售情况均需向董事会汇报,原告董事会也始终未提出反对意见。

2. 被告从原告处报销或支取款项履行了内部财务手续。

（1）对被告领取税务部门退还原告的税款没有异议，但该款项系用于原告内部员工活动，且被告领取该款项履行了内部财务手续，领款凭证上有原告董事郑某某的签字。

（2）被告对原告给被告1000元购买交通卡及被告报销1000元通行费发票的事实无异议，但认为1000元发票发生在2006年，原告每年审计均未对此提出异议，当时因原告财务总监认为通行费要实报实销，故不再购买交通卡，因此才产生通行费发票。被告作为总经理，在日常工作中为接待客户及日本来的董事，报销发票属正常行为，不存在利用职务之便报销费用的行为。此外，上述相关报销凭证上都有郑某某或原告法定代表人的签字，且原告追索2006年、2007年的账单已超过诉讼时效。

3. 原告遭受行政处罚与被告的行为之间没有因果关系。

被告对原告受到以上行政处罚的事实没有异议，但被环保部门行政处罚的违法事实发生在2009年9月14日，当时施某已经离职，故与被告无关。对于其他行政处罚，之前的生效民事判决已证明被告对原告受到的处罚不存在失职行为。

律师观点：

1. 原告未举证证明被告亏本销售损害其利益。

原告向弘奕公司销售的价格虽然低于向主要客户Misumi销售的价格，但是原告未证明这属于恶意的亏本销售，而价格存在差异并不等同于被告存在低价销售损害原告利益的行为。每个公司为维持自己的经营以及今后的发展，会有一定的销售策略，被告作为原告总经理，享有独立进行商业判断的权利，其为增加原告自有客户，开拓市场，以低于常规价格进行销售并无不当。事实上，原告的《经营会议备忘录》中也规定"需要增加原告的客户，希望将销售比例设定为Misumi 30%～35%，自有客户30%～75%"。更何况原告与弘奕公司的购销业务均已开具增值税发票，增值税发票作为反映企业销售、经营的凭证，对于企业有着重要意义。而原告有着完整的财务制度和经营管理制度，郑某某身为董事同时兼公司财务主管，完全可以通过增值税发票等资料了解公司的业务情况，但直至双方发生诉讼前，原告未就这一销售价格提出异议，这充分表明原告实际已经认可与弘奕公司的业务往来。另外，被告2009年8月离职，而与弘奕公司的业务却持续到同年9月，故应认定原告与弘奕公司的业务往来系原告的真实意思表示，与被告滥用职务无法联系到一起。

2. 被告领取个人所得税退税及报销款项均依照财务手续，无须返还。

原告主张的个人所得税退税7049.89元、被告报销与工作无关的发票2352

元、被告冒领的1000元交通费以及被告报销的3000元宽带费,上述金额的报销支出均已经过原告财务报销流程,且均由原告财会主管郑某某签字同意,虽原告认为财会主管受制于总经理,无权干涉总经理的决定,但原告对此并未提供充分证据证明。原告作为一家外商投资企业,具备完善的内部管控体系及规范的财务流程。根据法律规定,公司财务主管亦系公司高级管理人员,对原告亦负有忠实勤勉之义务,郑某某作为原告财会主管,理应秉持财会人员的职业操守,严格遵照会计准则及公司财务制度进行日常会计核算,倘若有异常财务情况以及总经理等高管有违背公司相关规定,不当收取费用,理应及时阻止或报董事会。同时,从原告的股权结构和董事会的组成情况看,郑某某要对被告的行为进行制约并不存在障碍。其作为原告法定代表人、董事长的妻子,以及股东、董事,其与丈夫(董事长)在董事会中占决定性的1/2表决权,若被告确有违规之事,即使其他董事反对,也得听从他俩的主张,何况一名聘任的总经理。另外,从商业习惯来说,一个企业的总经理,为开展经营活动报销一定应酬费用也属正常,关键是有相应财务制度制约。故对原告要求被告返还经财务主管郑某某批准报销的费用的主张,应不予支持。

3. 被告作为总经理勤勉履职,行政处罚并非被告过错所致。

首先,根据原告章程规定,被告作为总经理应定期向董事会进行业务报告,定期向董事会报告各项计划执行情况和经营情况,现原告并无证据证明被告在任职期间未定期向董事会汇报,且原告董事会例会每年召开1至2次,必要时可由董事长召集临时会议,而原告缴纳的罚款中,关于海关的罚款又由董事长签字付款,故有理由相信,原告董事会知晓受到行政处罚的情况。但原告董事会并未对被告采取措施,追究相关责任人的责任,甚至于有部分罚款在被告离职时就已超过两年的诉讼时效。

其次,原告所受的行政处罚,系因违法或不当行为所致,从行为目的和结果来看,上述行为客观上为原告减少了支出,原告有利益而被告并未从中获取非法利益,原告作为既得利益者,在被有关部门查获及遭受行政处罚后并无异议,却在被告离职并与原告产生纠纷后才追究被告的责任,显然另有隐情。

最后,被告作为总经理,全面执行董事会的各项决定。在原告的组织架构中,被告为执行者,而董事会为决策机构,现原告认为被告在履职过程中疏于管理、玩忽职守致使公司受到行政处罚,但原告章程规定总经理如有营私舞弊或严重失职行为的,经董事会决议,可随时解聘,如触犯刑律的,要依法追究刑事责任。为何在被告多年任职期间不对被告的职务行为进行处理,反而继续聘任被告,直至其离职？因此，应认定原告所受行政处罚的违法行为，虽然有被告的参与，但仍属法人行为，不能归责于被告个人。故对原告要求被告赔偿经济损失的诉讼请求，不应予支持。

法院判决：

驳回原告诉讼请求。

【案例365】董事职务未被免除仍应尽忠 电子邮件存疑难证董事窃商机[①]

原告：医药生物公司

被告：毛某

诉讼请求：判令被告赔偿原告经济损失3,572,820元人民币。

争议焦点：

1. 董事会决议是否罢免了被告董事职务；
2. 董事会是否有权改选董事长；
3. 证人证言能否证明公司员工离职系受被告影响；
4. 电子邮件能否证明被告牟取公司商业机会，违反忠实义务。

基本案情：

原告系中外合资企业。投资方为南京某公司等9名股东，注册资金2240万元。经营范围为：艾滋病药物、抗癌药增敏剂、基因工程疫苗及生物医药中间体的研发，转让自有技术成果，并提供相关技术咨询和技术服务等。

原告公司章程规定，公司设董事会，由10名董事组成，由各股东委派。董事在任期届满前，董事会不得无故解除其职务。特殊原因经董事会讨论另定。第一届监事会的监事及监事长由股东委派，以后各届监事长由监事会选举产生。

被告于2007年受委派担任原告董事，并担任公司总裁。

2008年4月27日，原告第二届董事会第五次会议纪要中，董事会任命被告为监事长，继续担任公司生物部首席科学家，免去被告在公司"内部总裁"职务，撤销其行政职权。该份纪要仅有董事长签字和公司的公章，没有与会董事的签字。

2008年5月27日，原告公司第二届董事会第六次会议决议中，原告董事会决定免去被告行政总裁职务，任命被告为监事长。在该决议中有8名董事签字，没

[①] 参见上海市浦东新区人民法院(2008)浦民二(商)初字第3719号民事判决书。

有被告的签字。

2008年6月16日,被告向原告提交了辞职信。同时,原告公司生物部亦有部分员工离职。

2008年6月20日,原告的客户某国Sirtris公司与原告签署1份协议。内容为,因为原告与Sirtris公司生物技术项目相关的生物部的大部分员工以及全部领导层的离职,Sirtris公司特此暂停在原告的所有生物领域的活动,自2008年6月16日起生效。

2008年7月14日,原告委托律师向被告发律师函。律师函的主要内容如下:自即日起免去被告在原告的所有行政管理职务,被告无权以原告董事、总裁或监事长等任何名义代表原告从事任何经营、科研、管理活动。原告希望被告于2008年7月25日前至原告处办理离职移交手续,作为公司高管,被告和原告有竞业限制、保护商业秘密的约定和义务,故被告必须以书面形式告知原告离职后的工作及去向。离职后18个月内,被告不得以任何形式从事和原告业务有竞争性的商业活动,不得与原告现有客户从事任何形式的商业活动。被告的擅自离职行为已在原告公司造成重大的负面影响,对公司造成损害无可限量,必要时原告将启动司法程序追究相关责任人的所有法律责任。

2008年7月22日,被告亦委托律师发出一封律师函。主要内容如下:2008年4月下旬和5月27日形成的董事会决议明确除了监事长一职外,被告不再担任其他任何职务。从法律上,被告作为原告公司董事或总裁的职责自2008年4月底起即已终止。原告也在6月中旬停止支付被告工资。2008年6月16日,被告向原告递交辞职信仅仅是对上述既存事实的明确(同时就辞去监事长一职告知原告),并非擅自离职,也不可能对原告造成重大负面影响。原、被告之间未曾签署任何劳动合同、董事服务协议,亦未达成任何口头的关于其任职终止后竞业限制的约定,原告亦未就所谓的"竞业限制约定"支付给被告任何报酬,被告不负有任何法律或合同上的竞业限制义务。

后被告未按原告律师函中要求的时间与原告进行离职移交。

2008年8月14日,案外人某生物科技公司注册成立。注册地址为上海市张江高科技园区,法定代表人吴某,经营范围是生物医药技术的研发,自有研发成果的转让,并提供相关的技术咨询和技术服务。

2008年7月,原告曾三次通过快递公司向被告快递文件,快递的地址即某生物科技公司的注册地址。前两次由被告本人签收,第三次由吴某签收。

原告诉称:

2008年5月至6月,被告在尚未脱离原告且未与原告办理任何离职手续的情况下，煽动原告生物部的骨干技术员工离职跳槽到与原告经营范围雷同的某生物技术公司工作。被告自称其为某生物技术公司的实际经营者，并许诺予以高于原告的待遇报酬，导致原告公司生物部十多名技术骨干离开原告，严重影响原告生物部研发工作的正常开展，使原告多项正在研发的业务无法开展，客户纷纷解约并要求赔偿损失。因被告担任原告生物部总裁，其利用在原告就职期间掌握的客户信息、技术资料，以某生物技术公司名义与客户联系，导致原告的客户解除或终止与原告的项目合作。其中，原告的重要客户某国Sirtris公司已明确表示自2008年6月16日起终止和原告的合作，并宣布其已和被告所服务的某生物技术公司合作。由于被告的侵权行为，原告的客户流失和经济损失正在进一步扩大。

原告认为，被告作为原告的高级管理人员，理应恪守行业准则和法定义务，但被告却置最起码的职业道德与商业诚信于不顾，利用其担任原告生物部总裁等职务的便利，公然违反公司法规定的董事、监事、高级管理人员的忠实义务，作出了一系列侵犯原告公司合法权益的行为，导致原告的重大利益损失，被告应承担侵权责任并赔偿原告因此遭受的相关经济损失。

原告为证明其观点，提交证据如下：

1. 证人张某、汪某某、袁某某的证词，证明被告煽动原告职工离职；
2. 某国Sirtris公司与原告解除合作的协议书；
3. 以某国Sirtris公司为名的邮箱发送至原告的电子邮件；
4. 2008年7月17日、7月22日，原告向被告发送快递，地址为原告注册地，两份快递回单均有被告签收。

被告辩称：

被告是原告的股东美国某公司的代表，并非原告的股东。被告从未担任过原告的生物部总裁。2007年6月，被告受美国某公司委派担任原告的董事，2008年2月23日，原告任命被告为公司总裁。2008年4月27日，原告解除了被告一切行政职务同时任命被告为公司监事长。因此，2008年4月28日起，被告不再是原告董事及总裁，只是监事长。2008年6月16日，被告辞职离开公司。

《公司法》仅针对在职董事、高管规定竞业限制义务，不包括离职后的禁止，且原、被告之间也没有签订过保密协议。原告诉称被告在2008年5月、6月煽动员工跳槽到某生物技术公司缺乏事实依据，当时某生物技术公司尚未成立。原告诉称原告客户某国Sirtris公司不与原告合作转而与某生物技术公司合作，是被告将业务拉走了，也没有依据。由于原告相当部分员工离职，客户流失是必然的，与被告没有关系，这是原告自身的原因。客户有权自由选择与谁合作，被告要求法院驳回原告的诉请。

律师观点:

1. 被告董事职务未被免除,监事长任命程序存在瑕疵,被告仍为原告董事,应负忠实勤勉义务。

原告 2008 年 4 月 27 日的董事会决议与 5 月 27 日的董事会决议中仅提到解除被告的总裁职务、给予被告监事长的职务,并未提到解除被告的董事职务。原告章程中规定:监事长由股东委派或监事会选举产生。上述两份原告董事会决议与章程中对监事长的任命程序不符,且被告的董事职务是否免除应该在董事会决议中明确。因此,在程序上,上述两份董事会决议对于任命被告监事长职务存在瑕疵,被告的董事职务亦没有被免除,被告仍为原告的董事,对原告负有忠实义务,不得利用职务便利为他人或者自己谋取属于公司的商业机会,损害公司利益。

2. 原告证据不足以证明被告利用职务便利谋取原告商业机会,原告应承担举证不能的不利后果。

原告认为被告在任职期间煽动原告公司生物部员工跳槽到某生物技术公司以及被告利用原告的客户信息让原告客户某国 Sirtris 公司终止与原告合作转而与某生物技术公司合作。

但原告提交的 3 位证人的证词不能证明原告公司生物部员工离职后跳槽到某生物技术公司以及跳槽是受到了被告的影响。

此外,原告提供的证据为其与某国 Sirtris 公司之间的电子邮件,但由于电子邮件未进行公证,且无法证明发出人确为某国 Sirtris 公司,本身的真实性无法确认,且该邮件内容也未明确说明某国 Sirtris 公司与原告终止合作系被告所致。同时原告提交的两份由被告签收的快递回单也不足以证明被告系某生物技术公司实际经营者。因此,原告无法证明被告存在谋取公司商业机会的行为,违反忠实义务。

法院判决:

驳回原告诉讼请求。

【案例 366】系争账户权属与资金来源不明　主张高管挪用公款赔偿损失被驳回[①]

原告:期货公司

被告:宋某

[①] 参见上海市第一中级人民法院(2011)沪一中民四(商)终字第 615 号民事判决书。

诉讼请求：判令被告向原告赔偿本金 457.5 万元，并按年利率 5% 赔偿自 1998 年 8 月 21 日起至判决生效之日止的利息损失。

争议焦点：系争账户属于原告经营账户还是个人交易账户，账户资金是否归属于原告。

基本案情：

原告设立的经营范围为国内商品期货代理、期货业务咨询和期货人员培训，被告担任总经理。

1995 年 12 月 22 日至 1996 年 12 月 12 日，乙建材、丁公司、何某某先后与原告签订《开户合同书》和《期货交易账号借用协议书》，乙建材、丁公司以及何某某在原告处开设保证金账户，委托原告代理有关期货合约买卖。

原告财务管理系统将乙建材、丁公司及何某某的保证金账户均记载为客户账户。其中，乙建材的保证金账户于 1995 年 12 月 22 日开户，何某某的保证金账户于 1996 年 1 月 17 日开户，丁公司的保证金账户于 1996 年 12 月 12 日开户。

1996 年 4 月至 6 月，原告向常州市开发区建设银行的三产企业融资 3.85 亿余元，其中 2.5 亿余元以存入保证金形式滞留在原告账上，供乙建材及何某某等账户巨额透支使用。

同期，乙建材名下账户利用上述巨额保证金以透支交易方式累计获得期货交易净利 2561 万余元，何某某名下账户以相同方式累计获得期货交易净利 2468 万余元。

该两个账户于同年 6 月划入常州市开发区建设银行的三产企业 2000 万元资金。乙建材、丁公司以及何某某名下三个账户自开户日起至 1998 年 12 月 28 日止，账户均由被告控制及实施透支交易，三个账户的保证金存在违规共用情形。其间，该三个账户累计产生净利润 7677 万余元。

被告于 1997 年 8 月 18 日以个人名义与戊公司签订 1 份《委托协议书》，约定：被告委托戊公司购买并开发坐落于上海市浦东川沙镇的别墅。

截至 1998 年 9 月 24 日，原告从乙建材和丁公司账户共向戊公司划款 2425 万余元支付委托开发的款项。

1998 年 12 月 30 日，被告取得了上述房屋。

1999 年年底，被告对上述房屋进行了装修，并占有使用。

被告因涉嫌职务侵占罪（从在原告处开设的乙建材、丁公司等三个账户上划款 1793 万余元用于建造被告个人所有的位于上海市川沙镇的别墅）于 2000 年 8 月 17 日被依法逮捕。

第十三章

损害公司利益责任纠纷

上海市第一中级人民法院于 2003 年 3 月 20 日作出 (2001) 沪一中刑初字第 89 号刑事判决:(1) 被告犯职务侵占罪,判处有期徒刑 5 年;(2) 违法所得予以收缴。

被告上诉后,上海市高级人民法院于 2003 年 7 月 29 日裁定驳回上诉,维持原判。

被告不服,向最高人民法院申诉。最高人民法院对该案进行提审,并裁定撤销原一审、二审判决和裁定,将该案发回上海市第一中级人民法院重新审判。上海市第一中级人民法院后立案对该案进行再审。

再审中,上海市人民检察院第一分院以事实、证据有变化为由,决定对被告撤回起诉。上海市第一中级人民法院于同日作出裁定:准许上海市人民检察院第一分院撤回对被告的起诉。

原告诉称:

1. 基于原告对资金承担的义务,应推定原告对账户内资金享有权利。

系争账户无论从法律效力上,还是从实际操作上,均属于原告的自营账户,被告在原告的系争账户内并无其个人资金投入。

2. 被告利用职务行为,将账户内资金用于支付个人别墅的建造,属于侵犯公司利益。

被告作为原告的总经理,负责经办设立、操控原告的系争账户的行为,不是其独立的个人经营行为,而是原告内部的职务行为。

被告辩称:

1. 原告主张缺乏证据。

迄今为止,没有证据表明系争账户系原告的自营账户、系争账户内的资金系原告的资产,相关证据能证明系争账户是其个人账户,被告从自己的账户内提款的行为显然不构成对原告资产的侵占。

2. 被告不构成职务侵占已有刑事案件确定。

本案的系争款项均包含在已生效的刑事案件中,该刑事案件已被撤销,被告不构成职务侵占罪,故被告并无侵占原告资产的行为。

一审认为:

3 个账户具有双重性质,既是原告的自营账户,也是被告的个人交易账户。

1. 从该 3 个账户的设立情形分析,其应属于专供被告个人使用的账户。而且,根据乙建材的证明,乙建材最初投入其保证金账户的 31,093,750 元资金也可以确认系被告投资。加之,该 3 个账户彼此共享保证金,并在被告独立操作下获

1479

得盈利。所以,确认该3个账户属于被告的个人交易账户。

2. 从原告向常州市开发区建设银行的三产企业融资、利用乙建材及何某某等账户透支交易以及从乙建材和丁公司账户向裕华恒银大厦项目投资等事实分析,上述3个账户又属于供原告自营的账户。

虽然本案无法厘清原告、被告在上述3个账户内的资金份额,但3个账户均属盈利账户。鉴于被告投入账户的资金本金已远远超出本案诉请,故法院确认被告未侵占原告的自营资金。

一审判决:

驳回原告的全部诉讼请求。

原告不服一审判决,向上一级人民法院提起上诉。

原告上诉称:

在现有证据不能确定乙建材账户内最初资金权属的情况下,原告对乙建材账户内的资金承担义务,故从衡平权责的角度,推定原告对该账户内的资金享有权利。

被告将属于原告的款项,用于支付其建造个人别墅,显然是对原告及其股东利益的侵犯。

故请求二审法院撤销原判,依法改判支持其原审的全部诉讼请求。

被告二审辩称:

原告并未提供充分的证据证明系争账户是自营账户,相关证据能证明系争账户是其个人账户,被告从自己的账户内提款的行为显然不构成对原告资产的侵占。

律师观点:

原告缺乏证据证明乙建材、丁公司以及何某某名下3个账户的性质应是原告的自营账户。

原告主张其假借乙建材、丁公司及何某某3个账户的名义,由被告具体经办开展自营业务,故该些账户内的资金为其公司所有,但被告将这些账户内的资金据为己有,侵犯了其公司的合法权益。对此,我们认为,原告应对此承担举证责任。根据现有证据,仅能证明乙建材、丁公司与原告间存在期货业务委托代理关系,并不存在账户的借用协议,而乙建材及丁公司却曾确认该两公司将公司账户借给被告。

同时,关于系争账户内的资金来源问题,根据现有的审计报告来看,乙建材账户内的资金来源无法进一步查证。据此,也无法确认系争账户内资金全部归属于原告。原告的起诉缺乏事实与法律依据,不应予以采信。

二审判决:

驳回原告的全部诉讼请求。

905. 催缴股东出资是否属于董事勤勉义务?

《公司法》并未将"对未履行或未全面履行出资义务的股东进行催缴"列为董事勤勉义务的范围内,因此并不能直接认为董事负有向未履行出资义务的股东催缴出资的义务。但笔者认为,即便《公司法》没有明确规定,也并不等于将此义务排除在董事勤勉义务之外,原因在于董事承担着对公司的经营和管理责任,股东是否出资到位直接影响公司能否正常经营。

【案例367】双重董事不催缴股东出资 对未出资承担连带赔偿责任[①]

原告: 斯曼特公司

被告: 胡某生、薄某明、史某文、贺某明、王某波、李某滨

诉讼请求: 六被告对原告股东欠缴出资所造成原告的损失承担连带赔偿责任,赔偿责任范围为原告股东欠缴的注册资本4,912,376.06美元。

争议焦点: 六被告作为原告的董事,以及原告股东的董事,未催缴原告的股东履行出资义务,是否应当对未出资部分承担连带赔偿责任。

基本案情:

原告成立于2005年,系外国法人独资的有限责任公司,股东为开曼公司,认缴注册资本额为1600万美元。

原告章程规定,公司成立后90天内股东应缴付出资300万美元,第一次出资后一年内应缴付出资1300万美元;董事会由6名被告组成,6名被告亦为原告的股东开曼公司的董事;董事会是公司最高权力机关,拥有法律赋予的最终决定权,并承担对公司决定有关经营管理和事务之总体政策的责任;董事会拥有和行使所有属于公司或与公司有关的事项的最后决定权,并且决定所有与公司有关的重大事项。

原告的股东开曼公司第一次出资后一年内多次出资,尚欠缴出资5,000,020美元。原告与案外债权人的债务纠纷生效执行裁定:原告的股东开曼公司为被执行人,在5,000,020美元范围内对原告的债权人承担清偿责任。经强制执行,原

[①] 参见最高人民法院(2018)最高法民再366号民事判决书。

告的股东开曼公司仍欠缴出资4,912,376.06美元。因开曼公司没有其他可供执行的财产,法院裁定终结该次执行程序。后原告被债权人申请破产清算。

原告诉称:

1. 原告的股东开曼公司至今欠缴原告注册资本4,912,376.06美元。

2. 六被告是原告的董事。原告章程规定的公司注册资本分期缴纳的方式和董事会的职责,决定了六被告在董事任期内有监督并向股东催缴出资的义务和责任。监督并向股东催缴出资是《公司法》对董事勤勉义务的内在要求,也是《外资企业法》对外资企业董事的内在要求。

3. 原告董事会成员与原告的股东的董事会成员的同一性,决定了六被告不仅负有监督义务,更是原告股东缴纳出资行为的具体实施者,其有绝对的义务促使股东作出缴纳出资的行为。

4. 六被告未尽到监督并促使原告股东按原告章程规定缴纳认缴出资的义务,并因此造成了原告和债权人的经济损失。六被告未尽监督并促使原告股东履行缴纳出资的义务存在主观上的过错。

被告均辩称:

1. 无论法律上是否认定董事催缴出资属于勤勉义务的当然内容,也无论六被告实际上是否怠于履行勤勉义务,现行法律法规、司法解释已明确董事无须对出资人设立时未全面履行的出资义务承担法律责任。《公司法司法解释(三)》第13条、14条明确规定,在公司设立时股东未全面履行出资义务的情形下,公司发起人要承担连带责任,并未要求董事承担相应责任。要求董事为出资人承担出资责任,突破了《公司法》本身关于董事固有的义务和责任,必须要有法律或司法解释的明文规定。

而《公司法司法解释(三)》明确区分了公司设立、增资、抽逃出资三种情形来规范包括董事在内的相关主体的责任。协助抽逃出资的董事要承担连带责任;增资不到位时,董事承担相应补充责任;设立时出资不到位,则董事不承担责任。公司设立时的出资未到位,与董事无直接关系,董事无法强迫股东履行缴纳出资义务。

2. 原告无任何证据证明六被告未履行监督、催缴义务,不能认定六被告未尽到勤勉义务,不能以股东未履行完毕出资义务这一结果倒推出董事责任。

3. 退一万步讲,即使六被告负有勤勉义务,且怠于履行勤勉义务,与原告股东欠缴出资没有直接因果关系,不会导致原告的损失,也不影响相关利害关系人请求股东补缴出资。事实上,因原告股东欠缴出资,申请原告破产清算的债权人已申请追加原告股东为被执行人,在其欠缴的出资范围内对债权人承担清偿责任,并获得了法院支持。

一审、二审认为:

本案系损害公司利益责任纠纷。六被告作为原告董事,是否应当对原告股东开曼公司欠缴出资所造成的损失承担连带赔偿责任,需要从三个方面分析:

1. 追缴股东出资是否属于董事勤勉义务的范围。

《公司法》第 147 条第 1 款规定,董事、监事、高级管理人员应当遵守法律、行政法规和公司章程,对公司负有忠实义务和勤勉义务。董事勤勉义务,一方面要求董事按照法律、行政法规和公司章程规定,积极履行职责,另一方面要求董事尽其所能为公司利益服务,也即充分发挥自己的聪明才智,勤勉尽责,实现公司利益的最大化。董事会的职责范围,就是董事的勤勉义务范围。

本案追缴股东欠缴出资事项属于原告事务,六被告作为原告的董事,应当积极通过董事会会议,就该事项作出决策。但负有该项勤勉义务,并不等于未履行就必然需要承担法律责任。六被告消极未履行该项勤勉义务,是否应当承担赔偿责任,应从六被告未履行该义务与原告股东欠缴出资之间的因果关系,以及六被告未履行该义务是否导致原告损失两方面作进一步分析。

2. 六被告未追缴股东出资与股东欠缴出资之间是否存在因果关系。

《公司法》第 28 条第 1 款规定,股东应当按期足额缴纳公司章程中规定的各自认缴的出资额;第 2 款规定,股东不按前款规定缴纳出资的,除应当向公司足额缴纳外,还应当向已按期缴纳出资的股东承担违约责任。从该规定可知,股东向公司缴纳认缴的出资额,是股东对公司应当履行的义务。《公司法司法解释(三)》第 13 条第 1 款规定,股东未履行或者未全面履行出资义务,公司或者其他股东请求其向公司依法全面履行出资义务的,人民法院应当予以支持。

据此,在股东欠缴出资的情况下,董事会有权作出追缴出资的决定。但董事会未作出追缴股东欠缴出资的决定,与股东欠缴出资并无必然联系,也即股东是否履行全面出资义务,并不取决于董事会的决定。六被告消极未履行追缴股东应缴出资的勤勉义务,并不是股东欠缴出资的原因。

3. 六被告未追缴出资是否导致原告损失。

原告主张,六被告未履行催缴股东出资的勤勉义务导致原告损失,损失额为原告股东欠缴的出资。对此,如前所述,六被告消极未履行追缴股东欠缴出资的勤勉义务,与股东欠缴出资之间并不存在必然联系。原告未收到全部出资,系因原告股东未全面履行出资义务所致,并非六被告作为原告董事消极不履行勤勉义务或者积极阻止股东履行出资义务所致。

《公司法》第 149 条规定，董事执行公司职务时违反法律、行政法规或者公司章程的规定，给公司造成损失的，应当承担赔偿责任。《公司法司法解释（三）》第 13 条第 4 款规定，股东在公司增资时未履行或者未全面履行出资义务，公司请求未尽《公司法》第 147 条规定的义务而使出资未缴足的董事承担相应责任的，人民法院应当支持；第 14 条第 1 款规定，股东抽逃出资，公司请求其向公司返还出资本息、协助抽逃出资的董事对此承担连带责任的，人民法院应予支持。从上述规定中的"执行公司职务""公司增资""协助抽逃"等表述可知，董事对公司损失承担责任，系因董事作出了某种积极行为，并导致公司受到损失。在董事消极未履行某种勤勉义务，且该等消极未履行与公司所受损失并无直接因果关系的情况下，董事不应当受到追责。

一审、二审判决：

驳回原告的诉讼请求。

原告不服二审判决，向上级人民法院提起申诉。

原告再审申诉称：

1. 六被告作为原告董事，未履行监督股东出资的义务，属于违反董事勤勉义务的情形。董事对公司所负的勤勉义务属于法定义务，不受公司章程规定的限制。虽然《公司法》第 147 条未对董事违反勤勉义务的情形及范围作出列举性规定，但是根据《破产法司法解释（二）》第 20 条第 2 款的规定："管理人依据公司法的相关规定代表债务人提起诉讼，主张公司的发起人和负有监督股东履行出资义务的董事、高级管理人员，或者协助抽逃出资的其他股东、董事、高级管理人员、实际控制人等，对股东违反出资义务或者抽逃出资承担相应责任，并将财产归入债务人财产的，人民法院应予支持。"董事负有监督股东履行出资的义务（该义务系基于董事勤勉义务产生）。

2. 六被告负有监督原告股东履行出资的义务。原告作为外商独资企业，在设立时采用的是注册资本认缴制，公司董事对于公司章程规定股东分期缴纳资本的事实是明知的，故在原告股东欠缴出资的情况下，原告董事作为公司的管理者应具有更高的注意义务。原告章程规定，董事会系原告的最高权力机构。负责监督原告股东开曼公司履行出资义务的是原告的董事会，而由董事会负责监督即是原告的董事负责监督。

3. 6 名董事既是原告董事，又是股东开曼公司的董事，是股东履行出资义务的唯一监督者。负有监督股东履行出资义务的董事不履行监督职责，不积极向股东开曼公司催缴出资,具有主观恶意。具有双重董事身份的六被告明知股东开曼公司欠缴出资的事实,不监督股东履行出资义务,是故意所为,具有主观过错。六被告的消极不作为导致原告有效资产不足,严重削弱了该公司的偿债能力。负有监督股东履行出资义务的6名董事的消极不作为与原告的损失具有法律上的因果关系。

4. 董事负有监督股东履行出资义务的法理基础是董事的勤勉义务,董事勤勉义务属于法定义务,董事违反了该义务,则必须承担法律责任。不作为侵权不同于一般侵权行为,不应适用直接因果关系原则,而应适用相当因果关系原则,即不作为侵权行为的因果关系,要看如果行为人履行职责,是否会阻止损害后果的发生,而不是看不作为行为是否引起损害后果发生的直接原因。根据《破产法》第125条的规定,企业董事、监事或者高级管理人员违反忠实义务、勤勉义务,致使所在企业破产的,依法承担民事责任。

因此,6名董事应对原告股东欠缴出资所造成原告的损失承担连带赔偿责任。

被告再审均辩称:

1.《公司法》等相关法律、法规、司法解释以及公司章程等并未明确规定董事负有催缴公司股东出资的义务。如果股东未履行出资义务即要求董事通过诉讼、仲裁等方式进行催缴,无疑是加重了董事的注意义务和责任。

2. 六被告双重董事身份不构成更高注意义务之要件。

3.《公司法司法解释(三)》第13条、14条规定,在公司设立时股东未全面履行出资义务的情况下,公司发起人需承担连带责任,但并未规定董事承担相应责任。即使认定六被告负有且怠于履行忠实勤勉义务,六被告是否怠于履行监督义务与公司股东是否欠缴出资之间没有因果关系,不会导致原告损失,更不影响相关利害关系人请求股东补缴出资。

再审认为:

1. 关于催缴股东出资是否属于董事勤勉义务的范围。

(1)根据《公司法》第147条第1款的规定,董事、监事、高级管理人员应当遵守法律、行政法规和公司章程,对公司负有忠实义务和勤勉义务。上述规定并没有列举董事勤勉义务的具体情形,但是董事负有向未履行或未全面履行出资义务的股东催缴出资的义务,这是由董事的职能定位和公司资本的重要作用决定的。

(2)根据董事会的职能定位,董事会负责公司业务经营和事务管理,董事会由董事组成,董事是公司的业务执行者和事务管理者。股东全面履行出资是公正常经营的基础,董事监督股东履行出资是保障公司正常经营的需要。《公司法司法解释(三)》第13条第4款规定:"股东在公司增资时未履行或者未全面履行出资义务,依照本条第一款或者第二款提起诉讼的原告,请求未尽公司法第一百四十七条第一款规定的义务而使出资未缴足的董事、高级管理人员承担相应责任的,人民法院应予支持;董事、高级管理人员承担责任后,可以向被告股东追偿。"上述规定的目的是赋予董事、高级管理人员对股东增资的监管、督促义务,从而保证股东全面履行出资义务,保障公司资本充实。

(3)在公司注册资本认缴制下,公司设立时认缴出资的股东负有的出资义务与公司增资时是相同的,董事、高级管理人员负有的督促股东出资的义务也不应有所差别。本案原告是外商独资企业,实行注册资本认缴制。参照《公司法司法解释(三)》第13条第4款的规定,在公司注册资本认缴制下,股东未履行或未全面履行出资义务,董事、高级管理人员负有向股东催缴出资的义务。

(4)原告股东开曼公司出资期限届满尚欠缴出资5,000,020美元。经强制执行,原告股东开曼公司仍欠缴出资4,912,376.06美元。六被告作为原告的董事,同时又是股东开曼公司的董事,对股东开曼公司的资产情况、公司运营状况均应了解,具备监督股东开曼公司履行出资义务的便利条件。六被告未能提交证据证明其在股东出资期限届满之后向股东履行催缴出资的义务,以消极不作为的方式构成了对董事勤勉义务的违反。

2. 关于六被告未履行向股东催缴出资义务的行为与原告所受损失之间是否存在法律上的因果关系。

基于原告与债权人(案外人)关于债务纠纷的生效判决,在强制执行开曼公司财产后,开曼公司没有其他可供执行的财产,法院裁定终结该次执行程序。后原告被债权人申请破产清算。由此可见,股东开曼公司未缴清出资的行为实际损害了原告的利益,六被告消极不作为放任了实际损害的持续。股东开曼公司欠缴的出资即为原告遭受的损失,开曼公司欠缴出资的行为与六被告消极不作为共同造成损害的发生、持续,六被告未履行向股东催缴出资义务的行为与原告所受损失之间存在法律上的因果关系。

综上,六被告未履行向股东催缴出资的勤勉义务,违反了《公司法》第147条第1款规定,对原告遭受的股东出资未到位的损失,应承担相应的赔偿责任。

再审判决:
1. 撤销一审、二审判决;
2. 六被告连带赔偿原告4,912,376.06美元。

906. 公司在什么情况下可以行使归入权？

当公司的董事、高级管理人员存在以下违法行为并获得收益时，公司有权主张其获得的收益归入公司所有：

（1）挪用公司资金；

（2）将公司资金以其个人名义或者以其他个人名义开立账户存储；

（3）违反公司章程的规定，未经股东会、股东大会或者董事会同意，对外借贷或为他人提供担保所取得的个人收益；

（4）违反公司章程的规定或者未经股东大会同意，利用职务便利与本公司订立合同或者进行交易；

（5）未经股东会或者股东大会同意，利用职务便利为自己或者他人谋取属于公司的商业机会，自营或者为他人经营与所任职公司同类的业务；

（6）接受他人与公司交易的佣金归为己有；

（7）擅自披露公司秘密；

（8）其他违反对公司忠实义务的行为。

907. 公司在一个诉讼中，归入权和损害赔偿请求权是否能够同时行使？

因董事、高级管理人员违反忠实义务而受损失的公司享有归入权及损害赔偿请求权，但《公司法》对该两项请求单独或同时行使未作明确规定。

鉴于归入权主要是一种对违反忠实义务的董事、高级管理人员的惩罚性措施，而损害赔偿请求权则主要是为了弥补、恢复因董事、高级管理人员违反忠实义务给公司造成的损失，既然两种权利的立法旨趣截然不同，那么，两种权利自可同时行使。

908. 如何证明董事、监事及高级管理人员等损害公司利益给公司造成的损失金额？

此问题为司法实践中的难点问题，笔者认为，公司在实践中应当注意以下三点：

（1）规范公司财务管理，尤其是重要技术、产品的独立核算，反映项目的成本费用、收入、利润等财务信息，以便审计或资产评估时准确核定损失金额。

（2）在公司一些重要项目运营过程中，尤其是在涉及商业秘密的内容时，与董事、高级管理人员等签订保密或合作协议，对违约行为给公司造成损失时的赔偿金计算方式或数额进行约定。

（3）对于董事、高级管理人员损害公司利益并获利的案件，可以直接主张归入权，从而避开对损失数额的举证责任。当然，在选择归入权或损害赔偿请求权时,也应当事先对可能存在的赔偿数额进行计算,权衡利弊。

【案例368】执行董事未经专业审核签署《造价确认单》 赔偿公司实际损失[1]

原告: 升远公司,代表人林某扬(监事)

被告: 吕某宗

诉讼请求: 判令被告赔偿原告经济损失660.6万元。

争议焦点:

1. 被告作为原告执行董事兼法定代表人,未经专业人士审核,擅自签署《造价确认单》的行为,是否未尽对公司的忠实义务;

2. 被告确认的增加工程量与实际工程量之间存在差额,是否应当以此差额赔偿原告实际损失。

基本案情:

原告股东林某扬与被告持股比例各占50%,林某扬为原告监事,被告为原告执行董事、法定代表人。

案外人地矿公司承建原告的橡塑厂项目。双方签订《施工合同》,约定:

1. 工程价款为27,785,800元,钢筋预算报价10吨以内每吨3621元,20吨以内每吨3396元,20吨以外每吨3392元。

2. 案外人地矿公司因原告未能按约定的日期支付工程预付款、进度款,致使施工不能正常进行造成工期延误的,以书面形式向原告工程师提出报告,工程师在收到报告后14天内予以确认,逾期不予确认也不提出修改意见,视为同意顺延工期。

3. 合同价款采用固定价格:因市场变化、政策性调整导致材料价格变化在10%以内(含10%)的,合同价款不作调整,10%以外风险各担50%。

4. 工程量及费用增减的索赔或签证经由原告代表和监理签字并分别加盖公章后生效。

原告与监理公司签订《委托监理合同》,委托监理公司作为上述工程的监理方。

案外人地矿公司向原告提交《造价确认单》,载明:施工单位报价9,788,482.56元,其中工程量增加2,127,976.56元,材料费及误工成本增加7,660,506元。

---

[1] 参见福建省高级人民法院(2017)闽民再44号民事判决书。

第十三章

损害公司利益责任纠纷

在未有工程师先行审核的情况下，被告在该《造价确认单》上签字确认同意增补 9,588,482.56 元，未加盖原告公章；次日，监理在该《造价确认单》手写载明"以业主确认为准"，并加盖监理公司公章。

《造价确认单》附件的 25 份签证单中，全部有监理单位签字盖章，其中 15 份有被告和工程师共同签字，而另 10 份仅有被告签字，没有工程师签字。

工程竣工后，原告尚欠案外人地矿公司工程款。

案外人地矿公司诉原告建设工程施工合同纠纷一案生效判决显示：(1) 被告当庭陈述表示其对工程方面不太熟悉，请求不予确认《造价确认单》效力；(2) 确认原告应支付案外人地矿公司《造价确认单》所确认的增加工程量价款 9,588,482.56 元。

关于钢筋差价及误工费，案外人地矿公司曾致函原告，载明："1. 钢筋价格大幅上涨，每吨价差上浮 1500～1800 元，本工程钢筋总用量为 1643.684 吨，已采购 1094.209 吨，平均单价每吨 5017 元；2. 初步预估我方停工两个月，大约将会造成 52 万元的误工费。"原告工程师收到该函后 14 天内，未予确认。

同时期，当地政府发布的《关于妥善处理建筑材料价格异常波动问题确保建设工程质量安全的意见》(以下简称《意见》)指出：目前钢筋市场供应价在 5000 元/吨高位运行，上涨幅度近 1000 元，施工合同价有计取风险包干系数的，发生价格上涨，其价差金额高于所计取风险包干金额的，高出部分的价差由发包人承担。

钢筋价格处于持续上涨之中，原告采购剩余钢筋 549.475 吨（1643.684 吨 – 1094.209 吨）时，平均价格为每吨 6250 元/吨。

原告诉称：

被告在未核对原始单据，亦未经工程师审核的情况下，擅自签署《造价确认单》的行为违反了对原告的忠实义务，应当承担赔偿责任。《造价确认单》附件的 25 份签证单中，有 10 份仅有被告签字，没有工程师签字，该 10 份签证单对应的价款应由被告承担。

被告辩称：

1. 林某扬无权代表原告对被告提起诉讼。

2. 增加工程的签证单都是经过监理公司签字盖章，其是在监理公司审核之后签字，已经履行了法定代表人的谨慎、忠实义务。

3. 依据《意见》规定钢筋价差超出风险包干金额的，应由发包人承担，案涉钢筋价差金额不应由被告承担。

一审认为：

1. 关于林某扬是否有权代表原告对被告提起诉讼。

根据《公司法》第151条之规定："董事、高级管理人员有本法第一百四十九条规定的情形的，有限责任公司的股东、股份有限公司连续一百八十日以上单独或者合计持有公司百分之一以上股份的股东，可以书面请求监事会或者不设监事会的有限责任公司的监事向人民法院提起诉讼。"林某扬作为持有原告50%股份的股东兼监事，在认为作为原告执行董事的被告存在损害公司利益的行为时，当然地有权代表原告并以原告的名义提起损害公司利益责任纠纷之诉。

2. 关于被告擅自在《造价确认单》上签字确认的行为是否未尽对原告的忠实义务。

从《造价确认单》的内容来看，被告签字确认增加工程量时，监理公司对增加工程量部分并无审核意见，仅载明："以业主确认为准。"结合被告在案外人地矿公司诉原告建设工程施工合同纠纷一案的庭审中，承认其对于工程方面不太熟悉，并在庭审中请求不予确认《造价确认单》效力的事实来看，被告自身对工程情况不熟悉，又无证据证明其在签字之前由熟悉工程的工地工程师或者监理工程师、监理单位先行审核，并在此情况下签字确认增加工程造价9,588,482.56元。该行为有悖于公司法定代表人履行职责的谨慎义务，违反了对原告的忠实义务。

3. 关于原告的损失金额。

案外人地矿公司诉原告建设工程施工合同纠纷一案的生效判决认定原告还应支付《造价确认单》所确认的增加工程量价款9,588,482.56元，对原告具有法律约束力。

虽被告未能提交充分证据证明其在签署《造价确认单》时已尽法定代表人的谨慎义务，但被告的行为是否给原告造成实际损失，仍应以被告确认的增加工程量与实际工程量之间是否存在差额为依据。

（1）增加工程量。尽管《造价确认单》附件的25份签证单中，其中10份没有建设单位工程师的签字，但全部都有监理单位的签字盖章，被告在监理单位签字盖章之后进行签字，已经经过了合理的审核程序。故原告主张该10份签证单对应的价款应由被告承担，不予采纳。但是，《造价确认单》确认的工程量增加的金额部分，比起对应的原始单据所体现的金额高出45,531.89元。该部分金额是因被告既没有经过合理程序由监理单位核对，也没有自行仔细核对而导致多承担的金额，属于原告的损失范围。

（2）关于误工费。关于《造价确认单》涉及的误工费，在没有经监理单位或者

第十三章

损害公司利益责任纠纷

建设单位驻地工程师审核签字的情况下,被告擅自对案外人地矿公司提出的误工费,全盘接受签字确认,被告也未提交其他证据表明其对误工费的确认有合理的依据,并尽了审慎审查的义务。案外人地矿公司曾致函原告关于520,000元的误工费,但原告工程师未予确认,根据《施工合同》约定,工程师在案外人地矿公司提出工期顺延之后14天内应予以确认,逾期不确认也不提出修改意见的,视为同意顺延工期,该函可以视同原告确认误工费的依据。但《造价确认单》中超出520,000元部分的误工费,因被告没有证据表明其签字确认有合理的依据,应认定为被告未谨慎履行法定代表人职务而给原告造成的损失。

(3)关于钢筋差价。本案是损害公司利益责任纠纷,审理的是被告作为原告的法定代表人,在《造价确认单》上签字确认时,是否有尽到对原告的忠实义务,而非原告与案外人地矿公司的建设工程施工合同纠纷。换言之,《施工合同》不是衡量被告是否尽忠实义务的唯一依据。被告主张其系依据《意见》规定超出风险包干金额的,应由发包人承担,案涉钢筋价差金额不应由被告承担,有合理的理由,依法予以认可。但对于实际价差数额多少,被告未能提供其签字确认所依据的原始单据,原告也仅提供案外人地矿公司的上述函件,根据证据优势原则,结合该函件计算钢筋差价,《造价确认单》中确认的钢筋差价超出该计算金额的部分,视同被告没有合理依据而擅自签字确认造成原告损失的部分。

案外人地矿公司致原告的函载明:"本工程钢筋总用量为1643.684吨,已采购1094.209吨,平均单价每吨5017元",其计算的均价与同时期《意见》指出的"目前钢筋市场供应价在5000元/吨高位运行"基本吻合,法院采纳均价以5017元/吨计算,钢筋总用量以该函件中确定的1643.684吨计算。鉴于尽管公司董事应谨慎履行职责,对公司承担忠实义务,但在计算未履行忠实义务给公司造成的损失时,不应过于严苛,一审法院采纳比较宽松的较低价格计算工程预算报价,即以3392元/吨作为计算依据(钢筋预算报价为10吨以内每吨3621元,20吨以内每吨3396元,20吨以外每吨3392元)。钢筋涨价超过10%的部分为(5017 - 3392×110%)×1643.684≈2,113,449元。故《造价确认单》中超出该数额的钢筋差价,应认定为被告未谨慎审核而致使公司多承担的部分。其金额为4,000,000 - 2,113,449 = 1,886,551元。鉴于原告在起诉金额计算中,仅起诉1,800,000元系自由处分自身权利,故予以支持1,800,000元。

综上,被告作为原告法定代表人,其明知或应知他的签字可以代表原告身份,根据法律规定将对外产生应由原告承担责任的法律后果,但仍然在既没有监理公司,也没有驻地工程师事先审核的情况下,且本人对工程情况不甚了解,又未自行仔细——核对原始单据的情况下,草率地在案外人地矿公司提交的《造价确认单》上签字确认增加工程造价为 9,588,482.56 元,并据此被生效判决认定为应由原告向案外人地矿公司承担增加工程造价 9,588,482.56 元的工程款,其中可认定为被告未经与原始单据核对确认的金额部分累计 45,531.89 + 3,086,000 + 1,800,000 = 4,931,531.89 元,该部分金额因被告未能提供证据证明其签字确认有合理依据,故认定为因被告未谨慎履行作为原告董事兼法定代表人的职责,有悖对原告的忠实义务而给原告造成的损失。

一审判决:

1. 被告向原告赔偿损失 4,931,531.89 元;

2. 驳回原告其余诉讼请求。

被告不服一审判决,向上级人民法院提起上诉。

被告上诉称:

1. 本案程序不当,原告未穷尽公司内部救济手段,林某扬应先行采用原告内部救济手段,而不能跨越公司直接提起诉讼。

2. 被告并未存在滥用股东权利的行为,也不存在违反法律、行政法规、原告章程的规定的行为,且原告的损失并未实际发生。

3. 损失金额认定不当:原告采购剩余钢筋材料 549.475 吨时,钢筋价格已涨到 6250 元/吨,一审以案外人地矿公司函件中暂定的钢筋价格 5017 元/吨来计算施工过程中的钢筋价格,与客观市场价格不符。

原告二审辩称:

1. 一审法院程序合法。原告的代表人林某扬既是原告的股东,又是原告监事,其以原告名义提起损害公司利益责任纠纷符合法律程序。

2. 被告作为原告的法定代表人,其不负责任地对外签字系滥用股东权利、未履行执行董事职责、未尽谨慎与忠实义务;被告的上述行为给原告造成严重经济损失,应承担赔偿责任。

3. 钢筋差价,一审法院以 5017 元/吨认定钢筋市场供应价合理、合法。

二审认为:

1. 关于一审法院程序是否正当。

林某扬不仅是原告 50% 股权的股东,而且还是原告的监事,因此,其上述身份有权代表原告以原告名义直接提起损害公司利益责任纠纷诉讼。一审法院受理其起诉在程序上并无不妥,予以确认。

2. 关于被告是否存在未尽公司忠实义务损害公司利益的行为。

一方面,原告与案外人地矿公司建设工程施工合同纠纷的生效判决中对整个工程款结算是以被告最终签字确认的《造价确认单》为准,该判决已发生法律效力,并确认被告签字确认的《造价确认单》合法有效;另一方面,被告签字确认《造价确认单》并未直接导致原告向案外人地矿公司承担工程款,而是上述生效判决采信了讼争《造价确认单》的证明力基础上判决原告承担工程款。因此,原告认为上述《造价确认单》系被告擅自签字确认,不具有合法、合理性,理应就上述生效判决申请再审以推翻讼争《造价确认单》的效力,一审法院认定被告存在未尽公司忠实义务损害公司利益的行为并承担败诉责任没有相应法律依据。

二审判决:

1. 撤销一审判决;

2. 驳回原告的诉讼请求。

原告不服二审判决,向上级人民法院提起申诉。

原告再审申诉称:

1. 二审判决混淆公司法定代表人代表公司所作出行为的法律效力包含对内和对外两个不同的法律关系。二审法院不审查被告对于原告内部而言出具"签字确认的《造价确认单》"是否为未尽到忠实义务损害公司利益的行为,而以前述生效判决基于"签字确认的《造价确认单》"对外法律效力的有效性,以此推定被告尽到忠实义务,未损害公司利益,显然得出错误的判决结果。本案损害公司利益责任纠纷与前述生效判决所适用法律的基础不同,各自认定的标准不同,不能够完全等同。

2. 被告作为原告法定代表人在本案中未尽到谨慎义务,签字确认的《造价确认单》亦未得到原告内部的授权,被告亲口承认对追补工程内容不熟。对于一个公司的法定代表人,其应当知道其出具的签字确认即为代表公司确认,代表公司承认其所确认的民事责任,其显然未对公司尽到忠实、勤勉义务。

3. 一审法院对被告损害原告利益所造成损失的具体数额的认定合法,二审法院亦未予以否认。

被告再审辩称:

1. 原告认为《造价确认单》存在对内和对外两个不同的法律效力没有事实和法律依据。《造价确认单》的法律效力应当根据原告和案外人地矿公司之间的《施工合同》中的约定来认定,而根据《施工合同》的规定,对于工程量及费用增减的索赔或签证应由发包人代表和总监理工程师签字并分别加盖公章后生效。也就是说,根据合同约定,《造价确认单》若没有加盖原告的公章是不发生法律效力的,因此前文所述生效判决可能存在错误。

2. 二审法院认定被告签字确认《造价确认单》并未直接导致原告向案外人地矿公司承担工程款是有事实和法律依据的。

3. 被告不存在违反忠实义务的情形。无证据证明被告在《造价确认单》上签字时被告的自身利益和原告利益有存在冲突或凌驾于原告利益之上。被告在《造价确认单》上签字已经尽到了谨慎义务,被告是在监理方审核确认后才签字的。

4. 关于原告所述的损失并没有事实和法律依据,已经被二审法院依法予以改判。钢筋的价格一直都在上涨,而一审法院仅根据案外人地矿公司出具的函件中暂定的钢筋价格5017元/吨来计算整个施工过程中的钢筋差价,不符合实际施工过程中的钢筋价格的变化。

再审认为:

1. 关于被告是否未尽对公司的忠实义务,损害了原告利益。

(1)在已生效的案外人地矿公司诉原告建设工程施工合同纠纷一案中,对讼争工程总造价的确定,是以合同约定的工程固定造价加上被告签字确认的《造价确认单》上的工程增加造价作为计算依据。即被告签字确认的《造价确认单》上体现的工程增加造价金额,直接影响到最终原告对案外人地矿公司所承担的工程款数额。

(2)被告自行签字确认《造价确认单》而未加盖原告公章,违背合同约定。发包人原告与承包人案外人地矿公司签订的《施工合同》规定:"工程量及费用增减的索赔或签证经由原告代表和监理签字并分别加盖公章后生效。"《造价确认单》的内容涉及讼争工程量及费用的增补,被告以原告法定代表人身份签字确认,并未依约加盖原告的公章,这导致原告在不认可《造价确认单》上的增补工程款的情况下,却对外承担了相关责任。现原告依据内部关系,向被告追偿,符合法律规定。

(3)被告主张《造价确认单》是先由监理签字确认后,再由被告签字,该主张与事实不符。一方面,《造价确认单》中,监理公司签章时间在被告签字时间之后。另一方面,被告在审核价一栏中写明"同意增补9,588,482.56元",而监理公司则写明"以业主确认为准",即监理公司并未实际确认,而是由被告实际确认。

(4)被告在案外人地矿公司诉原告建设工程施工合同纠纷一案庭审中称其对于工程方面不太熟悉,却未在原告专业工程人员审核下自行签字确认,导致工程价款的增加和原告就该增加部分对外责任的承担。

综合以上因素,被告在讼争《造价确认单》签字的行为应认定为未审慎履行公司执行董事义务,违反公司忠实义务。

2. 关于被告违反公司忠实义务的行为,是否给原告造成损失以及相应赔偿额的认定。

属于被告给原告造成的损失金额具体认定如下:

(1)关于增加工程量。讼争《造价确认单》确认工程量增加金额与原始单据金额相较,高出了45,531.89元,高出金额部分应认定为原告的损失。

(2)工程师在案外人地矿公司提出工期顺延之后14天内应予以确认,逾期不确认也不提出修改意见的,视为同意顺延工期。案外人地矿公司曾致函原告关于52,000元的误工费损失,原告对此未如期确认或提出修改意见,应视为其认可案外人地矿公司该部分误工费,因此该部分费用不应计入被告损害公司利益行为造成的损失。

(3)关于钢筋差价。对钢筋差价损失的主要争议在于被告签字计算损失所参照的钢筋行情价格。

①案外人地矿公司自行确认已采购钢材1094.209吨、平均单价为5017元/吨,因此该部分钢筋所参照的市场价格应为实际成交的钢筋价格,即5017元/吨。

②讼争工程钢筋总用量为1643.684吨,除去上述案外人地矿公司确认的已经成交的1094.209吨外,剩余钢筋549.475吨所应参照的市场行情价格,不应再采用上述每吨5017元的价格来计算,而应以每吨6250元的价格来认定,理由是:结合当时钢筋价格不断上涨的市场行情,应酌定按被告主张的每吨6250元的价格来认定损失所应参照的市场行情价格。一审法院以每吨5017元的价格作为剩余钢筋549.475吨的市场价不当。

③关于《施工合同》约定:"钢筋预算报价10吨以内每吨3621元,20吨以内每吨3396元,20吨以外每吨3392元。"因原告和被告均未提供各种钢筋实际采购的具体数量及价格,一审法院采纳比较宽松的较低价格即以3392元/吨计算工程预算报价,属于自由裁量权,并无不妥。

综上所述,被告未尽对公司忠实义务给原告造成的实际损失共计4,340,580.36元(45,531.89元 + 3,086,000元 + 1,209,048.47元)。对此,被告应承担相应的赔偿责任。

再审判决:

1. 撤销一审、二审判决;
2. 被告向原告赔偿损失4,340,580.36元;
3. 驳回原告其他诉讼请求。

909. 公司主张归入权时,侵权行为人取得的"收入"指的是什么收入？应当如何认定侵权行为人的收入？

首先需要明确的是,主张归入权时所提及的收入系工资收入及投资收益(侵权行为人所持股权对应的所有者权益)。

对于该收入的证明,笔者认为如果侵权行为人的收入系经营公司所得,则可通过对该公司进行司法审计确定其营业收入。如果侵权行为人的收入仅为个人收入,则一般只能通过向该收入的提供方调查的方式确定具体收入数额。

【案例369】经理在外当股东同业竞争　股权比例对应收入归入原公司[①]

原告：鑫波公司

被告：宋某涛

诉讼请求：被告在职期间从申根公司取得的收入20万元归原告所有。

争议焦点：

1. 被告与案外人新设与原告经营范围相同的公司,是否违反了忠实、勤勉义务；

2. 被告因实施了违反对公司忠实、勤勉义务的行为取得的收入应当如何认定。

基本案情：

2011年4月2日,原告设立,原告的经营范围为：生产、加工肉制品(香肠、火腿),销售本公司自产产品并提供售后服务。公司章程另规定,公司高级职员不得参与其他经济组织对本公司的商业竞争行为。公司设立后,即聘请被告担任公司的总经理,负责公司的经营管理。

2011年8月,原告授权被告委托案外人漫趣公司代为办理商标注册事宜。但案外人漫趣公司取得商标后却据为己有。被告作为原告总经理,操作不当(或故意),致使案外人漫趣公司取得上述商标。

2012年6月7日,被告与其父亲及案外人樊某波(案外人漫趣公司法定代表人)共同设立了申根公司,被告持股30%；被告父亲持股50%。申根公司经营范围包括销售香肠、火腿等肉制品,且实际在1号店网店中大量销售了原告生产的香肠类制品。

2013年10月23日,原告委托律师向被告发函,免除被告的总经理职务,并终

---

① 参见上海市第二中级人民法院(2015)沪二中民四(商)终字第793号民事判决书。

止所有有关公司事务的授权。

原告诉称：

被告与其父亲共同投资设立了申根公司。申根公司的经营范围包括了食品行业（香肠、火腿等肉产品），与原告经营范围相同。被告作为原告高级管理人员，违背法律规定的忠实和勤勉义务，在任职期间设立与原告经营范围相同的公司，严重侵害了原告的合法权益。

被告辩称：

原告没有证据证明被告直接参与申根公司的经营管理，对申根公司经营决策具有影响力，或者利用在原告处任职的便利为申根公司谋取了本属于原告的商业机会。

一审认为：

公司的总经理属于公司的高级管理人员，对公司负有忠实勤勉义务。公司高级管理人员作出违反对公司忠实勤勉义务的行为的，其所得收入应当归入公司所有。公司行使归入权必须符合两个条件：一是公司高级管理人员实施了违反对公司忠实、勤勉义务的行为；二是公司高级管理人员因此而获得了收益。原告认为，被告在担任原告总经理职务期间，另行设立了一家与原告经营范围相同的公司，且利用原告的资源开展该公司的经营业务，属于违反公司高级管理人员忠实勤勉义务的行为，故诉请要求被告在申根公司的所得收益归入原告所有。

被告在担任原告总经理职务期间，另行与他人共同设立了与原告经营范围相同的申根公司，被告此举虽难脱损害公司利益之嫌，但原告提供的证据尚不足以证实被告直接参与申根公司的经营管理或者虽不直接参与，但对申根公司经营决策具有影响力，或者利用在原告处任职的便利为申根公司谋取了本属于原告的商业机会。原告向法院提出要求法院调查取证的申请书，要求法院向申根公司调取财务账册，并向税务部门调取申根公司纳税记录及报税材料，用以证明被告在原告处任职期间自申根公司处获得的收入。法院认为，被告的行为虽难脱损害公司利益之嫌，但该项待证事实属于原告的举证范围，故不予准许。

一审判决：

驳回原告的诉讼请求。

原告不服一审判决，向上级人民法院提起上诉。

原告上诉称：

1. 被告在担任原告总经理期间，与他人合资设立与原告经营业务相同的申根公司，并以申根公司名义开设网店销售原告的香肠制品，其行为明显已经违反竞业禁止义务。

2. 申根公司的股东中,被告持股30%、被告之父持股50%。而案外人漫趣公司曾受原告委托,替原告代为注册"皇家歌诗堡"香肠制品的商标品牌,但最终由案外人漫趣公司取得了该商标。根据上述申根公司的股东构成可以表明,被告对于公司的决策具有绝对的影响力。

3. 原告没有能力自行调查被告担任原告总经理期间从申根公司获得的非法收入,原审法院亦未依职权进行调查,故原告只得估算诉请的赔偿金额。而原审法院脱离日常生活经验,过分苛求原告的举证责任,并在表明"被告的行为虽难脱损害公司利益之嫌"这一观点的情形下,最终仍然作出完全不支持原告诉请的判决,违背案件事实和法律原则。

原告为证明其观点,提交证据如下:

原告提交了截至目前,申根公司在1号店网店中已销售的香肠制品的销售额为264,813元的网页截图,用以证明被告从申根公司所获取的收入。

被告二审辩称:

1. 原告所谓的申根公司开展与原告相同的业务一说,仅仅是申根公司在1号店中也销售了香肠类制品,并不能表明两家公司经营范围完全一致,且申根公司的行为并不等同于被告的行为。

2. 原告并无证据证明被告参与了申根公司的经营决策。

3. 原告应当对其提出诉讼的赔偿金额构成承担举证责任。其于原审中提出的调查申请并非法院依职权调查的范围。故认为原审法院未予支持原告原审诉请的判决无误。

被告对原告所提供的证据发表质证意见如下:

原告提供的网页截图未经过公证,真实性无法确认;销售时间无法确定,无法证明申根公司获利与否。

二审认为:

1. 关于被告是否因违反《公司法》及公司章程中有关忠实、勤勉义务的规定而获利或给公司造成损失,从而应当承担相应的赔偿责任。

(1)我国《公司法》明文规定:董事、监事、高级管理人员应当遵守法律、行政法规和公司章程,对公司负有忠实义务和勤勉义务。如若利用职务便利为自己或者他人谋取属于公司的商业机会,自营或者为他人经营与所任职公司同类业务的,违规所得的收入归公司所有。给公司造成损失的,应当承担赔偿责任。

(2)本案中,被告受聘担任原告总经理,全权负责加工、销售香肠肉制品等公司业务。然而其在任职期间，另行与其父亲及案外人樊某波共同设立了申根公司。申根公司的经营范围包括销售香肠、火腿等肉制品，且实际在1号店网店中大量销售了原告生产的香肠类制品，存在获利。

（3）被告与其父亲宋某根合计持有申根公司80%的股权，故被告称其并不参与申根公司的经营决策，亦从未获利，有悖常理。申根公司另一股东樊某波同时是案外人漫趣公司的法定代表人，案外人漫趣公司曾经在被告担任原告总经理期间受托为原告代为申请香肠品牌的商标注册申请，但案外人漫趣公司最终将该品牌据为己有，被告亦未对此提出异议或采取相应措施。

基于此，结合一般商事规律、普通大众认知及公序良俗，推定被告利用职务便利为自己及申根公司谋取了本属于原告的商业机会，并为申根公司经营了与原告同类的业务，违反了我国《公司法》中高管的忠实、勤勉义务，损害了原告的利益，并使自身获利，故而应当承担相应法律责任。

2. 关于原告主张的赔偿金额是否具有相应依据。

（1）虽然原告对其主张的被告在申根公司取得20余万元收入缺乏明确的证据印证，但并不意味着被告即可免除赔偿责任。

（2）在被告本人拒绝提供其在申根公司的收入证明的情况下，原告确实无法通过合理途径进行取证。

（3）二审中，经法院要求，被告仍拒绝提供申根公司的资产负债表及其销售香肠类制品的统计数据，导致法院无从核实申根公司的具体经营项目、销售盈亏状况以及职员工资收入等情况。

（4）被告亦未提供证据证实申根公司于网店中销售的香肠类制品系通过正常的商业途径从原告处取得，并有权进行转售。

（5）被告对于原告提供的有关申根公司20余万元的网店销售记录，仅以截图未经公证、真实性无法确认、时间不明等为由粗略质证，而未提供其自行统计的销售记录、销售成本、盈利数据等加以反证，应当承担不利后果。

基于上述分析，并参考香肠类制品的一般盈利情况以及被告在申根公司30%的持股比例，应当酌情判令被告赔偿原告8万元。

3. 关于归入权中的"收入"认定。

（1）归入权中的"收入"计算是否需要参考持股比例来认定？

本案中，被告与他人另设公司，其持股收益并非一般意义上的报酬，鉴于公司法人地位的独立性，且该公司还存在其他股东，故不能将该公司的"收入"直接理解为被告的"收入"，而应参考被告对该公司的持股比例来确定被告的收入为宜。

(2)归入权中的"收入"指的是营业收入还是利润?

案涉公司的销售额是 20 余万元,法院应当根据市场行情适当扣除相关成本,酌定被告在本案违反竞业禁止的业务中获得不当收益。

(3)归入权中的"收入"指的仅是既得收入还是也包括预期收入?

本案中,被告并没有直接从该公司处获得分红,但该公司销售利润的增加客观上也使得被告所持公司 30% 股权获得增值,被告仍是实际获得收益的,这一部分应当计算在被告"收入"中。

二审判决:

1. 撤销一审判决;
2. 被上诉人应赔偿上诉人 8 万元人民币;
3. 对上诉人的其余诉讼请求不予支持。

【案例370】无法否定高管同业经营亏损证据 举证不能主张归入权无功而返[①]

原告: 大珩公司

被告: 傅某、兴控公司

诉讼请求:

1. 被告傅某违法所得 10 万元归原告所有;
2. 被告傅某另赔偿原告损失 1 万元;
3. 被告兴控公司对上述第 1 项、2 项诉讼请求承担连带责任。

争议焦点:

1. 如何认定是否系公司高管,是否必须具备董事会或执行董事任命手续才能认定是否为公司高管;
2. 如何认定公司高管"同业经营";
3. 如何认定公司高管"同业经营"的营业收入。

基本案情:

2006 年 11 月 1 日,原告经工商局核准成立,注册资本 3 万元人民币。股东王某功持股比例为 40%;被告傅某持股比例为 30%;刘某持股比例为 30%。王某功任法定代表人、执行董事。

公司的经营范围为机电设备(除特种设备)的安装、维修,机电设备领域内的

---

① 参见上海市第一中级人民法院(2009)沪一中民三(商)终字第 88 号民事判决书。

技术开发、技术咨询、技术转让、技术服务,机电设备、化工产品(除毒危险品)、电子产品、汽车配件的销售。

原告章程第14条规定,"执行董事对股东会负责,行使下列职权:……(九)决定聘任或者解聘公司经理及其报酬事项,并根据经理的提名决定聘任或者解聘副经理、财务负责人及其报酬事项……"第16条规定"公司设经理一名,由执行董事决定聘任或者解聘。经理对执行董事负责,行使职权"。

被告傅某自原告成立时起开始为原告工作,主要从事机电设备维修业务联系、送货、维修报价审核等工作,对王某功负责。

2006年12月31日,被告兴控公司经工商局核准设立,注册资本3万元。股东被告傅某和傅1各出资1.5万元,持股比例均为50%,被告傅某任法定代表人、经理。公司的经营范围为机电设备(除特种设备)的安装及维修,计算机软硬件的技术开发、技术转让、技术咨询、技术服务,机电设备、电脑配件的销售,企业内部职业培训。

据上海市嘉定区国家税务局第七税务所统计,被告兴控公司2007年4月至12月的销售额为308,995元,2008年1月至3月的销售额为156,665元,合计465,660元。据被告兴控公司提供的资产负债表和利润表记载,被告兴控公司2007年亏损33,627.83元。

2008年3月3日,被告傅某出具退股声明称,自即日起自愿退出原告的30%股份,并且不再担任原告的任何职务。今收完全退股金10,130元。

原告诉称:

被告傅某作为原告的高级管理人员,其在任职期间对原告负有忠实义务和勤勉义务,但被告傅某却在其任职期间未经原告股东会同意成立被告兴控公司,自营与原告同类业务,违反了《公司法》(2005年修订)第149条第5项的有关高级管理人员的竞业禁止义务,遂被告傅某违法所得10万元应归原告所有,另需赔偿原告损失1万元,被告兴控公司应对此承担连带赔偿责任。

原告为证明其观点,提交证据如下:

1. 维修报价单1份,被告傅某在该单据的审核人一栏签名,证明被告傅某是原告高级管理人;

2. 税务机关出具材料,证明被告存在近50万元的营业额;

3. 原告为证明被告的违法所得,请求法院进行司法审计,但始终未缴纳审计费用。

被告辩称:

被告傅某未经原告执行董事聘任,其在原告主要从事送货工作,并非原告的高级管理人员。虽然被告傅某成立了被告兴控公司,但是被告兴控公司2007年全年亏损33,627.83元。因此,原告的诉请没有相应依据,请求法院予以驳回。

被告为证明其观点,提交证据如下:

被告兴控公司2007年资产负债表和利润表,证明被告兴控公司2007年亏损。

律师观点:

1. 被告傅某是原告的高级管理人员。

公司法意义上的高级管理人员是指公司的经理、副经理、财务负责人、上市公司董事会秘书和公司章程规定的其他人员。高级管理人员区别于公司普通员工,通常应当由董事会或者执行董事决定聘任和解聘,对董事会或者执行董事负责。实践中,有限责任公司对高级管理人员的聘任和解聘手续不齐全的现象普遍存在,因此,手续是否完备不应作为认定高级管理人员的唯一标准。

本案中,被告傅某是原告公司股东,从原告提供的证据——维修报价单中被告傅某在审核人一栏的签字可以看出,被告傅某享有一定的经营管理权。被告傅某的工作是对王某功负责,而王某功是原告的执行董事,符合高级管理人员的任职要求。被告傅某同时从事送货工作,只能说明原告在初创阶段人手少,为减少成本支出一人身兼数职,并不能因此否定被告傅某的高级管理人员身份。

2. 被告傅某违反其应负的竞业禁止义务,其违法所得应归原告所有,若给原告造成损失,应承担赔偿责任。

《公司法》第148条[1]规定,高级管理人员未经股东会同意,自营或者为他人经营与所任职公司同类的业务,其所得收入应当归公司所有。

本案中,被告作为原告的高级管理人员,任职期间未经原告股东会同意另行设立了被告兴控公司,其主营范围与原告相同即为机电设备的安装维修。故被告傅某的行为损害了原告利益,其违法所得收入应当归原告所有,若给原告造成损失,应承担赔偿责任。

3. 针对被告傅某的违法收入及原告所受损失,原告应承担举证不能的不利后果。

原告请求被告傅某承担民事责任的前提是被告傅某在其自营行为中已获相应收入,根据民事诉讼证据规则,原告应对被告傅某存在违法收入负举证责任。

---

[1] 现为《最高人民法院关于民事诉讼证据的若干规定》(2019年修正)第31条、40条相关内容。

原告提供的证据既无法否定被告兴控公司2007年全年亏损的事实,亦不能证明被告傅某的违法收入情况。原告还曾提出司法审计申请,但未缴纳审计费用,依照《最高人民法院关于民事诉讼证据的若干规定》第25条、27条的规定,对需要鉴定的事项负有举证责任的当事人,在人民法院指定的期限内无正当理由不预交鉴定费用,致使对案件争议的事实无法通过鉴定结论予以认定的,应当对该事实承担举证不能的法律后果。故原告请求被告傅某返还违法所得10万元不能得到支持。

同时,原告亦未能举证证明其因被告傅某行为遭受的损失确实存在,其要求被告兴控公司承担连带责任也缺乏相应的事实和法律依据。因此,原告的其他请求均无法得到支持。

法院判决:

驳回原告诉讼请求。

【案例371】竞业禁止义务不止于任期届满　同业收入包含未分配利润[①]

原告: 德坤公司

被告: 黄某峰、某珩公司

诉讼请求:

1. 被告黄某峰在被告某珩公司的收入归原告所有;
2. 被告某珩公司停止销售PTT产品;
3. 两被告共同赔偿原告损失100万元。

争议焦点:

1. 公司高管任期届满后仍在履职,是否仍视为公司高管,仍负有忠实义务;
2. 同业竞争的收入是否包括投资收益,公司可否主张不忠高管同业经营公司中的未分配利润;
3. 同业经营的公司是否应承担违反忠实义务的责任,其承担赔偿责任的前提条件是什么。

基本案情:

原告于1999年6月21日成立,注册资本为300万元人民币,股东为宝亨公司、六合公司,出资额分别为240万元、60万元;原告经营范围为国际贸易、转口贸易、商业性简单加工、商务咨询服务等。

---

① 参见上海市第二中级人民法院(2008)沪二中民三(商)终字第283号民事判决书。

2003年,原告开始经营涉及PTT产品业务。2003年1月30日,宝亨公司聘任被告黄某峰为原告董事、总经理,任职期限至2005年12月31日。

被告某珩公司于2005年6月16日设立,公司注册资本500万元。公司章程记载股东为被告黄某峰与虞某先,各出资250万元,被告黄某峰为执行董事、法定代表人。经营范围为纺织原料、纺织品、化工原料、针纺织品、电子产品、钢材、橡塑制品批发、零售。被告某珩公司设立后主要经营涉及PTT产品业务。

原告诉称:

被告黄某峰既是原告董事也是总经理,其实际履行职务至2006年12月底。2005年被告黄某峰设立被告某珩公司,经营与原告相同的PTT产品。被告黄某峰利用原告投入成本所形成的成果经营被告某珩公司,使得被告某珩公司在短期内产生利润,并导致原告在PTT项目上经营不善。被告黄某峰作为原告董事及高管,违反了其应对原告负有的竞业禁止义务,故被告黄某峰的违法收入应归原告所有并赔偿原告因此遭受的损失100万元,被告某珩公司应停止销售PTT产品。

原告为证明其观点,提交证据如下:

自2005年12月7日至2006年5月30日止的部分财务凭证,上述凭证有被告黄某峰作为单位主管的核准签字,以证明被告黄某峰在2006年仍履行高管职责。

诉讼过程中,原告申请对被告某珩公司2005年7月至2006年11月底收入、盈利以及被告黄某峰在该公司收入委托审计。上海沪中会计师事务所于2007年11月15日出具审计报告,结论为:被告某珩公司2005年7月至2006年11月实现净利润3,869,806.99元,期间被告黄某峰个人收入49,500元。原告、被告黄某峰、某珩公司对该审计报告均无异议。

被告辩称:

1. 被告黄某峰成立被告某珩公司时,已不再担任原告董事、总经理,未违反竞业禁止义务,故不承担任何民事责任。

原告章程规定董事任期为3年,连选可以连任。被告黄某峰自2002年1月起担任原告董事,按规定已于2005年1月任期届满,原告股东会未选举被告黄某峰继续担任董事,《公司法》(2005年修订前)也未对董事任期届满后未改选作出规定,故2005年1月起,被告黄某峰已不再担任原告的董事。同时,原告章程规定总经理任期3年,连聘连任。被告黄某峰于1999年年底至原告担任总经理,但自2004年年底开始,原告停发被告黄某峰工资。被告黄某峰于2005年1月辞职,之后原告也未再续聘被告黄某峰担任总经理,且原告从未与被告黄某峰订立

第十三章

损害公司利益责任纠纷

劳动合同。综上,被告黄某峰与原告间的劳动关系实际已解除。

2. 即使被告黄某峰违反竞业禁止的义务,其违法所得应当是工资收入或者既得收益。审计报告中确定的被告某珩公司的利润并未分配,公司利润的分配系由股东会作出决议,法院无权裁决公司的利润分配,故此部分不应认定为被告黄某峰的违法所得。

律师观点:

1. 被告黄某峰任期届满后仍履行职责,视为原告高级管理人员,应负忠实勤勉义务。

《公司法》规定公司董事、监事、高级管理人员应当遵守法律、行政法规和公司章程,对公司负有忠实和勤勉义务。忠实义务要求董事、监事及高管在执行公司业务时或担任公司职位期间需全心全意为公司服务,以公司最佳利益为出发点行事,不得追求公司利益以外的利益,不得追求个人利益。因此,董事、高级管理人员对公司负有竞业禁止义务,包含禁止自营或为他人从事与公司营业有竞争性的活动,禁止利用职务便利谋取属于公司的商业机会。董事、高级管理人员以他人名义所为,但受益主体实际是董事、高级管理人员自己的隐蔽的竞业行为也在禁止范围之内。董事、高级管理人员应负竞业禁止义务的时间起始于任职之时,发生于公司营业的各个阶段,但并不终止于董事、监事、高级管理人员解任或辞任之时。因为董事、高级管理人员对企业无形财(资)产(信息、客户)的控制并不因其解任或辞任就立即失去对它们的控制力和利用力,仍可产生对原公司无形资产滞后控制力,故在董事任期届满或者辞职、被辞退后的一定期间内,仍应负竞业禁止义务。

根据原告章程,被告黄某峰为原告董事、总经理,任期至2005年12月31日届满,但无相关证据证明被告黄某峰在任职期满后已办理了离任手续,或者已督促原告为其办理离任手续,况且原告提供的财务凭证证明被告黄某峰在任命期满后至2006年5月30日仍履行单位主管的职责。故被告黄某峰设立被告某珩公司时,仍系原告高管。因此,被告黄某峰属于竞业禁止的义务主体,对原告负有忠实勤勉义务。

2. 被告黄某峰违反竞业禁止义务,其所得收入应当归入原告。

被告黄某峰作为原告高级管理人员,对公司负有竞业禁止义务,包含禁止自营或为他人从事与公司营业有竞争性的活动,禁止利用职务便利谋取属于公司的商业机会。被告黄某峰担任原告高管期间,在未经原告股东会同意的情况下设立被告某珩公司并经营与原告相同的PTT项目,客观上会发生与原告争夺商业机会

· 1505 ·

的情况,故被告的行为属于违反忠实义务的竞业禁止行为,其所得应归原告所有,若造成原告损失,应当进行赔偿。

3. 被告黄某峰与原告同业竞争的收入应包括工资收入及其投资收益。

《公司法》规定,董事、高级管理人员违反竞业禁止义务所得的收入应当归公司所有,收入应当包括工资及投资收益。对于被告黄某峰所得收入的确定,经审计,被告某珩公司2005年7月至2006年11月实现净利润3,869,806.99元,其间,被告黄某峰个人收入49,500元,根据被告黄某峰在被告某珩公司的持股比例,被告黄某峰所持股份收益为1,934,903.49元。上述被告黄某峰个人收入以及股权收益,酌情扣除部分基本生活支出,酌情确定为190万元系其违反竞业禁止义务所得的收入,应当归原告所有。基于此确定被告黄某峰的收入并非分配被告某珩公司的利润,仅是以此作为标准确定被告黄某峰违反竞业禁止义务收入的参考。

4. 被告某珩公司不承担赔偿责任。

原告未能提供相关证据证明被告黄某峰的行为对其造成的损失,原告需承担举证不能的不利后果。而被告某珩公司不是违反忠实义务的责任人,故原告要求被告某珩公司承担共同赔偿责任的诉讼请求没有法律依据。

法院判决：

1. 被告黄某峰偿付原告190万元；
2. 驳回原告其余诉讼请求。

【案例372】公司不义董事仍需尽忠 "粤超联赛"法定代表人被判停职[①]

原告:珠超公司

被告:刘某五、粤超公司

诉讼请求：

1. 判令两被告立即停止同业竞争行为、停止被告刘某五履行在被告粤超公司担任的董事长和总经理职务；
2. 被告刘某五同业竞争获利10万元归原告所有,被告粤超公司承担连带责任；

---

① 参见广东省广州市白云区人民法院广州珠超联赛体育经营管理有限公司诉广东粤超体育发展股份有限公司、刘某五损害公司利益纠纷案民事判决书。

3. 被告刘某五赔偿原告经济损失 30 万元，被告粤超公司承担连带责任。

争议焦点：

1. 公司可否主张不忠高管停止担任同业竞争公司的法定代表人等职务；

2. 董事职权受到公司限制，名存实亡，可否据此免除忠实义务和竞业禁止义务；

3. 如何理解公司董事"利用职务之便"谋取个人利益；

4. 如何认定董事"不忠"给公司造成的损失金额和非法收入；

5. 如何认定同业经营的公司属于不正当竞争并承担连带赔偿责任。

基本案情：

原告成立于 2009 年 5 月 11 日，注册资本 50 万元，登记股东为案外人毛某民（出资 24 万元）、被告刘某五（出资 23.5 万元）、案外人王某（出资 2.5 万元）。被告刘某五为公司执行董事兼经理、法定代表人，登记的经营范围包括足球项目组织服务、体育场馆管理和销售体育用品、门票等。

2009 年 7 月 8 日，原告（乙方）与案外人广东足协（甲方）签订了《新广东省室内五人制足球联赛协议书》，约定：广东足协授权原告在省内独家投资运营室内五人制足球联赛，原告每年 3 月 31 日前向广东足协支付本年度劳务费 10 万元等。2010 年 12 月 31 日，原告向广东省足球协会交纳了 10 万元劳务费。

2009 年 8 月 17 日，广东足协向原告作出《举办广东省室内五人制足球联赛批准书》，批准原告独家拥有广东省室内五人制足球联赛相关的知识产权和一切商业的经营开发权利，在通过该协会当年年度检验加盖公章情况下，可独家经营 10 年，期限为自 2009 年 8 月 1 日起至 2019 年 7 月 31 日止。

自 2009 年 11 月 7 日至 2010 年 3 月 28 日，原告经营、举办了首届珠超联赛，共有广东省 8 个地级市 10 个职业俱乐部参加。其 18 轮 90 场比赛被多家当地电视台直播及多家平面媒体报道，在社会上形成了一定的赛事影响力。

2010 年 5 月 27 日，原告召开股东会，免去被告刘某五的执行董事、法定代表人和经理职务。同年 6 月 9 日，原告办理了工商变更登记手续，案外人毛某民改任董事长和法定代表人，被告刘某五改任董事兼经理。

2010 年 9 月 14 日，国家商标局受理了原告关于第 41 类商标"粤超"的申请。

2011 年 3 月 7 日，被告刘某五与案外 17 个人共同注册成立了被告粤超公司，注册资本 1000 万元（其中，被告刘某五出资 200 万元，占股 20%），登记的经营范围包括体育比赛活动、体育场馆租赁和销售体育用品等。在该司筹备成立阶段，已以"粤超公司"名义经营、举办粤超联赛，自 2010 年 12 月 25 日至 2011 年 4 月

24日，共在广东省内9个城市进行了18轮90场比赛，亦被多家当地电视台直播及多家平面媒体报道，在社会上形成了一定的赛事影响力。

"粤超联赛"与"珠超联赛"在赛程、赛制及参赛队伍等方面基本一致。曾经参加"粤超联赛"首届赛事的10家俱乐部或公司中，有9家曾参加了首届"珠超联赛"，有7家曾于2010年8月与原告分别签订了《珠超联赛公平竞赛公约》，承诺参加"珠超联赛"的第二届赛事。

2010年9月2日，原告与案外人华山泉公司签订了《华山泉赞助珠超联赛合作协议》，约定该司取得"珠超联赛"的广告合作权，共分3期向原告支付广告费25万元，签约后15天内付5万元，2010年12月31日前和2011年2月28日前再分别支付10万元。

2011年6月21日，案外人华山泉公司向原告作出《关于停止支付广告费的函》，称该司于2010年12月发现被告粤超公司举办的"粤超联赛"的赛程、赛制和参赛队数与"珠超联赛"基本一样，严重影响了该司与原告"珠超联赛"合作的广告效益，未能给予案外人华山泉令人满意的广告宣传服务，决定停止支付余下的20万元广告费。

2011年6月23日，原告与广东恒益律师事务所签订了《委托合同》，约定原告委托该所指派律师担任本案代理人，代理费2万元。同月28日，该所收取了原告律师费2万元。

2011年8月12日，原告召开董事会并作出决议，认为被告刘某五在被告粤超公司担任董事长兼总经理，与原告有竞争关系，决定将被告刘某五的月薪从2100元调整为100元。

2011年2月18日，广州市越秀区人民法院对刘某五（本案被告）诉珠超公司（本案原告）股东知情权纠纷一案作出(2011)越法民二初字第261号民事判决书，判决珠超公司（本案原告）在判决发生法律效力之日起15日内将自2010年9月1日至2011年2月16日止的董事会决议和会计账簿、股东会记录分别交给刘某五（本案被告）查阅、复制。该判决已发生法律效力。

原告诉称：

2011年3月17日，被告刘某五擅自同案外多人共同出资1000万元成立被告粤超公司，被告刘某五任被告粤超公司董事长和总经理，其主营业务与原告的完全相同。

2010年9月，原告计划在原"珠超联赛"的基础上，推出一个全新赛事"粤超联赛"，并于同月9日在国家商标局申请注册了第41类"粤超"商标。但被告刘某五利用掌握原告固定客户资源和大量商业信息便利,自同年10月开始,以其个人名义和被告粤超公司名义公然进行同业竞争,非法获利10万元,并造成原告损失30万元。其中原告的损失包括:

(1)因被告非法竞业行为导致"珠超联赛"无法继续正常举办,原告2010年向广东省足协交付劳务费10万元失去了原本意义;

(2)因联赛无法正常举办,鹤山市华山泉食品饮料有限公司拒付广告费,该笔损失应由被告承担;

(3)因被告违反忠实义务,原告需要追究其法律责任,因本案所涉及纠纷法律专业性较强,原告自己无法处理,为维护其合法权益,故聘请律师事务所代为处理,花费律师费2万元,这是被告刘某五、被告粤超公司违法行为所导致的间接损失,应由二被告承担。

被告的行为符合《公司法》所规定的董事、高管竞业禁止行为的构成要件,严重侵害了原告的合法权益。

被告均辩称:

1. 被告刘某五不是原告实际上的董事和高管,不对原告负有忠实义务,不存在利用职务之便违反忠实义务的情况。

被告刘某五虽然在原告与被告粤超公司同时拥有董事身份,但在实质上已经不是原告的董事,其董事的身份完全是名存实亡,其仅仅存在于工商登记的档案上。被告粤超公司设立初期,全体股东都知道被告刘某五是原告大股东,但是已经被原告现任董事长毛某民伙同另一股东王某用53%股份的微弱多数罢免了总经理职务,被告刘某五作为原告董事仅仅是由于公司章程中约定了发起人股东自然成为董事而已,被告刘某五在原告根本就不存在实质上的职务,更不存在利用职务便利。

《公司法》(2005年修订)第149条第1款第5项规定:未经股东会或者股东大会同意,利用职务便利为自己或者他人谋取属于公司的商业机会,自营或者为他人经营与所任职公司同类的业务。董事、高级管理人员违反前款规定所得的收入应当归公司所有。

在界定是否构成该条"同业竞争"时,应当考虑的不仅仅是身份,更重要的是看是否有职务,以及是否利用职务的便利。被告刘某五的董事职务名存实亡,他怎么能够利用其职务之便?

以下是证明被告刘某五的原告董事职务根本是名存实亡的事实:

(1)2010年11月8日,原告召开董事会用原告另外两名股东毛某民和王某的53%股份对被告刘某五的47%股份,罢免了被告刘某五的原告总经理职务,当天就在官网上发布了公告:免去被告刘某五珠超公司CEO职务,宣布被告刘某五的一切言行将不再代表原告,同时任命毛某民为原告总经理,全面负责原告工作(有2010年11月8日和11日的两个整版的足球报原版、有关此事件的报道证明,原告也保留有董事会原件,广东省体育局和省足协以及广东省足球传媒和球迷、粤超联赛参赛俱乐部、珠超联赛参赛俱乐部全部都知道这件事)。

(2)依据原告公司章程,原告每年应该召开12次董事会,每年应该召开4次股东会,但是原告从2010年11月8日到第二届珠超结束从未举行过股东会和董事会,被告刘某五不仅仅是董事权利被剥夺,连股东权利都早已被剥夺,甚至被告刘某五要求参加原告召开的联赛开幕及冠名新闻发布会,原告另外两股东都派人在门口几乎使用暴力不让被告刘某五进入会场,这件事在广东和广州电视台新闻节目中都播放过,每一位广东的足球记者和足球工作者都了解这件事。

(3)被告刘某五是原告的股东,不能了解自己投资的公司如何运作,被告刘某五的股东和董事的权益已经荡然无存。于是刘某五以"股东知情权"为诉求,向广州市越秀区人民法院起诉珠超公司,后来法院作出了(2011)越法民二初字第261号民事判决,判决珠超败诉。

这说明被告刘某五作为公司股东连最起码的股东知情权都无法保障,更不要说行使董事权利以及利用职务之便去谋取所谓利益。

(4)原告声称被告粤超公司利用被告刘某五所掌握的原告经营模式、价格体系、客户关系、渠道政策、商业机会等大量商业信息等职务便利,委任被告刘某五为被告粤超公司董事长和总经理直接对外从事同业经营,与被告刘某五共同对原告构成了侵权,这与事实严重不符,分明是为其竞争失败寻找托词。

2. 被告粤超公司系合法成立。

被告粤超公司的成立其实就是由于原告两个股东滥用自己的53%股份,拒绝参赛俱乐部提出的成立执委会和一系列对联赛有好处的建议要求,随意开除参赛俱乐部,致使俱乐部投资人不再信任原告两股东毛某民和王某而退出珠超联赛,故10家原珠超俱乐部自己投资组建成立被告粤超公司运营粤超联赛,在法律法规上面没有任何问题。

3. 被告刘某五没有非法获利。

被告粤超公司的成立是粤超股东们为了中国足球事业进行的一次敢为人先的尝试和创举,如果成功了(其实已经成功了)将免费传授经验给其他各省市足球人,股东们拥护被告刘某五担任董事长是因为他一心一意为了足球事业,而不是因为他拥有什么渠道和关系,其在被告粤超公司不拿工资,不报销差旅费,如何非法获利10万元?

4. 原告珠超公司两名股东注册"粤超"字号,被告刘某五并不知情。

被告粤超公司没有侵害原告的任何权益,被告粤超公司不会像原告那样惧怕竞争,原告两个股东背着其大股东到商标局去将别的省市的桂超、湘超、鄂超、浙超、海超等统统注册了,实在让人耻笑,也在足球圈内犯了众怒,给广东足球抹黑。

5. 被告粤超公司经营模式与原告不同,成就属自己努力所得。

原告只有3名股东,任何两个人联合起来就可以把另一人排除,如果两个股东犯错误,参赛的所有俱乐部就要遭受损失。这样的足球联赛管理公司从一开始就埋下了失败的种子。被告粤超联赛的管理公司在观念、模式和企业的股份构成等很多方面,在全国都是首创。

律师观点:

1. 被告刘某五作为原告股东、经理、董事权利没有实现,不是违反忠实义务的免责条件。

在市场经济条件下,劳动者(包括公司董事、监事和高管)的竞业自由及企业的正当竞争受到法律的保护和鼓励,但不得违反诚实信用原则,不得违反公认的商业道德。

被告刘某五作为原告的3名登记股东之一、董事兼经理,曾担任原告的执行董事兼总经理、法定代表人,明知或应当知道原告与广东省足协签订了《新广东省室内五人制足球联赛协议书》,及国家商标局已经受理了原告申请"粤超"商标的情况。

被告刘某五因与原告的其他股东发生纠纷而被损害了股东知情权,对此已经通过诉讼途径获得了救济。若被告刘某五的股东权益及履行公司职务的权利仍得不到保障而无法实现其作为股东的出资目的,因其持有原告的股份远远超过10%,可依法或依公司章程约定与其他股东协商转让股份、解散原告或提起诉讼请求法院判令解散原告,但不得以此为由滥用股东权利、违背对公司的忠实义务而损害原告的合法权益。

2. 被告刘某五利用职务之便损害原告利益,应停止担任被告粤超公司法定代表人职务。

事实上,被告刘某五在原告经营权合法存续期间,擅自与他人共同出资注册成立了经营范围与原告的经营范围基本相同的被告粤超公司,并担任法定代表人,在筹备设立被告粤超公司期间即利用原告的主要客户资源,经营原告的同类业务,即举办在赛程、赛制、参赛主体方面与"珠超联赛"基本一致的"粤超联赛",显然是利用其职务之便为被告粤超公司谋取了本属于原告的商业机会,损害了原告的合法权益。

此处利用职务之便,并非被告刘某五所理解的必须发生在公司高管名义上或实质上,而是只要其在经营管理公司期间所接触、知晓了公司的商业秘密,不论其是否卸任或是否实际履行职务,均应遵守对公司的忠实义务,不得向原告的竞争对象泄露并加以利用和损害原告的合法权益。被告刘某五即使作为原告的普通股东或职员,并非主要利用其在原告等用人单位工作时所掌握和积累的知识、经验、技能、人脉和行业声望等职工生存技能和劳动技能为被告粤超公司服务,而是恶意注册"粤超",抢夺原告主要客源、公然同业竞争,令原告陷于经营困境,属于明显地、严重地违反了《公司法》所规定的董事、监事和高管对公司的忠实义务及禁止同业竞争的规定,违背了公认的商业道德,并侵犯了属于原告的商业秘密,违反了《反不正当竞争法》的有关规定。从《侵权责任法》的角度,应当停止侵权,即停止担任被告粤超公司的法定代表人职务。

3. 被告粤超公司亦存在不正当竞争行为。

被告粤超公司的大多数股东明知被告刘某五系原告股东之一且原告已经经营、举办了首届"珠超联赛",仍与被告刘某五组建被告粤超公司开展同业竞争,其行为亦构成了不正当竞争,被告粤超公司应当与被告刘某五承担连带责任。

4. 两被告违反忠实义务,应向原告承担损害赔偿责任。

(1)原告要求两被告赔偿其2010年交给广东省足协的劳务费10万元,属被告非法竞业行为导致"珠超联赛"无法继续正常举办和由此导致的当年度直接经济损失;

(2)原告要求被告刘某五赔偿案外人鹤山市华山泉食品饮料有限公司拒付的广告费,因该项损失尚未经生效法律文书所确定,原告可待该项损失经法定程序确定后另案起诉;

(3)原告要求两被告赔偿律师费2万元,因本案所涉及纠纷法律专业性较强,原告是不具备专业的法律知识的普通公司,委托律师代理诉讼虽非必要,但属原告为维护其合法权益所支付的合理费用,为被告刘某五、被告粤超公司违法行为所导致的间接损失。

5. 原告向两被告主张非法经营所得的归入权,但未提供相关证据证明具体金额,由法院酌情确定。

原告要求判令被告刘某五同业竞争非法获利归原告所有,于法有据,但原告无提供相关的事实依据,被告刘某五辩称在被告粤超公司没有月薪也未分红不合常理,亦未提供证据证实,对此,应参照其从原告所得月薪2100元酌定被告刘某五的非法所得额,即自粤超联赛开赛的2010年12月起暂计至2012年2月。

法院判决:

1. 被告刘某五立即停止与原告的同业竞争行为,停止履行其在被告粤超公司担任的董事长和总经理职务,被告粤超公司须协助被告刘某五履行本项判决;

2. 在本判决生效之日起3日内,被告刘某五向原告返还同业竞争所得27,300元;

3. 在本判决生效之日起3日内,被告刘某五向原告赔偿2010年度"劳务费"100,000元;

4. 在本判决生效之日起3日内,被告刘某五向原告赔偿律师费20,000元;

5. 被告粤超公司对上述第2项、3项、4项判决承担连带清偿责任;

6. 驳回原告的其他诉讼请求。

910. 股东代表诉讼中,股东承担的律师费用是否可以主张?如何确定律师费用是否合理?

可以。

当诉讼请求部分或全部得到人民法院支持时,合理的律师费用由公司承担。律师费用是否合理,主要看律师收费是否符合《律师服务收费管理办法》及各地的律师服务收费政府指导价标准等政策性文件的规定。

911. 公司高级管理人员离职后,公司可否起诉要求高级管理人员赔偿其任职期间损害公司利益的行为给公司造成的损失?

可以。

【案例373】分公司负责人任职期间进行关联交易　离职后公司进行追偿[①]

原告: 中瑞公司广州分公司

被告: 张某、李某伟、黄某国、杨某容、王某生

诉讼请求: 判令五被告向原告赔偿损失4,780,718元。

争议焦点:

1. 分公司的负责人是否属于公司高级管理人员;

---

① 参见广东省广州市中级人民法院(2020)粤01民终4015号民事判决书。

2. 分公司负责人在公司与关联公司交易时将交易价格定为 7 折的做法是否损害公司利益。

基本案情：

原告成立于 2006 年 11 月 7 日，经营范围为专业技术服务业，主要从事各类进出口商品的检验鉴定业务。张某于 2013 年 4 月 15 日入职原告，曾任中国区销售经理——VOC，负责联系并发展潜在客户，开发新的客户并达成交易，管理 VOC 的中国销售团队，招聘、培训、监测在中国的销售主管和销售助理等。自 2015 年 3 月 27 日起，张某担任原告的负责人，并办理了工商登记备案。2016 年 4 月 15 日，张某与原告签订《劳动合同》，载明其所任职务为 VOC 中国区经理，合同期为 2016 年 4 月 15 日至 2020 年 4 月 14 日。2017 年 6 月 13 日，张某申请离职，并与原告签订《解除劳动合同协议》，其中载明：因张某违反公司行为准则并严重损害了公司利益，故原告决定提前解除劳动合同，并不予以支付补偿金。

王某生系于 2014 年 9 月 1 日入职原告，自 2016 年 9 月 1 日起担任 VOC 销售主任一职。2017 年 6 月 13 日，原告与王某生签订《解除劳动合同协议》，写明因王某生擅自收取客户回扣并汇入其私人账户，严重损害公司利益，原告决定提前解除劳动合同，并不予支付补偿金。

李某伟于 2016 年 1 月 13 日至 2017 年 6 月 13 日任原告 VOC 销售主管一职。2017 年 6 月 13 日，原告与李某伟签订《解除劳动合同协议》，写明因李某伟违反公司规定并严重损害公司利益，原告决定提前解除劳动合同，并不予支付补偿金。

黄某国于 2015 年 6 月 1 日入职原告，2015 年 11 月 5 日至 2017 年 6 月 13 日任原告 VOC 销售经理一职。2017 年 6 月 13 日，原告与黄某国签订《解除劳动合同协议》，写明因黄某国违反公司规定并严重损害公司利益，原告决定提前解除劳动合同，并不予支付补偿金。黄某国在该协议中另手写注明："本人承诺将志凯公司所付佣金退回给中瑞。"

杨某容自 2016 年 7 月 11 日起任中瑞上海分公司华中地区 VOC 销售经理一职。2017 年 6 月 19 日，杨某容因个人原因申请辞职。

张某在原告任职期间的工资待遇及绩效奖。张某、原告均确认张某月工资为 41,000～45,000 元，绩效奖以年薪的 30% 计算（业务达标即可获得）。张某确认已收到在原告任职期间的全部工资及 2013 年、2014 年的绩效奖（分别为 43.2 万元、54.6 万元）。

张某任职期间，志凯公司与原告发生了 16,985 笔业务，形成发票的原始开票金额应收为 17,328,938.52 元人民币，实收为 12,814,550.98 元人民币，差额为 4,514,387.54 元人民币。

原告诉称：

被告张某于 2013 年 4 月 15 日成为原告员工，担任 VOC 经理。自 2015 年 3 月起，被告张某担任原告的负责人及法定代表人，负责管理原告的日常事务，系公司高管，且于 2017 年 6 月 13 日离职。

被告王某生、李某伟、黄某国、杨某容均为原告员工，是被告张某所带领的 VOC 业务团队成员，业务上直接听从被告张某指挥，向其汇报。被告王某生、李某伟、黄某国于 2017 年 6 月 13 日离职，被告杨某容于 2017 年 6 月 20 日离职。2015 年 3 月至 2017 年 6 月，被告张某伙同被告王某生、李某伟、黄某国、杨某容 4 人，利用被告张某担任原告 VOC 销售经理以及原告负责人的职务便利，从原告客户处截获本应直接发给原告的 VOC 订单，通过转手和给予折扣等方式使得关联公司赚取差价牟利。而原告则因为被告张某增加了不必要的中间环节遭受巨额损失，共计 4,780,718 元。具体情况如下：

1. 被告张某利用职权，与关联公司签订合作协议，给予关联公司非正常折扣优惠。被告张某已经明确表示志凯公司、新洲公司为其关联公司（被告张某亲弟弟张某杰担任志凯公司的法定代表人，被告其妻邓某仪担任新洲公司的监事）。被告张某利用职务便利，与志凯公司和新洲公司分别签订了合作协议。合作协议中明确在尼日利亚认证等 VOC 认证服务中，志凯公司和新洲公司可以享有 7 折优惠。在原告与被告张某的访谈中，张某对此予以确认。

2. 被告张某擅自截取原告的交易机会，将本属于原告的客户及订单转至关联公司，再将订单以关联公司的名义送至原告以享受折扣价，使得关联公司从中赚取本应属于原告的收入。在原告与被告张某、王某生、李某伟、黄某国等人的访谈笔录中，上述被告均承认该事实。关联公司作为中间环节，通过原告给予的 7 折优惠，可以赚取 3 折左右的差价，从而达到牟利的目的。原告因为被告张某等人借擅自增加的交易环节从中牟利而遭受了相应的损失。

3. 被告在客户不知情的情况下，直接将客户订单以关联公司的名义下单，从中赚取差价，造成原告损失。根据原告与被告王某生的访谈，被告王某生承认，对于有一些客户的订单，王某生会要求客户将检验及出证费用直接汇入其私人账户，同时王某生会将订单相关信息通知志凯公司，由志凯公司按照所提供的信息向原告发送 VOC 订单并由志凯公司和原告结算相关费用，同时王某生会将客户的钱款再汇至志凯公司，导致原告的利益受损。在原告与被告张某的访谈中，被告张某承认被告王某生的上述做法得到了他的授意和授权。

4. 五被告恶意串通，给原告造成巨额损失。被告张某在与原告的访谈中承认志凯公司、新洲公司是其关联公司，并利用职权为关联公司谋取利益的事实。同时表示其团队成员，即被告王某生、李某伟、黄某国、杨某容均有参与。在原告与被告王某生、李某伟、黄某国的访谈中，上述被告均承认收取了关联公司的佣金，数额为关联公司在每笔订单中所能获得利润的3成。结合原告与上述被告的访谈等情况，足以证明5名被告恶意串通损害原告合法权益。根据原告财务系统显示，志凯公司与原告发生了16,985笔业务，应收17,328,938.52元，实收12,814,550.98元，原告损失达4,514,387.54元；新洲公司与原告发生了3904笔业务，应收1,050,304.76元，实收783,974.03元，原告损失达266,330.73元。两家关联公司赚取本属于原告的收入总计4,780,718.27元。

根据《公司法》《侵权责任法》等法律的相关规定，五被告共同对原告实施了侵权行为，应当承担连带责任。

被告张某辩称：

1. 原告的起诉没有法律依据。

2. 我方不是公司高管，不能成为《公司法》上的适格主体，不应成为本案的被告。

3. 原告未能就其损失尽到举证责任。原告一直给所有的客户提供折扣，特别是给大客户的折扣率更高，因此，其损失应以实际损失为限。据了解，其折扣率是在20%～35%，为查明原告的实际损失，我方依法向人民法院提交司法鉴定申请。

4. 原告应就案件事实进行有效举证，其现所提交的证据多属于自身的主张。综上，原告提交的相关证据不应被采信。

被告王某生辩称：

我方并不是《公司法》规定的高级管理人员，其他答辩意见与被告张某的意见一致。

被告李某伟、黄某国辩称：

我方在原告工作期间担任销售主管（服从安排，业务销售，无管理职能），既不是公司的董事、监事，也不是原告的高级管理人员，不能成为本案适格被告。原告在起诉中也确认我方系普通员工的身份，不是本案适格被告。

我方一切与职务有关的行为都是在被告张某（原告原负责人）的指示下进行，我方职务行为的直接后果（包括造成原告经济损失）依法应由原告承担。原告诉称,我方是被告张某带领的 VOC 业务团队成员,被告张某的业务指示就是原告的业务指示。原告诉称的经济损失即使客观真实,也是由被告张某的不当职务行为造成。原告对原负责人的选聘存在失误,缺乏必要的事前、事中制约和监督机制,是造成原告经济损失的根本原因。

原告主张我方承担连带侵权赔偿责任于法无据。我方只需要承担《劳动合同法》规定的劳动者违反劳动合同的法律责任。我方在原告发现原负责人有违忠实义务的不当经营行为并展开内部调查后,于 2017 年 6 月 13 日与原告解除劳动合同,双方签署的《解除劳动合同协议》中确认:原告不予支付补偿金,自本协议签署后,没有任何其他关于劳动合同的理解和履行方面的争议。这说明我方与原告所有劳动关系方面的纠纷全部了结,我方已承担法律责任。

原告的诉请也不能以双方签订的劳动合同第 10 章、11 章为依据,因为我方并没有违反上述两章的有关保守商业秘密的竞业禁止的规定。而劳动合同第 27 条违反了中国《劳动合同法》的有关规定,加大了劳动者的责任,对于有关的损失约定不符合相关的法律规定。我方认为应依据双方签订的劳动合同的约定提交劳动仲裁,而劳动仲裁已超过了一年的仲裁申请时效。现双方已经解除劳动合同关系,在解除时双方已经明确双方对劳动合同的履行和有关法律责任已再无其他纠纷,故双方已不存在纠纷。

被告杨某容辩称:

我方并没有实施原告主张的损害公司利益的行为,且原告也并未举证证实我方实施了相关行为。通过原告的证据和实际情况相比较,因与我方签订合同的是中瑞上海分公司,我方在职时间是 2016 年 7 月至 2017 年 6 月,原告所称的合谋是不可能的事情。从法律依据上看,我方仅是一个劳动者,即使原告代表上海分公司,那么调整原、被告的法律关系应依据有关劳动法律关系的相关法律法规。故请求法院驳回原告对我方的全部诉讼请求。

一审认为:

1. 张某、李某伟、黄某国、王某生、杨某容等人是否属于高级管理人员?

《公司法》第 216 条第 1 项规定,高级管理人员是指公司的经理、副经理、财务负责人,上市公司董事会秘书和公司章程规定的其他人员。张某自 2015 年 3 月 27 日起即任原告负责人,原告虽属中瑞公司登记设立的分公司,但已领取了营业执照,可以自己的名义对外从事经营活动。张某作为原告原登记公示的负责人,实际负责该分公司的日常经营及各项事务。张某应认定为原告的高级管理人员。

至于李某伟、黄某国、王某生、杨某容,因前 3 位均为原告的下属部门经理,而杨某容任职于中瑞上海分公司,均非原告的高级管理人员,故在损害公司利益责任纠纷的案由下,该4人不具备承责的主体资格要件,原告与李某伟、黄某国、王某生、杨某容之间的民事法律关系不属于本案的审理范围,原告可就此另寻法律途径解决。

2. 如张某等符合公司高级管理人员的身份,其是否实施了损害公司利益的行为?

根据《公司法》第216条第4项的规定,关联关系是指公司控股股东、实际控制人、董事、监事、高级管理人员与其直接或间接控制的企业之间的关系,及可能导致公司利益转移的其他关系。从本案查明的事实可知,志凯公司法定代表人系张某的弟弟,应当认定志凯公司与张某之间存在关联关系。根据《公司法》第21条的规定,公司的控股股东、实际控制人、董事、监事、高级管理人员不得利用其关联关系损害公司利益,否则,给公司造成损失的,应当承担赔偿责任。

现原告提供了张某、王某生、李某伟等人的访谈记录,综合各方的庭审陈述看,张某虽不认可笔录中所述的事实,但其对于受胁迫而作出相关陈述的抗辩并未提供任何反证,张某等人在访谈记录中所述情况应认定属实。对于张某利用职务便利向关联公司志凯公司提供业务折扣的事实,本院予以认定。

然而,对于张某是否利用该关联关系损害了公司利益的认定,从原告自认张某作为原告负责人有一定权限来自主决定销售价格(含销售折扣)的事实看,张某将对外交易价格定为7折的做法应在其权限范围内,且原告亦确认在2013年至2017年,公司业务均有较大幅度增长,其中3折的让利不必然能认定为公司的损失。故原告以志凯公司享受的3折价差作为其损失,理据不充分,其以此作为《公司法》第148条行使归入权的对象更无法律依据。

当然,张某作为公司高管,对公司负有忠诚、勤勉的义务,原告对其帮助兄弟经营与原告同类业务而获取的利益,仍有权行使归入权。虽然张某否认其有向志凯公司领取报酬,但从王某生、李某伟、黄某国均确认从志凯公司获取了回扣、佣金的陈述看,张某作为与志凯公司有密切关系的交易主导方,原告主张其在涉案交易中获取了有形或无形的利益符合常理,本院予以采信。故参考王某生、李某伟、黄某国等人所述的回扣数额,本院酌情认定张某在涉案交易(2016年4月1日至2017年6月13日)中的获益数额为551,000元。原告要求张某支付该部分款项有理,本院予以支持。

至于原告与新洲公司的交易,因现有证据尚不足以证明张某与新洲公司之间亦存在关联关系,有关调查报告等证据的证明力不强,同上所述,本院无法直接将张某向新洲公司提供的折扣来认定原告的损失,王某生、李某伟、黄某国等人亦未提及从新洲公司获得回扣的事宜,故本院对原告诉请中有关新洲公司交易的部分主张不予支持。

一审判决:

1. 被告张某向原告支付551,000元;
2. 驳回原告中瑞检验有限公司广州分公司的其他诉讼请求。

被告不服一审判决,向上级人民法院提起上诉。

被告张某上诉称:

1. 一审法院认定原告有损失错误。

(1)张某没有利用关联交易损害公司利益。从原告自认张某作为其负责人有一定权限自主决定销售价格(含销售折扣)的事实看,张某将对外交易价格定为7折的做法系在其权限范围内,且原告亦确认在2013年至2017年,公司业务均有较大幅度增长,其中3折的让利不必然导致公司的损失。

(2)原告没有损失。原告主张的金额为17,328,938.52元,17,328,938.52元的70%为12,130,256.96元,原告主张已收取12,814,550.98元。原告实际收取的12,814,550.98元大于该司应收的12,130,256.96元,原告多收684,294.02元。

(3)一审判决认定"参考王某生、李某伟、黄某国等人所述的回扣数额,本院酌情认定张某在涉案交易(2016年4月1日至2017年6月13日)中的获益数额为551,000元",有悖谁主张谁举证的证据规则。

(4)原告的业务增长,需要有合作公司的支持,而合作公司的支持是需要以获取利益为前提。张某亲属经营的公司即使有获取利益,也是合情合理合法的。

2.《公司法》第147条没有归入权的规定,《公司法》第148条虽有归入权的规定,但依据该条款规定,适用归入权的范围为高级管理人员违反前款规定所得的收入应当归公司所有。因此,如适用归入权,应查明高级管理人员所得的收入,但一审法院对此未予查明,而原告对此也未举证。

3. 张某是原告的高管,不是中瑞检验有限公司的高管。《公司法》第216条规定的公司,是指有限责任公司或者有限责任公司成立的全资子公司,不包括分公司,因此张某不是《公司法》第216条所指的高级管理人员。

原告二审辩称:

1. 原告是经工商登记设立的分公司,已经领取了营业执照,张某作为原登记公示的负责人,负责日常经营。张某的工资报酬和福利待遇均为最高级别,张某月薪为 42,000~45,000 元人民币，其他员工的月薪为 8000 元人民币，且张某前述月薪不包含年终奖金、绩效奖励等。张某享有的最高薪资待遇直观反映出其在原告享有的最高权力地位，是原告最高管理人员，没有其他人可以超越。

2.《公司法》第 147 条、148 条之规定，高级管理人员应对公司承担忠实勤勉、竞业禁止之义务，该等义务的履行不仅体现在高级管理人员任职期间需全心全意为公司服务，还体现在禁止自营或为他人经营与公司竞业的经营活动，更体现在个人利益（包括与个人有利害关系的第三人利益）与公司利益发生冲突时应优先考虑和保护公司利益。而实际上，张某作为原告的最高级别的管理人员，在享有最高级别职权待遇的情况下，却违反忠诚义务，将属于原告的客户、订单转移至其关联公司，甚至作为关联公司的业务员参与了相关业务订单签售，明显违反了忠实勤勉、竞业禁止等义务。

3. 张某擅自给予关联公司折扣减免并实际侵占减免资金的行为，导致原告不仅遭受了实际经济损失，更遭受了严重的商誉损失。案涉业务的开展主要依托于原告集团母公司与相关国家政府、海关检疫机构的合作关系，张某的关联公司对此没有任何贡献，本身就不应被给予折扣减免。综合上述，张某作为原告最高级别的管理人员，滥用职权导致原告遭受折扣减免损失高逾 470 万元人民币，并将该等减免资金据为己用，严重违反了其应负的忠实勤勉、竞业禁止义务。

二审认为：

1. 关于被告张某是否属于公司高级管理人员。

《公司法》第 216 条规定，高级管理人员是指公司的经理、副经理、财务负责人，上市公司董事会秘书和公司章程规定的其他人员。张某自 2015 年 3 月 27 日起即任原告负责人，该公司在性质上虽为分公司，但其人员仍为中瑞公司人员。原告作为中瑞公司的分支机构，不仅有独立的办公场所、工商营业执照，且可以自己的名义对外从事经营活动。张某作为原告原登记公示的负责人，负责该分公司的日常经营及各项事务，且其薪酬待遇远高于普通管理人员，故张某当时的身份符合《公司法》规定的高级管理人员的特征。

2. 关于被告张某是否损害了原告的利益。

从原告提供的张某访谈视频及笔录内容来看，张某确认志凯公司的拥有人为其亲属，并确认当客户找到原告中瑞公司广州分公司时张某会将客户介绍给志凯公司，再由志凯公司向原告下单交易，款项则由客户直接转至志凯公司账户或张某指示的其他个人账户中，其从中给予志凯公司 7 折优惠。若原告当时与志凯公司之间的交易属于正常交易，且张某是为了原告的利益而实施的行为，那么，依照常理,张某作为原告的负责人在明知原告与志凯公司之间的交易属于关联交易的情况下,理应会将该情况向中瑞公司报备,并由中瑞公司决定是否进行交易,而非不经报备就将属于原告的客户介绍给志凯公司,且从中谋取利益。

因此,在张某对其行为未予以合理解释的情况下,其称在代表原告与志凯公司交易期间未损害原告利益不应采信。

3. 关于原告的损失应如何确定及承责的主体。

首先,原告已为其主张的损失提供了凭证。

其次,根据原告为证明其主张提交的访谈视频及笔录来看,张某不仅本人实施了侵害原告利益的行为,在其影响下,原告原员工王某生、李某伟、黄某国也参与了原告与志凯公司之间的关联交易,而且从中收取了数额不等的佣金。张某的行为完全违背了高级管理人员对公司最基本的忠诚义务,因此张某应对其行为承担相应的民事责任。

一审法院基于张某的行为已侵害了原告的利益,且给原告造成了损失,因此参考被告王某生、李某伟、黄某国等人所述的回扣数额,酌情认定张某在涉案交易(2016年4月1日至2017年6月13日)中的获益数额为551,000元公平合理。

张某在被任命为中瑞公司广州分公司负责人的情况下,本应恪尽职守,忠实履行自己的职责,为原告的经营发展努力,但张某却为了私利,损害原告的利益,故其必然要为自己的不当行为承担相应的法律后果。

二审判决:

驳回上诉,维持原判。

912. 独立董事对公司是否负有忠实勤勉义务?

公司的董事、监事及高级管理人员对公司负有忠实义务和勤勉义务,至于董事是内部董事还是独立董事,目前并未区分。基于此,独立董事对公司也负有忠实勤勉义务。

根据《股份制商业银行独立董事和外部监事制度指引》[①]、《上市公司独立董

[①] 《股份制商业银行独立董事和外部监事制度指引》第20条规定:"独立董事、外部监事负有诚信义务,应当勤勉尽责。"第21条规定:"独立董事对董事会讨论事项发表客观、公正的独立意见,独立董事在发表意见时,应当尤其关注以下事项:(一)重大关联交易;(二)利润分配方案;(三)高级管理层成员的聘任和解聘;(四)可能造成商业银行重大损失的事项;(五)可能损害存款人或中小股东利益的事项。"

事履职指引》(修订版)①、《深圳证券交易所上市公司自律监管指引第1号——主板上市公司规范运作》②等规范性文件,独立董事的职责可以总结为如下内容:

---

① 《上市公司独立董事履职指引》(修订版)第9条规定:"关注上市公司相关信息独立董事应重点关注上市公司的关联交易、对外担保、募集资金使用、社会公众股股东保护、并购重组、重大投融资活动、财务管理、高管薪酬、利润分配和信息披露等事项,必要时应根据有关规定主动提议召开董事会、提交股东大会审议或者聘请会计师事务所、律师事务所等中介机构对相关事项进行审计、核查或者发表意见。独立董事宜核查上市公司公告的董事会决议内容,主动关注有关上市公司的报道及信息,在发现有可能对公司的发展、证券的交易价格产生较大影响的报道或传闻时,有权向公司进行书面质询,并督促公司做出书面说明或公开澄清。上市公司未能应独立董事的要求及时说明或者澄清的,独立董事可自行采取调查措施,并可向中国证监会派出机构或公司证券上市地的证券交易所报告。上市公司股东间或者董事间发生冲突、对公司经营管理造成重大影响的,独立董事应当主动履行职责,维护上市公司整体利益,并可以向中国证监会派出机构或公司证券上市地的证券交易所报告。"第10条规定:"对上市公司及相关主体进行监督和调查独立董事发现上市公司或相关主体存在下列情形时,应积极主动履行尽职调查义务,必要时可聘请中介机构进行专项调查:(一)重大事项未按规定提交董事会或股东大会审议;(二)公司未及时或适当地履行信息披露义务;(三)公司发布的信息中可能存在虚假记载、误导性陈述或重大遗漏;(四)公司生产经营可能违反法律、法规或者公司章程;(五)其他涉嫌违法违规、损害社会公众股股东权益或社会公众利益的情形。确认上述情形确实存在的,独立董事应立即督促上市公司或相关主体改正,并向中国证监会派出机构和公司证券上市地的证券交易所报告。"

② 《深圳证券交易所上市公司自律监管指引第1号——主板上市公司规范运作》第3.5.18条规定:"独立董事应当充分行使下列特别职权:(一)需要提交股东大会审议的关联交易应当由独立董事认可后,提交董事会讨论。独立董事在作出判断前,可以聘请中介机构出具专项报告;(二)向董事会提议聘用或者解聘会计师事务所;(三)向董事会提请召开临时股东大会;(四)征集中小股东的意见,提出利润分配提案,并直接提交董事会审议;(五)提议召开董事会;(六)在股东大会召开前公开向股东征集投票权;(七)独立聘请外部审计机构和咨询机构。独立董事行使前款第(一)项至第(六)项职权,应当取得全体独立董事的二分之一以上同意;行使前款第(七)项职权,应当经全体独立董事同意。独立董事聘请中介机构的费用及其他行使职权时所需的费用由上市公司承担。第一款第(一)、第(二)项事项应由二分之一以上独立董事同意后,方可提交董事会讨论。如第一款所列提议未被采纳或上述职权不能正常行使,上市公司应将有关情况予以披露。"第3.5.19条规定:"独立董事应当对下列上市公司重大事项发表独立意见:(一)提名、任免董事;(二)聘任、解聘高级管理人员;(三)董事、高级管理人员的薪酬;(四)聘用、解聘会计师事务所;(五)因会计准则变更以外的原因作出会计政策、会计估计变更或重大会计差错更正;(六)上市公司的财务会计报告、内部控制被会计师事务所出具非标准无保留审计意见;(七)内部控制评价报告;(八)相关方变更承诺的方案;(九)优先股发行对公司各类股东权益的影响;(十)公司现金分红政策的制定、调整、决策程序、执行情况及信息披露,以及利润分配政策是否损害中小投资者合法权益;(十一)需要披露的关联交易、提供担保(不含对合并报表范围内子公司提供担保)、委托理财、提供财务资助、募集资金使用相关事项、股票及衍生品投资等重大事项;(十二)重大资产重组方案、管理层收购、股权激励计划、员工持股计划、回购股份方案、上市公司关联方以资抵债方案;(十三)公司拟决定其股票不再在本所交易;(十四)独立董事认为有可能损害中小股东合法权益的事项;(十五)有关法律法规、本所相关规定及公司章程规定的其他事项。独立董事发表的独立意见类型包括同意、保留意见及其理由、反对意见及其理由和无法发表意见及其障碍,所发表的意见应当明确、清楚。"第3.5.21条规定:"独立董事发现上市公司存在下列情形之一的,应当积极主动履行尽职调查义务并及时向本所报告,必要时应当聘请中介机构进行专项调查:(一)重大事项未按规定提交董事会或者股东大会审议;(二)未及时履行信息披露义务;(三)公开信息中存在虚假记载、误导性陈述或者重大遗漏;(四)其他涉嫌违法违规或者损害中小股东合法权益的情形。"

(1) 参与公司决策,并对董事会作出的决议承担责任;
(2) 了解并关注公司的财务、资产情况和重大事件,积极、主动履职;
(3) 保证上市公司披露的信息真实、完整、准确。

需要注意的是,上述规范性文件都不属于法律法规,其中的规定也不属于强制性规定,因此若独立董事未履行勤勉义务,除了民事责任外也可能涉及行业处罚的问题。

【案例374】独立董事对公司负有勤勉义务 未尽义务需接受处罚[①]

原告: 周某添、魏某志、陈某娇、何某增

被告: 中国证券监督管理委员会

诉讼请求: 撤销被告作出的行政处罚决定书(2012)53号中针对四原告的处罚。

争议焦点: 被告是否具有依法对违反证券市场监督管理法律、行政法规的行为进行查处的法定职责。

基本案情:

1993年11月,鸿基公司与新鸿进公司签订参股投资协议,鸿基公司向新鸿进公司转让其持有的"皖能电子"法人股60万股,新鸿进公司付清了股票转让款。后新鸿进公司因故退回上述股票,鸿基公司向新鸿进公司退回购股款。

1994年9月,鸿基公司与新鸿进公司及业丰工贸公司签订参股投资协议,鸿基公司向新鸿进公司转让其持有的"鄂武商A"法人股108万股、"昆百大A"法人股150万股,向业丰工贸公司转让其持有的"皖能电力"法人股440万股。鸿基公司用收到的"鄂武商A""昆百大A""皖能电力"法人股历年分红冲抵应收新鸿进公司及业丰工贸公司购股款;不足部分,由鸿基公司使用自有资金经第三人过账划回鸿基公司,冲抵应收新鸿进公司及业丰工贸公司购股款。综上,鸿基公司转让给新鸿进公司、业丰工贸公司的"皖能电力""鄂武商A""昆百大A"等股票,新鸿进公司、业丰工贸公司未向鸿基公司实际支付购股款。鸿基公司通过虚构股票转让交易,经资金运作及账务处理,将涉案股票转至账外以新鸿进公司、业丰工贸公司的名义继续持有。上述涉案股票,经历年分红送股及支付股改对价,至上市流通前,新鸿进公司、业丰工贸公司名下的"皖能电力"数量分别为60万股、440万股,新鸿进公司名下的"鄂武商A"和"昆百大A"数量分别为1,963,184股、111万

[①] 参见北京市第一中级人民法院(2014)一中行初字第304号行政判决书。

股。上述涉案股票,于 2007 年 4 月至 2009 年 3 月全部卖出,获利 86,155,059.53 元,加上"皖能电力"法人股 60 万元股息,合计 86,755,059.53 元。之后,经时任鸿基公司董事局主席兼总裁邱某亨同意,时任鸿基公司证券部经理任某强将其中 86,706,094.36 元划至其他公司。

2008 年 11 月至 2010 年 12 月,上述资金连同利息合计 91,709,101.14 元被转回鸿基公司,用以冲抵有关单位对鸿基公司的欠款,同时冲回以前年度计提的坏账准备。

2007 年 3 月 15 日,深圳证券交易所发出《监管关注函》,要求鸿基公司董事局于 2007 年 3 月 16 日前核实并回复有关股价异动事项,同时针对财经网曾于 2007 年 1 月 18 日发表的关于公司法人股股票投资收益惊人的评述等事项,要求鸿基公司于 2007 年 3 月 16 日刊登《澄清公告》并明确说明有关情况。时任鸿基公司董事局秘书在核查公司以前年度报告时发现,鸿基公司年度报告中披露的法人股持股数量少于其他上市公司股改公告中提到的鸿基公司持股数量,其随即向邱某亨报告了有关情况。

2007 年 3 月 16 日,鸿基公司董事局办公室根据任某强提供的数据和资料,草拟《公司关于对深交所监管关注函有关内容的情况说明》及《澄清公告》文稿,经邱某亨签字确认后盖章,提交深圳证券交易所审核后于 2007 年 3 月 19 日披露。《澄清公告》称,鸿基公司代新鸿进公司持有"皖能电力"60 万股、"昆百大 A"150 万股、"鄂武商 A"1,963,184 股,代业丰工贸公司持有"皖能电力"440 万股,新鸿进公司、业丰工贸公司是上述股票的实际所有人。鸿基公司并未出资,仅为名义持有,代持股份不属于公司资产,公司亦不享有任何权益,截至当时尚未办理股份过户手续。

2007 年 4 月 20 日,鸿基公司发布 2006 年年度报告,未将 500 万股"皖能电力"、1,963,184 股"鄂武商 A"以及 111 万股"昆百大 A"计入报表。其中对法人股事项披露为:"由于历史原因,本公司存在代其他单位持有上市公司限售流通股(募集法人股)的情况,具体如下:深能源、中粮地、S★ST 东泰、鄂武商 A、皖能电力、ST 昆百大等六只股票。上述本公司代持股份为实际持有人出资购买,本公司未出资,仅名义持有,代持股份不属于本公司资产,本公司亦不享有任何权益,截至目前尚未办理股份过户手续。"鸿基公司董事局在审议 2006 年年度报告时,魏某志全权授权委托陈某娇代为行使表决权。参会董事周某添、陈某娇、何某增、魏某志均未对法人股事项提出异议。

2008 年 4 月 22 日,鸿基公司发布 2007 年年度报告,未将 500 万股"皖能电力"、190,940 股"昆百大 A"以及出售 1,963,184 股"鄂武商 A"和 919,060 股"昆百大 A"的收益计入报表,将股票出售款披露为应付龙岗爱侨公司 23,334,098.58 元出售股票款。鸿基公司董事局在审议 2007 年年度报告时,参会董事周某添、陈某娇、何某增、魏某志均未对法人股事项提出异议。

2009 年 4 月 30 日,鸿基公司发布 2008 年年度报告,未将出售 500 万股"皖能电力"收益计入报表。鸿基公司董事局在审议 2008 年年度报告时,参会董事周某添、陈某娇、何某增、魏某志均未对法人股事项提出异议。

2010 年 3 月 24 日,鸿基公司发布 2009 年年度报告,未披露"皖能电力""鄂武商 A""昆百大 A"等虚假代持法人股出售和资金划转情况。鸿基公司董事局在审议 2009 年年度报告时,参会董事陈某娇、何某增均未对法人股事项提出异议。

2011 年 3 月 19 日,鸿基公司发布 2010 年年度报告,披露了对"代持股"的清查情况和资金清收情况。鸿基公司称根据专项审计报告,鸿基公司代新鸿进公司持有的"皖能电力""鄂武商 A"和"昆百大 A"以及代业丰工贸公司持有的"皖能电力",权益属于鸿基公司。

2010 年 11 月 4 日,被告向鸿基公司作出 2010 深稽立通字 02 号《立案调查通知书》,被告经调查,在取得鸿基公司相关临时报告、定期报告、涉案人员询问笔录、资金划转凭证及附件等证据后,委托中国证券监督管理委员会深圳监管局(以下简称深圳证监局)于 2012 年 7 月 16 日向原告魏某志,同年 7 月 18 日向原告何某增、周某添、陈某娇送达了《行政处罚及市场禁入事先告知书》(处罚字〔2012〕5 号),对拟处罚的违法事实、理由、依据及相对人享有的陈述、申辩、听证权利进行了告知。四原告共同向被告提交了陈述和申辩意见书,陈某娇还提交了补充申辩意见。

2012 年 12 月 17 日,被告作出被诉处罚决定,并委托深圳证监局分别向四原告送达。四原告不服,遂提起行政诉讼。

原告诉称:

1. 被诉处罚决定认定事实错误,主要证据不足。

从 1993 年鸿基公司开始形成法人股代持至 2007 年 3 月 19 日公司刊登《澄清公告》,长达 14 年之久,这些代持股的成因、变化和处置等一系列过程看起来十分隐蔽,四原告也是被蒙蔽者。2007 年 3 月 19 日公司以董事局名义披露了《澄清公告》,四原告对披露《澄清公告》的过程以及所涉内容并不知情,是公司内部部分人员盗用董事局的名义,未经董事局审议。十多年以来,鸿基公司一直都是体外循环和账外经营,监管部门、保荐机构、服务机构等都没有发现任何蛛丝马迹,四原告也不能对代持的法人股的权属提出异议,所以四原告不应该对2006年至2009年公司年度报告未如实披露其代持股问题负责。以上事实均是鸿基公司内部少数人员故意隐瞒的过错行为所致,非四原告过错或过失引发,四原告也不存在违法共谋。

界定四原告是否勤勉尽责,应该结合本案发生的客观事实和历史。本案代持法人股事件,其成因主要是因为制度设计上的缺陷、公司内部人员的欺瞒行为以及行政监管不力所致。

2. 被诉处罚决定适用法律、法规错误。

本案应该适用《信息披露违法行为行政责任认定规则》,该规则要求上市公司的董事"独立作出适当判断",四原告根据当时客观实际和材料对2006年至2009年年报审议和信息披露进行"独立作出适当判断"并无不当。同时,该规则规定对于信息披露义务人行为是否构成信息披露违法,需要对主客观方面进行综合审查,根据本案事实和这些规定,四原告本不应被行政处罚。被告属于有法不依。

3. 被诉处罚决定显失公正。

从1993年鸿基公司开始形成法人股到2007年3月19日公司刊登《澄清公告》,违法者另有其人,2006年至2009年公司年度报告未如实披露代持股问题的违法者也大有人在,被告并未对其进行处罚,是被告滥用职权的表现。

4. 违法行为已过追责时效。

根据《行政处罚法》第29条①的规定,违法行为在2年内未被发现的,不再给予行政处罚。按被诉处罚决定的认定,从鸿基公司最后全部卖出代持股的2009年3月计算,至被诉处罚决定作出的2012年12月也已超过3年半之久,依法也不应再给予行政处罚。

5. 被诉处罚决定中对鸿基公司的违法行为认定为"代持股"错误,应该是虚假股票转让行为。

被告辩称:

1. 被告对四原告作出的行政处罚决定事实清楚,证据确凿,程序合法。

对于鸿基公司以新鸿进公司和业丰工贸公司名义账外持有法人股的情况,以及鸿基公司卖出法人股收益及资金划转情况,鸿基公司2006年至2009年年度报告未作如实披露,直到2010年年度报告才作了补充披露。四原告在审议同意上

---

① 现为《行政处罚法》(2021年修订)第36条相关内容。

述年度报告时,未尽勤勉义务,被告认定其对涉案信息披露负有责任。被告依法对鸿基公司信息披露违法案进行了立案调查、审理,并依法向四原告告知了作出行政处罚的事实、理由、依据及其依法享有的权利。在作出被诉处罚决定后,被告依法履行了送达程序。

2. 鸿基公司作为上市公司没有依法履行信息披露义务。

3. 四原告作为独立董事没有尽到勤勉义务。

依据《证券法》第68条①规定,上市公司董事应当保证上市公司所披露信息的真实、准确、完整。结合被告调查的相关证据,被告认为,四原告在独立董事履职方面存在明显疏漏,未勤勉尽责。四原告是专业人士,其在担任鸿基公司独立董事期间,有能力也有义务对上市公司发生的重大事项给予关注并保持合理怀疑态度。虽然四原告并非策划、组织和参与涉案法人股账外经营的人员,但媒体对鸿基公司法人股投资收益惊人问题作出报道、交易所就此下发《监管关注函》后,四原告作为独立董事,应当对鸿基公司法人股投资状况及权益归属等给予谨慎关注和足够重视。目前没有证据证明四原告曾对相关问题给予谨慎关注,亦没有证据证明其在鸿基公司《澄清公告》披露后,以及在审议相关年度报告时曾对相关问题给予持续关注或提出质疑。本案被告作出事先告知后,四原告未能提供充分证据证明其已尽到勤勉义务。

4. 四原告有关被诉处罚决定适用法律错误、"有法不依"的主张没有事实和法律依据。

被告认为,鸿基公司未如实披露涉案法人股情况的行为违反了《证券法》第63条、66条、67条②规定,依据《证券法》第193条③规定,被告对鸿基公司及有关责任人作出处罚并无不当。《信息披露违法行为行政责任认定规则》是被告制定用以指导认定信息披露违法行为行政责任的规范性文件。被告在本案审理及复核四原告提交的陈述、申辩意见时,参考了该规则相关规定。

5. 四原告有关被诉处罚决定显失公正的主张没有事实和法律依据。

6. 四原告关于被诉处罚决定时效已过的主张没有事实和法律依据,鸿基公司发布《澄清公告》和2006年至2009年年度报告未如实披露涉案法人股的行为一直处于持续状态。本案于2010年11月正式立案,此时距鸿基公司信息披露违法行为未逾2年。

---

① 现为《证券法》(2019年修订)第82条相关内容。
② 现为《证券法》(2019年修订)第78条、79条、80条相关内容。
③ 现为《证券法》(2019年修订)第197条相关内容。

法院认为：

根据《证券法》第179条第1款第7项①的规定，被告具有依法对违反证券市场监督管理法律、行政法规的行为进行查处的法定职责。

被诉处罚决定中认定鸿基公司未如实披露"代持股"问题，属违反信息披露义务的行为。根据《证券法》第68条第3款②的规定，上市公司董事、监事、高级管理人员应当保证上市公司所披露的信息真实、准确、完整。四原告作为鸿基公司的独立董事，应当勤勉尽责，实施必要、有效的监督，保证公司所披露的信息真实、准确、完整。本案中，四原告认可鸿基公司在2006年至2009年的年度报告中未如实披露"代持股"问题。在案证据能够证明四原告在审议2006年至2008年年度报告时均未对上述问题提出异议，陈某娇、何某增在审议2009年年度报告时亦未对上述问题提出异议。且深圳证券交易所于2007年3月15日向鸿基公司发出《监管关注函》，要求鸿基公司刊登《澄清公告》并明确说明有关公司股票持续异常波动情况。之后四原告对涉案的"代持股"问题并未实施必要、有效的监督。故被告认定四原告未尽监督义务，未勤勉尽责，应当对鸿基公司信息披露违法行为承担责任，并无不当。四原告主张已尽到勤勉尽责义务，其对"代持股"事项并不知情且专业《审计报告》未予披露，故四原告应予免责的诉讼主张缺乏事实及法律依据，本院不予支持。

根据《行政处罚法》第29条③之规定，违法行为在两年内未被发现的，不再给予行政处罚。违法行为有连续或者继续状态的，从行为终了之日起计算。由此可知，违法行为有连续或继续状态的，在进行行政处罚时应作为一个整体行为予以判断。本案中，鸿基公司自发布2007年3月19日《澄清公告》至2010年3月24日发布2009年年度报告，均未对"代持股"事项进行披露，鸿基公司的上述违法行为处于连续状态，故被告于2010年11月4日立案调查该事项未违反《行政处罚法》第29条的规定。四原告关于被诉处罚决定已过追责时效的诉讼主张缺乏事实及法律依据，本院不予支持。

综上，被告在作出被诉处罚决定的过程中履行了告知、调查、听证、送达等程序，处罚程序亦符合法律规定。被诉处罚决定并无不当。四原告关于被诉处罚决定认定事实不清、适用法律错误的诉讼主张缺乏事实及法律依据，其诉讼请求本院不予支持。

---

① 现为《证券法》(2019年修订)第169条相关内容。
② 现为《证券法》(2019年修订)第82条相关内容。
③ 现为《行政处罚法》(2021年修订)第36条相关内容。

法院判决：

驳回四原告的全部诉讼请求。

三、收受贿赂及侵占、挪用公司资金民事责任的裁判标准

913. 董事、监事及高级管理人员收受贿赂及其他非法收入的构成要件有哪些？

董事、监事及高级管理人员收受贿赂及其他非法收入的构成要件包括：

(1)董事、监事及高级管理人员收受贿赂系以为他人谋取利益为前提；

(2)他人提供的财物系作为谋取利益的交换条件；

(3)董事、监事及高级管理人员系利用职务条件为他人谋取利益；

(4)董事、监事及高级管理人员的行为损害了公司利益。

914. 公司或股东起诉董事、监事及高级管理人员侵占公司财产需举证证明哪些内容？

公司或股东需证明如下内容：

(1)公司财产系处于董事、监事及高级管理人员实际控制下；

(2)董事、监事及高级管理人员控制公司财产无合法理由及公司的同意；

(3)董事、监事及高级管理人员主观并无归还公司财产的意思；

(4)董事、监事及高级管理人员侵占公司财产的行为造成了公司的实际损失。

【案例375】法定代表人并非保管员　主张返还公司财产被驳回[①]

原告：城建三公司

被告：段某余

诉讼请求：判令被告移交原告的下列财产：税控机1台、美的空调79台、海尔空调5台、松下电视1台、飞利浦电视1台、价值832,500元的机械设备、联想电脑2台、三星手机2部、海信彩电4台、海信底座4个、价值429,800元的房屋装修。

争议焦点：

法定代表人是否当然负责公司财物的保管。

---

① 参见北京市第二中级人民法院(2011)二中民终字第19238号民事判决书。

基本案情：

被告系原告的法定代表人，执行董事。

2009年10月14日，法院依法受理债权人提出的对原告进行破产清算的申请，同时指定了破产管理人。

2011年1月28日，法院裁定宣告原告破产。同日，法院作出裁定认为原告未向破产管理人移交全部财务账册，且公司主要财产下落不明，现有财产账册混乱不清，无法查清企业财产状况，从而导致无法进行清算，并裁定终结原告破产程序。

原告诉称：

根据原告财务资料中被告审批签字的支出凭单、费用报销单以及发票、固定资产折旧计算表等记账凭证、银行进账单和支票付款情况来看，原告的以下资产被告尚未移交：税控机1台、美的空调79台、海尔空调5台、松下电视1台、飞利浦电视1台、价值832,500元的机械设备、联想电脑2台、三星手机2部、海信彩电4台、海信底座4个、价值429,800元的房屋装修。现原告要求被告移交上述公司资产。被告既不向破产管理人移交原告的资产、账目资料，也不参加债权人会议，严重损害了原告的利益。

被告辩称：

原告要求被告返还的资产，实际用于原告承接的工程项目，具体的管理人为相关工程的项目部门，被告只是根据原告的业务需要，进行了财务费用的签批，履行了相关岗位职责，并不代表财物均由被告保管。原告没有证据证明争议的资产被被告所侵占或实际控制，不应起诉被告。

律师观点：

根据《公司法》第147条的规定，董事、监事、高级管理人员应当遵守法律、行政法规和公司章程，对公司负有忠实义务和勤勉义务。董事、监事、高级管理人员不得利用职权收受贿赂或者其他非法收入，不得侵占公司的财产。《企业破产法》第36条规定，债务人的董事、监事、高级管理人员利用职权从企业获取的非正常收入和侵占的企业财产，管理人应当追回。

本案中，原告要求被告向公司移交涉案财产，但其提交的证据并不能证明涉案财产由被告侵占，故其要求被告移交财产的诉讼请求没有事实依据，不应予以支持。

法院判决：

驳回原告的诉讼请求。①

---

① 笔者认为，债权人可提起清算责任纠纷诉讼以维护其权益。

第十三章

损害公司利益责任纠纷

【案例376】二人公司执行董事借款不还 监事诉讼返还借款理由成立①

原告：郝某

被告：汪某燕

第三人：柯捷美公司

诉讼请求：

1. 被告就913,608.67元提供报销票据；

2. 如被告无法提供上述票据，则返还不能提供票据部分款项及相应利息。

争议焦点：

1. 在公司只有两名股东情况下，一名股东以监事身份对执行董事提起诉讼，是否受限于"股东向监事提出书面请求"的前置程序要求；

2. 在公司财务管理混乱的情况下，如何认定实际借款金额和可冲抵借款的报销凭证，是否可通过审计的方式查清事实。

基本案情：

第三人系由原告与被告各出资25万元注册成立的有限责任公司，被告任执行董事，原告任监事。

2004年，被告从第三人处借款97笔，金额共计390,705元，扣除应付被告的工资2500元，剩余388,205元；被告已向第三人交付票面金额共计83,167元的报销票据，票据中有发票、收据和白条。

2005年，被告从第三人处借款95笔，金额共计345,398.10元。

2006年，被告从第三人处借款55笔，金额共计207,690元，扣除应付给被告的工资3万元，剩余177,690元；被告已向第三人交付票面金额为35,150.53元的报销票据，票据中有发票、收据和白条。

2007年，被告从第三人处借款8笔，金额共计26,970元，扣除应付给被告的工资5000元，剩余21,970元。

以上4个年度，被告从第三人借款共计933,263.10元。

同时，被告分别收取了未交还第三人的款项：属于第三人的15,000元、12,000元、2000元及6955元。

此外，被告另收有翠西阳光房改造工程的款项40,000元。

原告诉称：

从2004年2月9日至2007年2月12日，被告以买材料为借口从第三人借

---

① 参见北京市第一中级人民法院(2009)一中民终字第5142号民事判决书。

1531

款,借款余额超出了购买工程材料款,也从未向第三人报销过。同时,被告还私自为他人加工、安装工程,收工程款也未交回第三人,给第三人造成经济损失。原告曾多次催被告报账,被告置之不理。

被告辩称:

原告是第三人财务负责人,管理公司的财务。被告从第三人借款用于购买工程材料,但被告在向第三人交付发票的时候,原告拒不向被告交付借款单,所以就未能把发票交给第三人。原告称被告私自为他人施工并私自接收工程款未交,与事实不符,不同意原告的诉讼请求。

诉讼中被告分3次提供了2004年至2007年的报销票据,经法院审核票据的形式及内容,确认可用于报销的票据(发票、收据和白条)共计6284张,票面金额共计676,003.54元。另有几张收据需由被告更换发票后再报销。其余票据,或字迹模糊,或无印章,或印章不符要求。

第三人对该案证据及事实未作陈述和表态。

一审认为:

1. 原告主体适格。

本案第三人是有限责任公司,原告和被告是第三人的全部股东。同时,原告任监事,被告任执行董事。《公司法》规定,董事执行公司职务过程中若违反法律、行政法规或者公司章程的规定给公司造成损失时,不设监事会的有限责任公司的监事有权根据股东的书面请求,对该董事提起诉讼。本案中,原告以监事身份对执行董事提起诉讼,考虑到原告也是公司股东,其身份上具有双重性,故其起诉无须受限于"股东向监事提出书面请求"的前置程序要求,原告的起诉合法有效,其作为本案原告适格。

2. 被告作为执行董事,对于给第三人造成的损失,应当承担赔偿责任。

被告作为第三人的执行董事,应当遵守法律、行政法规和公司章程的规定,认真履行职责。被告在2004年至2007年,多次从第三人借款,却只交回部分报销单;收取第三人合同相对方的合同款项,却未交给第三人。被告的行为是对第三人利益的损害,给第三人造成了财产损失。

3. 被告应当将归属于第三人的财产全部返还。

被告在2004年至2007年,从第三人借款共计933,263.10元(388,205元 + 345,398.10元 + 177,690元 + 21,970元),扣减票面金额共计118,317.53元(83,167元 + 35,150.53元)的已报销票据,再扣减票面金额共计676,003.54元的报销票据

（6284 张报销票据由法院令被告向第三人返还），被告应将剩余 138,942.03 元交还第三人。被告收取第三人合同相对方支付的 4 笔合同款项 15,000 元、12,000 元、2000 元和 40,000 元也应当如数返还第三人。再有 6955 元合同款，被告为债务人，应向第三人支付，法院在本案中一并处理。

一审判决：

1. 被告向第三人交付 6284 张报销票据，票面金额共计 676,003.54 元；

2. 被告给付第三人 214,897.03 元人民币；

3. 被告负责将 2004 年 6 月 17 日 3138 元的收据、2004 年 6 月 18 日 4920 元的收据、2004 年 9 月 1 日 2800 元的收据、2004 年 5 月 28 日 495 元的收据更换为发票后交给第三人，发票交付后相对应的款项可从第 2 项中扣除；

4. 驳回原告其他诉讼请求。

原、被告均不服一审判决，向上级人民法院提起上诉。

原告上诉称：

1. 一审法院的审理程序违法。

（1）一审法院违反了《民事诉讼法》关于审理时限的规定，超期审理；

（2）在一审审理过程中，原告曾被告知该案法官予以更换，但直至最后一次庭审结束，原告也没有见到过更换的法官。

2. 一审法院的判决违反证据规则的规定。

关于一审判决第 3 项，一审法院规定的举证期限已届满，不应当在举证期限届满后再要求被告补交 2004 年票据的证据。

3. 一审法院认定事实不清，证据不足。

（1）一审法院对于被告提交票据所涉及的张数、金额从未予以确认，原告无法分清一审法院对哪些票据予以确认，对哪些票据未予确认。

（2）一审法院对部分报销票据的认定是错误的。一审法院对没有抬头的收据、部分没有证据证明的白条及不能证明是第三人工程所发生的费用的收据认定为报销票据是错误的。

被告上诉称：

1. 一审法院仅依据"票据形式及内容，并结合原告对票据的意见"认定被告提供的报销票据是错误的。

（1）第三人是经营门窗的小公司，在加工、安装过程中的购买材料多为即时的和少量的,且对应的业务方也多为规模不大的公司,由此会导致对方开出的票据存在"字迹模糊,或无印章,或印章不符要求"的现象而且不乏白条,这种现象是经常的且无法避免,并且在以前原告在公司已报销的票据中也是存在的,因此这些票据都可以作为报销票据予以认可。

(2)原告对票据的意见没有证明力。原告是案件的一方当事人,其作出的意见仅依据其个人的主观臆断,没有任何事实依据,一审法院依据原告意见对票据的确认是没有证明力的,对被告也存在明显不公。

2. 对一审法院判决的由被告返还的4笔合同款项15,000元、12,000元、2000元和40,000元,被告认为原告在一审的诉讼请求是"就913,608.67元提供报销票据,没有票据就给钱",一审法院在认定事实中也已确认了794,321.07元票据。依据相关法律规定的"不诉不审"原则,此4笔款项不应在本案中一并审理,而应当予以告知另案处理。同时其权利的主张也应当是第三人。另外,阳光房的40,000元已经购买了材料,对此也应当予以查明。

3. 被告提出的在向公司交付票据时,原告拒不向汪继燕交付借款单的事实,法院没有依法查明。原告存在没有返还借款单及少计报销票据的行为。在一审中,原告只提供了部分账簿,不能反映被告在公司财务往来的全部状况。为此,被告要求对公司会计账簿进行审计,以依法查明案件事实。

对于被告提出的审计申请,法院认为:

由于第三人的财务管理较为混乱,并且双方当事人现在均不能提供完整的会计账簿,不具有审计的基础,故法院对被告的审计申请不予准许。

二审法院经审理查明:

本案一审的立案时间为2007年4月6日,后经一审法院批准,延长审限6个月,至2008年4月6日止。后又分别经北京市第一中级人民法院批准,延长审限至2008年12月27日止。一审庭审笔录中记载的审理该案的3位合议庭成员从未更换过,也没有关于通知双方当事人变更合议庭成员的记载。

律师观点:

1. 被告作为执行董事,存在损害公司利益的行为,应承担赔偿责任。

被告作为第三人的执行董事,应当遵守法律、行政法规及公司章程的规定,忠实、勤勉地履行职责,维护公司利益。被告于2004年至2007年,多次从第三人借款,但只交回部分报销单据;收取第三人合同相对方的合同款项,未交还给第三人的行为,已侵害了第三人的利益,并给第三人造成了财产损失,根据《公司法》第

150条①的规定,董事应当对公司承担相应的损害赔偿责任。

2. 一审法院对于借款金额的确认合法合理。

被告于2004年至2007年向第三人借款金额共计933,263.10元、被告已报销票据的票面金额共计118,317.53元及被告提交的可用于报销的票据6284张,票面金额共计676,003.54元。

原告认为被告提交票据所涉及的张数、金额从未予以确认,部分报销票据认定错误,但未提供有效证据佐证,因此不应予以采信;原告关于一审法院违反法定审理程序,超审限审理,以及其从未见到过被更换的法官的理由,与查明的事实不符,且无相关证据佐证,故对此亦应不予采信;关于原告认为一审法院的判决第3项违反证据规则的规定的观点,从原告的诉讼请求及诉讼目的是要求被告提供全部可以用于第三人报销的票据凭证,最终维护第三人的利益,一审法院因此要求被告交付所有用于报销的票据既包括了提交时就能够确定的用于报销的票据,也包括了虽然提交时不能用于报销,但一旦符合某种形式要件即可予以报销的票据,一审法院判决第3项即属于后一类型的票据,故原告的该项理由无事实及法律依据,对此应不予采信。

对于可报销票据的认定,是根据法律、法规、证据认定规则以及相应的财务会计制度中关于报销凭证的规定予以确认,符合法律规定,被告关于票据认定有误的理由无事实及法律依据。

3. 法院对于被告未返还的合同款项一并处理并无不当。

原告作为公司的监事提起本案诉讼的目的是维护公司的合法权益,制止董事侵害公司利益的行为。被告作为公司的执行董事,在2004年至2007年,多次从第三人借款,却只交回部分报销单据;收取第三人合同相对方的合同款项,却未交给第三人,被告的这些行为已经严重损害了公司的利益,给第三人造成了财产损失,原告根据《公司法》的相关规定,有权要求被告就其给公司造成的所有财产损失承担赔偿责任,法院要求被告将其现有的属于公司的全部财产(包括对公司的借款以及应当归还第三人的4笔合同款项)予以返还是符合法律规定的,被告认为一审判决由其返还的4笔合同款项,违反了《民事诉讼法》的"不诉不审"原则的理由于法无据,应不予采信。

法院判决:

驳回上诉,维持原判。

---

① 现为《公司法》(2018年修正)第149条相关内容。

915. 公司董事、监事及高级管理人员、控股股东或实际控制人侵占公司财产，或利用职务受贿或收取其他非法收入，应当承担何种责任？

应当承担以下责任：

(1) 向公司归还所侵占的财产，或向他方归还所收取的贿赂及非法收入；

(2) 如由于上述人员的行为给公司造成损失的，应当承担损害赔偿责任；

(3) 构成犯罪的，应承担贪污罪或职务侵占罪的刑事责任。

916. 董事、高级管理人员挪用公司资金的构成要件包括哪些？

董事、高级管理人员挪用公司资金的构成要件包括：

(1) 董事、高级管理人员实施了挪用行为；

(2) 董事、高级管理人员所控制的财产系公司资产；

(3) 董事、高级管理人员的行为给公司造成了实际损失。

917. 公司董事、高级管理人员挪用公司资金，或将公司资金存入个人名义或者以其他个人名义开立的账户应当承担何种责任？

如果公司董事、高级管理人员挪用公司资金或将公司资金以个人账户进行存储，都应当承担下列责任：

(1) 向公司返还存款、利息及利用所挪用资金获得的收益；

(2) 如给公司造成损失的，应当承担损害赔偿责任；

(3) 构成犯罪的，应承担挪用公款或挪用公司资金罪的刑事责任。

【案例377】返还存入个人账户的公司资金和利息　辩称个人垫付款冲抵公司资金不成立[①]

原告：科技公司

被告：高某礼

诉讼请求：被告返还原告合同款9万元并按企业同期贷款利率计算支付2008年1月1日至2008年12月3日的利息6163元。

争议焦点：被告是否为公司垫付款项，垫付的款项能否冲抵个人账户的公司资金。

基本案情：

原告于2007年6月24日成立，法定代表人高某胜，公司为有限责任公司，注册资金50万元，股东为高某胜和被告。被告担任公司总经理。

---

① 参见北京市第二中级人民法院(2009)二中民终字第10857号民事判决书。

第十三章

损害公司利益责任纠纷

2007年9月16日,原告与渤海项目部签订《制作安装合同书》。2007年12月31日,原告与渤海项目部解除合同协议书,双方确认渤海项目部退还原告9万元。当日,被告将渤海项目部上述退款存入自己的招商银行卡内。

原告诉称:

被告在收到渤海项目退还给原告的9万元合同款后,原告多次与被告协商,要求其将合同款9万元返还原告,被告均无理拒绝。

被告辩称:

原告法定代表人高某胜当时在外出差,其授权出纳欧阳某娟将合同款存入被告账户,后被告已经以现金方式将该款存入原告账户,全部用于原告开支。清点原告实际账目被告已垫付近10万元款,故被告并未把原告款项据为己有。

律师观点:

1. 作为原告股东,被告未归还公司合同款项,违反了法律规定。

《公司法》规定,公司股东应当遵守法律、行政法规和公司章程,依法行使股东权利,不得滥用股东权利损害公司或者其他股东的利益。公司股东滥用股东权利给公司或者其他股东造成损失的,应当依法承担赔偿责任。董事、监事、高级管理人员应当遵守法律、行政法规和公司章程,对公司负有忠实义务和勤勉义务。董事、监事、高级管理人员不得利用职权收受贿赂或者其他非法收入,不得侵占公司的财产。董事、高级管理人员不得有下列行为:(1)挪用公司资金;(2)将公司资金以其个人名义或者以其他个人名义开立账户存储。董事、监事、高级管理人员执行公司职务时违反法律、行政法规或者公司章程的规定,给公司造成损失的,应当承担赔偿责任。

本案中,被告作为原告的股东及高级管理人员应当遵守法律、行政法规和公司章程的规定,对原告负有忠实义务和勤勉义务。被告将应由原告收回的合同款,存入其个人账户,不符合法律、公司章程的规定。

2. 被告提供的证据不能直接证明已向原告偿还其所收取的9万元合同款。

被告辩称该款已陆续用现金方式偿还原告,且其为原告垫付的款项远远超过所收取的合同款,根本不存在把原告款项据为己有的问题。但对于被告提供的证据所反映的原告收取被告现金以及垫付其他支出款项事宜,原告只认可现金缴款单的真实性,但否认被告用个人的现金支付,同时否认与争讼的合同款9万元具有关联性,其他证据为复印件,原告均不予认可,且被告也无相关原始凭证予以佐证。因此,被告提供的证据并不能直接证明已向原告偿还其所收取的9万元合同款,被告的辩称意见难以得到法院的支持。对于在经营过程中,被告与高某胜、原告之间是否存在借款、垫付款项等问题应该另行解决。故被告应向原告返还合同款。

法院判决：

被告退还原告9万元，并支付相应的利息。

【案例378】公款"私存"用于资金周转 挪用公司资金主张不成立①

原告：北京某管理公司

被告：仇某

诉讼请求：判令被告返还原告1,109,662元。

争议焦点：

1. 被告是否具备高管身份；

2. 被告是否违反忠实义务，冒领他人工资，"公款私存"挪用公司资金。

基本案情：

原告注册资本1,100,000元，股东为吴某惠与孙某华。原告下属分支机构为团结湖酒店。

2005年5月至2008年10月，被告担任原告总经理。

2006年4月至2007年12月，原告向被告银行卡账户内转入57万元（金额分别为5万元、6万元、10万元、10万元、10万元、3万元、5万元、8万元）。

至2007年11月29日，被告以POS机消费的方式向原告及其分支机构团结湖酒店转入7笔款项共计57万元。

原告诉称：

被告于2005年至2008年10月在原告处任高级管理人员，并负责管理公司财务及各项事务。被告离职后，管理公司清点公司财务账目时发现，被告任职期间利用职务之便冒领原告员工孙某华、曲某梅、周某庆工资达539,662元，将公司钱款存入个人银行卡账户内高达57万元，被告通过上述方式占有公司财产共计1,109,662元。

被告辩称：

原告的陈述不真实，不同意原告的诉讼请求。被告从未以他人名义冒领工资，亦不存在公款私存的行为，原告所述事实不成立。双方的争议已经经过两次诉讼，相关事实已经作出了认定，法院应当依法驳回原告的诉讼请求。

---

① 参见北京市第一中级人民法院(2012)一中民终字第3552号民事判决书。

第十三章
损害公司利益责任纠纷

律师观点：

《公司法》规定了董事、监事、高级管理人员对公司的忠实义务和勤勉义务，并规定了董事、监事、高级管理人员执行公司职务时违反法律、行政法规或者公司章程的规定，给公司造成损失的，应当承担赔偿责任。追究董事、高管、监事的民事责任，是基于侵权的法律责任，应当适用侵权行为责任的一般构成要件来进行综合审查认定。

1. 关于被告是否具备高管身份。

被告在原告担任总经理的职务身份问题，其本人未持异议。依据所涉已生效的裁判文书作出的相关认定，2005年5月至2008年10月，也认定了被告担任原告总经理。

2. 关于原告是否存在损失的问题。

（1）关于被告任职期间利用职务之便冒领工资问题的认定。

针对被告冒领工资问题原告向法院提交了孙某华未实际取得管理公司工资表上虚拟工资的说明、原告财务部说明、原告2005年1月至2005年12月工资表、2006年1月至2006年12月工资表、2007年1月至2007年3月工资表、曲某梅未实际取得管理公司工资表上虚拟工资的说明、周某庆未实际取得管理公司工资表上虚拟工资的说明、证人吴某惠、王某证人证言等证据材料。但被告均对此未予确认。

对于被告是否在任职期间利用职务之便冒领工资问题，上述证据材料缺乏证明力，不应予以采信。且上述材料只能表明相关人员未能领取"应付工资"的问题，而未能佐证被告将原告所列539,662元"应付工资"冒领的事实。因此，就原告提出的此部分诉讼请求不应予以支持。

（2）关于被告公款私存问题的认定。

针对被告公款私存问题，原告向法院提交了8份存、缴款回单等证据材料。因此，被告对此部分证据材料的真实性不持异议，但此部分款项是为了原告资金的周转问题，先行用自己的信用卡内资金在原告或团结湖酒店以POS机刷卡消费的形式，将资金转入原告账户用于现金周转，待信用卡还款日再由原告做账还款，总体账目是可以核对的。依据法院向北京银联商务有限公司调取的受理银行卡业务申请表，向中国银联股份有限公司北京分公司调取的银行卡交易查询登记表所载明的相关内容，结合被告向法院提交的招商银行股份有限公司信用卡的交易清单的记载，原告所述向被告划付的57万元，确系被告以信用卡消费的形式先行转入原告及团结湖酒店。故通过对双方当事人提交的证据材料的审查，被告以前述方式进行资金周转并未给原告造成实际损失。

法院判决：

驳回原告的诉讼请求。

918. 如果公司已经没有实际经营场地，或股东之间已经就解散清算达成决议，董事或高级管理人员可否将公司财物存于个人账户或其他处所？

可以。此时由于公司没有实际保管财物的地点，且公司也已不再准备继续经营，则董事或高级管理人员为了公司股东利益考虑将财物暂行收取保管，以待公司解散清算时进行分割并不构成损害公司利益。

【案例379】公司停业且无经营场地　董事保管财物不视为挪用[①]

原告：顾某耀

被告：王某玲

第三人：永耀公司、石某珍、吴某铭、康某

诉讼请求：

1. 被告赔偿第三人永耀公司财产损失38,504.60元人民币；

2. 被告赔偿第三人永耀公司罚款损失8785.08元人民币；

3. 被告赔偿第三人永耀公司停业损失1万元人民币，返还第三人永耀公司客户的带锯条14根。

争议焦点：

1. 公司法定代表人是否必须对公司逃税行为承担责任；

2. 在公司已停业且无办事机构及经营场所的情况下，将公司财产异地保管是否视为损害公司利益的行为。

基本案情：

1998年12月10日，第三人永耀公司成立，该公司登记的注册资本总额为50万元人民币，被告为法定代表人，股东为原告、被告及第三人石某珍（原告之妻）、吴某铭、康某。

2001年10月起，原告、第三人石某珍与另外3名股东为公司的经营包括股东的权益发生纠纷。被告于2001年11月9日，拿走第三人永耀公司电话机、传真

[①] 参见上海市青浦区人民法院（2003）青民二（商）初字第230号民事判决书。本案原告败诉后又提起了股东知情权纠纷诉讼，详见本书第十九章股东知情权纠纷第一节【案例537】"公司停业被吊销　主张知情权被驳回"。

机、锯条等财产。

2001年12月初,第三人永耀公司已不再开展经营活动。

2001年12月22日,原、被告及3名第三人股东达成了《关于催讨应收账款的决议》(以下简称《决议》),载明"一、所收到的第三人永耀公司应收款一律进第三人永耀公司的唯一账户;二、每月以对账单为准,支票进来要在本子上记录有人为证,每月对账单每(一位)股东可以询问;三、将本公司的应收账款转入他人账户(的)负一切法律责任;四、先分2000年红利,每股以7千元为准,后分本金,最后在公司所有财产清算后,还清2001年红利及归还债务。"

此后,第三人永耀公司的经营场所退还给房屋出租人,第三人永耀公司已无经营场所及办事机构。由于第三人永耀公司在经营过程中有偷逃税款的行为,于2002年10月被有关部门处以补税17,227.06元人民币,罚款8785.80元人民币的处罚。

原告诉称:

被告违反公司章程,损害公司利益,利用法定代表人兼会计主管于一身之大权,对第三人永耀公司业务及财务账目"暗箱操作",多次实施损害第三人永耀公司及股东权益的行为,使原告无法正常行使股东权利。被告多次抢去第三人永耀公司及其客户财产不予返还。被告在经营第三人永耀公司过程中未能依法经营,逃税金额为17,227.06元人民币,致第三人永耀公司被青浦区税务局罚款8785.08元人民币,造成了第三人永耀公司名誉及经济损失。

2001年11月,被告私自注销第三人永耀公司银行账户,公司的营业执照、财务账册、发票购买证均被被告拿走,致第三人永耀公司不能继续经营达一年之久,税务局也收缴了公司的发票,并不再向公司出售增值税发票,依第三人永耀公司前3年的平均利润,被告至少应赔偿第三人永耀公司损失1万元人民币。

被告的上述行为已损害第三人永耀公司及原告的权利,故应当赔偿。

被告辩称:

被告虽是工商登记的法定代表人,但第三人永耀公司的事务实际上由原告做主。因为第三人永耀公司各股东间产生纠纷,被告作出了相应的保护措施,被告于2001年10月15日被原告赶出第三人永耀公司,为使其他出资人的利益不受损害,拿走第三人永耀公司的锯条160根等财物。

被告的上述行为不仅是为被告本人,也是为了第三人永耀公司其他出资人的利益。至于第三人永耀公司被罚款之事,是原告的行为所致。第三人永耀公司设立后,第三人石某珍是公司出纳,被告是会计,第三人永耀公司的公章虽由被告掌管,但被告的私章、财务专用章均由原告之妻第三人石某珍保管,第三人永耀公司的事情由原告做主。第三人永耀公司经营的发票是第三人石某珍开的,由于他们不开发票,并讲这些款项要还给大家的,故被告将这些款项做在应付款账目。造成公司停业,责任由谁承担,原告未能提供证据证明,且原告所主张的第三人永耀公司停业损失数额是原告单方面计算,并无事实依据。

被告不存在损害第三人永耀公司利益的行为,故不承担赔偿责任。

第三人吴某铭述称:

由于原告先后将被告及第三人吴某铭、康某赶离第三人永耀公司,故被告才采取了拿走公司财产的过激行为,实属无奈。关于第三人永耀公司逃税罚款之事,由于第三人永耀公司由原告做主,原告在经营过程中表示,像这种情况不用开发票,其他公司也是这样做的,故第三人永耀公司被罚款的责任在原告。第三人永耀公司的公章在原告手里,第三人永耀公司不再继续经营是原告决定的。综上,对于原告所主张的请求,被告均不应承担责任。

第三人康某述称:

第三人永耀公司设立后,业务上均是由原告及第三人石某珍经办,原告于2001年10月将被告赶出第三人永耀公司,2001年12月又重新雇人,并要第三人康某离开公司。第三人康某认为,第三人永耀公司停业损失根本不止1万元人民币,但这是原告的原因造成的,原告将其他出资人赶出第三人永耀公司,骗取公司的公章,提空公司的现金,故原告对第三人永耀公司的损失应承担责任。

第三人石某珍述称:

同意原告主张的事实及理由,第三人永耀公司设立后,原告一直在外地,根本不可能对第三人永耀公司实行日常管理。

律师观点:

1. 被告虽为工商登记的法定代表人,但不是第三人永耀公司日常实际经营的负责人,原告无证据证明第三人永耀公司偷税罚款及停业损失是由被告原因造成的,被告不承担赔偿责任。

原告向第三人永耀公司出资6万元,加上原告之妻第三人石某珍出资2万元人民币,占第三人永耀公司总实际出资的大部分。第三人永耀公司在设立之前,各出资人为公司的设立达成了《股份合作制企业章程》,一致推选原告为公司董事长,该章程体现了公司5名出资人的合意;而第三人永耀公司委托有关企业登记代理机构办理企业登记设立事宜,其登记注册资本及实际股东与事实均不符,其登记所依据的章程也是有企业登记代理机构一手操办,并不能反映第三人永耀公司真正的5名出资人的共同合意,在此登记中,被告虽然是法定代表人,但其产生的程序明显有悖法律,基于5名出资人本来就达成的《股份合作制企业章程》及第三人吴某铭、第三人康某的陈述,被告虽为工商登记的第三人永耀公司法定代表人,但并非是第三人永耀公司运作的负责人,原告提供的一系列证据也不能证明第三人永耀公司逃税被罚及停业系被告原因造成,故被告对第三人永耀公司偷税漏税的罚款及停业产生的损失不承担责任。

2. 由于第三人永耀公司现已无办事机构及经营场所,故被告保管公司财产的行为并未损害第三人永耀公司利益。

有限责任公司属社团法人,具有人合性质,即以各出资人之间的诚信为基础。现第三人永耀公司各出资人已失去诚信基础,社团关系已不能再行维系。

事实上,第三人永耀公司已不再经营一年以上,法人主要办事机构已不存在,该公司已属休眠公司,各方当事人于2001年达成的《关于催讨应收账款的决议》其真实合意即将第三人永耀公司进入到清算程序之事实已由本院生效的(2002)青民二(商)初字第1369号案的判决书所确认,被告从第三人永耀公司拿走财产的行为发生在2001年11月,这些财产包括第三人永耀公司为客户寄放的14根带锯条均应纳入公司清算、清理的财产范围内。

基于第三人永耀公司目前无办事机构及经营场所,被告所拿走的这些财产,在公司未清算、清理完毕及未涉及处理这些财产之前仍由被告保管并无不妥,如要求由被告返还也不能确定返还的处所,而原告诉讼请求要求赔偿相当于这些财产价值于法无据,原、被告双方各自占有第三人永耀公司的财产、金钱处理应在第三人永耀公司清算程序中一并解决处理。

法院判决:

驳回原告诉讼请求。

四、擅自借贷及担保民事责任的裁判标准

919. 公司向其他企业投资或者为他人提供担保,由谁决定?公司为公司股东或者实际控制人提供担保,由谁决定?

公司向其他企业投资或者为他人提供担保的,依照公司章程的规定,由董事会或者股东(大)会决议。

公司为公司股东或者实际控制人提供担保的,必须经股东(大)会决议。存在下列情形的,无须机关决议:

（1）公司是以为他人提供担保为主营业务的担保公司，或者是开展保函业务的银行或者非银行金融机构；

（2）公司为其直接或者间接控制的公司开展经营活动向债权人提供担保；

（3）公司与主债务人之间存在相互担保等商业合作关系；

（4）担保合同系由单独或者共同持有公司 2/3 以上有表决权的股东签字同意。

920. 董事、高级管理人员未经公司决策机构同意，将公司资金借贷或担保时，该借贷或担保是否有效？如何有效防范公司的违规担保行为？

董事、高级管理人员以公司名义将资金借贷给善意的第三人，或为其提供担保的，应当认定借贷、担保有效。

《公司法》对于公司借贷、担保的行为进行规定的目的并非为了对抗外部第三人，而是指引控股股东、实际控制人及董事、监事及高级管理人员履行对公司的忠实、勤勉义务，否则将会因其越权行为承担损害赔偿责任。所以，未经授权以公司名义向善意第三人进行借贷、担保应当有效，即使公司受到利益损害，也应当遵守担保的效力，其救济途径应当是主张相关责任人员的损害赔偿责任。这也是商事主义维护交易稳定，促进市场发展原则的体现。

当然，如果能够证明接受担保或借贷的当事人非善意第三人，则该行为应认定无效。

如果董事、高级管理人员以个人名义将公司资金进行借贷与担保，则应属于挪用公司资金，应当依照挪用公司财产进行处理，将收益交归公司并承担损害赔偿责任。

为有效防范公司违规为股东或实际控制人担保的行为，在实践中应注意如下三点：

（1）明确决议机构。由于《公司法》对公司为股东或实际控制人担保事宜的决策机构的规定为股东（大）会，因此公司章程应该对此进行明确的约定。

（2）限定担保数额。公司章程应当具体规定每次担保的数额，从而实现公司担保的有效管理，并便于在发生损害公司利益行为时追究行为人的责任。

（3）明确承担责任的方式。公司应当在章程细则等文件中明确损失的计算方法，以保证一旦公司董事、高级管理人员擅自担保损害公司利益时，公司可以有效证明损失的存在及数额。

第十三章

损害公司利益责任纠纷

【案例380】董事长擅自对外担保 造成损失应赔偿[1]

原告： 大兴华集团

被告： 洪某潮

诉讼请求： 被告赔偿原告损失450万元及利息。

争议焦点：

如何判断公司法定代表人、董事长以公司财产为他人提供担保的行为系个人行为还是经董事会决定的公司行为。

基本案情：

自1997年2月6日至1999年7月8日，被告任原告董事长、法定代表人。

1998年1月，案外人陈某助与大栅栏中心签订协议，陈某助借款80万元给大栅栏中心。借款期限自1998年1月1日至2000年12月31日，年回报率为15%，回报款项当年付清。该协议由原告为大栅栏中心作了担保。协议签订后，大栅栏中心未按时偿还借款。

2000年12月10日，北京市宣武区人民法院作出判决，认定：大栅栏中心违约，应承担违约责任；原告以其盖章行为未经董事会批准，属于个人行为，不应承担担保责任的抗辩意见不成立，并判决大栅栏中心于判决生效之日起30日内返还陈某助借款80万元、支付1999年回报利益11万元、2000年至实际给付之日的回报利益（按每年15%的比例计算）。原告承担连带清偿责任。该判决生效后，原告实际交纳了案款共计1,477,160元。

1997年6月26日，美仁宫支行与天利公司签订1份借款合同。该合同约定，借款额度为600万元，借款期限自1997年6月26日至1999年12月30日，贷款利率为月利率9.24‰。

1997年6月27日，联邦公司法定代表人吴某泰授权被告以联邦公司所有的房产作为抵押物。同日，联邦公司与美仁宫支行签订《抵押协议》，约定联邦公司自愿以其所有的房产作为抵押物，为天利公司上述借款提供担保，并办理了抵押登记手续。协议签订后，天利公司未依约偿还借款本金。

1998年9月9日，原告致函美仁宫支行，承诺承担联邦公司与美仁宫支行签订的抵押协议项下的义务。

---

[1] 参见北京市大兴区人民法院(2008)大民初字第1366号民事判决书。

2000年10月13日,福建省厦门市中级人民法院作出判决,认定被告在联邦公司授权范围内办理了相应的抵押手续,并判决如天利公司未能按期偿还借款本金及利息,美仁官支行有权对原告房产依法折价或拍卖,并以所得价款优先受偿。该判决生效后,查封了原告价值1500万元的房产。

1998年9月8日,美仁官支行与原告签订1份《最高额抵押合同》,约定原告提供其所有的北京市大兴县兴华园小区3号楼为美仁官支行在1998年9月9日至2001年9月9日,在800万元的贷款限额内向一佳公司发放的全部贷款的债权的实现设定抵押担保。在未经合法程序作出决议,亦未获得授权的情况下,被告在合同上签名并加盖名章。

之后,陆续与一佳公司共签订了6份《借款合同》,一佳公司共向美仁官支行借款800万元,到期未偿还本金及利息。

2000年11月30日,福建省高级人民法院作出判决,认定《最高额抵押合同》及六份《借款合同》有效,原告应当承担抵押担保责任,判决一佳公司偿还美仁官支行贷款本金800万元及利息202,486.16元,如一佳公司未能按期偿还上述款项,美仁官支行有权依法折价或拍卖、变卖原告提供的抵押物,以所得价款优先受偿。该判决生效后,查封了原告价值1500万元的房产,并最终由原告实际承担了担保责任,两案共计支付了案款16,403,982元。

原告为天利公司和一佳公司承担担保责任共计支付了16,403,982元,原告最后一次支付案款为2004年12月24日。

原告诉称:

被告曾系原告的法定代表人,其在任职期间,违反法律法规及章程的规定,擅自以原告财产为他人非法设定抵押,相关案件已经过诉讼并且已由原告实际支出承担了2000多万元的担保责任。被告不负责任的行为给原告造成了2000多万元的损失后,原告多次找被告协调此事未果,为了维护原告的合法权益,请求法院支持原告的诉讼请求。

被告未作答辩,亦未参加庭审。

律师观点:

本案中,原告起诉被告违法以公司财产为他人担保造成损失,共涉及3起担保责任。

1. 被告不应赔偿原告为天利公司担保造成的损失。

1997年6月27日,联邦公司与美仁官支行签订《抵押协议》,由该《抵押协议》引起的担保责任,虽然最终由原告承担,但在签订《抵押协议》时,被告是受联邦公司法定代表人吴某泰委托,代表联邦公司签订《抵押协议》,且(2000)厦经初字第295号生效民事判决书明确认定被告在委托权限的范围内办理了相应的抵押手续,符合法律的规定。因此,对于原告该笔担保款项的支出,被告不承担个人责任。

2. 被告不应赔偿原告为大栅栏中心担保造成的损失。

1998年1月,原告为大栅栏中心向陈某助借款提供担保,关于该项担保原告未能提供担保协议等证据证明该项担保协议的内容及形成过程。根据(2000)宣民初字第1853号生效民事判决书,原告在该起担保责任诉讼中即抗辩担保行为未经董事会同意,属于被告个人行为,但北京市宣武区法院以原告没有事实和法律依据为由,对其抗辩意见不予采信。本案中,原告就该起担保除民事判决书和执行缴费票据外,亦未提供其他证据,无法证实该起担保为被告的个人行为,故被告对于原告该笔担保款的支出不承担赔偿责任。

3. 被告应赔偿原告为一佳公司担保造成的损失。

1998年9月8日,原告与美仁官支行签订《最高额抵押合同》为一佳公司借款提供担保,被告在该合同上签名并盖章,合同签订时,被告任原告的董事长、法定代表人,可以认定被告为签订《最高额抵押合同》的负责人和经办人。由于该《最高额抵押合同》设定的担保义务,原告最终仅借款本金的担保责任就支付了800万元案款,造成了巨大损失。被告作为原告的董事长、经办人,应合理、谨慎地管理原告事务和进行经营,但被告未经董事会、股东会同意或授权,私自签订该《最高额抵押合同》,违反了法律强制性规定,没有尽到基本的注意义务。因此,对于该《最高额抵押合同》给原告造成的损失,被告应予赔偿。

原告要求被告赔偿450万元的损失低于因被告责任造成原告损失的数额,利息亦为原告承担担保责任后实际发生的损失,符合法律规定,故可以得到法院的支持。

法院判决:

1. 被告给付原告赔偿款450万元;

2. 被告给付原告450万元的利息(自2004年12月15日起至实际给付之日止,按中国人民银行同期贷款利率计算)。

921. 法定代表人擅自为他人提供担保,担保合同效力如何?担保责任如何承担?公司可否主张法定代表人赔偿损失?

法定代表人未经授权擅自为他人提供担保的,构成越权代表,订立担保合同时债权人善意的,合同有效;反之,合同无效。所谓善意,是指债权人不知道或者不应当知道法定代表人超越权限订立担保合同。

担保合同有效,债权人有权请求公司承担担保责任;担保合同无效,债权人无权请求公司承担担保责任,但可以主张过错方承担合同无效后的相应民事责任,债权人明知法定代表人超越权限或者机关决议系伪造或者变造的除外。

法定代表人的越权担保行为给公司造成损失的,公司有权请求法定代表人承担赔偿责任。公司没有提起诉讼,股东有权依据股东代表诉讼的规定起诉请求法定代表人承担赔偿责任。

922. 法定代表人擅自为他人提供担保,如何认定债权人是否善意?

为公司股东或者实际控制人以外的人提供担保时,债权人主张其为善意,需证明其在订立担保合同时对董事会决议或者股东(大)会决议进行了审查,同意决议的人数及签字人员符合公司章程的规定,但公司能够证明债权人明知公司章程对决议机关有明确规定的除外。

为公司股东或者实际控制人提供担保时,债权人主张其为善意,应当提供证据证明其在订立合同时对股东(大)会决议进行了审查,决议的表决程序符合法律规定,即在排除被担保股东表决权的情况下,该项表决由出席会议的其他股东所持表决权的过半数通过,签字人员也符合公司章程的规定。

债权人对公司机关决议内容的审查一般限于形式审查,只要求尽到必要的注意义务即可。公司不得以机关决议系法定代表人伪造或者变造、决议程序违法、签章(名)不实、担保金额超过法定限额等为由抗辩债权人非善意。但是,公司有证据证明债权人明知决议系伪造或者变造的除外。

923. 法定代表人以公司名义签订的债务加入协议效力如何?

参照公司对外提供担保的有关规则。

【案例381】历史习惯交易必为同一合同当事人　违规为母公司担保无效[①]

原告:瀚辉公司

被告:投资公司、通信公司、慧金公司、顾某平

诉讼请求:

1. 被告投资公司向原告返还投资款1.5亿元及利息;
2. 被告通信公司、慧金公司、顾某平就被告投资公司的付款义务承担连带清

---

① 参见上海市高级人民法院(2019)沪民终274号民事判决书。

偿责任。

争议焦点：

1. 原告法定代表人与被告投资公司的多次交易中，被告投资公司的子公司提供担保都经过了内部决议程序并经公证，这可否证明原告是交易的善意第三人；

2. 上市公司将章程公示于证监会指定网站，是否属于有效的对外公示，其中的约定是否可以对抗第三人。

基本案情：

原告与四被告签订了1份合作协议，约定：

1. 原告向被告投资公司提供1.5亿元投资款项；

2. 投资期限为一年；

3. 投资期间，被告投资公司向原告支付相当于投资资金18%/年的基本收益（2700万元/年），基本收益按季度支付；

4. 投资期间届满，被告投资公司保证退还原告投资款项1.5亿元；

5. 被告通信公司、慧金公司、顾某平作为担保人对本协议项下被告投资公司的义务提供无限连带责任担保。

原告与四被告分别在协议上盖章和签名，被告顾某平同时以被告投资公司、通信公司和慧金公司的法定代表人的身份签名。

上述协议签订时，被告通信公司是被告投资公司的子公司，被告顾某平同时兼任被告投资公司、通信公司和慧金公司的法定代表人，且持有被告投资公司100%股权。被告通信公司、慧金公司未有关于该担保协议的股东（大）会决议及董事会决议。

原告的法定代表人在涉案合作协议之前两年内，与被告投资公司发生过多次交易行为，均由被告通信公司作为担保人且都已履行完毕，上述交易中被告通信公司提供了相关担保的股东会决议或董事会决议并办理了公证。

被告投资公司已按约支付给原告投资期内前三个季度的基本收益2025万元，未支付第四季度起的基本收益（675万元），协议到期后也未归还投资款本金。

被告慧金公司为上市公司，公司章程的第41条规定"公司下列对外担保行为，须经股东大会审议通过。……（二）公司的对外担保总额，达到或超过最近一期经审计总资产的30%以后提供的任何担保；……（五）对股东、实际控制人及其关联方提供的担保"。该章程第97条规定"董事应当遵守法律、行政法规和本章程，对公司负有下列忠实义务：……（四）不得违反本章程的规定，未经股东大会或董事会同意,将公司资金借贷给他人或以公司财产为他人提供担保;……(九)不得利用其关联关系损害公司利益"。

按照证监会的规定,被告慧金公司章程在指定网站"巨潮资讯网"进行了公示,但没有经过工商备案。

被告慧金公司在合作协签订的前一年年末总资产为54,472,584.15元(涉案担保金额远远超过慧金公司总资产的30%)。

原告诉称:

1. 关于被告通信公司的担保效力

(1)原告此前与被告投资公司的数次交易中,被告通信公司均作为担保人,被告通信公司均提供了相关担保的股东会决议或董事会决议并办理了公证,被告通信公司从未对其法定代表人顾某平代表公司签署保证合同提出过异议,原告也基于此对被告通信公司形成了充分信赖,因而原告在签署本案合同时是善意相对人,不存在主观恶意。

(2)被告顾某平代表被告通信公司作出担保意思并加盖公章,并非越权行为。

首先,被告通信公司章程并未就对外担保程序进行规定,因而顾某平的行为不构成越权。

其次,即便被告通信公司主张涉案合同中的担保未经内部董事会或股东会决议且存在顾某平越权签署情形,则被告通信公司应当举证证明原告存在知晓和应当知晓顾某平超越权限的事实。然而原告基于前述"交易惯例"的信赖,无法知晓被告通信公司的法定代表人是否越权。

(3)原告作为善意相对人的判断标准并不仅仅局限于内部决议文件,还在于与被告通信公司签订合同时,不仅有通信公司法定代表人顾某平签字确认,同时还有公司公章盖章确认。

2. 关于被告慧金公司的担保效力

(1)被告慧金公司的公司章程没有经过工商备案,原告无法知道章程是如何规定的。

(2)《公司法》第148条"……(三)违反公司章程的规定,未经股东会、股东大会或者董事会同意,将公司资金借贷给他人或者以公司财产为他人提供担保"属管理性规定,并非效力性规定,不必然得出未经股东会决议或董事会决议的公司对外担保无效。如果存在法定代表人利用关联关系导致公司利益受损的,法律赋予公司求偿权。原告作为善意相对方,合理信赖被告慧金公司的法定代表人顾某平及慧金公司加盖的公章,没有任何过错,不应认定被告慧金公司担保无效。

被告通信公司辩称:

原告所称"交易惯例"涉及的协议,系原告的法定代表人与被告投资公司签订的,与本案无关。被告投资公司是被告通信公司的股东,被告顾某平代表被告通信公司对被告投资公司的债务承担担保责任构成《公司法》第16条"公司为公司股东或者实际控制人提供担保的,必须经股东会或者股东大会决议"规定的关联担保,必须经过股东会决议,公司章程也不能作出例外规定。本案担保未经被告通信公司股东会决议,原告不是善意相对人,故而担保无效,被告通信公司不应承担担保责任。

被告慧金公司辩称:

被告慧金公司章程规定,超过公司总资产30%的担保以及公司对股东或关联方的担保都必须经过股东大会通过。被告慧金公司经审计后的总资产为5400余万元人民币,而合作协议所担保的债务是1.5亿元,被告顾某平是被告慧金公司法定代表人,被告投资公司由被告顾某平全资投入,故而系争担保既超过总资产30%又是关联担保,必须经过股东大会决议。按照证监会的规定,被告慧金公司在指定网站"巨潮资讯网"将公司章程作了公示,原告对此应当明知,其并非善意相对方。

被告顾某平同意被告通信公司、慧金公司的答辩意见。

法院认为:

1. 关于被告通信公司的担保效力

虽然被告通信公司签署合作协议加盖了该公司印章,但实质是作为法定代表人的顾某平代表被告通信公司对外作出担保的意思表示。鉴于被告投资公司是被告通信公司的股东,该担保构成《公司法》第16条第2款所规定的"公司为公司股东提供担保",依法必须经股东会决议。被告通信公司并未通过股东会决议,被告顾某平擅自代表公司对外提供担保,超越了其作为法定代表人的权限。根据《合同法》第50条①规定,法人的法定代表人超越权限订立的合同,除相对人知道或应当知道其超越权限的以外,该代表行为有效。

原告主张被告通信公司加盖印章及顾某平签字的行为,即可推定其为善意相对方,理由难以成立。因为根据《公司法》第16条第2款之规定,被告通信公司盖章及顾某平签字的行为本身只是顾某平作为法定代表人的越权行为,该行为本身

---

① 现为《民法典》第504条相关内容。

并不能推定原告是善意的。相反,原告应提供证据证明其是善意相对方。

然而原告提供的所谓"交易惯例"涉及的合同出借人是原告法定代表人而非原告本身,一是不能拿他人所签合同作为自己的交易惯例,二是按照原告自己的陈述,上述合同经过了公司股东会或董事会决议且办理了公证,本案恰恰未经决议。故而原告主张的交易惯例不成立,不能证明自己是善意相对方。

2. 关于被告慧金公司的担保效力

被告慧金公司系争担保构成法定代表人代表公司对外担保。《公司法》第16条第1款规定,公司为他人提供担保,依照公司章程的规定,由董事会或者股东会、股东大会决议;公司章程对担保的总额及数额有限额规定的,不得超过规定的限额。本案中,根据被告慧金公司章程规定,超过公司总资产30%或者公司对关联方的担保须经股东大会审议通过,系争担保已超过公司总资产30%。

被告顾某平是被告慧金公司的法定代表人,被告投资公司又是顾某平的全资持股公司,系争担保又构成对关联方提供的担保。按照被告慧金公司章程上述规定,必须经过股东大会决议。顾某平未经股东大会决议,以法定代表人的名义代表慧金公司对外担保超越了权限。该章程已在"巨潮资讯网"上备案公示,并可查询。故对原告而言,随时可以查询并知晓被告慧金公司章程对担保所作限制性规定。原告既然主张其系善意相对方,则其应对自己尽到了审查义务进行举证,否则应承担不利后果。鉴于被告慧金公司是一家上市的公众公司,系争担保超越法定代表人权限,且原告对此应当知晓,并非善意相对人,根据《合同法》第50条之规定,系争担保应当认定为无效。

法院判决:

1. 被告投资公司应向原告返还投资款1.5亿元及相应利息;

2. 被告顾某平就上述第1项判决对被告投资公司的付款义务承担连带清偿责任,并在履行清偿义务后,享有对被告投资公司的追偿权;

3. 驳回原告的其余诉讼请求。

【案例382】法定代表人越权担保造成损失　股东提起代表诉讼主张赔偿[①]

原告: 刘某

被告: 刘某荣

第三人: 巴人公司

---

① 参见四川省广安市中级人民法院(2014)广法民终字第723号民事判决书。

第十三章

损害公司利益责任纠纷

诉讼请求：被告向第三人赔偿损失 1,618,400 元及利息。

争议焦点：

1. 在第三人只有被告和原告两名股东，原告又系监事的情况下，原告是否可以不经通知直接提起股东代表诉讼；

2. 被告作为法定代表人越权担保，是否应对公司予以赔偿。

基本案情：

第三人股东为原告及被告，各持股 50%。被告任执行董事兼总经理，系公司的法定代表人，原告任监事。

第三人章程第 6 章第 23 条规定"股东会由全体股东组成，是公司的权力机构，行使下列职权：……（十二）对公司向其他企业投资或者为他人提供担保作出决议。"

第三人为案外人的借款协议中涉及的借款 150 万元、10 万元违约金提供了担保。被告作为第三人的法定代表人在该担保协议上签字。在该担保协议签订前，第三人未召开股东会会议就该事项进行决议。

该担保协议约定：案外人一次性偿还借款 150 万元，如未能按期偿还应支付资金占用费，第三人对上述全部债务承担无限连带责任。

之后案外人及第三人在履行期限内均未执行上述债务。基于案涉借款协议及担保协议，债权人向法院申请强制执行，法院将第三人在银行的存款 1,618,400 元执行扣划。

案外人及被告至今未向第三人偿还被扣划款项 1,618,400 元，被告作为第三人实际管理人，至今未以任何行为和意思表示以第三人的名义要求案外人偿还公司被扣划款项。第三人已处于停止营业的状态。

截至本案起诉之日，第三人未向被告主张过相关权利或是提起诉讼。

原告诉称：

第三人为案外人担保并非由作为公司决策机构的股东会作出，该担保行为体现的是作为公司实际控制人被告的意志，并非是第三人的意志。被告擅自以公司名义对外进行担保给公司造成损失是客观事实。

被告辩称：

1. 第三人虽然对外进行了担保并承担了担保责任，但公司享有追偿权，现公司既未丧失追偿权，也没有任何证据证明债权不能实现，故被告并未给公司造成损失，不应当承担赔偿责任。

2. 即使被告对公司造成了损失，也应由公司主张权利，原告作为股东不能代

· 1553 ·

表公司主张权利,其诉讼主体不适格。

法院认为:

1. 关于原告作为公司股东的诉讼主体资格问题

本案系一起股东代表诉讼案件,根据我国《公司法》对股东代表诉讼的规定,股东提起代表诉讼应当具备两个前提条件:一是公司合法权益遭受侵害,二是公司本身怠于行使诉权。

具体至本案中:

(1)被告擅自以第三人名义为案外人的债务提供担保的行为已给第三人造成实际损失。

(2)根据我国《公司法》的规定,有限责任公司的股东提起代表诉讼必须具备相应条件并履行一定的前置程序,即公司股东向监事会或者不设监事会的有限责任公司的监事书面请求提起诉讼,监事会、不设监事会的有限责任公司的监事,收到股东书面请求后拒绝提起诉讼,或者自收到请求之日起30日内未提起诉讼,或者情况紧急、不立即提起诉讼将会使公司利益受到难以弥补的损害的事实前提。本案中,第三人只有被告和原告两名股东,未设监事会或监事机构,原告系股东又系公司监事,至今公司监事未代表公司提出诉讼,且公司本身也处于停止营业的状态。

因此,综合上述情况,在现有情况下,原告作为第三人持股50%且除法定代表人被告外唯一的股东,在公司利益受损而公司又怠于行使诉权时,其作为原告提出本案诉讼,符合我国法律规定的股东代表诉讼中的原告主体资格,其要求被告向公司赔偿损失的诉讼请求,证据充分,于法有据。

2. 关于被告越权担保是否给公司造成损失、是否应予赔偿的问题

被告系第三人的法定代表人,在执行公司职务时违反《公司法》和公司章程关于对公司向其他企业投资或者为他人提供担保须由股东会作出决议的规定,擅自以第三人的名义为案外人的债务提供担保,致使第三人存款1,618,400元被法院扣划用于偿还案外人的债务,案外人及被告至今未向公司偿还公司被扣划款项1,618,400元,故被告给第三人造成的损失客观存在。根据《公司法》第148条第1款第3项"董事、高级管理人员不得有下列行为:……(三)违反公司章程的规定,未经股东会、股东大会或者董事会同意,将公司资金借贷给他人或者以公司财产为他人提供担保"、第149条"董事、监事、高级管理人员执行公司职务时违反法律、行政法规或者公司章程的规定,给公司造成损失的,应当承担赔偿责任"之规定,被告应当承担赔偿责任。被告承担赔偿责任后,可以第三人的名义向案外人

进行追偿,追偿所得款项归被告所有。

法院判决:

被告向第三人赔偿损失 1,618,400 元及利息。

924. 公司为向股东或实际控制人借贷资金而作出股东(大)会、董事会决议时,接受借贷的股东或实际控制人控制的股东是否需要回避?

《公司法》仅规定了公司向股东或实际控制人提供担保时,关联股东必须回避,但是对借贷并未进行该项规定。

笔者认为,此时仍应当借鉴《公司法》关于公司为股东或实际控制人担保的相关规定,关联股东必须回避,否则大股东即可任意将公司资金借走,从而影响公司正常经营。

五、自我交易行为民事责任的裁判标准

925. 董事、高级管理人员违法进行自我交易的构成要件有哪些?该交易是否有效?

同时具有以下情形的,可以认定为具有违法自我交易行为:

(1)董事、高级管理人员直接与公司进行交易,或由其亲属或利害关系人与公司进行交易;

(2)该种交易行为的发生将导致利益的冲突,即损害公司利益;

(3)公司章程或股东(大)会未对自我交易行为进行许可或追认。

对于该交易的效力,应区分以下情况认定:

(1)如该自我交易行为涉及善意第三人利益的,应当适用善意取得的制度,对涉及善意第三人的部分应认定为有效;

(2)未经公司章程允许,或者未经股东(大)会批准或同意的情况下,交易行为应先认定为效力待定。如在一审法庭辩论终结前经公司股东(大)会追认,可认定有效。如公司股东(大)会未予追认,则交易无效。

【案例383】董事擅自受让公司债权 自我交易无效债权归还公司[1]

原告: 陈某

被告: 东方建设公司、祝某华

---

[1] 参见浙江省诸暨市人民法院(2009)绍诸商初字第4057号民事判决书。

第三人：斯某江、楼某良

诉讼请求：被告东方建设公司与被告祝某华之间发生的债权转让行为无效。

争议焦点：

1. 被告提供的3份会计转账凭证复印件、6份银行进账单复印件能否证明二被告之间存在合法的借贷关系；

2. 被告东方建设公司擅自将其在第三人斯某江处的731万元债权转让给被告祝某华的行为是否属于法律禁止的自我交易行为。

基本案情：

被告东方建设公司的性质为有限责任公司，成立于1989年3月1日，由被告祝某华、戚某雷、石某伟、倪某淼、郦某敏、徐某华和原告投资设立，现公司注册资金为8538万元人民币，其中被告祝某华的投资比例为10.78%、戚某雷的投资比例为0.14%、石某伟的投资比例为0.27%、倪某淼的投资比例为0.3%、郦某敏的投资比例为86.8%、徐某华的投资比例为1.03%、原告的投资比例为0.68%。公司设董事会和监事会，由郦某敏任公司董事长兼总经理，被告祝某华为公司董事。

2003年6月20日，第三人楼某良出具借据向被告东方建设公司借款1000万元，被告东方建设公司分两次交付第三人楼某良借款各计200万元人民币。

2004年11月，经被告东方建设公司同意，第三人楼某良将上述债务及相应的借款利息转让给第三人斯某江。

2007年9月25日，被告东方建设公司与第三人斯某江进行结算，第三人斯某江在第三人楼某良出具给被告东方建设公司的借据的下方书写了"实际借款肆佰万元计算，已转为2007年9月25日向被告祝某华借款柒佰叁拾壹万元整"的内容，且被告东方建设公司在此内容处加盖了公章。

同日，第三人斯某江向被告祝某华出具借条1份，该份借条所反映的借款数额为731万元人民币。

2009年4月10日，被告祝某华依据2007年9月25日的借条向法院提起诉讼，要求第三人斯某江和其妻子陈某华归还借款本金731万元及约定利息，法院于同年9月6日作出(2009)绍诸商初字第1538号民事判决，判决第三人斯某江和陈某华归还被告祝某华借款计731万元人民币，支付自2007年9月25日起至2008年5月31日止按月利率1.2%计算的利息，支付自2008年6月1日起至借款付清止按月利率2.5%计算的逾期利息。第三人斯某江和陈某华不服该判决向浙江省绍兴市中级人民法院提起上诉，该案二审法院尚在审理之中。

原告诉称：

2007年9月25日，被告东方建设公司将其在第三人楼某良处的731万元债

第十三章
损害公司利益责任纠纷

权转让给被告祝某华,由第三人斯某江直接出具给被告祝某华借据1份。后被告祝某华依据该借据向法院起诉,要求第三人斯某江支付借款本息,现该案正在审理过程中。原告得知后认为,被告东方建设公司将其在第三人斯某江处的731万元债权转让给被告祝某华的行为,未经公司股东会同意,属公司法规定的自我交易行为,且损害了公司股东的利益,该债权转让行为违反法律禁止性规定,应属无效。

原告为证明其观点,提交证据如下:

1. 被告东方建设公司的工商登记情况表,证明原告陈某系被告东方建设公司的股东及被告祝某华系董事。

经质证,两被告及两第三人均无异议。

2. 第三人楼某良于2003年6月20日出具给被告东方建设公司的借据1份和第三人斯某江于2007年9月25日出具给被告祝某华的借条1份,证明被告东方建设公司在第三人斯某江处享有债权731万元及被告东方建设公司将该债权转让给被告祝某华的事实。

经质证,两被告及第三人斯某江均无异议,第三人楼某良认为其虽出具借据,但被告东方建设公司实际未借款给其。

3. 诸暨市人民法院(2009)绍诸商初字第1538号民事判决书1份,以证明被告祝某华以债权受让人的身份通过诉讼方式已向债务人第三人斯某江主张权利,诸暨市人民法院对该案已作出民事判决(未生效),但一审法院对债权转让的效力未作实质性审查的事实。

经质证,两第三人无异议,两被告对该证据的真实性无异议,但对原告就该证据主张的一审法院对债权转让的效力未作实质性审查的事实有异议,认为法院在审理被告祝某华与第三人斯某江民间借贷纠纷一案中无论是程序还是实体均是符合法律规定的。

4. 被告东方建设公司的章程1份,证明被告东方建设公司的有关重大事项须经公司股东会同意。

经质证,两被告及两第三人无异议。

被告东方建设公司辩称:

1. 被告东方建设公司将其享有的731万元债权转让给被告祝某华,不需要公司股东会同意,属于被告东方建设公司在经营过程中的正常行为,不属于违反公司法规定的自我交易行为;

2. 被告东方建设公司曾向被告祝某华借款,故应向被告祝某华归还借款,现用债权转让的方式履行归还借款义务,并未损害公司其他股东的权益。

被告东方建设公司为证明其观点,提交证据如下:

会计转账凭证3份(复印件)、银行进账单6份(复印件),证明被告东方建设公司因经营所需在2007年分6次向被告祝某华、郦某敏夫妻借款1298.40万元,2007年9月25日,被告东方建设公司将债权731万元转让给被告祝某华,以向被告祝某华清偿部分债务的事实。

经质证,被告祝某华无异议,而原告及第三人斯某江对证据的真实性无异议,但对证据的关联性提出异议,原告认为银行进账单是汇款凭证,汇款人和收款人之间产生的法律关系不仅仅是借款关系,如被告祝某华借用被告东方建设公司的银行账户汇款,双方之间产生的法律关系为借用法律关系。如果被告东方建设公司主张的证明对象成立,其应当提供其他结算凭证进一步证明被告东方建设公司的财务账目上已作出处理的事实,退一步说,即使两被告之间存在借款关系,该借贷行为也属自我交易行为,违反了《公司法》的禁止性规定,被告东方建设公司的股东利益受到损害。而第三人斯某江认为被告东方建设公司的银行账户经常被人民法院查封,被告东方建设公司应收的工程款大部分汇入被告祝某华或其妻子郦某敏的个人账户。第三人楼某良认为其不清楚。

被告祝某华辩称:

被告东方建设公司应向其支付借款本息731万元,现被告东方建设公司将其所享有的731万元债权转让给被告祝某华,未违反法律规定,请求驳回原告的诉讼请求。

第三人斯某江述称:

被告东方建设公司转让给被告祝某华的731万元债权,是被告东方建设公司单方计算出来的,其不予认可,其欠被告东方建设公司的借款应从被告东方建设公司尚欠其建筑工程款中扣除,请求法院依法确认两被告之间发生的债权转让行为的效力。

第三人楼某良述称:

2003年6月30日,其曾向被告东方建设公司提出要求借款1000万元,但被告东方建设公司实际借款给第三人斯某江,没有借款给他,原告主张的事实及提出的诉讼请求与其无关。

律师观点:

1. 两被告提供的证据无法证明在债权转让行为发生时被告祝某华在被告东方建设公司处享有731万元债权。

被告东方建设公司提供的会计转账凭证和银行进账单,只能反映被告东方建设公司与被告祝某华之间存在资金往来的事实,但无法证明两被告之间是因借款关系而发生资金往来。6份银行进账单所反映的累计额为1298.40万元,从日常交易习惯看,借款人应向债权人出具相应的借款凭证,而两被告均未提供。同时,被告东方建设公司在收到上述6笔汇款后,应在"其他应付款"会计科目的贷方作出账面处理,而债权转让行为发生之后,应当在该会计科目的借方也作出相应的账面处理,但被告东方建设公司未提供相应的会计凭证。因此,两被告提供的证据不能证明在债权转让行为发生时被告祝某华在被告东方建设公司处享有731万元债权。

2. 两被告间债权转让的行为未经公司董事会同意,属于法律禁止的自我交易行为,应认定为无效。

《公司法》规定了公司董事和高级管理人员的忠实义务,而忠实义务之一为禁止自我交易行为,该法第148条第1款第4项规定:董事、高级管理人员不得违反公司章程的规定或者未经股东会、股东大会同意,与本公司订立合同或者进行交易。构成违背该项义务的条件为,董事、高级管理人与本公司订立合同或者进行交易,且该行为违反公司章程的规定或者未经股东会、股东大会同意。

本案中,被告祝某华身为被告东方建设公司的董事而与被告东方建设公司发生债权转让行为,两被告均应对债权转让行为的合法性负举证责任,即证明该债权转让行为符合公司章程的规定或者得到公司股东会、股东大会的同意,但两被告均未提供相应的证据,且被告祝某华也未提供证据证明其与被告东方建设公司之间存在债权债务关系,故两被告应承担举证不能的法律后果。故两被告之间发生的讼争债权转让行为已违背《公司法》禁止董事、高级管理人员与本公司进行自我交易的规定,应确认债权转让行为无效。

法院判决:

被告东方建设公司于2007年9月25日将其享有的731万元债权转让给被告祝某华的行为无效。

【案例384】未经股东会同意受让公司商标　自我交易被判无效[①]

原告:国涌公司
被告:孙某涌

---

① 参见四川省高级人民法院(2007)川民终字第506号民事判决书。

诉讼请求： 判令被告将原告所有的"大白鹅"注册商标转让给自己的行为无效。

争议焦点：

1. 商标转让纠纷是否属于人民法院主管；

2. 原告依法享有对第1583364号"大白鹅"商标的专用权，被告作为原告的股东，在未经股东会通过的情况下，擅自无偿将原告的注册商标转让给自己的行为是否有效；

3. 法院在认定被告将原告的注册商标转让给自己的行为无效后，是否可以直接判决被告将争议商标返还给原告。

基本案情：

1998年3月，被告、黄某辉分别出资50万元，共计100万元注册成立原告。经营范围以糖果、食品农副产品加工为主，法定代表人为被告。

2001年6月7日，原告在国家商标局注册并取得了第1583364号"大白鹅"文字加图形商标，该商标核定使用商品为第30类，即：糖果、酥糖、怪味豆类等。

2005年9月23日，时任原告法定代表人的被告在未经公司股东会同意的情况下，私自向国家商标局申请受让上述第1583364号"大白鹅"文字加图形商标。2006年4月7日，国家商标局核准了第1583364号商标的转让，明确了受让人为被告，至此，被告无偿受让原告商标的行为完成。

原告诉称：

被告作为原告的股东，在未经股东会通过的情况下，擅自无偿将原告的注册商标转让给自己的行为无效，应将注册商标返还。

被告辩称：

1. 本案的争议是商标转让的行为本身，而不是商标权属本身。而核准确认转让行为是否有效的部门是工商行政管理部门，是行政机关，而不是司法机关，因此不应由人民法院主管。

2. 商标转让已完成，故原告不能提起转让无效主张。

一审认为：

1. 本案属于人民法院主管。

(1) 注册商标专用权系《民法通则》第96条①明确规定的一项民事权利，是一种财产权；

(2) 本案所涉"大白鹅"注册商标属公司财产，原告诉求人民法院判令被告将

---

① 现为《民法典》第123条相关内容。

原告所有的"大白鹅"注册商标转让给自己的行为无效,故本案涉及财产权争议,属于民事争议。平等民事主体之间就民事权利、义务转让发生的纠纷,按照《民法通则》第 2 条"民法调整平等主体的公民之间、法人之间、公民和法人之间的财产关系和人身关系"之规定,系人民法院主管。

故被告抗辩人民法院不能主管本案的理由不成立,其主张不予支持。

2. 被告的自我交易行为无效。

《公司法》第 3 条规定:公司是企业法人,有独立的法人财产,享有法人财产权。原告依法享有对第 1583364 号"大白鹅"商标的专用权,被告作为原告的股东,又是法定代表人,其应当谨慎履职,尽力维护公司利益,而不能进行损害公司利益的自我交易。《公司法》(2005 年修订)第 149 条第 1 款对公司董事及高级管理人员的 8 类行为作出了禁止性规定,其中第 4 项为:"违反公司章程的规定或者未经股东会、股东大会或者董事会同意,与本公司订立合同或者进行交易。"被告未经公司另一股东的同意,擅自将公司财产转让给自己,且是无偿转让,明显存在恶意。转让行为首先不是原告的自由意思表示,违反了民法的自愿原则,还违反了《公司法》对公司高管要求的谨慎履职的义务,同时违反了《公司法》对公司高管上述禁止性行为的规定,故根据《合同法》第 52 条①关于"违反法律、行政法规的强制性规定"的合同无效的规定,原告与被告对 1583364 号商标的转让与受让行为归于无效。

关于被告辩称商标转让已完成,故原告不能提起转让无效的主张。法院认为,国家商标局核准转让合同是依法行使行政管理职权,根据《商标法实施条例》第 25 条②的规定,其审核的是商标转让是否产生误认、混淆或其他不良影响,而非认定商标转让的民事行为的效力,被告的抗辩实际上是将商标转让合同与国家商标局对商标转让的审核行为混为一谈,故核定转让的事实不能影响对违法行为无效的认定。法院还认为,被告未经原告股东会通过,擅自无偿将公司注册商标转让给自己的行为,割裂了商标权人同注册商标的关系,不是权利人的真实意思表示,根据《民法通则》第 55 条第 1 款第 2 项关于"民事法律行为应当意思表示真实"及第 58 条第 1 款第 3 项关于"在违背真实意思的情况下所为民事行为无效"的规定③,原来的商标权人有权向人民法院提出转让无效的请求。

---

① 现为《民法典》第 153 条相关内容。
② 现为《商标法实施条例》(2014 年修订)第 31 条相关内容。
③ 现为《民法典》第 143 条、148 条相关内容。

一审判决：

原告与被告转让及受让第1583364号"大白鹅"文字加图形商标的行为无效,被告于判决生效之日起10日内将第1583364号"大白鹅"文字加图形商标返还原告。

被告不服一审判决,向上级人民法院提起上诉。

被告上诉称：

在一审中,原告仅诉请对商标转让行为确认无效,而没有返还之诉请。虽然法律规定了无效民事行为后期处理的途径,但却不禁止其他处理方式,当事人双方除可以进行返还外,还可以补充条件,使行为合法有效。而一审法院在原告诉请之外,代替当事人为其增加诉讼请求并予以支持,该行为违背了民事诉讼"不告不理"的基本原则,显属程序违法。故请求依法撤销一审判决。

原告二审辩称：

一审法院审判程序合法,认定事实清楚、适用法律正确,故请求驳回上诉,维持原判。

律师观点：

一审法院在认定被告未经原告股东会通过,擅自无偿将原告的注册商标转让给自己的民事行为无效的前提下,依据《合同法》第58条[1]关于无效合同取得的财产应当返还的规定,判令被告将原告所有的"大白鹅"注册商标返还原告的判决正确,应予以维持。

二审判决：

驳回上诉,维持原判。

【案例385】总监新设公司间接自我交易　协议无效法院酌定返还费用[2]

原告： 电子科技公司

被告： 信息科技公司

诉讼请求：

1. 支付拖欠的服务费1,384,502.95元人民币；
2. 偿付逾期付款违约金；
3. 偿付提前解除合同违约金20万元；
4. 支付诉讼保全担保费24,000元。

---

[1] 现为《民法典》第157条相关内容。
[2] 参见上海市青浦区人民法院(2012)青民二(商)初字第22号民事判决书。

第十三章

损害公司利益责任纠纷

争议焦点：

1. 潘某的"总监"职位是否属于《公司法》规定的高管；

2. 解除自我交易签订的合同，无过错方是否要支付逾期付款违约金和解除合同违约金。

基本案情：

2010年12月25日，原、被告签订《网上商店运营授权协议书》，协议中写明原告的联系人为原告法定代表人唐某某，被告的联系人为潘某。

协议约定：被告在淘宝商城开设的某官方旗舰店，委托原告代为提供在线客服咨询等服务，具体包括在线客服（9点至24点）、售后咨询（退换货、中差评跟进等）。服务费的结算方式如下：保底服务费每月8万元，每月除去退换货部分剩余的销售额若达到40万元以上70万元以下的，按此区间销售额的12%给予被告服务奖金（40万~69.9999万元的部分为12%）；销售额若达到70万元以上100万元以下的，按此区间销售额另给予1%的服务奖金（70万~99.9999万元的部分为12%+1%）；销售额若达到100万元以上140万元以下的，按此区间销售额另给予2%的服务奖金（100万~139.9999万元的部分为12%+2%）；销售额若达到140万元以上150万元以下的，按此区间销售额另给予3%的服务奖金（140万~149.9999万元的部分为12%+3%），销售额若达到150万元以上的，服务奖金的计算比例双方另议。

被告隔月与原告结算账款，具体为每月5日，被告向原告提供截至上月的正式结算单，被告在收到对账单5日内确认无误后签字盖章后提交给被告，并出具服务费发票，被告于收到发票5日内，以转账或电汇的形式支付给原告。

合同有效期为2010年10月25日至2011年10月24日，若原告在合同有效期内完成某官方旗舰店年销售额600万元，合同到期则按相同条件自动延续一年；否则在合同到期前一个月，以书面形式通知对方是否续约，合同到期未接到对方书面回复，则视为双方未达成续约意向合同终止。被告未按时支付原告应付款项的，每延迟一天，需支付应付款1%的违约金；被告单方面提前解除本协议，需向原告支付违约金20万元。

合同签订后，原告于2010年12月20日开始提供服务，被告支付了至2011年3月25日止的服务费131,566.40元。

2011年8月10日，被告向原告发出函件，称鉴于原告实际状况（包括但不限于实际履约情况），被告决定自2011年8月31日解除并终止双方签订的协议，该终止包括但不限于自2011年8月31日起上述文件的终止履行以及保留对上述文件自始无效的追溯权。

原告于次日回函称不同意被告的解除要求,但被告仍于8月底收回某官方旗舰店的相关账号和密码,拒绝原告继续提供服务。

双方协商不成,原告诉至法院。

诉讼过程中,原告因申请诉讼保全需提供担保,与上海市某担保有限公司签订担保服务合同,委托上海市某担保有限公司提供担保,并因此支付了担保服务费24,000元。

原告于2007年5月设立,股东为潘某和唐某,两人系夫妻关系,潘某担任法定代表人。2010年10月20日,原告向工商行政管理部门申请变更法定代表人为唐某某,并2010年11月3日核准变更。

2009年12月28日,潘某与被告签订劳动合同,工作岗位为网站销售部销售企划人员,其填写的内部员工信息表中写明配偶为唐某,工作单位为原告。后潘某职位变更为网络销售部经理、邮购销售部经理,2010年10月1日,潘某担任被告品牌营业部总监。

原告为某官方旗舰店提供服务期间的销售业绩如下:2010年12月20日至31日为339,974元,2011年1月为648,877元,2月为857,877.31元,3月为1,289,705.82元,4月为2,865,840.04元,5月为1,745,197.86元,6月为1,153,987.10元,7月为2,332,972.62元,8月为1,059,598.31元,合计12,712,737.89元。

2011年3月及之前的服务费分别为:26,667元、91,841.36元、131,044.91元、182,013.13元,合计431,566.40元,此款被告已支付。

原告诉称:

原、被告签订《网上商店运营授权协议书》后,原告积极履行合同义务,但被告自2011年3月起开始拖欠服务费,并在2011年8月29日单方面解除合同。被告擅自解除合同的行为已构成违约。

原告诉请中的服务费数额为1,384,502.95元,具体为2011年3月26日至2011年4月25日的服务费为430,875.88元,该笔服务费的逾期付款违约金自2011年5月21日起算;2011年4月26日至2011年5月25日的服务费为262,779.58元,逾期付款违约金自2011年6月21日起算;2011年5月26日至2011年6月25日的服务费为176,558.06元,逾期付款违约金自2011年7月21日起算;2011年6月26日至2011年7月25日的服务费为350,945.83元,逾期付款违约金自2011年8月21日起算;2011年7月26日至2011年8月28日的服务费为 163,343.60 元,逾期付款违约金自 2011 年 9 月 21 日起算,均计算至判决生效之日止,按每日 1% 计算。

原告为证明其观点,提交证据如下:
1.《网上商店运营授权协议书》;
2. 开具给被告的服务费发票;
3. 被告付款凭证、双方往来函件。

被告辩称:
1. 原告股东潘某原系被告销售总监,但原告掩盖这一重要事实而与被告签订了合同,且约定的服务费明显过高,损害了被告合法权益,故双方签订的合同违反了公司法相关规定,应为无效;
2. 原告诉请保全担保费并非必然发生的费用,不应由被告负担,故不同意原告的全部诉讼请求。

被告为证明其观点,提交证据如下:
1. 原告工商档案材料;
2. 与潘某签订的劳动合同;
3. 潘某填写的员工信息表;
4. 潘某的员工人事变动申请表。

律师观点:
1. 潘某为《公司法》规定的被告高级管理人员。

《公司法》规定的高级管理人员是指公司的经理、副经理、财务负责人、上市公司董事会秘书和公司章程规定的其他人员。

根据潘某历任公司职务情况来看,被告设有部门经理一职,但潘某在被告公司的职务从部门经理变更为总监,可见总监与部门经理并不相同。潘某所任总监职务,直接向被告总经理负责,知悉公司的经营状况,掌握公司的重要信息,故其职务名称虽非明确为经理和副经理,也应认定为高级管理人员。

2. 潘某违反忠实义务,自我交易签订《网上商店运营授权协议书》无效。

原告系潘某夫妻设立的公司,潘某未经被告股东会同意与被告订立合同,违反了《公司法》禁止董事、高级管理人员与本公司进行自我交易行为的强制性规定,故原、被告之间签订的《网上商店运营授权协议书》应确认为无效。

3. 合同无效的,被告应将原告提供的服务折价返还。

合同无效的,因该合同取得的财产应当予以返还;不能返还或者没有必要返还的,应当折价补偿。

由于原告提供的合同标的物为服务,实际已无法返还,故被告应当折价予以补偿。

根据原告服务期间某官方旗舰店的销售业绩,法院应酌情计算服务费,同时扣除被告已支付的 431,566.40 元。

4. 由于无效合同自始没有法律效力,故原告要求被告支付逾期付款违约金和解除合同违约金的诉讼请求无法律依据。

5. 原告主张的担保服务费并非必须、合理的费用,法院不应予支持。

法院判决:

1. 被告应于判决生效之日起 10 日内支付原告服务费 585,452.63 元;
2. 驳回原告其余诉讼请求。

926. 已经履行相关决策程序的自我交易行为是否一定有效?

并非一定有效。如果该交易的内容存在无效或者可撤销的法定情形,则仍可能依据《民法典》认定其无效或撤销。

927. 公司经理给自己发放薪酬是否违反了忠实义务?

根据规定,董事的报酬由股东会决定,经理报酬由董事会决定。这是因为经理的报酬会涉及公司利益问题。因此,如果公司经理未按公司章程规定或未经董事会决议而擅自给自己发放薪酬,则属于违反忠实义务的行为,公司有权向其主张赔偿。

(1)董事兼任经理的,其薪酬如果不是由董事会决定,就会构成自我交易,潜藏利益冲突;

(2)董事的人选虽由股东会决定,但在程序上是由董事会制定董事的薪酬提案,后提交股东会审议,如果董事能够在事实上操纵股东会,就会构成自我交易,在封闭公司尤其如此。

【案例386】未经全体股东同意　以利润发奖金被判返还[①]

原告:王某

被告:张某

第三人:甲公司

[①] 参见上海市第一中级人民法院(2010)沪一中民四(商)终字第 1292 号民事判决书。

第十三章
损害公司利益责任纠纷

诉讼请求：

1. 判令被告立即向第三人返还其被侵占的132.03万元资金；
2. 判令被告赔偿侵占资金期间的利息损失。

争议焦点：

1. 被告是否有权作出发放奖金的决定，以"毛利"对员工分配是否损害其他股东利益，被告决定是否有效；
2. 原告能否主张被告一并返还其他奖金发放对象的款项，要求被告承担赔偿责任。

基本案情：

第三人为有限责任公司，其股东为被告和原告，分别持股60%和40%。被告担任执行董事、法定代表人，原告担任监事。

第三人《公司章程》第20条规定，执行董事由股东会选举产生，其有聘任或者解聘公司副经理、财务负责人（包括其他雇聘人员），决定其报酬、制定公司的基本管理制度及其具体规章的职权。

2007年3月20日，被告作为第三人的执行董事，签发了《奖酬金发放决定》，决定对引入项目及回收合同款做出主要贡献的人员给予该项目毛利30%的提成奖励；在股东分配红利之前，将可供分配利润的60%用于奖励对项目运作有贡献的人员。

2007年5月18日，第三人依据上述《奖酬金发放决定》向包括被告在内的4名人员支付了合计132.03万元奖金。

在法院审理过程中，被告曾申请追加领取奖金的其他3名人员作为第三人参加诉讼，但原告表示不同意追加此3名人员作为第三人承担本案的赔偿责任。

原告诉称：

被告未经股东会决议，也未经原告同意，签发《奖酬金发放决定》，以公司"毛利"和"可分配利润"发放奖酬金，实际是变相侵占第三人公司财产，侵犯了第三人的合法财产权。

原告系第三人监事。被告作为第三人的执行董事，违反忠实、勤勉义务，侵犯公司的合法权益，原告在此情形下，有权履行监事职责并提起诉讼，要求被告返还其侵占的公司财产并赔偿损失。

被告辩称：

被告作为第三人的执行董事，依据第三人《公司章程》有权决定聘用人员的报酬；被告作出《奖酬金发放决定》，完全系依据第三人《公司章程》对执行董事的合法授权,并不违法。

《奖酬金发放决定》中所述的"利润""毛利"并非《公司法》和会计准则所指的"利润",第三人发放奖金完全是公司自治行为,是公司正常经营的需要,因此不需要股东会决议,也不需要事先征得原告的同意;奖金的发放对象均在第三人任职,且所做贡献均有据可查,原告称被告侵占第三人的合法财产,侵犯其股东权利,毫无事实根据,也没有法律依据。

第三人发放的奖金并非完全由被告全额领取,因此即便要返还,也不能要求被告返还由案外人领取的奖金。

法院认为:

1. 关于被告是否有权作出发放奖金的决定,以"毛利"对员工分配是否损害其他股东利益,被告决定是否有效。

被告作为第三人的执行董事,应当遵守法律、行政法规和公司章程,对公司负有忠实和勤勉义务。被告虽然有决定公司雇聘人员报酬的权利,且奖金发放对象也确实为第三人的工作人员,但被告作出的相关决定并不能以损害公司和股东的利益为前提。

现从《奖酬金发放决定》的内容看,其对职工的提成按照项目毛利的30%提成,而毛利本身还包含公司一定的成本,在公司对于所作项目是否赢利或亏损没有核算之前,就以毛利的30%进行提成,可能损害公司利益和股东利益,即在股东没有作出决议前,被告无权对毛利作出决定和分配。

从奖金按照第三人在股东分配红利之前的可供分配利润的60%来发放的决定看,虽被告认为这里的"利润"并非指《公司法》或会计规范中所指的股东可分配的"利润",但从该分配原则内容本身并不能看出被告所主张的意思。

而作为公司的股东,本身具有对公司利润是否进行分配或如何分配作出决定的权利,但根据分配原则中的上述内容,在股东分配红利之前,被告即将公司可供分配的利润以奖励的方式进行发放,且也无证据证明已经征得作为第三人的另一股东即原告的同意,显然损害了原告作为股东的利益。

故被告作出的《奖酬金发放决定》因违法而无效。

2. 关于原告能否主张被告一并返还其他奖金发放对象的款项,要求被告承担赔偿责任。

由于系争决定中的分配原则无效,被告基于系争决定和其计算所发放的奖酬金应当予以返还。现被告实际收取了第三人的钱款51.12万元,被告应当返还给第三人。原告主张相应的利息损失亦于法无悖,应予支持。

由于系争决定是被告基于其特殊身份和职务所作出,其他奖金发放对象作为案外人领取款项也是基于系争决定从第三人处领取,被告系代表第三人向案外人发放,这虽是由于被告履行职务不当所造成,但由于这些钱款实际并非被告领取,被告应仅对其他奖金发放对象不能返还部分承担赔偿责任,故原告现主张直接要求被告对此款项向第三人进行赔偿,有所不当。

因 80.91 万元实际是由案外人领取,在法院审理过程中,原告又明确表态不同意要求其他奖金发放对象向第三人承担返还责任,并坚持要求被告对上述三人所领取的款项进行赔偿,对此,法院难以支持。

法院判决:
1. 被告应返还第三人甲公司资金 51.12 万元;
2. 被告应赔偿第三人甲公司以 51.12 万元为基数按照中国人民银行规定的同期贷款利率标准计算的银行利息。

六、谋取公司商业机会与竞业限制民事责任的裁判标准

928. 判断是否属于公司商业机会的标准是什么?

如符合下列三项条件,则可认定为公司商业机会:
(1) 该机会系由公司董事或高级管理人员在履行职务过程中获取的;
(2) 依照客观标准判断,董事、高级管理人员理应将该商业机会向公司披露;
(3) 该机会与公司的经营领域存在一定的契合度,并可为公司所利用。

具体认定某项机会是否属于公司商业机会时,还应当注意以下两点:
(1) 公司的能力,即应当判断公司是否有能力就一项机会进行开发,包括人力、财力的投入;
(2) 公司的意愿,即考虑公司是否有愿望对一项机会进行利用,是否曾经以某种方式表达过对商业机会的拒绝。

【案例387】违反竞业禁止义务 董事承担损害赔偿[①]

原告: 赵某平、吕某、郭某军

被告: 韩某皓

第三人: 富瑞博公司

---

① 参见北京市第二中级人民法院(2009)二中民终字第00500号民事判决书。

诉讼请求：被告赔偿第三人自 2006 年 2 月 1 日至 2007 年 10 月 20 日的经济损失 46 万元。

争议焦点：

1. 股东是否可以约定竞业禁止义务，原、被告在公司组建协议、退出协议中关于竞业禁止的约定是否有效，竞业范围是否明确；

2. 被告控制的颢盛公司、被告之妻控股的波瑞公司与第三人客户之间的贸易行为，是否违反了原、被告之间有关竞业禁止的约定；

3. 被告同业竞争给第三人造成的损失如何确定。

基本案情：

2004 年 2 月 15 日，被告、原告赵某平、原告吕某、原告郭某军签订公司组建协议。该协议记载，原告赵某平、被告、原告吕某、原告郭某军经商议，一致同意共同出资组建公司，公司业务以生产销售砂浆类、黏结剂、地面保养类产品，代理国际知名建材品牌，在建材超市和装饰公司销售为主；公司总投资 50 万元，公司股权构成为原告赵某平持 30%，被告持 30%，原告吕某持 20%，原告郭某军持 20%。在该协议第 4 条第 2 项"退出机制"中约定：两年内现有股东不得转让退出，两年后若有股东退出，按有形资产股份比例退出，退出者两年内不得从事与原公司经营产品相冲突的业务。该协议的补充条款为："在成立新的合资公司后本人及本人其他所有公司不再经营与新公司在同一区域内有竞争性的产品及项目。"被告在该协议上签字并将该协议传真给原告赵某平、原告吕某、原告郭某军，原告赵某平、原告吕某、原告郭某军签字表示同意。

2004 年 3 月 10 日，第三人依法设立。第三人的注册资本为 50 万元，原告赵某平出资 15 万元，被告出资 15 万元，原告郭某军出资 10 万元，原告吕某出资 10 万元。第三人的经营范围为：法律、法规禁止的，不得经营；应经审批的，未获批准前不得经营；法律、法规未规定审批的，自主选择经营项目，开展经营活动。

2005 年 10 月 21 日，被告、原告赵某平、原告吕某就被告退出第三人一事达成协议。该退出协议约定：(1) 在被告退出股份后，将信守原先公司股东章程中的约束条款，即"在成立新的合资公司后，本人及本人其他所有公司不再经营与新公司在同一区域内有竞争性的产品及项目"，"退出者两年内不得从事与原公司经营产品相冲突的业务"。(2) 2004 年度、2005 年度北京公司的红利，被告不再享有分红权。(3) 被告初始股本投资 21 万元，其他股东以现金形式支付。(4) 在被告作为股东期间，第三人在北京和其他区域门店内各应收货款由被告负责依据百安居公司付款时间按时转付。(5) 在被告作为股东期间，颢盛公司委托第三人向

第十三章
损害公司利益责任纠纷

东方家园有限公司和百安居公司送货,第三人所送东方家园有限公司及百安居公司货物和利润归第三人所有,由颢盛公司代为收款,应在收到以上相关货款7日内支付第三人(如第三人有欠被告股本金,应先扣除后再支付),但前提是双方不再垫付相关增值税发票税金,如东方家园有限公司有欠款或产生法律纠纷,颢盛公司有义务提供必要的文件及法律支持,但不承担相关费用。如颢盛公司要第三人停止发货,需书面通知,此前所送货物所有权归第三人所有。(6)如果股东各方没有异议,4名股东尽快去北京工商机关办理股东变更手续。当日,原告赵某平、原告吕某和被告在退出协议上签字。2005年11月5日,原告郭某军签字表示同意该协议。后工商登记显示,在2005年12月11日被告将其所持有的股权分别转让给原告吕某、原告郭某军、周某云,并办理股权变更手续。

2005年10月21日的退出协议签订后,各方继续按照协议中所述模式进行经营,即由颢盛公司委托第三人向百安居公司送货,百安居公司将款项支付给颢盛公司,再由颢盛公司将款项转交给第三人。据双方共同确认的送货单显示,自2006年2月1日后颢盛公司便没有再委托第三人向百安居公司送货。自2006年3月起,波瑞公司向百安居公司供货,仍然使用颢盛公司的供货商编号101352,联系人为被告,联系电话也是颢盛公司的电话。

据百安居公司出具的交易汇总表显示,颢盛公司与波瑞公司的供货商编号均为101352,2005年颢盛公司与百安居公司的交易额为2,560,320.6元,2006年波瑞公司与百安居公司的交易额为2,699,710.7元,2007年波瑞公司与百安居公司的交易额为1,957,191元。

依据北京今创会计师事务所对2005年度第三人与百安居公司的业务情况出具的审计报告,审计结果为:2005年第三人销售给百安居公司的经营收入占其当年全部销售收入的47.08%,净利润220,732.89元。

颢盛公司的法定代表人为被告,目前股东为被告和周某海,分别持有80%和20%的股权。波瑞公司的法定代表人为周某海,目前股东为周某海、黄某强,分别持有60%和40%的股权。被告与周某海为夫妻。

通过GOOGLE进行搜索,用"颢盛公司"与"波瑞公司"所搜索到的网页是一样的。

2005年12月16日,颢盛公司曾向第三人传真财务资料,表示颢盛公司新的财务资料按照波瑞公司的名称、地址、账号进行,并要求原告赵某平将给颢盛公司的发票全部开到波瑞公司。

2006年1月16日,颢盛公司向东方家园有限公司出具证明,委托第三人处理与东方家园有限公司的善后事宜。证明上记载颢盛公司的联系方式,其中网站、地址与波瑞公司网站以及该网站所注明的地址相同。

原告均诉称:

公司组建协议第4条第2款、退股协议第1条均明确规定,退出者承担竞业禁止义务,在退出两年内本人及本人其他所有公司不得从事与原公司经营产品相冲突的业务等。但被告退股后违反协议中关于竞业禁止的约定,利用其为法定代表人的颢盛公司及其妻周某海为法定代表人的波瑞公司继续和位于北京市朝阳区来广营西路的百安居公司进行建材交易,给第三人造成巨大的经济损失,故应当承担赔偿责任。

被告辩称:

1. 被告不是竞业禁止诉讼的适格主体。退股协议是股东签订的,只能约定股东之间的权利义务,原告没有权利要求被告赔偿第三人的损失。且颢盛公司与波瑞公司是独立民事主体,其经营活动不受股东所签协议的约束。

2. 百安居公司原本就不是第三人的客户,而是颢盛公司委托第三人送货,因此不存在第三人客户的流失。

3. 公司组建协议和退股协议均没有明确约定竞业禁止的区域和内容,故该两份协议是无效的,不能以该两份协议为依据提起诉讼。

4. 没有证据证明是被告的原因导致第三人不能成为百安居公司的供货商,没有证据证明本案涉及商业秘密,也没有证据证明第三人存在损失。

第三人未作陈述。

律师观点:

1. 原、被告股东之间签订的竞业禁止约定合法有效。

《公司法》等相关法律并不禁止股东之间就竞业禁止进行约定,故股东之间自愿签订的竞业禁止协议应当受到保护。被告系自愿签订包含有竞业禁止内容的公司组建协议、退出协议,虽然协议中有关于约束其他公司的内容,但约定的是为被告所控制的公司,而且承担责任的主体是被告并不及于其他公司。故被告关于两份协议的内容因约束其他独立法人、违反公序良俗的抗辩意见,缺乏法律与事实依据,应不予采纳。因此,原告赵某平、原告吕某、原告郭某军与被告之间竞业禁止的约定系当事人的真实意思表示,且未违反有关法律、法规的强制性规定。

需要强调的是,4名股东虽然签订公司组建协议之后又签订了章程,但在与章程不冲突的情况下,公司组建协议仍然有效。签约当事人应当按约履行义务,否则应当承担相应的违约责任。现原告赵某平、原告吕某、原告郭某军依据公司组建协议、退出协议,以违约为由,起诉被告,当事人主体适格,予以确认。

2. 组建协议、退出协议内容明确,被告的行为属于退出协议中约定的业务范围。

原告赵某平、原告吕某、原告郭某军主张被告违反竞业禁止约定,损害了第三人的利益。被告认为自己没有违约行为,并认为原有协议中约定的"同一区域""有竞争性的产品及项目"内容不明确。由于在签订退出协议时,第三人已运营近两年时间,其经营区域、经营项目已经明确。故应当以2005年10月21日被告签订退出协议时第三人的业务情况,对"同一区域""有竞争性的产品及项目"进行判断。在被告担任第三人股东期间,第三人与百安居公司存在业务关系。现原告赵某平、原告吕某、原告郭某军主张被告在退出第三人后,被告及其所有公司仍然与百安居公司进行交易,没有超出2005年10月21日被告签订退出协议时第三人的业务范围。

3. 被告违反其与原告签订的竞业禁止约定,应承担违约责任,赔偿原告损失。

公司组建协议、退出协议中约定"在成立新的合资公司后,本人及本人其他所有公司不再经营与新公司在同一区域内有竞争性的产品及项目","退出者两年内不得从事与原公司经营产品相冲突的业务"。

被告为颢盛公司控制股东,被告妻子周某海为波瑞公司的控制股东。颢盛公司与波瑞公司在多种形式的资料上地址、电话、网页相同,再结合两家公司在百安居公司的供应商编号也相同、被告曾直接作为波瑞公司的联系人出现在百安居公司的订单上等情况,能够认定颢盛公司、波瑞公司属于人格混同,均为被告所控制。被告在退出第三人后,其控制的颢盛公司、波瑞公司与百安居公司发展业务关系,违反了其与原告组建协议与退出协议中有关竞业禁止的约定,侵害了第三人的交易机会,损害了第三人的利益,故被告应当承担相应的违约责任。

4. 第三人损失参照第三人与百安居公司往年交易可得利润额计算。

根据审计结果可知,2005年第三人销售给百安居公司的经营收入占其当年全部销售收入的47.08%,净利润220,732.89元。比照该利润额,可以认定第三人在2006年2月1日至2007年10月20日的利润损失。因此,原告赵某平、原告吕某、原告郭某军诉讼请求中要求被告赔偿第三人相应利润损失的部分,于法有据,证据充分,予以支持。

法院判决:

1. 被告向第三人赔偿380,151.09元。
2. 驳回原告其他诉讼请求。

929. 公司董事、高级管理人员违反谋取公司商业机会限制义务的构成要件有哪些？如果董事、高级管理人员违反该义务与第三人进行了交易，该交易是否有效？

公司董事、高级管理人员违反谋取公司商业机会限制义务的构成要件如下：

（1）董事或高级管理人员的行为未经公司股东（大）会的同意。

基于对公司意思自治的保护，《公司法》仅对董事及高级管理人员谋取公司商业机会进行了限制，如果公司股东（大）会对此谋取行为表示同意，则董事及高级管理人员即可利用该机会。

（2）董事或高级管理人员实施了谋取公司商业机会的行为。

（3）公司利益（包括潜在利益）由于董事或高级管理人员谋取公司商业机会的行为受到损害。

如果董事、高级管理人员违反谋取公司商业机会限制义务与第三人进行了交易，如果第三人不存在恶意，则除非合同当事人，他人不得主张交易行为无效或可撤销。

930. 第三人出于对公司董事、高级管理人员的信任而与其合作，董事、高级管理人员是否属于违反谋取公司商业机会限制的义务？

不属于。违反对公司忠实义务的前提是董事、高级管理人员在面临个人利益与公司利益冲突时，选择牺牲公司利益而保护私人利益。但如果其在谋得商业机会时并不是出于恶意的、以损害公司利益为条件，或者第三人不愿意、不信任与公司交易，则公司无权追究董事或高级管理人员的责任。

【案例388】利用第三方谋取公司商机　收入被判归公司所有[①]

原告：谷诏公司

被告：谷某某

第三人：世蒂公司

诉讼请求：

1. 被告归还原告业务收入 30,975.36 美元；

2. 赔偿毛纱款 90,054.94 元、检品费 31,368.8 元。

3. 第三人承担连带责任。

[①] 参见张海棠主编：《2009年上海法院案例精选》，上海人民出版社2010年版，第192~195页。

争议焦点：

1. 被告委托他人加工并由第三人出口,是否是谋取原告商业机会的行为；
2. 被告使用原告资金支付毛纱款和检品费是否损害了原告利益；
3. 第三人是否与被告共同侵权,是否应当承担连带责任。

基本案情：

被告系原告总经理。2005年12月至2006年2月,被告在原告不知情的情况下,指派工作人员对外签订与原告主营业务相同的合同17份,并由被告通过第三人对外进行出口业务,17份合同总金额154,876.8美元,利润30,975.36美元。

被告为履行该17份合同,利用职务便利将价值60,054.94元人民币的毛纱委托原告客户加工并由第三人出口,期间又向佳桑公司及乐谊公司支付检品费31,368.8元。

原告诉称：

被告在任职期间,未尽忠实、勤勉义务,多次为第三方公司居间介绍本属原告的经营业务,并从中谋取非法利益,被告的行为严重侵犯了原告的利益,应承担相应的损害赔偿责任。

被告辩称：

原、被告系合作关系,被告系外国人,非原告董事总经理。原告不具备出口经营权,而原告诉称第三人所签合同系出口合同,与原告业务不存在竞合。被告未持有第三人股份,也未在第三人任职,故不存在自营或与他人合营的事实。

原告没有证据证明被告侵占原告财产,包括对毛纱款和检品费的侵占,故请求驳回原告诉讼请求。

律师观点：

1. 被告是原告总经理,应履行忠实勤勉义务。

本案被告虽非原告股东或董事,但根据其在原告处任职情况看,应当认定被告在原告处的总经理身份,属于原告的高级管理人员,应当遵守《公司法》规定履行忠实和勤勉义务。

2. 被告存在利用职务便利谋取本属于原告商业机会的行为,应承担赔偿责任。

公司高级管理人员应当遵守法律、行政法规和公司章程,对公司负有忠实和勤勉义务,在执行公司事务时,应以公司利益为最高准则,不得以损害公司利益为代价而追求自己或者他人利益,或未经股东会或者股东大会同意,利用职务便利为自己或者他人谋取属于公司的商业机会,自营或者为他人经营与所任职公司同类的业务。

本案讼争的外贸业务,从客户情况来看,系自己加工或外发加工、检验之后,委托公司出口日本。现被告将本属于原告的商业机会自己经营,通过原告工作人员进行业务联系,委托原告的协作企业进行加工或检整,并通过第三人与日本客户签约的方式完成出口业务,损害了原告利益,应当承担相应的赔偿责任。

3. 有关被告赔偿数额的认定。

根据《公司法》第148条的规定,公司高级管理人员未经股东会同意,利用职务便利为自己谋取属于公司的商业机会,自营与所任职公司同类的业务,其所得收入应当归公司所有,故被告应归还原告业务收入30,975.36美元。

《公司法》第149条规定,公司高级管理人员执行公司职务行为时违反法律、行政法规或者公司章程的规定,给公司造成损失的,应当承担赔偿责任。本案中,被告为履行讼争业务,通过原告支付的毛纱款和检品费,系原告直接经济损失,应当由被告赔偿。

4. 第三人不承担连带赔偿责任。

因原告未提供充分证据证明第三人存在与被告恶意串通、共同故意损害原告利益的情形,故第三人不承担连带赔偿责任。

法院判决:

1. 被告归还原告业务收入30,975.36美元;
2. 被告谷某某应赔偿原告谷诏公司毛纱款90,054.94元人民币;
3. 被告谷某某应赔偿原告谷诏公司检品费31,368.80元人民币;
4. 驳回原告要求第三人世蒂公司承担连带责任的诉讼请求。

931. 如何判断是否违反了竞业限制义务?

应当从以下五个方面进行判断:

(1)竞业限制义务的主体。竞业限制义务的主体必须是公司的董事或高级管理人员。

(2)竞业限制的时间范围。董事或高级管理人员违反竞业限制义务的行为必须发生在公司的营业期间,包括公司准备营业、试营业和暂停营业期间;而且董事或高级管理人员竞业限制的时间一般限于其任职期间,但是董事或高级管理人员在辞职后从事的竞争营业是利用了公司的财产、信息或者机会的,也会构成对竞业限制义务的违反。

(3)竞业限制的地域限制。竞业限制的地域限制应以董事或高级管理人员与公司可能产生实质性竞争关系的经营区域为准,不能将限制扩大到公司将来可能开展业务的地域。但是随着公司经营地域范围越来越大,竞业地域限制的必要性已经受到影响。

(4)关于自营或者为他人经营的理解。自营或者为他人经营应当理解为为自己利益而经营或者为他人利益而经营。如董事不以自己的名义,也不充任他人的代理人,但是从事竞业行为的经济效果却可以归属于自己或者他人,则视为自营或者为他人经营。

(5)关于与自己所任职公司同类业务的理解。同类的业务,必须是以营利为目的的交易或者行为,即竞业行为必须是通过该行为可以获得经济利益的行为。

业务,不仅包括持续的经营,也包括断断续续的经营或者一次性的交易,还包括担任有竞业关系企业法人的董事、高级管理人员及有竞业关系的非企业法人的负责人、合伙人等。

同类,应以该种业务是否与董事、高级管理人员所任职公司具有竞争关系为标准。如果具有,则属于同类,反之则不为同类。当然,在实际中,可以以公司的营业范围作为判断董事、高级管理人员竞业禁止义务适用范围的形式标准,如果营业范围相同的,则属于同类。[①]

需要说明的是,如果公司股东(大)会同意董事、高级管理人员自营或为他人经营同类业务,则该董事或高管即无须承担责任。

932. 公司董事、高级管理人员在经营同类业务的其他公司作为股东,是否构成对竞业限制义务的违反?

构成。

《公司法》明确规定,凡未经公司股东(大)会同意,自营或为他人经营与所任职公司同类的业务即属于对竞业限制义务的违反。身为公司的董事或高级管理人员作为其他同类业务公司的股东,虽然未必参与经营管理,但是事实上已经以提供财力的方式自营了该公司,因此构成对竞业限制义务的违反。

933. 股东是否可以成为竞业禁止限制义务的主体?

在我国,股东并不是法定的竞业禁止义务主体,但法律亦未禁止对此作出约定。如果股东之间在设立公司时或在公司运营过程中,以协议的形式对作为公司

---

① 吴庆宝主编:《公司纠纷裁判标准规范》,人民法院出版社2009年版,第225~227页。

股东期间的竞业禁止作出约定的,如果该约定对于合同当事人的利益而言是合理的,并且相对于公共利益而言也是合理的,则该约定就应当合法有效,如果有人违反,则应当承担竞业禁止义务所规定的相应责任。

934. 如果公司已经税务注销或被吊销但尚未注销,董事、高级管理人员另设公司与原公司同业竞争是否构成损害公司利益?

不构成。

董事、高级管理人员违反竞业限制义务之所以应当承担损害公司利益的责任,其原因在于该行为未经公司同意,并影响了公司的正常经营。但公司在已被吊销、办理税务注销或完全停止经营的情况下,董事、高级管理人员另设公司与原公司经营同类业务已不可能再对原公司的经营造成任何影响,故不需承担损害公司利益的责任。

【案例389】原公司停止经营 另设公司不构成同业竞争①

原告: 顾某耀

被告: 王某玲

第三人: 永耀公司、石某珍、吴某铭、康某、王某海

诉讼请求: 被告向第三人永耀公司归还被告经营迪费特公司所得收入。

争议焦点:

1. 作为第三人永耀公司的法定代表人,实际中被告是否对公司享有控制权,是否享有相应的权利,并需承担相应义务;

2. 在第三人永耀公司处于停业状态下,被告另行投资设立经营同类业务的迪费特公司,其行为是否违反竞业禁止义务,是否构成对第三人永耀公司利益的损害。

基本案情:

1998年11月,原告、被告、第三人石某珍、第三人吴某铭、第三人康某5人共同制定了《股份合作制企业章程》,约定以14万元人民币设立公司,由原告投资6万元人民币、被告投资3万元人民币、第三人石某珍投资2万元人民币、第三人吴某铭投资2万元人民币、第三人康某投资1万元人民币。随后上述5人委托有关

---

① 参见上海市第二中级人民法院(2003)沪二中民三(商)终字第417号民事判决书。永耀公司发生该诉讼后,顾某耀此后向上海市青浦区人民法院提起了损害公司利益纠纷诉讼,详见本章第二节【案例379】"公司停业且无经营场地 董事保管财物不视为挪用"。

企业登记代理机构办理公司的注册登记事项。

1998年12月10日,第三人永耀公司成立,该公司登记的注册资本总额为50万元人民币,注册登记的股东为原告和被告,注册登记中两人各出资25万元人民币,由被告担任第三人永耀公司的法定代表人。第三人永耀公司的经营范围是:带锯床、带锯条及技术服务,销售圆锯片、开孔器、包装机器、空压机、家用电器、金属材料、机床电器、五金工具、自动控制元器件、医疗器材。

2001年10月,原告、被告以及第三人石某珍、第三人吴某铭、第三人康某之间为第三人永耀公司经营和股东权益等发生矛盾,使第三人永耀公司的经营活动不能正常开展,被告也于此时离开第三人永耀公司,此后该第三人永耀公司的经营活动由第三人石某珍和第三人吴某铭的妻子共同操作。2001年11月6日,第三人永耀公司委托上海青瑞税务师事务所办理注销税务登记的手续,至此,第三人永耀公司已不再开展经营活动。

2001年11月16日,被告与第三人王某海共同投资设立迪费特公司,由被告担任该公司的法定代表人。迪费特公司的经营范围是:销售带锯床、带锯条、圆锯片、开孔器、包装机器、空压机、家用电器、金属材料(除专控)、机床电器、日用百货、五金交电、锅炉配件、自动控制元器件、带锯条技术服务。

2001年12月22日,原告、被告以及第三人石某珍、第三人吴某铭、第三人康某5人共同达成了《关于催讨应收账款的决议》,明确:"一、所收到的第三人永耀公司应收款一律进第三人永耀公司的唯一账户;二、每月以账单为准,支票进来要在本子上记录,有人为证,每月对账单,每股东可以询问;三、将本公司的应收账款转入他人账户负一切法律责任;四、先分2000年红利,每股以柒仟元为准,后分本金,最后在第三人永耀公司所有财产清算后,还清2001年红利及归还债务。"

2003年4月11日,迪费特公司的股东被告和第三人王某海以公司经营不善为由决定注销迪费特公司,并于2003年4月17日经工商管理部门核准同意注销。

原告诉称:

被告作为第三人永耀公司的法定代表人,在外与他人成立迪费特公司,与第三人永耀公司经营同类业务,违反了《公司法》关于董事、高级管理人员竞业禁止的规定,故其所得应归第三人永耀公司所有。

被告辩称:

原告擅自将被告从第三人永耀公司赶走,并骗取了公章和被上诉人的私章,提走了第三人永耀公司资金,后因2002年3月第三人永耀公司年检,被告才从经济区取回了印章。在原告和第三人石某珍控制第三人永耀公司期间进行了注销税务登记,停止了第三人永耀公司的经营。原告还另行设立罗耀公司,并发出通知以取代第三人永耀公司。

因此,被告是在被赶出第三人永耀公司的情况下,才设立迪费特公司的,且迪费特公司的客户也不是第三人永耀公司的老客户,老客户都被罗耀公司拉走了,故被告未侵害第三人永耀公司的权益。现迪费特公司因经营亏损已经注销。

第三人均未作陈述。

律师观点:

1. 被告已丧失对公司的控制,无法行使相应权利。

从工商登记材料看,被告始终是第三人永耀公司的法定代表人,但在2001年10月原、被告产生矛盾后,被告就离开第三人永耀公司,不再掌控公司的经营活动,在此后公司的经营活动都是由第三人石某珍与第三人吴某铭的妻子共同负责的。因此,被告在设立迪费特公司时,已实际丧失对第三人永耀公司的控制,无法行使法定代表人及经理的权利。根据"权利义务相一致"的原则,在被告不享有权利的同时却要求其承担义务,显然有违情理。

2. 被告另行设立迪费特公司时,第三人永耀公司已停业,不构成同业竞争。

从时间上看,迪费特公司成立时,第三人永耀公司已基本处于停业状态,此后也未能开展正常的业务经营,故迪费特公司的成立、经营与第三人永耀公司的停业及停业损失没有必然的因果关系。同时,原告也未能提供证据证明迪费特公司盈利且被告从该公司获取利润,其诉讼请求无具体明确的数额,原告应承担举证不能的责任。现迪费特公司已因经营不善而注销,已不构成对第三人永耀公司的同业竞争。故被告与第三人王某海在2001年11月16日共同投资设立迪费特公司时,第三人永耀公司已经处于停业清算状态,而且被告在此前已经离开第三人永耀公司,被告实际上已不再拥有对第三人永耀公司的经营权。

因此,被告另行投资设立经营同类的迪费特公司的行为并没有违反我国《公司法》中关于公司董事、经理竞业禁止的有关规定,不构成对第三人永耀公司的利益损害。

法院判决:

驳回原告诉讼请求。

七、侵害商业秘密民事责任的裁判标准

935. 如何判断公司的经营信息和技术信息是否属于商业秘密？

商业秘密，是指不为公众所知悉、具有商业价值并经权利人采取保密措施的技术信息、经营信息等商业信息。商业秘密具有以下法律特征：

（1）秘密性，是指有关信息不为其所属领域的相关人员普遍知悉和容易获得。具有下列情形之一的，可以认定有关信息不具有秘密性：

①该信息在所属领域属于一般常识或者行业惯例的；

②该信息仅涉及产品的尺寸、结构、材料、部件的简单组合等内容，进入市场后相关公众通过观察产品即可直接获得的；

③该信息已经在公开出版物或者其他媒体上公开披露的；

④该信息已通过公开的报告会、展览等方式公开的；

⑤该信息从其他公开渠道可以获得。

（2）保密性。采取了合理的保密措施，即权利人为防止信息泄露所采取的与其商业价值等具体情况相适应的合理保护措施。具有下列情形之一，在正常情况下足以防止涉密信息泄露的，应当认定权利人采取了保密措施：

①签订保密协议或者在合同中约定保密义务的；

②通过章程、培训、规章制度、书面告知等方式，对能够接触、获取商业秘密的员工、前员工、供应商、客户、来访者等提出保密要求的；

③对涉密的厂房、车间等生产经营场所限制来访者或者进行区分管理的；

④以标记、分类、隔离、加密、封存、限制能够接触或者获取的人员范围等方式，对商业秘密及其载体进行区分和管理的；

⑤对能够接触、获取商业秘密的计算机设备、电子设备、网络设备、存储设备、软件等，采取禁止或者限制使用、访问、存储、复制等措施的；

⑥要求离职员工登记、返还、清除、销毁其接触或者获取的商业秘密及其载体，继续承担保密义务的；

⑦采取其他合理保密措施的。

（3）具有商业价值。权利人请求保护的信息因不为公众所知悉而具有现实的或者潜在的商业价值。生产经营活动中形成的阶段性成果符合前款规定的，也可以认定该成果具有商业价值。

【案例390】客户名单为经营秘密　侵权需赔偿[①]

原告: 盛泰达公司

被告: 盛杰佳鑫公司、孙某堃、李某静

诉讼请求:

1. 判令3位被告立即停止侵犯原告商业秘密的不正当竞争行为；

2. 判令3位被告在全国性报纸上向原告公开赔礼道歉，并保证不再利用原告的业务渠道开展业务活动；

3. 判令3位被告赔偿原告经济损失5万元。

争议焦点:

1. 原告与被告孙某堃、被告李某静签订的《离职保密协议》中第2条约定了被告孙某堃、被告李某静的竞业禁止义务，但没有约定相应的补偿，原告也未向被告孙某堃、被告李某静实际支付合理的经济补偿，该条款是否有效；

2. 上述条款的效力是否影响协议中其他条款的效力，被告孙某堃、被告李某静是否仍应承担保守原告商业秘密的义务，是否可以认定原告对客户名单采取了保密措施；

3. 原告拥有的包括联通葫芦岛分公司、移动淮南分公司在内的客户名单是否属于不为公众和同行业普遍知悉的信息；

4. 3位被告违反保密协议使用原告客户名单的行为是否构成对原告商业秘密的侵犯；

5. 如何确认3位被告应赔偿原告经济损失的金额。

基本案情:

2006年3月20日,原告成立,主要从事电子技术开发及维修服务。

2007年5月14日,原告与联通葫芦岛分公司签订《维修合同书》1份。双方约定由原告为联通葫芦岛分公司提供电源模块维修服务,合同有效期自2007年5月8日至2008年5月8日。被告孙某堃于2006年5月29日进入原告,担任市场销售业务员,其在公司任职期间曾代表原告与联通葫芦岛分公司联系业务。

2007年12月28日,原告与被告孙某堃解除劳动关系。同日,被告孙某堃(甲方)与原告(乙方)签订《离职保密协议》。该协议载明:"鉴于甲方曾在乙方任职,并获得乙方支付的工资报酬,双方当事人就甲方在离职后保守乙方商业秘密的有

[①] 参见北京市第二中级人民法院(2009)二中民终字第07575号民事判决书。

关事项,签订下列条款共同遵守:1. 甲方离职后两年内不应向同业竞争对手透露公司的商业信息,也不应在未取得乙方同意的情况下使用该商业信息;2. 甲方承诺离职后两年内,不在其他与乙方提供同类电源模块维修服务的企业内担任任何职务或工作。"

2008年1月2日,被告孙某堃与案外人李某共同出资成立被告盛杰佳鑫公司。该公司与原告的经营业务基本相同。

2007年1月9日,被告李某静进入原告担任销售员。被告李某静任职期间曾代表原告与移动淮南分公司联系业务。2008年1月21日,原告与被告李某静解除劳动关系。同日,被告李某静与原告签订《离职保密协议》。该协议内容与上述被告孙某堃与原告签订的相关协议内容基本相同。从原告辞职后,被告李某静进入被告盛杰佳鑫公司,成为该公司的员工。

2008年1月至3月,被告盛杰佳鑫公司与联通葫芦岛分公司发生业务往来,其中有两笔业务由被告孙某堃、被告李某静经手。

原告诉称:

由于被告盛杰佳鑫公司与被告孙某堃的共同侵犯原告商业秘密的行为导致其与联通葫芦岛分公司的维修合同未履行完毕。而原告与移动淮南分公司的业务往来亦已停止。对此,原告参照联通葫芦岛分公司以及移动淮南分公司2007年总的业务金额标准,计算出损失金额为54,206.75元,原告因此主张损失5万元。

原告为证明其观点,提交证据如下:

1. 原告提交了多份龙成公司的《代承运契约书》、被告李某静签字的《领用发票申请单》(购货单位为联通葫芦岛分公司)、原告给联通葫芦岛分公司开具的多份发票,2007年10月11日原告签发的《差旅费报销单》等证据材料,用以证明原告在2007年6月至12月与联通葫芦岛分公司的业务往来情况,以及被告孙某堃、被告李某静曾负责与联通葫芦岛分公司的业务联系;

2. 原告提交了被告李某静签字的《差旅费报销单》、多份龙成公司的《代承运契约书》、发票、被告李某静签字的《领用发票申请单》,用以证明其于2007年4月起就与移动淮南分公司建立了业务联系并发生了多次业务往来,被告李某静是业务联系人;

3. 原告还提交了1份龙成公司的《代承运契约书》,用以证明自2008年2月起移动淮南分公司开始与被告盛杰佳鑫公司发生业务往来。

被告均辩称：

1. 原告拥有的包括联通葫芦岛分公司、移动淮南分公司在内的客户名单不属于商业秘密。

原告拥有的包括联通葫芦岛分公司、移动淮南分公司在内的客户名单不符合商业秘密的基本特征，不属于商业秘密。

（1）被告孙某堃、被告李某静在原告工作时开展业务的基本方法就是电话或上门联系业务，而所有客户公司的名称、地址、联系方式，都是可以通过公开的方式查到，所以，这些根本不构成商业秘密；

（2）原告所称的"保密措施"不具备任何实际意义。根据《劳动合同法》第23条规定，"对负有保密义务的劳动者"，其保密义务的确定，就是"竞业禁止条款"，没有补偿协议作为基础，让已不在职的员工承担保密义务是没有法律依据的，因此，原告没有采取法定的保密措施，不属于《反不正当竞争法》（1993年）规定的商业秘密。

2. 被告盛杰佳鑫公司取得上述业务均通过合法渠道，不存在侵权行为。

即使上述客户名单属于商业秘密，原告也缺乏足够证据证明3位被告构成侵权。3位被告是通过招投标的方式争取到业务订单的，决定性的因素是竞标，而不是有了客户名单取得联系就可以。原告不能排除他人通过别的渠道、别的办法与客户取得联系。

3. 3位被告不应承担原告的损失。

原告所诉称的损失与3位被告无关，任何一次投标都有成功和失败的可能，原告不能将公司技术人员离职，人心涣散，导致不能中标的结果强加在3位被告头上。

综上，原告起诉3位被告侵犯其商业秘密，没有事实和法律依据，请法院驳回原告的全部诉讼请求。

被告孙某堃对原告所提供的证据发表质证意见如下：

被告孙某堃未经手过联通葫芦岛分公司的业务，上述差旅费报销单上虽写有被告孙某堃的名字，但领款人不是被告孙某堃，且被告孙某堃也没去过联通葫芦岛分公司。

针对被告孙某堃的上述观点，原告认为：

原告对此不予认可，主张被告孙某堃一直负责东北、华北等地的业务联系，联通葫芦岛分公司正是被告孙某堃负责的业务，在报销单上签字的人是被告孙某堃的助手。

律师观点：

1. 原告拥有的包括联通葫芦岛分公司、移动淮南分公司在内的客户名单属于商业秘密。

《反不正当竞争法》(1993年)规定,商业秘密是指不为公众所知悉、能为权利人带来经济利益、具有实用性并经权利人采取保密措施的技术信息和经营信息。商业秘密中的客户名单,一般是指由客户的名称、地址、联系方式以及交易的习惯、方式、内容、合同价格等构成的区别于相关公知信息的特殊客户信息。本案中,原告拥有的包括联通葫芦岛分公司、移动淮南分公司在内的客户名单具有以下特点：

(1)该客户名单并非同行业普遍知悉的信息。

联通葫芦岛分公司、移动淮南分公司与原告之间的合同关系,并不为通常从事有关工作的人员所普遍了解和掌握。例如,原告与联通葫芦岛分公司签订《维修合同书》中约定由原告为联通葫芦岛分公司提供电源模块维修服务。服务模式为联通葫芦岛分公司将待维修模块包装好,运送给原告,原告从货到之日起3个月内免费维修。修好后将模块运送到联通葫芦岛分公司。到货后付清货款的95%,质保期过后7日内付清维修费剩余的5%。合同针对模块的不同型号约定了维修价格,往返运费双方各自承担。联通葫芦岛分公司、移动淮南分公司与原告合作经营期间所形成的联系方式、交易习惯、交易内容、合同价格等经营信息,是原告在经营过程中长期积累才形成的,且从其他公开渠道也不易获得。故原告通过自己的经营努力而形成的、特定化的客户资料等经营信息,具有秘密性。

(2)这些信息对于原告具有实用价值。

这些经营信息蕴含了原告的营销渠道以及客户的消费习惯,是原告稳定客户群、开拓市场、增强企业竞争力的重要依据。

(3)原告对该秘密信息采取了保密措施。

虽然原告与被告孙某堃、被告李某静签订的《离职保密协议》中对被告孙某堃、被告李某静的竞业禁止义务,没有约定相应的补偿,原告也未向被告孙某堃、被告李某静实际支付合理的经济补偿,违反公平原则,剥夺了被告孙某堃、被告李某静基本的就业权、劳动择业权,应为无效条款。但该条款无效,不影响协议中其他条款的效力。根据协议第1条,被告孙某堃、被告李某静仍应承担保守原告商业秘密的义务,且上述约定构成法律意义上的保密措施。

综上,原告的客户名单等经营信息具有秘密性、实用性、保密性,属于法律保护的商业秘密。

2. 3位被告的行为构成对原告商业秘密的侵犯。

《反不正当竞争法》规定,违反约定或者违反权利人有关保守商业秘密的要求,披露、使用或者允许他人使用其所掌握的商业秘密,构成对他人商业秘密的侵犯。

本案中,被告孙某堃、被告李某静在原告工作期间,作为销售业务员一直负责联系客户。现有证据表明被告李某静与联通葫芦岛分公司、移动淮南分公司都曾联系过业务。而被告孙某堃虽辩称其在原告工作期间没有负责过与联通葫芦岛分公司的业务往来,但原告提交的《差旅费报销单》出差人的名字中有被告孙某堃。该报销单表明被告孙某堃是原告于辽宁省内相关业务的联系人之一,其不仅应当知悉原告与联通葫芦岛分公司的交易活动,而且被告孙某堃作为销售业务员可以直接接触作为原告商业秘密的客户资料等经营信息。

被告孙某堃、被告李某静从原告离职后,先后进入被告盛杰佳鑫公司。在此之后,联通葫芦岛分公司以及移动淮南分公司终止了与原告的有关业务而与被告盛杰佳鑫公司建立了业务关系,且被告孙某堃、被告李某静分别参与了上述业务。可见,3位被告对侵犯原告的商业秘密,存在主观故意。3位被告虽主张被告盛杰佳鑫公司系通过招投标方式取得联通葫芦岛分公司、移动淮南分公司的业务订单,但其未能举证证明,故不应予以支持。鉴于原告与被告盛杰佳鑫公司在本案涉及的有关维修业务方面具有竞争关系,3位被告的行为,已经共同构成对原告商业秘密的侵犯,应当承担相应法律责任。

3. 3位被告应赔偿原告经济损失5万元。

原告参照联通葫芦岛分公司以及移动淮南分公司2007年总的业务金额计算出向3位被告主张的经济损失金额5万元,3位被告虽辩称与其无关,但由于3位被告的行为构成对原告商业秘密的侵犯,并且没有举出相反证据证明原告的经济损失少于5万元,因此,3位被告应赔偿原告经济损失5万元。

综上,原告要求3位被告立即停止侵犯其商业秘密的不正当竞争行为,并赔偿经济损失5万元的诉讼请求,应予以支持。原告要求3位被告公开赔礼道歉的诉讼请求,缺乏法律依据,不应予以支持。

法院判决:

1. 3位被告立即停止涉案侵犯原告商业秘密的不正当竞争行为;
2. 本判决生效之日起10日内,3位被告连带赔偿原告经济损失5万元;
3. 驳回原告的其他诉讼请求。

【案例391】侵犯商业秘密　不同职位不同责任[①]

原告：科贸公司、仪器公司

被告：某某公司、楼某某、杨某某

诉讼请求：

1. 三被告立即停止侵犯原告的商业秘密；

2. 三被告赔偿原告经济损失50万元人民币，三被告对上述赔偿数额互负连带责任；

3. 三被告赔偿原告为调查被告的不正当竞争行为而支出的合理费用84,521.97元，三被告对上述赔偿数额互负连带责任。

争议焦点：

1. 原告科贸公司2005年6月实施的《企业管理制度》是否经过全体员工学习；对被告楼某某、被告杨某某是否产生约束效果；

2. 被告楼某某、被告杨某某从两原告处离职后，如两原告客户主动找到两人及被告某某公司形成交易，三被告是否侵犯了两原告的商业秘密；

3. 被告某某公司生产的混凝土电通量测定仪、混凝土氯离子含量快速测定仪中使用的混凝土电通量测定仪的预测方法和混凝土氯离子含量快速测定仪的电势及浓度线性关系的生成方法是否属于不为公众所知悉的技术信息；

4. 被告杨某某作为原告的销售人员，就技术侵权的责任是否应当与技术人员被告楼某某同样承担连带责任。

基本案情：

原告科贸公司于2005年3月2日登记成立，经营范围为组装加工机电设备、仪器仪表等。

原告仪器公司于2006年5月9日登记成立，经营范围为法律、行政法规、国务院决定未规定许可的，自主选择经营项目开展经营活动。

2006年7月18日，原告仪器公司与原告科贸公司签订《合作生产销售协议》，协议约定，原告仪器公司正在研究开发混凝土电通量测定仪、氯离子扩散系数测定仪、氯离子含量快速测定仪、混凝土真空饱水机等检测混凝土耐久性设备系列产品，双方签订协议后，原告科贸公司的研发人员合并到原告仪器公司与原告仪器公司研发人员一起开展工作，共同对新产品的开发、旧产品的更新等事宜

[①] 参见上海市浦东新区人民法院(2009)浦民三(知)初字第173号民事判决书。

进行技术上的全面合作,原告科贸公司同意原告仪器公司对原告科贸公司原有产品进行升级开发。产品的销售工作主要由原告仪器公司负责,原告科贸公司予以积极配合。原告科贸公司的销售人员合并到原告仪器公司与原告仪器公司销售人员共同开展工作,并对双方的客户资源进行重新整合。双方互相对以往和将来开发某某产品的技术享有共同的权利。双方的合作期限为10年。若发生侵权事宜,双方都有权提起诉讼,共同维护产品的商业信誉。

被告楼某某、被告杨某某在原告科贸公司处曾分别担任销售部经理和生产部经理一职,两人在原告科贸公司处的工作期间分别为2003年9月10日至2007年4月28日和2004年4月5日至2007年4月10日。

在原告科贸公司与两人签订的《劳动合同书》中约定,劳动者违反保守商业秘密事项,给公司造成经济损失的,应依法承担赔偿责任。其中泄露公司产品研发及技术机密者,应向公司支付500万元以上的赔偿金,泄露公司非技术性机密者,应向公司支付5万元以上的赔偿金。

在原告科贸公司2005年6月实施的《企业管理制度》第五章第3条、4条中规定,所有公司职员都有义务和责任保守公司的秘密。公司机密范围包括公司产品研发及生产事项、客户及其网络的有关资料等。

被告某某公司于2007年6月18日登记成立,法定代表人为被告楼某某,股东为被告楼某某、被告杨某某,公司经营范围为仪器仪表、机电设备及配件、自动化设备等,注册资本50万元,实收资本10万元。

两原告诉称:

2007年年底,两原告知悉被告楼某某、被告杨某某在原告科贸公司工作期间便在上海租赁办公用房,积极筹建设立与原告业务相竞争的企业,于2007年6月18日成立了被告某某公司。

被告楼某某、被告杨某某为该公司股东,被告楼某某担任公司的法定代表人。被告楼某某、被告杨某某将原告生产混凝土真空饱水机、混凝土电通量测定仪、氯离子含量快速测定仪等产品的技术信息和有关客户名单、价格资料、产销政策等经营信息披露给被告某某公司。

被告某某公司获得上述信息后,即开始生产与原告结构相同的产品,并向原告部分客户低价销售,致使原告许多客户减少或中断与原告的业务关系。

被告某某公司作为原告的同业竞争对手,获取并使用他人的商业秘密从事营利性活动,被告楼某某、被告杨某某知悉原告的商业秘密,却在离职后披露和使用,上述三被告所实施的行为已共同侵犯了原告的商业秘密。

原告主张三被告在经营过程中使用了原告以下客户名单：
1. 京狮公司；
2. 中泰公司、高志公司、中科公司、安昌兴达公司、罗素公司；
3. 锡建公司及中铁大桥局；
4. 浙江建科院；
5. 路建公司及江苏交规院；
6. 东南大学；
7. 三和公司。

原告主张混凝土真空饱水机计算机芯片的目标程序、混凝土氯离子含量快速测定仪的电势及浓度线性关系的生成方法、混凝土电通量测定仪的预测方法为本案的技术秘密。

原告主张以下费用：公证费17,980元、律师费2万元、委托律师查档费2000元、购买侵权产品费用2万元、交通费19,811.97元、住宿费4646元、彩扩费84元，共计84,521.97元（其中用于对被告某某公司生产的混凝土智能真空饱水机的取证费用为公证费8000元、交通费6391.97元、住宿费1975元、彩扩费84元，共计16,450.97元）。

诉讼中，原告申请撤回要求将混凝土真空饱水机计算机芯片的目标程序作为技术秘密的主张。

原告为证明其观点，提交证据如下：

1. 关于经营秘密（客户名单）

（1）原告仪器公司与京狮公司2007年1月签订的《印制板承揽加工合同》和发货明细单，证明原告委托京狮公司按照其设计的印制线路板图加工真空饱水机所需的线路板，被告生产的真空饱水机产品里的印制线路板和原告产品的线路板均标有R0701240标识，证明被告也委托京狮公司加工生产该线路板。

（2）支出凭单、发票，证明被告杨某某在原告科贸公司处工作期间作为经办人从中泰公司、高志公司、中科公司、安昌兴达公司、罗素公司分别购买了7310板卡（该板卡是原告比较后选择的与原告产品最相容的配件）、真空泵、VJA机箱、PER夹具、含量电极。被告生产的氯离子含量测定仪中使用了7310板卡，7310板卡是中泰公司自行命名的型号，由此可推断上述板卡系被告从中泰公司处购买。对于被告从其余公司处购买相关产品的主张，原告未能举证。

（3）原告科贸公司与锡建公司签订的设备购销合同、销售发票、产品销售出库单、产品质保单、（2009）青市中证民字第001781号公证书、（2009）青市中证民字第 001782 号公证书。上述单据、凭证系用以证明原告曾将混凝土渗透性电测仪和混凝土真空饱水设备各一台出售给该公司,上述设备的最终用户是中铁大桥局,该笔业务负责人为被告楼某某。两份公证书系用于证明某某公司将 2007 年 6 月 20 日生产的混凝土渗透性电测仪通过锡建公司出售给中铁大桥局。

(4)圆通速递详情单、(2009)京求是内民证字第 2172 号、(2009)京求是内民证字第 2173 号公证书及原告自行从客户处拍摄的现场照片。证明 2006 年时原告曾与浙江建科院有业务上的接触,该院同意向原告购买混凝土电通量测定仪和混凝土真空饱水机各一台,但购买经费审批程序需要半年以上时间。一年后该研究院没有向原告购买,而是向被告楼某某购买了这两台机器,两台机器显示生产厂家系被告某某公司。

(5)原告与路建公司之间的设备购销合同、产品销售出库单、产品质保单。证明 2006 年 7 月路建公司向原告仪器公司购买氯离子含量快速测定仪一套,该产品的最终用户为江苏交规院。被告某某公司于 2007 年 12 月向南京路建公司出售了混凝土电通量测定仪和混凝土氯离子扩散系数测定仪各一套。

(6)原告仪器公司与东南大学的购销合同、销售发票、中铁物流有限公司的委托书。证明 2006 年 11 月 28 日,东南大学向原告仪器公司购买了混凝土渗透性电测仪和真空饱水饱盐设备(混凝土真空饱水机)各一台。但原告无法提供东南大学与被告之间存在业务往来的证据。

(7)原告仪器公司与三和公司签订的设备销售合同和销售发票各 3 份。证明双方之间存在持续的业务关系,即 2006 年 6 月至同年 11 月,原告仪器公司 3 次分别向该公司出售混凝土渗透性电测仪、真空饱水饱盐设备(混凝土真空饱水机)、砼快速冻融循环机、混凝土动弹模量测定仪、混凝土渗透性电测仪各一台。上述 3 笔业务均由被告楼某某负责签订。

2. 关于技术秘密

(1)2008 年 11 月 12 日,上海市闵行公证处公证员仇某昀和工作人员章某新与原告仪器公司委托代理人高某成共同来到被告某某公司处,由高某成向该公司购买 SDL-6 电通量测定仪和 CL-U 氯离子含量测定仪各一台,并取得发票(其中 SDL-6 电通量测定仪价格为 6000 元、CL-U 氯离子含量测定仪价格为 14,000 元)、名片各一张及名为"混凝土结构耐久性试验与检测设备成套方案书"一本。因售货方称所购之两台仪器中的一台仪器尚未到货,故高某成只提到一台仪器及配件。高某成将提到的混凝土电通量测定仪及配件运回公证处后,公证员和工作人员对该仪器进行拍照后予以封存,并出具了(2008)沪闵证经字第 3658 号公证书。

(2)2009年7月14日,山东省青岛市市中公证处公证员肖某季与公证处工作人员段某及原告仪器公司的委托代理人张某至中铁大桥局青岛海湾大桥第十一合同项目部,在项目部工作人员夏某良的引领下,进入标有"耐久室"字样的房间,取出标有"混凝土智能真空饱水机"字样的设备后进行拍照、装箱和封存,公证处对上述公证过程出具了(2009)青市中证民字第005070号公证书。

原告申请对以下内容进行鉴定:

(1)混凝土真空饱水机计算机芯片的目标程序是否相同或实质相同;

(2)混凝土电通量测定仪的预测方法是否相同或实质相同;

(3)混凝土氯离子含量快速测定仪的电势及浓度线性关系的生成方法是否相同或实质相同。

原告主张上述3项技术均系机器的核心技术。

针对原告的鉴定申请,被告认为:

被告确认混凝土真空饱水机计算机芯片的目标程序是该机器的核心技术,认为原、被告生产的混凝土电通量测定仪的预测方法和混凝土氯离子含量快速测定仪的电势及浓度线性关系的生成方法均已公开,故申请对上述两种方法是否不为公众所知悉进行鉴定。

法院依法进行司法鉴定的过程及结果:

法院依法委托上海市知识产权司法鉴定中心对上述申请进行鉴定,鉴定中心在拆封了由山东省青岛市市中公证处、上海市闵行公证处分别封存的被告某某公司生产的混凝土智能真空饱水机、混凝土电通量测定仪、混凝土氯离子含量快速测定仪及原告提供的相关产品、资料和被告提供的相关资料后,组成鉴定组进行了鉴定,经鉴定,鉴定中心认为:

(1)被告某某公司与原告科贸公司、原告仪器公司的混凝土真空饱水机计算机芯片的目标程序实质相同。

(2)原告科贸公司、原告仪器公司主张的混凝土电通量测定仪的预测方法属于不为公众所知悉的技术信息。被告某某公司与原告科贸公司、原告仪器公司主张的混凝土电通量测定仪的预测方法相同。

(3)原告科贸公司、原告仪器公司主张的混凝土氯离子含量快速测定仪的电势及浓度线性关系的生成方法属于不为公众所知悉的技术信息。被告某某公司与原告科贸公司、原告仪器公司主张的混凝土氯离子含量快速测定仪的电势及浓度线性关系的生成方法相同。

原告针对以下事实申请证据保全,并由相关部门出具公证书:

2007年11月14日、2009年5月7日,原告仪器公司的委托代理人张某分别向北京市求是公证处申请对被告某某公司的网站(www.cntorrent.com)办理证据保全公证,两次公证的内容显示上述网站的产品介绍中均有关于混凝土真空饱水机、混凝土氯离子含量快速测定仪、混凝土电通量测定仪等产品的介绍。对上述公证过程,北京市求是公证处分别出具了(2007)京海民证字第5086号公证书、(2009)京求是内民证字第1455号公证书。

三被告均辩称:

两原告主张的技术信息和经营信息非商业秘密,上述信息完全可以从公开渠道获得,被告楼某某、被告杨某某也未披露原告主张的上述信息,故不构成侵权。

对于原告主张的公司管理制度,被告楼某某、被告杨某某并不知晓。

针对经营秘密(客户名单),被告发表质证意见并提交证据如下:

(1)被告否认曾委托京狮公司加工线路板,提供了其与旭滔公司签订的《电路板供货合同》复印件,证明其产品的线路板系委托该公司加工。

(2)被告确认其生产的氯离子含量测定仪中使用的7310板卡系从中泰公司处购买,但被告表示其系通过百度搜索,搜索结果第1项就是中泰公司,进入该公司网站,有详细的产品、型号、功能介绍,被告因此向该公司购买了7310板卡。经当庭演示,进入INTER网后,在百度中键入"数据采集卡"进行搜索,出现的搜索结果第1页第1项显示"北京中泰研创 数据采集卡"及相关内容介绍,点击进入,显示北京中泰研创公司网站主页。

(3)被告表示系锡建公司通过互联网搜索到被告公司信息后主动与被告联系洽谈购买事宜的,被告并未向该公司推销过任何产品。对上述抗辩意见,被告出具了锡建公司的证明。

(4)被告确认其向浙江建科院出售了上述两台机器,但认为原告与浙江建科院之间并无业务往来。

(5)被告确认向路建公司出售上述产品,提供了该公司证明,证明系路建公司自行联系被告某某公司,向其购买相关产品。

(6)被告表示,其未向东南大学销售过原告所主张的产品,其曾于2008年1月向东南大学出售混凝土氯离子扩散系数测定仪(简称RCM)一台。被告提供了其于2008年1月与东南大学签订的设备销售合同,以证明上述抗辩意见。

(7)被告表示其确曾向三和公司出售过产品,但非原告所主张的产品。被告提供了其与三和公司于2007年12月签订的设备销售合同,证明其向三和公司出售的系混凝土 RCM 测定仪。

针对被告的上述证据及观点,原告认为:

(1)原告对被告与旭滔公司之间的《电路板供货合同》的真实性不予确认,但未能提供被告委托京狮公司加工线路板的证据;

(2)原告对锡建公司的证明真实性无异议,对证明的内容不予确认,但未能提供证据;

(3)原告对路建公司的证明所陈述的购买过程不予确认,但未能提供证据予以反驳;

(4)原告对被告于2008年1月与东南大学签订的设备销售合同无异议,认为该合同能够证明被告实施了侵权行为,因原告公司也销售混凝土氯离子扩散系数测定仪;

(5)原告对被告与三和公司于2007年12月签订的设备销售合同予以确认,认为该合同能够证明被告实施了侵权行为,因原告公司也销售混凝土 RCM 测定仪。

律师观点:

经营者违反约定或者违反权利人有关保守商业秘密的要求,披露、使用或者允许他人使用其所掌握的商业秘密以及第三人明知上述行为违法仍获取、使用或者披露他人的商业秘密的行为均为侵犯商业秘密的行为。本案原告主张三被告实施了侵犯商业秘密的行为,故争议焦点在于原告主张的经营信息和技术信息是否属于原告的商业秘密;三被告的侵权行为是否成立。

1. 两原告诉权问题

两原告于2006年7月签订的《合作生产销售协议》约定,对于原告仪器公司正在研究开发的混凝土电通量测定仪、氯离子扩散系数测定仪、氯离子含量快速测定仪、混凝土真空饱水机等检测混凝土耐久性设备系列产品,原告科贸公司的研发人员合并至仪器公司,两公司研发人员共同开展工作,产品的销售也由两公司的销售人员共同开展,两公司的客户资源重新整合。对于产品的技术,两公司享有共同的权利,若发生侵权事宜,两公司均有权提起诉讼。因此,就上述产品而产生的技术信息和经营信息的侵权行为,两原告有权共同提起诉讼。

2. 两原告对其主张的技术信息和经营信息是否采取了保密措施

商业秘密,是指不为公众所知悉、能为权利人带来经济利益、具有实用性并经权利人采取保密措施的技术信息和经营信息。

在原告科贸公司与被告楼某某、被告杨某某签订的《劳动合同》中,约定了泄露公司产品研发及技术机密和泄露公司非技术性机密者需承担的违约责任。

原告科贸公司颁布的《企业管理制度》中明确规定对于公司产品研发及生产事项和客户及其网络的有关资料等机密内容,公司所有职员都有保守公司秘密的义务和责任。

被告楼某某、被告杨某某虽否认公司曾组织其学习上述《企业管理制度》,但确认该管理制度系2005年起实施,当时仅组织新员工学习。

在该管理制度颁布实施时,被告楼某某、被告杨某某尚在原告科贸公司处工作,即便公司仅组织新员工学习,两人作为销售部经理和生产部经理,对于本部门新人的学习资料,两人不可能不知晓。况且对于企业而言,一个新的规章制度实行之初,其不可能仅组织新员工学习,而免除其他员工的学习义务。否则,颁布规章制度用于规范全体职工行为规范的目的就不能实现,此有违企业人事管理制度。故对于被告楼某某、杨某某不知晓该管理制度的主张应不予采信。

现《企业管理制度》明确了企业职工的保密责任和保密范围,原告科贸公司与被告楼某某、被告杨某某签订的《劳动合同》中也约定了泄露公司产品研发及技术机密等行为应承担的违约责任。上述证据足以证明两原告对其主张的技术信息和经营信息采取了保密措施,该技术信息和经营信息显然能为两原告带来经济利益,应作为两原告的商业秘密予以保护。

3. 三被告是否实施了侵犯经营秘密的行为

商业秘密中的客户名单,一般是指客户的名称、地址、联系方式以及交易的习惯、意向、内容等构成的区别于相关公知信息的特殊客户信息,包括汇集众多客户的客户名册,以及保持长期稳定交易关系的特定客户。客户基于对职工个人的信赖而与职工所在单位进行市场交易,该职工离职后,能够证明客户自愿选择与自己或者其新单位进行市场交易的,应当认定没有采用不正当手段,但职工与原单位另有约定的除外。

本案中原告需对以下事实承担举证责任:

(1)其主张的公司属于商业秘密中的客户名单范畴;

(2)被告楼某某、被告杨某某在职期间接触了客户名单;

(3)三被告在经营中使用了客户名单。

因被告楼某某、被告杨某某与原告科贸公司之间的劳动合同并无特别约定,故即便原告完成了上述举证责任,只要被告楼某某、被告杨某某能够提供证据证明系客户自愿选择与自己或其新单位进行市场交易的,应当认定没有采用不正当手段。

原告主张的客户名单中,原告对于被告与京狮公司、高志公司、中科公司、安昌兴达公司、罗素公司之间存在业务往来的主张未能提供证据,法院对于原告的该项主张不应予以采信。

被告确认其确与锡建公司、路建公司之间存在销售涉案产品的行为,但认为系上述公司主动与被告某某公司联系购买。被告提供了上述公司的证明。原告对上述证明的真实性无异议,对证明中的内容予以否认,但未能举证,法院应采纳被告的意见。

被告某某公司与锡建公司、路建公司之间的业务往来系客户的自愿选择,不能认定三被告采用了不正当手段。对于浙江建科院,原告并无证据证明其与该单位存在正式的业务往来,故不能作为原告的客户名单保护。对于中泰公司、东南大学和三和公司,"保持长期稳定交易关系"系将客户作为商业秘密中的客户名单保护的主要举证责任,但原告在上述三公司与原告业务往来的举证中,对中泰公司和东南大学仅提供了一笔业务,原告与三和公司之间虽存在三笔业务,但间隔时间较短,业务量不大,不能认定原告与上述三公司之间存在长期稳定交易关系,故无法将上述公司作为原告的客户名单予以保护。

因此,对于原告认为被告实施了侵犯经营秘密的主张,原告或不能证明被告与相关客户存在业务往来,或未能举证证明其与客户之间存在长期稳定交易关系,并且被告也提供了部分客户证明证明系出于客户的自主选择而与其存在业务关系,故对于原告认为被告实施了侵犯经营秘密的主张,法院不应予以支持。

4. 三被告是否实施了侵犯技术秘密的行为

(1)就原告主张的技术秘密,上海市知识产权司法鉴定中心出具的司法鉴定意见书中明确规定,两原告与被告某某公司的混凝土真空饱水机计算机芯片的目标程序实质相同;

(2)两原告主张的混凝土电通量测定仪的预测方法属于不为公众所知悉的技术信息,被告某某公司与两原告主张的混凝土电通量测定仪的预测方法相同;

(3)两原告主张的混凝土氯离子含量快速测定仪的电势及浓度线性关系的生成方法属于不为公众所知悉的技术信息,被告某某公司与两原告主张的混凝土氯离子含量快速测定仪的电势及浓度线性关系的生成方法相同。

被告虽然对上述鉴定报告提出异议,但未能提供证据,法院不应予以采纳,对上述鉴定意见书的鉴定结论法院应予以确认。

现原告申请撤回要求将混凝土真空饱水机计算机芯片的目标程序作为技术秘密的主张,系当事人对自己民事权利的自主处分,法院应予以准许。

就原告认为被告在其生产的混凝土电通量测定仪、混凝土氯离子含量快速测定仪中使用了原告技术秘密的主张，现鉴定机构出具的鉴定报告能够证明原告主张的混凝土电通量测定仪的预测方法和混凝土氯离子含量快速测定仪的电势及浓度线性关系的生成方法属于不为公众所知悉的技术信息，为原告的技术秘密，现被告某某公司在生产的产品上使用了原告的上述技术秘密。

被告杨某某在原告科贸公司工作期间担任生产部经理一职，对原告主张的技术秘密，被告杨某某完全有条件掌握。其离职后，违反与原告科贸公司之间签订的保密协议，将相关技术秘密提供给被告某某公司使用，为被告某某公司实施侵权行为创造了条件。

就侵犯原告技术秘密的行为，被告杨某某理应与被告某某公司共同承担责任，因此造成原告损害的，应承担连带赔偿责任。

关于被告楼某某，其在原告科贸公司就职期间担任销售部经理一职，原告虽然主张销售部也掌握相关技术秘密，但表示告知销售部人员技术秘密的意图是为了让其更好地了解机器，在销售过程中也不需要运用相关技术秘密，也不能将技术秘密透露给客户。

从被告楼某某在原告科贸公司处所任职务的性质分析，其从事的系产品销售工作，在销售过程中其并不需要运用上述技术秘密，原告科贸公司没有必要将产品生产过程中的技术秘密告知销售人员，这样也不利于公司技术秘密保密工作的执行，故原告认为被告楼某某知悉技术秘密的主张，不符合常理，也与企业的运营模式相悖，法院不应予以采信。因并无证据证明被告楼某某知晓原告主张的技术秘密，对被告某某公司使用原告技术秘密的行为，被告楼某某无须承担相应的责任。

5. 被告某某公司、被告杨某某应承担的赔偿金额

原告对上述两被告的侵权行为造成原告的损失和两被告的获利情况未能举证，被告某某公司、被告杨某某应承担的赔偿金额应由法院根据被告某某公司的经营期间、经营规模、被告某某公司和杨某某的主观过错等因素予以酌定。

原告主张的合理费用中，其中公证费8000元、交通费6391.97元、住宿费1975元、彩扩费84元，共计16,450.97元系原告用于对被告某某公司生产的混凝土智能真空饱水机的取证费用，现原告在本案中不再主张将混凝土真空饱水机计算机芯片的目标程序作为技术秘密来保护，则相关取证费用不应在本案中主张。

扣除上述费用后，其中(2009)京求是内民证字第2172号、(2009)京求是内民证字第2173号公证书系原告用于主张浙江建科院作为原告客户名单保护的证

据,因法院对原告的上述主张应不予支持,故相关公证费不应由被告承担。

原告主张的其余公证费、购买侵权产品费用、交通费、住宿费属本案合理费用范畴,应由被告某某公司和被告杨某某承担。

原告主张的律师费和委托律师查档的费用过高,可由法院根据相关律师收费办法和原告律师的工作量予以酌定。

法院判决:

1. 被告某某公司、被告杨某某于本判决生效之日立即停止侵犯原告科贸公司、仪器公司的技术秘密至该技术秘密已为公众知悉时为止;

2. 被告某某公司、被告杨某某于本判决生效之日起10日内连带赔偿原告科贸公司、仪器公司损失10万元人民币、合理费用63,000元人民币;

3. 驳回原告科贸公司、原告仪器公司的其余诉讼请求。

936. 侵犯商业秘密的表现形式有哪些?

以下行为被认为侵犯了权利人的商业秘密:

(1)以盗窃、贿赂、欺诈、胁迫、电子侵入或者其他不正当手段获取权利人的商业秘密;

(2)披露、使用或者允许他人使用以前项手段获取的权利人的商业秘密;

(3)违反保密义务或者违反权利人有关保守商业秘密的要求,披露、使用或者允许他人使用其所掌握的权利人的商业秘密;

(4)教唆、引诱、帮助他人违反保密义务或者违反权利人有关保守商业秘密的要求,获取、披露、使用或者允许他人使用权利人的商业秘密;

(5)经营者以外的其他自然人、法人和非法人组织实施前述行为的,视为侵犯商业秘密;

(6)第三人明知或者应知商业秘密权利人的员工、前员工或者其他单位、个人实施前款所列违法行为,获取、使用或者披露他人的商业秘密,视为侵犯商业秘密。

937. 实践中公司应如何注意保护商业秘密?

实践中,保护公司商业秘密的措施如下。

(1)建立公司的保密制度

①对信息进行分级,确保信息权限与各级业务部门负责人进行密切匹配;

②对信息进行分类,确保从产品设计图纸、产品配方、制作工艺及流程,到客户资料、货源情况、产销策略、定价方案、招投标标书、财会报表等各方面信息都有

负责人把关；

③对信息的储存、提取采取相应的保护措施，包括物理措施、技术措施。

(2) 与员工签订保密合同和竞业限制

同涉及企业保密范围的员工签订保密合同，约定员工离开企业后的竞业限制补偿费，以及员工不遵守竞业限制所应承担的责任和补偿费。

与此同时，与员工保持和谐的雇佣关系。不可忽视员工对于公司的不满，更不可忽视员工对公司的集体诉求，维持和谐的劳资关系，建立员工对企业的忠诚度，才是保护商业秘密最根本的举措。

(3) 加强商业秘密保护培训

企业还要向本单位的干部、职工进行保密教育，提高保密观念，增强保密意识，知悉保密制度和厂规厂法，使其为自觉地保守本单位的商业秘密尽义务，自觉地履行竞业限制义务。

(4) 技术转让中的保密

企业可以进行技术转让，但必须约定对方应承担保密义务。

(5) 适时申请专利

企业可以权衡利弊，把商业秘密的技术秘密申请专利，用《专利法》予以保护起来。

(6) 规范公司财务，有效主张损害赔偿

当公司被侵犯商业秘密时，会遭受巨大的经济损失，但很多企业由于无法提供证据证明其遭受的损失数额，无法主张赔偿从而给企业的生存和发展带来了严重的困难，甚至可能导致企业倒闭。根据相关法律法规的规定，商业秘密的损失可以有以下三种计算方式：

①以侵权人获得的利益计算；

②以权利人遭受的经济损失计算；

③以市场公允价值来计算。

而这三种方式中，只有第②种是权利人可控的，而且也容易举出证据。因此，要规范财务，将与该商业秘密有关的财务信息单独核算，如开发费用、营业收入、利润等情况，当遭受侵权时可以有效地提供证据证明自己的损失。

同时，如果损失计算准确，还可以依法追究侵权人的刑事责任（立案标准是给权利人造成损失超过 50 万元），这样会给侵权人带来更严厉的处罚，从而有效保护企业的商业秘密。

八、其他损害公司利益责任的裁判标准

938. 公司对外进行投资应当经过怎样的决策程序？公司董事会或总经理是否有权决定？

公司对外进行投资，根据投资金额的大小、项目的规模以及公司章程的规定，应当经董事会、股东（大）会决议或总经理决定。实践中，公司应对不同项目规模的决策机构在章程中进行明确约定。

如果董事、高级管理人员未经公司决策程序，擅自将公司资金对外进行投资并给公司造成损失，或者私自收取收益的，公司或股东可以对其提起损害公司利益责任纠纷之诉。

【案例392】擅自对外投资 赔偿公司损失850万元①

原告：同创公司

被告：民丰公司、吕某林、商某龙

第三人：德丰公司、开发公司

诉讼请求：被告民丰公司、吕某林、商某龙赔偿第三人德丰公司损失9,880,688.81元、应得利益损失4,641,624元，合计14,522,312.81元。

争议焦点：

1. 针对《公司法》2005年修订前发生的董事损害公司利益的行为，本案原告是否有权提起股东代表诉讼；

2. 三被告未经股东会、董事会决议擅自投资项目是否属于滥用股东权利，项目投资得到政府审批即投资项目的合法性能否免除三被告在公司内部应当承担的责任；

3. 原告及其董事未在合理期限内对三被告投资项目提出异议，是否认定为原告对第三人德丰公司的损失存在过失；

4. 第三人德丰公司的损失除审计报告确认的项目亏损外，是否还包括第三人德丰公司的应得利益。

基本案情：

2002年3月18日，原告、被告民丰公司及第三人开发公司3方共同出资成立第三人德丰公司，注册资本2000万元，其中被告民丰公司出资980万元占总股本

---

① 参见浙江省嘉兴市中级人民法院（2008）嘉民二初字第67号民事判决书。

的49%,原告出资600万元占总股本的30%,第三人开发公司出资420万元占总股本的21%。公司成立后,通过了股东会决议,制定了公司章程,选举了被告吕某林、被告商某龙等组成董事会,被告吕某林担任董事长,陈某群担任监事,被告商某龙为总经理。

2003年8月,三被告在未召开股东会、董事会的情况下,上报总投资近2亿元的热电项目,通过第三人德丰公司进行运作,并对外支付了1916.2万元电厂设备定金。与此同时,与之配套的给水、码头、道路也进入前期建设阶段。

2005年12月,被告民丰公司支付了300万元电厂土地定金。2006年8月,因被告民丰公司未按规定付清土地款,土地管理部门通知被告民丰公司退回土地定金,并取消了热电项目用地指标,该热电项目停止。此外,三被告还决定开工一号原料仓库及热敏纸项目。

2006年11月24日,被告民丰公司书面通知原告,被告吕某林、被告商某龙不再担任第三人德丰公司董事,委派盛某、沈某荣担任第三人德丰公司董事。

2006年12月18日,应被告民丰公司要求,第三人德丰公司召开股东会,议程为选举新董事、通报经营状况、讨论解决对策及对公司进行清算注销等事宜,最终因意见不一致未形成决议。后经委托浙江东方会计师事务所有限公司嘉兴分所进行专项审计,该所出具的专项审计报告显示,第三人德丰公司至2008年4月30日亏损额为9,880,688.81元。

2008年8月19日,原告以第三人德丰公司损失系三被告违反《公司法》及公司章程规定所造成为由,向第三人德丰公司公司监事陈某群发出律师函,要求其对被告民丰公司及其委派的董事、高级管理人员提起赔偿之诉,但陈某群收到请求后未提起诉讼。

原告诉称:

被告民丰公司违反《公司法》及公司章程规定,滥用股东权利,擅自决定第三人德丰公司投资热电项目及一号原料仓库、热敏纸等项目,而这些项目与第三人德丰公司经营无任何关联,完全是被告民丰公司生产所需的配套设施。被告吕某林、商某龙亦违反《公司法》及公司章程规定,擅自决定的上述重大经营事项与第三人德丰公司无关,同时在决定公司经营及投资计划等重大事项中,未召开股东会及董事会。三被告的行为给第三人德丰公司及其他股东利益造成重大损失,故应承担赔偿责任。

原告为证明其观点,提交证据如下:

1. 被告民丰公司基本情况表、被告吕某林身份情况证明、被告商某龙身份情况证明,证明三被告主体及身份情况。

2. 第三人德丰公司营业执照、基本情况表、章程、验资报告、出资凭证、董事经理监事会成员表、总经理聘任书,证明第三人德丰公司各股东的出资及高管人员的情况。

3. 2002年3月12日股东会决议及董事会决议、2003年11月6日股东会决议及章程修正案、2003年11月27日股东会决议及章程修正案、2006年11月24日调整董事通知、2006年12月18日董事会议程表、2006年12月18日拟通过的股东会决议及清算公告,证明三被告未按《公司法》、公司章程的规定就重大经营事项召开过股东会或董事会。

4. 第三人德丰公司截至2006年11月30日资产状况、2008年5月7日第三人德丰公司专项审计报告、省经贸委浙经贸能源〔2004〕636号文件、省国土厅浙土资预〔2005〕2304号文件,证明第三人德丰公司亏损状况及造成亏损的原因在于三被告。热电联产项目无论从其实施用途和投资规模,都跟第三人德丰公司没有关联性,第三人德丰公司的全部注册资金只有2000万元,即使该项目属于第三人德丰公司的经营内容,但对此种达到注册资金近10倍的重大投资,必须得到股东会、董事会的同意。

5. 原告发给被告民丰公司的律师函、被告民丰公司律师回函、原告发给第三人德丰公司监事陈某群的律师函及交寄凭证、原告发给被告民丰公司的律师函及交寄凭证,证明原告主张权利的情况。

被告均辩称:

1. 2005年修订后的《公司法》不具有溯及既往的效力,在《公司法》修订前发生的民事行为或事件,应当适用当时的法律法规及司法解释,但当时的法律法规、司法解释并没有规定股东代表诉讼,故原告的起诉于法无据。

2. 三被告不存在滥用股东权利侵害第三人德丰公司利益的行为。第三人德丰公司的投资决策已经过政府相关部门的批复,并没有违反法律法规和公司章程的规定,也没有超出公司的经营范围;第三人德丰公司章程对决策程序没有明确规定,属于公司内部制度不完善,但其投资热电项目及一号原料仓库、热敏纸等决策符合公司设立时的宗旨;第三人德丰公司的其他股东也负有必须的注意义务,对公司的决议情况应当知晓,但原告怠于行使自己的权利,并未作出明确的反对决定。

3. 被告吕某林、商某龙作为第三人德丰公司的董事、高管在进行投资经营判断时为善意且无过失。第三人德丰公司的亏损是受政府宏观调控的影响,纯属商业风险,董事、高管所作出的决定,出发点是为了第三人德丰公司的利益,经营判断失误在公司经营过程中无法避免,要求董事、高管承担责任是不公平的。

被告对原告所提供的证据发表质证意见如下:

1. 2006年12月18日拟通过的股东会决议及清算公告,上面没有盖章,对其真实性不予认可,且不能证明原告的主张,原告认为第三人德丰公司没有就重大经营事项召开股东会、董事会,应当承担举证责任;对其余证据的真实性没有异议,但不能证明原告的主张。

2. 第三人德丰公司截至2006年11月30日资产状况、2008年5月7日第三人德丰公司专项审计报告,对其真实性没有异议,但只能证明公司的亏损状况,不能证明公司的亏损原因;省经贸委浙经贸能源〔2004〕636号文件、省国土厅浙土资预〔2005〕2304号文件,系复印件,对其真实性不予认可。

3. 邮件详情单,只是注明了名称,但所寄内容不清楚;被告民丰公司律师回函,对其真实性予以认可,但关联性不予认可,被告民丰公司仅就清算的后续问题进行商议,没有提到前期责任划分问题。

被告为证明其观点,提交证据如下:

1. 市经贸委及秀城区政府嘉经贸投资〔2002〕382号文件、市经贸委嘉经贸能源〔2003〕294号文件、省经贸委浙经贸能源〔2003〕1214号文件,证明德丰科技工业园开发有限公司是民丰高科技工业园的项目运作公司,对工业园区的热电、热敏纸等工业项目进行开发,并享受政府相关优惠政策。

2. 收寄挂号函件登记清单,证明第三人德丰公司每年都将经营状况报告送达给股东,履行了勤勉尽责的通知义务。

3. 2008年临时股东会会议记录,证明第三人德丰公司全体股东同意聘请会计师事务所对公司进行审计。

针对被告的上述证据,原告认为:

1. 对证据1的真实性没有异议,但无法证明三被告的主张。文件是给德丰工业园一个初步规划的批复,并不能说明在重大经营方面的立项可以不通过股东会、董事会。第三人德丰公司根本没有该经营项目,其实是被告民丰公司的经营项目,无法证明与第三人德丰公司有关。

2. 对证据2的真实性不予认可,所寄内容不清楚。

3. 对证据3,如有原件,予以认可。

第三人开发公司述称:

1. 向政府相关部门报批项目都是以被告民丰公司而不是第三人德丰公司的名义,第三人德丰公司的损失完全是由作出决策的三被告造成,应由三被告承担相应的责任；

2. 即使政府相关部门许可立项，也必须召开董事会或股东会形成决议，而第三人德丰公司的实际经营人擅自决定重大投资项目，应承担由此造成的损失。同意原告的诉讼请求以及相关的事实与理由。

第三人开发公司为证明其观点，提交证据如下：

1. 工商登记材料，证明其主体变更情况；
2. 原告及三被告对第三人开发公司提供的证据没有异议。

第三人德丰公司未进行陈述或答辩。

律师观点：

1. 原告诉讼主体适格。

本案为股东代表诉讼，《公司法》修订前的法律法规和司法解释对此没有明确规定，根据《公司法司法解释（一）》第2条的规定，本案可参照适用《公司法》的有关规定。原告认为第三人德丰公司出现的巨额亏损系由被告民丰公司及其委派的董事、高级管理人员违反《公司法》及公司章程造成，故向第三人德丰公司监事陈某群发函要求其提起赔偿之诉，在陈某群收到请求之日起30日内未提起诉讼的情况下，根据修订后《公司法》（2005年修订）第152条的规定，原告有权以自己的名义直接提起诉讼。

2. 三被告滥用股东权利，违反公司章程擅自作出决策，应对第三人德丰公司因此造成的损失承担赔偿责任。

公司在经营过程中决策失误在所难免，根据风险和收益对等原则，其后果一般也应当由公司而不是由决策者承担，但前提是决策者在履行职责时未违反法律、行政法规和公司章程的规定。但第三人德丰公司章程规定，股东会决定公司的经营方针和投资计划，董事会执行股东会的决议，决定公司的经营计划和投资方案，《公司法》（2005年修订）第37条第1款第1项和第46条第2项、3项也有同样的规定。

三被告作为第三人德丰公司的控股股东、董事及高级管理人员，利用其对公司的实际控制地位，在未召开股东会、董事会的情况下，擅自决定总投资达注册资本近10倍的热电及其配套项目、一号原料仓库及热敏纸项目，显然未尽到勤勉、谨慎的义务。虽然第三人德丰公司的投资决策已报政府相关部门批准，但该投资决策本身应当按照《公司法》及公司章程的规定经股东会、董事会决议，投资项目的合法性并不能免除决策者在公司内部应当承担的责任，至于三被告是否存在损害公司及其他股东利益的主观恶意，并不影响其滥用股东权利的认定。故三被告应对第三人德丰公司的损失承担赔偿责任。

3. 原告作为第三人德丰公司的股东,与其委派的董事也未尽到勤勉、注意义务,存在一定的过失,应当相应减轻三被告所应承担的责任。

第三人德丰公司的章程规定,股东有权查阅有关会议记录和公司财务会计报告;股东会会议一年召开一次,当公司出现重大问题时,代表1/4以上表决权的股东,可提议召开临时会议。《公司法》(2005年修订)第33条第1款、第39条也有类似规定。原告在第三人德丰公司成立时委派了董事,也参加过股东会、董事会,其作为股东应当主动了解第三人德丰公司的经营状况,对经营事项的合理性进行审查。第三人德丰公司从2002年起即开始对热电项目进行投资,配套项目进入前期建设阶段,原告对此情况应当是明知的,但其在此后数年时间里从未对第三人德丰公司的经营活动提出质疑,也未要求召开临时股东会,采取了消极放任的态度,对第三人德丰公司造成巨额亏损也存在一定过失,可以相应减轻三被告的赔偿责任。

4. 关于赔偿金额的确定。

浙江东方会计师事务所有限公司嘉兴分所出具的专项审计报告结果显示,至2008年4月30日第三人德丰公司亏损达9,880,688.81元。其中除116,409.71元系日常经营亏损外,其余均是与热电及其配套项目、一号原料仓库及热敏纸项目相关的亏损,三被告对此应承担赔偿责任。同时,鉴于原告存在一定的过失,故可以适当减轻三被告的责任,由法院酌情确定三被告对第三人德丰公司的赔偿金额。至于原告要求三被告赔偿第三人德丰公司应得利益损失,缺乏法律依据,无法得到法院支持。

法院判决:

1. 被告民丰公司、吕某林、商某龙赔偿第三人德丰公司损失850万元;
2. 驳回原告的其余诉讼请求。

939. 擅自以公司资产对外投资所形成的股权是否属于法律规定的应归公司所有的收入?

不属于。

根据规定,应归公司所有的收入,是指董事、高级管理人员自营或者为他人经营与其任职公司同类的业务或者从事损害本公司利益的活动所得的"收入"。而通过擅自将公司资产投入到其他公司形成股东权利的,并不代表已经获得了收入,且该股权本身也不属于收入性质,因此,公司不能行使归入权。

940. 如果公司董事、高级管理人员拒不履行公司决议,应当承担何种责任?

公司决议,除非已经人民法院判决撤销、无效,或由公司决议撤销,否则即为公司内部的"最高命令",公司董事、高级管理人员皆应当依照忠实义务执行。

如果公司董事、高级管理人员拒不执行公司决议,则公司可以向其主张损害赔偿责任。

【案例393】拒不执行董事会决议 损害公司利益赔偿60万元[①]

原告: 艺苑公司

被告: 薛某

诉讼请求: 被告赔偿原告损失50.35万元。

争议焦点:

1. 原告是否有权直接以被告行为侵害原告合法权益为由提起诉讼;

2. 被告拒不执行原告董事会决议,其行为是中方代表的职务行为还是不履行原告高管义务的行为;

3. 被告未按董事会的指示将相关文件送交交行北京分行,后又致函原告董事长邓某强不参与董事会会议,其行为与原告损失之间是否存在因果关系。

基本案情:

原告由艺苑服务中心(中方)与安业公司(港方)出资成立。

原告合资经营企业章程约定:合资企业实行董事会领导下的总经理负责制,董事会是合资企业的最高权力机构;总经理直接对董事会负责,执行董事会的各项决定,组织领导合资企业的日常经营管理工作;董事会由7名董事组成,其中中方委派3名董事、港方委派4名董事,董事长由港方委派的董事担任,副董事长2名,分别由中方和港方委派,董事会聘任中方董事担任公司总经理;董事会会议由董事长召集并主持,出席董事会会议的法定人数为全体董事的2/3,不够2/3人数时,其通过的决议无效。

2005年3月8日,原告形成董事会决议,聘任被告为董事兼任原告总经理。

2005年7月29日,交行北京分行与原告签订编号为02510346借款合同,合同约定,交行北京分行向原告发放贷款4000万元,贷款期限自2005年8月3日至2006年8月3日。年利率5.58%;逾期贷款的罚息利率按合同约定利率上浮30%;原告未按时足额偿还贷款本金、支付利息,交行北京分行按逾期贷款的罚息

[①] 参见北京市第二中级人民法院(2008)二中民终字第03331号民事判决书。

利率计收利息，并对应付未付利息计收复利；原告有到期应付的贷款本金、利息、罚息、复利或其他费用时，授权交行北京分行扣划原告在交通银行开立的任一账户中的资金用于清偿。

2006年7月28日，原告的全体董事（包括被告）一致同意通过并形成董事会决议，决议内容如下，致：交行北京分行，鉴于原告在该行的编号为02510346《借款合同》项下4000万元贷款将于2006年8月3日到期，因临时资金周转困难无法按期归还，原告拟向该行申请4000万元人民币贷款用于归还编号为02510346《借款合同》项下所欠贵行贷款，贷款期限为一年；上述贷款以原告自有房产北京国际艺苑皇冠假日饭店为申请贷款提供抵押担保；（1）向交行出具承诺函；（2）董事会授权公司法定代表人邓某强代表公司在《借款合同》和《抵押合同》及其他相关法律文件上签字，由此产生的全部经济和法律责任由原告公司承担。包括被告在内的原告的7名董事在该董事会决议上签字，之后原告的法定代表人邓某强代表公司在《借款合同》和《抵押合同》等法律文件上签字。

同日，原告亦拟定了向交行北京分行出具的不可撤销承诺函，该函所承诺的内容与董事会决议上承诺的内容一致。

2006年7月30日，被告认为，原告董事会决议存在与原告中方股东利益冲突的问题，遂将上述董事会决议及《不可撤销承诺函》从公司财务处取出并交给了原告的副董事长孙某栋。

2006年7月31日，原告董事长邓某强发现上述情况立即下发紧急通知，暂停了被告总经理职务及其所有权力。

当日，针对董事长邓某强下发的紧急通知，3名中方董事（被告、孙某栋、陈某彪）共同向董事长邓某强致函，回函大致内容为：邓某强的这一决定违反公司章程和法律规定，不具有法律约束力，被告作为总经理继续履行总经理职权，中方全力支持总经理的工作。

2006年8月4日，原告收到交行北京分行的催收通知书及扣划通知，扣划通知载明，交行北京分行从原告的4个账户内扣划了贷款本金163.0775万元；截至2006年8月3日，尚欠贷款本金3836.9225万元及利息27.28万元。

原告董事长邓某强发出召开紧急董事会的通知，内容为：致董事会全体成员，鉴于被告没有按照合资公司7月28日董事会指示，如期于7月31日早上将所有已签署好的决议及有关文件送达交行北京分行，而导致交行已正式通知原告该4000万元贷款已成为不良贷款，并已开始依照合同及有关法律法规追讨公司，建议于2006年8月8日下午2时30分在国际艺苑皇冠假日饭店8层会议室召开紧急董事会会议,会议内容为:(1)命令被告立即交出擅自扣押的7月28日经董事会全体成员已签署过的董事会决议及不可撤销承诺函等相关文件正本,基于上述文件属原告产物;(2)命令被告向董事会提交书面报告,对其违规行为作出必要的解释。

8月7日,中方3名董事共同给邓某强并安业控股有限公司回函,部分内容为:8月4日邓某强董事长签署的召开紧急董事会通知,已经收悉。合资公司的重要经营文件在被告的保管之下,正是其职责所在,在未经合资公司董事会合法程序解聘被告总经理职务情况下,合资公司董事会商议命令被告交出经营文件,不仅是完全不符合合资公司的章程规定,同时也是对被告履行职务的非法干涉,如此作为,我们不能参与。

同日,原告再次收到交行北京分行发出的扣划通知,扣划金额11.668万元。

2006年11月7日,交行北京分行向原告出具1份告知函,告知原告02510346号借款合同已发生逾期,再次要求原告务必即刻出具合法合规的用于办理逾期贷款转期的董事会决议,并着手办理贷款转期手续,请原告于2006年11月14日以前函告银行进展情况;在此期间,银行将加大扣收力度,进一步限制原告账户资金支出;如期满仍未取得实质性进展,交行北京分行将冻结原告名下所有账户并扣收账户中全部资金。

后因原告未向交行北京分行出具用于办理逾期贷款转期的董事会决议,亦未按时还款交行北京分行遂提起诉讼,北京市第一中级人民法院判决书认定,交行北京分行共从原告账户中扣划贷款本金3348.23万元,原告已偿还了2006年9月20日前的利息,故法院判决原告偿还交行北京分行借款本金651.77万元及复利、罚息。

2007年5月31日,原告将4000万元贷款全部还清,实际支付利息124.79万元,复利2万元。

此外,正基宏业公司曾向法院起诉要求原告给付欠款,正基宏业公司诉称,2006年1月6日其与原告签订付款协议书,原告承诺2006年7月30日前付清欠款,并承诺如未按期付款,按千分之一支付违约金,后法院出具调解书,内容为原告于2006年11月10日前给付欠款21.94076万元并支付违约金2万元。为此案,原告支付执行费0.1197万元。

新兴公司曾向法院起诉要求原告给付欠款,新兴公司诉称,2006年11月13日其与原告审定结算金额,原告给付新兴公司部分工程款后,尚欠新兴公司工程款123.012738万元,故起诉要求原告给付工程款并支付违约金。2007年1月30

日,法院出具调解书,内容为原告于 2007 年 2 月 1 日前给付工程款 123.012738 万元并支付违约金 8 万元。为此案,原告支付执行费 0.3311 万元。

原告诉称:

原告拟向交通银行股份有限公司北京分行申请 4000 万元贷款,以偿还于 2006 年 8 月 3 日到期的该行等额借款,该事宜已取得包括被告在内的全体董事一致同意,并形成了董事会会议。原告制作了《不可撤销承诺函》,并签署了《借款合同》和《抵押合同》。但被告身为原告董事兼总经理,拒不执行董事会决议,且私自藏匿上述文件致使原告无法向银行申请贷款,导致银行因原告逾期还款而加收罚息、强制扣收贷款、限制原告对外支付款项。被告的行为给原告造成了巨额经济损失,故应当承担赔偿责任。

被告辩称:

1. 根据《公司法》规定,本案应由原告的董事会或股东提起诉讼,原告的主体不适格。

2. 2006 年 7 月 30 日,被告根据中方股东的要求和《公司法》有关股东有权查阅、复制董事会决议的规定提取原告的续贷文件,由于原告是合资公司,被告是合资公司中方股东的法定代表人,故被告调取原告有关文件是职务行为,应由中方股东企业负责,故被告的主体不适格。

3. 被告是 2006 年 7 月 30 日上午从原告会计处调取的文件,当天下午就将该文件交给原告副董事长孙某栋,当时距离向交行北京分行提交文件的最后期限即 2007 年 8 月 2 日还有 3 天,并不影响原告向银行提交续贷手续。

4. 2007 年 7 月 31 日,被告被公司董事长停职,此后续贷的事项与被告无关。

5. 被告与原告劳动争议纠纷一案的判决中也认为原告申请银行贷款展期未能实现及被银行扣款、罚息之后果不是被告的过错造成。

律师观点:

1. 本案原告主体适格。

《公司法》(2005 年修订)第 152 条规定的股东代表诉讼条款是针对当公司权益受到侵害,公司怠于行使诉权时,赋予符合法定条件的股东以自己名义为公司利益对侵害人提起诉讼的权利。故本案原告有权自行提起诉讼,主张权利,不需采取股东派生诉讼的救济方式维护公司权益,原告具有诉讼主体资格。

2. 本案被告主体适格。

被告虽是原告中方股东的法定代表人,但被告也是原告董事会聘用的总经理,根据相关法律规定,公司的高级管理人员应当遵守法律、行政法规和公司章程,对公司负有忠实义务和勤勉义务。本案中,被告作为原告的总经理,应按公司章程的规定,组织领导原告的日常经营管理工作,直接对董事会负责,执行董事会的各项决定。2006年7月28日,原告董事会作出决议、原告给交行北京分行出具《不可撤销承诺函》后,被告未按董事会的指示,未将董事会决议及其他文件送交交行北京分行,其行为应认定为不履行高管义务,而非中方股东代表的职务行为,故本案被告主体适格。

3. 被告的行为与原告损失之间存在因果关系,故应对原告的损失承担赔偿责任。

《公司法》规定,公司高级管理人员执行职务时违反法律、行政法规或者公司章程的规定,给公司造成损失的应当承担赔偿责任。2006年7月28日,原告董事会作出决议、原告给交行北京分行出具《不可撤销承诺函》后,被告未按董事会的指示,将董事会决议及其他文件送交交行北京分行,致使未能与交行北京分行重新办理贷款事宜。原告董事长邓某强得知被告的不作为情况后,曾发送召开紧急董事会的通知,但包括被告在内的3名中方董事共同致函邓某强,表示不能参与。中方3名董事均不出席董事会时,原告无法通过命令被告交出董事会决议或重新形成新的董事会决议的途径,达到与交行北京分行签订新贷款合同以偿还已到期贷款的目的。被告虽称其将文件拿出后即交给了副董事长孙某栋,但2006年8月7日中方3名董事共同给邓某强的回函中已明确表示合资公司的重要经营文件在被告的保管之下,正是其职责所在。因被告未执行董事会决议,原告又无其他救济途径,致使交行北京分行对原告逾期还款加收罚息和复利,并通过诉讼向原告主张权利,由此给原告造成的支付复利及支付诉讼费等经济损失,被告应承担赔偿责任。

虽然被告与原告劳动争议纠纷一案的生效判决认为被告的行为与原告的损失间不存在因果关系,但此认定是基于劳动争议纠纷,并不影响本案经过庭审质证后对侵权行为与损害后果之因果关系的认定,故被告应赔偿原告损失。

法院判决:

被告赔偿原告罚息损失241,519.69元、复利损失19,969.27元、其他经济损失180,544元。

941. 如何判断公司董事、高级管理人员的决策行为是否符合正常的商业目的及操作习惯?

应当根据以下三点进行判断:

（1）商业行为是否经过公司内部必要的决策程序及是否尽到谨慎义务；

（2）董事、高级管理人员的决策行为是否符合公司的内部操作习惯；

（3）董事、高级管理人员的决策行为导致的结果是否符合公司运营计划，是否对公司实际利益造成损失。

【案例394】商业决策符合公司利益　未造成损失董事无责[①]

原告：湖广商会株式会社

被告：姚某均、劳防用品厂、南桥镇农工商联合社

第三人：宁惠公司

诉讼请求：三被告共同赔偿因侵害第三人财产权益而造成的经济损失500万元人民币，并由三被告承担连带赔偿责任。

争议焦点：

1. 第三人清算期间，原告以董事损害第三人利益为由向清算委员会而非第三人监事会或董事会提出书面申请，是否能认定为已履行股东派生诉讼的前置程序；

2. 在第三人即将解散的情况下，被告未经原告同意，擅自代表第三人转让购买土地使用权，其行为属于符合常理的商业决策还是违反董事忠实义务的损害公司利益；

3. 被告南桥镇农工商联合社取得奉贤区南桥镇轿行工业区58号房地产的行为是否给第三人造成经济损失；

4. 被告劳防用品厂、被告南桥镇农工商联合社是否构成对第三人共同侵权。

基本案情：

第三人由原告与被告劳防用品厂共同投资设立。被告姚某均受被告劳防用品厂的委派，担任第三人的法定代表人、董事长。被告南桥镇农工商联合社系被告劳防用品厂的股东。

2006年9月12日，第三人董事会作出决议，决定依法对公司进行提前清算，并分别于2006年10月18日和12月19日召开了清算组会议形成注销清算的董事会决议。其中2006年10月18日的《第一次清算组会议纪要》，该纪要第6条规定，自清算组成立后原第三人的公章必须用于原正常经营业务之用，并且做好用章登记，在业务之外其他需要使用公章的，须经过清算组多数成员同意；第7条

[①] 参见上海市第一中级人民法院(2008)沪一中民五(商)初字第181号民事判决书。

规定,涉及目前第三人的土地及厂房,需要中方及外方股东再次开会明确操作方案。

2006年10月30日,上海市奉贤区南桥镇人民政府向上海市奉贤区人民政府提交《关于上海宁惠皮制品有限公司清算的请示》,2006年12月7日,上海市奉贤区人民政府作出《上海市奉贤区人民政府关于提前终止"上海宁惠皮制品有限公司"合同、章程的批复》,同意第三人提前终止,进入清算程序。2008年5月15日,第三人将公章1枚移交给第三人清算委员会。

2001年,被告南桥镇农工商联合社购置了位于奉贤区南桥镇轿行工业区58号的上海市多棱金属制品厂的1881.06平方米的厂房和上海多棱建筑装潢安装处的1593.64平方米的厂房,转让价为210万元人民币。土地为集体土地,性质不变,租赁使用,当时并未签订书面协议,并由南桥镇集体资产管理委员会分4次陆续支付了厂房转让款共计210万元人民币。后第三人迁入并一直使用该厂房。

2006年10月25日,上海市奉贤区人民政府发布《关于批准"上海宁惠皮制品有限公司"投资主体变更基建项目有偿使用土地的批复》,第三人获得购买位于奉贤区南桥镇轿行工业区58号、面积为6376平方米的土地使用权的指标。随后第三人分别与上海市奉贤区房屋土地管理局、奉贤区征地事务管理所签订了《上海市国有土地使用权出让合同》《上海市奉贤区房屋土地管理局批租征地等承包合同》《征地费包干协议》,并由被告南桥镇农工商联合社支付了土地出让金165,776元,合同前期费1,268,824元,包干费136,426元。

2007年年初,第三人与被告南桥镇农工商联合社签订了《上海市房地产买卖合同》,由第三人转让其位于奉贤区南桥镇轿行工业区58号的房地产,其中房屋建造面积3474.7平方米,土地使用面积6376平方米,转让的价款为150万元人民币。后被告南桥镇农工商联合社获得相应的房地产权证。第三人与被告南桥镇农工商联合社均承认,转让款150万元并未实际支付。

2008年5月14日,原告委托代理人向第三人清算委员会发出了《关于请求对上海奉贤区南桥镇农工商联合社、上海和安皮制品有限公司和姚某均等人提起民事诉讼的函》,要求第三人清算委员会对侵害公司合法权益的相关行为人提起民事诉讼。但第三人清算委员会自收到原告的请求函之日起30日内未提起诉讼。

原告诉称:

在第三人清算期间,清算委员会会议已明确由第三人清算委员会控制第三人印章,若涉及第三人的土地及厂房问题,需中方及外方股东再次开会明确操作方案,但被告姚某均未经董事会和相关合法程序,未征求原告意见,无视第三人清算委员会通过的工作规程,违反作为高管应尽的忠实义务,利用其实际控制第三人的便利,与被告南桥镇农工商联合社签订买卖合同,擅自以非正常价格买卖第三人房地产的行为,严重侵害了第三人的合法权利,使第三人遭受了巨额的财产损失。

被告南桥镇农工商联合社曾以委派书的形式将被告姚某均委派至第三人,其恶意指使被告姚某均低价出售第三人的房地产,其主观上有侵占第三人财产的故意,客观上已经严重侵害了第三人的资产。而被告劳防用品厂作为被告姚某均代表的中方股东,在明知己方的代表人存在损害第三人合法权益的行为而采取默认态度,其主观上存有过错,亦导致第三人合法权益严重受损。

被告辩称:

1. 原告诉讼主体不适格。

根据《公司法》相关规定,股东派生诉讼只适用于正常运营期间的公司,但本案诉讼发生在第三人清算期间,不符合法律规定,原告无权起诉。

2. 被告南桥镇农工商联合社不存在侵权事实。

2001年左右,被告南桥镇农工商联合社向上海市多棱金属制品厂、上海多棱建造装潢安装处购得奉贤区南桥镇轿行工业区××号的厂房,并无偿提供给第三人使用。由于土地为租用,故第三人向土管部门提出购置土地使用权申请,并于2006年10月获得购置土地使用权的指标。但此时,第三人已进入清算程序,其决定放弃购买该指标,遂由被告南桥镇农工商联合社出资购买,故被告不存在违背第三人意志的恶意行为。

3. 第三人不存在损害结果。

第三人搬迁至被告南桥镇农工商联合社为其购置的位于轿行工业区××号的厂房内生产经营,只缴纳土地使用费,不缴纳房屋使用费,分明是获利而非损失。后被告南桥镇农工商联合社也是自己出资获得奉贤区南桥镇轿行工业区××号的土地使用权,第三人并未出资,因此第三人根本不存在利益受损的事实。

律师观点:

1. 原告符合提起股东代表诉讼的条件,主体适格。

根据《公司法》(2013年修正)第151条规定,当公司的董事侵害了公司权益,而公司怠于追究其责任时,符合法定条件的股东可以自己的名义代表公司提起诉讼。本案原告作为第三人的外方股东,在提起本案诉讼前,曾向第三人清算委员会发出请求函,要求其对侵害第三人合法权益的相关行为人提起民事诉讼,但第三人清算委员会在收到请求函之日起30日内并未提起诉讼。此时的第三人已处于清算阶段,依法成立的清算委员会已经取代原第三人的执行机关,行使清算中第三人执行机关的职能,因此,原告选择向第三人清算委员会提出书面申请并无不妥,并且清算委员会在复函中也未对此提出异议。故原告有权以自己的名义提起诉讼。

2. 被告代表第三人转让购买土地使用权的行为是符合常理的商业决策。

根据《公司法》(2013年修正)第147条第1款、第149条的规定,公司董事依法对公司负有忠实和勤勉义务,即公司董事在履行公司赋予其职权时,应最大限度地维护公司利益,否则因此给公司造成损害的,应当承担赔偿责任。第三人曾在《第一次清算组会议纪要》中明确约定,涉及第三人的土地及厂房,需要中方及外方股东再次开会明确操作方案。

本案中,被告姚某均代表第三人向被告南桥镇农工商联合社转让购买土地使用权机会的行为未获得外方股东的同意。但是第三人在获得购买奉贤区南桥镇轿行工业区××号土地使用权的指标时,其经营状况已发生变化,计划在依法核实财产、处理债权债务之后予以解散。在此情形下,被告姚某均在未经中外方股东开会明确操作方案的基础上,代表第三人作出转让购买土地使用权机会的决定虽有不妥,但符合第三人即将解散的实际情况,因此,不足以认定被告姚某均违反了董事的忠实和勤勉义务。

虽然第三人在清算组会议纪要中约定,清算委员会应于2006年年底接管公章,并且做好公章使用登记,在业务之外其他需要使用公章的须经过清算组多数成员同意。但第三人的公章直至2008年5月才移交,该规定并未实际执行,因此,被告姚某均在签署房地产买卖合同等协议时,使用第三人公章的行为符合通常商业做法,不存在违反公章使用规定的情形。

3. 三被告的行为未给第三人造成任何经济损失。

被告南桥镇农工商联合社于2001年左右购置了位于奉贤区南桥镇轿行工业区××号的厂房,支付对价210万元人民币。2006年,第三人获得购置奉贤区南桥镇轿行工业区××号土地使用权指标之后,虽然由第三人与相关土管部门签订了《上海市国有土地使用权出让合同》等协议,但第三人在此过程当中并未支付任何费用,而是由被告南桥镇农工商联合社实际支付土地出让金165,776元人民币,合同前期费1,268,824元人民币,包干费136,426元人民币。据此,被告南桥镇农工商联合社取得奉贤区南桥镇轿行工业区××号房地产的行为,并没有给第三人造成任何经济损失。

4. 原告无证据证明被告劳防用品厂、南桥镇农工商联合社存在共同侵权。

原告主张被告劳防用品厂、南桥镇农工商联合社共同承担侵权责任,但原告并未提供相应证据证明两者在南桥镇农工商联合社取得奉贤区南桥镇轿行工业区 58 号房地产的过程中存有侵权故意及侵权事实。

法院判决：

驳回原告的诉讼请求。

【案例395】未分配利润奖励员工 损害公司利益判决返还[①]

原告： 林某

被告： 赵某

第三人： 华晨公司

诉讼请求：

1. 判令被告向第三人返还被侵占的资金 1,320,300 元；

2. 被告向第三人偿付以 1,320,300 元为基数，自 2007 年 5 月 30 日至判决生效日止，按照中国人民银行规定的同期贷款利率标准计算的银行利息。

争议焦点：

1. 第三人通过被告签发的《关于第三人奖酬金发放的决定》（以下简称《奖酬金发放决定》）是否有效，该决定的效力是否影响本案的判决，是否可与本案合并审理；

2. 《奖酬金发放决定》中"毛利""净利润"的概念应如何理解，是否为《公司法》或会计法上的概念，被告是否将第三人的"毛利"与"净利润"作为奖酬金进行了分配；

3. 被告因执行《奖酬金发放决定》而获得的报酬是履行董事职责的报酬还是作为技术人员取得的报酬，该分配是否损害了第三人及原告的利益。

基本案情：

第三人成立于 2002 年 9 月，注册资本为 100 万元，现股东为原告和被告，原告出资 60 万元，任监事，被告出资 40 万元，任法定代表人及执行董事。

2003 年 10 月 15 日，第三人的《章程》第 15 条规定，公司设立股东会并由全体

[①] 参见上海市第一中级人民法院(2010)沪一中民四(商)终字第 1292 号民事判决书。本案发生前，原告林某已陆续向上海市松江区人民法院提起公司解散纠纷——详见本书第十六章公司解散纠纷【案例469】"知情权、盈余分配权受侵害有途径解决 请求解散公司被驳回"，以及股东知情权纠纷——详见本书第十九章股东知情权纠纷【案例548】"知情权目的已实现 查阅原始凭证请求遭驳回"。本案诉讼后，原告林某再一次于 2011 年向上海市松江区人民法院提起公司解散纠纷，经法院调解各方同意自行解散华晨公司。

第十三章

损害公司利益责任纠纷

股东组成,股东会行使选举和更换董事,决定有关董事的报酬事项、审议批准公司的年度财务预算方案和决算方案、审议批准公司的利润分配方案和弥补亏损方案。第19条规定,本公司因投资人数少,所以不设立董事会和监事会。公司设执行董事(兼公司经理)1名,监事1名。执行董事为公司法定代表人。第20条规定,执行董事由选举产生,其有聘任或者解聘公司副经理、财务负责人(包括其他雇聘人员),决定其报酬、制定公司的基本管理制度及其具体规章。执行董事行使职权时,不得违反法律、法规和公司章程的规定。第26条规定,董事、监事、经理执行公司职务时,违反法律、行政法规或者公司章程的规定,给公司造成损害的,应当承担赔偿责任。

2007年3月20日,被告出具《奖酬金发放决定》,该决定注明了公司资金来源明细、主要项目,收入明细、项目引入主要贡献人。第4条"分配原则"还注明:参照第三人的前身即洛阳鸿博石化技术开发服务有限公司奖酬金分配原则及操作惯例指定奖酬金分配原则;对引入项目及回收合同款做出主要贡献的人员给予该项目毛利30%的提成奖励,即在股东分配红利之前,将可供分配利润的60%用于奖励对项目运作有贡献的人员。项目提成数分别为被告提成204,100元,奖金318,400元,合计522,600元;原告提成0元,奖金173,700元,合计173,700元;余某提成0元,奖金144,700元,合计144,700元;朱某提成0元,奖金115,800元,合计115,800元;李某提成336,700元,奖金246,100元,合计582,800元。

同年3月22日,被告出具《奖酬金发放清单》,注明被告奖酬金522,600元,扣除鸿博退款11,400元,含税实得511,208.10元;原告奖酬金173,700元,扣除鸿博退款51,900元、上海分院项目92,825.60元、上海分院项目房租等176,980元、喷嘴亏损46,000元,含税实得-194,044元;余某奖酬金144,700元,扣除鸿博退款11,400元,含税实得133,379.20元;朱某奖酬金115,800元,扣除鸿博退款11,400元,含税实得104,431.70元;李某奖酬金582,800元,鸿博退款11,400元,含税实得571,416.50元。

2007年5月8日,第三人出具《关于第三人奖酬金和劳务费发放纳税情况说明》,明确:由于工程项目跨年度较多,无法按照年度进行结算,按照公司行政管理文件《奖酬金发放决定》LAMP-002-2005,公司决定对2003年以来的项目薪酬进行结算,结算分配为(含税实得)被告511,200元、余某133,300元、朱某104,400元、李某571,400元。

同年5月18日,第三人向上述4人发放了上述款项。第三人于2007年5月31日的《记账凭证》将上述款项记载"摘要"为奖酬金、劳务费,"会计科目"为管

· 1615 ·

理费用、现金。

2008年5月,原告曾向上海市松江区人民法院提起股东知情权纠纷,该院(2008)松民二(商)初字第763号民事判决书判决第三人应向原告提供自2003年10月至判决生效日止的财务会计报告和会计账簿供原告查阅。此外,2003年9月6日,李某曾代表第三人和案外人山东东明石化集团有限公司签订《工程设计合同书》,由山东东明石化集团有限公司委托第三人对重油催化裂解联合装置的烟气轮机、主风机能量回收机组总成设计,设计及现场服务收费总额为28万元。

2003年8月17日,余某曾代表第三人和山东东明石化集团有限公司签订《工程设计合同书》,由山东东明石化集团有限公司委托第三人对直馏汽油改质装置扩能改造工程项目的工程设计,设计及现场服务收费总额为10万元。

2003年12月16日,被告曾代表第三人和中国石油集团庆阳炼油化工有限责任公司签订《技术服务合同》,由第三人为中国石油集团庆阳炼油化工有限责任公司提供催化裂化装置提高处理量操作调整项目的技术服务,项目报酬为80万元。

原告诉称:

2002年9月19日,原告和原告父亲共同出资成立第三人,注册资金为100万元人民币,其中原告出资60万元,原告父亲出资40万元,原告为第三人的法定代表人。2003年10月15日,第三人股东发生变更,原告父亲将自己持有的40%股份全部转让给被告,同时第三人的法定代表人变更为被告,被告任第三人的执行董事,并兼任财务负责人,原告任监事。第三人变更法定代表人为被告后,第三人的全部经营管理事宜及所有财务工作均由被告实际掌管和控制。2007年5月31日,被告在未召开第三人股东会,未与占公司股份60%并身兼公司监事的原告协商的情况下,以发放奖酬金和劳务费的名义,擅自私分并侵占第三人财产1,320,300元,致使第三人财产遭受重大损失。原告对上述侵占公司财产之事一直不知晓,在2008年8月执行(2008)松民二(商)初字第763号知情权生效判决时,原告经查账才得以知晓。

原告为证明其观点,提交证据如下:

1. 第三人的档案机读材料,证明第三人的注册资本为100万元,法定代表人为被告,占有40%股份,原告占60%股份;

2. 2002年8月26日第三人的《公司股东会出资决议书》、《股东会决议》、验资报告、注册资本实收情况明细表;进账单、银行询证函、验资证明表、专职技术人员表、房屋租赁合同、产权证明、任职证明,证明第三人设立之初的股东情况和登记情况；

3. 企业变更登记申请书、任职证明、承诺书、公司变更登记申请书、股东会决议、股权转让协议书、收条，证明第三人原股东原告父亲将股权转让给被告，并办理了工商变更登记手续，同时被告担任第三人的法定代表人，原告任监事的事实；

4. 2003年10月15日第三人的章程，证明第三人章程约定的内容；

5. (2008)松民二(商)初字第763号民事判决书，证明原告在行使了知情权纠纷的诉讼后，才发现系争事实；

6. 第三人的《关于第三人奖酬金和劳务费发放纳税情况说明》，证明被告利用控制第三人的地位，擅自以发放奖酬金和劳务费的名义私分并侵占第三人的财产；

7. 第三人的记账凭证，证明2007年5月31日被告以发放奖酬金的方式侵占了第三人的资产；

8. 审计报告、2003年至2008年费用抽查记录、2003年至2007年银行存款抽查记录，证明第三人的注册资金为100万元，但提取的资金为1,320,300元用于发放奖酬金，且审计报告中李某、朱某和余某向第三人各自所缴纳的20万元系借款性质，并非投资款，且借款已经归还给他们；

9. (2008)松民二(商)初字第544号民事判决书，证明原告曾欲通过解散公司的方式解决纠纷，但被告却私分第三人的财产；

10. 余某的证词，证明余某并非第三人的股东，20万元系借款性质，从而印证李某、朱某也不是第三人的股东，第三人也已经将借款归还给他们。

审理中，原告确认李某、余某和朱某为第三人的工作人员。

被告辩称：

1. 本案的背景。

被告、李某、朱某、余某与原告均原为某国有石化公司员工。原告主要负责市场经营工作，其余4人均为资深工程师。2001年2月27日，5人在洛阳投资成立了一家公司，即第三人前身。2002年9月19日，被告、李某、朱某、余某委托原告在上海注册成立了第三人，约定5人各占20%股权。但原告在工商登记时，将股东登记为自己和其父，其中原告持股60%，其父持股40%。2003年10月15日，在被告等人一再要求下，原告父亲才将自己持有的40%股份全部转让给被告。同月，上述5人约定共同承包中国石油天然气华东勘察设计院上海分院，但原告在未得到另4人同意下，以个人名义签订了承包合同。截至2005年12月底，上海分院利润621.93万元，均由原告1人占有，其余4人分文未取。2007年3月20

日,被告作出《奖酬金发放决定》,对第三人成立5年以来5人的劳务报酬进行了结算。其后,原告陆续提起解散公司之诉、知情权诉讼。为了解决矛盾,被告将相应凭证交予原告查阅并同意原告对第三人进行审计。2008年10月14日,上海华夏会计师事务所有限公司出具的华夏会审〔2008〕第1020号审计报告的"关于工资和劳务费支出"中也注明了在2007年5月31日6号凭证中支付了1,320,300元。至此,原告得知被告发放奖酬金的事实。

2. 第三人的执行董事决议合法合理。

(1)执行董事决议于法有据。

首先,我国《公司法》(2005年修订)第47条规定执行董事有权决定公司员工的报酬,并制定公司的基本管理制度。第51条规定,执行董事的职权由公司章程规定。同时,第三人的章程第20条规定,执行董事的职权包括:聘任或者解聘公司副经理、财务负责人(包括其他雇聘人员),决定其报酬;制定公司的基本管理制度及其具体规章。故被告有权决定李某、余某、朱某和自己的劳务报酬。

其次,被告、李某、朱某与余某实际参与了公司的生产经营活动,有权获得报酬。且原告在庭审中对上述4人为第三人提供了劳务的事实予以了承认,故根据《劳动法》第3条规定,劳动者有获得报酬的权利,被告发放奖酬金给上述案外人是有理有据的。

(2)被告作出的执行董事决议是合理的。

首先,该决定确立的发放标准适用于公司所有人员,一视同仁,包括原告。

其次,奖酬金发放的数额是根据各人在项目运作中所做出的贡献大小作为权重,然后根据在不同项目服务中的权重加总,并以总权重数乘以项目提成和奖金分红确定所得的奖酬金数额。被告、李某、余某与朱某在第三人对外签订的各项技术服务合同履行过程中,以各自的专业所长提供劳务,有权获得报酬。

再次,石油化工技术服务行业是一个对技术要求非常高的行业,技术人员掌握的技术对于项目的运作成功与否起着至关重要的作用,相对于其他行业来说,石油化工技术服务行业技术人员的报酬普遍要高得多。故第三人确定的分配比例相对于这个行业来说是合理的。

最后,本案争议的奖酬金发放后,第三人的利润率高于行业平均水平,公司利益并没有受到侵害。

除此之外,公司自成立以来,连办公地点都未租赁,第三人的主要运营成本就是劳务费用。朱某、被告、李某与余某为第三人提供劳务的几年内都未领取过报酬,2007年领取的报酬与他们的贡献是极其不匹配的。

第十三章
损害公司利益责任纠纷

(3) 法院在审理公司决议纠纷原则上应仅审查合法性,合理性不在其审查范围之内。

根据《公司法》(2005年修订)第22条规定,法院在审理执行董事决议效力纠纷案件时应坚持合法性审查原则,即仅对执行董事决议的作出程序以及决议内容的合法性进行审查,对其程序和内容的合理性一般不予审查。因此,对于合理性与合法性两者之间的取舍,合法性是正当的选择。

3. 即使执行董事决议存在瑕疵,原告并没有提出确认执行董事决议效力问题的诉讼请求,故需另案诉讼,不应在本案中一并处理。

(1) 合并审理有悖《民事案件案由规定》的立法宗旨。

根据《最高人民法院关于印发〈民事案件案由规定〉的通知》(法发〔2008〕11号),科学完善的民事案件案由体系不仅有利于当事人准确选择案由,还有利于人民法院在民事立案和审判中准确确定案件诉讼争点和正确适用法律,提高民事案件司法统计的准确性和科学性,实现对受理案件进行分类管理。若将董事、高管损害公司利益责任纠纷案与董事决议效力纠纷合并审理,由于两类纠纷适用的法律与事实理由不同,这必然不利于法院在庭审中准确确定案件诉讼争点和正确适用法律,不利于准确地、科学地进行司法统计工作和受理案件的分类与管理工作。

(2) 合并审理与法理相违背。

首先,二诉能否合并审理关键在于诉讼性质是否相同。而董事会决议效力纠纷与董事、高管损害公司利益诉讼主体、标的、判断诉的理由均不相同,两者明显属于不同性质的诉讼。

其次,合并审理有违民事诉讼不告不理基本原则。《民事诉讼法》第13条规定,当事人有权在法律规定的范围内处分自己的民事权利和诉讼权利。本案中,原告并未提出执行董事决议效力的确认之诉,法院擅自将其纳入裁判范围有违民事诉讼不告不理的基本原则。

最后,合并审理有违公司法纠纷案件审理私法自治、竭尽公司内部救济等基本原则。本案中,被告作出的执行董事决议属于第三人内部的自治行为,原告并未以股东身份对公司提起执行董事决议效力确认之诉,即原告并未对公司的自治机制提出异议,法院自主介入该纠纷的处理当中有违公司法纠纷案件审理原则。

(3) 合并审理于法无据。

董事、高管损害公司利益责任纠纷与董事会决议效力纠纷不符合诉的合并审理规定。最高人民法院已经将董事会决议效力纠纷列为独立的案由,原告对执行董事决议效力有异议,应当另案起诉。

(4) 合并审理可能损害第三人的诉讼权利,有违公平正义原则。

本案中,若执行董事决议效力纠纷与董事、高管损害公司利益责任纠纷案件合并审理,由于原告并未提起对第三人的执行董事决议效力确认的诉讼请求,根据法律规定,法院自然无法在判决书中直接裁决第三人作出的执行董事决议是否存在瑕疵,只会在"经审理查明"与"法院认为"中作出判定。所以,若第三人对判决结果有异议,但由于其在一审中并非适格的被告,将无法提起上诉,这严重损害了第三人的诉讼权利。故法院合并审理有违公平正义原则。

4. 奖酬金发放决议中所述"利润""毛利"并非公司法和会计准则所指的"利润"。[①]

该决议第4.2条、4.3条分别规定,"对引入项目及回收合同款做出主要贡献的人员给予该项目毛利30%的提成奖励","在股东分配红利之前,将可供分配利润的60%用于奖励对项目运作有贡献的人员"。该条提到的"毛利""利润"只是为了表述方便,本身并不具备公司法和会计规范所赋予的含义。

《公司法》规定用于股东分配的利润指净利润。根据《企业会计准则》规定,毛利润=营业收入(主营业务收入与其他业务收入之和)−营业支出(主营业务成本与其他业务成本之和)。净利润=毛利润−费用(包括销售费用、管理费用、财务费用)−资产减值损失+投资收益+公允价值变动损益+营业外收入−营业外支出−所得税费用。其中,华晨公司主营业务为技术服务,其劳务人员的报酬应当计入主营业务成本,也就是说这部分成本应当在计算净利润时扣减。换句话说,只有在扣除上述各类成本与费用(包括劳务报酬)得到的财务数据才是股东参与分配的净利润。

从本案争议的奖酬金计算方法上可以看出,本案争议的奖酬金是以220.53万元利润或毛利为计算基数,但这所谓的"毛利""利润"并非公司法与会计规范所指的股东应分配的利润。截至奖酬金发放前(2007年3月20日),华晨公司已收款项为674.9034万元,减去已经发生的费用支出454.3734万元,剩余220.53万元。扣除的费用支出包括办公费用、手续费等,但并不包括本案争议的应支付奖酬金。综合上述分析可以得出,决议中作为计算奖酬金基数的220.53万元未扣除主营业务支出,并非法定意义上的毛利概念,更谈不上净利润了。

[①] 本案奖酬金发放决议中所述的"利润""毛利"确系当事人缺乏法律专业知识所导致的笔误,如法院在该案诉讼过程中对第三人进行司法审计,即能清晰判断此处"利润"及"毛利"的真实表意。

5. 被告所取得的报酬是其作为技术人员取得的报酬,而不是董事报酬。

董事报酬是指为履行董事职责所领取的薪酬。董事报酬的确须股东会决定,但本案中,被告领取的是其作为项目技术负责人所应当取得的劳务报酬。同时,参照奖酬金发放说明可以看出奖酬金发放决定具有普遍性,所有报酬的发放都是一视同仁,即按照各人在项目中做出的贡献来确定应获得的数额,包括原告的奖酬金也是如此。据此,被告根据奖酬金发放决定所取得的报酬是项目奖金与项目提成,并非董事报酬,无须股东会决议。

被告对原告所提供的证据发表质证意见如下:

1. 被告对上述证据1~7真实性无异议;

2. 被告对证据8真实性无异议,但认为审计部门不能确认股东构成情况;

3. 被告对证据9无异议,该判决也认定原告、被告对第三人股东结构存在争议;

4. 被告对证据10无异议,但认为该20万元就是投资款。

被告为证明其观点,提交证据如下:

1.《奖酬金发放决定》和奖酬金发放清单,证明结合第三人的章程,被告有权作出奖酬金发放的决定,李某等为第三人做出了贡献,故向他们发放奖酬金是有依据的。

2. 工程设计合同书2份和技术服务合同1份,证明李某、朱某和余某为第三人做出了贡献,有权利取得奖金。

3. 收据3份,证明被告已经将奖酬金发放给了李某、朱某和余某,不存在被告侵占公司财产的状况。

4. 洛阳鸿博石化技术开发服务有限公司的章程,证明该公司的股东有原告、被告、李某、朱某和余某,从而可以印证5人系多年的合作伙伴,第三人的股东实际也为该5人。

5. 第三人出具的股东名册,证明第三人的股东实际为5人。

6. 固定资产购置协议书,证明原告、被告、李某、朱某和余某均为第三人的股东。

7. 上海石油天然气华东勘察设计院上海分院利润表,证明该公司和第三人系两块牌子,一套班子,由第三人的5个股东承包该分院,分院的收益由5个人按照第三人的投资比例进行分配,原告将该分院的资产全部占为己有。

8. 山东东明石化集团有限公司出具的证明,证明李某、余某和朱某均参与了第三人和该公司签订的合同项目,并提供了相应的劳务,从而印证余某等有权获得劳动报酬和奖金。

9. 余某、朱某和李某出具的证人证言,证明该3人证实均参与了第三人的相关工程的工作,和第三人建立了劳务关系。

10. 中国石油天然气华东勘察设计研究院上海分院行政管理文件及第三人出具的5份借条,证明第三人的实际股东为原告、被告、朱某、李某、余某5人,第三人注册资本亦由上述5人各出资20万元人民币组成。

11. 第三人解散决算决议,证明原告已认可奖酬金分配方案。

12. 《奖酬金发放决定》的修正决定,证明被告发放的奖酬金系劳务报酬。

针对被告的上述证据,原告认为:

1. 原告对证据1不清楚,并认为发放如此巨额的费用,应经过股东会通过;

2. 原告对证据2无异议,但原告认为他们仅在合同上进行了签名,不能证明他们为第三人做出了贡献;

3. 原告对证据3无异议,原告还认为这正好证明被告损害公司利益,擅自发放奖酬金的事实;

4. 原告对证据4无异议,但原告认为该证据与本案无关;

5. 原告对证据6不予认可;

6. 原告认为证据6不能证明李某、朱某、余某的股东身份;

7. 原告对证据7不予认可,并认为与本案无关;

8. 原告对证据8的内容有异议,但确认李某、余某和朱某系第三人的工作人员,但不清楚他们做了多少工作;

9. 原告认为证据9中3人与本案有直接的利害关系,对该证据有异议;

10. 证据10中管理文件的出具单位非本案当事人,也不能证明本案事实,故与本案欠缺关联性;借条反映的法律关系与本案案由无关,也不能达到证明目的;

11. 证据11决议内容不能反映原告已认可奖酬金分配方案;

12. 原告对证据12不予认可。

被告在审理中申请追加李某、朱某、余某作为本案第三人参加诉讼。

针对被告追加第三人的申请,原告认为:

1. 作为原告,其诉请内容是被告违反《公司法》、公司章程的规定,违反执行董事的注意义务和忠实义务而给公司造成重大损失,应当承担赔偿责任,并不涉及需要其他案外人承担责任的问题;

2. 据被告称,被告已经以相关名义向李某、朱某、余某分配80.91万元,由于被告系第三人执行董事、总经理、法定代表人和财务负责人,被告的行为即代表第

三人。从维护交易秩序稳定考虑,其他案外3人当然不会同意返还,即便是第三人的赠与行为亦当如此;

3. 本案已审结,被告此举目的就是恶意拖延,以增加原告诉累。

原告据此表示不同意上述3人作为第三人承担本案的赔偿责任。

法院认为,因原告对于被告向上述3人发放奖酬金的事实亦没有提出异议,且原告又不要求上述3人在本案中承担责任,故法院未同意被告的申请。

第三人述称:

同意被告的答辩意见。被告为第三人的项目技术总负责人,李某为项目经理,余某为机械设计负责人,朱某为设备设计负责人。原告诉称的款项中的809,100元已分别支付给了陈某刨、朱某和余某,被告并未私自侵占。另外的511,200元是被告作为员工所取得的奖酬金。上述人员所获得的关酬金是他们作为员工应得的员工报酬,并不需要召开股东会进行决议。综上,请求驳回原告的诉讼请求。

律师观点:

1. 原告有权提起本案诉讼。

《公司法》第149条规定,董事、监事、高级管理人员执行公司职务时违反法律、行政法规或者公司章程的规定,给公司造成损失的,应当承担赔偿责任。《公司法》第151条规定,董事、高级管理人员有本法第150条规定的情形的,有限责任公司的股东可以书面请求监事会或者不设监事会的有限责任公司的监事向人民法院提起诉讼。本案中,原告为第三人的股东,同时作为第三人的监事,在认为被告的行为损害了公司的情况下,履行监事职责对被告提起诉讼,符合法律和章程的规定。

2. 对于"毛利""利润"含义的理解,一般并不存有歧义,应当指公司收入减去相关费用后的净额。

被告认为系争奖酬金发放决议中所述的"利润""毛利"并非公司法和会计准则所指的"利润",亦即并非是法律或众所周知所理解的利润和毛利,那么没有严格的标准来确定利润和毛利,即完全由被告按照自己的标准进行确定,本身也会损害第三人的利益。且从该决定中分配原则的内容来看,并未对其中的"毛利""利润"作出有别于一般理解的约定或解释。被告所作的单方解释及相应计算方式,并不足以证明决定中的"毛利""利润"有别于股东应分配的利润,故被告及第三人的上述观点无事实及法律依据,法院应不予采信。

3. 被告以毛利作为奖酬金进行分配,可能损害公司利益和股东利益。

被告作为第三人的执行董事,在第三人的公司章程中赋予了执行董事有聘任或者解聘公司包括雇聘人员在内的人员,并决定其报酬。被告认为其正是基于被告的该执行董事的特殊身份和公司章程赋予的权利作出了2007年3月20日的《奖酬金发放决定》。

然而,被告虽然有决定公司雇聘人员报酬的权利,且余某等3人也确实为第三人的工作人员,但被告作出的相关决定并不能损害公司和股东的利益。现从上述决定第4条"分配原则"的内容看,其对职工的提成按照项目毛利的30%提成,而毛利本身还包含公司一定的成本,在公司对于所做项目是否盈利或亏损没有核算之前,就以毛利的30%进行提成,可能损害公司利益和股东利益,即在股东没有作出决议前,被告无权对毛利作出决定和分配。

而作为公司的股东,本身具有对公司利润是否进行分配或如何分配作出决定的权利,但根据分配原则中的上述内容,在股东分配红利之前,被告即将公司可供分配的利润以奖励的方式进行发放,且也无证据证明已经征得作为第三人的另一股东即原告的同意,显然损害了原告作为股东的利益。况且被告也无证据证明上述系争决定已经得到原告的认可或原告对此决定的内容予以确认的事实。

综上,应当认定《奖酬金发放决定》中的"分配原则"内容无效。

4. 执行董事决议效力问题可以合并审理。

被告认为《奖酬金发放决定》是否有效的问题,应当另案诉讼,不应在本案中一并处理。但该决定的效力问题,是认定本案事实的基础,其效力及于第三人,第三人也已经对该决定作出了相应的抗辩,并未剥夺其相应权利,故该决定的效力可在本案中直接审查认定。被告坚持要求原告就此另案诉讼的主张,法院应不予采信。

综上,由于系争决定中的分配原则无效,且实际已经发放的奖酬金和提成的计算也是被告自行计算得出,相应计算的"利润"和"毛利"基数也未得到原告的认可,再加上审理中被告也确认其所计算的利润和向相关部门所提交的会计报表中所体现的利润不一致,故被告基于系争决定和其计算所发放的奖酬金应当予以返还。

5. 原告主张直接要求被告对另两人款项向第三人进行赔偿,有所不当。

现被告实际收取了第三人的钱款511,200元,被告应当返还给第三人。原告主张相应的利息损失亦于法无悖,法院可予支持。由于系争决定是被告基于其特殊身份和职务所作出,案外人领取款项也是基于系争决定从第三人处领取,被告系代表第三人向案外人发放,这虽是由于被告履行职务不当所造成,但由于这些钱款实际并非被告领取,被告应仅对余某等人不能返还部分承担赔偿责任,故原告现主张直接要求被告对此款项向第三人进行赔偿,有所不当。即 809,100 元实际是由案外人领取,审理中,原告又明确表态不同意要求余某、朱某、李某向第三人承担返还责任,并坚持要求被告对上述 3 人所领取的款项进行赔偿,对此难以支持。

法院判决：

1. 被告应于判决生效之日起 10 日内返还第三人 511,200 元；

2. 被告应于判决生效之日起 10 日内赔偿第三人以 511,200 元为基数,自 2007 年 5 月 30 日至判决生效日止,按照中国人民银行规定的同期贷款利率标准计算的银行利息。

942. 董事、高级管理人员在执行公司职务时,违反法律、行政法规而使公司遭受税收滞纳金和罚款的,公司可否请求其承担责任？

可以。

但需要注意的是,公司董事及高级管理人员的该行为,系违反勤勉义务的行为,其本身也不存在因此而获得的收益,因此不能对其适用归入责任,只能要求其承担损害赔偿责任。

【案例 396】公司偷税漏税　高级管理人员仅对惩罚性款项担责[①]

原告： 章某华等 11 人

被告： 黄某玮

第三人： 科达经营部

诉讼请求： 被告赔偿第三人损失 30,578.72 元。

争议焦点：

1. 股份合作制企业股东能否提起派生诉讼。

2. 第三人违反经营损失的税务损失包括哪些。

3. 因虚开增值税发票、虚列成本、将应付款转入营业外收入而补征的税款是否属于第三人的损失；对于第三人原能够享受先征后返优惠政策的所得税额无法返还金额、税收滞纳金及罚款,被告是否均应赔偿。

基本案情：

第三人系股份合作制企业,原告与被告均系第三人企业股东,被告于 1997 年

[①] 参见上海市第二中级人民法院(2002)沪二中民三(商)终字第 333 号民事判决书。

· 1625 ·

至1999年9月担任经理,企业改制后担任董事长。

在1997年至1998年,被告以虚开增值税发票、虚列成本、应付款转入营业外收入等方式套取现金,作为企业小金库,被上海市税务局静安分局处罚。其中虚开发票补税3987.69元,虚列成本补征所得税10,659元,无法支付的应付款转营业外收入补征所得税14,050.05元,缴纳补税滞纳金2869.67元,虚开发票罚款3000元。

原告诉称:

在1997年至1998年,被告侵占第三人资金,通过虚假进货、虚列成本、提高进货价格,以应付款名义提取现金,余款挪做小金库,共计8万多元。上海市静安区地方税务局稽查中队对第三人作出处罚,开出4张处罚单,其中1张为补缴增值税3987.69元,系第三人应纳税额,不作为第三人损失。第三人作为享受静安区政府所得税先征后返政策的企业,因被告违法经营导致其余3张税单的税款24,709.05元(10,659元 + 14,050.05元)无法返还,并被处滞纳金及罚款共5869.67元。这些处罚是第三人额外的、不应发生的经济损失,应由被告赔偿。

被告辩称:

1. 被告从未实施侵占行为,当然未因此造成企业或股东损失。原告举证的编号为5178937的税单明白无误地写着是企业所得税,而企业缴纳所得税是履行应尽义务,并非第三人的损失;

2. 对于24,709.05元所得税的返还问题,被告认为能否返税,应由第三人领导与税务机关交涉,并取决于税务机关是否准予退税的决定,不构成第三人损失,而且被告在担任第三人法定代表人期间并未收到有关第三人税收优惠的任何文件;

3. 关于增值税的滞罚款,税收缴款书未明确是哪一笔税收的滞罚;

4. 原告只能为自身的损失主张权利,原告作为股东不能主张企业的损失,股东不享有索赔的权利。

第三人述称:

被告非法经营导致的损失应由被告赔偿,滞纳金及罚款也是被告违法经营导致的。

一审认为:

1. 原告诉讼主体适格。

原告作为股份合作制企业的股东,在企业利益受到损害,且企业又未向侵权人主张权利时,原告有权为了企业利益以股东的名义提起诉讼,要求侵权人赔偿企业损失,以保护企业利益不受侵犯。故原告起诉是股东派生诉讼。

2. 作为第三人董事长,被告在任职期间损害了公司利益,应赔偿损失。

被告作为企业董事长,在其任职期间由于违法行为造成企业损失,应对企业损失承担赔偿责任。因被告虚开增值税发票、虚列成本及将应付款转入营业外收入,被税务机关处罚,其中罚款3000元、缴纳滞纳金2869.67元,该两笔费用系企业的额外支出,应作为企业损失。至于被告辩称借款收益与滞纳金冲抵,法院认为,企业收益理应归企业所有,与滞纳金的支出属不同的性质,不存在相互冲抵问题,被告的辩称缺乏依据。至于补税款24,709.05元系企业应缴纳的税款,由于原告未提供第三人享有返税政策的依据,故原告称该笔税款系损失缺乏依据,法院不予支持。

一审判决:

1. 被告赔偿第三人经济损失5869.67元人民币;
2. 驳回原告其他诉讼请求。

原、被告均不服一审判决,向上级人民法院提起上诉。

原告上诉称:

第三人作为股份合作制企业在成立之时,根据国家政策,可以享受三免二减半的优惠政策,但被告作为企业的法定代表人却不向有关部门提出申请和办理有关手续,使第三人丧失了应当可享受的优惠待遇。而被告在担任法定代表人期间,以虚假进货、虚列成本、抬高进货价格和虚开增值税发票等方式违法经营,致使第三人被上海市税务局静安分局处罚30,578.72元人民币,这些处罚是企业额外的、不应发生的经济损失,应由被告承担。故请求撤销原判,判令被告赔偿第三人经济损失30,578.72元人民币。

针对原告的上述观点,被告认为:

税收减免问题应由国家税法而不是政策调整,而且被告在担任第三人法定代表人期间并未收到有关税收减免的文件。上海市税务局静安分局虽对被告担任第三人法定代表人期间的违法经营行为进行过处理,但其中只有5869.67元人民币是处罚款,另外的24,709.05元人民币是补征的税,这些税无论是先征还是后征,都是企业应该缴付的,不属于违法经营造成的损失。

被告上诉称:

根据《上海市股份合作制企业暂行办法》的规定,股份合作制的企业及其股东能且只能为自己所受的损失主张权利,而不能相互交叉、相互替代。原审判决将有限责任公司的股东派生诉讼不适当地类推适用于股份合作制企业,属于适用法律不当。故请求撤销原判,驳回原告的诉讼请求。

针对被告的上述观点,原告认为:

被告的行为侵害了第三人的利益,原告作为股东,有权维护第三人的利益,这并不违反股份合作制企业的相关规定。

第三人二审述称:

被告在担任第三人法定代表人期间,擅自以虚开增值税发票、抬高进货价格等方式违法经营,理应对由此给第三人造成的损失承担赔偿责任。但第三人对此不主张,由原告代为主张。

律师观点:

1. 作为第三人的股东,原告有权代表第三人要求被告赔偿损失。

股份合作制企业的董事、经理必须忠实履行自己的义务,维护企业的利益。被告在担任第三人法定代表人期间,违法经营,给企业造成了经济损失,理应向企业承担赔偿责任。在第三人没有就此主张权利的情况下,原告作为第三人的股东向被告提起诉讼,要求被告赔偿企业经济损失,这是维护企业和其他股东利益的正当行为,于法不悖。而且第三人对此不持异议,并表示不再另行向被告主张,因此被告所提股份合作制企业及其股东能且只能为自己所受的损失主张权利的理由于法、于理无据,法院应不予采信。

2. 税收滞纳金及罚款属于第三人损失,被告应予赔偿。

在上海市税务局静安分局以被告违法经营为由对第三人进行的处理中,只有缴纳补税滞纳金2869.67元人民币和虚开发票罚款3000元人民币为第三人的额外开支,属于第三人损失,应由被告承担赔偿责任。另外因虚开增值税发票、虚列成本、将应付款转入营业外收入而补征的税款24,709.05元人民币均是第三人原本应交的税收,只是由于被告在经营时采取了不正当手段而少交,因此这些税款不具有惩罚性质,不属于因被告违法经营造成的损失,不应由被告赔偿。本案中,原告还诉称因被告没有向有关部门提出申请和办理有关返税手续,致使第三人不能享受相关税收优惠待遇,由于原告并无证据证明被告在担任第三人法定代表人期间知晓或应当知晓股份合作制企业可享受有关税收优惠政策,故对于补征税款24,709.05元人民币被告不应赔偿。

法院判决:

驳回上诉,维持原判。

【案例397】总经理开支严重超常　违反忠实义务须赔偿[①]

原告： 永信公司

被告： 孙某

诉讼请求： 被告赔偿原告549,165.48万元。

争议焦点： 被告作为原告的总经理，严重超标准支付日常开支费用是否属于高级管理人员违反忠实义务的行为，原告是否可主张被告返还相应款项。

基本案情：

永祥公司、中信公司于1993年8月签订中外合资经营公司合同，约定双方共同出资50万美元在中国境内合资建立原告，其中由永祥公司出资15万美元，中信公司出资35万美元。被告自1996年起担任原告总经理。

2000年原告的审计报告指出，被告任公司总经理期间，总经理的日常开支费用占管理费用比例较大，特别是一些国内国际电话费、差旅费、招待费共计713,792.64元，占管理费用的14.55%。

原告诉称：

被告作为原告总经理，对原告应当尽忠实、勤勉义务。但被告在任职期间各种开支过高，已经给原告造成了较大损失，应予赔偿。

被告辩称：

该管理费用均为与原告业务活动相关的支出，被告没有《公司法》(2005年修订)第149条所列举的各项侵害公司利益的行为，故不承担赔偿责任。

律师观点：

《公司法》(2013年修订)第148条第1款第8项"违反对公司忠实义务的其他行为"属于一种兜底条款，在司法实践中主要包括以下行为：公司高级管理人员浪费公司资产的不当职务消费行为；高级管理人员在公司经营亏损时仍然购买或者更换高档交通工具、对办公室进行豪华装修；利用公司资金进行高档消费；严重超标准支付差旅费、业务招待费等。

本案中，被告作为原告总经理在其管理公司事务时，应当对原告负有忠实义务，即要求公司高级管理人员在行为时不得追求个人利益，若违反了上述义务，应当承担一定的法律责任。显然，被告在原告的开支已经严重超过了原告以往的总经理开支，且在原告经营状况未发生巨大变化的情况下，这种开支的激增是不合

[①] 参见褚红军主编：《公司诉讼原理与实务》，人民法院出版社2007年版，第214~215页。

常理的。因此,被告未尽到作为原告高级管理人员所应负的忠实义务,应当对原告的损失加以赔偿。

法院判决:

被告赔偿原告549,165.48万元。

第三节 损害公司利益刑事责任

一、一般刑事犯罪

943. 何为侵犯商业秘密罪？其立案追诉标准以及量刑标准分别是怎样的？

侵犯商业秘密罪,是指采取不正当手段,获取、披露、使用或者允许他人使用权利人的商业秘密,情节严重的行为。

(1) 追诉标准

侵犯商业秘密,涉嫌下列情形之一的,应予立案追诉:

①给商业秘密权利人造成损失数额在30万元以上的；

②因侵犯商业秘密违法所得数额在30万元以上的；

③直接导致商业秘密的权利人因重大经营困难而破产、倒闭的；

④其他给商业秘密权利人造成重大损失的情形。

前款规定的造成损失数额或者违法所得数额,可以按照下列方式认定:

①以不正当手段获取权利人的商业秘密,尚未披露、使用或者允许他人使用的,损失数额可以根据该项商业秘密的合理许可使用费确定。

②以不正当手段获取权利人的商业秘密后,披露、使用或者允许他人使用的,损失数额可以根据权利人因被侵权造成销售利润的损失确定,但该损失数额低于商业秘密合理许可使用费的,根据合理许可使用费确定。

③违反约定、权利人有关保守商业秘密的要求,披露、使用或者允许他人使用其所掌握的商业秘密的,损失数额可以根据权利人因被侵权造成销售利润的损失确定。

④明知商业秘密是不正当手段获取或者是违反约定、权利人有关保守商业秘密的要求披露、使用、允许使用,仍获取、使用或者披露的,损失数额可以根据权利人因被侵权造成销售利润的损失确定。

⑤因侵犯商业秘密行为导致商业秘密已为公众所知悉或者灭失的,损失数额

可以根据该项商业秘密的商业价值确定。商业秘密的商业价值,可以根据该项商业秘密的研究开发成本、实施该项商业秘密的收益综合确定。

⑥因披露或者允许他人使用商业秘密而获得的财物或者其他财产性利益,应当认定为违法所得。

上述第②、③、④项规定的权利人因被侵权造成销售利润的损失,可以根据权利人因被侵权造成销售量减少的总数乘以权利人每件产品的合理利润确定;销售量减少的总数无法确定的,可以根据侵权产品销售量乘以权利人每件产品的合理利润确定;权利人因被侵权造成销售量减少的总数和每件产品的合理利润均无法确定的,可以根据侵权产品销售量乘以每件侵权产品的合理利润确定。商业秘密系用于服务等其他经营活动的,损失数额可以根据权利人因被侵权而减少的合理利润确定。

商业秘密的权利人为减轻对商业运营、商业计划的损失或者重新恢复计算机信息系统安全、其他系统安全而支出的补救费用,应当计入给商业秘密的权利人造成的损失。

(2)量刑标准

①情节严重的,处3年以下有期徒刑,并处或者单处罚金;

②情节特别严重的,处3年以上10年以下有期徒刑,并处罚金;

③单位犯本罪时,对单位判处罚金,并对其直接负责的主管人员和其他直接责任人员,依照相应个人犯罪的标准定罪量刑。

值得注意的是,由《刑法修正案(十一)》及《最高人民检察院、公安部关于印发〈关于修改侵犯商业秘密刑事案件立案追诉标准的决定〉的通知》(高检发〔2020〕15号)可知,近年来国家针对侵犯商业秘密罪,在立法上进行了较大幅度的修改。相较《刑法修正案(十)》,本次修改中删除了"给商业秘密的权利人造成重大损失的"条件,改为"情节严重""情节特别严重的"这两个量刑幅度。此种修改更具逻辑性,也符合《刑法》一般罪名的处罚结构。而且本条还特别删除了"商业秘密"的含义,这也意味着对于商业秘密的认识和评价,需要依据相关专门规定进行理解,以保持含义一致性。

此外,比较重要的是,新增了"第219条之一"①为境外窃取、刺探、收买、非法提供商业秘密罪。经济全球化背景下,国内为境外非法提供商业秘密的犯罪案件

---

① 《刑法》第219条之一规定:"为境外的机构、组织、人员窃取、刺探、收买、非法提供商业秘密的,处五年以下有期徒刑,并处或者单处罚金;情节严重的,处五年以上有期徒刑,并处罚金。"

也日益增多,故立法机构增加此条,有利于严厉打击侵害我国公司、企业利益的犯罪行为,保障其合法权益,也填补了《刑法》处罚的空白。

【案例398】力拓案——4名员工侵犯商业秘密

被告人:胡某泰、王某、葛某强、刘某魁
基本案情:

近年来,我国在铁矿石价格谈判上采取长期供货协议的方式,实行年度集体议价机制①,目前谈判格局是巴西淡水河谷和澳大利亚必和必拓、力拓代表供方,中国宝钢、日本钢厂、欧盟钢厂代表需方。

2009年1月9日,中钢协负责年度铁矿石谈判事宜并提出了降价40%以上的降幅要求,且谈判形势对中方相当有利。但由于中钢协涉及铁矿石价格谈判策略的会议信息、中国钢铁企业购买铁矿石的价格信息、中国钢铁企业的财务数据等谈判机密被胡某泰、刘某魁、葛某强、王某4名力拓矿业集团驻华员工以不正当手段获得,并将上述信息全部传给力拓公司,由此让对方掌握了我国国内铁矿石谈判团队的底线。

2009年6月10日,巴西淡水河谷公司宣布,已与日本新日铁公司、韩国浦项公司达成2009年度铁矿石价格协议,粉矿合同价格下调28.2%。对于上述降幅,中钢协拒绝接受。中钢协强调铁矿石长期合同价格应降到2007年的水平,即澳洲矿石降价45%、巴西矿石降价40%②,中国与三大铁矿石巨头的谈判因此陷入僵局。且在此情况下,中国钢铁企业被迫接受力拓提出的按2008年价格的预付款开立信用证的条件,而该预付款价格高于日本新日铁公司与力拓公司达成的2009年度铁矿石价格,为此,中国20余家钢铁企业多预付货款达1018亿元。

2009年7月5日,胡某泰、刘某魁、葛某强、王某4人由于在2009年中外进出口铁矿石谈判期间,采取不正当手段刺探窃取了中国国家秘密,对中国国家经济安全和利益造成重大损害,被上海市国家安全局刑事拘留。2009年8月11日,上述4人被正式批捕。2010年2月10日,上海市人民检察院第一分院向上海市第一中级人民法院提起公诉。

法院认为:

被告人胡某泰、王某、葛某强、刘某魁利用职务便利,为他人谋取利益,分别索

---

① 铁矿石谈判机制,是由世界主流铁矿石供应商与其主要客户进行谈判,决定下一财政年度铁矿石价格(离岸价格),按照谈判惯例,任意一对谈判对手率先达成协议,其他各方均接受此结果,具体内容参见徐向春:《2009年铁矿石谈判变数仍多》,载《商务周刊》2009年第5期。
② 参见武亮:《铁矿石谈判:为何中国话语权一失再失》,载《新财经》2009年第7期。

取或非法收受他人财物,数额巨大,其行为均已构成非国家工作人员受贿罪;胡某泰作为单位直接负责的主管人员,王某、葛某强、刘某魁作为单位其他直接责任人员,采取利诱及其他不正当手段获取商业秘密,造成特别严重后果,其行为均又构成侵犯商业秘密罪,依法应予数罪并罚。

法院判决:

被告人胡某泰等人的行为构成非国家工作人员受贿罪、侵犯商业秘密罪,分别被判处7年至14年有期徒刑不等,并处没收财产和罚金,违法所得均予以追缴。

944. 何为挪用资金罪?其立案追诉标准以及量刑标准分别是怎样的?

挪用资金罪,是指公司、企业或者其他单位的人员,利用职务上的便利,挪用本单位资金归个人使用或者借贷给他人,数额较大、超过3个月未还,或者虽未超过3个月,但数额较大、进行营利活动的,或者进行非法活动的行为。

(1)追诉标准

挪用资金罪具有下列情形之一的,应予立案追诉:

①挪用本单位资金数额在10万元以上,超过3个月未还的;

②挪用本单位资金数额在10万元以上,进行营利活动的;

③挪用本单位资金数额在6万元以上,进行非法活动的。

(2)量刑标准

构成挪用资金罪的,处3年以下有期徒刑或者拘役;挪用本单位资金数额巨大的,处3年以上7年以下有期徒刑;数额特别巨大的,处7年以上有期徒刑。

笔者在此提示,《刑法修正案(十一)》将《刑法修正案(十)》中"数额较大不退还的"条件删除,且此处刑期变为"处三年以上七年以下有期徒刑"。数额上,增加了"数额特别巨大的,处七年以上有期徒刑"的第3档刑罚幅度。从上述修改可知,立法者有意按照《刑法》中大多数犯罪的"三阶层"组合处理,使得司法机关更灵活地适用刑罚,体现了"罪责刑相适应"的原则。

另外,由本条最后新增一款"有第一款行为,在提起公诉前将挪用的资金退还的,可以从轻或者减轻处罚。其中,犯罪较轻的,可以减轻或者免除处罚"可知,立法者倾向的态度是,鼓励犯罪分子积极退赃,既能挽回经济损失,又能减轻处罚力度。

【案例399】挪用侵占公司资金 "真功夫"老总被判14年[①]

被告人:蔡某标、李某义、蔡某标、洪某刚、丁某琴

---

① 参见广东省广州市中级人民法院(2014)穗中法刑二终字第68号刑事判决书。

基本案情：

1. 职务侵占罪

2009年9月和12月，被告人蔡某标利用职务之便，指使被告人洪某刚、被告人丁某琴虚构广州真功夫公司与金培中心的合同，将广州真功夫公司的500万元转至金培中心，其中460万元由被告人李某义套取现金后存入被告人蔡某标的个人银行账号供其使用，或用于偿还被告人李某义的银行贷款利息等。

2010年2月，被告人蔡某标指使被告人洪某刚等4名被告人，在真功夫公司停止安装思远公司管理系统，更换新系统的情况下，安排深圳真功夫公司与被告人蔡某标控制的思远公司签订合同（合同金额为350万元），以收购思远系统源代码为名，将深圳真功夫公司的350万元转至思远公司，其中300万元由被告人李某义套取现金之后用于归还私人借款。2010年11月，被告人蔡某标指使被告人洪某刚、被告人蔡某标等人，虚构深圳真功夫公司与被告人蔡某标控制的思远公司签订合同（合同金额共计370万元），将深圳真功夫公司的370万元转至思远公司，由被告人蔡某标控制使用。

2010年9月和12月，被告人蔡某标利用职务之便，以其为公司垫付公关费用为借口，指使被告人丁某琴及赖某丰（真功夫公司公共事务总监）等人先后虚构深圳真功夫公司与姜某好所签订的《寻找华南地区新店店址协议书》（合同金额为95万元人民币）、与蕾诺公司所签订的《研发真功夫厨房设备、新一代厨房优化设计方案》（合同金额为200万元人民币），将深圳真功夫公司95万元人民币转给姜某好，200万元转给蕾诺公司，由赖某丰套取、提取现金后交给蔡某标。

2. 挪用资金罪

2009年9月，被告人蔡某标利用职务之便，指使被告人洪某刚、被告人李某义等人，虚构厨具开发等项目支出，以预付款的方式，将广州真功夫公司、深圳真功夫公司800万元转到被告人李某义控制的科普达公司在东莞银行长安富昌支行的账户，再由被告人李某义套取现金后将780万元存入蔡某标的私人账户供其使用，扣除手续费后余款18.4万元被李某义用于偿还银行贷款利息。2010年12月29日，被告人蔡某标、被告人李某义使用上述科普达公司银行账户归还800万元给广州真功夫公司、深圳真功夫公司。

2009年9月，被告人蔡某标指使被告人洪某刚、李某义等人，虚构装修工程项目支出，以预付款的方式，将广州真功夫公司、深圳真功夫公司500万元转至被告人李某义控制的逸晋公司账户，由被告人李某义提取现金后存入蔡某标的私人账户供其使用。

2010年1月，被告人蔡某标指使被告人洪某刚、李某义等人，虚构装修工程项

第十三章

损害公司利益责任纠纷

目支出,以预付款的方式,将广州真功夫公司、深圳真功夫公司500万元转至被告人李某义控制的逸晋公司,其中313.2万元由李某义提取现金后用于归还私人借款,余款由李某义控制使用。

2010年11月、12月,真功夫公司以应付逸晋公司装修丽景店、繁华路店等门店的装修工程款冲抵已支付逸晋公司的预付款1050万元(包括上述预付款1000万元及其他预付款50万元)中的7,334,971.41元。

公诉机关指控:

五名被告人采用虚构合同、交易成本等形式侵占、挪用真功夫公司资金,数额巨大,构成职务侵占罪、挪用资金罪。

被告人蔡某标辩称:

虚构合同套现500万元的控罪中,涉案公司金培中心是真功夫公司为处理没有发票的公关费用而成立,成立该公司是被告人洪某刚的提议。

与思远公司虚构合同侵占720万元的控罪中,被告人蔡某标对其中金额为370万元的合同并不知情,而购买思远公司软件的源代码价值350万元的合同,他曾经听过汇报,认为公司虽然准备使用美国NEWPOS系统收银软件,仍认为有必要把正在使用的思远软件源代码买下来。

侵占和挪用总裁备用金的指控中,被告人蔡某标称是为了弥补给上市重组小组主要负责人在各地出差联络的开支。

被告人李某义控制的科普达公司套现800万元的指控中,被告人蔡某标承认有挪用一事,称当时急需用钱,被告人洪某刚出主意说从该公司调动800万元出来用,只要及时归还便不违法。本来可以早些还款,但自己忘了此事。

指控1笔500万元,其是为了归还逸晋公司的债务,后面的500万元其不清楚。

其他4名被告人基本同意被告人蔡某标的答辩意见。

法院认为:

1. 被告人构成职务侵占罪以及挪用资金罪。

5名被告人结伙利用公司人员职务上的便利,将公司财物非法占为己有,数额巨大,其行为均已构成职务侵占罪。

被告人蔡某标、被告人洪某刚、被告人李某义结伙利用公司人员职务上的便利,挪用公司资金归个人进行投资营利活动,数额巨大,其行为均已构成挪用资金罪。

2. 被告人犯数罪应数罪并罚,结合自首、立功表现,从轻处罚。

被告人蔡某标、被告人洪某刚、被告人李某义均犯数罪,应数罪并罚。

在共同犯罪中,被告人蔡某标指使、策划他人作案,应当认定为主犯,按照其所参与、组织、指挥的全部犯罪处罚;其余4名被告人受被告人蔡某标指使、指挥参与作案,均起次要、辅助作用,为从犯,应当减轻处罚。

被告人蔡某标、被告人洪某刚、被告人李某义在案发前已退还其挪用的大部分资金,对其挪用资金犯罪可酌情从轻处罚。

被告人洪某刚、被告人丁某琴均如实供述犯罪事实,自愿认罪,且获得被害单位谅解,因此可以酌情从轻处罚。

被告人洪某刚归案后揭发同案人共同犯罪事实,有悔罪表现,可以从轻处罚。

被告人蔡某标、被告人李某义、被告人蔡某标的违法所得应予追缴并发还被害单位。

法院判决:

1. 被告人蔡某标犯职务侵占罪,判处有期徒刑10年,并处没收财产100万元人民币;犯挪用资金罪,判处有期徒刑6年。数罪并罚,决定执行有期徒刑14年,并处没收财产100万元人民币。

2. 被告人李某义犯职务侵占罪,判处有期徒刑4年;犯挪用资金罪,判处有期徒刑3年零6个月。数罪并罚,决定执行有期徒刑6年零6个月。

3. 被告人蔡某标犯职务侵占罪,判处有期徒刑4年。

4. 被告人洪某刚犯职务侵占罪,判处有期徒刑2年零10个月;犯挪用资金罪,判处有期徒刑1年零6个月。数罪并罚,决定执行有期徒刑3年零6个月。

5. 被告人丁某琴犯职务侵占罪,判处有期徒刑2年零9个月。

【案例400】北京一高尔夫俱乐部老总挪用200万元 获刑5年[①]

被告人: 朱某

基本案情:

被告人系北京北湖国际高尔夫俱乐部法定代表人、董事长、总经理,同时其还担任海口馨叶工程有限公司法定代表人。

2002年4月,被告人利用职务之便,将北京北湖国际高尔夫俱乐部账户内的200万元人民币划入海口馨叶公司在广东发展银行北京分行亚运村支行开立的账户内,用此款偿其妻刘某对其的投资款,并以此为条件与刘某解除了婚姻关系。

后北京北湖国际高尔夫俱乐部的其他股东通过查账发现上述问题,并向公安机关报案。后被告人被抓获归案。

[①] 参见北京市朝阳区人民法院(2005)朝刑初字第01429号刑事判决书。

法院认为：

被告人身为北京北湖国际高尔夫俱乐部有限公司的主要负责人,应依法经营,但其利用职务之便挪用单位的巨额资金归个人使用,其行为侵犯了公司财产的所有权,已构成挪用资金罪。

法院判决：

被告人行为构成挪用资金罪,判处有期徒刑5年,追缴被告人200万元人民币,返还北京北湖国际高尔夫俱乐部有限公司。

945. 何为职务侵占罪？其立案追诉标准以及量刑标准分别是怎样的?

职务侵占罪,是指公司、企业或者其他单位的人员,利用职务上的便利,将本单位财物非法占为己有,数额较大的行为。

(1)追诉标准

公司、企业或者其他单位的人员,利用职务上的便利,将本单位财物非法占为己有,数额在6万元以上的,应予立案追诉。

(2)量刑标准

构成职务侵占罪,数额较大的,处3年以下有期徒刑或者拘役,并处罚金;数额巨大的,处3年以上10年以下有期徒刑,并处罚金;数额特别巨大的,处10年以上有期徒刑或者无期徒刑,并处罚金。

《刑法修正案(十一)》在量刑上,将《刑法修正案(十)》中的本条文改为"数额较大""数额巨大""数额特别巨大"的处罚结构。由此可知,立法者意在将此罪的刑罚标准按照"三阶层"这种渐进式的组合处理,亦符合我国《刑法》中大多数贪污贿赂系列犯罪的处罚结构。

946. 职务侵占罪与侵占罪的区别是什么?

职务侵占罪与侵占罪的区别如下：

(1)职务侵占罪的主体是公司、企业或者其他单位的工作人员,且非国家工作人员,为特殊主体;而侵占罪的主体为一般主体,即达到刑事责任年龄、具有刑事责任能力的自然人。

(2)职务侵占罪在主观方面表现为明知是单位的财物而决意采取侵吞、窃取、欺诈等手段非法占为己有;而侵占罪的主观方面表现为明知是他人的代为保管的财物、遗忘物或埋藏物而决意占为己有,拒不交还。

(3)职务侵占罪在客观方面表现为利用职务之便将单位财物非法占为己有,即化公为私,但行为人必须利用职务上的便利,采取的是侵吞、窃取、骗取等手段,财物是否先已为其持有则不影响本罪成立;而侵占罪则必先正当、善意、合法地持有了他人的财物,再利用各种手段占为己有且拒不交还,行为不必要求利用职务之便。

(4)职务侵占罪所侵犯的对象是公司、企业或者其他单位的财物,其中既有国有的,也有集体的,还有个人的;侵占罪所侵犯的仅仅是他人的3种特定物,即系为自己保管的他人财物、遗忘物或者埋藏物。他人仅是指个人,而不包括单位。

(5)职务侵占罪侵犯的客体是公私财物的所有权;而侵占罪所侵犯的仅是他人财物的所有权。

(6)职务侵占罪不属于告诉才处理的案件;而侵占罪则只有告诉才处理。

【案例401】老总打白条320万元进腰包　职务侵占获刑9年[①]

被告人:马某

基本案情:

被告人的表亲李某是中国台湾地区某企业老板,1994年年底,李某投资20万美元在天津建厂,任命马某为天津公司法定代表人、董事长兼总经理。

2000年,天津公司有员工寄信向李某反应,怀疑被告人将10万元公司财产中饱私囊。李某询问,被告人坚决否认,李某顾念亲情没有追究。后被告人频称市场不景气、生意难做,上报的业绩亏损连连。

2006年,李某让留学回来的儿子和被告人共同管理天津公司,被告人坚决不同意。李某觉已无法控制天津公司,2006年年底与被告人签订《公司解散同意书》,但被告人一直未离开该公司,也拒绝交出公章账簿等公司财物。后李某将被告人诉至法院,经法院查明被告人经营该家外商独资企业时间长达10年之久,掌管公司全部财物和事务,因其怠于履行交接义务,已构成对公司利益的损害,应承担停止侵害的民事责任。后经法院调解,被告人最终交出其管理的财务账册、原始会计凭证、公章等公司财物。后李某查账发现,天津公司存在数目巨大的亏空,遂向公安机关报案,被告人因涉嫌职务侵占犯罪落网。

公诉人指控:

2000年至2006年,被告人利用职务便利,以支付投资人李某及其台湾公司货款、偿还业务客户厦门某公司欠款的名义,指使天津公司工作人员及其亲信,制作假冒李某签字或打印的"白条"收据,被告人先后分多笔从天津公司提出现金320余万元人民币后据为己有。其行为已构成职务侵占罪。

[①] 参见北方网 http://news.enorth.com.cn/system/2009/11/30/004297567.shtml,2011年5月15日访问。

被告人辩称：

其未占有公司一分钱，"白条"所支出现金均为公司生产经营，及李某购房、买车、买字画等所用。公司还有一本"内部账"记载所控现金去向。

法院认为：

经审计部门针对公诉机关指控犯罪数额进行审计，证明不存在所谓"内部账"，320余万元均为"白条"形式列支，无原始票据及载明用途。公安机关委托司法鉴定证实"白条"不是李某签字收款，通过调取李某入境记录，证实其入境时间与被告人所称将公司现金交给李某的时间均不吻合。因此，被告人利用职务上的便利，将本单位财物非法占为己有，且数额巨大，其行为已构成职务侵占罪。

法院判决：

判处被告人有期徒刑9年。

【案例402】伪造材料变更股东　侵占股权获刑10年[①]

被告人：栗某华

基本案情：

2003年3月，周某昌、郑某朝、朱某云3人共同出资100万元注册成立了天源公司，3人各持公司40%、40%、20%的股份。

2005年11月，经协商3人所持股份分别变更为70%、10%、20%，并在公证处进行公证。

2005年11月，该公司聘任被告人为副经理。

2006年1月，被告人利用掌管公司公章等职务之便，未经公司股东郑某朝、朱某云的同意，伪造了《股东会议纪要》《股权转让协议》等文件，在阿克苏地区工商行政管理局办理变更登记，将股东郑某朝、朱某云的全部股份变更到其妻周某娟、其岳父周某昌名下。

后来，郑某朝、朱某云两人的经营权、求偿权等权利被完全剥夺。经资产评估事务所评估，天源公司净资产为4,074,591.73元，被告人非法侵占天源公司股东郑某朝、朱某云的股份价值为1,222,377元。

该案在侦查期间，检察机关将天源公司的资产进行了审计，审计报告显示，被告人将郑、朱两人的股份变更转移后，将许多资金用于个人支出，如审计报告中记载其中有1笔27万元，被告人用于个人缴纳经营性水费。

[①] 参见新疆生产建设兵团五家渠垦区人民法院(2007)五刑初字111号刑事判决书。

另外，周某昌在担任天源公司董事长期间，伙同被告人，在其他股东不知情的情况下，将天源公司账户中的50万元资金打入公司会计于某玲个人建行卡中，后又倒出并打入筹建中的吉利公司临时账户，用于吉利公司的注册验资。

2005年12月吉利公司成立，企业类型为私营有限责任公司，出资人为周某昌、张某仓（被告人的姐夫），法定代表人为张某仓。

2007年3月26日，被告人被新疆生产建设兵团五家渠垦区人民检察院批捕，后以职务侵占罪和挪用资金罪被公诉至新疆生产建设兵团五家渠垦区人民法院。

周某昌在逃。

公诉机关指控：

1. 被告人被天源公司聘任为副经理，利用职务便利，以伪造文件、变更登记等手段，非法占有他人股份价值122.2377万元，数额巨大，其行为已构成职务侵占罪。

2. 被告人在担任天源公司副经理期间，伙同他人，利用职务上的便利，挪用天源公司资金50万元进行营利活动，数额巨大①，其行为已构成挪用资金罪。

公诉机关为证明被告人犯罪事实，提供证据如下：

1. 关于职务侵占罪

（1）报案材料、立案决定书，证实了案件来源及公安机关受理案件情况。

（2）天源公司营业执照、股东会会议纪要、公司章程等，证明了天源公司的注册资本、企业性质、经营范围等情况。

（3）天源公司发放的聘任书，证明被告人于2005年11月6日被聘任为天源公司副经理。

（4）协议书、公证书，证明在2005年11月4日周某昌、郑某朝、朱某云3人经协商，将股份变更并到阿克苏垦区公证处进行公证的事实。

（5）婚姻状况证明，证明被告人与周某娟系夫妻关系。

（6）被害人郑某朝、朱某云的陈述，证实了天源公司设立、经营情况，并且证实2005年11月4日3人是协商变更股份并公证，但并不知道自己持有股份已全部转让给周某娟、周某昌的事实。

（7）证人周某昌的证言，证实了天源公司的设立、经营情况，并证实2005年11月4日与郑某朝、朱某云协商变更股份并公证的事实。

（8）证人刘某领、于某玲、张某芳的证言，证实了天源公司的经营状况、财务

---

① 根据《最高人民法院、最高人民检察院关于办理贪污贿赂刑事案件适用法律若干问题的解释》（法释〔2016〕9号）第11条第2款的规定，现挪用本单位资金进行营利活动或者超过3个月未还的，"数额巨大"的量刑标准已更改为"四百万元以上的"。

管理等情况。

(9) 证人周某娟的证言,证实周某昌将名下70%的股份转让给自己50%,并在阿克苏地区工商局签过名的事实。

(10) 证人杨某的证言,证实被告人栗某华曾找自己办理过股权变更登记,且自己按被告人栗某华的口述打印了《股权转让协议》《股东会议纪要》等文件,并且证实公安机关提取的复印件与其打印内容一致。

(11) 证人王某凤、瞿某菊、方某仓、郑某功的证言,证实2006年11月公安机关曾到工商局复印过天源公司档案变更卷,后公安机关再次复印时,变更卷原卷不在了,经查找未能找到的事实。

(12) 证人马某田、昌某州的证言,证实2006年11月22日两人去工商局调取天源公司档案变更卷时,工商局工作人员告知卷已不在的事实。

(13) 证人程某、陆某的证言,证实两人曾参与被告人案件的侦破工作,并于2006年11月到阿克苏地区工商局查档时,发现变更卷中《股权转让协议》《股东会议纪要》等文件,郑某朝、朱某云的股份已全部转至周某娟、周某昌名下,且郑、朱的签名不像本人所写,引起两人怀疑后,对变更卷原卷进行复印,并加盖了工商局骑缝章。

(14) 兵团公安局物证鉴定中心出具的文检鉴定书,认定2006年1月12日的《股权转让协议》《股东会议纪要》等文件,郑某朝、朱某云的签名不是本人所写,而是被告人所写。

(15) 资产评估事务所出具的评估报告,确认天源公司净资产为4,074,591.73元。

(16) 被告人的供述,其供述是曾到阿克苏工商局办理过变更登记,但其否认是2006年1月12日《股权转让协议》《股东会议纪要》的内容。

2. 关于挪用资金罪

(1) 吉利公司法人营业执照、股东会议纪要、章程及设立的相关法律手续,证明了吉利公司是以周某昌、张某仓两人分别以25万元出资组建,张某仓为法定代表人,周某昌为总经理,以及吉利公司的企业类型、经营范围等情况。

(2) 天源公司、吉利公司的记账凭证、电汇凭证及现金交款单等证据,证明天源公司50万元以周某昌、张某仓个人名义挂账,并于2005年12月9日打入会计于某玲账户,同日该款以周某昌、张某仓出资款名义进入吉利公司临时账户。

(3) 会计师事务所出具的审计报告,确认天源公司以50万元投资成立了吉利公司。

(4)被害人郑某朝、朱某云的证言,两人均证实并不知道吉利公司成立的事实。

(5)证人周某昌的证言,证实被告人提议成立吉利公司,在得到自己同意后,由被告人具体办理了吉利公司的注册登记手续。同时证实,天源公司、吉利公司的财务各自独立,吉利公司的财务由其主管,张某仓只是挂名的事实。

(6)证人刘某领的证言,证实在2005年11月4日股权变更后,郑某朝便离开天源公司,并委托自己代其参与天源公司的经营。吉利公司何时成立自己也不知道,只是事后看见了吉利公司的营业执照。

(7)证人于某玲的证言,证实2005年12月被告人和周某昌说过要成立一家公司,后周某昌安排自己将天源公司50万元打入自己建行卡中,又于当日转入吉利公司开设的账户中,被告人具体办理吉利公司注册登记手续,吉利公司实际控制人是周某昌。

(8)证人张某仓的证言,证实对吉利公司何时成立、资金来源等情况都不知道,也未在任何文件上签过字,自己只是负责回收废料。

(9)证人余某霞的证言,证实自己作为出纳,周某昌安排自己将于某玲建行卡中50万元转入吉利公司用于验资,并证实吉利公司的财务管理现金支出都由周某昌负责。

(10)被告人的供述,证明吉利公司注册登记手续由其经办,注册资金50万元来源于天源公司,吉利公司成立时郑某朝、朱某云都不在,张某仓只是挂名。

被告人辩称:

将郑某朝、朱某云的股份变更至其妻周某娟、岳父周某昌名下,不是自己所为;用天源公司50万元成立吉利公司,其他股东全知道,其行为不构成犯罪。

1. 本案无证据证明天源公司的不动产物权被登记在被告人栗某华名下或被被告人栗某华非法占有。即使伪造的股权变更协议存在,被告人栗某华也不是被变更股权的受益人,股权和公司财物属两个不同的法律范畴,本案属股东之间的股权纠纷。

2. 周某昌作为天源公司的股东之一,占有天源公司70%的股权,也是公司董事长,其有权决定出资组建吉利公司,吉利公司是天源公司投资组建的下属企业,不是周某昌的个人私营公司。公司股东不是公司工作人员,周某昌不属于挪用资金罪的主体范围。

因此,被告人栗某华建议投资成立吉利公司的行为,不是共谋犯罪行为。请求宣告被告人栗某华无罪。

被告人为证明其观点，提交证据如下：

公安机关扣押天源公司白条的清单、天源公司托管协议及工资发放清单、完税证等证据，以证明新疆方夏资产评估事务所出具的审计报告、评估报告不客观、不全面。

法院认为：

1. 关于被告人提出，其并未实施将郑某朝、朱某云的股份变更至其妻周某娟、岳父周某昌名下的行为，不应采信。

经查，证人杨某证实了被告人曾找其办理变更登记手续，其根据被告人口述帮助打印了《股权转让协议》《股东会议纪要》等文件，并办理了变更登记，以上文件与公安机关调取的文件内容一致。公安机关通过文检鉴定，确认上述文件郑某朝、朱某云签名均为被告人所签，被告人的辩解理由不能成立，不应采信。

2. 职务侵占罪中的财产权包括股权。

关于被告人的辩护人提出，天源公司的不动产物权登记在被告人名下或被其非法占有，被告人也不是被变更股权的受益人，股权和公司财物属不同的法律范畴，本案属股东之间的股权纠纷。

《物权法》明确规定：不动产物权的设立、变更、转让和消灭，经依法登记，发生效力；所有权人对自己的不动产或者动产，依法享有占有、使用、收益和处分的权利[①]。

股权中最根本的权利就是财产权，被告人以伪造的文件在工商行政管理机关办理了变更登记手续，使股东郑、朱两人丧失了对其持有股份的所有权，且其将股权变更至其亲属名下，已为其实际掌控、非法占有，故上述辩护意见及理由不能成立，不应采纳。

3. 被告人应承担刑事责任。

（1）被告人不是股东，而只是公司高级管理人员。

（2）《刑法》第271条规定，公司、企业或其他单位的人员，利用职务上的便利，将本单位的财物非法占为己有，数额较大的，构成职务侵占罪。

《公司法》（2005年修订）第216条规定："违反本法规定，构成犯罪的，依法追究刑事责任"；第217条第1款规定："高级管理人员是指公司的经理、副经理、财务负责人，上市公司董事会秘书和公司章程规定的其他人员。"

---

① 现为《民法典》第71条相关内容。

结合本案,可以认为,被告人为公司副经理,是高管人员,其身份属于《刑法》规定的公司、企业和其他单位的工作人员。

(3)本案中被告人侵占的财产数额巨大,行为具有严重的社会危害性,已超出《公司法》规定的一般违规、违章(程)行为,而是构成犯罪的行为,故应依法定罪处罚。

4. 被告人的行为应认定为职务侵占罪,而非诈骗罪。

诈骗罪的客观表现为隐瞒真相,使相对人信以为真,而"自愿"地将财物交给犯罪人。该案中,被告人虽具有隐瞒真相的行为,采取了伪造《股权转让协议》及《股东会议纪要》等手段,但并没使被害人郑某朝、朱某云陷于错误认识并"自愿"将其股份转入他人名下,也就是说,其行为不符合被害人基于错误认识而作出处分财物的诈骗罪表现形式。

该案中工商局只是被告人实施侵占行为的一个工具,并非本案中的被害人,工商局的财物并没有受到任何损失;同时,工商局也无权处分公司股东郑某朝、朱某云的股份,其在本案中也没有处分两股东的股份,只是依职权作出了变更登记的行为。

职务侵占罪的典型特征是犯罪行为人利用职务上的便利进行侵占,主体是特殊主体,这与诈骗罪、侵占罪有显著不同。

本案中,被告人利用自己在天源公司担任副经理、掌管公司公章的便利,携带盖有公章的《股东会议纪要》《股权转让协议》等文件,在工商管理机关将郑、朱两人股份变更转移,亦符合职务侵占罪构成要件的客观表现。被告人如不担任天源公司的副经理,则没有这种职务上的便利条件,也不会取得工商机关的信任而随意变更登记股权。因此,被告人的行为应认定为构成职务侵占罪。

5. 侵犯股权即为侵犯公司财产权。

按现代公司法理论及法律规定,股东个人将资产交给公司后,该财产与股东个人脱离,股东个人不再对该财产享有支配权,而公司作为具有虚拟人格的法人实体,对股东的财产享有独立的支配权。

所以,作为非天源公司股东的被告人,其非法侵占郑某朝、朱某云30%的股份,直接侵害了公司的财产权(亦当然侵犯了郑、朱两人的股权),损害了公司的利益。

6. 被告人的行为符合法律规定的"非法占为己有"的主观构成要件。

(1)依照有关立法解释,"归个人使用",是指将公款供本人、亲友或其他自然人使用,以个人名义将公款供其他单位使用,个人决定以单位名义将公款供其他单位使用谋取个人利益的。

所以,这里的占有既可以是本人的直接占有,也可以是由他人代管等形式的间接占有,而不应将"非法占为己有"机械地理解为被犯罪人本人占有。

(2)即使被告人将公司股份转至其妻子名下,而在被告人与其妻子婚姻关系存续期间,除非特别约定,该部分股份系两人共有。

(3)以诈骗方式非法将他人股权转移到自己或近亲属名下,在侵权人不能操控公司的情况下,并不必然导致对公司财产的侵占。然而本案中,由于合法股东郑某朝、朱某云被剥夺了股东权而不能正常行使权利,公司处于被非法操控状态,不仅被被告人非法转移的财产,而且公司的所有财产已实际上被周某昌、被告人个人占有并使用,也即周、栗两人通过非法将他人股权转移到自己或近亲属名下的途径,非法占有了这部分"抽象的"股权所代表的相应比例的公司财产,这从被告人以公司资金为自己所用也可得到证明。

所以,作为非公司股东的公司管理人员,本案中天源公司的财产仍然是被被告人"非法占为己有"。

7. 周某昌亦为挪用资金罪的犯罪主体。

关于被告人的辩护人提出,周某昌作为占有天源公司股份70%的股东,也是公司董事长,其有权决定出资组建吉利公司,吉利公司是天源公司投资组建的下属企业,周某昌作为股东不属于挪用资金罪的主体范围,被告人栗某华的行为亦不构成犯罪。郑某朝、朱某云作为公司股东,依法对公司发展享有表决权、知情权等权利,周某昌不能因控股比例高而私自挪用公司资金进行营利活动,且吉利公司为私营有限责任公司,注册登记出资人为周某昌、张某仓,实际控制人为周某昌(已为本案证据所证实)。周某昌虽为股东,同时也是公司法定代表人、管理人员,其身份符合《刑法》规定的挪用资金罪的犯罪主体。因此,该辩护人的此项辩护意见及理由不能成立,不应采纳。

法院判决:

被告人犯职务侵占罪、挪用资金罪,数罪并罚,决定执行有期徒刑10年。

947. 职务侵占罪与贪污罪的区别是什么?

两者最主要的不同在于犯罪主体。职务侵占罪的犯罪主体为公司、企业或者其他组织的人员,不包括国有企业或者其他国有单位中从事公务的人员,也不包括国有公司、企业及国有单位委派到非国有公司、企业、单位中从事公务的人员,即不具有国家工作人员身份的人。贪污罪的主体则是国家工作人员。

由于犯罪主体的不同,因此在犯罪客体上,职务侵占罪所侵犯的是职务行为廉洁性和本单位财产所有权;贪污罪侵犯的是职务行为廉洁性和公共财产所有权。

948. 何为非国家工作人员受贿罪?其立案追诉标准以及量刑标准分别是怎样的?

非国家工作人员受贿罪,是指公司、企业或者其他单位的工作人员利用职务上的便利,索取他人财物或者非法收受他人财物,为他人谋取利益,或者在经济往来中,利用职务上的便利,违反国家规定,收受各种名义的回扣、手续费,归个人所有,数额较大的行为。

(1)追诉标准

公司、企业或者其他单位的工作人员利用职务上的便利,索取他人财物或者非法收受他人财物,为他人谋取利益,或者在经济往来中,利用职务上的便利,违反国家规定,收受各种名义的回扣、手续费,归个人所有,数额在6万元以上的,应予立案追诉。

(2)量刑标准

构成非国家工作人员受贿罪的,处3年以下有期徒刑或者拘役,并处罚金;数额巨大或者有其他严重情节的,处3年以上10年以下有期徒刑,并处罚金;数额特别巨大或者有其他特别严重情节的,处10年以上有期徒刑或者无期徒刑,并处罚金。

【案例403】非国家工作人员周某正受贿246万元　一审获刑11年[①]

被告人:周某正

基本案情:

被告人案发前任上海海基物业发展有限公司董事长。2005年至2007年,被告人利用其职务之便,在与重庆际龙企业管理有限公司共同出资购买中国华融资产管理公司重庆办事处出售的债权业务过程中,多次收受重庆际龙公司负责人刘某、冯某给付钱款共计246万元人民币。据此,检察机关以非国家工作人员受贿罪对被告人提起公诉。

公诉人指控:

被告人作为上海海基物业发展有限公司董事长,在重庆际龙公司准备购买资

---

① 参见搜狐网 http://news.sohu.com/20110414/n305766739.shtml,2011年5月15日访问。

产包的过程中,以单位名义将上海海基物业的资金提供给重庆际龙公司,帮助该公司谋取利益,并在该资产包的处置过程中收受该公司人员给付的钱款,其行为构成非国家工作人员受贿罪。

被告人辩称:

被告人对其收受刘某、冯某给予的246万元不持异议,但其辩称该钱款不是好处费,而是其参与重庆际龙公司处置资产包获得的劳动报酬。

法院认为:

即使被告人在处置资产包过程中付出过劳动,但由于中国华融资产管理公司重庆办事处出售的债权是以上海海基物业的名义购买,也是利用上海海基物业负责人的身份参与对资产包的处置,从而为重庆际龙公司谋取利益,其收取重庆际龙公司相关负责人给付的钱款应当认定为受贿而非劳动报酬。

法院判决:

被告人构成非国家工作人员受贿罪,判处有期徒刑11年,其没收其受贿所得246万元人民币。

949. 非国家工作人员受贿罪与收取合理报酬行为的界限是什么?

公司、企业人员在法律、法规、政策以及公司、企业章程允许的范围内,以自己的劳动换取合理报酬的行为不同于受贿行为。例如,公司、企业人员在企业与市场的中介活动中,经国家有关主管部门批准或本单位同意,从事正当的业务活动及技术、信息咨询服务为企业的生产发展解决各种技术难题,而获取合理的报酬是劳动所得,是一种合理的劳务报酬,不是受贿行为。

区别非国家工作人员受贿罪与获取合理报酬的界限,关键在于看行为人获取的财物是否为劳动收入,如果行为人不是用劳动换取的报酬,而是利用职务之便,为他人谋利益、以各种名义上的"劳动报酬"索取或收受他人财物,且数额较大,应认定为非国家工作人员受贿罪。

950. 非国家工作人员受贿罪与请客送礼、接受馈赠行为的界限是什么?

人们在现实的交往活动中,公司、企业人员与亲友间出于联络感情、表达情谊,进行请客送礼、接受馈赠的行为,一般都以公开的方式进行,而且礼物的数额价值一般不大,行为人没有明显的、直接的谋利目的,这与以权谋私的受贿行为有着根本的区别。区别的关键在于公司、企业人员接受财物是否为他人谋取利益,是否利用了职务之便,接受财物的价值大小以及送礼人与受礼人之间的关系,是否是以公开的方式进行,等等。

951. 非国家工作人员受贿罪与其他索取、收受提成、回扣、手续费等行为的界限是什么?

公司、企业人员在经济往来中,违反国家规定,收受各种名义的回扣、手续费、归个人所有的,应以非国家工作人员受贿罪论处;而如果收受的回扣、手续费不是归个人所有,或单位收受回扣、手续费,即使违反国家规定,也不构成本罪。对此,区别的关键在于索取、收受回扣、手续费,是否归个人所有,是否符合国家及有关主管部门的规定或同意。

952. 非国家工作人员受贿罪与受贿罪的区别是什么?

非国家工作人员受贿罪与受贿罪在主观和客观上都具有犯罪故意及利用职务之便索取或收受贿赂、为他人谋取利益的特征,但两者的区别主要表现为以下两点。

(1)犯罪客体不同

非国家工作人员受贿罪侵犯的是公司、企业的正常管理活动和信誉。而受贿罪所侵犯的是国家机关的正常管理活动和信誉。

(2)犯罪主体不同

非国家工作人员受贿罪的主体是公司、企业人员。而受贿罪的主体是国家工作人员,对于国有公司、企业中从事公务的人员,包括具有国家工作人员身份的人和没有国家工作人员身份的,在国有公司、企业、事业单位、人民团体中利用职务之便索贿、受贿,或者在经济往来中,违反国家规定收受各种名义的回扣、手续费归个人所有,构成犯罪的,应以受贿罪论处。

953. 何为违规披露、不披露重要信息罪?其立案追诉标准以及量刑标准分别是怎样的?

违规披露、不披露重要信息罪,是指依法负有信息披露义务的公司和企业,向股东和社会公众提供虚假的或者隐瞒重要事实的财务会计报告,或者对依法应当披露的其他重要信息不按照规定披露,严重损害股东或者其他人的利益,或者有其他严重情节的行为。

(1)追诉标准

违规披露、不披露重要信息,涉嫌下列情形之一的,应予追诉:

①造成股东、债权人或者其他人直接经济损失数额累计在 50 万元以上的;

②虚增或者虚减资产达到当期披露的资产总额 30% 以上的;

③虚增或者虚减利润达到当期披露的利润总额 30% 以上的;

④未按照规定披露的重大诉讼、仲裁、担保、关联交易或者其他重大事项所涉及的数额或者连续 12 个月的累计数额占净资产 50% 以上的;

⑤致使公司发行的股票、公司债券或者国务院依法认定的其他证券被终止上市交易或者多次被暂停上市交易的;

⑥致使不符合发行条件的公司、企业骗取发行核准并且上市交易的;

⑦在公司财务会计报告中将亏损披露为盈利,或者将盈利披露为亏损的;

⑧多次提供虚假的或者隐瞒重要事实的财务会计报告,或者多次对依法应当披露的其他重要信息不按照规定披露的;

⑨其他严重损害股东、债权人或者其他人利益,或者有其他严重情节的情形。

(2)量刑标准

依法负有信息披露义务的公司和企业,向股东和社会公众提供虚假的或者隐瞒重要事实的财务会计报告,或者对依法应当披露的其他重要信息不按照规定披露,严重损害股东或者其他人的利益,或者有其他严重情节的,对其直接负责的主管人员和其他直接责任人员,处5年以下有期徒刑或者拘役,并处或者单处罚金;情节特别严重的,处5年以上10年以下有期徒刑,并处罚金。

前款规定的公司、企业的控股股东、实际控制人实施或者组织、指使实施前款行为的,或者隐瞒相关事项导致前款规定的情形发生的,依照前款的规定处罚。

犯前款罪的控投股东、实际控制人是单位的,对单位判处罚金,并对其直接负责的主管人员和其他直接责任人员,依照第一款的规定处罚。

值得注意的是,《刑法修正案(十一)》提高了有关"直接负责的主管人员和其他直接责任人员"自由刑的刑罚幅度,由之前的"3年以下"改为"5年以下";删除了"并处或者单处2万元以上20万元以下罚金",变作"并处或单处罚金",罚金刑更为灵活;增加了"情节特别严重的"第二个量刑档;加入了"控股股东、实际控制人"的追责规定,以及单位犯罪的处理标准。由此可见,立法机构注重细化处罚标准,以更好地打击犯罪。

【案例404】民营石油大亨龚某龙违规披露重要信息获刑19个月[①]

被告人: 龚某龙、陈某葵

基本案情:

被告人龚某龙曾任天发集团法人代表、荆州市人大代表,因其担任全国工商联石油业商会首任会长,被称为"民营石油大亨""中国民营石油第一人",其妹被

[①] 参见网易网 http://news.163.com/08/0817/10/4JHS7EG3000120GU.html,2011年5月21日访问。

告人陈某葵,曾任天发集团总裁。

二被告人任职期间共挪用公司资金5笔共计595.302万元,其中2001年7月,被告人龚某龙指使财务人员挪用公款241.702万元,用于购买平安世纪理财投资连接保险,受益人是其女儿龚某。

2003年11月,被告人陈某葵与被告人龚某龙商议后,将公款200万元转到个人账户,其中150万元作为被告龚某龙女儿出国留学的资金证明。

2002年12月,被告人陈某葵提取100万元公款,在上海南汇区购买房产。

2003年6月和7月,被告人陈某葵提取公款93.6万元,在上海浦东新区购买房产,后将此房以129万元卖给他人。

2003年,被告人陈某葵提取公款10万元用于个人房屋装修。

公诉人指控:

1. 被告人陈某葵涉嫌职务侵占罪。

被告人陈某葵受上海远望计算机公司网络系统公司委托代其炒股,2006年5月,被告人陈某葵以向上海远望计算机公司网络系统公司支付收益为名,从公司提取18.4万元,后被告人陈某葵只用了其中10万元作为投资收益支付给对方,余款8.4万元据为己有。

2. 被告人龚某龙涉嫌违规披露、不披露重要信息罪。

在天颐科技公司亏损的情况下,为骗得中国证监会批准获取增发配股资格,作为该公司大股东的天发集团董事长被告人龚某龙,指使天颐科技采取虚列销售收入、虚增营业利润的手段,将亏损做成盈利,制作公司虚假的中报、年报,并提交上海证券交易所对外公布。经查证,2001年至2003年,天颐科技虚增主营业务收入5.84亿元,虚增支出4.71亿元,虚增主营业务利润1.13亿元。中国证监会披露该公司财务报告含有虚假信息后,股价暴跌,给股东造成重大损失。

3. 两被告人涉嫌挪用资金罪。

被告人辩称:

被告人龚某龙作为天颐科技一般董事,没有权力指使公司造假;股价暴跌给股民造成损失发生在2006年4月以后,而天颐科技已于2004年10月被荆州市政府接管,且2004年该公司继续提供虚假财务报告,2005年全面停止生产,不应由被告人龚某龙个人承担责任。

被告人陈某葵称其买房经过被告人龚某龙同意并有批示。其本意是将卖房赚的钱交公司,但办事人员没听清,才将多余的钱打到其个人卡上,因此不构成职务侵占罪。

法院认为：

1. 被告人龚某龙构成违规披露、不披露重要信息罪。

被告人龚某龙作为天颐科技控股公司的董事长，对天颐科技重大事项有决策权。其对提供虚假财务报告，给股民造成重大损失，负有不可推卸的责任。但鉴于给股民造成损失系一果多因，对被告人龚某龙量刑时应酌情从轻处罚。

被告人龚某龙不构成挪用资金罪。被告人龚某龙动用董事长基金购买保险，符合有关文件规定，且得到董事会授权。被告人龚某龙购买该险既是工作需要，也是建立助学帮困基金的公司投资。被告人龚某龙与陈某葵一起为龚某龙女儿办出国留学资金证明，符合公司惯例，目的是为公司发展储备人才，不具社会危害性。

2. 被告人陈某葵构成挪用资金罪。

被告人陈某葵是接受上海远望计算机公司网络系统公司的委托代其炒股，盈利18.4万元，其股本金均为远望公司提供，盈利应归远望公司所有，因此其侵占远望公司8.4万元，不构成职务侵占罪。但被告人陈某葵用公款购买和炒房，并将盈利归个人所有的行为，已构成挪用资金罪。

法院判决：

1. 被告人龚某龙构成违规披露、不披露重要信息罪，判处其有期徒刑1年零7个月，并处罚金20万元；

2. 被告人陈某葵犯挪用资金罪，判处有期徒刑3年，缓刑3年。

954. 何为非法经营同类营业罪？其立案追诉标准以及量刑标准分别是怎样的？

非法经营同类营业罪，是指国有公司、企业的董事、经理利用职务便利，自己经营或者为他人经营与其所任职公司、企业同类的营业，谋取非法利益、数额巨大的行为。

（1）追诉标准

国有公司、企业的董事、经理利用职务便利，自己经营或者为他人经营与其所任职公司、企业同类的业务，获取非法利益，数额在10万元以上的，应予立案追诉。

（2）量刑标准

犯本罪的，处3年以下有期徒刑或者拘役，并处或者单处罚金；数额特别巨大的，处3年以上7年以下有期徒刑，并处罚金。

【案例405】私设民企赚"差价" 非法经营同类营业被判刑[①]

被告人：沈某明、干某勤、陈某珍

基本案情：

1999年3月，被告人沈某明受国有新上广公司委派，任下属国有万盛公司董事兼总经理。被告人陈某珍受被告人沈某明口头聘用任职于万盛公司，负责采购、资金平衡和技术、质量等管理工作。被告人干某勤，系万盛公司业务单位林克公司副总经理。

2001年上半年，3位被告人共谋以被告人沈某明之妻张某某投资20万元、被告人干某勤投资30万元的名义，虚假出资注册成立经营电子元器件等业务的纪敏公司，由被告人干某勤负责以纪敏公司名义从原先直接向万盛公司销售节能灯元器件的供货单位采购节能灯元器件，再加价后利用被告人沈某明的职务便利销售给万盛公司，共同赚取原本应当由万盛公司所得的元器件采购利润。获利按被告人沈某明、被告人陈某珍得40%，被告人干某勤得60%的比例分配。2001年7月，纪敏公司成立后，其主要业务是向万盛公司销售节能灯元器件。至2002年3月，纪敏公司共获净利103.9万元。其间，被告人干某勤分利27.36万元，被告人沈某明和被告人陈某珍共同分利18.24万元，余额未及分配。

3位被告人在被采取强制措施前，均主动供认经营纪敏公司并获利的事实，并分别退缴了赃款。

公诉机关指控：

3位被告人利用纪敏公司非法经营了与万盛公司同类的业务，以纪敏公司作为中间销售渠道，恶意加价向万盛公司销售产品，从中获取暴利归个人所有，其行为构成了非法经营同类营业罪。

3位被告人辩称：

1. 被告人沈某明否认其构成非法经营同类营业罪，其辩护人认为被告人沈某明与非法经营同类营业无关，且纪敏公司与万盛公司经营的并非是同类产品；

2. 被告人干某勤认为其不构成非法经营同类营业罪；

3. 被告人陈某珍否认自己构成非法经营同类营业罪，其辩护人以被告人陈某珍有自首情节、系从犯、能积极退赃为由，建议对被告人陈某珍从轻处罚。

一审认为：

被告人沈某明系国有万盛公司董事兼总经理。被告人沈某明伙同被告人干

[①] 参见上海市高级人民法院沈某明非法经营同类营业案。

某勤、被告人陈某珍,以被告人沈某明亲属和被告人干某勤名义,利用被告人沈某明担任万盛公司总经理的职务便利,共同经营与万盛公司同类的营业,被告人沈某明从中获取非法利益数额巨大,已构成非法经营同类营业罪。被告人陈某珍、被告人干某勤不是国有公司、企业的董事、经理,不具有非法经营同类营业罪的法定主体身份,公诉机关指控被告人陈某珍、被告人干某勤犯非法经营同类营业罪,依法不能认定。

被告人沈某明在庭审中否认其构成非法经营同类营业罪,依法不能认定自首。

一审判决:

1. 被告人沈某明犯非法经营同类营业罪,判处有期徒刑2年;
2. 被告人干某勤、被告人陈某珍无罪。

被告人沈某明及公诉机关均不服一审判决,向上级人民法院提起上诉及抗诉。

公诉机关抗诉称:

原判认定被告人干某勤、被告人陈某珍不构成非法经营同类营业罪及被告人沈某明非法经营同类营业数额巨大,属适用法律不当,请求二审法院依法改判。

二审认为:

原判认定被告人沈某明利用担任国有万盛公司总经理的职务便利,伙同被告人干某勤、被告人陈某珍成立纪敏公司,非法经营与万盛公司同类的营业、获取非法利益的事实清楚,审判程序合法。

根据《刑法》规定,非法经营同类营业罪的主体是国有公司、企业的董事、经理。被告人干某勤、被告人陈某珍均非国有公司、企业董事、经理,其行为依法不能以经营同类营业罪论处。检察机关对原判认定被告人干某勤、被告人陈某珍不构成非法经营同类营业罪所提出的抗诉意见,应不予支持。

关于本案非法经营同类营业罪的犯罪数额,被告人沈某明经营与万盛公司同类的营业的非法获利数额共计103.9万余元,应该认定为数额特别巨大。原判根据被告人沈某明个人所得认定其非法经营同类营业罪数额巨大确属不当,检察机关关于数额的抗诉意见应予支持。

二审判决:

被告人沈某明犯非法经营同类营业罪,改判有期徒刑2年为3年。

955. 何为签订、履行合同失职被骗罪？其立案追诉标准以及量刑标准分别是怎样的？

签订、履行合同失职被骗罪，是指国有公司、企业、事业单位直接负责的主管人员，在签订、履行合同过程中，因严重不负责任而被诈骗，致使国家利益遭受重大损失的行为。

(1)追诉标准

签订、履行合同失职被骗，涉嫌下列情形之一的，应予追诉：

①造成国家直接经济损失数额在50万元以上的；

②造成有关单位破产、停业、停产6个月以上，或者被吊销许可证和营业执照、责令关闭、撤销、解散的；

③其他致使国家利益遭受重大损失的情形。

金融机构、从事对外贸易经营活动的公司、企业的工作人员严重不负责任，造成100万美元以上外汇被骗购或者逃汇1000万美元以上的，应予立案追诉。

此条规定的"诈骗"，是指对方当事人的行为已经涉嫌诈骗犯罪，不以对方当事人已经被人民法院判决构成诈骗犯罪作为立案追诉的前提。

(2)量刑标准

犯本罪，致使国家利益遭受重大损失的，处3年以下有期徒刑或者拘役；致使国家利益遭受特别重大损失的，处3年以上7年以下有期徒刑。

【案例406】国企老总涉嫌签订　履行合同失职被骗罪被公诉[①]

被告人：唐某

基本案情：

2002年4月，被告人上任北京市一国有建筑公司总经理。当时，公司有许多项目组没有施工项目。被告人在梳理公司施工项目时，发现公司一个名为华夏艺术学校建筑工程久久未动工，工人们早已进驻该工程的建筑工地，公司也花费了200多万元在工地搭建基础设施，但两年时间都还没动工建楼。

被告人后了解得知，2000年华夏艺术学校的经营方北京得利开源商贸有限公司总经理朱某东，跟建筑公司达成一个协议：如果他帮助建筑公司成功向银行贷款6000万元，建筑公司就借给他3000万元作为华夏艺术学校工程的前期启动

---

① 参见中国职务犯罪预防网 http://www.yfw.com.cn/shownews.asp? id=99259,2011年5月21日访问。

资金。通过朱某东的运作,建筑公司成功地向银行申请到6000万元贷款,但建筑公司却只借给朱某东1700万元。

被告人为盘活公司项目,答应朱某东,若建筑公司补齐剩余的1300万元借款,工程即可开工。后朱某东称他可以找其他公司向银行贷款来筹集此1300万元,但需要建筑公司为这笔贷款做担保。对此,被告人也欣然同意。

2002年9月,朱某东与大连中盈生物科技发展有限公司、广东发展银行股份有限公司大连分行的工作人员找被告人,办理贷款担保事宜。但当时贷款合同显示,中盈科技向广发银行大连分行申请的贷款金额是3000万元。与建筑公司相关人员集体商议后,在未对中盈科技进行资信考察的情况便签下了这笔贷款的担保协议。同时,被告人与朱某东约定,中盈科技所借的3000万元贷款中,必须有1650万元打入得利开源公司账户,且必须用于华夏艺术学校工程。2002年9月底,贷款到账后,朱某东却一直找借口,没有启动工程。

截至2004年4月,被告人调离岗位时,该工程一直未开工。后中盈科技公司破产,建筑公司被迫承担保证责任,清偿银行3500万元(含利息)。

2005年4月,接替被告人的新任经理要求公司财务人员找朱某东询问3000万元贷款的流向。财务人员四处联系朱某东期间,得知华夏艺术学校建筑工程从未办理过立项手续。后经调查,这笔3000万元贷款无一用在华夏艺术学校的建设中,大多被朱某东挪作他用。

被告人因在工作中疏于监管导致公司被骗3500万元,被北京市东城区检察院以涉嫌签订、履行合同失职被骗罪提起公诉。2011年4月7日,北京市东城区人民法院开庭审理此案。

956. 何为背信损害上市公司利益罪?其立案追诉标准以及量刑标准分别是怎样的?

背信损害上市公司利益罪,是指上市公司的董事、监事、高级管理人员违背对公司的忠实义务,利用职务便利,操纵上市公司损害上市公司利益,致使上市公司利益遭受重大损失的行为。

(1)追诉标准

背信损害上市公司利益,涉嫌下列情形之一的,应予追诉:

①无偿向其他单位或者个人提供资金、商品、服务或者其他资产,致使上市公司直接经济损失数额在150万元以上的;

②以明显不公平的条件,提供或者接受资金、商品、服务或者其他资产,致使上市公司直接经济损失数额在150万元以上的;

③向明显不具有清偿能力的单位或者个人提供资金、商品、服务或者其他资产,致使上市公司直接经济损失数额在150万元以上的;

④为明显不具有清偿能力的单位或者个人提供担保,或者无正当理由为其他单位或者个人提供担保,致使上市公司直接经济损失数额在150万元以上的;

⑤无正当理由放弃债权、承担债务,致使上市公司直接经济损失数额在150万元以上的;

⑥致使公司发行的股票、公司债券或者国务院依法认定的其他证券被终止上市交易或者多次被暂停上市交易的;

⑦其他致使上市公司利益遭受重大损失的情形。

(2)量刑标准

行为人触犯本罪的,处3年以下有期徒刑或者拘役,并处或者单处罚金;致使上市公司利益遭受特别重大损失的,处3年以上7年以下有期徒刑,并处罚金。

【案例407】划拨上市公司1.7亿元资金 背信损害公司利益获刑2年[①]

被告人:张某

基本案情:

被告人原系上海科技公司董事长。

2003年7月、8月,在上海科技公司大股东斯威特集团实际控制人严某群的要求下,被告人未经公司董事会同意,也未告知财务经理胡良资金最终去向,指使胡良先后两次将上海科技公司账外账户中的1亿元资金和6800万元资金划至上海科技公司下属南京宽频账户,南京宽频出纳刘某瑶按被告人指令没有将这两笔钱款入账,而是将其中1亿元划至上海科技公司下属控股子公司南京图博,后经严某群签字确认将该1亿元人民币划至斯威特集团指定的南京凯克。

嗣后,严某群指使斯威特集团出纳王某亚将该1亿元用于投资设立新楚视界;另6800万元会同南京宽频的200万元人民币按严某群要求划至严实际控制的南京罗佛。斯威特集团得款后,严某群指使王某亚将该7000万元会同南京信发和斯威特集团的2300万元用于收购小天鹅公司的股权。

2003年8月29日,南京信发通过南京罗佛将7000万元划回南京宽频账户。刘某瑶经被告人同意和严某群审批,将该7000万元划至南京和远账户,该账户将7000万元连同南京口岸划入的2000万元合计9000万元人民币电汇至上海证券

[①] 参见上海市浦东新区人民法院张某挪用资金罪一案。

第十三章

损害公司利益责任纠纷

有限责任公司临平路证券营业部,以广州安迪名义开设账户进行股票买卖。

2006 年 8 月 24 日,被告人因涉嫌挪用资金罪被逮捕,上海市浦东新区人民检察院以挪用资金罪向法院提起公诉。

公诉机关指控:

被告人的行为属于挪用资金罪。根据《刑法》第 272 条的规定,挪用资金罪是指公司、企业或者其他单位的人员,利用职务上的便利,挪用本单位资金归个人使用或者借贷他人,数额较大,超过 3 个月未还的,或者虽未超过 3 个月,但数额较大、进行营利活动的,或者进行非法活动的行为。

控方认为,"归个人使用"的理解,可参照《全国人大常委会关于〈刑法〉第三百八十四条第一款的解释》的相关规定。其中,全国人大常委会讨论了刑法第 384 条第 1 款规定的国家工作人员利用职务上的便利,挪用公款"归个人使用"的含义问题,解释如下:(1)将公款供本人、亲友或者其他自然人使用的;(2)以个人名义将公款供其他单位使用的;(3)个人决定以单位名义供其他单位使用,谋取个人利益的。

为进一步明确第 2 款中"以个人名义"的含义,《全国法院审理经济犯罪案件工作座谈会纪要》指出:对于行为人逃避财务监管,或者与使用人约定以个人名义进行,或者借款、还款都以个人名义进行,将公款给其他单位使用的,应当认定为"以个人名义"。

本案中被告人挪用资金的行为从形式上看没有表现出明显的"以个人名义"的特征,但实质上被告人个人决定、没有向公司财务人员讲明资金具体用途,隐瞒真相的行为,逃避了本公司的财务监管,可以认定为"以个人名义",张的行为构成挪用资金罪。

被告人辩称:

1. 被告人的行为不构成挪用资金罪。

挪用资金罪的本质特征是公款私用,本案中是单位之间的民间借贷,资金往来且有审批手续,被告人的行为不符合挪用公款罪关于"个人名义"含义问题的立法解释,虽然在经济审判工作会议纪要中提到对于逃避财务监管的行为以"个人名义认定",但对于逃避财务监管的行为,目前没有相关论述,实践中也没有此类案例,且此点也没有归入司法解释,仅仅是份会议纪要,对于本案中被告人没有跟财务讲明资金具体用途的行为,是否就能认定为逃避财务监管、以个人名义借款也难以把握。本案中公款私用的特征不明显,被告人的行为不能以挪用资金罪定罪。

2. 被告人的行为不构成背信损害上市公司利益罪。

按《刑法修正案(六)》的规定,被告人的行为构成背信损害上市公司利益罪,但是由于被告人的行为发生在《刑法修正案(六)》施行之前,《刑法》尚未将此种行为规定为犯罪,被告人的行为不能认定为背信损害上市公司利益罪。

法院认为：

1. 本案是否成立背信损害上市公司利益罪。

背信损害上市公司利益罪是《刑法修正案(六)》新增设的罪名,为了维护社会主义市场经济秩序,保护上市公司合法权益,我国按照现代法治国家的惯例对公司高层管理人员背信损害公司利益的行为作了刑法规制。

《刑法修正案(六)》第9条规定:上市公司的董事、监事、高级管理人员违背对公司忠实义务,利用职务便利,操纵上市公司从事下列行为之一,致使上市公司利益遭受重大损失的,处3年以下有期徒刑或者拘役,并处或者单处罚金;致使上市公司利益遭受特别重大损失的,处3年以上7年以下有期徒刑,并处罚金:(一)无偿向其他单位或者个人提供资金、商品、服务或者其他资产的……

背信损害上市公司利益罪可以从以下四个方面认定:

(1)背信损害上市公司利益罪的犯罪主体是特殊主体。

只有上市公司的董事、监事、控股股东或实际控制人能够构成本罪。本案中的被告人系上海科技公司董事长,该职务是由股东大会选举产生的,被告人主体身份符合此罪。

(2)本罪侵犯的客体是公司董事、监事等高级管理职务的廉洁性和上市公司的经济利益。

行为人违背对公司的忠实义务是构成本罪的本质特征。公司高层管理人员依法对公司有忠诚义务。根据《公司法》(2005年修订)第148条的规定:董事、监事、高级管理人员应当遵守法律、行政法规和公司章程,对公司负有忠实义务和勤勉义务。第149条规定:董事、高级管理人员不得有下列行为:挪用资金;违反公司章程的规定,未经股东会、股东大会或者董事会同意,将公司资金借贷给他人或者以公司财产为他人提供担保。这里的"忠实义务",是指董事、监事、高级管理人员对公司事务应忠诚尽力、忠实于公司;当其自身利益与公司利益相冲突时,应以公司的利益为重,不得将自身利益置于公司利益之上;他们必须为公司的利益善意地处理公司事务、处置其所掌握的公司财产,其行使权力的目的必须是为了公司的利益。尤其不得受大股东或者关联企业的支配"掏空"公司财产、损害公司利益。

上海科技公司也明确将此点纳入本公司章程中。本案中的被告人个人决定将本公司资金挪用给斯威特集团使用的行为即违背了对公司的忠实义务。

(3) 本罪的客观方面表现为行为人利用职务便利,实施了操纵上市公司进行不正当关联交易,侵害上市公司利益的行为。

《刑法修正案(六)》规定的背信损害上市公司利益罪列举了具体 5 项行为,其中之一为无偿向其他单位或个人提供资金、商品、服务或者其他资产的行为。无偿,即向对方提供资金、商品、服务或者其他资产而不要求对方提供对价,严重侵害了上市公司对公司财产的占有、处分和收益权。

本案中的被告人作为上海科技公司的董事长,与上海科技公司的大股东斯威特集团的实际控制人严某群利用对上市公司的影响力,在无任何交易基础的情况下,双方之间也没有约定利息等条件,无偿将上市公司资金划拨到关联公司斯威特集团供其使用。这是一种最常见的直接占用上市公司资金的行为,直接侵害了上海科技公司对公司财产的占有、处分和收益权。

(4) 本罪须有损害后果的实际发生。

重大损失的具体标准,尚待司法解释予以明确规定。具体标准可以参照挪用资金罪的成罪标准,因为后者也是公司人员利益职务之便挪用公司资金的行为,两罪在犯罪客体、犯罪客观方面相近。审判实践中,对于损害后果发生的时间截点一般指立案侦查时。

公安机关于 2006 年 7 月 13 日对被告人挪用资金案予以立案侦查时,斯威特集团占用上海科技公司的 1.7 亿元资金未归还已达 3 年之久,致使上海科技公司无法正常占有、处分和获得收益,正当利益遭受重大利益损失,可以认为达到该罪的损害后果。

综上,被告人构成背信损害上市公司利益罪。

2. 本案是否构成挪用资金罪。

(1) 认定是否构成旧法的挪用资金罪是判断法条适用的时间效力与竞合关系的前提。

罪刑法定原则的含义之一是法不溯及既往,即对《刑法》生效以前的行为没有溯及力。由于本案发生在背信损害上市公司利益罪的刑法修正案出台之前,所以只有在依照原有《刑法》也能够追溯被告人挪用资金罪的情况下才能按照从旧兼从轻的原则,认定背信损害上市公司利益罪的罪名。

(2) 根据检方的指控的挪用资金罪的罪名,双方争议的焦点在于被告人的行为是否属于挪用资金罪中的"归个人使用"和"以个人名义"。

①被告人的行为属于"以个人名义"将公款供其他单位使用,可认定为挪用单位款项归个人使用,符合挪用资金罪的犯罪构成要件。

虽然从形式上看,被告人将上海科技公司的资金借给斯威特集团使用,资金支出均通过财务部门予以操作,有上海科技公司的审批单和斯威特集团的借款凭证,内部手续齐备,款项往来均是单位之间进行的,不符合挪用资金罪所要求的"以个人名义"进行和"归个人使用"的特征。但认定是否属于"个人名义",不能只看形式,要从实质上把握。从实质上看,被告人对于这两笔资金的支出没有召开董事会告知有关人员,对于资金实际用途是给斯威特集团使用的情况也没有向财务经理胡良讲明而予以隐瞒,钱款的支出由被告人个人决定,张随意支配公司资金,将上海科技公司的资金通过下属子公司层层流转,最终转入大股东账户,由于被告人隐瞒真相的行为,导致本公司的财务制度形同虚设,不能起到相应的监督、制约作用,逃避了财务的监管,实际上就是被告人以个人名义将本单位资金借给其他单位使用的行为,符合挪用资金罪的法律特征。

②挪用资金罪侵害的客体是单位对财产的占有权、使用权和收益权。

"归个人使用"最本质的特征就是使公款进入流通领域,从而使用人借以谋利。本案被告人私自指使财务人员将单位资金以借款形式转移到其他单位账户,然后投资建立公司或进行股票交易,均侵犯了公司对资产的占有权、使用权和收益权,符合挪用资金罪的犯罪构成要件。

3. 挪用资金罪与背信损害上市公司利益罪竞合时的处理方式。

被告人的行为同时符合挪用资金罪和背信损害上市公司利益罪的犯罪构成要件。两罪竞合时应判断其法条适用的时间效力与竞合关系。

(1)依据从旧兼从轻原则,在一个行为同时符合新旧刑法规定的时候,应该适用处罚较轻的新刑法条文。

被告人的挪用行为发生在《刑法修正案(六)》之前,由于该修正案是2006年6月29日公布施行的新法,且背信损害上市公司利益罪处刑相对挪用资金罪较轻,故按照从旧兼从轻原则,对于被告人的犯罪行为应以背信损害上市公司利益罪定罪。

(2)仔细比较两罪的犯罪构成,背信损害上市公司利益罪所规定的第1款行为,即公司高管人员无偿向关联企业挪用单位资金的行为系挪用资金罪的具体规定,包容于挪用资金罪的犯罪构成,二者属于特别法与一般法的法条竞合关系,仅在本案中应按照特别法优于一般法的规定处理。从本案犯罪性质来看,被告人作为上市公司的董事长,无论是主体身份还是犯罪的行为表现客观方面等均更为符合背信损害上市公司利益罪,对被告人按照此罪定罪处罚更准确。

法院判决:

被告人构成背信损害上市公司利益罪,判处有期徒刑2年,罚金2000元人民币。

957. 何为欺诈发行证券罪？其立案追诉标准以及量刑标准分别是怎样的？

欺诈发行证券罪,是指在招股说明书、认股书、公司、企业债券募集办法中隐瞒重要事实或者编造重大虚假内容,发行股票或者公司、企业债券、存托凭证或者国务院依法认定的其他证券,数额巨大、后果严重或者有其他严重情节的行为。

(1)追诉标准

欺诈发行股票、债券,涉嫌下列情形之一的,应予追诉:

①发行数额在500万元以上的;

②伪造、变造国家机关公文、有效证明文件或者相关凭证、单据的;

③利用募集的资金进行违法活动的;

④转移或者隐瞒所募集资金的;

⑤其他后果严重或者有其他严重情节的情形。

(2)量刑标准

在招股说明书、认股书、公司、企业债券募集办法等发行文件中隐瞒重要事实或者编造重大虚假内容,发行股票或者公司、企业债券、存托凭证或者国务院依法认定的其他证券,数额巨大、后果严重或者有其他严重情节的,处5年以下有期徒刑或者拘役,并处或者单处罚金;数额特别巨大、后果特别严重或者有其他特别严重情节的,处5年以上有期徒刑,并处罚金。

控股股东、实际控制人组织、指使实施前款行为的,处5年以下有期徒刑或者拘役,并处或者单处非法募集资金金额20%以上1倍以下罚金;数额特别巨大、后果特别严重或者有其他特别严重情节的,处5年以上有期徒刑,并处非法募集资金金额20%以上1倍以下罚金。

单位犯前两款罪的,对单位判处非法募集资金金额20%以上1倍以下罚金,并对其直接负责的主管人员和其他直接责任人员,依照第一款的规定处罚。

值得关注的是,《刑法修正案(十一)》关于本条文的修改主要有以下特点:一是明确了公司、企业债券募集办法的文件类型,及发行证券的类型;二是增加了刑罚标准;三是增加了"控股股东""实际控制人"的刑事责任;四是调整了单位犯罪的内容,处罚更为具体。

【案例408】我国首例上市公司被判欺诈发行股票罪案①

被告单位:红光实业公司

被告人:何某毅、焉某翠、刘某齐、陈某兵

基本案情:

被告单位前身为国营红光电子管厂,始建于1958年。

1997年5月23日,经中国证监会批准,被告单位向社会公众发行A股股票7000万股,每股发行价6.05元。此次新股发行实际募集资金41,020万元。根据招股说明书披露,这笔资金拟主要用于扩建彩色显像管生产线项目。公司在招股说明书中承诺:彩色显像管生产线1998年建成投产后,公司资产总额将达到38亿元,销售收入较1996年新增22.92亿元,税后利润增加2.85亿元。故预期1997年全年将实现净利润7055万元,每股税后利润0.307元(发行后摊薄)。

在招股书中,被告单位披露发行前的1996年、1995年、1994年的业绩分别是0:38元、0.491元和0.339元,发行市盈率为15倍。该公司聘用的蜀都会计师事务所出具了审计意见,认定被告单位前3个会计年度的会计报表合法、真实。

1997年6月6日,被告单位在上海证券交易所挂牌交易,股票简称"红光实业",股票代码600083。

1997年8月20日,被告单位公布1997年中期业绩为0.073元,并称"公司生产经营面临困难"。1998年1月8日,被告单位发布董事会公告,称公司对彩管玻壳池炉进行必要的停产大修及技术改造。

1998年4月30日,被告单位披露了亏损1.984亿元的1997年度年报,并因巨额亏损申请特别处理,开了中国证券市场有史以来上市公司上市不到1年即告亏损的先河。

1998年5月,上海证券交易所对该公司股票交易实行特别处理,股票简称变为"ST红光"。与此同时,中国证监会开始对被告单位立案调查。

1998年11月19日,中国证监会向社会公布了《关于成都红光实业股份有限公司严重违法违规案件的通报》,揭露了被告单位在股票上市过程中和上市后的六个方面的违法违规及犯罪行为。

(1)编造虚假利润,骗取上市资格。

为了获取上市资格,被告单位在股票发行上市申报材料中称1996年度盈利

---

① 参见四川省成都市中级人民法院红光实业公司欺诈发行股票案。

5000万元。经查实,被告单位通过虚构产品销售、虚增产品库存和违规账外处理等手段,虚报利润15,700万元,1996年实际亏损10,300万元。

(2)少报亏损,欺骗投资者。

被告单位上市后,继续编造虚假利润。在1997年8月公布的中期报告中,将亏损6500万元虚报为净盈利1674万元,虚构利润8174万元;在1998年4月公布的1997年年度报告中,将实际亏损22,952万元披露为亏损19,800万元,少报亏损3152万元。

(3)隐瞒重大事项。

自1996年下半年起,被告单位的关键生产设备彩玻池炉就已出现废品率上升、不能维持正常生产等严重问题。被告单位在申请股票发行上市时,申报材料中对这一重大事项未做任何披露,故意隐瞒。

(4)未履行重大事件的披露义务。

经查实,被告单位上市后,仅将发行新股募集的41,020万元中的6770万元(占募集资金的16.5%)投入招股说明书中所承诺的项目,其余大部分资金被改变投向,用于偿还境内外银行贷款和填补公司亏损。改变募集资金用途属于重大事件,但被告单位却未按规定对此进行披露。

(5)挪用募集资金买卖股票。

1997年6月,被告单位将募集资金中的14,086万元(占募集资金的34.3%)违法投入股市买卖股票。其中被告单位通过开立217个个人股票账户自行买卖股票,动用9086万元;以委托投资名义由其财务顾问中兴发企业托管有限公司利用11个个人股票账户买卖股票,使用5000万元。被告单位在上述股票交易中共获利450万元。

(6)涉嫌犯罪。

按被告单位与中介机构签订的协议,应支付发行上市费用1496万元,占募集资金总额的3.53%,比公开披露需支付的发行上市费用1330万元多出166万元。这166万元中白条入账等非正常开支13万元,从账外支付100万元,存在涉嫌犯罪问题。

中国证监会认为,被告单位的上述行为违反了《股票发行交易管理暂行条例》《禁止证券欺诈行为暂行办法》《证券市场禁入暂行规定》和国家其他有关规定。为此,中国证监会对被告单位及其他涉案机构作出了相应的行政处罚,没收被告单位非法所得450万元,并罚款100万元。同时认定被告人何某毅、被告人焉某翠和被告人陈某兵为证券市场禁入者,对冉某敏和被告人刘某齐处以警告。

1998年11月23日,检察机关批准逮捕了被告人何某毅、被告人焉某翠和被告人陈某兵。1999年12月23日,又批准逮捕了被告人刘某齐。

公诉机关指控：

被告单位及4位被告人犯欺诈发行股票罪。

被告单位于1997年2月21日在本公司召开主要领导人会议,会上被告人何某毅(原董事长)、被告人焉某翠(原总经理)、被告人刘某齐(原常务副总经理)和冉某敏(原副总经理,主管财务)等人明知1996年度公司亏损,不符合《公司法》(2005年修订)第152条之规定,即股份有限公司申请其股票上市必须符合最近3年连续盈利才能上市的要求,为了股票上市,决定调整财务、虚增利润;1997年3月9日被告人陈某兵(原财务部副部长)整理了《关于公司股票上市财务资产调整情况的报告》,经被告人何某毅、被告人焉某翠、冉某敏和谢某某签字同意,被告人刘某齐、冉某敏、被告人陈某兵具体组织实施,采用改变折旧方法(将1995年的"双倍余额递减折旧法计提折旧"改变为"直线法计提折旧")、虚开增值税专用发票(共计2604.2万元,没有抵扣税款)等手段,在1997年5月23日被告单位招股说明书概要中隐瞒1996年公司实际亏损5377.8万元的事实,虚增1996年公司净利润5428万元,虚报利润10,805.8万元,骗取了股票上市,欺骗了股民。

被告单位辩称：

被告单位发行股票是为了企业的生存和发展,在犯罪主观方面是善意的,请求法院对被告单位免予刑事处罚。

被告人刘某齐辩称：

其并非上市公司领导小组成员,签字虚开增值税发票是公司主要领导决定实施的,请求法院免除刑事责任。

被告人何某毅和被告人焉某翠辩称：

之所以造假上市,就是因为不愿意看到被告单位在自己的手中败落,他们并没有为己牟利。

法院认为：

被告单位及4位被告人的行为均已构成欺诈发行股票罪,且骗取股民资金的数额达4亿余元人民币,严重扰乱了证券市场管理秩序,造成了严重后果。由于被告单位及4位被告人欺诈发行股票犯罪的行为发生在《刑法》(1997年修订)施行之前,加之全国人大常委会《关于惩治违反公司法的犯罪的决定》[现已被《刑法》(1997年修订)废止]对被告单位判处罚金比《刑法》规定轻,故应当适用全国人大常委会的规定对被告单位及4位被告人处以刑罚。此外,被告单位在司法机关正式介入本案前,即向有关部门报送了自查报告,供述了本公司在招股说明书中虚增利润的事实,本应认定为自首;但《刑法》并无被告单位自首及从轻处罚的规定,可按照自首的立法本意对4位被告人从轻处罚。

法院判决:

被告单位及4位被告人犯欺诈发行股票罪,分别判处被告单位罚金100万元人民币;被告人何某毅、被告人焉某翠有期徒刑各3年;被告人刘某齐有期徒刑2年,缓刑3年;被告人陈某兵有期徒刑1年零6个月,缓刑2年。

958. 何为妨害清算罪?其立案追诉标准以及量刑标准分别是怎样的?

妨害清算罪,是指在公司、企业进行清算时,违反公司、企业管理法律、法规,隐匿财产,对资产负债表或者财产清单做虚伪记载或者在未清偿债务前分配公司、企业财产,严重损害债权人或者其他人利益的行为。

(1) 追诉标准

妨害清算,涉嫌下列情形之一的,应予追诉:

①隐匿财产价值在50万元以上的;

②对资产负债表或者财产清单做虚伪记载涉及金额在50万元以上的;

③在未清偿债务前分配公司、企业财产价值在50万元以上的;

④造成债权人或者其他人直接经济损失数额累计在10万元以上的;

⑤虽未达到上述数额标准,但应清偿的职工的工资、社会保险费用和法定补偿金得不到及时清偿,造成恶劣社会影响的;

⑥其他严重损害债权人或者其他人利益的情形。

"虽未达到上述数额标准",是指接近上述数额标准且已达到该数额的80%以上的。

(2) 量刑标准

公司或企业触犯本罪的,对其直接负责的主管人员或其他直接责任人员,处5年以下有期徒刑或者拘役,并处或者单处2万元以上20万元以下的罚金。

【案例409】隐匿、转移清算财产43万元　被判妨害清算罪获刑1年半[①]

被告人:杨某茂、陈某华

---

① 参见上海市第一中级人民法院杨某茂、陈某华妨害清算案。

基本案情：

被告人杨某茂从 1995 年起担任双爱公司的总经理至该公司进入破产程序止，被告人陈某华则在上述期间担任该公司的办公室主任。该公司于 2000 年 7 月向法院提出破产申请，法院于同年 9 月 1 日裁定双爱公司进入破产程序并向双爱公司发出破产人须知。

同时，双爱公司经依法指定成立了破产清算组。同年 12 月 6 日，法院裁定认可双爱公司破产清算组提出的财产分配方案，并裁定终结破产程序。

被告人杨某茂曾在担任申新电机厂（双爱公司前身）厂长期间，于 1992 年 6 月 22 日，动用该厂小金库资金 46,400 元委托申江纸箱厂以该厂的名义购买了 500 股华联法人股票。1997 年 7 月 4 日，上述股票经卢湾区公证处公证，股权由申江纸箱厂转入双爱公司。由于购买该 500 股股票并未列入双爱公司账目，故于 2000 年 6 月 29 日在被告人杨某茂的授意下，由被告人陈某华虚构上述股票购买资金由被告人陈某华个人垫付的事实，并以此为由向双爱公司财务部门"索回"了 46,400 元现金后，又以被告人陈某华的名义存入上海银行自忠支行，存折则由双爱公司办公室内勤林某美保管。双爱公司进入破产程序后，被告人杨某茂欲将该款转移至卢湾客车厂，被告人陈某华明知被告人杨某茂的目的，仍于同年 9 月 29 日向财务人员提供存折密码，致使该款存入卢湾客车厂的财务账。

1998 年 8 月，双爱公司委托荣城公司以荣城公司的名义为双爱公司购买了一辆桑塔纳牌轿车，该车的购买款项则从荣城公司应支付给双爱公司的场地租金中予以抵扣。双爱公司进入破产清算程序期间，被告人杨某茂未将该车列入资产申报范围。2001 年 3 月 13 日，上述车辆通过荣城公司以 58,000 元出售后，所得款项转给了卢湾客车厂。

2000 年 10 月 23 日，林某美（原系双爱公司办公室内勤，后在双爱公司破产期间系破产清算组下属工作人员）在被告人杨某茂的授意下，将其原保管的双爱公司先前出售废旧电机所得的部分款项 41,000 元现金移交给了卢湾客车厂。

1998 年 4 月，被告人杨某茂为解决双爱公司干部职工奖金来源困难而求助于中城公司与双爱公司共同投资设立的市政设备公司，市政设备公司考虑到被告人杨某茂的身份而同意。1998 年 4 月至 2000 年 8 月，被告人杨某茂采用各种名义从市政设备公司套取现金共计 175,700 元，此款由被告人陈某华保管。双爱公司进入破产程序后，两被告人故意不将该笔资金剩余的 116,052 元申报。同年 10 月，被告人陈某华明知该款会被被告人杨某茂挪作他用或转移至卢湾客车厂，仍根据被告人杨某茂的意思，将该 116,052 元移交给了林某美。此外，1999 年 7 月，双爱公司销售分公司将其小金库现金 26,807.14 元移交给了林某美。该款至 2000 年 9 月尚余 12,804.14 元。双爱公司进入破产清算程序后至 2001 年 3 月，被告人杨某茂将此款连同上述 116,052 元与卢湾客车厂厂长吴某华一同以工作补贴等名义发放给相关人员共计 118,149 元，并让受领人将款项发放的时间填写至双爱公司进入破产清算程序之前。余款被转移至卢湾客车厂。

公诉机关指控：

2000 年 9 月至 12 月，被告人杨某茂在担任双爱公司破产清算组下设工作组组长，负责该公司破产清算、资产申报清理工作期间，隐匿、转移双爱公司计 29 万余元人民币的资产。其中被告人陈某华帮助隐匿上述资产中的 16 万余元。公诉机关据此认为两被告人的行为均构成妨害清算罪，依法均应予惩处。鉴于被告人陈某华在共同犯罪中系从犯，可依法从宽处罚。

被告人杨某茂辩称：

妨害清算所涉及的资产在公司进入破产清算程序之前属于账外资产，已不在清算之列，即使被告人杨某茂不予申报，其行为亦未达到《刑法》就构成妨害清算罪所规定的严重损害债权人或者其他人利益的程度，故认为其行为不构成犯罪。

被告人陈某华辩称：

其不具备妨害清算罪的主体资格，公诉机关的指控不能成立。

一审认为：

双爱公司在进入破产清算程序期间，由被告人杨某茂将该公司 274,256.14 元的资产予以隐匿、转移或挪作他用，严重损害了债权人的利益，被告人陈某华参与其中 162,452 元的隐匿、转移，作为双爱公司直接负责的主管人员，被告人杨某茂和直接责任人员被告人陈某华的上述行为均已构成妨害清算罪，依法应予惩处。公诉机关指控两被告人犯妨害清算罪的罪名成立，依法应予支持。由于公司资产不以有无列入财务账册而改变其性质，且有关司法解释规定，造成债权人或者其他人直接经济损失在 10 万元以上已构成立案标准，所以两被告人的辩解不能成立。

一审判决：

1. 被告人杨某茂犯妨害清算罪，判处有期徒刑 1 年零 6 个月，并处罚金 5 万元人民币；

2. 被告人陈某华犯妨害清算罪，单处罚金 2 万元人民币。

两被告人均不服一审判决，向上级人民法院提起上诉。

被告人杨某茂上诉称：

其将 27 万元转入卢湾客车厂是为了职工利益，且其中有部分款项是其他单位资助双爱公司的,何况这27万元的转移也未达到严重损害债权人利益的程度,故其行为不构成犯罪。

被告人陈某华上诉称:

其主体身份不属妨害清算罪的范畴,交出原保管钱款属正常移交手续,不存在虚构情节和隐匿、转移资金的行为,故其行为不构成犯罪。

公诉机关述称:

原判认定两被告人犯妨害清算罪的事实清楚,证据确实、充分,定性准确,量刑适当,且审判程序合法,建议二审法院驳回上诉,维持原判。

二审认为:

1. 根据我国法律有关规定,破产企业财产用于职工和债权人的分配有严格的法律程序,被告人杨某茂作为破产清算组下属的工作组成员,同时也作为破产企业领导,无权为了小团体的利益,自行决定破产企业的财产分配,事实上此款进入卢湾客车厂也并非以优先清偿的名义转入,且上述27万元的资产已达到妨害清算罪立案标准规定的严重损害债权人利益的程度,故对被告人杨某茂提出的上诉理由,因缺乏事实和法律依据而不予采纳。

2. 根据我国法律规定,妨害清算罪的处罚对象是直接负责的主管人员和其他直接责任人员。本案被告人陈某华在其主观上明知将款项转移到卢湾客车厂且不属正常工作移交的情况下,仍参与隐匿、转移16万余元的财产,使债权人利益受到严重损害,故原审认定其属于本案的直接责任人员而构成妨害清算罪并无不当,被告人陈某华提出的上诉理由不能成立。

综上,两被告人的行为均已构成妨害清算罪,原审的判决并无不当,且审判程序合法。

二审公诉机关建议驳回上诉,维持原判的出庭意见依法有据,应予采纳。

二审裁定:

驳回上诉,维持原判。

959. 何为内幕交易、泄露内幕信息罪?其立案追诉标准以及量刑标准分别是怎样的?

内幕交易、泄露内幕信息罪,是指证券、期货交易内幕信息的知情人员或者非法获取证券、期货交易内幕信息的人员,在涉及证券的发行,证券、期货交易或者其他对证券、期货交易价格有重大影响的信息尚未公开前,买入或者卖出该证券,或者从事与该内幕信息有关的期货交易,或者泄露该信息,或者明示、暗示他人从事上述交易活动。

(1) 追诉标准

内幕交易、泄露内幕信息,涉嫌下列情形之一的,应予立案追诉:

①证券交易成交额累计在50万元以上的;

②期货交易占用保证金数额累计在30万元以上的;

③获利或者避免损失数额累计在15万元以上的;

④多次进行内幕交易、泄露内幕信息的;

⑤其他情节严重的情形。

(2) 量刑标准

犯本罪的,处5年以下有期徒刑或者拘役,并处或者单处违法所得1倍以上5倍以下罚金;情节特别严重的,处5年以上10年以下有期徒刑,并处违法所得1倍以上5倍以下罚金。

单位犯前款罪的,对单位判处罚金,并对其直接负责的主管人员和其他直接责任人员,处5年以下有期徒刑或者拘役。

对于本罪中违法所得的认定,系指通过内幕交易行为所获利益或者避免的损失。内幕信息的泄露人员或者内幕交易的明示、暗示人员未实际从事内幕交易的,其罚金数额按照因泄露而获悉内幕信息人员或者被明示、暗示人员从事内幕交易的违法所得计算。

【案例410】内幕交易、泄露内幕信息　黄某裕等被判刑并罚数亿[①]

被告人: 黄某裕、杜某、许某民

基本案情:

被告人黄某裕在以鹏泰公司名义参股中关村上市公司后,鹏泰公司成为中关村上市公司的第一大股东,被告人黄某裕作为董事,由其决策中关村上市公司的重大事项。2006年10月,被告人黄某裕以鹏泰公司名义收购了凯利公司持有的48%的中关村建设股权,并拟将这部分股权转让给中关村上市公司。2007年5月、6月,中关村上市公司承诺以资金方式收购鹏泰公司所持中关村建设股权,但由于中关村上市公司存在资金困难,被告人许某民、段某基向其提出用中关村上市公司持有的33%的启迪公司股权进行置换。资产置换文件经被告人黄某裕和被告人许某民签字,上报证监会审批。

[①] 参见北京市高级人民法院黄某裕等非法经营、内幕交易、泄露内幕信息、单位行贿案。

自形成意向到公告前,被告人黄某裕决定并指令他人借用龙某、王某等人的身份证,开立个人股票账户并由其直接控制。2007年4月27日至6月27日,被告人黄某裕使用以上龙某、王某等6人的股票账户,累计购入中关村股票(股票代码000931)976万余股,成交额共计9310万余元人民币。至6月28日该信息公告日时,以上6人股票账户的账面收益额为348万余元人民币。

2007年7月、8月,中关村上市公司拟收购鹏润控股公司全部股权进行重组。在该信息公告前,被告人黄某裕指使他人以曹某娟、林某锋等79人的身份证开立相关个人股票账户,并由被告人黄某裕控制,同时安排被告人杜某协助管理以上股票账户。被告人杜某于同年8月13日至9月28日,按照被告人黄某裕的指令,指使杜1、杜2、谢某(均另案处理)等人使用上述股票账户,累计购入中关村股票1.04亿余股,成交额共计13.22亿余元人民币,至2008年5月7日该信息公告日时,上述股票账户的账面收益额为3.06亿余元人民币。

其间,被告人许某民明知被告人黄某裕利用上述内幕信息进行中关村股票交易,仍接受被告人黄某裕的指令,指使许某铭(另案处理)在广东借用他人身份证开立个人股票账户或直接借用他人股票账户共计30个。上述股票账户于2007年8月13日至9月28日,累计购入中关村股票3166万余股,成交额共计4.14亿余元人民币,至2008年5月7日该信息公告日时,上述30个股票账户的账面收益额为9021万余元人民币。

2006年6月,公安部经侦局北京总队成立专案组,查办鹏房公司开发鹏润家园项目过程中虚假按揭贷款问题,相某珠担任专案组长。同年7月、8月的一天,吴某为相某珠介绍了被告人许某民,被告人许某民说他和被告人黄某裕是老乡,请相某珠在办案中关照被告人黄某裕。后相某珠作为案件负责人,在办案方式、催促案件进度等方面给予被告人黄某裕、被告人许某民关照。2007年8月、9月,被告人许某民向相某珠提出中关村上市公司要进行重组,股票肯定要涨,可以借给其100万元买股票。过了一个多星期,被告人许某民在相某珠单位附近的路边,将装有100万元现金的箱子交给相某珠,其带回家交给了妻子李某娟,并告知这100万元是被告人许某民借给其炒股的。同年9月21日至25日,李某娟使用其个人股票账户分7笔买入中关村股票12万余股,成交额共计181万余元人民币。

公诉机关指控:

被告人黄某裕犯内幕交易罪;被告人杜某犯内幕交易罪;被告人许某民犯内幕交易、泄露内幕信息罪。

3位被告人作为证券交易内幕信息的知情人员,在涉及对证券交易价格有重大影响的信息尚未公开前,买入该证券,情节特别严重,被告人许某民还向他人泄露该信息,情节严重,应当以内幕交易罪追究被告人黄某裕、被告人杜某的刑事责任,以内幕交易、泄露内幕信息罪追究被告人许某民的刑事责任。被告人杜某、被告人许某民系内幕交易罪的从犯。

被告人黄某裕辩称:

1. 被告人黄某裕是鹏润控股公司的法定代表人,可以代表该公司作出购买中关村股票的意思表示,且购买中关村股票的部分资金来源于鹏投公司,部分涉案股票资金账户中的资金亦流回到鹏投公司,因此买卖中关村股票是鹏投公司的行为,而非被告人黄某裕的个人行为。

2. 虽然证监会和公安部认定中关村上市公司收购鹏润控股公司事项的价格敏感期为2007年8月13日至2008年5月7日。但公安部及证监会并不是法定鉴定机构,两单位出具的材料不能作为认定本案价格敏感期起算时间的依据。中关村上市公司收购鹏润控股公司全部股权进行重组的内幕信息形成于2007年9月28日,价格敏感期起算点应不早于该日。

3. 内幕交易的目的在于获利或止损,被告人黄某裕买入股票的目的在于长期持有而非套现获利,其买入中关村股票后并未抛售,因此不能认定被告人黄某裕利用内幕信息进行内幕交易。

被告人杜某的辩称:

被告人杜某参与内幕交易犯罪的程度不严重,且系从犯,请求法庭对其判处缓刑。

被告人许某民辩称:

1. 被告人许某民在内幕交易的事实中,没有为自己谋取利益,没有任何非法所得,系内幕交易犯罪的从犯;

2. 其所犯泄露内幕信息罪具有自首情节;

3. 被告人许某民在对外宣传、音像行业做出过贡献,积极从事慈善事业并为家乡建设做出过贡献,且被告人许某民系初犯,案发前一贯表现良好,请求法庭对被告人许某民从轻处罚。

法院认为:

1. 关于被告人黄某裕辩称买卖中关村股票是鹏投公司的行为,而非被告人黄某裕的个人行为。

在购买中关村股票时,被告人黄某裕并未与鹏投公司其他决策层管理人员讨论研究,有关人员仅是按其指令开立账户,调拨资金,并不知道实际意图目的,虽然被告人黄某裕是鹏投公司的法定代表人,但其个人实施的行为并不能完全代表公司意志。虽然购买中关村股票的部分资金来源于鹏投公司,并有一部分资金回流到鹏投公司,但这并不能说明被告人黄某裕购买中关村股票是为使单位获利,被告人黄某裕所提该项辩护意见不能成立,法院不予采纳。

2. 对于被告人黄某裕辩称公安部及证监会不是法定鉴定机构,两单位出具的材料不能作为认定本案价格敏感期起算时间的依据。

证监会作为对全国证券市场进行统一监管的国家机构,对上市公司涉及内幕信息有关问题进行认定属于其法定职能范围,证监会在职权范围内对中关村上市公司内幕信息价格敏感期起算时间出具的认定意见,可以作为证据采用。故被告人黄某裕所提该项辩护意见不能成立,法院不予采纳。

3. 关于中关村上市公司收购鹏润控股公司全部股权事项价格敏感期的确认。

鹏投公司为运作鹏润控股公司借壳中关村上市公司在境内上市于2007年8月10日召开会议,确定成立地产重组工作小组。2007年8月13日拟定的成立地产重组工作小组的报告经修改,增加了设立中关村组的内容。且被告人黄某裕实际控制的79人的股票账户于2007年8月13日出现了集中买入大量中关村股票的情况。公安部、证监会将2007年8月13日作为该公司内幕信息价格交易敏感期起算时间的理由充分。

4. 对于被告人黄某裕辩称买入股票的目的在于长期持有而非套现获利,其买入中关村股票后并未抛售,因此不能认定被告人黄某裕利用内幕信息进行内幕交易。

内幕交易罪侵犯的客体是国家对证券市场交易的管理制度和投资者公平交易、公开交易的合法权益。无论被告人黄某裕在买卖中关村股票时所持何种目的,只要作为内幕信息的知情者,在内幕信息价格交易敏感期内买卖该特定证券,无论是否获利,均不影响对内幕交易犯罪性质的认定。故被告人黄某裕所提该项辩护意见不能成立,法院不予采纳。

综上,3位被告人作为证券交易内幕信息的知情人员,在涉及对证券交易价格有重大影响的信息尚未公开前,买入该证券,且内幕交易成交额及其所控制的股票账户在内幕信息公告日的账面收益额均特别巨大,情节特别严重;被告人许某民还向他人泄露该信息,情节严重,被告人黄某裕、被告人杜某的行为已构成内幕交易罪,被告人许某民的行为已构成内幕交易、泄露内幕信息罪,3位被告人系内幕交易犯罪的共犯,其中被告人黄某裕系主犯,被告人许某民、被告人杜某在内幕交易共同犯罪中起帮助、次要作用,系从犯。

鉴于被告人杜某在内幕交易共同犯罪中为从犯,且认罪悔罪,依法予以减轻处罚。但由于被告人杜某在参与内幕交易共同犯罪中,接受被告人黄某裕的指令,不仅指使有关人员买卖中关村股票,还积极协助被告人黄某裕管理股票账户和资金账户,决定资金调拨等重要事项,其所犯内幕交易罪情节特别严重,具有严重的社会危害性,不符合适用缓刑的条件。

被告人许某民在对外宣传、音像行业做出过贡献,积极从事慈善事业并为家乡建设做出过贡献的事实与本案事实无关,不符合法定或酌定从轻处罚的条件。但鉴于被告人许某民被采取强制措施后,如实供述了司法机关不掌握的泄露内幕信息的犯罪事实,具有自首情节,且系内幕交易共同犯罪的从犯,依法对被告人许某民所犯内幕交易、泄露内幕信息罪减轻处罚。

法院判决[①]:

1. 被告人黄某裕犯内幕交易罪,判处有期徒刑9年,并处罚金6亿元人民币;
2. 被告人杜某犯内幕交易罪,判处有期徒刑3年6个月,并处罚金2亿元人民币;
3. 被告人许某民犯内幕交易、泄露内幕信息罪,判处有期徒刑3年,并处罚金1亿元人民币;
4. 追缴3位被告人的违法所得。

【案例411】保荐人内幕交易第一案　夫妻双双被判刑[②]

被告人:谢某华、安某梅

基本案情:

在2008年12月17日至2009年5月25日,被告人谢某华作为厦门大洲收购、重组兴业房产内幕信息的知情人,在内幕信息尚未公开前,自己购买并叫妻子被告人安某梅购买ST兴业股票。被告人谢某华通过其控制的账户买入ST兴业股票共计115,000股,累计成交金额500,684元,获利767.52元;被告人安某梅在

[①] 本案中,黄某裕还因非法经营被判非法经营罪,判处有期徒刑8年,并处没收个人部分财产2亿元人民币。除此之外,黄某裕还犯单位行贿罪,判处有期徒刑2年。以上3项罪名法院决定执行有期徒刑14年,并处罚金6亿元人民币,没收个人部分财产2亿元人民币。一审判决后,黄某裕等提出上诉,北京市高级人民法院认为,杜某在一审宣判后积极筹借资金,全额缴纳了2亿元人民币罚金,确有悔改,根据相关刑事政策及本案具体情节,对杜某可依法再予减轻处罚并宣告缓刑。同案其他人则维持原判。

[②] 参见上海市浦东新区人民法院(2011)浦刑初字第2738号刑事判决书。

明知有关信息系内幕信息的情况下,仍利用该内幕信息通过其控制的账户买入 ST 兴业股票共计 208,500 股,累计成交金额 1,520,678 元,获利 136,705.5 元人民币。法院认定涉及 ST 兴业重组的内幕信息敏感期分别为 2008 年 11 月 3 日至 12 月 24 日以及 2009 年 5 月 24 日至 5 月 26 日。

2009 年 5 月 18 日上午,被告人谢某华在制作天宝矿业借壳万好万家的重组方案期间,作为该内幕信息的知情人,在内幕信息尚未公开前,自己购买并叫妻子被告人安某梅购买万好万家股票共计 1,210,600 股。其中,被告人谢某华通过其控制的账户买入 930,600 股,累计成交金额 6,671,961 元,获利 5,853,915 元;被告人安某梅在明知有关信息系内幕信息的情况下,仍利用该内幕信息,通过其控制的账户买入 28 万股,累计成交金额 2,047,133.84 元,获利 1,685,066.16 元。法院认定天宝矿业借壳万好万家重组上市这一内幕信息的价格敏感期为 2009 年 5 月 12 日至 5 月 19 日。

公诉机关指控:

两被告人的行为构成内幕交易罪。

被告人谢某华辩称:

在买卖万好万家这次股票时,其保荐代表人资格与指控没有关联性,证券公司作为中介机构在重组中的作用有限,不是构成内幕交易罪的"知情人"。

被告人安某梅辩称:

在买卖万好万家股票时,主观上没有进行内幕交易的故意,客观上是接受被告人谢某华的建议买卖该股票,并且在买入时也不知任何内幕信息,是被动的信息接受者,也从未使用过任何非法手段或者途径主动从被告人谢某华获取过内幕信息。

法院认为:

《证券法》第 74 条①规定证券交易内幕信息的知情人包括:(1)发行人的董

---

① 现为《证券法》(2019 年修订)第 51 条相关内容。第 51 条规定:"证券交易内幕信息的知情人包括:(一)发行人及其董事、监事、高级管理人员;(二)持有公司百分之五以上股份的股东及其董事、监事、高级管理人员,公司的实际控制人及其董事、监事、高级管理人员;(三)发行人控股或者实际控制的公司及其董事、监事、高级管理人员;(四)由于所任公司职务或者因与公司业务往来可以获取公司有关内幕信息的人员;(五)上市公司收购人或者重大资产交易方及其控股股东、实际控制人、董事、监事和高级管理人员;(六)因职务、工作可以获取内幕信息的证券交易场所、证券公司、证券登记结算机构、证券服务机构的有关人员;(七)因职责、工作可以获取内幕信息的证券监督管理机构工作人员;(八)因法定职责对证券的发行、交易或者对上市公司及其收购、重大资产交易进行管理可以获取内幕信息的有关主管部门、监管机构的工作人员;(九)国务院证券监督管理机构规定的可以获取内幕信息的其他人员。"

事、监事、高级管理人员;(2)持有公司 5% 以上股份的股东及其董事、监事、高级管理人员,公司的实际控制人及其董事、监事、高级管理人员;(3)发行人控股的公司及其董事、监事、高级管理人员;(4)由于所任公司职务可以获取公司有关内幕信息的人员;(5)证券监督管理机构工作人员以及由于法定职责对证券的发行、交易进行管理的其他人员;(6)保荐人、承销的证券公司、证券交易所、证券登记结算机构、证券服务机构的有关人员;(7)国务院证券监督管理机构规定的其他人。

根据此规定,无论是因为身份关系还是工作职责,无论是通过合法途径还是通过非法手段在内幕信息公开前获取《证券法》规定的内幕信息的人,都可以认定为证券内幕信息知情人。被告人谢某华从撮合天宝矿业与万好万家见面,到最终两家公司就重组达成一致,始终参与了天宝矿业借壳万好万家重组上市的项目,其所在的中信证券还与万好万家签订了《财务代理协议》,被告人谢某华以财务顾问身份为该重组项目提供各项服务,属于因工作职责获取内幕信息的内幕信息知情人。而被告人谢某华在天宝矿业与万好万家就重组事宜商谈期间,将该内幕信息告诉被告人安某梅,被告人安某梅也明知该信息为尚未公开的内幕信息,因此,被告人安某梅与谢某华均为内幕信息的知情人。

被告人谢某华为内幕信息的知情人,在涉及证券的发行交易、对证券价格有重大影响的信息尚未公开前,利用该信息买入该证券,且以明示的方式叫被告人安某梅买入相关证券,情节严重,构成内幕交易罪。被告人安某梅明知被告人谢某华将内幕消息泄露给自己,仍利用该信息进行股票交易,情节严重,其行为已构成内幕交易罪。

法院判决:

1. 以内幕交易罪判处被告人谢某华有期徒刑 3 年,缓刑 3 年,罚金 800 万元人民币;

2. 以内幕交易罪判处被告人安某梅有期徒刑 1 年,缓刑 1 年,罚金 190 万元人民币;

3. 追缴被告人谢某华、安某梅违法所得共计 767 万余元。

【案例412】中电员工泄露内幕消息炒股获刑 6 年[①]

被告人: 杜某库、刘某华

---

① 参见最高人民法院网 http://www.court.gov.cn/xwzx/xwfbh/fbhsl/201205/t20120522_177155.html,2012 年 6 月 4 日访问。

基本案情：

2009年3月23日，被告人杜某库与中电集团财务部主任案外人张某洲到下属的十四所等单位考察。

案外人十四所所长罗某、十四所副总经济师鲍某平向被告人杜某库、案外人张某洲两人汇报了十四所准备收购南京地区股份制企业借壳上市的内容。

2009年3月29日，被告人杜某库回北京后，根据案外人罗、鲍等人汇报的借壳公司的概况，通过互联网检索，得出唯一符合借壳条件的公司是高淳陶瓷。

2009年3月31日，被告人杜某库陪同中电集团领导参加十四所搬迁仪式期间，南京市政府领导就十四所收购重组事宜出面协调，使其确信十四所拟借壳公司为高淳陶瓷公司。

次日回到北京后，被告人杜某库将十四所欲重组高淳陶瓷公司的信息告知其妻被告人刘某华，双方均同意购买高淳陶瓷股票。

2009年4月2日，被告人杜某库通过其个人账户买入21,000股高淳陶瓷股票，后逐步将个人账户中的资金分别转入其所操控的亲属的股票交易账户。

2009年4月2日至4月20日，被告人杜某库单独操作买入高淳陶瓷股票累计223,000股，交易金额1,542,185.52元，获利2,470,351.38元；被告人杜某库、案外人刘某华共同操作买入高淳陶瓷股票累计137,100股，交易金额966,946.91元，获利1,739,692.46元。

被告人刘某华获悉信息后，还将高淳陶瓷公司计划重组的信息泄露给案外人赵某梅等人（均另案处理），案外人赵某梅等人先后买入高淳陶瓷股票累计784,641股，获利12,019,744.91元。

法院认为：

因履行职责获取内幕信息的，将认定为内幕信息知情人员；此类人员从事与内幕信息有关的股票交易的，将构成内幕交易罪；将与内幕信息相关信息泄露给他人的，构成泄露内幕信息罪。

被告人杜某库因履行工作职责获取了内幕信息，系内幕信息知情人员；被告人刘某华从其配偶处获悉内幕信息，系非法获取内幕信息人员。在内幕信息尚未公开前，被告人杜某库、刘某华从事与该内幕信息有关的股票交易，且成交金额与获利数额均为巨大，两被告人构成内幕交易的共同犯罪。被告人刘某华还将内幕信息泄露给他人，导致他人从事与该内幕信息有关的股票交易，且情节严重，还构成泄露内幕信息罪。

被告人杜某库在内幕交易共同犯罪中起主要作用，是主犯；被告人刘某华起次要作用,是从犯,依法应当减轻处罚。鉴于两被告在案发后已退缴全部赃款,均可酌情从轻处罚。

法院判决:

1. 被告人杜某库犯内幕交易罪,判处有期徒刑6年,并处罚金425万元;

2. 被告人刘某华犯内幕交易、泄露内幕信息罪,判处有期徒刑3年,并处罚金425万元。

二、涉税刑事犯罪

960. 何为抗税罪?其立案追诉标准以及量刑标准分别是怎样的?

抗税罪,是指负有纳税义务或者代扣代缴、代收代缴义务的个人或者企业事业单位的直接责任人员,故意违反税收法规,以暴力、威胁方法拒不缴纳税款的行为。

(1)立案追诉标准

涉嫌下列情形之一的,应予立案追诉:

①造成税务工作人员轻微伤以上的;

②以给税务工作人员及其亲友的生命、健康、财产等造成损害为威胁,抗拒缴纳税款的;

③聚众抗拒缴纳税款的;

④以其他暴力、威胁方法拒不缴纳税款的。

(2)量刑标准

①对于情节轻的,处3年以下有期徒刑或者拘役,并处拒缴税款1倍以上5倍以下的罚金。

②有下列严重情节的,处3年以上7年以下有期徒刑,并处拒缴税款1倍以上5倍以下的罚金:

　a. 聚众抗税的首要分子;

　b. 抗税数额在10万元以上的;

　c. 多次抗税的;

　d. 故意伤害致人轻伤的;

　e. 具有其他严重情节的。

961. 抗税罪与逃税罪有何区别?

抗税罪与逃税罪的区别如下:

(1) 主体要件不同

抗税罪只能由个人和单位的直接责任人员构成；而逃税罪的主体则包括单位和个人，也包括单位的直接主管人员和其他直接责任人员。

(2) 客观方面不同

抗税罪表现为以暴力、威胁方法拒不缴纳税款的行为；逃税罪则表现为采取伪造、变造、隐匿、擅自销毁账簿、记账凭证，在账簿上多列支出或者不列、少列收入，经税务机关通知申报而拒不申报或者进行虚假纳税申报，不缴或者少缴税款的行为。

(3) 犯罪标准不同

抗税罪只要行为人实施了以暴力、威胁方法拒不缴纳税款的行为就可构成；而逃税罪必须是偷税行为情节严重的才构成犯罪。

962. 抗税罪与妨害公务罪的区别是什么？

妨害公务罪与抗税罪在客观方面都表现为以暴力、威胁方法的手段，主观上都出于故意，其不同之处如下。

(1) 主体要件不同

妨害公务罪的主体要件是一般主体，凡达到刑事责任年龄且具有刑事责任能力的自然人都可以构成；抗税罪的主体要件是特殊主体，只有负有纳税义务或者代扣代缴、代收代缴税款义务的个人或单位的直接责任人员才可以构成。

(2) 主观目的不同

妨害公务罪目的在于使国家工作人员不能依法执行职务；抗税罪目的在于逃避缴纳税款而非法获利。

(3) 犯罪对象的范围不同

抗税罪侵害的对象是执行税收征管任务的税务人员；而妨害公务罪侵害的对象则是执行职务的国家工作人员，后者范围较广，前者属于后者的一种。

(4) 侵犯的客体不同

妨害公务罪侵犯的是国家机关的公务活动；抗税罪侵犯的是国家的税收管理制度。在实践中，纳税人以暴力、威胁方法阻碍税务人员依法征税的，都应以抗税罪论处。只有不负有纳税义务的个人以暴力、威胁方法阻碍税务人员征税，且事先与纳税人无通谋的，才构成妨害公务罪。

963. 何为逃避追缴欠税罪？其立案追诉标准以及量刑标准分别是怎样的？

逃避追缴欠税罪，是指纳税义务人欠缴应纳税款，采取转移或者隐匿财产的手段，致使税务机关无法追缴欠缴税款的行为。

第十三章

损害公司利益责任纠纷

（1）追诉标准

纳税人欠缴应纳税款，采取转移或者隐匿财产的手段，致使税务机关无法追缴欠缴的税款，数额在1万元以上的，应予立案追诉。

（2）量刑标准

逃避追缴欠税，税款数额在1万元以上不满10万元的，处3年以下有期徒刑或者拘役，并处或者单处欠缴1倍以上5倍以下罚金；数额在10万元以上的，处3年以上7年以下有期徒刑，并处欠缴税款1倍以上5倍以下罚金。

【案例413】"示范店主"逃避欠税获刑3年[①]

被告人：万某兵

基本案情：

被告人原系银川市川府名店"海底捞"示范店业主。

2007年5月30日，因涉嫌犯偷税罪被银川市公安局兴庆区分局刑事拘留，同年6月18日被取保候审。

2008年4月17日，由银川市兴庆区人民法院决定依法逮捕，现羁押于银川市看守所。

公诉机关指控：

被告人逃避追缴欠税罪成立。

2006年1月至2007年3月，被告人在经营银川市兴庆区"海底捞"示范店期间，未在税务机关核定的纳税期限向税务机关指定的银行缴纳税款，而将每日的营业款挪作他用，致使税务机关无法追缴税款288,165.76元。案发后，公安机关追缴税款200,015.94元，其行为已构成逃避追缴欠税罪。

公诉机关为证明其观点，提交证据如下：

1. 被告人的供述，证实其2006年1月至2007年3月，在经营"海底捞"示范店期间欠税288,165.76元的事实；

2. 证人万某某的陈述，证实在经营"海底捞"示范店期间欠税的事实；

3. 税务稽查报告及欠税通知书，证实被告人欠税的事实；

4. 欠税明细表，证实2006年1月至2007年3月，累计欠税288,165.76元；

5. 催缴通知书，证实2007年3月1日分别催缴2006年9月、2006年11月、2006年12月、2007年2月所欠税款的事实；

[①] 参见宁夏回族自治区银川市兴庆区人民法院万某兵犯逃避追缴欠税罪一案。

6. 银行开户情况,证实被告人在经营"海底捞"示范店期间分别在商业银行、农村信用社、农业银行开户的事实;

7. 户籍证明,证实被告人犯罪时系成年人。

被告人辩称:

案发后被告人表示愿意缴纳税款,有悔罪表现,希望法庭从轻处罚。

法院认为:

被告人在其经营银川市兴庆区个体经营川府名店"海底捞"示范店期间欠缴应纳税款288,165.76元,采取转移财产的手段,致使税务机关无法追缴欠缴的税款达到1万元以上的,其行为已构成逃避追缴欠税罪,应予刑事处罚。

经查被告人逃避追缴欠税的行为,有被告人的供述、证人证言、税务稽查报告、欠税通知书、欠税明细表、催缴通知书等证据相互印证,足以认定。

法院判决:

被告人犯逃避追缴欠税罪,判处有期徒刑3年零6个月,并处罚金29万元人民币。

964. 逃避追缴欠税罪与抗税罪的区别是什么?

两者的区别如下。

(1) 客体要件不同

逃避追缴欠税罪为简单客体,即侵犯了国家的税收管理制度;而抗税罪则为复杂客体,即不仅侵犯了国家的税收管理制度,同时还侵犯了依法从事税收征管工作的税务人员的人身权利。

(2) 犯罪客观方面不同

逃避追缴欠税罪在客观上表现为采取转移或者隐匿财产的手段致使税务机关无法追缴欠缴的税款的行为;抗税罪则表现为以暴力、威胁方法拒不缴纳税款的行为。前者的行为方式是秘密的,而后者则是公开的。

(3) 对税款数额要求不同

妨碍追缴税款数额较大的才构成前罪,而抗税罪不要求数额较大,只要以暴力、威胁方法拒不缴纳税款的,就构成本罪。

965. 何为骗取出口退税罪?其立案追诉标准以及量刑标准分别是怎样的?

骗取出口退税罪,是指故意违反税收法规,采取以假报出口等欺骗手段,骗取国家出口退税款,数额较大的行为。

第十三章
损害公司利益责任纠纷

（1）追诉标准

以假报出口或者其他欺骗手段，骗取国家出口退税款，数额在5万元以上的，应予立案追诉。

（2）量刑标准

以假报出口或者其他欺骗手段，骗取国家出口退税款，数额较大的，处5年以下有期徒刑或者拘役，并处骗取税款1倍以上5倍以下罚金；数额巨大或者有其他严重情节的，处5年以上10年以下有期徒刑，并处骗取税款1倍以上5倍以下罚金；数额特别巨大或者有其他特别严重情节的，处10年以上有期徒刑或者无期徒刑，并处骗取税款1倍以上5倍以下罚金或者没收财产。

【案例414】三青年一软件骗取退税3000余万被判无期[①]

被告人： 李某、章某侃

基本案情：

2002年，被告人章某侃创立维珍通信科技公司，此后与被告人李某相识。

被告人李某在对国家软件行业的税收政策进行全面研究后，发现一条"掘金"之道，即在香港注册一家离岸公司，在沪开设一家信息技术公司，购买他人开发的软件改换成自家的软件产品，享受到该行业的税收优惠政策后，接着以虚假交易方式将这些板卡"出口"到自家在香港开的公司，并循环利用这些板卡。利用这套严密骗术，预计扣除成本后将可赚取1/3左右的退税款。

2004年8月，被告人李某的妻子刘某委托一家专为提供注册香港公司服务的深圳公司以被告人李某的名义在香港注册了星顺公司。

2005年2月，以刘某为法定代表人的竹川公司在上海注册成立。而后，被告人李某委托一名软件工程师开发一个能够申请软件著作权的软件。

2005年8月，被告人李某取得软件的最终版本。这套名为"竹川票据打印软件V1.0"的软件价值在千元上下，但无法装入硬件板卡。被告人李某为此支付了1.5万元，并于同年10月取得了该软件的著作权，由此开始得以享受增值税超过3%部分即征即返的优惠政策。

已将法定代表人刘某变更为被告人李某的竹川公司，以单价4.3万元到5.6万元的价格"销售"给被告人章某侃的维珍公司4200余套上述软件，销售金额高

[①] 参见中国青年报网 http://zqb.cyol.com/content/2009-11/19/content_2943221.htm，2011年5月15日访问。

达 1.93 亿余元,在子虚乌有的业务往来同时开给维珍公司增值税发票,此举为被告李某等获取了 14% 的退税。

刘某又自行制作了若干虚假的咨询合同、设备租赁合同等以摊薄竹川公司运作的成本。此后,被告人章某侃在深圳电子产品市场的摊位购得了 100 余块板卡,这些普通板卡摇身一变成为带软件存储功能的板卡,成为可以享受国家全额退税的出口板卡。

被告人章某侃找到两家进出口贸易公司,贸易公司名义上是买断经营,实际是提供外贸代理出口业务,收取 1% 左右的代理费。这两家外贸公司根据被告人章、李的指令将板卡出口到被告人李某在香港的星顺公司,此次退税机会再次为他们赢得了丰厚的利益。某人分工配合,被告人李某在上海发货,被告人章某侃在香港收货,再将板卡带回深圳并快递至上海。之后,这些板卡一直被循环"出口"。

竹川公司、维珍公司有悖常理的转账方式,引起了相关部门的注意。经侦查,被告人李某等人骗取国家高额退税款的行径浮出水面。公诉机关以涉嫌虚开增值税专用发票罪与骗取出口退税罪提起公诉。

法院认为:

二被告人在没有真实交易的情况下,共同利用国家的出口退税政策与对软件行业的税收优惠政策骗取国家税款,虚开增值税专用发票税额 3400 余万元,骗取出口退税款 3400 余万元,且给国家税款造成特别重大损失,其行为均已构成虚开增值税专用发票罪与骗取出口退税罪,由于李、章骗取国家税款数额特别巨大,情节特别严重,给国家利益造成特别重大损失,应从重处罚。

法院判决:

1. 被告人李某构成虚开增值税专用发票罪、骗取出口退税罪,判处无期徒刑,剥夺政治权利终身,并处没收财产 50 万元;

2. 被告人章某侃构成虚开增值税专用发票罪、骗取出口退税罪,判处无期徒刑,剥夺政治权利终身,并处没收财产 40 万元。

966. 骗取出口退税罪与诈骗罪的区别是什么?

诈骗罪,是指以非法占有为目的,用虚构事实或者隐瞒真相的方法,骗取数额较大的公私财物的行为,欺骗性是该罪的本质特征。骗取出口退税罪,是指单位或个人以骗取国家出口退税款为目的,采用虚开增值税专用发票、搞假货物报关出口骗取货物出口报关单、内外勾结提供出口收汇单证等欺骗手段,在根本未缴纳税款的情况下,从税务机关或出口企业骗取出口退税款的行为。

因此,骗取出口退税行为实质上是一种诈骗的行为。近些年来,诈骗犯罪的手段越来越多,诈骗的对象也越来越广,如信用证诈骗、金融票据诈骗、保险诈骗、合同诈骗、骗取出口退税等,为了有效地惩治这些犯罪行为,《刑法》分别单独规定了罪名和法定刑。按照特别规定优于普通规定的原则,凡符合骗取出口退税犯罪构成要件的,直接以骗取出口退税罪定罪处罚,不再以一般诈骗罪定罪处罚。

967. 骗取出口退税罪与虚开增值税专用发票罪的异同是什么?

虚开增值税专用发票罪,是指单位和个人违反国家税收征管和发票管理制度,为他人虚开、为自己虚开、让他人为自己虚开、介绍他人虚开增值税专用发票的行为。骗取出口退税罪与虚开增值税专用发票罪同属危害税收征管类犯罪,两罪既有区别,又有联系。

(1)其区别主要表现在客观方面,即犯罪手段不同。虚开增值税专用发票的客观方面,表现为行为人在商品的国内生产、销售环节实施为他人虚开、为自己虚开、让他人为自己虚开、介绍他人虚开增值税专用发票的行为;骗取出口退税罪的客观方面,则表现为行为人在商品的出口环节实施假报出口或者其他骗取出口退税款的行为。

(2)其联系主要表现在,虚开增值税专用发票本身是行为人实施骗取出口退税的重要手段之一,骗取出口退税的实施又以行为人实施虚开增值税专用发票为必要的环节。可见,骗取出口退税罪与虚开增值税专用发票罪之间存在着密切的牵连关系,当行为人将虚开的增值税专用发票用于向税务机关申请出口退税,数额较大时,该行为人就同时触犯了骗取出口退税罪和虚开增值税专用发票罪两个罪名;但在处理时应按其中的一个重罪定罪,从重处罚,不适用数罪并罚。

当然,如果行为人未将虚开的增值税专用发票用于申请出口退税,而是用于申请抵扣税款或者非法出售,则不能构成骗取出口退税罪,而应当按照虚开增值税专用发票罪、偷税罪或非法出售增值税专用发票罪之中的一个重罪从重处罚。

968. 何为虚开增值税专用发票、用于骗取出口退税、抵扣税款发票罪?其立案追诉标准以及量刑标准分别是怎样的?

虚开增值税专用发票、用于骗取出口退税、抵扣税款发票罪,是指违反国家税收征管法规,为他人虚开、为自己虚开、让他人为自己虚开、介绍他人虚开增值税专用发票或者用于骗取出口退税、抵扣税款的其他发票的行为。

(1)追诉标准

虚开增值税专用发票或者虚开用于骗取出口退税、抵扣税款的其他发票,虚开的税款数额在 1 万元以上或者致使国家税款被骗数额在 5000 元以上的,应予立案追诉。

(2)量刑标准

犯本罪的,处 3 年以下有期徒刑或者拘役,并处 2 万元以上 20 万元以下罚金;虚开的税款数额较大或者有其他严重情节的,处 3 年以上 10 年以下有期徒刑,并处 5 万元以上 50 万元以下罚金;虚开的税款数额巨大或者有其他特别严重情节的,处 10 年以上有期徒刑或者无期徒刑,并处 5 万元以上 50 万元以下罚金或者没收财产。

单位犯本罪的,实行双罚制,即对单位判处罚金,并对其直接负责的主管人员和其他直接责任人员,处 3 年以下有期徒刑或者拘役;虚开的税款数额较大或者有其他严重情节的,处 3 年以上 10 年以下有期徒刑;虚开的税款数额巨大或者有其他特别严重情节的,处 10 年以上有期徒刑或者无期徒刑。

犯本罪被判处罚金或者没收财产的,在执行前,应当先由税务机关追缴税款和所骗取的出口退税款。

【案例 415】行贿、虚开增值税专用发票、挪用资金　周某毅再获刑 16 年[①]

被告人:周某毅

被告单位:农凯集团

基本案情:

2004 年 6 月 1 日,被告人因犯操纵证券交易价格罪被判处有期徒刑 2 年零 6 个月,犯虚报注册资本罪被判处有期徒刑 1 年,决定执行有期徒刑 3 年。[②] 2006 年 5 月 26 日刑满释放。2006 年 10 月 22 日被监视居住,2007 年 1 月 21 日被逮捕。

从 1997 年起,被告人为被告单位及其控制下的关联企业筹措资金进行股票交易,与黄某熊约定拆借资金。由黄某熊利用担任上海商品交易所副总会计师、上海期货交易所结算部负责人、经理,具体负责交易所资金运作的职务便利,将上述交易所资金以"国债回购"的名义,投入西南证券定西营业部等证券公司,不进行任何实际交易,在资金到账后直接划转至被告单位控制下的金凯物资公司等机构资金账户进行股票交易。2001 年 5 月至 8 月,金凯物资公司共计非法拆借资金

[①] 参见上海市第二中级人民法院(2007)沪二中刑初字第 123 号刑事判决书。
[②] 周某毅所犯虚报注册资本罪、操纵证券交易价格罪详见本书第一章公司设立纠纷。

1.7亿元。1999年3月,被告人送给黄某熊价值9390元的"雷达"牌手表一对。2000年5月,被告人又送给黄某熊2万元港币(折合20,712元人民币)。2001年3月,被告人与黄某熊到杭州市,由被告人支付现金104万余元为黄某熊购买上城区万安城市花园·南苑2幢1201室商品房一套,另送给黄某熊现金20万元用于装潢。

  2001年春节前夕,被告单位直接负责的主管人员被告人送给时任福建兴业银行上海分行行长助理兼国际业务部总经理、信用审查委员会委员的王某军现金40万元。2001年3月至12月,被告人为谋取不正当利益,在与王某军商议后,用其上市关联企业海鸟发展公司名义,以收购企业和增发新股为由违规向福建兴业银行上海分行贷款,并通过提前还贷、转贷等方式掩盖贷款由被告单位使用的事实,被告单位将获取的9亿元贷款中的4.6亿元划入证券公司账户,用于股票交易。

  2003年9月至2004年6月,被告人因涉嫌操纵证券交易价格罪和虚报注册资本罪被羁押在上海市看守所。其间,黄某利用担任上海市看守所所长,负责对被告人监管的职务便利,多次为被告人非法传递信件,并给予被告人特殊照顾。2004年6月,被告人委托其姐周某珍于2004年7月1日晚,在上海市江宁路188号兴业大厦被告单位办公室,送给黄某夫妇现金20万元。

  被告人为达到融资目的,采取在其控制下的关联企业、农投公司和利源公司之间反复进行电解铜虚假交易的方式,虚开增值税专用发票,借此虚增被告单位及其控制下的企业业绩,获取银行授信额度,并将部分虚开的增值税专用发票用于向银行贴现商业承兑汇票、银行承兑汇票,获取巨额资金。1999年1月至2003年5月,被告人安排被告单位有关人员徐某、丁某民、戴某奇、王某等人按照汇票贴现的需要,确定电解铜购销的双方、数量、金额等,虚构购销合同并以此开具增值税专用发票及商业承兑汇票、银行承兑汇票用于向银行申请贴现。为使虚假购销过程中销售方取得进项增值税专用发票,虚增公司业绩,又选择被告单位控制下的企业作为交易方,以原先开票的电解铜数量、金额为基础,继续虚开增值税专用发票,采取将"电解铜"由最初销售方"购进"的方式,使虚假交易形成循环。循环交易形成的应收、应付款则由被告单位专人负责利用贴现得款或其他款项进行划转或冲抵,贴现得款最终由被告单位统一调拨使用。

  经审计,被告单位及其控制公司等16家企业在实际购销电解铜14.86万余吨的情况下,共计形成账面购销电解铜199.7万余吨。被告单位等16家企业之间,以及与利源公司之间,共计虚开电解铜增值税专用发票4.02万余份,涉及电解铜虚假交易 161.87 万余吨,价税合计 260.01 亿余元,税额 37.78 亿余元。其中,直接用于申请贴现商业承兑汇票、银行承兑汇票的增值税专用发票 8400 余份,价税合计 86.29 亿余元,税额 12.53 亿余元。被告单位及其控制下的企业利用上述手段向银行贴现 84.22 亿余元,扣除贴现利息 1.91 亿余元,实得贴现款 82.3 亿余元。经查,贴现款直接用于归还到期票据款及支付新开票据应交纳的保证金 23.55 亿余元;投入证券公司账户 19.58 亿余元,内有 0.96 亿余元用于炒作"徐工科技"股票;用于归还贷款 9.98 亿余元;归被告单位关联企业及控制下的企业内部使用 22.1 亿余元;划入其他企业 7.07 亿余元。

2001 年 11 月,被告人安排农产化、农投公司与轻工控股签订了《关于英雄股份股份转让及资产转让之协议书》,协议中约定,农产化受让轻工控股在英雄股份所持 52.91% 股份中的 15%,农投公司向轻工控股支付 3000 万元股份转让收益金,农产化如未按期完成收购,轻工控股已经收取的 3000 万元股份转让收益金不再返还。2002 年 12 月,被告人为了完成农产化对英雄股份 15% 股份的收购,同时为了避免损失已经支付给轻工控股的 3000 万元股份转让收益金,凭借农产化和农投公司在收购期间对英雄股份的股份托管条件,指使农投公司总经理唐某根以及农投公司委派到英雄股份的总经理翟某强、财务部经理陈某明,并经共同策划,由翟某强、陈某明利用职务便利,虚构"英雄股份购买土地使用权需要支付预付款"的事实,背着英雄股份董事会,擅自决定将英雄股份资金 1 亿元以英雄股份名义划至金山亭林公司,然后转至农产化,农产化将该 1 亿元连同向英雄实业借取的 1.065 亿余元,用于向轻工控股支付购买英雄股份相应股份的受让款。

2003 年 4 月,被告人与唐某根、翟某强、陈某明为了归还农产化向英雄实业的借款 1.065 亿余元,再次策划,由翟某强、陈某明利用在英雄股份的职务便利,背着英雄股份董事会,擅自决定将英雄股份资金 1.065 亿余元划至农产化,用于归还英雄实业。被告人伙同唐某根、翟某强、陈某明等人,共计挪用英雄股份资金 2.065 亿余元,至案发前未退还。

在本案审理期间,被告人通过其辩护人向法院退出 2.065 亿余元人民币。

公诉机关指控:

被告单位为谋取不正当利益,由被告人给予国家工作人员黄某熊、宋某球财物,共计价值 229 万余元,情节严重;给予企业人员王某军财物 40 万元,数额较大;被告人为谋取不正当利益,给予国家工作人员黄某 20 万元,情节严重,应当分别以单位行贿罪、对企业人员行贿罪、行贿罪追究刑事责任。被告人系被告单位所犯单位行贿罪、对企业人员行贿罪中直接负责的主管人员,应依法追究其刑事责任。鉴于被告人在被追诉前,能主动交代上述行贿行为,对被告单位、被告人可以分别减轻或者免除处罚。被告单位虚开增值税专用发票,虚开的税款数额巨大,构成虚开增值税专用发票罪;被告人系直接负责的主管人员,应依法追究其刑事责任。被告人经与唐某根、翟某强、陈某明共谋,由翟某强、陈某明利用在英雄股份的职务便利,个人决定将英雄股份资金共计2.065亿余元以英雄股份名义给农产化使用,谋取个人利益,数额巨大,应以挪用资金罪追究其刑事责任。被告单位、被告人犯数罪,应予数罪并罚。被告人有检举他人犯罪的立功表现,可以从轻处罚。

被告人辩称:

被告单位在各大银行有授信额度,不需要通过行贿黄某熊、宋某球、王某军获取资金,未谋取任何不正当利益,故被告单位不构成相关的行贿罪。黄某系索贿,故本人不构成行贿罪。被告单位电解铜交易的经营行为合法,也缴付了所有的税款和银行利息,对社会没有危害;挪用资金系唐某根、翟某强、陈某明所为,自己并不知情,因此不构成虚开增值税专用发票罪和挪用资金罪。自己有主动交代、立功情节,开庭前又退出了2.065亿余元,请求从宽处理。

被告单位辩称:

被告单位和被告人未通过黄某熊、宋某球、王某军谋取不正当利益,不构成相关的行贿罪;检察机关无权侦查虚开增值税专用发票案,其所收集的证据均属无效;且被告单位进行的电解铜交易有真实贸易背景,不以偷逃税款为目的,客观上也未偷逃税款,不构成虚开增值税专用发票罪。

法院认为:

1. 关于被告单位及其直接负责的主管人员被告人给予黄某熊、王某军、宋某球财物,是否谋取了不正当利益以及应否定罪的问题。

经查,黄某熊明知被告单位将商品交易所、期货交易所投资"国债回购"的结算资金用于炒作股票,仍然违反国务院颁布的《期货交易管理暂行条例》第15条[①]关于"期货交易所不得从事信托投资、股票交易、非自用不动产投资等与其职能无关的业务"和财政部《关于商品期货交易财务管理暂行规定》第6条关于"对会员投入的资本以及其他属于会员的资产,不得用于其他经营目的的投资"的规定,同意出借。在被告单位及其控制下的关联企业向王某军所在单位福建兴业银行上海分行贷款中,王某军明知贷款将被用于收购企业和增发新股等违规用途,

---

① 现为《期货交易管理暂行条例》(2017年修订)第10条相关内容。

仍违反中国人民银行《贷款通则》第20条关于"不得用贷款从事股本权益投资"的规定,予以放贷,为被告单位及其关联企业谋取了不正当利益。因此,被告单位和被告人向黄某熊、王某军行贿的行为构成犯罪,依法应当追究刑事责任。

此外,宋某球利用职务便利为被告单位及其关联企业向农行上海分行贷款提供帮助,被告单位违规将其中部分贷款、票据贴现款用于验资、股票交易等的事实清楚,但是,被告单位及其关联企业从农行上海分行贷款经由农行上海分行贷款审查委员会按规定审批,属于正常的信贷活动。至于被告单位将贷款违规用于验资、股票交易等,宋某球事先并不知情。因此,指控被告单位及其直接负责的主管人员被告人给予宋某球财物是为了谋取不正当利益的证据不足,对被告人和辩护人关于起诉指控被告单位和被告人向宋某球行贿的罪名不能成立的辩护意见,予以采纳。

2. 关于被告单位及其关联企业是否实施了虚开增值税专用发票的行为以及是否构成虚开增值税专用发票罪的问题。

经查,现有证据已经证实了被告单位及其关联企业实际购销电解铜仅14.86万余吨,但通过循环交易形成账面购销电解铜高达199.7万余吨,被告单位及其关联企业之间循环交易的电解铜数量,与被告单位实际仓储量差额巨大,且与被告单位有进口仓单为凭据的实物购销电解铜交易互不关联。被告单位及其关联企业为了虚增销售业绩便于向银行贷款,循环虚开增值税专用发票,使"电解铜"由最初的销售方购进,形成封闭的电解铜循环交易,完全服从于贴现融资的需要,并无真实交易的目的;参与交易的各关联公司以及农投公司、利源公司实际上为被告单位所利用,被告单位与这些企业之间最终完成的封闭型交易,其实质是自我交易,亦反映出其交易的虚假性。据此,对被告单位和被告人的辩护人关于被告单位及其关联企业等单位之间循环开的增值税专用发票并非虚开的辩护意见,不予采信。

被告单位及其直接负责的主管人员被告人在被告单位控制下的16家企业和利源公司没有真实贸易的情况下,循环虚开增值税专用发票4.02万余份,虚开税额37.78亿余元,其中直接用于票据贴现的增值税专用发票8435份,虚开税额12.5379亿元,尽管被告单位缴纳了相应税款,没有造成国家税款损失,但被告单位及其关联企业将虚开的增值税专用发票用于汇票贴现,非法套取银行资金高达82.3亿余元,并将贴现资金中的19亿余元违规投入证券业务,其中9600余万元用于操纵"徐工科技"股票价格,其行为不仅违反了国家关于禁止银行资金流入股票市场和增值税专用发票管理的规定,破坏了国家金融管理秩序,而且部分资

第十三章

损害公司利益责任纠纷

金直接用于从事违法犯罪活动,具有严重的社会危害性。据此,被告单位及其直接负责的主管人员被告人的行为符合虚开增值税专用发票罪的主客观构成要件,应当定罪处罚。

3. 关于被告人是否参与唐某根、翟某强、陈某明挪用英雄股份2.065亿余元资金犯罪的问题。

经查,被告人与轻工控股洽谈并决定由农产化出面收购轻工控股在英雄股份中的股份,与轻工控股商定向轻工控股支付股份转让收益金3000万元。之后,被告人为完成收购和避免损失3000万元股份转让收益金,与唐某根、翟某强、陈某明共同策划挪用英雄股份的资金向轻工控股支付股份受让款及由此形成的欠款。被告人为此先后两次听取了唐某根、翟某强共同或单独对具体收购方案的汇报并决定实施。此外,被告人还亲自调拨资金6000万元给农产化,为唐某根、翟某强、陈某明等人完成挪用英雄股份资金创造条件,最终由翟某强、陈某明利用在英雄股份中的职务便利,未经英雄股份董事会研究,个人决定将英雄股份2.065亿余元资金给农产化使用,被告人系挪用资金罪的共犯。庭审还查明,唐某根、翟某强关于先后两次共同或单独向被告人汇报具体收购方案的陈述,分别得到了陈某才、蒋某亮、陈某明等证人证言的印证,证据确实、充分。被告人关于未参与唐某根等人挪用英雄股份资金及其辩护人关于指控被告人犯挪用资金罪证据不足的辩护意见,不能成立。

此外,关于检察机关侦查本案虚开增值税专用发票罪和挪用资金罪的合法性问题,经查,检察机关对上述两罪的侦查符合法律规定,所收集的证据合法有效。

被告单位及其直接负责的主管人员被告人为谋取不正当利益,给予国家工作人员黄某熊财物,共计价值127万余元人民币,情节严重,已构成单位行贿罪。为谋取不正当利益,给予企业人员王某军40万元人民币,数额较大,已构成对企业人员行贿罪。被告人为谋取不正当利益,给予国家工作人员黄某20万元人民币,情节严重,构成行贿罪。被告单位及其直接负责的主管人员被告人虚开增值税专用发票8435份,虚开税额12.5379亿元,数额巨大,已构成虚开增值税专用发票罪。被告人经与唐某根、翟某强、陈某明共谋,由翟某强、陈某明利用在英雄股份的职务便利,个人决定将英雄股份资金共计2.065亿余元以英雄股份名义给农产化使用,谋取个人利益,挪用资金数额巨大,构成挪用资金罪。被告人作为被告单位直接负责的主管人员,在被追诉前主动交代上述行贿行为,对被告单位所犯单位行贿罪、对企业人员行贿罪依法可以减轻或者免除处罚;辩护人建议对被告人所犯单位行贿罪、对企业人员行贿罪免予处罚的辩护意见,予以采纳;公诉机关要求对被告人所犯行贿罪减轻处罚的意见,予以支持。鉴于被告人在法院审理期间退出 2.065 亿余元人民币,对被告人所犯挪用资金罪可以酌情从轻处罚。被告单位、被告人犯数罪,依法应当数罪并罚。被告人有检举他人犯罪的立功表现,对被告人所犯数罪,依法可以从轻处罚。

法院判决:

1. 被告单位犯单位行贿罪,判处罚金 25 万元人民币;犯对企业人员行贿罪,判处罚金 10 万元人民币;犯虚开增值税专用发票罪,判处罚金 300 万元人民币,决定执行罚金 335 万元人民币(罚金应在本判决生效后的 3 个月内一次性向法院缴纳)。

2. 被告人犯单位行贿罪,免予刑事处罚;犯对企业人员行贿罪,免予刑事处罚;犯行贿罪,判处有期徒刑 3 年;犯虚开增值税专用发票罪,判处有期徒刑 10 年;犯挪用资金罪,判处有期徒刑 6 年,决定执行有期徒刑 16 年。

3. 违法所得予以追缴。

969. 何为非法购买增值税专用发票、购买伪造的增值税专用发票罪?其立案追诉标准以及量刑标准分别是怎样的?

非法购买增值税专用发票、购买伪造的增值税专用发票罪,是指违反国家发票管理法规,非法购买增值税专用发票,或者购买伪造的增值税专用发票的行为。

(1)追诉标准

非法购买增值税专用发票或者购买伪造的增值税专用发票 25 份以上或者票面额累计在 10 万元以上的,应予立案追诉。

(2)量刑标准

犯本罪的,处 5 年以下有期徒刑或者拘役,并处或者单处 2 万元以上 20 万元以下罚金。单位犯本罪的,对单位判处罚金,并对其直接负责的主管人员和其他直接责任人员,依照个人犯罪的规定处罚。

【案例 416】未实际交易　非法买卖增值税发票 100 万元获刑 3 年[①]

被告人: 赵某奇、季某国

基本案情:

2008 年 8 月至 2009 年 2 月,被告人赵某奇在与郑州亚兴工贸有限公司没有

[①] 参见河南省郑州市上街区人民法院(2011)上刑初字第 79 号刑事判决书。

实际货物交易的情况下,以增值税专用发票价税合计6%~8%的价格,从该公司非法购买增值税专用发票7份(票号:250772、264956、264957、250782、250775、250774、250773),金额共计555,732.99元,税额共计94,474.61元,价税合计650,207.6元。后被告人赵某奇将上述发票以价税合计9.5%的价格卖给李某某(已判刑),李某某又以价税合计10%的价格卖给孙某(已判刑),孙某为结算货款将上述发票交给郑州市宝翔石墨制品有限公司抵扣税款。现税款已追回。

2008年8月至2009年2月,被告人赵某奇在与郑州亚兴工贸有限公司没有实际货物交易的情况下,以增值税专用发票价税合计6%~8%的价格,从该公司非法购买增值税专用发票4份(票号:161274、154037、161273、247704),金额共计273,204.78元,税额共计46,444.82元,价税合计319,649.6元。后被告人赵某奇将上述发票以价税合计9.5%的价格卖给李某某(已判刑),李某某又以价税合计10%的价格卖给王某某(已判刑),王某某为结算货款将上述发票交给河南宇晖炭素制品有限公司抵扣税款。现税款已追回。

2008年2月,被告人赵某奇同样在与郑州亚兴工贸有限公司没有实际货物交易的情况下,以增值税专用发票价税合计6%~8%的价格,从该公司非法购买增值税专用发票2份(票号:71037、71038),金额共计171,213.68元,税额共计29,106.32元,价税合计200,320元。后被告人赵某奇将上述发票以价税合计9%的价格卖给被告人季某国,被告人季某国为结算货款将上述发票交给郑州远邦炭素实业有限公司抵扣税款。现税款已追回。

被告人赵某奇于2011年3月30日14时许到郑州市上街区公安局经侦大队投案自首。

公诉机关指控:
被告人赵某奇构成非法出售增值税专用发票罪;
被告人季某国构成非法购买增值税专用发票罪。
被告人认罪。

法院认为:
被告人赵某奇违反国家发票管理法规,明知增值税专用发票不得私自买卖而予以非法出售,票面额累计达1,000,151.45元,其行为已构成非法出售增值税专用发票罪。被告人季某国违反国家发票管理法规,明知增值税专用发票不得私自购买而予以非法购买,票面额累计达171,213.68元,其行为已构成非法购买增值税专用发票罪。

鉴于赵某奇犯罪以后自动投案,如实供述自己的罪行,系自首。对于自首的犯罪分子,依法可从轻处罚。季某国自愿认罪,可酌情从轻处罚。

二被告人积极缴纳罚金且所出售、购买的增值税专用发票所抵扣的税款均已追回,亦可酌情从轻处罚。

公诉机关指控被告人赵某奇、季某国犯非法出售增值税专用发票罪、非法购买增值税专用发票罪的事实清楚,证据确实、充分,罪名成立。

法院判决:

1. 被告人赵某奇犯非法出售增值税专用发票罪,判处有期徒刑3年,缓刑4年,并处罚金6万元人民币;

2. 被告人季某国犯非法购买增值税专用发票罪,判处有期徒刑10个月,缓刑1年,并处罚金2万元人民币。

第四节 董事、监事、高级管理人员收入的税务问题

970. 个人担任董事、监事职务在公司取得的收入按照什么项目征收个人所得税?

如果个人仅担任公司董事、监事,未在公司任职、受雇,因此取得的收入属于劳务报酬所得性质,依照劳务报酬所得项目征收个人所得税。

如果个人不仅在公司(包括关联公司)担任董事、监事,而且还在公司任职、受雇,应将董事费、监事费与个人工资收入合并,统一按工资、薪金所得项目缴纳个人所得税。

【案例417】对在公司任职董事发放董事费 应按工资薪金所得缴纳个税[1]

基本案情:

深圳某实业公司经营范围为投资兴办工业实业和其他实业,注册类型为合资经营企业。国家税务总局深圳市税务局第一稽查局稽查人员调取了该公司2013年1月至2014年12月两个年度的账册、凭证、会计报表等涉税资料,经检查发现,该公司对在公司任职受雇的部分董事会成员发放董事会费,按劳务报酬税目代扣代缴个人所得税,未与其当月发放的工资薪金合并计入当月应纳税所得额计算

---

[1] 参见办税服务中心:《个人所得税的2个稽查风险案例》,载办税服务中心网,http://www.xuegeshui.com/knowledge/8ae085d864b170220164cb66fd123e8e,2020年4月7日访问。

代扣代缴个人所得税。深圳市税务局第一稽查局对该公司处以罚款14万余元。

律师观点：

《国家税务总局关于明确个人所得税若干政策执行问题的通知》（国税发〔2009〕121号）第2条关于董事费征税问题规定：（一）《国家税务总局关于印发〈征收个人所得税若干问题的规定〉的通知》（国税发〔1994〕089号）第8条规定的董事费按劳务报酬所得项目征税方法，仅适用于个人担任公司董事、监事，且不在公司任职、受雇的情形。个人在公司（包括关联公司）任职、受雇，同时兼任董事、监事的，应将董事费、监事费与个人工资收入合并，统一按工资、薪金所得项目缴纳个人所得税。该实业公司的董事同时在公司任职，分发的董事费不应按照劳务报酬所得缴纳个人所得税。

971. 在中国境内同时担任外商投资企业的董事（长）与直接管理职务，或者名义上不担任企业的直接管理职务，但实际上从事企业日常管理工作的个人，如何确定其应取得的工资、薪金收入额？

该类个人在企业仅以董事费名义或分红形式取得收入的，应主动申报从事企业日常管理工作每月应取得的工资、薪金收入额，或者由主管税务机关参照同类地区、同类行业和相近规模企业中类似职务的工资、薪金收入水平核定其每月应取得的工资、薪金收入额，按照规定缴纳个人所得税。

由个人所得税主管税务机关核定上述个人的工资、薪金收入额，需要相应调整外商投资企业应纳税所得额的，对核定的工资薪金数额，应由个人所得税主管税务机关会同外商投资企业所得税主管税务机关确定。

972. 如何确定董事、监事及高级管理人员取得报酬所得的来源地？

对于担任境内居民企业的董事、监事及高级管理职务的个人，无论是否在境内履行职务，取得由境内居民企业支付或者负担的董事费、监事费、工资薪金或者其他类似报酬（包含数月奖金和股权激励），属于来源于境内的所得。

高级管理职务包括企业正、副（总）经理、各职能总师、总监及其他类似公司管理层的职务。

973. 高级管理人员为无住所个人时，且其所在居民国与我国无税收协定时，如何确定其工资薪金所得收入额？如何确定计税方式？

（1）工资薪金收入所得额的确定

①高级管理人员为无住所居民个人

a. 无住所居民个人在境内居住累计满183天的年度连续不满6年的，符合优惠条件的,其取得的全部工资薪金所得,除归属于境外工作期间且由境外单位或者个人支付的工资薪金所得部分外,均应计算缴纳个人所得税。工资薪金所得收入额的计算适用如下公式:

$$当月工资薪金收入额 = 当月境内外工资薪金总额 \times \left[1 - \frac{当月境外支付工资薪金数额}{当月境内外工资薪金总额} \times \frac{当月工资薪金所属工作期间境外工作天数}{当月工资薪金所属工作期间公历天数} \right]$$

b. 无住所居民个人在境内居住累计满183天的年度连续满6年后,不符合优惠条件的,其从境内、境外取得的全部工资薪金所得均应计算缴纳个人所得税。

优惠条件指:在中国境内无住所的个人,在中国境内居住累计满183天的年度连续不满6年的,经向主管税务机关备案,其来源于中国境外且由境外单位或者个人支付的所得,免予缴纳个人所得税;在中国境内居住累计满183天的任一年度中有一次离境超过30天的,其在中国境内居住累计满183天的年度的连续年限重新起算。

②高级管理人员为无住所非居民个人

a. 在一个纳税年度内,在境内累计居住不超过90天的高级管理人员,其取得由境内雇主支付或者负担的工资薪金所得应当计算缴纳个人所得税;不是由境内雇主支付或者负担的工资薪金所得,不缴纳个人所得税。当月工资薪金收入额为当月境内支付或者负担的工资薪金收入额。

b. 在一个纳税年度内,在境内居住累计超过90天但不满183天的高级管理人员,其取得的工资薪金所得,除归属于境外工作期间且不是由境内雇主支付或者负担的部分外,应当计算缴纳个人所得税。当月工资薪金收入额计算适用前述公式。

(2)应纳税额的确定

①关于无住所居民个人应纳税额的计算

居民个人取得综合所得,年度终了后,应按年计算个人所得税;有扣缴义务人的,由扣缴义务人按月或者按次预扣预缴税款;需要办理汇算清缴的,按照规定办理汇算清缴,年度综合所得应纳税额计算公式如下:

年度综合所得应纳税额 = (年度工资薪金收入额 + 年度劳务报酬收入额 + 年度稿酬收入额 + 年度特许权使用费收入额 - 减除费用 - 专项扣除 - 专项附加扣除 - 依法确定的其他扣除) × 适用税率 - 速算扣除数

无住所居民个人为外籍个人的,2022年1月1日前计算工资薪金收入额时,已经按规定减除住房补贴、子女教育费、语言训练费等8项津补贴的,不能同时享受专项附加扣除。

②关于无住所非居民个人的应纳税额的计算

非居民个人当月取得工资薪金所得,以前述公式计算的当月收入额,减去税法规定的减除费用后的余额,为应纳税所得额,适用按月换算后的综合所得税率计算应纳税额。

非居民个人一个月内取得数月奖金,单独按照前述公式计算当月收入额,不与当月其他工资薪金合并,按6个月分摊计税,不减除费用,适用月度税率表计算应纳税额,在一个公历年度内,对每一个非居民个人,该计税办法只允许适用一次。计算公式为:当月数月奖金应纳税额=[(数月奖金收入额÷6)×适用税率−速算扣除数]×6

非居民个人一个月内取得股权激励所得,单独按照前述公式计算当月收入额,不与当月其他工资薪金合并,按6个月分摊计税(一个公历年度内的股权激励所得应合并计算),不减除费用,适应月度税率表计算应纳税额,计算公式为:当月股权激励所得应纳税额=[(本公历年度内股权激励所得合计额÷6)×适用税率−速算扣除数]×6−本公历年度内股权激励所得已纳税额

非居民个人取得来源于境内的劳务报酬所得、稿酬所得、特许权使用费所得,以税法规定的每次收入额为应纳税所得额,适用月度税率表计算应纳税额。

974. 无住所个人为高级管理人员时,且其所在居民国与我国有税收协定时,如何确定其工资薪金所得?

(1)对方税收居民个人为高级管理人员,该个人取得的高级管理人员报酬按照税收协定董事费条款规定可以在境内征收个人所得税的,应按照有关工资薪金所得或者劳务报酬所得规定缴纳个人所得税。(可参照本节第970问"个人担任董事、监事职务在公司取得的收入按照什么项目征收个人所得税?")

(2)对方税收居民个人为高级管理人员,该个人适用的税收协定未纳入董事费条款,或者虽然纳入董事费条款但该个人不适用董事费条款,且该个人取得的高级管理人员报酬可享受税收协定受雇所得、独立个人业务或者营业利润条款规定待遇的,该个人取得的高级管理人员报酬可按照受雇所得条款、独立个人劳务或者营业利润条款的规定执行。

①受雇所得条款协定待遇。

a. 境外受雇所得协定待遇

所谓境外受雇所得协定待遇,是指按照税收协定受雇所得条款规定,对方税收居民个人在境外从事受雇活动取得的受雇所得,可不缴纳个人所得税。工资薪

金收入额计算适用如下公式：

$$当月工资薪金收入额 = 当月境内外工资薪金总额 \times \frac{当月工资薪金所属工作期间境内工作天数}{当月工资薪金所属工作期间公历天数}$$

无住所居民个人为对方税收居民个人的，可在预扣预缴和汇算清缴时按前款规定享受协定待遇；非居民个人为对方税收居民个人的，可在取得所得时按前款规定享受协定待遇。

b. 境内受雇所得协定待遇

所谓境内受雇所得协定待遇，是指按照税收协定受雇所得条款规定，在税收协定规定的期间内境内停留天数不超过183天的对方税收居民个人，在境内从事受雇活动取得受雇所得，不是由境内居民雇主支付或者代其支付的，也不是由雇主在境内常设机构负担的，可不缴纳个人所得税。

工资薪金收入额计算适用如下公式：

$$当月工资薪金收入额 = 当月境内外工资薪金总额 \times \frac{当月境外支付工资薪金数额}{当月境内外工资薪金总额} \times \frac{当月工资薪金所属工作期间境外工作天数}{当月工资薪金所属工作期间公历天数}$$

无住所居民个人为对方税收居民个人的，可在预扣预缴和汇算清缴时按前款规定享受协定待遇；非居民个人为对方税收居民个人的，可在取得所得时按前款规定享受协定待遇。

②独立个人劳务或者营业利润条款协定待遇。

所谓独立个人劳务或者营业利润条款协定待遇，是指按照税收协定独立个人劳务或者营业利润条款规定，对方税收居民个人取得的独立个人劳务所得或者营业利润符合税收协定规定条件的，可不缴纳个人所得税。

无住所居民个人为对方税收居民个人，其取得的劳务报酬所得、稿酬所得可享受独立个人劳务或者营业利润协定待遇的，在预扣预缴和汇算清缴时，可不缴纳个人所得税。

非居民个人为对方税收居民个人，其取得的劳务报酬所得、稿酬所得可享受独立个人劳务或者营业利润协定待遇的，在取得所得时可不缴纳个人所得税。

975. 年度首次申报时，如何根据无住所个人的境内居住时间进行税款征缴？

无住所个人在一个纳税年度内首次申报时，应当根据合同约定等情况预计一个纳税年度内境内居住天数以及在税收协定规定的期间内境内停留天数,按照预计情况计算缴纳税款。实际情况与预计情况不符的,分别按照以下规定处理:

(1)无住所个人预先判定为非居民个人,因延长居住天数达到居民个人条件的,一个纳税年度内税款扣缴方法保持不变,年度终了后按照居民个人办理汇算清缴,但该个人在当年离境且预计年度内不再入境的,可以选择在离境之前办理汇算清缴。

(2)无住所个人预先判定为居民个人,因缩短居住天数不能达到居民个人条件的,在不能达到居民个人条件之日起至年度终了15天内,应当向主管税务机关报告,按照非居民个人重新计算应纳税额,申报补缴税款,不加收税收滞纳金。需要退税的,可进行办理。

(3)无住所个人预计一个纳税年度内境内居住天数累计不超过90天,但实际累计居住天数超过90天的,或者对方税收居民个人预计在税收协定规定的期间内境内停留天数不超过183天,但实际停留天数超过183天的,待达到90天或者183天的月度终了后15天内,应当向主管税务机关报告,就以前月份工资薪金所得重新计算应纳税款,并补缴税款,不加收税收滞纳金。

976. 如何对无住所个人在境内任职、受雇取得来源于境内的工资薪金所得进行税款征缴?

无住所个人在境内任职、受雇取得来源于境内的工资薪金所得,凡境内雇主与境外单位或者个人存在关联关系,将本应由境内雇主支付的工资薪金所得,部分或者全部由境外关联方支付的,无住所个人可以自行申报缴纳税款,也可以委托境内雇主代为缴纳税款。无住所个人未委托境内雇主代为缴纳税款的,境内雇主应当在相关所得支付当月终了后15天内向主管税务机关报告相关信息,包括境内雇主与境外关联方对无住所个人的工作安排、境外支付情况以及无住所个人的联系方式等信息。

977. 在中国境内无住所的个人应当提交哪些凭据证明其个人工资薪金及实际在中国境内的工作期间?

个人应提供支付工资证明及必要的公证证明和居住时间的有效凭证,以证明其个人工资薪金及实际在中国境内工作期间。

居住时间的有效凭证,包括护照、港澳同胞还乡证、台湾同胞提供"往来大陆通行证"以及主管税务机关认为有必要提供的其他证明凭据。

978. 港澳税收居民在内地受雇取得的报酬，如何计征个人所得税？

具体如下：

（1）港澳税收居民在内地受雇取得的报酬，应仅就归属于内地工作期间的所得，在内地缴纳个人所得税。

应纳税额＝（当期境内外工资薪金应纳税所得额×适用税率－速算扣除数）×当期境内实际停留天数÷当期公历天数

（2）港澳税收居民在内地受雇取得的报酬，可就同时符合以下3个条件的部分在内地免予征税：

①收款人在有关纳税年度开始或终了的任何12个月中在内地停留连续或累计不超过183天；

②该项报酬由并非内地居民的雇主支付或代表该雇主支付；

③该项报酬不是由雇主设在内地的常设机构所负担。

内地征税部分应纳税额＝（当期境内外工资薪金应纳税所得额×适用税率－速算扣除数）×（当期境内实际停留天数÷当期公历天数）×（当期境内支付工资÷当期境内外支付工资总额）

（3）港澳税收居民一次取得跨多个计税期间的各种形式的奖金、加薪、劳动分红等，按照第（1）、（2）款所列公式计算个人所得税应纳税额。在适用上述公式时，公式中"当期境内实际停留天数"指在据以获取该奖金的期间中属于在境内实际停留的天数；"当期公历天数"指据以获取该奖金的期间所包含的全部公历天数。

（4）港澳税收居民作为在境内企业担任董事取得的董事费和其他类似款项，可以在内地征税。

有关公式项目或用语的解释如下：

"当期"：指按国内税收规定计算工资薪金所得应纳税所得额的当个所属期间；

"当期境内外工资薪金应纳税所得额"：指应当计入当期的工资薪金收入按照国内税收规定计算的应纳税所得额；

"适用税率"和"速算扣除数"均按照国内税收规定确定；

"当期境内支付工资"：指当期境内外支付工资总额中由境内居民或常设机构支付或负担的部分；

"当期境内外支付工资总额"：指应当计入当期的工资薪金收入总额，包括未作任何费用减除计算的各种境内外来源数额；

"当期境内实际停留天数":指港澳税收居民当期在内地的实际停留天数,但对其入境、离境、往返或多次往返境内外的当日,按半天计算为当期境内实际停留天数;

"当期公历天数":指当期包含的全部公历天数,不因当日实际停留地是否在境内而作任何扣减。

979. 内地居民在港澳受雇取得的报酬,如何缴纳个人所得税?

具体如下:

(1)内地居民在港澳受雇取得的报酬,可以在港澳征税。

(2)内地居民在港澳受雇取得的报酬,同时具有以下三个条件的,应仅在内地征税:

①收款人在有关纳税年度开始或终了的任何 12 个月中在港澳停留连续或累计不超过 183 天;

②该项报酬由并非港澳居民的雇主支付或代表该雇主支付;

③该项报酬不是由雇主设在港澳的常设机构所负担。

(3)内地居民在港澳企业经营运输的船舶、飞机或陆运车辆上从事受雇的活动取得的报酬,应仅在该企业总机构或实际管理机构所在的一方征税。

980. 香港特别行政区居民从内地取得的受雇所得和董事费,是否允许在对该居民征收的香港特别行政区税收中抵免?

除香港特别行政区税法给予香港特别行政区以外的任何地区缴纳的税收扣除和抵免的法规另有规定外,香港特别行政区居民从内地取得的受雇所得和董事费,按照《内地和香港特别行政区关于对所得避免双重征税和防止偷漏税的安排》规定在内地缴纳的税额,允许在对该居民征收的香港特别行政区税收中抵免。但是,抵免额不应超过对以上所得按照香港特别行政区税法和规章计算的香港特别行政区税收数额。

981. 澳门特别行政区居民从内地取得的受雇所得和董事费,是否允许在对该居民征收的澳门特别行政区税收中抵免?

澳门特别行政区居民从内地取得的受雇所得和董事费,根据《内地和澳门特别行政区关于对所得避免双重征税和防止偷漏税的安排》规定可以在内地征税时,以上所得在澳门特别行政区免予征税。

982. 内地居民从香港或澳门特别行政区取得的受雇所得和董事费,是否允许在对该居民征收的内地税收中抵免?

内地居民从香港或澳门特别行政区取得的所得,按照有关所得避免双重征税和防止偷漏税的安排的规定在香港或澳门特别行政区缴纳的税额,允许在对该居民征收的内地税收中抵免。但是,抵免额不应超过对该项所得按照内地税法和规章计算的内地税收数额。

第五节 衍生问题——夫妻忠实义务

一、违反夫妻忠实义务的民事法律责任

983. 何为夫妻之间的忠实义务?

《民法典》婚姻家庭编规定,夫妻应当互相忠实,互相尊重。司法实践中,夫妻一方有婚外情常被认为是违反夫妻忠实义务的典型行为。

【案例418】妻子隐瞒违背忠实义务的事实 丈夫请求撤销离婚协议获支持[①]

原告: 廖先生

被告: 谢女士

第三人: 孙某某

诉讼请求:

1. 请求法院撤销原、被告离婚协议中的第2条内容,判决案涉房屋归原告所有,被告配合办理该房屋的产权变更相关手续;

2. 被告赔偿原告精神损害赔偿金10,000元。

争议焦点:

1. 被告是否存在违背夫妻忠实义务的行为;

2. 离婚协议第2条是否应予撤销;

3. 案涉房屋系家庭共有还是夫妻共有及如何分割;

4. 被告是否应当支付原告精神损害赔偿金。

基本案情:

2013年4月19日,原告与被告登记结婚,与原告结婚前,被告已有一女即第三人孙某某。

2013年7月8日,原、被告及第三人以家庭为单位,取得成都市限价商品房购

[①] 参见四川省成都市中级人民法院(2017)川01民终3990号民事判决书。

买资格。2013年7月24日，原、被告双方与住房保障中心签订《商品房买卖合同》，购得案涉房屋。合同第25条同时约定，限价商品住房在合同备案之日起未满5年不得转让。5年内确需转让限价商品住房，或购买限价商品房住房后又再购买其他住房的，该住房由出卖人回购，回购价格为原销售价格加同期银行活期存款利息。回购的房屋继续作为限价商品住房向符合条件家庭出售或转为其他保障性住房。

2014年4月20日，原、被告以及第三人出具《产权登记确认书》，确认家庭申购的限价商品房同意产权登记在原告与被告名下。其中第三人孙某某由原、被告双方代签名。

2015年11月24日，原、被告双方签订离婚协议，并在民政局办理离婚登记。协议约定："1. 双方婚姻存续期间未生育小孩；2. 两人位于成都市锦江区某街383号的房地产所有权归女方所有。女方自己承担房屋的后续所有按揭款，男方不承担。男方自愿放弃房屋的分配。房地产权证的业主姓名变更的手续自离婚后1个月内，男方必须协助女方办理变更的一切手续，所产生的费用由女方负责。"

2015年12月13日，被告在医院做腹部B超。超声提示：早孕40＋天。2016年7月25日，被告在医院生产前所作医患沟通记录单载明患者授权亲属签名处，有案外人"何某某"的签名，与患者关系显示为"夫妻"。后被告产一女婴。

庭审中，原、被告双方对案涉房屋现价值未能达成一致意见，原、被告均不愿意就案涉房屋价值进行鉴定并垫付鉴定费。

原告诉称：

原、被告于2013年4月19日结婚，婚前被告已有一女。婚后双方感情和谐。2015年4月，原告因工作原因前往外地工作，直至2015年11月10日才回成都。

回到成都后的第二天，被告突然提出离婚，理由为不能为原告生孩子。

双方于2015年11月24日办理协议离婚。签订离婚协议时，因被告恳求将2015年3月双方贷款购置的房产全部给予被告，原告考虑被告是再婚，且有一个女儿需要抚养，所以同意放弃房屋所有权，协议该房屋归被告所有。

但离婚后不久，原告即发现被告在与其婚姻关系存续期间与第三者有染，并怀孕，继而捏造事实欺骗原告，导致原告因误信谎言而放弃了本属于自己的财产，且该房屋首付款及装修款是原告多年积蓄和向父母、亲戚借款。被告精心策划的本次离婚不仅构成欺诈，侵犯了原告的合法权益，还对原告的心灵造成巨大的伤害。

被告辩称：

本案所涉的房屋是由被告婚前的钱及被告父母的钱购买的；原、被告离婚的原因是原告有外遇，导致原、被告夫妻感情破裂；本案的离婚协议是原、被告真实意思的表示，应予维持。

第三人述称：

案涉房屋应为家庭共有，第三人享有相应份额。

法院认为：

1. 关于被告是否存在违背夫妻忠实义务的行为。

根据被告的医疗档案，可以确认被告系在2015年11月上旬怀孕。因原、被告于2015年11月24日协议离婚，被告存在违背夫妻忠实义务的行为。

2. 关于离婚协议第2条是否应予撤销。

《婚姻法司法解释（二）》第9条①规定："男女双方协议离婚后一年内就财产分割问题反悔，请求变更或者撤销财产分割协议的，人民法院应当受理。人民法院受理后，未发现订立财产分割协议时存在欺诈、胁迫等情形时，应当依法驳回当事人的诉讼请求。"本案中，被告在与原告婚姻关系存续期间，存在严重违背夫妻忠实义务的行为。双方离婚时，被告隐瞒重要事实，导致原告作出错误的意思表示。原告发现后，在离婚后一年内就财产分割反悔，请求撤销，应予以支持。

3. 关于案涉房屋系家庭共有还是夫妻共有及其分割。

案涉房屋系限价商品房，系原、被告及第三人以家庭三人名义取得购房资格。虽然原、被告和第三人签订了《产权登记确认书》，三方均同意案涉房屋登记在原、被告双方名下，但因第三人系未成年人，原、被告代替第三人在《产权登记确认书》上的签名，应以不损害未成年人合法权益为前提。加之限价商品房具有社会保障功能，取得需要特定的身份条件，并非完全市场化交易所得，故案涉房屋应认定为家庭共有。原告主张案涉房屋全部归其所有，于法无据。而应确认原、被告及第三人各享有案涉房屋1/3的份额。

4. 关于精神损害赔偿。

因该请求内容属于离婚后损害责任纠纷，系侵权法律关系，与离婚后财产纠纷不属于同一个法律关系，原告应另行诉讼解决。

---

① 现为《最高人民法院关于适用〈中华人民共和国民法典〉婚姻家庭编的解释（一）》第70条相关内容。

法院判决：

1. 撤销原告与被告于 2015 年 11 月 24 日签订的离婚协议第 2 条内容；

2. 位于成都市锦江区某街 383 号的房屋由原告、被告及第三人按份共有，各享有 1/3 的份额；房屋未偿还之银行按揭贷款，由原告负担 1/3，被告和第三人共负担 2/3；

3. 驳回原告其他诉讼请求。

984. 如何证明男女之间关系为婚外情？收集婚外情相关证据应注意哪些问题？

通常可根据婚外情行为程度的不同，将其划分为四个层次[①]：

(1) 关系暧昧，即男女关系超越一般朋友程度，但具体已到何种程度证据不足；

(2) 婚外性行为，即男女关系有性行为；

(3) 同居，男女双方已以共同生活形式在一起居住；

(4) 重婚，指男女双方已以夫妻名义或夫妻表象在一起稳定居住。

"婚外情"证据在收集难度上是很大的。一般在证据收集时需要注意如下三个问题。

(1) 证据合法性

实践中，部分案件当事人为了获取"捉奸"的证据，甚至直接侵入他人住所、宾馆等处，结果非但导致证据不合法从而不予采纳，并且构成了对他人的侵权，承担了不必要的经济损失。因此，在他人住宅或宾馆取证并不合理，而如果在自家取证则往往较易被采信。

(2) 取证成本

如上所述，"婚外情"取证难度较大，因此"私家侦探"代为取证的业务应运而生。实践中，这些"私家侦探"往往收费不菲，笔者认为，对于一般财产标的不高，生活条件并不太过优越的当事人而言，由于"私家侦探"所收集的证据在证明效力上还有待法院认定，风险较大，因此代为取证往往显得成本过高，当事人没有必要为了"赢官司"而不计代价。

(3) 常见的较为妥当的证据

"婚外情"证据中较为妥当、相对易于收集的证据，往往有如下两种：

[①] 参见马忆南：《婚姻法第 32 条实证研究》，载《金陵法律评论》2006 年第 1 期，第 20 页。

①书面证据及录音证据。

如果夫妻一方尚有悔改之意,其往往可能在百般懊恼下签下类似"检讨书""承诺书"等书面材料,其中可能存有对其"婚外情"情形的自认,如果有这样的书证,则主张离婚的一方必须妥善保存,以作为认定事实的重要证据。

而现实中,直接以书面形式承认"罪行"的情况毕竟只是少数,更多情况下,当事人往往只是口头对所犯错误认错,因此,主张离婚的一方有必要通过录音证据来保留另一方对"婚外情"行为的自认。

②照片、录像。

比如夫妻一方与婚外一方存有过分亲密举动的照片,或可以证明夫妻一方与婚外一方长期出入某住所的录像等。但是,该类证据存在两个比较明显的问题:

a. 出于合法性的考虑,除非在自家住宅,否则照片或录像所拍摄的亲密举动限于在公共场所的原因,往往只是一般的牵手、拥抱、接吻等行为,尚难以直接证明两者的亲密程度达到足以令法院判决离婚的状态。

b. 录像证据的真实性鉴定成本较高,其鉴定费用往往并非一般诉讼当事人所能承担,特别是在录像用以证明夫妻一方在外与他人长期同居的情况下,由于录像时间非常长,因此该录像的鉴定费用也会"水涨船高"。

985. 什么是离婚损害赔偿责任纠纷?

离婚损害赔偿责任,是指夫妻一方因法定的严重过错行为而导致离婚,并对无过错方造成精神或物质损害,无过错方有权请求损害赔偿。

值得注意的是,因夫妻一方的过错行为导致夫妻双方离婚,另一方才可请求离婚损害赔偿。如果夫妻一方存在过错,但这过错并不是导致双方离婚的原因,那么另一方无权请求离婚损害赔偿。

986. 离婚损害赔偿责任纠纷由何地法院管辖?

对于在离婚诉讼时即提出离婚损害赔偿诉请的案件,应由受理该离婚诉讼的法院,通常是被告住所地法院管辖,但在被告不在国内居住、下落不明或被宣告失踪,在被劳动教养、被监禁等特殊情况下,离婚诉讼及损害赔偿诉讼也会由原告住所地的法院管辖。

对于在离婚诉讼后就离婚损害赔偿单独起诉的案件,依据"原告就被告"的一般原则,应由实施损害行为一方住所地法院管辖。

987. 什么情况下可以请求离婚损害赔偿?

满足下列条件导致离婚的,无过错一方可以请求损害赔偿:

(1)相对方具有法定的严重过错行为,而请求方无过错,此为构成离婚损害赔偿的必要条件。根据《民法典》的有关规定,严重过错行为限于:重婚、与他人同居、实施家庭暴力和虐待、遗弃家庭成员,以及有其他重大过错的行为。此为限制性的列举规定,实践中不能对法定的过错行为作任意的扩大化解释。

(2)请求方须为无过错,如双方均有过错,则根据过错相抵原则,任何一方均不能以对方有过错为由要求赔偿。

(3)因严重过错行为而导致夫妻离婚。只有当因夫妻一方的过错而导致双方离婚的,才需追究过错方的损害赔偿责任。在婚姻关系存续期间,无过错一方不得以对方有过错为由提起损害赔偿之诉。人民法院判决不准离婚的,对当事人提出的损害赔偿请求,也不予支持。

988. 无过错方行使离婚损害赔偿请求权的方式与期限如何确定?

对此,区分三种情况确定:

(1)无过错方作为原告提起损害赔偿请求的,必须在离婚诉讼提出时或在离婚诉讼中经人民法院书面告知其权利后随即提出,逾期提出,人民法院不予支持。

(2)无过错方作为被告的离婚诉讼案件,如果被告不同意离婚也不提起损害赔偿请求的,可以在离婚后一年内就此单独提起诉讼。无过错方作为被告的离婚诉讼案件,一审时被告未提出损害赔偿请求,二审期间提出的,人民法院应当进行调解,调解不成的,告知当事人在离婚后一年内另行起诉。

(3)当事人在婚姻登记机关办理离婚登记手续后向人民法院提出损害赔偿请求的,人民法院应当受理。但当事人在协议离婚时已经明确表示放弃该项请求,或者在办理离婚登记手续一年后提出的,不予支持。

989. 夫妻一方存在过错,离婚时另一方有权请求损害赔偿。如果双方都有过错,是否都可以请求对方赔偿?

不可以。

该离婚损害赔偿制度的制定是为了保护无过错方的利益,有填补损害、精神抚慰及制裁、预防违法的功能。

若双方都存在法定的过错情形,违法性质相同,只是数量上有"五十步笑百步"的差别,违法行为的数量和性质都难以明确,此时一方或双方提出要对方离婚损害赔偿,以功过相抵的方式判定赔偿数额显然是不合理的。

所以,若夫妻双方都存在法定的过错,一方或者双方向对方提出离婚损害赔偿请求的,人民法院不予支持。

990. 受到损害的未成年子女或其他家庭成员能否行使离婚损害赔偿请求权?

不能。

· 1705 ·

婚姻案件的民事主体应仅以夫妻双方为宜。离婚案件常常是因为家庭成员间矛盾引起,矛盾本身就很激烈,婚姻案件中加入其他家庭成员更易激化矛盾。而且,子女请求赔偿和配偶请求赔偿的理由明显不同,不适宜用同一法律调整。若未成年子女或其他家庭成员因家庭暴力或虐待、遗弃行为等受到损害的,可以按照《民法典》的有关规定另外寻求救济途径解决。

991. 离婚后,一方主张精神损害赔偿金,在没有约定的情况下如何确定赔偿数额?

司法实践中,在精神损害赔偿的具体数额确定上主要依靠法官的自由裁量权。因此,精神损害赔偿金的具体数额可结合多种因素酌定。这些因素主要包括以下四方面:

(1)精神损害程度,即受害人遭受精神伤害和精神痛苦的程度;

(2)过错方的过错程度,包括过错方实施过错的种类、动机、情节等;

(3)具体的侵权情节,可以根据过错方侵权行为方式、侵权行为的具体情节等综合考虑其情节之轻重;

(4)其他情节,如双方结婚的年限、过错方对家庭的贡献大小、过错方的经济状况以及当地的平均生活水平等。

值得注意的是,离婚损害赔偿应以过错一方的个人财产承担赔偿责任。

【案例419】配偶与第三者同居　法院酌定精神赔偿金3万元[①]

原告: 李先生

被告: 潘女士

诉讼请求:

1. 判决原、被告离婚;

2. 依法分割共同财产。

争议焦点:

1. 原、被告之间是否确为感情破裂;

2. 被告是否有权向原告主张精神损害赔偿。

基本案情:

原、被告于1988年10月29日登记结婚,1989年6月10日双方生育一子名李某。

---

① 参见上海市杨浦区人民法院(2012)杨民一(民)初字第1207号民事判决书。

第十三章

损害公司利益责任纠纷

后因双方为家庭琐事引发夫妻矛盾,致夫妻关系不睦。原告曾多次起诉至法院,要求与被告离婚,未果。嗣后,夫妻感情仍未得到改善。原告遂再次诉至法院,诉请与被告离婚。

审理中,由于双方对离婚未达成一致意见,致调解不成。

原告诉称:

原、被告婚后初期感情尚可,后因被告对原告冷漠,长期实施冷暴力,严重伤害了原告的感情,致夫妻感情不睦。

2010年1月,原告在忍无可忍之下离家,在外与其他异性共同居住至今。

其间原告多次起诉离婚未果。现双方感情已彻底破裂,原告遂再次诉至法院,要求与被告离婚。

离婚后,双方夫妻共同财产依法予以分割,各自居住问题自行解决。

被告辩称:

被告不同意离婚,原、被告夫妻感情一直较好,造成夫妻关系目前现状系由于原告与其他异性长期关系暧昧,甚至于2010年起与该异性非法同居,但被告仍愿意原谅、接受原告,故被告不同意离婚。

此外,上海市杨浦区某路某号房屋产权系登记于原告父亲李某某名下,因李某某已死亡,故被告在该室房屋明确权属且能依法分割该房屋中属于夫妻共同财产的份额后,再同意离婚。

如判决离婚,被告要求现在上海市杨浦区某路某号房屋内的财产归自己所有;因原告在婚后未履行忠实义务,故要求原告赔偿被告精神损害抚慰金10万元人民币。

法院认为:

1. 原、被告感情确已破裂,法院应当判决其离婚。

原、被告双方虽系自由恋爱、自主婚姻,但婚后未建立起真挚的夫妻感情。原告曾多次起诉离婚,虽未果,但夫妻感情仍未改善且长期分居,致夫妻感情彻底破裂。现原告坚持要求离婚,法院应予准许。

2. 关于共同财产应依法分割。

关于夫妻共同财产分割问题,因原告放弃主张上海市杨浦区某路某号房屋内的夫妻共同财产,故该室房屋内的夫妻共同财产可归被告所有。

其余现在原、被告各处及各人名下的财产归原、被告各自所有。

至于不动产的分割,因上海市杨浦区某路某号房屋权利登记人系原告父亲,因原告父母均已死亡,故该房屋权属尚不明确,故该房屋分割在本案中不作处理,原、被告双方可待今后权属确认后另行主张。

3. 原告应对被告进行精神损害赔偿。

因原告在庭审中自认其与其他异性长期非法同居,违反了法律规定的婚姻忠实义务,被告作为无过错方,有权请求原告给予相应的损害赔偿,法院应根据原告的过错程度、被告的受伤害程度等因素考虑,酌情确定精神损害赔偿数额。

法院判决:

1. 准许原告与被告离婚;
2. 离婚后,现在上海市杨浦区某路某号房屋内的夫妻共同财产归被告所有;其余现在原、被告各人处及各人名下的财产归原、被告各自所有;
3. 离婚后,原、被告居住问题自行解决;
4. 原告李某应赔偿被告潘某精神损害抚慰金3万元人民币。

【案例420】丈夫家暴　法院酌定精神赔偿金2万元[①]

原告: 邱女士

被告: 哲先生

诉讼请求:

1. 解除原、被告婚姻关系;
2. 被告赔偿原告精神损害抚慰金5万元;
3. 被告赔偿原告人身损害伤害费10,320.7元(医疗费7420.7元,交通费2600元,法医鉴定费300元);
4. 被告赔偿原告即期手术治疗费1万元及性病治疗费5万元;
5. 分割被告养老保险金6829元和住房公积金4998元;
6. 由被告承担夫妻债务3万元。

争议焦点:

1. 被告造成原告面部创伤,是否应对尚未发生的治疗等费用承担赔付责任;
2. 被告已经因故意伤害罪受到刑事处罚,原告是否有权要求精神损害赔偿。

基本案情:

原、被告于2000年10月9日自愿登记结婚,婚后未生育子女。被告曾多次对原告实施了家庭暴力,造成原告身体受伤,共花费医疗费7420.7元及交通费2600元、法医鉴定费300元。

[①] 参见广东省广州市中级人民法院(2005)穗中法民一终字第2851号民事判决书。

第十三章

损害公司利益责任纠纷

2004年3月22日,医院出具诊断证明书,证明原告需要住院手术治疗右侧髁状骨折,大约需费用1万元。

2004年8月2日,广州市天河区人民检察院就被告殴打原告的行为向一审法院提起公诉,指控被告犯故意伤害罪。该案审理期间,原告提起了附带民事诉讼。2004年9月21日,一审法院作出(2004)天法刑初字第1019号刑事判决,认定被告故意伤害他人身体、致人轻伤的行为已构成故意伤害罪,决定判处其有期徒刑9个月。同日,一审法院作出(2004)天法刑初字第1019号刑事附带民事裁定,认定原告在婚姻存续期间提出损害赔偿请求没有法律依据,裁定驳回原告的起诉。

原、被告确认的夫妻共同财产有:被告的养老保险金6829元、住房公积金4998元。

原告诉称:

被告在婚后以各种借口不回家而与第三者同居,并变本加厉地对原告谩骂毒打和性虐待,手段残忍,并故意将性病传染给原告。

2001年12月8日,原告被打至右耳鼓膜穿孔。

2002年6月,原告不堪殴打而割腕自杀,被案外人龚某芳救了,而被告对此置之不理,且没有停止对原告的折磨和虐待。由于被告的长期毒打和折磨,原告得了心脏病和其他疾病,以致不能正常地生活和工作。

2003年6月底,原告更被打至右髁状骨折。

2003年8月,为了取得加拿大的移民身份,被告以为原告治病为名将原告带到加拿大,不仅拒绝给原告治疗疾病,而且继续毒打和折磨原告。

2004年原告回国之后,分别在2004年1月和2月两次自杀。

被告的行为导致夫妻感情完全破裂。

婚姻存续期间,因生活所需原告向案外人彭某军借款3万元应属夫妻共同债务。

原告为证明其观点,提交证据如下:

1. 证人彭某军证言,证明存在夫妻共同债务3万元;

2. 为治疗面部及性病而支出治疗费和交通费的单据。其中,面部治疗的金额为3088.7元,性病治疗费金额为4332元,交通费金额为2600元。

被告辩称:

1. 被告与原告争执是由于钱的问题,被告没打过原告,大部分都是原告先打被告。

2. 被告否认有第三者。

3. 对于原告请求判令离婚的诉讼请求,被告同意。

4. 被告不同意支付精神损害赔偿5万元。

5. 人身损害费10,320.7元、手术治疗费1万元,如属实被告全部同意赔偿。

6. 因为被告不确定原告的性病是否由被告传染给她的,被告不同意支付性病治疗费5万元。

7. 被告同意将养老保险金依法分割给原告。

8. 对于夫妻债务,被告不清楚是什么债务。并且,现有笔记本电脑、数码相机、手动相机及1万加元在原告处。

一审认为:

1. 同意原、被告双方离婚。

原、被告虽然是经过自由恋爱而登记结婚,但是在婚后的生活中因双方性格不合等原因产生了矛盾,并发生了争执,使夫妻感情日益淡薄。现双方夫妻感情确已破裂,原告要求离婚,被告表示同意,法院予以确认。

2. 关于家庭暴力而产生的费用认定。

关于原告要求被告赔偿因被告对其实施家庭暴力而产生的医疗费、交通费、法医鉴定费共计10,320.7元,被告同意赔偿,法院予以确认。

医院出具证明,证明原告要施行治疗右侧髁状骨折手术,约需费用1万元,法院予以确认,被告应予以赔偿。

至于原告要求被告赔偿治疗性病的费用5万元,因被告否认原告的性病是由其传染,因此,原告提出的该项请求,法院不予支持。

3. 关于精神损害赔偿数额认定。

被告的暴力行为给原告的身心造成了一定的伤害,结合原告所受到的伤害后果以及被告的经济状况,被告应酌情赔偿原告精神损害抚慰金2万元。

4. 关于其他共同财产的分割问题。

关于原、被告的夫妻共同财产问题,原告有权依法分割夫妻关系存续期间被告应当取得的养老保险金和住房公积金,可以取得数额的一半5913.50元。

被告提出还有笔记本电脑、数码相机、手动相机及1万加元等共同财产在原告处,原告予以否认,被告未提交相关证据予以证实,法院不予认定。

原告提出的夫妻共同债务3万元,被告予以否认,原告提出的该项主张依据不足,法院不予采纳。

一审判决:

1. 准许原、被告离婚;

2. 被告赔偿原告医疗费、交通费、法医鉴定费损失10,320.7元;

3. 被告赔偿原告手术治疗费1万元；

4. 被告赔偿原告精神损害抚慰金2万元；

5. 被告支付原告5913.50元。

被告不服一审判决，向上级人民法院提起上诉。

被告二审诉称：

1. 原审判决被告赔偿原告精神损害抚慰金违反法律规定。原告在被告的刑事案件结束后，再以被害人的身份提起精神损害赔偿诉讼，不符合《最高人民法院关于人民法院是否受理刑事案件被害人提起精神损害赔偿民事诉讼问题的批复》的规定。

2. 原审判决被告赔偿原告医疗费1万元不当。原告的手术并未发生，还没有医疗费的支出。而且，医院诊断证明书只是证明大约需要的费用，并不是确切的数额，法院不应当根据尚未确定的数字判决。

3. 原审认定被告同意赔偿原告的医疗费和交通费有误。被告只是同意承担其中属实的部分，但原告的医疗费和交通费并非全部属实。而且，由于原告委托的广州法医学会不具备司法鉴定资格，法医鉴定费也不应由被告负担。

原告二审辩称：

同意原审判决。

二审认为：

1. 法院应判决原、被告二人离婚。

原告起诉要求离婚，被告表示同意，表明双方的夫妻感情确已破裂，故原审判决准予两人离婚并无不当。

2. 被告应支付原告精神损害赔偿。

由于被告对原告实施家庭暴力，并导致双方离婚，原告有权请求损害赔偿。

被告的暴力行为不仅给原告造成了物质损失，同时也使原告的身心受到了伤害。对此，根据《婚姻法司法解释（一）》第28条①的规定，原告有权请求物质损害赔偿和精神损害赔偿。因此，原审判决被告向原告赔偿精神损害抚慰金并无不当。被告依据《最高人民法院关于人民法院是否受理刑事案件被害人提起精神损害赔偿民事诉讼问题的批复》②，主张其无须赔偿精神损害抚慰金给原告的理由不成立。

---

① 现为《最高人民法院关于适用〈中华人民共和国民法典〉婚姻家庭编的解释（一）》第86条相关内容。

② 该批复已于2015年1月19日起失效。

3. 被告应当赔偿原告面部受伤后,因治疗已经发生和必然发生的费用。

被告的行为造成原告面部受伤,而原告已举证证明其为治疗面部支出医疗费3088.7元,故被告应予以赔偿。关于面部的后续治疗费,原告已提交广东省口腔医院出具的医学证明,证明其属于必然发生的费用,故被告应一并予以赔偿。被告对此提出异议,但未提出相反证据加以反驳,其主张依法不能成立。

4. 被告应赔付原告的法医鉴定费。

关于原告支出的法医鉴定费,因该费用的发生是由被告的伤害行为直接引起的,被告理应予以赔偿。被告上诉认为其不应负担该费用的理由不成立。

5. 被告没有证据否认交通费的真实性,应予以赔偿。

关于原告支出的交通费,被告表示如果属实则同意赔偿,而诉讼过程中,被告并未提出证据否认该费用的真实性,故其亦应予以赔偿。

二审判决:

1. 维持原审判决第1项、3项、4项、5项;

2. 变更原审判决第2项为:被告赔偿原告医疗费、交通费、法医鉴定费损失共5988.7元。

992. 夫妻双方离婚后,一方发现另一方在婚姻关系存续期间与他人同居,可否以对方过错造成婚姻破裂为由请求精神损害赔偿?

可以。

离婚后,若一方有证据证明对方在双方婚姻关系存续期间与第三人同居,则可以向法院起诉,以对方过错造成婚姻破裂为由请求精神损害赔偿。精神损害赔偿的数额,法院一般会综合子女抚养情况、对方当事人的经济状况以及离婚时财产分配情况等多种因素综合考量。

993. 婚外情对离婚诉讼有何影响?

实践中,人们往往最为关心的就是,当夫妻一方存在"婚外情"时,另一方主张离婚的成功率有多高?其对于离婚诉讼的影响究竟有多大?

根据《民法典》的规定,由于"婚外情"可能导致夫妻间产生法定判决离婚的情形主要是"重婚或与他人同居"。

重婚系指有配偶者或明知他人有配偶者而与之到婚姻登记机关登记结婚,或虽不登记结婚,但以夫妻名义持续、稳定地居住、生活。同居系指有配偶者与他人共同居住一处较长时间,通常至少为两三个月。

因此,如果夫妻一方虽然存在"婚外情"的情况,但是没有满足法定必须判离的条件,则往往难以直接以"婚外情"作为请求法院判决离婚的理由,而只能结合其他法定必须判离或者法定可以判决离婚的事项进行主张。如夫妻一方可在经人民法院判决不准离婚后以分居满 1 年，互不履行夫妻义务为由诉请离婚。

【案例421】著名主持人出轨　妻子携保证书主张赔偿[①]

原告：于某伟

被告：方某进

诉讼请求：判决双方离婚并分割夫妻共同财产。

争议焦点：

1. 原告提供的关于被告存在不正当关系行为的《保证书》是否真实；

2. 原告是否可以主张就被告拥有的 3 处房产作为夫妻共同财产进行分割；

3. 被告是否持有药业公司的股权，该部分股权是否属于夫妻共同财产，原告是否可以主张进行分割；

4. 被告曾向浙江某公司借款 200 万元，是否属于夫妻共同债务，原告是否可以主张由被告个人进行偿还；

5. 原告主张女儿的抚养费为每月 1 万元，该数额是否合理。

基本案情：

原告与被告于 1992 年相识，1994 年结婚，1995 年生下一女。

2006 年 6 月 13 日，被告曾给原告写下 1 份《保证书》，内容为："我于 2006 年 6 月 6 日、7 日早上在瑞泰宾馆 901 房间与复旦大学学生×××已经发生不正当性关系，以前也发生过，被妻子发现。我保证今后不再和任何其他女人发生不正当的关系，忠于妻子和家庭。如果我再和该人或其他女人发生不正当关系，无论我妻子做出任何过激的行为，和一些不该做的事情，都与我妻子于某伟无关。如果发生上述不该发生的事情，我死后也与于某伟无关，由此引发其他人产生任何后果，也与于某伟无关，所有后果由我承担。"被告曾于 2007 年年底离家出走，长时间杳无音信，导致夫妻感情出现问题。

原告诉称：

原告与被告 1994 年结婚之时，被告有意隐瞒自己的婚姻状况，原告并不知道被告之前有过一段婚姻。后于 1995 年在女儿出生后，原告在天津的公婆家坐月子时，发现被告与一个女人的照片以及 1 份离婚协议书。被告曾出具的《保证

[①] 《方某进于某伟离婚》，载新浪网，http://ent.sina.com.cn/f/s/fhjyhwxblh/，2020 年 5 月 6 日访问。

书》，也证明他有外遇，违反了夫妻间的忠实义务。被告 2007 年离家出走，失踪 4 年，也一直没有给过女儿生活费和教育费。

被告对于婚姻存在过错，因此应将位于北京市海淀区北洼西里的一处房屋作为与被告婚后唯一的共同住房，以及天津市河西区被告父亲的一套住房，都归原告所有。而在婚姻存续期间曾共同购买北京市朝阳区崔各庄奶西村的一处住房，被告还取得了哈尔滨某药业公司的股权，上述财产属于夫妻共同财产，应依法进行分割。

女儿方某因就读于上海私立学校，生活学习费用远高于普通高中，因此每月 1800 元抚养费过低，请法院将抚养费提高至每月 1 万元。

被告辩称：

被告与原告于 1994 年结婚，婚后原告经常过度猜疑、无理取闹，导致他无法正常工作和生活。后因夫妻感情急剧破裂，没办法继续生活下去，2007 年 11 月底被告离开了家，没有带走任何贵重物品。但被告留下丰厚的钱足够原告和女儿的生活，并且回去看过女儿，送了一些小礼物。原告所称被告出轨一事并不属真实情况，被告在婚姻期间并未作出任何违反《婚姻法》的行为。

被告对原告提供的《保证书》的真实性没有异议，但被告书写《保证书》是因为不堪原告的猜疑、臆断以及对当时直播重要工作和生活的严重干扰，出于无奈，由原告口述、被告书写而成。《保证书》后半段的内容也可以充分反映被告是在受到生命威胁的情况下被迫写下的。因此，被告在婚姻存续期间并不存在过错。同时被告向法院递交了原单位同事证言，以证明《保证书》中所写的，他与复旦大学女生在宾馆发生性关系的时间，他正在做三峡直播。

被告认为，原、被告之间夫妻感情确已破裂，无法继续生活下去，被告同意解除双方婚姻关系。

法院认为：

1. 关于财产分割问题

对于房屋分配方面，北洼西里的房屋尚处在查封状态暂不宜处理，被告父亲住房目前无法确定被告对这套房屋的占有份额，因此目前也无法处理。而朝阳区奶西村的房屋属集体土地性质，被告夫妇无法提供房产证明，故无法处理。而对于被告实际持有药业公司的股权，原告并不能提供有效证据证明，因此对于此部分的分割要求也被拒绝。

2. 关于子女抚养费问题

法院对于子女抚养费的确定，一般根据子女的实际需要、父母双方的负担能力和当地的实际生活水平确定。有固定收入的,抚养费一般按月总收入的20%~30%的比例给付。无固定收入的,抚养费的数额可依据当年总收入或同行业平均收入,参照上述比例确定。原告声称女儿方某因就读于上海私立学校,生活学习费用远高于普通高中,请法院将抚养费提高至每月1万元无法律依据。

3. 关于200万元债务的承担问题

对于在婚姻存续期间的200万元债务系被告单方面所借,没有经过原告的同意,也没有用于家庭支出或理财,因此应当认定为个人债务,由被告独立承担。

法院判决:

1. 原、被告因感情破裂准予离婚,两人婚姻期间财产暂不分割;

2. 离婚后女儿方某判由原告抚养,被告每月支付抚养费1800元,直至方某年满18周岁;

3. 被告有过错行为,所欠债务系个人债务,全部由被告承担。

二、违反夫妻忠实义务的刑事法律责任

994. 何为重婚罪?其立案追诉标准以及量刑标准分别是怎样的?

重婚罪,是指有配偶而重婚的,或明知他人有配偶而与之结婚的行为。

(1) 立案追诉标准

存在下列情况的,应当立案进行追诉:

①与配偶登记结婚,与他人又登记结婚而重婚,也即两个法律婚的重婚。有配偶的人又与他人登记结婚,有重婚者欺骗婚姻登记机关而领取结婚证的,也有重婚者和登记机关工作人员互相串通作弊领取结婚证的;

②与原配偶登记结婚,与他人没有登记确以夫妻关系同居生活而重婚,此即为先法律婚后事实婚型;

③与配偶和他人都未登记结婚,但与配偶和他人曾先后或同时以夫妻关系同居而重婚,此即两个事实婚的重婚;

④与原配偶未登记而确以夫妻关系共同生活,后又与他人登记结婚而重婚,此即先事实婚后法律婚型;

⑤没有配偶,但明知对方有配偶而与其登记结婚或以夫妻关系同居而重婚。

(2) 量刑标准

犯重婚罪的,应处2年以下有期徒刑或拘役。

995. 重婚罪需被害人提起自诉还是由人民检察院提起公诉?

重婚罪属于"被害人有证据证明的轻微刑事案件",也就是可选择的自诉案件,并非完全意义上的自诉案件。

(1)自诉

被害人如果有证据证明重婚的事实,可以直接向人民法院提起诉讼,人民法院应当依法受理。但是,被害人的地位更接近于公诉案件的控告人而非真正意义上的自诉人,案件随时可能转化为公诉案件。因此,被害人无权自由选择被告(是重婚者还是相婚者),不能自行和解,不能自行撤诉。

(2)公诉

对于证据不足、可由公安机关受理的重婚罪,应当移送公安机关立案侦查。被害人向公安机关控告的,公安机关应当依法侦查,人民检察院应当依法提起公诉。

【案例422】事实婚姻又与他人同居生子 重婚获刑1年[①]

自诉人: 王女士

被告人: 陈先生

基本案情:

被告人和自诉人1977年插队时恋爱,未办结婚登记就于1979年起共同生活并生育一女。

几年后,两人先后回沪,彼此的户口簿、单位档案及独生子女证上均标明双方是配偶关系。

1993年起,被告人分别与两名妇女先后以夫妻名义同居,分别生育一子。

自诉人诉称:

自诉人与被告人之间存在事实婚姻关系,在婚姻关系存续期间,被告人明知已有配偶仍然与他人公然以夫妻名义共同生活,并育有子女,其行为符合重婚罪的构成要件。

被告人辩称:

自诉人与被告人没有办理结婚登记,不能认定被告人为"有配偶的人",故被告人并未犯有重婚罪。

---

① 《上海首判事实婚姻构成重婚罪》,载中国经济网,http://district.ce.cn/newarea/roll/201208/24/t20120824_23617585.shtml,2021年1月27日访问。

法院认为：

1. 自诉人和被告人之间存在事实婚姻关系。

自诉人与被告人自1979年即相恋同居,育有一女;回沪后自诉人以被告人妻子的名义将户籍迁入以被告人父亲为户主的房屋内;自诉人与被告人以夫妻名义申领了女儿的独生子女证;被告人单位基于被告人、自诉人婚后无房增配住房一套。根据婚姻法司法解释规定,以上事实足以认定自诉人与被告人之间存在事实婚姻关系。

2. 被告人与自诉人婚姻关系存续期间与他人以夫妻名义同居生活,应认定为重婚罪。

我国法律承认事实婚姻[①],既然事实婚姻是合法婚姻,理应对其加以法律保护,重婚者的行为侵犯的是社会主义婚姻家庭制度中的一夫一妻制,重婚罪中的"配偶"应包括事实婚姻形成的夫妻双方。根据最高人民法院有关批复规定,新的《婚姻登记管理条例》发布实施后,有配偶的人与他人以夫妻名义同居生活或者明知他人有配偶而与之以夫妻名义同居生活的,按重婚罪定罪处罚,而在本案中,被告人与自诉人存在事实婚姻关系,又与他人以夫妻名义同居生活,应认定为重婚罪。

法院判决：

被告人构成重婚罪,判处有期徒刑1年。

996. 重婚罪被害人可否主张损害赔偿？

因重婚的或有配偶者与他人同居的,导致离婚的,无过错方有权请求损害赔偿。

关于提出损害赔偿的时间,有如下规定：

（1）无过错方作为原告基于该条规定向人民法院提起损害赔偿请求的,必须在离婚诉讼的同时提出；

（2）无过错方作为被告的离婚诉讼案件,如果被告不同意离婚也不基于该条规定提起损害赔偿请求的,可以在离婚后一年内就此单独提起诉讼；

（3）无过错方作为被告的离婚诉讼案件,一审时被告未提出损害赔偿请求,

---

① 1994年2月1日民政部《婚姻登记管理条例》公布实施以前,男女双方已经符合结婚实质要件的,按事实婚姻处理。1994年2月1日民政部《婚姻登记管理条例》公布实施以后,男女双方符合结婚实质要件的,人民法院应当告知其在案件受理前补办结婚登记;未补办结婚登记的,按解除同居关系处理。

二审期间提出的,人民法院应当进行调解,调解不成的,告知当事人在离婚后一年内另行起诉;

(4)当事人在婚姻登记机关办理离婚登记手续后,向人民法院提出损害赔偿请求的,人民法院应当受理。但当事人在协议离婚时已经明确表示放弃该项请求,或者在办理离婚登记手续一年后提出的,不予支持。

因重婚提起的损害赔偿包括物质损害赔偿和精神损害赔偿。精神损害的赔偿数额根据以下因素确定:

(1)侵权人的过错程度,法律另有规定的除外;
(2)侵害的手段、场合、行为方式等具体情节;
(3)侵权行为所造成的后果;
(4)侵权人的获利情况;
(5)侵权人承担责任的经济能力;
(6)受诉法院所在地平均生活水平。

三、夫妻"忠诚协议"的效力

997. 何为夫妻之间的"忠诚协议"? 其效力如何认定?

"忠诚协议"系男女双方在婚前或婚后自愿签订的在婚姻存续期间遵守夫妻忠实义务,如一方违反忠实义务,则需要对无过错方支付违约金、赔偿金等责任的协议。

夫妻之间签订忠诚协议,应由当事人本着诚信原则自觉自愿履行,法律并不禁止夫妻之间签订此类协议,但也不赋予此类协议强制执行力,从整体社会效果考虑,法院不受理夫妻之间的忠诚协议纠纷。

【案例423】忠诚协议约定道德义务　无法律依据被判无效[①]

原告:邱某

被告:包某

诉讼请求:

1. 原告与被告离婚;
2. 离婚后双方所生之女包某某随原告共同生活,被告每月支付抚育费5000元人民币,直至女儿年满18周岁止;

[①] 参见上海市黄浦区人民法院(2011)黄民一(民)初字第2838号民事判决书。

3. 要求被告按照双方所签订的《婚前协议》的约定,判令被告婚前婚后所得财产均归原告所有,被告另须支付原告精神损害抚慰金20万元;

4. 被告一次性补偿原告7万元;

5. 被告名下车牌号码为苏E××的别克凯越轿车1辆归原告所有,被告所保管的美的牌柜式空调1台归原告所有;

6. 被告承担原、被告夫妻共同债务的一半39,300元。

争议焦点:

1. 本案中的《婚前协议》是否系"忠诚协议",该协议是否有效;

2. 原告主张20万元精神损害赔偿是否有依据;

3. 原告主张离婚后一次性赔偿是否有依据。

基本案情:

原、被告2008年12月15日登记结婚,2009年7月10日双方生育一女,名包某某。

2009年12月4日起,被告离家赴北京工作,双方分开生活至今。

双方女儿包某某自2009年12月起一直随原告一起生活。

原告至北京寻找被告期间,双方因故发生矛盾。

2011年年初,被告曾起诉要求与原告离婚,后被告撤回了起诉。

原、被告于2008年12月13日签订《婚前协议》1份,约定"双方结婚后,被告自动放弃婚后财产处理权,若日后双方任何一方提出离婚,被告愿意将其所有财产及资金全部赠与原告……被告在其有过婚史的问题上曾对原告进行欺瞒……若日后被告提出离婚,无论什么原因,则被告需补偿原告精神安抚金20万元……日后若任何一方提出离婚,则被告必须赡养原告,每月支付原告生活费3000元,直至原告再婚"。

车牌号码为苏E××的别克凯越轿车1辆、美的牌柜式空调1台由被告保管。被告名下有自1996年至今的住房公积金共计149,307.15元。被告在2009年12月至2011年12月的税后工资收入为525,000元,扣除被告已经支付原告的生活费87,600元以及被告的个人生活开销10万元,余额为337,400元。

原告诉称:

2009年12月4日起,被告独自前往北京工作,并与其他异性有不正当关系,此后开始对原告及女儿不尽抚养义务。

原告去北京寻找被告,也被其拒之门外。

原告认为双方夫妻感情已经彻底破裂,法院应当准予原、被告双方离婚,并按照《婚前协议》分割财产。

被告辩称：

1. 对于原告陈述双方相识、结婚、生育的事实并无异议。

2. 被告同意在合理分割财产的情况下，与原告离婚。

2009年12月4日，被告到北京工作，原告一直不同意到北京与被告共同生活。原告擅自发消息给被告的亲戚、同事等人，导致双方发生矛盾。

原告曾至北京寻找被告，双方发生矛盾，进而在北京进行诉讼。

2011年，被告曾起诉原告，要求与原告离婚，后被告撤回了起诉。

被告认为，原、被告之间和好的可能性很小，在合理分割夫妻共同财产的前提下，被告同意与原告离婚。

3. 被告不同意按照《婚前协议》分割财产。

关于财产问题，被告认为，双方确实签订了《婚前协议》，但那是在得知原告已经怀孕的情况下，当时被告比较冲动，也没有想过要和原告离婚，故在签订该协议的时候没有给自己留后路。被告现不同意按照该《婚前协议》的约定分割夫妻财产，同意一次性给予原告经济补偿5万元。

被告同意每月给付女儿的抚养费5000元，同时将自己名下住房公积金的一半给原告。

法院认为：

1. 双方皆希望离婚，法院应予准许。

婚姻的维系应以夫妻感情为基础。原、被告双方未能妥善解决生活中所产生的纠纷，以致发生矛盾。原、被告都曾起诉要求离婚，可见双方的夫妻关系事实上难以延续，双方的夫妻感情已经彻底破裂，原告要求离婚的诉讼请求符合法律规定，法院应予以准许。

2. 女儿应跟随原告生活，被告支付相应抚养费。

双方女儿年龄较小，且长期随母亲一起生活，故双方离婚后，女儿随原告一起生活对其健康成长更为有利。关于抚育费，被告同意每月支付抚育费5000元，并无不当，法院应予以准许。

3. 对原、被告无争议的财产，法院应依其主张分割。

关于原告主张的车辆以及空调问题，被告同意上述财产归原告所有，并不要求原告给予补偿，并无不可，法院应予以认定。

关于被告名下的住房公积金，被告认可将其名下自1996年至今的全部住房公积金作为夫妻共同财产进行分割，并主张被告名下的住房公积金归被告所有，由被告给予原告一半的经济补偿，并无不当，法院应予以认可。

4. 本案中的《婚前协议》惩罚性过强，且约束的仅为道德义务而非法律义务，因此不应予以认可。

对于原告所提交的《婚前协议》，夫妻可以约定婚姻关系存续期间所得的财产以及婚前财产归各自所有、共同所有，或者部分各自所有、部分共同所有。但原、被告之间所签订的协议中约定被告将自己婚前婚后所有财产归原告所有，是一方以自己对婚姻的忠诚义务作为对价与另一方所签订的协议，该协议完全剥夺另一方在财产上的权利，有非常严厉的惩罚性质。

《婚姻法》上的忠实义务，是一种道德上的义务，并非法律上的义务，原、被告所签订的《婚前协议》并非真正的财产协议，而是一种忠诚协议，该协议不应作为确定双方具体民事权利义务的协议，也不应作为双方夫妻共同财产分割以及原告所主张的精神损害赔偿、经济补偿的依据。

5. 关于被告在2009年12月至今的工资收入扣除其生活开销以及所支付原告生活费之后的余额，应作为夫妻共同财产予以分割。

考虑到双方女儿随原告生活，以及对于女方的照顾，对于这部分财产由原告适当多分。

6. 原告主张精神损害赔偿证据不足。

原告主张被告与其他异性有不正当关系，但其所提供的证据不足以证实上述主张，故对此法院不应予以采信。原告要求被告给予20万元的精神损害抚慰金，缺乏依据，不予支持。

7. 原告主张离婚后一次性补偿费用缺乏依据。

原告主张被告在离婚后一次性补偿原告7万元，因原告自己的收入足以维持其正常生活，故原告的主张缺乏依据，法院不应予以支持。

但被告自愿在离婚后一次性补偿原告5万元，于法无悖，法院应予以认定。

法院判决：

1. 原告与被告离婚；

2. 原、被告离婚后，双方所生之女包某某随原告共同生活，被告应于2012年1月起按月支付女儿抚育费5000元人民币，至女儿年满18周岁止；

3. 被告名下车牌号码为苏E××的别克凯越轿车1辆归原告所有，现由被告保管的美的柜式空调1台归原告所有；

4. 被告名下的住房公积金余额归被告所有，被告应补偿原告74,653.58元人民币；

5. 被告补偿原告 235,570 元人民币；

6. 原告的其他诉讼请求，不予支持。

【案例424】配偶出轨　约定101万元精神损害赔偿获法院支持[①]

原告： 巫某

被告： 关某

诉讼请求：

1. 判决原、被告离婚；

2. 判决原、被告按照2004年7月3日签订的《婚内财产约定》，女儿由原告抚养，被告每月给付抚养费5000元，至孩子年满18周岁时止；华清嘉园的住房、室内全部物品及Polo牌小轿车归原告所有，被告补付女儿抚养费12.6万元人民币，并给付原告精神损害赔偿金101万元人民币。

争议焦点：

《婚内财产约定》关于女儿抚养费用、精神损害赔偿费用的约定是否有效。

基本案情：

原告与被告于1993年结婚，1997年生有一女。

2000年，被告投资200万元，创办起一家科技公司。

2003年，为方便女儿就近上学，原告以自己名义贷款购买了一套华清嘉园100多平方米的住房。此后，每月归还银行住房贷款近3000元，由原告一人承担。不久，原告以自己名义购买了1辆Polo车接送女儿。

2004年"五一"，原告翻看被告手机，发现其中一条短信："老公，你能来陪我吗？我想你！"

其后，原告告知被告父母事情经过。被告父亲调查表明：被告在外面确有一个同居情人，且已同居3年，系被告公司的副总——案外人郑某，从2000年开始，被告就与案外人郑某合伙开了现在这家公司，由案外人郑某担任副总，2001年开始与案外人郑某同居。

原告提出要被告让案外人郑某离开公司，否则就起诉离婚。被告对自己的行为表示后悔，但同时他表示，案外人郑某暂时还不能离开公司，因为自己投资了100万元建立了一个网站，而这个网站需要她打理。如果现在让她离开，这100万元投资势必付诸东流。原告只好退一步：限定半年内，被告重新找到网站负责人，

[①] 《101万元的精神损害赔偿金》，载《杭州日报》2007年12月12日，第19版。

辞退案外人郑某。原告与被告签订《婚内财产约定》,约定"如果被告不能跟案外人郑某分手,那么原告就要求离婚,被告则要做相应补偿"。内容包括:

1. 位于华清嘉园的居室一套及室内全部物品归女方所有,男方在婚姻存续期间具有使用权。

2. Polo轿车一辆归女方所有,男方在婚姻存续期间具有使用权。

3. 女儿全部抚养费(包括生活费、医疗费、教育费),至孩子能够独立生活时止的全部费用由男方承担。由于多年来女方独自承担女儿的所有费用,因此离婚时男方应偿还全部费用12.6万元。

4. 由于男方在2001年至2004年的3年多时间与该公司副总案外人郑某有不正当男女关系,令外界误以为该二人为夫妻,其行为严重损坏女方名誉。男方为此向女方赔偿精神损失费101万元,离婚时还清。

此后一日,原告进入被告公司网站,在论坛里发现一篇文章:被告的情人竟然贴出了自己和被告的合影,并把自己与被告的交往过程写了出来,斥责原告枉然是著名学府的硕士生,不愿意和老公离婚,是一个自私自利的女人等等。原告下载了文章和照片。

2006年3月,原告向人民法院起诉离婚。

原告诉称:

《婚内财产约定》系原、被告双方自愿签署。

《婚姻法》对夫妻财产约定有明文规定,就是夫妻双方应有共同财产。本案原、被告双方夫妻生活期间存有共同财产,所以双方所签订的《婚内财产约定》应视为有效。

此外,《婚姻法》对婚内精神赔偿也有保护,无过错方可向有过错方提出精神损害赔偿的主张,而赔偿额虽然法律无明确规定,但由于本案双方共同财产范围有可支付能力,故双方的约定中关于精神赔偿数额应视为有效。

原告为证明其观点,提交证据如下:

1. 被告公司网站案外人郑某写的文章及照片;

2. 提交关于《婚内财产约定》被告签名的司法鉴定结果,经公安部鉴定,结论是"约定人签名处的签字与样本上被告签字是同一人所写";

3. 被告父亲出庭作证,证明被告女儿系原告一手带大;

4. 被告父亲提交的其调查儿子婚外情时的录音。

被告辩称:

被告与原告婚后感情平淡,要求取得女儿的抚养权,否认两个人有感情基础;

否认自己有"第三者",原告所述他与其他女人有不正当关系,没有事实依据,但同意离婚。对原告出示的《婚内财产约定》也持有异议,并否认自己的签字。被告称女儿过去一直由其父母抚养。

根据《婚姻法》规定,夫妻可以约定婚姻关系存续期间所得的财产及婚前财产归各自所有、共同所有或部分各自所有、部分共同所有。① 婚内财产约定对于所约定的财产的对象是婚姻关系所得的财产及婚前财产,而原告所出具的《婚内财产约定》所约定的不仅包括财产,还包括孩子的抚养费、家庭以往的开支以及精神损害赔偿金,约定的范围远远超出财产范围,不符合法律规定。因此不同意给付原告要求的女儿出生后7年的抚养费等;住房及轿车可归原告所有,但不同意给付精神损害赔偿金。

法院认为:

1. 关于《婚内财产约定》效力问题。

本案当事人双方于2004年7月3日签订了《婚内财产约定》,虽然涉及财产分配、孩子抚养、精神损害赔偿等多项内容,但该约定系双方当事人真实意思表示,不违反相关法律规定,应为有效,并对双方均有约束力。

2. 关于精神损害赔偿问题。

因被告在婚姻生活中确与别的女人同居,导致夫妻感情破裂,系过错方,原告有权请求被告给予精神损害赔偿。具体数额因双方在协议中已有约定,该约定不违反法律法规的强制性规定,故应判决按照约定数额给付。

法院判决:

1. 准许原告与被告离婚;
2. 女儿由原告抚养,被告每月给付抚养费5000元至孩子年满18周岁时止;
3. 华清嘉园住房及室内全部物品归原告所有,房屋贷款由原告偿还;
4. Polo轿车归原告所有;
5. 被告补付女儿抚养费12.6万元;
6. 被告向原告支付精神损害赔偿金101万元人民币。

998. "第三者"可否在双方分手后主张已婚一方承担损害赔偿责任?

从目前司法实践来看,该主张难以被支持。由于婚外情系违背夫妻之间忠实义务的行为,也同时违背社会公序良俗原则,因此婚外情一方向已婚一方在分手

---

① 现为《民法典》第1065条相关内容。

后索要损害赔偿的请求不应被法院支持。

【案例425】婚外情"转正"不成　女方诉请补偿遭驳回①

原告：杨某

被告：胡某

诉讼请求：赔偿婚姻破裂导致的精神损失费、疾病医药费以及相关护理费共计100万元。

争议焦点：婚外情导致婚姻破裂的，出轨方能否请求法院判决第三者赔偿相关"损失"，包括精神损失费、婚外情期间女方流产导致的各类费用等。

基本案情：

原告不仅年轻貌美，而且其夫家资产数千万元，在深圳拥有多家公司、多处房产。

2009年年初，有钱又闲的原告决定进一步提高自身素质，报考了西南某高校的成人教育培训班，并顺利入学。

丈夫为使原告在学习期间得到更好的关照，通过生意上的朋友介绍，认识了被告，即在该高校负责招生的副教授。入学之初，被告的确为原告解决了很多学习和生活上的难题，原告对被告心存感激。

2009年9月的一个晚上，被告因宴请外地朋友，叫上了原告作陪至凌晨1点多，回学校之时，因宿舍大门已关闭，被告为原告在学校附近宾馆开了房，并在当晚发生了关系。

自此，原告两次流产，并留下了严重的妇科疾病。原告的丈夫知道妻子出轨的事后，将原告赶出了家门。无家可归的原告想到被告在两人甜蜜相处期间的种种许诺，就去找被告。但被告表示，继续保持亲密关系可以，如要结婚则不行。

原告诉称：

被告导致原告婚姻破裂，精神遭受巨大的打击，家庭破裂，精神恍惚。另外，在与被告"恋爱"期间，两次流产导致落下了诸多疾病，医药费、护理费花费巨大，故，要求被告赔偿上述损失100万元。

被告辩称：

原告所诉没有法律依据，原告所谓的精神损失并不存在，原告婚姻破裂与被

---

① 《女子出轨被赶出家门　欲嫁情人被拒向其索赔百万》，载中国新闻网，http://www.chinanews.com/sh/2012/04-26/3846492.shtml？1335430055，2020年5月6日访问。

告并无直接关系,系原告自身原因导致的。原告所称的身体上落下很多疾病产生的费用,被告已经竭尽所能支付医药费、护理费,因此并不存在另外需要支付的相关费用。综上,请求法院驳回原告诉讼请求。

法院认为:

原告与被告结识时,双方均为有家之人,二者之间的婚外情显然违反了《婚姻法》夫妻忠实义务。作为成年人,原、被告双方均充分了解自己行为的性质及可能导致的后果,依然从之,应当各自承担由此造成的各自损失。现原告要求被告赔偿经济损失的诉讼请求违背公序良俗,也没有法律依据,应驳回其诉讼请求。

法院判决:

驳回原告的诉讼请求。

【案例426】胁迫立下借条40万元 "小三"要求"分手费"遭驳回[①]

原告: 田某

被告: 许某

诉讼请求: 请求被告返还借款40万元。

争议焦点: 原告所提供的40万元借条是否真实,是否系其为达到结婚的目的逼迫被告签下,该借条是否有效,原告是否能依据其主张被告返还相应款项。

基本案情:

被告是本市一家合资企业的白领,婚后与妻子产生矛盾。

2011年1月,被告与同事原告开始关系暧昧。后被告和原告感情纠葛的事情,在单位同事间被传得沸沸扬扬,被告无奈只好自行另谋出路。

其间原告要求被告签下借条,借条上申明,被告因为生意需要,向原告借款40万元。

2011年8月底,原告找到被告新的公司,双方矛盾再次激化。其间,原告把被告的车辆开走。在派出所民警调解下,被告写了1份承诺书,承诺3天之内解决感情事情,并在承诺书下方写了"承诺人:许某(被告)"。被告新单位的负责人尹某在承诺书担保人处签名。

原告诉称:

2011年1月16日,被告因做生意缺少资金,向自己借款40万元,承诺于2011

[①] 李燕、韩根南:《分手后"小三"索要40万未获法院支持》,载凤凰网,http://news.ifeng.com/c/7fc8SRXHKzu,2020年5月6日访问。

年9月30日之前全部归还。借款到期后,被告借故拖欠不还,自己催讨无果,故向法院提起诉讼。

被告辩称:

原告所称并不属实,原告要挟被告为其离婚。原告为了达成目的,要求被告签下40万元巨额欠款,被告被要挟无奈,只能签下40万元欠款,其实根本子虚乌有,请求法院驳回原告诉讼请求。

法院认为:

原告声称其曾借款40万元给被告,却无法说明40万元支付的方式以及40万元的来源,加上被告对此予以否认,原告声称的事实不成立。

法院判决:

驳回原告诉讼请求。

四、"婚外情"所涉子女抚养问题

999. 如果在诉讼过程中拒绝做亲子鉴定的,可否推定亲子关系不存在?

夫妻一方向人民法院起诉请求确认亲子关系不存在,并已提供必要证据予以证明,另一方没有相反证据又拒绝做亲子鉴定的,人民法院可以推定请求确认亲子关系不存在一方的主张成立。

当事人一方起诉请求确认亲子关系,并提供必要证据予以证明,另一方没有相反证据又拒绝做亲子鉴定的,人民法院可以推定请求确认亲子关系一方的主张成立。

1000. 诉讼过程中如何确定亲子鉴定机构?

由于我国法律并没有禁止民间亲子鉴定机构的设立,其作出的鉴定也有可能成为诉讼中的鉴定。《最高人民法院关于民事诉讼证据的若干规定》指出,当事人申请鉴定经人民法院同意后,由双方当事人协商确定有鉴定资格的鉴定机构、鉴定人员,协商不成的,由人民法院指定。这说明只要双方当事人认可,是可以找民间亲子鉴定机构进行鉴定的。但应注意,即使是民间亲子鉴定机构,也应当是国家卫生行政主管部门批准或者认可的医疗鉴定机构。

1001. 亲子鉴定前应当做好哪些准备工作?提供哪些资料?

亲子鉴定的准备包括人员、资料及费用三方面。

(1)人员准备内容如下:

①被鉴定人应由母—子—可疑父亲或父母—子组成,只要求父子或母子二人

鉴定者一般要求说明鉴定理由；

②成年被鉴定人均应自愿同意鉴定，14岁以上的青少年应适当征求其对鉴定的意见；

③被鉴定人应了解自己或近亲属有无遗传病史，为鉴定提供参考（有遗传病史的易于基因变异）；

④被鉴定子女年龄一般在半岁以上为好。

(2) 资料准备内容如下：

①被鉴定人的身份证、结婚（离婚）证明、孩子出生证（或户口本）等证明身份及其相互关系的证件；

②如系公检法机关委托的鉴定，出具由法院、检察院、公安部门或律师事务所签发的亲子鉴定委托书，注明父母和孩子的姓名、地址、身份证号码以及申请原因等。

按照司法鉴定的有关规定，一家三口往往要抽取一定数量的血液，一般为1~2毫升，理论上一滴血即可。在特殊情况下也可取口腔脱落细胞、毛发、胚胎等组织为检材。

(3) 司法亲子鉴定的费用一般是4000~5000元人民币（各鉴定机构收费有差异）。

【案例427】婚内所生子女并非亲生　请求损害赔偿39万元获支持[①]

原告：周某章

被告：郑某

诉讼请求：判令被告给付原告代为抚育周某的抚育费5万元，赔偿经济损失费5万元，赔偿精神损失费20万元，返还离婚时分割财产的9万元，共计39万元。

争议焦点：原、被告离婚后，原告发现被告所生之女并非原告亲生，在此情况下，原告给付的抚育费、被告延误原告生育子女给原告造成的经济损失、原告的精神损失费、原告庭外一次性给予被告的9万元应如何处理。

基本案情：

原告与被告于1988年相识，1992年12月结婚，1995年9月9日生育一女周某。

---

① 参见四川省宜宾市中级人民法院(2001)宜民终字第402号民事判决书。

双方于2000年7月19日经法院调解离婚,周某由其父原告抚育。原告庭外一次性给付被告9万元。

2000年8月8日,原告因他人散布其女周某不是自己的亲生女而委托华西医科大学法医技术鉴定中心作亲子鉴定。后经鉴定,原告确实不是周某之生父。

2001年4月16日,原告提起诉讼,要求被告给付代为抚育周某的抚育费5万元,赔偿经济损失费5万元,赔偿精神损失费20万元,返还离婚时分割财产的9万元,共计39万元。

原告诉称:

1. 原告已经给付周某的抚育费(包括生活费、教育费、医疗费)的构成是:被告怀小孩所需的营养费,每月按1000元计算,10个月为1万元。1995年9月至1998年2月,带小孩所需的保姆费,每月按350元计算,30个月为10,500元。1995年9月至2000年9月,小孩所需的生活费,每月按1000元计算,60个月为6万元。1995年9月,被告生小孩所需住院费3000元。1997年7月,将小孩户口从翠屏区南广迁到翠屏区市中区,所需迁移费2600元。1998年2月至2000年9月,小孩入托儿所,所需费用7500元。上述6项共计93,600元,原告只要求返还5万元。

2. 被告延误原告生育子女给原告造成了经济损失。原告主张自己已经供养了周某5年,现在又不是自己亲生的女儿,如果重新生育供养小孩,以后的费用要比原来的费用更高,高出的这部分费用,被告应予赔偿5万元。

3. 原告的精神遭受了巨大的打击,被告应赔偿20万元。

4. 9万元是离婚时给付小孩的抚养费,现在小孩不是自己亲生的,被告应该返还这9万元。

被告辩称:

被告承认自己在婚内与他人有不正当的男女关系,认可鉴定结论,但鉴定前不知道原告不是周某的生父,同意赔偿原告抚育周某的抚育费25,000元,赔偿原告的精神损失费25,000元。具体依据为:

1. 原告已经给付周某的抚育费构成是:怀小孩10个月的营养费,抚养小孩60个月的生活费,共计70个月,每月按500元计算为35,000元;生小孩的住院费3000元;带小孩的保姆费10,500元;小孩的户口迁移费2600元;小孩入托儿所的费用7500元,共计58,600元。同意返还原告25,000元。

2. 自己不是有意欺骗的,法医鉴定前自己不知道原告不是周某的生父,因此被告不应对延误原告生育子女给原告造成的经济损失进行赔偿。

3. 被告只同意对原告的精神损失赔偿 25,000 元。

4.9 万元是离婚时原告给付自己夫妻共同财产中应得份额的财产折价款,不应退还给原告。据被告 2000 年 7 月 21 日出具给原告的收条记载是:今收到原告付离婚财产费计 9 万元。

一审认为:

由于给付子女的抚育费是夫妻共同财产,对原告主张被告返还抚育费 5 万元的诉讼请求,只应予以部分支持,故只应返还 50%;关于原告主张被告赔偿经济损失费 5 万元的诉讼请求,由于原告未举证,且无法律依据,不予支持;对原告主张被告赔偿精神损失费 20 万元的诉讼请求,予以部分支持,依据被告的认可,认定为 25,000 元;对原告主张被告返还离婚时分割财产的 9 万元的诉讼请求,由于此 9 万元属夫妻共同财产的分割款,不应予以返还。

一审判决:

1. 原告不是周某的生父,周某由被告抚养;
2. 被告返还原告代为给付周某的生活费、教育费、医疗费 26,000 元;
3. 被告赔偿原告精神损害抚慰金 25,000 元;
4. 亲子鉴定费 3000 元,由被告承担。

以上款项共计 54,000 元,限一次性付清。

二审认为:

1. 关于原告已经给付周某的生活费、教育费、医疗费等抚育费的认定问题。

依据双方当事人各自的陈述,被告怀小孩周某 10 个月,原告抚育小孩 5 年,共计 70 个月,所需各种费用,每月按 1000 元计算,应为 7 万元。

该 7 万元抚育费,不论原告给付了多少,即使被告一分钱都未给付,首先应属夫妻共同财产。被告作为周某的生母,负有无条件的法定抚育义务。原判认定原告所给付的抚育费属夫妻共同财产,被告应返还 50% 给原告正确。但原判返还 25,000 元不符合本案实际情况,应变更为返还 35,000 元。

2. 关于被告延误原告生育子女给原告所造成的经济损失的认定问题。

随着今后生活水平的不断提高,抚育小孩的费用无疑要比原来抚育小孩所需的费用要高。原告原已抚育了周某 5 年,因此,原告今后重新生育小孩,应借鉴当地历年来审理有关抚育费金额认定的司法实践,按 5 年计算,酌情给予补偿。

3. 关于原告的精神损失费的认定问题。

被告在与原告的夫妻关系存续期间,又与他人发生不正当的男女两性关系,导致所生子女不是原告的亲生子女,其过错在被告,这是我国的社会主义法律和道德所不允许的,给原告的精神打击是巨大的,侵害了原告的人格尊严权,被告依法应赔偿原告精神损失费。根据当地审理有关精神赔偿损失金额认定的司法实践,一审判决明显轻判,应酌情增加。

4. 关于被告应否返还离婚时原告给付的9万元的问题。

原告给付被告的9万元被告是否应予归还原告,取决于9万元究竟是给付小孩的抚育费还是原、被告的财产分割款,依据被告2000年7月21日出具给原告的收条,结合全案分析,应认定为被告在夫妻共同财产中应得份额的财产分割款。

二审判决:

1. 维持一审判决的第1项和第4项;

2. 变更一审判决的第2项和第3项,第2项变更为被告返还原告代为给付周某的生活费、教育费、医疗费35,000元;第3项变更为被告赔偿原告精神损害抚慰金35,000元;

3. 被告赔偿原告延误生育子女的经济损失费7200元。

上述款项共计80,200元,限被告于本判决书送达之日起10日内付清。

1002. 通过性行为发生的"借夫生子"所生子女法律地位如何?"借夫生子"协议是否有效?"借夫生子"中的女性是否违反忠实义务,男方是否可以请求损害赔偿?

我国法律对"借夫生子"方面并无明文规定。对此,只能根据现行法律,结合个案具体情况,作出个案处理。

判断"借夫生子"的子女法律地位,首先需要判断其与男方是否存在亲子关系。亲子关系主要分为自然血亲与拟制血亲。拟制血亲包括养子女关系、继子女关系以及人工授精生育子女。"借夫生子"所生子女显然与男方非自然血亲,同时又不归属于任何一种拟制血亲关系,据此,"借夫生子"所生子女非婚生子女,男方自然对其没有抚养义务。

"借夫生子"协议由于违反夫妻间的忠实义务,不受法律保护。

由于男方对于"借夫生子"的事实是认可的,且一直未追究,且女方的行为不属于《民法典》所规定的可以请求损害赔偿的情形,因此,男方请求损害赔偿不会得到支持。

【案例428】夫妻协商"借夫生子" 离婚请求损害赔偿不支持[①]

原告：陈某

被告：徐某

诉讼请求：

1. 判决原、被告双方离婚；
2. 判决原告抚养孩子，被告每月支付200元的抚养费。

争议焦点：

1. "借夫生子"协议是否违反忠实义务，是否合法有效，被告以孩子非婚生请求损害赔偿能否得到支持；
2. 依据"借夫生子"协议生育的孩子是否为婚生子。

基本案情：

1993年，原告和被告登记结婚。婚后，被告发现自己患有不孕症，于是和妻子原告协商办法。最后，被告建议由原告和他人发生性关系而受孕生子。原告本坚决不同意，但是终抵不住丈夫的再三乞求而勉强同意，就这样，两人达成了"借夫生子"的协议。1996年，原告与他人发生性关系怀孕并生一子，取名徐某某。之后，夫妻决口不提此事，被告对妻儿也十分地照顾，一家三口生活美满。2004年，因为种种原因，双方感情恶化，最终破裂。两人协商离婚不成，于是原告起诉要求离婚。

原告诉称：

原、被告双方感情已经破裂，请求法院判决离婚。徐某某虽非被告亲生，但是多年来被告已经承认其婚生子身份，请法院判决被告承担每月200元的抚养费。

被告辩称：

被告同意离婚，但不同意支付抚养费。原告在婚姻期间与他人生子，对其不忠，导致其精神上遭受到痛苦和折磨，具有严重过错，因此请求原告支付精神损害赔偿金10,000元。

法院认为：

1. "借夫生子"协议违反忠实义务，应属无效，被告明知原告"借夫生子"的行为，请求损害赔偿不予支持。

国内目前尚无关于"借夫生子"协议效力的明文规定。结合《婚姻法》中规定的基本原则，我们认为，"借夫生子"协议违反了夫妻应当相互忠实的基本义务，

[①] 朱和庆：《婚姻家庭法案例与评析》，中山大学出版社2005年版，第105页。

以发生婚外情行为为基础的,应属违反法律的强制性规定,应属无效。

本案中,原告与他人发生性行为是得到被告认可的行为,且一直未追究,并且原告的行为不属于法律规定的可以请求损害赔偿的情形,所以,被告请求损害赔偿不能得到支持。

2. 依据"借夫生子"协议生育的孩子为非婚生子。

亲子关系包括自然血亲和拟制血亲。本案徐某某与被告不存在任何血缘关系,这是双方都承认的。拟制血亲有 3 种:养子女关系、继子女关系、人工授精子女。徐某某不属于以上任何一种,因此亦不存在拟制血缘关系。由此,徐某某和被告之间不存在亲子关系,不属于婚生子。因此,被告不需要对徐某某支付抚养费。

法院判决:

1. 准予原、被告离婚;
2. 原告抚养小孩并独立承担抚养费用;
3. 驳回被告要求原告承担精神损害赔偿金的请求。

【法律依据】

一、公司法类

(一)法律

❖《公司法》

(二)司法解释

❖《最高人民法院关于适用〈中华人民共和国公司法〉若干问题的规定(三)》(2020 年修正)

(三)地方司法文件

❖《上海市高级人民法院关于印发〈关于审理股东代表诉讼纠纷案件的若干意见〉的通知》

二、税法类

(一)法律

❖《税收征收管理法》

❖《企业所得税法》

(二)部门规范性文件

❖《国家税务总局关于印发〈征收个人所得税若干问题的规定〉的通知》(国税发〔1994〕089 号)

- 《国家税务总局关于在中国境内无住所的个人取得工资薪金所得纳税义务问题的通知》(国税发〔1994〕148号)
- 《国家税务总局关于在中国境内无住所的个人计算缴纳个人所得税若干具体问题的通知》(国税函发〔1995〕125号)
- 《国家税务总局关于外商投资企业的董事担任直接管理职务征收个人所得税问题的通知》(国税发〔1996〕214号)
- 《国家税务总局关于印发〈内地和澳门特别行政区关于对所得避免双重征税和防止偷漏税的安排〉文本并生效执行的通知》(国税发〔2003〕154号)
- 《国家税务总局关于在中国境内无住所的个人执行税收协定和个人所得税法若干问题的通知》(国税发〔2004〕97号)
- 《国家税务总局关于在中国境内担任董事或高层管理职务无住所个人计算个人所得税适用公式的批复》(国税函〔2007〕946号)
- 《国家税务总局关于执行内地与港澳间税收安排涉及个人受雇所得有关问题的公告》(国家税务总局公告2012年第16号)
- 《内地和香港特别行政区关于对所得避免双重征税和防止偷漏税的安排》

三、民法类

（一）法律

- 《民法典》

（二）司法解释

- 《最高人民法院关于审理侵犯商业秘密民事案件适用法律若干问题的规定》(法释〔2020〕7号)
- 《最高人民法院关于审理专利纠纷案件适用法律问题的若干规定》(2020年修正)

（三）地方司法文件

- 《上海市高级人民法院民一庭民事法律问题适用问答选登(二)》
- 《上海市高级人民法院民一庭关于下发〈婚姻家庭纠纷办案要件指南(一)〉的通知》(沪高发民一〔2005〕2号)
- 《上海市高级人民法院民一庭关于下发〈婚姻家庭纠纷办案要件指南(二)〉的通知》(沪高法民一〔2005〕18号)
- 《上海市高级人民法院民一庭关于下发〈婚姻家庭纠纷办案要件指南(三)〉的通知》(沪高法民一〔2010〕8号)

四、刑法类

（一）法律

❖《刑法》

❖《刑事诉讼法》

（二）司法解释

❖《最高人民法院、最高人民检察院关于办理内幕交易、泄露内幕信息刑事案件具体应用法律若干问题的解释》（法释〔2012〕6号）

❖《最高人民检察院、公安部关于公安机关管辖的刑事案件立案追诉标准的规定（二）》（法发〔2010〕22号）

❖《最高人民法院、最高人民检察院关于办理侵犯知识产权刑事案件具体应用法律若干问题的解释（二）》（法释〔2007〕6号）

❖《最高人民法院、最高人民检察院关于办理贪污贿赂刑事案件适用法律若干问题的解释》（法释〔2016〕9号）

❖《最高人民法院关于适用〈中华人民共和国刑事诉讼法〉的解释》（法释〔2012〕21号）

❖《最高人民法院、最高人民检察院、公安部、国家安全部、司法部、全国人大常委会法制工作委员会关于实施刑事诉讼法若干问题的规定》

❖《最高人民检察院、公安部关于印发〈关于修改侵犯商业秘密刑事案件立案追诉标准的决定〉的通知》（高检发〔2020〕15号）

五、证券法类

（一）法律

❖《证券法》

（二）行政法规

❖《期货交易管理条例》（国务院令第676号）

（三）部门规章

❖《证监会关于发布〈关于在上市公司建立独立董事制度的指导意见〉的通知》（证监发〔2001〕102号）

❖《上市公司信息披露管理办法》（中国证券监督管理委员会令第182号）

❖《证券市场禁入规定》（中国证券监督管理委员会令第33号）

（四）地方性法规

❖《上海市股份合作制企业暂行办法》（上海市人民政府令第52号）

❖《上海证券交易所关于发布〈上海证券交易所上市公司董事选任与行为指

引(2013年修订)的通知〉》(上证公字〔2013〕21号)

（五）行业规范

❖《私募投资基金管理人登记和基金备案办法（试行）》(中基协发〔2014〕1号)

❖《关于进一步规范私募基金管理人登记若干事项的公告》(中基协发〔2016〕4号)

❖《私募基金管理人登记须知》

六、其他

（一）法律

❖《民事诉讼法》

❖《反不正当竞争法》

❖《劳动法》

❖《劳动合同法》

❖《电子签名法》

（二）行政法规

❖《劳动合同法实施条例》(国务院令第535号)

（三）部门规范性文件

❖《关于禁止侵犯商业秘密行为的若干规定》(国家工商行政管理局令第41号)

（四）司法解释

❖《最高人民法院关于适用〈中华人民共和国民事诉讼法〉的解释》(2022年修正)

❖《最高人民法院关于民事诉讼证据的若干规定》(法释〔2019〕19号)